권력이동으로 보는
한국사

권력 이동으로 보는 한국사 – 삼국통일전쟁에서 여말선초까지

초판 2쇄 발행 2024년 1월 15일
초판 1쇄 발행 2021년 10월 28일

지은이 이정철
펴낸이 정순구
책임편집 조수정
기획편집 조원식 정윤경
마케팅 황주영

출력 블루엔
용지 한서지업사
인쇄 한영문화사
제본 한영제책사

펴낸곳 (주) 역사비평사
등록 제300-2007-139호 (2007.9.20)
주소 10497 : 경기도 고양시 덕양구 화중로 100(비전타워21) 506호
전화 02-741-6123~5
팩스 02-741-6126
홈페이지 www.yukbi.com
이메일 yukbi88@naver.com

이 도서는 한국출판문화산업진흥원의 '2021년 우수출판콘텐츠 제작 지원' 사업 선정작입니다.

권력 이동으로 보는
한국사

| 삼국통일전쟁에서 여말선초까지 |

이정철 지음

권력이동으로 보는
한국사

V. 개혁에서 건국으로

책을 펴내며

　문재인 정부는 2016년 겨울에서 2017년 봄까지 이어졌던 전국적 촛불
시위의 산물이다. 촛불시위가 계속되면서 많은 사람들이 한국 사회에 오
랫동안 누적되었던 갖가지 폐단에 대한 과감한 청산과 개혁을 요구했다.
이 과정에서 현직 대통령이 임기 중에 구속되고 선거를 통해 새 정부가
구성되었다. 새로 선출된 정권 담당자들도, 그들에게 투표했던 사람들도
개혁에 대한 의지가 높았다.

　어느덧 다음 대통령 선거를 앞두고 있다. 개혁은 어떻게 되었나? 사람들
은 지난 4년여에 대해서 같은 것을 보고 하는 말인가 싶을 정도로 상반된
평가를 한다. 현 정권은 이미 실패했고 진보는 몰락했다고 말하는 사람이
있는가 하면, 그와는 다른 평가를 하는 사람도 적지 않다. 당연히 현 정권
이 개혁에 성공했다고 말할 수는 없다. 수십 년 누적된 다양한 사회문제를
불과 수년 만에 만족스럽게 해결할 것이라고는 처음부터 생각하지 않았
다. 그런 맥락에서 '개혁이 실패했다'고 완료형으로 말하는 것은 개혁 그
자체에 대한 공격 방식으로 보인다. 개혁에 저항이 있는 것은 자연적인 현

상이다.

개혁은 사회 여러 분야에서 다양한 수준과 속도로 진행 중이다. 사람들이 저마다 다른 평가를 내린다는 것 자체가 그것을 증명한다. 그러므로 현시점에서 중요한 점은 개혁의 성패를 말하는 것보다는 개혁이 바른(혹은 적절한) 길로 가고 있는지를 묻는 것이다. 문제는, 여러 과제를 안고 있는 개혁이 구체적 현실 속에서 어떤 과정과 어떤 풍경을 통과하며 진행되는지를 우리가 알고 있는가 하는 점이다. 개혁은 어떤 과정을 거쳐 이루어지는가?

역사가 과거와 현재의 끊임없는 대화라는 E. H. 카의 말은 과거와 현재가 끊임없이 상호작용을 한다는 뜻이다. 동시에 이 말은 현재의 상황과 가치에 따라 과거가 재해석될 수 있다는 함의를 담고 있다. 모든 시대는 그 시대의 문제, 그 시대가 가진 가치에 상응하는 역사상을 갖게 마련이다.

21세기에 들어와 한국을 새롭게 재구성하는 다양한 흐름이 진행 중이다. 그중 첫째로 꼽아야 할 것은 사회경제적 계층의 고정화 현상이다. 10여 년 전 처음 등장한 '수저론'은 이런 현상을 은유적으로 표현한다. 또, '국뽕'이라는 말로 표현되듯 한국인들은 스스로에 대해서 이전과 다른 국가적 자의식을 갖게 되었다. 그 연장선상에서 한국이 주변 나라를 바라보는 인식에도 큰 변화가 생겼다. 미국과 중국, 일본은 한국에게 여전히 중요한 나라이지만 세 나라를 바라보는 사람들의 시선은 많이 달라졌다. 한국 사회에서 기존 주류 집단을 바라보는 시선 역시 달라지고 있다. 이뿐만이 아니다. '미투'라는 단어로 표현되듯 인권에 대한 새로운 감수성도 근년 들어 크게 높아졌다. 이런 변화는 우리 시대를 새롭게 규정하고, 동시에 한국사를 이제까지와 다른 시각으로 볼 것을 요구한다.

이 책은 삼국 통일전쟁기에서 여말선초까지, 더 정확하게는 642~1392

년까지 변화가 뚜렷한 시기에 집중했다. 가장 큰 변화는 정치·사회적 집단들 간의 권력 이동으로 빚어졌다. 642년은 고구려·백제·신라의 통일전쟁이 본격화된 해다. 통일전쟁은 국가 간 관계는 물론 국가 내부의 권력관계도 바꾸었다. 1392년은 조선이 건국된 해다. 한 해 전인 1391년에 고려 패망과 조선 건국의 전기가 된 토지개혁 과전법이 성립되었다. 모두 다섯 시대 다섯 번의 권력 이동 현상을 살펴보았다.

시대마다 일단 변화가 시작되면, 그 변화는 당대를 구성하는 요소들 사이에 조성된 불균형이 해소되어 새로운 균형점에 도달할 때까지 지속되었다. 이 책은 바로 그 과정이 빚어내는 풍경에 주목했다. 불균형을 초래하는 원인은 다양했다. 국제관계에서 비롯되기도 했고, 사회 내의 경제적 갈등 때문이기도 했으며, 수도와 지방 사이의 갈등에서 연유하기도 했다. 물론 그 원인이 이런 문제에만 그치지도 않았다. 원인이 무엇이든, 대개 그런 변화는 수십 년 혹은 100년이 넘는 기간에 걸쳐서 일어나기도 했다. 또, 사회가 언제나 불균형을 해소하여 새로운 균형점에 만족스럽게 도달했던 것도 아니다.

이 책은 변화가 만들어내는 현실의 양상에 집중했다. 어떤 원인이 사회적 불균형 혹은 불안정을 초래했는지, 새로운 균형점에는 어떤 과정을 거쳐서 도달했는지, 그리고 그런 변화를 통과하며 국가권력의 형태와 사회질서, 사람들의 생각이나 당시의 지배적 종교인 불교에 대한 신앙이 어떻게 변화했는지를 살펴보았다. 새롭게 사회 주도 세력의 지위에 오른 집단 성원의 특성에 대해서도 이해하려 노력했다. 무엇보다 이 모든 것을 현재의 대한민국이 경험하고 있는 것들의 관점에서 보려 했다.

Ⅰ. 7세기, 당나라의 등장과 삼국의 생존 투쟁

Ⅰ부는 642년부터 676년까지 34년간을 살펴본다. 642년에 살았던 사람들 중 누가 34년 뒤 변화된 한반도 내 국가 지형도를 예측이나 할 수 있었을까. 유구하고 강력했으며 영광스런 역사를 지닌 고구려와 백제가 한반도 지도에서 영원히 사라졌다. 반면에 생존을 위협받던 신라가 초강대국 당나라까지 몰아내고 나라의 영역을 크게 확대하는 데 성공했다. 왜 이 시기에 이런 일들이 벌어졌고, 상황은 어떻게 그리 흘러갔던 것일까.

642년 고구려와 백제에서 커다란 정치적 사건들이 일어났다. 신라는 백제의 대규모 군사 공격을 받고 나라 영토의 1/3에 가까운 수십 개 성城을 잃는 국가적 위기를 맞았다. 계속되는 위기가 어떤 상황으로 이어질지 예측하기 어려웠다. 이해를 시작으로 세 나라는 당나라와 일본까지 포함되는 장기 전쟁의 시대로 돌입했다. 한반도 내 힘의 불균형을 초래한 근본 원인은 당나라의 등장이었다. 이 상황은 최종적으로 676년 신라가 당나라 군대를 한반도에서 몰아내는 것으로 끝을 맺는다. 이로써 한반도는 다시 힘의 균형을 되찾았다. 이러한 양상의 전반부는 마치 19세기 유럽의 제국주의 국가들이 동아시아로 몰려오면서 한국, 중국, 일본의 운명이 판이하게 갈렸던 상황과도 비슷하다.

고구려·백제·신라가 받은 최초의 충격은 외부에서, 즉 중국으로부터 왔다. 그 영향은 당연히 각국 내부의 권력 구조와 정치적 상황에 굴절되어 영향을 미쳤다. 당나라라는 외부 영향은 삼국 각각에 어떻게 내부화되었고, 각국의 국가 전략은 어떻게 그들이 의도하지 않았던 결과를 가져왔는가? 사활을 건 국가 간 전쟁에서 승리를 위해 가장 중요한 요인은 무엇이었나?

01

신라·당 vs 고구려·백제 전쟁의 시작

1. 642년에 일어난 사건들

642년, 백제와 고구려에서는 마치 약속이나 한 듯 커다란 정치적 사건들이 발생했다. 고구려에서는 200명에 가까운 귀족들을 살해하고 연개소문이 집권했다. 백제에서는 전해에 집권한 의자왕이 해가 바뀌자마자 형제자매를 포함하여 수십 명 귀족들을 섬으로 추방했다. 신라에서는 내부로부터 발생한 정치적 격변은 없었지만 백제 의자왕의 대규모 군사 공격을 받았다. 이로 인해 신라는 국가적 위기 상황으로 내몰렸다. 이를 타개하고자 신변의 위험을 무릅쓰고 김춘추가 고구려를 전격 방문했다. 시간 차이는 있지만 비슷한 성격의 정치적 사건이 바다 건너 일본에서도 일어났다. 3년 뒤인 645년에 일본의 오래된 권력 구도를 바꾼 다이카개신大化改新이 발발한 것이다. 이러한 동아시아 차원의 정치적 격변은 우연히 일어난 것이 아니었다. 이 사건들 배후에 초강대국 당나라의 등장이라는 원인이 있었다.

백제

백제 31대 의자왕義慈王은 641년 봄에 즉위했다. 그는 즉위한 이듬해 1월에 모친이 사망하자 동생의 아들 교기翹岐, 이모의 아들들, 그리고 이름 높은 사람들 40여 명을 섬으로 추방했다. 즉위하자마자 일으킨 의자왕의 친위 쿠데타였다.

642년 7월에는 의자왕이 직접 군대를 이끌고 신라 공략에 나섰다. 신라 서쪽 미후성彌猴城을 공격하고 주변의 40여 개 성까지 함락했다. 이 성들이 위치한 영역을 합하면, 당시 신라 영토의 대략 1/3에 해당하는 면적이었을 것으로 추정된다. 신라로서는 엄청난 타격을 입은 셈이었다.

오늘날 우리는 한반도에서 성城의 존재가 낯설다. 하지만 조선 후기까지도 고을마다 읍성邑城이 존재했다. 1910년 일본이 「읍성철거령」을 내려서 대부분의 읍성들을 헐었다. 의자왕이 신라에 군사 공격을 감행한 이유는 영토 확대 이외에 정치적 목적도 있었다. 확실하지는 않지만 일부 연구자들은 의자왕의 외가外家 쪽이 신라와 관련이 있다고 생각한다. 이는 그가 추구했던 강력한 왕권 구축에 방해가 되는 요소였다. 그런 사정을 적극적으로 해소하기 위해서는 신라를 공격해 영토를 확장하는 것보다 더 좋은 방안은 생각하기 어렵다.

8월에 백제는 대야성大耶城을 공격해서 무너뜨렸다. 그때는 의자왕 자신도 몰랐겠지만, 이 사건은 이후 백제는 물론 신라와 고구려 상황의 전개에 촉매로 작용한다. 대야성은 지금의 경상남도 합천에 있는 신라의 옛 가야 지역에 있었다. 그 지역에 대한 신라의 통치 거점이었다. 대야성을 얻은 백제는 낙동강 서쪽에서 낙동강을 경계로 신라와 대치하게 되었으며, 신라의 낙동강 수운에도 제동을 걸 수 있었다. 또, 아래로는 창녕·청도를 통해서, 위로는 낙동강에서 갈라져 나온 금호강을 통해서 신라의 수도 경주에 곧바로 접근할 수도 있게 되었다. 대야성에서 대구까지는 불과 50km 정도이며, 대구 옆이 영천이고 그 옆이 경주이다. 말하자면 신라는 대야성을 빼앗김으로써 본거지를 위협받게 되었다.

백제의 대야성 공격을 이끌었던 장수는 윤충尹忠이다. 그는 성을 함락한 후 성주城主 김품석金品釋과 그의 부인을 목 베어서 백제의 수도 사비성(현 충청남도 부여)으로 보냈고, 남녀 1천 여 명도 사로잡았다. 김품석은 다름 아닌 김춘추의 사위였다. 김춘추의 딸 고타소랑古陁炤娘과 사위 품석이 이 전투로 백제군에게 목숨을 잃은 것이다. 『삼국사기』에 따르면 김춘추는 딸이 죽었다는 소식을 들은 후 기둥에 기대서 종일토록 눈도 깜짝이지 않고, 사람이나 물건이 앞을 지나쳐도 알아보지 못했다고 한다. 이 일로 그가 얼마나 큰 충격을 받았는지 알 수 있다.

대야성을 공격한 직후에 백제가 고구려와 모의하여 8월에 또 공격하려했던 곳이 신라 당항성이다. 하지만 선덕왕善德王이 당 태종에게 신속하게 사신을 보내 구원을 요청하면서, 실제로 공격이 이루어지지는 못했다. 여기서 선덕왕은 우리가 잘 알고 있는 신라 27대 선덕여왕이다. 뒤에 나오는 37대 선덕왕宣德王과는 다른 사람이다. 당항성은 지금의 경기도 화성시 서신면 상안리 구봉산九奉山에 있는 당성唐城이다. 당성 부근 남양만에 당은포唐恩浦가 있었다. 대야성이 경주로 들어가는 진입로라면, 당항성과 당은포는 신라가 중국으로 통하는 관문이었다. 이곳에서 출발하여 산둥반도 동북부에 있는 등주登州(현 산둥성山東省 평라이시蓬萊市)에 도착했다. 이 지역은 신라 진흥왕이 553년에 백제로부터 빼앗았다. 이후로는 계속 신라의 영역에 속해 있었다. 그런데 신라가 이곳을 지켜내는 일이 쉽지 않았다. 신라에게 당항성과 당은포는 국가의 명운이 걸린 곳이고, 백제나 고구려

화성 당성 당항성은 경기도 화성시 구봉산 정상부를 중심으로 위치하고 있다. 신라가 서해를 건너 수·당과 통하는 길목 역할을 했던 곳이며, 이곳에서 서해의 여러 섬을 관찰할 수 있기 때문에 군사적으로도 요충지였다. 출처_화성시청

에게는 몹시 성가신 곳이었다. 백제와 고구려가 신라를 공격할 때마다 신라는 수나라와 그에 이어 들어선 당나라에 이를 즉각 알렸다. 그러면 수·당의 경고로 백제와 고구려는 더 이상 신라에 공격을 계속할 수 없었다. 이것은 일종의 균형 상태였다. 신라가 고구려와 백제를 제압하여 통일하고 이후 사실상 멸망하는 9세기 말까지 약 400년간 한반도에서 가장 중요했던 항구이자 무역항이 바로 당은포이다.

고구려

720년에 편찬된 일본 최초의 역사책 『일본서기』는 연개소문淵蓋蘇文의 쿠데타를 기록하고 있다. 642년 9월 고구려에서 연개소문이 정변을 일으

켜 대왕과 고위급 인사 180여 명을 죽였다는 내용이다. 그 수년 전부터 고구려 지배층 내부에서는 긴장 수위가 높아지고 있었다. 당나라와의 관계를 어떻게 설정할 것인가를 둘러싼 갈등에서 비롯된 문제였다. 영류왕榮留王(재위 618~642)과 그를 지지하는 귀족 세력은 당나라에 대해서 이전처럼 유화적인 관계를 계속 유지해야 한다는 노선이었다. 그에 대립하는 세력의 중심인물이 바로 연개소문이었다. 이들은 당나라가 장차 고구려를 침공할 것이 분명하므로 유화책에만 매달리는 방안은 옳지 않다는 입장이었다. 기록에 따르면 영류왕과 그를 지지하는 귀족 세력이 연개소문을 제거하려는 계획을 먼저 세웠고, 그 술책이 실행에 옮겨지기 전에 연개소문에게 누설되었다.

『삼국사기』에 따르면 연개소문은 642년 10월에 수도 평양성 남쪽 벌판에서 군대 사열식을 거행했다. 군사 열병식 관람과 그에 따른 연회 개최를 명분으로 그는 여러 대신들을 초청했다. 그 자리에서 연개소문은 귀족 대신들을 포함하여 다수의 사람을 죽였다. 곧이어 궁중으로 달려 들어가 영류왕마저 살해하고 그 시신을 몇 토막으로 잘라 구덩이에 버리는 정변을 단행했다. 그리고는 영류왕의 조카 장臧을 보장왕寶臧王(재위 642~668)으로 세운 뒤, 자신은 곧바로 대막리지大莫離支에 취임하여 권력을 장악했다.

신라

백제에게 대야성을 잃은 것은 김춘추로서는 딸의 죽음을 넘어 너무나 뼈아픈 정치적 군사적 손실이었다. 합천에 위치한 대야성은 신라 서쪽 변경의 요충지였다. 경주로 들어오는 길목이기에 전략적으로 매우 중요한 곳이었다. 본래 대야성은 옛 가야 지역이었다. 가야계 출신 김유신과 연합하여 조정에서 세력을 이루고 있던 김춘추의 지역적 기반이었다. 대야성 성주 김품석이 김춘추의 사위였던 것은 우연이 아니다. 대야성을 백제에 게 빼앗긴 일은 김춘추 세력으로서는 커다란 물적·인적 기반을 한꺼번에 잃어버린 꼴이었다.

대야성 함락 과정은 더욱 충격적이었다. 김품석은 부하 검일黔日의 아내 가 예쁘다는 말을 듣고는 그녀를 검일에게서 빼앗았다. 여기에 앙심을 품 은 검일이 백제 공격에 내응하여 성문을 열어주었던 것이다. 당시 부하들 은 끝까지 싸우자고 요구했지만 품석은 항복하고 말았다. 김춘추는 대야 성을 잃은 손실도 타격인데, 그 원인이 바로 자신의 사위인 성주에게 있었 기에 정치적 반대파의 비판을 피하기 어려웠다.

이 무렵에 김춘추와 김유신 세력은 신라 최초의 여왕 선덕왕善德王(재위 632~647)을 지탱하는 정치적 버팀목이었다. 이 때문에 김춘추의 위기는 곧 선덕왕의 위기였다. 더구나 백제의 대규모 군사 공세 앞에 신라 자체가 위 협받는 상황이었다. 김춘추는 백제의 파상적인 군사 공격을 막아낼 방법 을 긴급히 강구해야 했다. 주위 나라에 군대를 요청하는 수밖에 없었다.

642년 12월에 김춘추는 고구려 수도 평양성으로 갔다. 그는 왜 당나라 나 일본이 아니라 고구려에 먼저 갔을까? 그에게 삼국 간의 어떤 동족 의 식이 있어서 그랬던 것은 아니다. 신라인인 그가 고구려를 일본이나 당보 다 더 가깝게 생각할 수 있는 어떤 이유도 없었다. 당시 고구려, 백제, 신 라 관계는 국제관계였다. 더구나 오랫동안 영토를 뺏고 뺏기는 전쟁을 치 르고 있는 사이였다. 김춘추가 당나라나 일본이 아니라 고구려에 구원병 을 먼저 요청한 까닭은, 그 편이 더 가능성 있는 일이라 판단했기 때문일 것이다. 신라 쪽에서 보면 당나라는 지리상으로 멀리 떨어져 있고, 일본은 바다를 건너야 했다. 반면에 고구려는 국경을 맞댄 채 백제와 오랫동안 갈등했다. 백제가 475년에 오랜 수도인 한강 유역을 떠나야 했던 이유도 고구려의 남진 때문이었다.

고구려에 가서 백제 공격을 위한 병사를 요청하는 일은 김춘추 자신의 목숨을 내놓아야 하는 위험한 행동이었다. 출발 전에 김춘추는 김유신과 맹세를 하면서 "만일 60일 안에 (내가) 돌아오지 못한다면 다시 볼 기약이 없을 것"이라고 말했는데, 당시 상황의 위태로움을 보여준다. 물론 그가 직접 고구려로 간 이유를 대야성 함락에 따른 정치적 책임을 피하기 어려웠던 탓으로도 생각할 수 있다. 하지만 꼭 그렇게만 보기는 어렵다. 이후 이어진 일본과 당나라와의 협상에서도 김춘추는 자신이 직접 이들 나라를 방문했고, 그 과정에서 실제로 목숨을 잃을 뻔한 상황에 처하기도 했다. 그는 그 무렵 이미 차기 국왕 자리에 가장 가까이 다가간 사람들 중 하나였지만, 그 점을 염두에 두고 행동했던 것 같지는 않다.

김춘추는 평양성에서 보장왕과 연개소문을 만났다. 이때 김춘추는 40세였고, 연개소문은 그보다 열 살쯤 적었다. 김춘추는 백제가 신라 강토를 침입했으므로 신라 임금이 대국大國(고구려)의 군사를 얻어 그 치욕을 씻고자 한다며 도움을 요청했다. 이에 대해 보장왕은 신라가 90년 전 고구려에게 빼앗은 죽령 서북의 땅을 되돌려준다면 군사를 보내주겠다고 했다. 이 말은 연개소문의 답변으로 볼 수 있다. 김춘추는 이 요구를 받아들일 수 없었다. 그 결과 별관別館에 갇혔다고 기록되었다. 이해 10월 정변을 통해 집권한 연개소문과 보장왕은 이전의 영류왕과 달리 당나라에는 물론이고 신라에 대해서도 강경한 외교정책을 편 것이다.

김춘추는 고구려 귀족 선도해先道解의 도움으로, 자신이 돌아가면 죽령 서북의 땅을 되돌려주도록 하겠다고 고구려에 거짓 약속을 하고서야 신라로 돌아올 수 있었다. 그러나 이 거짓 다짐의 술책이 김춘추가 풀려난 이유의 전부는 아닌 듯하다. 김춘추의 감금 소식이 신라에 전해지자 김유신은 즉각 결사대 1만을 이끌고 한강을 건너 고구려의 남쪽 경계로 쳐들어 갔다. 신라군의 이런 움직임 역시 고구려가 김춘추를 풀어주는 원인이 되었을 것이다. 사신 한 사람 때문에 전쟁을 할 수는 없다고 생각했을 것이다. 더구나 북쪽에는 고구려를 치려는 당나라의 군사 공격 조짐이 가시화되고 있었다.

일본

고대 일본의 정치적 중심은 나라奈良 아스카 황궁인 판개궁板蓋宮이었다. 여기서 645년 6월에 정치적 실력자인 소가씨蘇我氏가 처참히 살해되는 충격적인 사건이 벌어졌다. 나카토미노 가마타리中臣鎌足(614~669)가 황자皇子 나카노오에中大兄(뒷날의 덴지 천황天智天皇, 626~672) 등과 합세하여 나카노오에의 모친인 고교쿠皇極 천황의 면전에서 당시 집권자인 소가노 이루카蘇我入鹿를 직접 참살한 유혈 쿠데타였다. 소가노 이루카가 난도질을 당하자, 다음 날 그의 아버지이며 막후 실력자인 소가노 에미시蘇我蝦夷는 정치적 대세가 이미 불리하게 기울었다 판단하고 자택(나라현奈良縣 다카이치군高市郡 아스카촌明日香村 상궁문 유적)에 불을 질러 자결했다.

이 시기 왜국倭國의 권력 구조는 지연과 혈연을 기반으로 한 귀족들의 연합정권 체제였다. 즉, 씨성氏姓 제도를 기반으로 한 지배 체제였다. 여기서 최고 권력을 행사한 씨족은 백제 목씨계木氏系인 소가 일족이었다. 이들이 대대로 천황의 외척으로서 실질적인 권력을 행사했다. 천황에게는 실제 권력이 없었다. 소가씨 살해 사건으로 4대 100년간 집권해온 소가 일족이 완전히 몰락했다. 소가씨 살해 사건 직후부터 5년에 걸쳐 다이카개신大化改新이 일어나는데, 학자에 따라 이 사건은 19세기에 일어났던 메이지유신明治維新과 더불어 일본 역사에서 가장 중요한 두 개의 사건으로 보기도 한다. 다이카개신을 통해 일본은 고대 율령국가로 들어섰다.

오랫동안 일본은 대외 관계를 통해 선진 문물을 도입했는데, 일본에게 이 일은 매우 중요했다. 수·당 등장 이전에 동아시아 선진 문물의 중심지는 중국 남조南朝의 여러 왕조였다. 백제는 지정학적 위치 덕분에 중국 남조와 밀접한 관련을 맺었고, 일본은 그런 백제를 통해 선진 문물을 수입할 수 있었다. 백제계 소가씨가 일본에서 주류적 위치에 올라설 수 있었던 주요한 이유였다. 그런데 수·당의 등장으로 그 상황이 바뀌었다. 문화의 중심지가 남조에서 북조로 이동했고, 신라가 한강 하류를 장악하여 대중국 통로를 확보한 것이다.

632년 이후 상황 변화는 좀 더 분명해졌다. 632년 당나라는 일본이 파견한 1차 견당사遣唐使의 귀국길에 당나라 사신을 함께 보내서 일본 야마토大和 정권에게 신라에 대한 지원을 요청했다. 야마토 정권은 3세기 말에서 다이카개신이 일어날 때까지 오늘날의 오사카大阪 부근을 중심으로 일본을 지배한 통일연합정권이다. 야마토 시대 후반부는 천황을 중심으로 한 호족 연합체적 권력 구조였다. 당나라의 요청에 따라 야마토 정권은 대외 정책을 두고 새로운 결단을 내려야 하는 상황에 봉착했다. 기존의 친백제 정책을 고수할 것인가, 아니면 신라 및 당과의 관계를 강화할 것인가의 문제였다. 이를 둘러싸고 호족들 간에 권력투쟁이 전개되었다. 백제와의 관계를 기반으로 삼아 경제적 정치적으로 성장하여 야마토 정권의 실권을 장악하고 있던 소가씨는 몹시 어려운 상황에 처했다. 당의 요청을 받아들인다면 자신의 권력 기반을 상실하게 될 테고, 기존처럼 백제와의 관계에만 집중하면 선진 문물 도입이라는 지배층 전체의 이익에 반하게 된다.

645년의 소가씨 살해 사건은 이런 상황에서 발생했다.

2. 주인공들

고구려, 백제, 신라의 정치적 격변에는 주인공들이 있다. 고구려의 연개소문, 백제의 의자왕, 신라의 김춘추와 김유신이다. 그들은 나이 차이가 있기는 하지만 같은 시대를 살았다. 당대 그들의 개인적 판단이나 행동은 자신들 국가의 운명과 긴밀히 연결되어 있었다.

연개소문

연개소문의 큰아들 남생男生 묘지墓誌에는 그의 집안에 대해 다음과 같이 기록되었다.

> 증조부 자유子游와 조부 태조太祚는 모두 막리지莫離支를 역임했고, 아비인 개금盖金(연개소문)은 태대대로였다. 할아버지와 아버지는 쇠를 잘 다루었고 활을 잘 만들어(良冶良弓), 모두 병권을 잡고 국권을 오로지하였다.

연개소문의 성은 연淵이다. 정확한 출생 연도는 확인할 수 없다. 하지만 대략적인 짐작은 가능하다. 큰아들 남생이 634년에 출생했고, 그가 18세이던 651년에 연개소문의 손자가 태어났다. 아들처럼 비슷한 나이에 결혼을 했다면 연개소문은 610년대 중반 전후에 출생했으리라 짐작된다. 그의 경쟁자였던 의자왕이나 김춘추, 김유신에 비해 10년에서 20년 정도 나이가 적다.

연개소문 가문은 고대사회에서 몇 대에 걸친 가계家系를 확인할 수 있는 드문 집안이다. 위로 증조부에서 아래로 고손자까지 7대가 금석문金石文(금속이나 돌에 새긴 글)에서 확인된다. 그의 집안은 대체로 6세기 중반 이후 두각을 나타낸 고구려 신흥 귀족이다. 고구려 행정단위인 5부 가운데 동부 출신인 연개소문의 할아버지와 아버지는 모두 최고위직인 막리지를 역임했다. 위 묘지의 '良冶良弓'(쇠를 잘 다루었고 활을 잘 만들어)이라는 구절은 곧 병사를 잘 길렀다는 뜻이다. 최고 실권자의 관직인 대대로는 각기 사병私兵을 거느렸던 귀족들이 뽑았다. 임기는 3년이고 중임할 수 있었다. 교체할 때 만약 귀족들 사이에 합의가 이루어지지 않으면 무력 분쟁이 벌어졌고, 여기서 승리한 자가 취임했다. 이 때문에 귀족들은 평시에도 병사 양성에 주력했다. '良冶良弓'이란 표현도 그런 면을 나타낸다.

연개소문의 아버지 연태조(568~631)가 죽자, 아직 어린 연개소문은 정치적 곤경에 처했다. 연개소문이 아버지 지위인 동부 대인大人 지위를 계승하는 데 다른 귀족들이 반대하고 나섰기 때문이다. 보통의 경우라면 자연스럽게 연개소문이 아버지 지위를 계승해야 했다. 연개소문은 머리를 조아려 여러 귀족들에게 사죄하며 아버지 지위를 잇게 해주길 간청했다. 만일 합당치 않으면 나중에 폐하는 일을 당할지라도 자신은 후회하지 않겠다고 다짐해야 했다. 이로써 귀족들이 그를 가엾게 여겨 세습을 허락했다고 한다. 객관적인 시각에서 본다면, 이는 연개소문 가문을 다른 귀족 집안들이 견제했음을 뜻한다. 그 후 연개소문은 북으로 부여성(현 중국 지린성吉林省 창춘시長春市 눙안農安)에서 남으로 발해만에 이르는 천리장성을 쌓는 일의 책임을 맡았다. 이즈음 고구려와 당 사이에 군사적 긴장이 높아지

천리장성　동북쪽으로 부여성(지금의 눙안農安)에서 서남쪽으로 발해만의 비사성(지금의 다롄大連)에 이르기까지 1,000리에 걸친 장성으로, 631년에 축조를 시작하여 647년에 완성하였다. 연개소문이 이 공사를 감독했다.

기 시작했다.

　고구려 귀족 가문은 크게 볼 때 정치적으로 둘로 나뉘었다. 고구려 옛 수도인 국내성 출신의 귀족 세력이 있었고, 20대 장수왕(재위 413~491)이 평양으로 천도한(427) 후 등장한 신귀족 세력이 있었다. 26대 영양왕嬰陽王(재위 590~618)의 수나라에 대한 강경 노선은 신귀족 세력이 주도했고, 27대 영류왕의 당에 대한 온건 노선은 구귀족 세력의 정책이었다.

　642년으로부터 30년 전인 612년은 영양왕 23년이다. 이해에 수 양제隋煬帝가 고구려에 대한 2차 공격을 감행했다. 그의 아버지 수 문제隋文帝가 598년에 1차로 고구려를 공격한 지 14년 만이었다. 612년 전쟁에서 수나라는 100만이 넘는 병력으로 고구려를 침략했다. 고구려 전체 인구가 300만 전후로 추정되던 때이다. 수나라는 수개월에 걸쳐서 요동성을 공격했지만 끝내 함락하지 못했다. 그러자 수나라는 30만 별동대를 편성하여 수도 평양성 30리 지점까지 접근했다. 하지만 더 이상 성과는 없었고, 결국 퇴각할 수밖에 없었다. 을지문덕은 수나라 군대가 살수薩水(현 청천강)를 건너고 있을 때 배후에서 공격하여 그들을 거의 괴멸했다. 유명한 살수대첩이다. 요동성(현 중국 랴오닝성遼寧省 랴오양遼陽)까지 살아 돌아간 수나라 병사가 3,000명 정도에 불과했다고 한다. 한편 패수浿水(현 대동강)를 통해 평양성을 공격하려던 수나라 해군도 고건무高建武가 지휘하는 고구려 결사대에 의해 막대한 피해를 입고 후퇴했다. 고건무는 영양왕의 이복동생이고 바로 영양왕을 잇는 영류왕이다. 수나라는 이 참패를 만회하기 위해 613년과 614년에 고구려를 다시 침공했으나 모두 실패했다. 이로 인하여 수나라는 결국 내부 동요를 겪은 끝에 패망했다. 긴 세월 분열된 중국 전체를 통합했던 강력한 수나라가 고구려와의 전쟁에서 패해 왕조 자체가 붕괴하고 말았다.

연개소문 가문은 영양왕 대에 수나라와의 전쟁에서 크게 명성을 떨쳤다. 하지만 당이 건국하던 해(618)에 즉위한 영류왕 재위 기간에는 상대적으로 가세가 위축되었다. 연개소문이 아버지의 대대로직을 계승하는 과정에서 다른 귀족 세력에게 압력을 받았던 사정도 이런 맥락에서 이해할 수 있다. 연개소문 가문의 위축은 이 무렵 고구려의 대당 외교정책과 관련 있었던 것으로 보인다.

당나라는 초기에 고구려와 우호적 관계를 유지했다. 이는 주로 당나라 고조 이연李淵(566~635, 재위 618~626)이 고구려에 대해 가진 생각에서 연유하는 바가 컸다. 그는 지난날 수나라의 고구려 원정을 회고하며 그 무모함을 비난했다. 당나라는 군이 고구려를 신하로 굴복시키려 할 것이 아니라 양국이 각기 그 영토와 인민을 지키며 평화롭게 병존하는 것이 옳다고 말했다. 이에 기초한 양국 관계는 당나라 태종(598~649, 재위 626~649)이 즉위하기 전까지 지속되었다.

그러나 이연의 부하들은 물론이고 아들 당 태종도 아버지와는 생각이 달랐다. 그들은 수나라가 고구려를 침략했을 때와 같은 생각을 갖고 있었다. 중국과 그 인접국들과의 관계를 태양과 그 주위를 도는 행성들의 관계처럼 보았다. 당나라가 고구려의 국가적 독자성을 인정한다는 것은, 곧 중국 중심의 일원적 '세계질서'를 부정하는 것이라고 생각했다. 다만 아버지 이연 때는 건국 초기이므로 국력 회복을 위한 시간이 필요했을 뿐이다. 당 태종이 즉위하자 분위기가 바뀌었고, 얼마 지나지 않아 고구려도 이를 알아차렸다. 그 결과 고구려 내부에서도 중국에 대해 강경한 방침을 가진 세력이 점차 세력을 회복했다. 그 중심에 연개소문이 있었다. 결국 영류왕과 그를 지지하는 귀족 세력은 연개소문을 제거하려 도모했고, 그 계획이 사전에 누설되면서 거꾸로 연개소문에게 무참히 살해되는 파국을 맞았다.

의자왕

의자왕은 성이 부여扶餘이며, 의자義慈는 이름이다. 백제 30대 무왕武王(재위 600~641)의 맏아들이다. 『삼국유사』에는 무왕이 왕위에 오르기 전에 신라 진평왕의 셋째 딸 선화공주善花公主와 결혼했다는 이야기가 전해진다. 무왕 시기에 신라와 백제 사이의 적대적 관계를 고려하여, 이전부터 이 이야기를 사실로 보기 어렵다는 주장이 제기되었다. 이를 뒷받침하듯 2009년 익산 미륵사지 석탑 복원을 위한 해체 작업 중 나온 유물을 통해 무왕의 부인이 선화공주가 아니라는 사실이 밝혀졌다. 하지만 일부 연구자들은 여전히 의자왕의 모계가 신라와 어떤 연관이 있었던 것으로 보기도 한다.

부여융扶餘隆의 묘지명에 따르면 의자왕의 태자 융은 615년에 출생했다. 연개소문과 비슷한 연배이다. 부여융은 의자왕의 셋째 아들로 알려져 있으며, 많은 연구자들은 융의 나이와 여러 상황을 고려할 때 의자왕이 즉위할 무렵 적어도 45세 이상의 나이였을 것으로 짐작한다. 그렇다면 의자왕은 고구려와 신라의 경쟁자들 중에서 가장 나이가 많았던 셈이다. 나이순으로 보면 연개소문이 610년대 중반, 김춘추가 603년, 김유신이 595년이다. 아마도 의자왕은 김유신과 나이가 비슷하거나 좀 더 많았으리라 짐작된다.

의자왕은 백제 31대 왕으로 641년부터 660년까지 재위했다. 연개소문이 집권한 시기와 비슷한 때에 즉위했다. 왕자로 있을 당시의 정치적 상황은 그에게 그다지 유리하지 않았던 것 같다. 그가 태자로 책봉된 때가 무왕 33년(632)인데, 태자 책봉 시점이 매우 늦기 때문이다.

의자왕에 대해서는 사료가 별로 없다. 그나마 있는 사료들도 그에 대한 이해를 돕기보다는 오히려 오해를 증폭시킨다. 대표적인 예가 '낙화암 삼천궁녀' 이야기다.☞ 69쪽 참조 또, 사료는 의자왕이 큰 나라인 당나라의 명을 어겼고, 이웃 나라(즉 신라)와 친하지 않고 이익과 편의에 따라 신라와 원수가 되었으며, 고구려와 외교를 맺은 사실을 비판했다. 하지만 의자왕이 자국의 국익을 좇아 행동했다는 이유로 비판받을 수는 없다. 사료 내용은 오로지 신라의 관점에서만 할 수 있는 비난이다.

의자왕에 대한 기존 사료는 백제 멸망의 원인을 그의 개인적 결함과 부도덕한 행위에서 찾는다. 또한 의자왕 말년의 정치에만 초점을 맞춘다. 이를 통해 백제의 멸망과 그의 정치적 실패를 마치 처음부터 예정되어 있던 필연적인 사실처럼 말한다. 하지만 우리가 정말로 이해해야 할 내용은 7세기 중반 동아시아 국제 정세 속에서 전개된 백제의 국내 정치와 외교 관계이다. 그 속에서 의자왕이 함께한 정치 세력의 실체가 무엇이며, 그들이 국내외 상황 속에서 내렸던 판단과 취했던 행위의 맥락과 의미를 이해하는 것이다.

김춘추와 김유신

김춘추金春秋(603~661)는 신라 25대 진지왕眞智王(재위 576~579)의 손자이다. 진지왕은 579년 신라 귀족회의에서 귀족들의 합의로 국왕 지위에서 축출되었다. 이 일은 김춘추의 생애를 규정하는 대단히 중요한 조건이다. 진지왕 아버지는 진흥왕眞興王(재위 540~576)이다. 그의 큰아들이 동륜銅輪(?~572)이고, 둘째가 사륜舍輪(?~579)인데 바로 진지왕이다. 동륜은 진흥왕의 태자였으나 왕위에 오르기 전인 572년(진흥왕 33)에 죽었다. 576년에 진흥왕이 죽자 동륜의 아들이 아닌 동생 사륜이 왕위를 이었다. 당시 진골 귀족의 대표자인 거칠부居柒夫 역시 사륜을 지지했다.

진지왕의 재위 기간은 짧고 정상적이지 못했다. 576년 8월부터 579년 7월까지 재위했는데, 즉위하여 이듬해 577년까지만 친정親政을 했을 뿐이다. 577년부터 579년까지는 상대등 거칠부가 대리청정을 했고, 579년 7월 귀족들과 모친 사도태후思道太后가 일으킨 정변으로 폐위될 때까지 상대등 노리부弩里夫가 대리청정을 했다. 폐위된 지 1개월 후인 579년 8월 24일에 사망했다. 진지왕이 물러난 후 동륜의 아들 백정白淨이 즉위했다. 이 사람이 26대 진평왕眞平王(재위 579~631)이다.

```
                          22 지증왕
        ┌─────────────────────┴─────────────────────┐
   23 법흥왕                                    입종갈문왕
        │                       ┌──────────────┬──────┴──────┐
 지소부인(= 숙흘종과 혼인)    24 진흥왕        만호부인      숙흘종(= 지소부인과 혼인)
              ┌──────────┴──────────┐                         │
         동륜태자              25 진지왕(사륜)              만명(= 김서현과 혼인)
      ┌──────┴──────┐      ┌──────────┴──────────┐
  26 진평왕  진정갈문왕  진안갈문왕  문흥갈문왕(용춘)(= 천명부인과 혼인)
   ┌──────┴──────┐              │
27 선덕여왕   천명부인      28 진덕여왕      29 무열왕
```

신라 왕실 계보도   김춘추(무열왕)는 진지왕의 손자이며, 선덕여왕의 조카이기도 하다.

　진평왕은 53년이나 재위했다. 그런데 그에게는 왕위를 물려줄 아들이 없었다. 큰딸이 덕만德曼인데 신라 최초의 여왕이 되는 선덕왕이다. 진평왕의 다른 딸인 천명부인天明夫人은 김용춘金龍春과 결혼하여 김춘추를 낳았다. 말하자면 김용춘은 자신의 사촌 진평왕의 딸과 결혼한 것이다. 따라서 선덕여왕은 김춘추의 이모이기도 하다. 근친혼은 신라 왕족 사이에 흔한 관행이었다.

　진평왕은 큰딸 덕만에게 왕위를 물려주고 싶어했다. 물론 덕만이 왕위를 계승할 수 있었던 것이 부친의 소망 때문만은 아니다. 『삼국유사』에 따르면 당시 신라에는 성골 남자가 없어졌다고 한다. 사정이 그러해도 덕만이 왕위를 잇는 것은 현실적으로 매우 어려운 일이었다. 우선 신라에서 여자가 왕위를 계승했던 전례가 없었다. 더구나 그 무렵 신라는 고구려, 백제와 치열한 전쟁을 계속하고 있었다. 진평왕 대에 신라는 고구려와 5회,

경주 남산 불곡 마애여래좌상 경주 남산 동쪽 기슭 부처골짜기의 한 바위에 깊이가 1m나 되는 석굴을 파고 만든 여래좌상이다. 귀족들의 반대를 무릅쓰고 덕만을 여왕으로 세우기 위해 그녀를 모델로 조성했다고 여겨진다.

백제와 10회 전쟁을 치렀다. 선덕왕 대에도 고구려와 2회, 백제와 3회 전쟁을 치렀다. 이는 3년 남짓한 기간마다 한 번씩 전쟁이 일어났음을 뜻한다. 이 기간에 신라는 지속적인 전쟁 상태에 있었다.

622년에 진평왕은 큰딸 덕만을 최초의 여왕으로 만들기 위해서 권력 구조를 개편했다. 왕실 행정의 총괄자로 내성사신內省私臣을 신설했고, 이 자리에 사촌 김용춘을 임명했다. 이때 김춘추의 나이가 20세였다. 김용춘·김춘추 부자는 신라 최초로 여왕을 만들어내야 할 임무를 안고 정계에 등장했다.

김용춘·김춘추 부자가 제일 먼저 한 일은 세력을 규합하여 자신들의 힘을 키우는 것이었다. 그 대상은 기존의 귀족 기득권 세력으로부터 소외된 사람들이었다. 결론부터 말한다면 이렇게 형성된 세력이 신라 정치 세력에서 신파新派에 해당한다. 말하자면 왕당파였다. 김춘추 눈에 제일 먼저 들어온 사람은 금관가야 가계 출신의 김유신金庾信(595~673)이었다.

사회적으로 비주류에 속하지만 능력 있는 인물들에 대한 관심은 김춘추가 평생 지녔던 태도이다. 신라 불교계 주류에 포함되지 못했던 위대한 승려 원효元曉(617~686)의 탁월함을 알아보고 사위로 삼은 일이나, 유학자이자 문장으로 일세를 풍미한 강수強首(?~692)를 존중했던 태도가 그 대표적인 예다. 김춘추 사후에 「답설인귀서答薛仁貴書」를 지은 사람이 바로 강수이다. 이에 대해서는 뒤에서 살펴본다.☞ 139~142쪽 참조 강수의 집안은 대가야 출신이다. 김춘추의 이런 태도는 아마도 본인의 처지에서 비롯되었을 가능성이 있다. 이런 맥락에서 살피면 당시 그가 유교에 대한 사회적 관심이 높아지던 현상을 놓치지 않을 수 있었던 것도 우연으로만 보이지 않는다. 본래 유교는 물려받은 혈연보다 본인의 능력을 중시하는 경향이 기본 바탕에 있기 때문이다. 유교는 그즈음 신라에서 새로운 사상 조류였다.

김유신 집안은 정치적으로 김춘추 집안과 비슷한 면이 있다. 김유신의 증조할아버지는 금관가야 국왕 김구해金仇亥이다. 김춘추의 할아버지도 국왕(진지왕)이었다. 532년(법흥왕 19) 김구해가 신라에 항복하자 법흥왕은 그를 진골로 편입시키고 왕경 경주의 사량부沙梁部(경주 남산 서편 일대)에 살게 했다.☞ 사량부 위치는 202쪽 그림 참조 김구해의 셋째 아들 김무력金武力은 뛰어난 군사 역량을 가진 인물이었다. 그는 신라 진흥왕이 죽령 이북을 차지하고 세운 단양적성비와 553년 7월 백제 땅이던 한강 유역을 차지하고 세운 북한산비에도 이름이 나온다. 아마도 이런 공을 세운 덕에 이 지역에 새로 성립된 신주新州(현 경기도 광주)의 군주郡主가 된 듯하다. 그런데 신라는 다음 해인 554년(진흥왕 15)에 백제의 군사 공격으로 커다란 국가적 위기에 빠졌다. 신라의 한강 유역 점령에 분개하여 백제 성왕聖王(재위 523~554)이 관산성管山城(현 충청북도 옥천)을 대대적으로 공격했기 때문이다. 관산성 군주는 전세가 위태롭자 신주의 군주 김무력의 원조를 얻었고 전투는 신라의 승리로 끝났다. 이 전투에서 백제는 성왕이 전사했고 최고위 관직인 6명의 좌평 중 4명이 죽었다. 백제 측 전사자 수가 29,600여 명에 이르렀다. 백제로서는 가히 국력을 쏟아부은 공격에서 실패하고 말았다. 이 싸움 이후 신라는 한강 유역을 안정적으로 차지하며 인적·물적 자원을 획득할 수 있었다. 무엇보다 서해를 거쳐 직접 중국과 교류할 수 있는 통로를 확보했다. 김무력의 전공은 혁혁했다. 그럼에도 경주의 전통적 신라 귀족 세력은 그를 금관가야 출신이라고 은연중 무시했다.

김무력의 아들, 즉 김유신의 아버지 김서현金舒玄은 숙흘종肅訖宗의 딸 만명萬明과 도망하다시피 하여 혼인을 했다. 만명의 아버지 숙흘종이 그 결혼에 반대했기 때문이다. 숙흘종은 진흥왕의 동생이고, 숙흘종의 아버지는 법흥왕의 동생 입종갈문왕立宗葛文王이다. 숙흘종의 부인은 법흥왕의 딸 지소부인이었다. 말하자면 숙흘종은 법흥왕의 조카이자 사위이고, 만명은 진흥왕의 조카였다. 어쩌면 숙흘종은 만명이 왕비가 될 수 있다고 생각했을지 모르겠다. 어찌 되든 간에 적어도 가야계 진골과 결혼하는 것보다는 낫다고 생각했을 터다. 김유신 집안은 가야계 왕족 출신 진골이고 그의 할아버지가 그야말로 신라를 구한 사람이었지만, 부친 김서현과 만명의 혼인이라는 계기를 통해 신라 귀족들로부터 눈에 보이는 차별을 겪었다.

김춘추와 김유신, 둘 모두 표면적으로는 최고의 신분이었지만 권력의 이너 서클(inner circle) 안에서는 배제되는 형편이었다. 그들은 동병상련으로 자주 만나 어울렸다. 그러면서 서로 상대방의 군사적 능력과 정치적 야망을 알아보았던 듯하다. 두 사람이 처남과 매부로 인연을 맺게 된 이유이다. 마침내 진평왕의 의도대로 신구 귀족의 세력 균형 위에 632년 덕만이 선덕왕으로 즉위했다.

선덕왕이 신귀족의 도움을 받아 즉위했다고 하여 신귀족 세력이 조정에서 갑자기 강해지지는 않았다. 신라 최고위직인 상대등은 여전히 구귀족 출신이 차지했다. 김춘추의 본격적인 정치 무대 등장은 642년 백제의 신라 공격으로 조성된 국가적 위기에서 시작한다.

3. 정치적 격변의 원인

642년 고구려·백제·신라에서, 그리고 3년 뒤 일본에서 큰 규모의 권력 구조 변동이 일어났던 이유는 무엇일까? 이 현상을 이해하기 위해 먼저 주목할 부분은 그 권력 변동의 공통적인 내용이 무엇이었는가 하는 점이다. 그것은 귀족 권한의 약화와 중앙 권력으로의 집중이다. 그런데 분권적이었던 권력이 집중되는 방식에는 나라마다 차이가 있었다. 백제에서는 왕권이 강화되었지만, 고구려와 일본에서는 다른 모습으로 권력이 집중되었다.

7세기 동아시아 세계를 뒤흔든 근원적인 힘은 '하나의 중국'이었다. 후한後漢의 패망 이래 400년 가까이 분열되었던 중국이 수나라에 이어 당나라로 통일된 것이다. 나뉘어 서로 갈등하며 내부에서 소진되던 힘이 하나로 통일되자 외부로 미치기 시작했다. 이전에 보지 못했던 강력한 세계제국이 출현한 것이었다. 중국의 주변 국가들은 새롭게 나타난 강력한 정치적 군사적 힘에 긴장했다. 이 같은 국면은 마치 19세기 중반 서구가 동아시아에 나타났던 상황과 근본적으로 달라 보이지 않는다. 중국은 그들과 전쟁을 하면서 반식민지 상태에 놓였고, 일본은 그들의 압력에 재빨리 굴복하여 개항을 했으며, 조선은 결국 식민지가 되었다.

주변에 강력한 국가가 등장하자 이에 대항하기 위해 삼국 내부에서는 새로운 성격의 정치권력이 요구되었다. 귀족 세력을 통제할 수 있는 국왕 권력이 필요했다. 물론 각국에서는 그 이전부터 장기간에 걸쳐 국왕 권력이 강화되는 추세 속에 있었다. 수나라와 당나라의 등장은 그러한 요구의 수준을 급격히 높였다. 귀족 세력에 비해 국왕권이 강력해지고, 귀족 세력이 국왕권의 통제 아래로 들어와야 하는 상황이었다. 이 과정이 순조로울 리 없다. 이것이 각 나라에서 정치적 불균형과 갈등이 빚어진 이유였다.

02
640년대 동아시아 각국의 상황

1. 고구려와 당나라의 갈등

220년 후한이 멸망하면서 시작된 중국의 위·진 남북조 시대는 581년 건국된 신생국 수나라가 589년에 중국을 통일함으로써 마감되었다. 마침내 중국이 하나로 통합된 거대한 정치적 군사적 실체로 등장한 것이다. 이후 동아시아 정치·군사적 긴장의 기본 축 가운데 하나가 수나라와 고구려 사이에 형성되었다. 그렇게 된 이유는 수나라가 고구려의 국가적 자율성을 인정하지 않았기 때문이고, 고구려는 그런 수나라를 용납할 수 없었기 때문이다.

수나라의 잣대로 보자면 고구려의 자율성을 인정하지 않았던 것은 자연스럽다. 남북조 여러 나라를 통합한 수나라가 고구려만 예외로 해야 할 특별한 이유가 없었다. 앞에서도 언급했듯이 수나라는 자신과 주변국들과의 관계를 태양과 그 주위를 도는 행성들의 관계로 생각했다. 수나라가 고구려의 독자성을 인정한다는 것은, 곧 자국 중심의 일원적인 '세계질서'를 부정하는 것과 다름없다. 당나라 고조 이연은 그렇게 생각하지 않았지만, 뒤이어 당 태종이 등장하자 상황은 이전으로 완전히 되돌아갔다.

당 태종의 등장과 고구려-당나라 관계의 전환

당나라 2대 황제 당 태종 이세민李世民(598~649, 재위 626~649)은 그 자신이 당나라 건국의 주역이다. 수나라 타도의 뜻을 품고 현 산시성山西省 타이위안太原 방면 군사령관이던 아버지를 설득하여 군사를 일으켰고, 장안長安(현 중국 산시성 시안西安)을 점령하여 당나라를 세웠다. 당나라가 건국된 해가 618년이니, 수많은 군웅을 평정하고 당나라를 세운 것이 이세민의 나이 불과 21세 때였다. 이후 그가 황제로 즉위할 때까지의 상황은 흥미롭게도 조선왕조 건국 후 이방원이 태종(재위 1400~1418)으로 즉위하는 과정과 비슷하다. 시대와 나라는 달라도 조건과 상황이 유사하니 전개되는 내용도 비슷해진 모양이다. 우연이겠지만, 당 태종이 당 건국 이후 8년 만에 황제에 올랐던 것처럼, 조선의 태종도 건국 후 8년 만에 국왕에 올랐다. 아버지 사망 전 양위를 받아 즉위한 상황도, 그 사이에 '왕자의 난'이 일어났던 것도 똑같다. 당나라 건국 후 태자로 책봉된 형 건성建成과 동생 원길元吉을 쓰러뜨리고 둘째 아들 이세민이 626년에 즉위했다.

당 태종은 즉위 후 주변 나라들을 하나씩 정복해 나갔다. 북쪽으로 630년에 몽골고원의 유목국가 동돌궐東突厥을 격파했고, 서쪽으로 635년에 티베트고원 동북쪽 경사면의 토욕혼吐谷渾(현 칭하이성靑海省 지역)에 친당 괴뢰정권을 세웠다. 돌궐은 고구려의 동맹국이었다. 당나라는 이러한 정복을 통해 몽골고원과 타림분지 일대를 제압하며 영역을 팽창해갔다.

당 태종이 주변 국가를 차례로 정복한 방식은 수나라의 실패 경험에 영

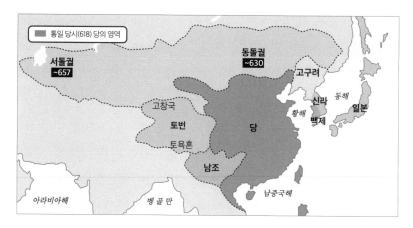

7세기 동아시아 돌궐은 투르크를 음차音借한 한자어이다. 6세기 중엽부터 약 200년 동안 몽골 초원과 중앙아시아를 차지했던 터키계 유목 민족이다. 터키라는 말도 투르크에서 왔다. 토욕혼은 티베트계 유목 민족이 중국 칭하이 지방에 세운 나라인데, 635년 당에 의해 친당 괴뢰정권이 들어섰다가 663년 토번吐蕃(티베트족)에게 멸망당했다.

향을 받은 것이다. 수나라는 건국 후 주변의 약체 세력을 하나씩 제압해가는 방법보다는 먼저 요동의 전통적 강대국인 고구려를 제압함으로써 자국 중심의 동아시아 세계를 빠르게 확립하고자 했다. 당 태종은 수나라 방식을 바꾸어서 고구려를 최후의 공격 대상으로 삼았다. 수나라를 반면교사로 삼았던 셈이다.

631년(영류왕 14), 고구려에게 몹시 불길한 사건이 벌어졌다. 당나라가 요서 지역에 있던 고구려 전승기념물인 경관京觀을 파괴해버린 것이다. 고구려는 수나라와의 전쟁에서 승리한 후 고구려와 수나라의 경계 지점에 경관을 세웠다. 경관은 무공武功 및 전과戰果를 과시하기 위해 전쟁이 끝난 뒤 적의 시체를 쌓아놓고 흙으로 덮은 큰 무덤이다. 당나라의 행위는 누가 보아도 고구려에 대한 침공 의지를 명백히 표현한 것이었다.

고구려 조정은 631년 2월부터 곧바로 천리장성을 쌓기 시작했다. 북쪽으로 만주 중부 지역인 부여성(현 눙안農安)에서 시작하여 남쪽 끝은 발해만의 비사성卑沙城(현 중국 랴오닝성遼寧省 다롄大連 대흑산산성大黑山山城)에 이르는 성이었다.☞ 24쪽, 42쪽 지도 참조 지금의 다롄시가 있는 랴오둥반도 지역은 본래 고구려 해양 방어의 전초기지였다. 그 지리적 전략적 가치 때문에 청나라 북양함대의 해군기지가 있었고 러일전쟁(1904~1905)의 최대 격전지였다. 지금도 중국 최고의 해군 장교 양성 기관인 다롄함정학원大連艦艇學院이 있으며, 인접한 뤼순旅順에는 중국 북해함대 해군기지가 있다.

고구려와 당나라 사이의 긴장은 640년에 더욱 고조되었다. 당이 서역 투루판 분지에 있던 고창국高昌國(현 중국 신장웨이우얼자치구新疆維吾爾自治區 투루판吐魯番)을 멸망시킨 것이다. 이로써 당나라는 고구려를 제외한 주요 적대국을 모두 정복한 셈이었다. 당나라가 펼쳐온 정복 사업의 끝이 고구려가 되리라는 예상은 누가 보아도 분명했다. 이제 당 태종에게 남은 일은 고구려와의 전쟁 수행에 필요한 대규모 병력 및 물자 동원을 정당화할 명분이 쌓이길 기다리는 것이었다.

642년에 연개소문이 당에 대해 온건했던 영류왕과 귀족들을 죽이고 권력을 장악했다는 소식이 당나라 조정에 알려졌다. 당 태종은 즉각적으로 반응했다. 그는 영류왕을 위해 조제弔祭까지 지내주었다. 당연히 고구려 정벌을 위한 당나라의 명분 축적의 일환이었다. 하지만 당시 당 태종의 원정 의지는 신하들의 건의로 잠시 미뤄졌다.

643년에도 당 태종의 고구려 침략 의지를 자극하는 사건이 있었다. 신라가 사신을 보내어 병력을 요청했던 것이다. 642년 7월과 8월에 백제는 신라를 공격하여 커다란 전과를 거두었다. 미후성과 그 주변의 40여 성을 빼앗고, 대야성을 함락했다. 신라로서는 국가적으로 전면적 위기를 만났다. 이를 타개하기 위해 642년 12월 김춘추가 고구려 평양으로 가서 군사를 요청했지만, 이 시도는 실패로 돌아갔다. 신라 귀족 세력 중에서 신파에 속한 김춘추의 외교적 노력이 실패하자, 643년에는 반대파인 구파 중심으로 대당 청병請兵 외교가 가동되었다. 마침내 신라 조정의 구파 쪽 사신이 당나라에 가서 병사를 요청했다. 다음은 그에 대한 기록이다.

> 선덕왕 12년(643) 9월, 당에 사신을 보내 말하기를 "고구려와 백제가 신의 나라를 침입하여 여러 차례 수십 성이 공습을 받았으며, 두 나라는 연병連兵하여 기필코 신라를 취하려 합니다. 이번 9월에도 크게 군사를 일으키려 하니, 신의 나라 사직은 반드시 보전할 수 없을 것입니다. 삼가 배신陪臣을 보내 당에 귀의하여 편사偏師(한 패의 군대)를 빌려서 구원을 받으려고 합니다."라고 하였다.
>
> —『삼국사기』권5, 「신라본기」 5, 선덕왕 12년.

위에서 주목할 부분은 백제뿐 아니라 고구려까지 신라를 침략하고 있다고 말한 점이다. 이는 바로 전해 12월에 백제 공격을 막아낼 병력을 고구려에 요청했던 것과 큰 차이를 보인다. 하지만 신라로서는 그렇게 말할 수밖에 없었던 이유가 짐작된다. 신라는 고구려를 원정하려는 당 태종의 오랜 의지를 알고 있었다. 당 태종은 사신使臣 수준에서는 대응하기 어려운 세 가지 방책을 제시하고 그중 하나를 택하게 했다.

첫째, 당나라가 변방의 군대와 거란 말갈병을 거느리고 '요동'으로 쳐들어가는 것인데, 이는 1년 정도 (신라에 대한 고구려의) 포위를 느슨하게 할 수 있다. 다만 이후에 이어지는 군대가 없으면 (고구려가 신라를) 마음대로 침략해서 더 소란스러워질 우려가 있음을 감안해야 한다. 여기서 '요동'은 요하遼河(현 랴오허강) 동쪽 지역인데, 중국에서는 한대漢代 이래 쓰이는 개념이다. 당시 고구려와 당나라가 요하를 자연적 경계선으로 삼아 대치했던 현실을 보여준다. 둘째, 당나라 군대의 붉은 옷과 깃발을 신라군에게 주면 고구려와 백제 군대가 와서 보고 당나라 군대인 줄 알고 도망갈 것이다. 셋째, 백제는 바다의 험함을 믿고 방비하지 않으므로 당나라가 이를 이용해 배에 군사를 싣고 백제를 공격하려 하는데, 신라는 여자가 임금이라 이웃 나라의 업신여김을 받고 있으니 당나라 왕족 가운데 한 사람을 보내 신라의 왕으로 삼은 뒤 안정되기를 기다려 다시 신라에게 맡긴다.

첫째와 둘째 방책은 처음부터 채택할 만한 것이 못 되었다. 당나라가 바다를 건너 백제를 공격하겠다는 셋째 방책이 신라가 바라던 바였다. 하지만 거기에는 여왕을 당나라 왕족으로 바꾸라는 전제 조건이 붙어 있었다. 사신 수준에서 도저히 받아들일 수 있는 방책이 아니었다. 결국 643년에 구파가 주도한 당나라 청병 외교도 실패했다. 게다가 당 태종이 신라 여왕 통치의 문제점을 지적한 말이 신라 내부의 권력 구도와 연결되면서 신라 조정에 큰 파문을 불러왔다. ☞ 48~49쪽 참조

당 태종이 신라 사신에게 이렇듯 무리한 요구를 했던 이유는 무엇일까? 그 이유는 한마디로 신라의 요청에 그가 별다른 흥미를 느끼지 못했기 때문일 것이다. 당시 태종은 조만간 자신이 직접 대규모 군대를 이끌고 고구려를 공격하여 멸망시키려는 계획을 가지고 있었다. 그리고 그 결과에 상당한 자신감이 있었다. 백제 공략은 고구려를 멸망시킨 뒤 차차 하면 될 일이었다. 굳이 멀리 서해 바다를 건너 백제부터 먼저 공격할 필요가 없었다. 다만 신라 사신의 요청에 따라 이듬해 644년 당 태종은 종6품의 낮은 관직에 있는 상리현장相里玄奬을 고구려와 백제에 보내서 신라를 공격하지 말라고 경고했다. 이를 거부할 경우 고구려를 정벌하겠다는 뜻을 전달했다. 고구려가 이를 거절하자, 당 태종은 실제로 다음 해인 645년에 몸소

고구려 정벌을 단행했다.

645년 제1차 고·당 전쟁

645년 2월 당 태종은 만반의 준비를 갖추고 고구려 친정親征에 올랐다. 4월에 요하를 건넜다. 제1차 고·당 전쟁의 시작이다. 재위 기간을 통틀어 그토록 먼 거리를 당 태종이 친정한 경우는 없었다. 고구려 정벌은 태종이 즉위 이후 거의 20년을 준비한 일이었다. 당나라 대외 원정에서 이처럼 치밀한 준비는 일찍이 없었다. 이는 무엇보다 수나라의 전례가 있었기 때문이다. 그토록 강력했던 수나라가 4차례나 감행한 고구려 침공에 모두 실패했고, 그 원정이 원인이 되어 결국 패망했다. 당 태종으로서는 결코 가벼이 여길 수 없는 전례였다. 그는 원정에 앞서 수도 장안의 노인들에게 참전하는 자손들의 안전을 약속했다. 병사들에게는 이 원정이 수나라 때와 달리 반드시 이길 수밖에 없는 전쟁임을 역설했다.

당나라 군대는 해로와 육로 양 방향으로 고구려를 진격했다. 수군은 평양으로 들어가고 육군은 요동으로 나아가 수륙 양군이 합세하는 작전이었다. 그런데 수군의 경우는 어쩐 일인지 평양이 아니라 비사성을 함락한 후 사료 기록에서 사라진다. 아마도 고구려 수군에게 패했을 것이다. 중국 사료는 자국이 패배한 전쟁에 대해서는 기록이 소략하거나 그 원인을 기후나 전염병에 돌리는 경향이 있다. 육군의 경우에 초기에는 요동 방어선상에 있는 신성, 건안성, 개모성 등 고구려의 여러 성을 격파하는 전과를 올렸다. 수나라가 끝내 한 번도 함락하지 못했던 요동성도 마침내 무너뜨렸다. 이때 고구려는 1만의 병사와 50만 석의 군량을 잃었다. 그 직후 백암성은 성주가 스스로 항복했다. 그런데 이어지는 안시성 전투에서 당나라

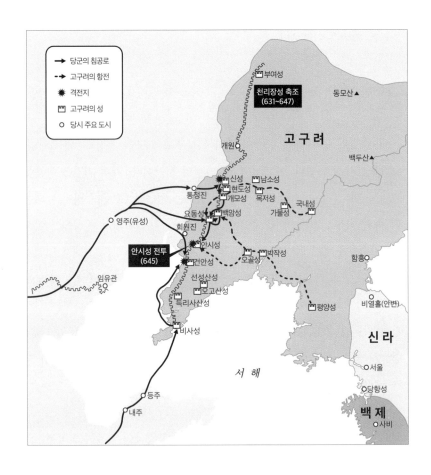

는 난관에 부딪혔다. 안시성에서 두 달 가까이 시간을 끌면서 당나라는 처음에 계획했던, 고구려를 단기간에 점령하는 전략에 실패하고 말았다.

당 태종은 고구려 공격을 시작하면서 신라와 백제 각각에 지원 군대를 보내줄 것을 요구했다. 신라에서는 내부적으로 다소 논란이 일었지만 결국 3만의 군사를 보냈다. 당나라가 패배한 후인 11월에 선덕왕에 대해 비판적이던 구귀족 측 인물 비담毗曇이 귀족 세력의 대표인 상대등에 올랐는데, 이를 보면 당나라 측에 파병을 주도했던 세력은 선덕왕·김춘추·김유

왼쪽: 〈막리지비도대전莫離支飛刀對箭**〉** 명 성화成化 7~14년(1471~1478)에 만들어진 『신간전상당설인귀과해정료고사新刊全相唐 薛仁貴跨海征遼 故事』의 목판화 삽화이다. 연개소문이 말을 달리며 당 태종을 향해 비도飛刀 네 자루를 던지자 설인귀가 화살을 쏘아 이를 막고 있는 장면을 표현했다. 그림 위쪽에 '천자天子'라고 쓰인 인물이 당 태종이고, 아래 왼쪽이 설인귀, 아래 오른쪽이 연개소문이다.

오른쪽: 경극 〈독목관獨木關**〉에 등장하는 연개소문** 등에 초승달 모양의 언월도 5자루를 차고 있다.

신 세력이고, 구귀족은 파병에 반대했던 것 같다. 어쨌든 신라는 이때 고구려 남부 국경선인 임진강을 넘어 고구려를 공격함으로써 당나라를 배후에서 지원했다.

　백제는 당나라의 지원 군대 요구에 응하지 않았다. 이 같은 처신은 그때까지도 백제가 고구려와 느슨한 연대를 통해 신라를 공격했던 사정과 무관하지 않으리라 본다. 백제와 고구려 두 나라 모두 신라에게 잃었던 영토를 되찾기 위해 신라를 공격했었다. 나아가 백제는 이 기회를 이용해 신라를 공격했다. 신라군이 고구려를 향해 북상하자 자연스럽게 신라 서부 국경선 방어가 약화되었기 때문이다. 이 공격으로 백제는 신라 7개 성을 함락했다. 신라 군대는 전면적인 퇴각이 불가피했다. 645년 전쟁은 당나라에게 백제와 신라에 대한 기존 노선을 바꾸는 계기가 되었을 것이다.

당 태종이 고구려를 치기 위해 백제와 신라에 지원부대를 요구했듯이, 연개소문은 대당 전쟁을 위해 6월에 당나라 서북방에 있는 설연타薛延陀에 사신을 파견했다. 당시 전투에서 고구려는 당나라에 밀리고 있었다. 연개소문은 당의 강력한 적수인 설연타를 움직이기 위해 사신을 파견했다.

설연타는 투르크 계열 부족인 철륵鐵勒의 한 갈래 종족이다. 그즈음 설연타의 진주眞珠 칸은 임종 직전이었다. 연구에 따르면 그가 사망하기 직전인 7월에 설연타 군대는 당의 하남河南(현 네이멍자치구內蒙古自治區 어얼둬쓰鄂爾多斯, 오르도스Ordos) 지역을 거쳐 이곳에서 600리 남쪽에 위치한 하주夏州(산시성陝西省 위린시榆林市 징볜현靖邊縣)까지 남하했다. 이곳에서 수도 장안까지는 불과 400km 정도밖에 떨어져 있지 않았다. 설연타 군대는 하주夏州에서 당나라 군대의 반격을 받고 후퇴했으나, 아무튼 그로써 연개소문의 공작이 성공했다. 설연타의 침공은 당연히 당 태종에게 전달되었을 것이다. 당시 고구려와 싸우고 있던 당 태종은 잠시 사태를 관망했다. 그는 그때 철륵의 군대를 양분하고 있던 진주 칸의 두 아들 발작拔灼과 그의 이복형 예망曳莽이 아버지의 죽음을 계기로 내란에 접어들 가능성을 고려했을 것이다. 하지만 9월에 진주 칸이 사망하자 장례식에서 적자嫡子인 발작이 예망을 급습하여 죽임으로써 내전 없이 설연타의 새 칸이 되었다. 이렇게 되자 당 태종은 설연타의 재침을 염려하지 않을 수 없었다. 결국 645년 9월 당 태종은 고구려 전선에서 철군을 결정했다. 보급이 불확실한 상황에서 겨울이 다가오고 있기 때문이었다. 그리고 그의 예상대로 새로운 칸 발작은 12월에 10만의 기마 군단을 이끌고 하주夏州를 공격했다. 당나라 주력부대가 고구려 쪽으로 이동한 틈을 노린 공격이었다. 유사한 상황이 661년 당 고종(재위 649~683)의 고구려 공격이나☞ 104쪽 참조 676년 당나라와 신라의 전쟁 때도 나타난다.☞ 147~149쪽 참조

645년 이후에도 당나라와 고구려의 군사적 긴장은 계속되었다. 고구려는 당나라에 사신을 보내 사죄하고 미녀를 바쳤다고 사료가 전한다. 물론 당 태종은 그 사죄를 받아들이지 않았다. 고구려에 대한 당나라의 군사 공격은 계속 이어졌다. 647년 3월과 648년 정월에도 고구려를 침략했다. 하지만 당나라 혼자 힘으로는 고구려를 군사적으로 굴복시킬 수 없었다.

국력을 기울이다시피 한 645년 군사 공격 실패 후 당 태종은 고구려에 대한 군사전략을 바꾸었다. 645년의 공격이 속전속결로 단기간에 점령하는 전략이었다면, 이후로는 고구려 국경에 대한 간헐적이지만 지속적인 공격을 가했다. 이것은 고구려보다 물자와 인력이 월등한 당나라가 고구려를 상대로 장기적인 소모 전략을 전개했음을 뜻한다. 태종에 이어 즉위한 고종도 이 전략을 이어받았다. 하지만 고구려는 이 전략도 효과적으로 방어했다. 결국 단기전으로든 장기전으로든, 당나라가 자력만으로는 고구려를 군사적으로 굴복시킬 수 없다는 점이 차츰 입증되었다. 후에 당나라가 신라와 연합하고, 고구려 대신 백제를 먼저 공략하는 전략으로 바꾼 가장 중요한 이유는 고구려와의 전쟁에서 실패했던 경험 때문이다.

2. 의자왕의 외교전략

의자왕은 20년간(641~660) 재위했다. 그의 정치 운영 양상은 크게 재위 15년(655)을 기준으로 나뉘는데, 앞쪽 15년간 그는 외교적으로 기민했다. 동아시아가 격변하는 가운데, 그는 주변 나라들에 대해 각각 기본적인 외

교적 원칙을 가지고 있었던 것으로 보인다. 어떤 시대 어느 나라에서나 필요한 일이다.

먼저, 당나라에 대해서는 전통적인 우호 관계를 유지한다는 원칙을 가지고 있었다. 643년 9월에 신라는 당나라에 사신을 보내 고구려와 백제가 자신들을 공격했음을 알리고 지원 병력을 요청했다.☞ 39쪽 참조 이에 당나라가 사신을 보내 백제에 경고하자 의자왕은 곧바로 군대를 철수했다. 이는 당나라 위신을 세워주어 서로의 관계를 원만히 유지하려는 의도였다.

의자왕은 고구려에 대해서는 '연화連和' 정책을 폈다. '연화'는 느슨한 군사적 협력 관계쯤으로 이해할 수 있다. 아마도 의자왕이 이런 정책을 폈던 까닭은 645년 고구려가 당 태종의 막강한 공격을 막아내는 것을 보고 새삼 영향을 받았을 가능성이 높다. 더구나 백제와 고구려는 신라에 대해 공동의 이해관계를 가졌다. 두 나라 모두 신라에게 자국의 옛 영토를 빼앗겼기 때문이다. 한편 신라에 대해서는 일관되게 고립시키고 공격하는 정책을 폈다. 백제의 이런 정책은, 당나라가 645년 2월, 647년 3월, 648년 정월의 세 차례에 걸쳐 고구려를 원정할 때마다 의자왕이 당해 연도의 5월, 10월, 3월에 신라에 군사 공격을 감행했던 데서 잘 드러난다. 신라가 당나라에 군사적 지원을 하는 과정에서 일시적으로 국경선이 약화되자 그틈을 노려 공략했던 것이다.

고구려와 신라에 대한 백제의 정책은 결과적으로 신라를 당나라에 강하게 밀착시키는 결과를 낳았다. 645년 이후 당나라는 고구려 공격에서 아무런 결실을 보지 못하자 하나의 사실을 점차 깨닫게 되었다. 자국의 힘만으로는 고구려를 무력으로 굴복시킬 수 없다는 사실이었다. 요컨대 당나라가 고구려를 함락하기 위해서는 신라나 백제의 후방 지원이 필수 조건임을 이해하게 되었다. 그와 동시에 백제의 행동에 대해서 차츰 의문을 갖기 시작했다. 고구려와 당나라 사이에서 백제가 자국의 실리에 따라 움직이는 모습을 보였기 때문이다. 그에 비해 신라는 전혀 달랐다. 사실 신라는 당나라 이외에 다른 선택지가 없었다. 고구려와 백제가 느슨한 협력 관계를 유지하여 신라에 공세적인 태도를 유지했기 때문이다. 두 나라가 신라를 공격할 때마다 당나라는 신라를 위해 고구려와 백제에 대해서 외교적인 억지력을 발휘했다. 신라는 국가 생존을 위해 당나라의 도움이 절실했다. 이 과정을 통해서 당나라는 백제 대신 신라를 자신들의 군사 협력 대상자로 선택하게 된다. 648년 김춘추가 당 태종과 맺은 밀약이 바로 그것이다.

3. 신라의 위기, 위안, 기회

위기

642년(선덕여왕 11) 백제의 대규모 군사 공격을 받은 이래 수년간 신라는 국가적 위기에 몰렸다. 하지만 정확히 말하면 신라의 위기는 이미 선덕여왕의 아버지 진평왕 때부터 시작되었다. 고구려와 백제가 신라를 공격했던 데서 그 위기가 비롯되었는데, 642년 절정에 이르렀다. 사실 이 위기는 예정된 것, 혹은 신라가 자초한 측면이 있다. 왜냐하면 6세기 중엽 이후 신라가 고구려와 백제 영토를 공격하여 영역을 확장하는 데 성공했기 때문이다. 고구려와 백제의 신라 공격은 자신들의 잃어버린 땅을 찾으려는 당연한 결과였다.

신라는 642년 말 고구려에, 643년 당나라에 각각 청병 외교를 펼쳤다.

경주 선덕여왕릉   경북 경주시 보문동 산79-2번지에 소재하며, 높이 6.8m, 지름 23.6m의 원형 봉토무덤이다. 선덕여왕은 진평왕의 딸로서 신라 최초의 여왕에 올랐다. 647년 그녀가 병석에 누워 있을 때 '비담과 염종의 반란'이 일어났다.

결과는 모두 실패였다. 더구나 당나라 청병 외교 과정에서 당 태종이 신라 사신에게 한 말은 647년 신라 수도에서 발생한 '비담과 염종의 반란' 사건의 단서가 되었다. 당 태종은 당나라가 신라를 도와주는 대신에 선덕여왕을 폐위하고 당나라 왕족 중 하나를 신라 왕으로 삼는 것을 제안했었다. 물론 당 태종도 신라가 이를 받아들이리라 생각하지는 않았겠지만, 신라에서는 그 제안이 계기가 되어 정치적 내분이 일어났다. 또한 앞에서 언급했듯이 645년에는 당나라의 고구려 침공을 지원하는 과정에서 신라가 또다시 백제에게 7개 성을 잃는 일이 벌어졌다.

647년 신라 수도 서라벌에서 '비담과 염종의 반란'이 일어났다. 자녀를 두지 못한 선덕여왕이 병석에 있었는데 병이 중하여 후계자를 정해야 하는 상황이었다. 후계자로 떠오른 사람은 선덕여왕의 사촌 여동생 승만勝曼이었다. 비담毗曇은 그에 반대하며 자신이 왕위를 차지하려 했다. 비담은 귀족 세력의 대표인 상대등이고, 염종廉宗은 대아찬이었다. 그들은 구귀족 세력을 대표했다. '비담과 염종의 반란'은 신라의 왕위 계승 문제를 둘러싼 신구 귀족 간 무력 대결 성격을 띠었다. 이때 비담과 염종이 반란 명분으로 내세운 것이 643년 당 태종이 했던 말, 즉 "여왕은 정치를 잘할 수 없다(女主不能善理)"이다. 이 반란은 구귀족이 왕당파인 김춘추·김유신 중심의 신귀족을 제거하고 왕위 계승권을 확보하려는 목적으로 일어났다. 비담의 반란은 김유신 군대에 진압되었다. 이를 계기로 오히려 신귀족 세력이 더욱 단단히 조정에서 실권을 장악하게 되었다. 마침내 승만이 무사히 즉위했으니, 바로 진덕왕眞德王(재위 647~654)이다.

위안

647년 1월에 '비담과 염종의 반란'이 일어났다. 646년 12월에 김춘추가 일본으로 떠난 직후 일어난 일이다. 반란군은 명활성明活城(현 경주시 천군동·보문동)을 본거지로 삼았다. 명활성은 지금의 경주 보문관광단지 바로 남쪽 산에 있던 수도 서라벌의 외성外城이다. 왕성王城과 불과 10리 정도 떨어졌다. 김유신이 이끄는 관군은 왕성인 월성月城에 진을 쳤다. 양군은 10여 일이나 공방전을 벌였지만, 좀처럼 한쪽으로 승부가 기울지 않았다. 그러던 중 밤에 큰 별이 월성 쪽으로 떨어졌다. 이와 관련해 『삼국사기』에 다음과 같은 기록이 있다.

큰 별이 월성에 떨어졌다. 비담 등이 군사들에게 이르기를 "내가 들으

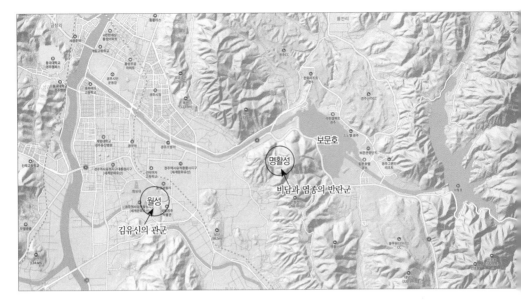

관군과 반란군의 대치 비담과 염종은 명활성을 본거지로 반란을 일으켰다. 김유신이 이끄는 관군은 월성에 진을 치고 공방전을 벌였다. 명활성과 월성은 불과 4km 거리밖에 되지 않는다. 출처_네이버지도

니, 별이 떨어진 아래에는 반드시 유혈流血이 있다고 한다. 이것은 아마 여주女主(선덕왕)가 패전할 조짐이다."라고 하였다. 군사들의 떠들어대는 소리가 땅을 진동하니 왕이 듣고 무서워서 어찌할 바를 몰랐다. 유신이 왕을 뵙고 말하기를 "길흉은 무상하여 오직 사람이 하기에 따라 달라지는 것입니다. 덕德은 요사함을 이깁니다. 별의 변괴 따위는 두려울 것이 없습니다. 왕은 근심하지 마소서." 하였다. 그런 연후에 그는 허수아비를 만들어 불을 안기고 풍연風鳶(연)에 실어 날려서 하늘로 올라가는 것같이 하였다. 이튿날 사람을 시켜 길거리에 말을 퍼뜨리기를 어젯밤에 떨어진 별이 도로 올라갔다고 하여 적군들이 의심토록 만들었다.

—『삼국사기』권41,「열전」1, 김유신(상).

명활성과 월성 위 사진이 명활성이고, 아래는 월성의 해자이다. 명활성은 경주 보문관광단지의 초입에서 만날 수 있는 산성으로 둘레가 약 6km에 이른다. 신라 동쪽 방위의 중요한 역할을 했던 곳이다. 사진에 보이는 명활성은 발굴 정비 작업을 통해 복원한 모습이다. 출처_경주시청

월성은 신라 궁궐이 있었던 도성이다. 성의 모양이 반달처럼 생겼다 하여 반월성 또는 신월성이라고도 불린다. 적의 침입을 막기 위해 성 주위를 둘러서 판 못인 해자에서는 동물의 뼈와 식물의 씨앗 등이 확인되어 신라시대의 환경을 짐작할 수 있게 해준다. 출처_문화재청

김유신에 관한 자료들은 그가 심리전에 능했음을 알려준다. 그는 합리적인 논변으로 여왕을 안정시켰고, 동시에 그와 반대되는 심리적 처방으로 병사들의 마음을 달랬다. 그가 단순히 전투를 잘하는 장군에 그치지 않았음을 보여준다. 선덕여왕은 반란 와중인 647년 1월 8일에 사망했다. 9일 뒤인 17일에 김유신이 반란군을 진압하고 비담을 처형했다. 뒤이어 진평왕의 조카 승만이 마지막 성골로서 즉위했다. 아마도 김춘추가 일본으로 떠나기 전에 협의된 일이었을 것이다. 그녀의 즉위는 선덕왕 즉위 때와 달랐다. '비담의 난' 진압을 통해 정치적 실권을 장악한 신귀족 세력은 구파의 동의나 양해를 구할 필요가 없었다.

김유신의 무공과 지략은 '비담과 염종의 반란'을 막아내기 전부터 빛을 발했다. 644년은 선덕여왕 재위 13년이 되는 해다. 이때 김유신 나이는 50세로 이미 장년을 넘어섰다. 이해 9월에 김유신은 백제 가혜성加兮城(현 경상남도 거창) 등 7개 성을 공격하여 대승을 거두었다. 이 전과로 신라의 낙동강 수운水運을 다시 개통할 수 있었다. 642년 대야성을 비롯한 여러 성을 잃은 이후 제대로 작동하지 못하던 신라의 물류物流를 회복시킨 것이다. 혁혁한 전공이었다.

해가 바뀌어 645년 정월에 김유신은 경주로 복귀했다. 이 시기에 신라와 백제 간 쟁탈의 요지要地는 낙동강 서안 지역인 경남 합천·거창 일대였다. 백제의 대군이 낙동강 상류 매리포성買利浦城(현 경상남도 거창)을 공격해왔다. 선덕여왕은 김유신에게 상주장군上州將軍을 제수하고 그 지역을 방어하도록 했다. 김유신은 가족을 만날 잠깐의 여유도 없이 출전하여 백제 병사 2천 명의 머리를 베었다. 3월에 개선한 그는 또다시 백제군이 서부 전선에 집결하고 있다는 급보를 접했다. 이번에도 귀가하지 못하고 서부 전선으로 달려가 백제군을 물리쳤다.

선덕여왕에서 진덕여왕으로 신라의 정권이 교체되는 어수선한 정국을 겨냥하여 의자왕은 신라에 대대적인 군사 공세를 퍼부었다. 진덕여왕 원년(647) 10월에 백제군은 신라에 속한 전라북도 무주, 경상북도 고령, 충청북도 충주 등 3개 성을 포위 공격했다. 김유신 부대는 백제군을 대파하고 3천여 명의 머리를 베었다. 진덕여왕 2년(648) 3월에는 백제 장군 의직義直이 신라 서쪽 변경을 침범하여 경상북도 문경 지방의 성 10여 개를 점령했다. 그러자 김유신이 다섯 갈래 길로 진격하여 의직의 군진軍陣을 대파했다. 648년 김유신의 전공은 특히 더 빛났다. 6년 전인 642년 8월에 백제 장군 윤충에게 함락되었던 대야성을 되찾은 것이다. 신라군은 백제군과 두 차례 크게 싸워 21개 성을 빼앗았으며, 3만여 명을 베고 9천여 명의 포로를 잡는 대승을 거두었다. 다음 해인 진덕여왕 3년(649)에는 백제 장군 은상殷相과 싸워 좌평 2명을 비롯해 9천여 명을 사로잡거나 죽이는 전과를 올렸다. 백제는 이 시기에 입은 깊은 타격 때문에 이후 수년간 신라를 공격하지 못했다.

642년 이래 백제 의자왕은 모든 전선에 걸쳐 신라를 쉼 없이 강하게 압박했다. 하지만 642년과 같은 성과는 다시 나오지 않았다. 전투는 많았지만 성과는 미미했다. 그 원인은 김유신이었다. 그는 50대답지 않은 체력과 탁월한 전략·전술을 구사하는 인물이었다. 이 시기 김유신이 백제의 파상 공세를 막아낸 일은 신라로서는 커다란 위안이었고, 반대로 의자왕에게는 불운이었다.

기회

백제의 지속적이고 전면적인 군사 공격으로 신라는 국가적 위기를 맞았지만 김유신이 성공적으로 막아냈다. 내부 반란도 김유신이 제압했다. 이를 기반으로 김춘추의 외교 활동이 재가동되었다. 다시 말하면 김춘추의 외교 활동은 김유신의 군사적 능력과 성과 위에서 가능했다. 당시 신라가 군사·외교에서 김유신과 김춘추라는 확고한 리더십을 확보하고, 그에 더해 이 두 사람이 단단하게 결합해 있던 관계는 국가적으로 큰 행운이었다. 그러나 객관적으로 볼 때 이즈음 김춘추의 외교 활동에 대한 전망은 불투명했다. 그래도 이때는 그것만이 신라의 활로를 열 수 있는 기회였다. 결과적으로 보면 김춘추의 외교적 노력은 처음에 예상했던 것보다 훨씬 행운이 따랐고, 기대했던 것보다 훨씬 큰 성공을 거두었다.

김춘추는 먼저 왜倭, 즉 일본에 갔다. 향후 당나라로 가서 협상하기 위한 일종의 사전 준비였을 것이다. 그가 당나라보다 왜에 먼저 가게 된 것은 계기가 있었다. 646년 9월, 왜의 사신 다카무코노 구로마로高向玄理가 신라를 방문해서 일본에 고위급 사신을 파견해주길 요청했다. 다카무코노 구로마로는 당나라 유학생 출신으로, 오랜 세월 당나라에서 공부한 뒤 귀국하여 다이카개신 정권에서 중요한 정책 입안자로 활약한 인물이다. 그런데 다이카개신 정권은 무슨 까닭으로 신라에게 고위급 인물 파견을 요청했을까? 왜의 제1차 견당사遣唐使인 이누카미노 미타스키犬上御田鍬와 구스시노 에니치藥師惠日는 632년에 당나라 사신 고표인高表仁과 함께 일본으로 돌아왔다. 고표인은 왜에서 성대한 영접을 받았지만, 왜의 왕자와 명분상의 의례 문제로 다투게 되었다. 결국 이 일로 당나라와 왜의 교섭이 결렬되고 양국 관계는 단절되었다. 왜는 당나라와 국교를 재개할 단서가 필요했다. 그리하여 신라를 통해 당나라와의 관계를 회복하고자 그 중재 역할을 부탁했다. 646년 12월, 김춘추는 구로마로와 함께 일본에 갔다.

일본이 요구한 내용은 신라에도 유리한 것이었다. 645년 다이카개신은 나카노오에 황자와 나카토미노 가마타리 등이 친백제 정책을 취하던 소가노 에미시蘇我蝦夷와 소가노 이루카蘇我入鹿 부자를 타도하면서 시작된 개혁이다. 김춘추는 왜의 권력 교체를 계기로 백제와 왜의 관계를 변화시킬 수 있는 가능성을 타진했던 듯하다. 일본의 지지를 얻는다면 신라로서는 당나라를 상대로 한 협상에서 유리한 카드 하나를 얻는 셈이었다. 김춘추의 일본 방문은 성공적이었다. 김춘추는 다이카개신 정권으로부터 당나라와 국교 재개를 바라는 왜의 외교문서를 받아 귀국했다. 김춘추가 일본에 갔던 사실은 『일본서기』에 나온다. 거기에 "김춘추는 용모가 아름답고 담소를 잘했다(春秋 美姿顔 善談笑)"고 적혀 있어 그의 모습을 전해준다.

648년(진덕여왕 2) 윤12월에 김춘추는 셋째 아들 문왕文王(文汪)을 데리고 당에 건너갔다. 김춘추가 아들을 데리고 당나라 수도 장안에 간 데는 이유가 있다. 그 이유는 잠시 미뤄둔다.☞ 57쪽에서 설명 당 태종은 김춘추 일행을 후하게 맞았다. 그것은 5년 전 신라 사신을 맞았을 때와는 크게 달라진 모습이었다. 당 태종의 태도가 이렇게 변화한 까닭은 무엇인가. 645년 당 태종의 대규모 친정 실패 이래 연이은 고구려 공격이 낭패를 당했기 때문이었다. 당 스스로도 대對고구려 공략에 변화가 필요하다는 사실을 깨닫고 있는 중이었다.

장안에 도착한 김춘추는 서둘지 않았다. 그는 먼저 당 태종의 허락을 받아 최고 국립교육기관인 국자감國子監의 석전釋奠(공자에게 지내는 제사)과 강론講論(유교 경전 해설)을 관람했다. 태종은 삼국의 존재를 인정하지 않는 신찬 『진서晉書』를 김춘추에게 하사하여 고구려와 백제를 원정하려는 뜻을 드러냈다. 두 사람의 이러한 탐색전 끝에 김춘추는 자신이 당나라를 방문한 목적을 말했다. 백제의 공격으로 인해 당으로 향하는 조공로의 폐쇄 가능성뿐만 아니라 신라의 멸망까지 말하며 병력을 요청했다. 그러자 당 태종은 김춘추의 요구를 받아들였다. 또 김춘추는 향후 신라가 중국 문물을 전폭적으로 수용하는 상징적 조치로 장복章服을 요구했다. 장복이란 신라 조정에서 관리들이 입는 관복官服이다. 당 태종은 이 요구도 받아들였다. 649년 정월부터 신라 관료들은 당나라 관복을 입었다.

4. 648년 김춘추와 당 태종의 비밀 군사동맹

648년 김춘추와 당 태종 만남의 핵심은 신라와 당나라가 군사적 비밀 협약을 체결했다는 사실이다. 나당동맹으로 불리는, 신라와 당나라 사이의 군사동맹이다. 그 내용은 『삼국사기』 진덕여왕 2년 조에는 오히려 안 나오고, 671년 7월 26일 당나라 총관 설인귀薛仁貴(613~683)가 보낸 편지에 문무왕이 회답한 답신의 첫머리에 나온다. 아래는 문무왕의 말이다.

> 선왕(태종무열왕, 김춘추)께서 정관 22년(648)에 중국에 들어가 태종 문황제文皇帝(당 태종)의 은혜로운 조칙을 직접 받았는데, "짐이 지금 고구려를 정벌하려는 것은 다른 이유가 있어서가 아니라 너희 신라가 두 나라 사이에 끼여 매번 침략을 당해 편안할 때가 없음을 불쌍히 여기기 때문이다. 산천과 토지는 내가 탐내는 것이 아니고 옥백玉帛(옥과 비단, 즉 귀한 물건들)과 자녀들은 내게도 충분하다. 내가 두 나라를 평정하면 평양平壤 이남의 백제 땅은 모두 신라에 주어 영원히 평안하게 하겠다." 하시고는 계책을 가르쳐주고 군사의 기일을 정해주셨다.
> —『삼국사기』 권7, 「신라본기」 7, 문무왕 11년.

위에서 외교적 수사를 뺀 핵심 내용은 이렇다. 신라의 백제 공격을 당나라가 지원하고, 당나라의 고구려 공격을 신라가 지원하여 백제와 고구려 두 나라를 멸망시킨다. 이 일이 이루어진 후에는 평양 이남을 신라 지배 지역으로 당이 인정한다.

648년 당 태종의 말은 이전에 했던 말과 확실히 달라졌다. 이전까지는 고구려를 응징하기 위해서 공격한다고 말했다면, 위에서는 신라를 구원하기 위한 것으로 말하고 있다. 말만 달라진 것이 아니다. 당나라가 수차례 독자적인 고구려 공격에서 성과를 거두지 못하자 당 태종은 신라를 끌어들였다. 사실 위의 당 태종 말을 당나라가 끝내 자발적으로 지키지는 않았다. 그런 의미에서, 당 태종의 말은 신라에 대한 당나라의 유인책, 좀 더 정확히 말하면 정치적 속임수였다. 당나라는 그 약속을 고구려를 멸망시킬 때까지만 지키고, 끝까지 지킬 마음은 없었다. 후에 확인할 수 있듯이, 고구려가 멸망할 때까지조차 당나라가 약속을 충실하게 이행했던 것도 아니다. 어쨌든 당시에 김춘추는 당나라와 밀약을 성립시킨 후 그에 대한 담보로 동행한 아들 문왕을 숙위宿衛로 남겨두고 귀국했다.

숙위란 본래 궁궐에서 군주를 지킨다는 뜻에서 나온 말이다. 중국 주변 국가들이 자국의 왕자나 귀족 자제들을 당 조정에 보내서 당 황실의 권위를 높이고 자국의 안전을 도모했던 외교의 한 형식이다. 한편에서 보면 숙위하는 자들은 당나라가 붙잡고 있는 이웃 나라 인질의 성격도 있고, 당나라와 이웃 나라 사이의 연락책 성격도 있었다. 김춘추는 문왕을 남겨놓아 그로 하여금 당의 내부 사정 변화를 파악할 수 있도록 했다. 이는 동시에 신라 안에서 김춘추가 대당 관계를 독점하게 되었음을 뜻한다.

일본과 당나라에 대한 김춘추의 외교 행보에는 상당한 행운이 따랐다. 당나라에서 뱃길로 귀국하는 도중에 그는 고구려 해상순라대를 만나 목숨을 잃을 뻔했다. 서해를 가로지르는 직항로 대신 육지에서 멀리 떨어지지 않은 연해항로로 오다가 벌어진 일이었다. 이때 김춘추의 목숨을 구한 사람은 그의 종사관인 온군해溫君解였다. 위기의 순간에 온군해는 김춘추의 옷과 모자를 착용하고 김춘추인 듯이 가장했다. 갑판으로 뛰어든 고구려 순라병은 김춘추로 잘못 알고 온군해를 난도질했다. 그런 소란의 와중에 김춘추는 작은 배로 바꿔 타고 신라로 복귀했다. 아마도 김춘추는 평소 아랫사람들에게 신망을 얻었던 모양이다. 온군해는 사후에 대아찬大阿飡에 추증되었다.

　김춘추의 행운은 개인적인 차원에만 그치지 않았다. 일본과 당나라에서 그가 얻은 외교적 성과는 상당한 정도로 시운時運이 따른 결과였다. 김춘추가 뛰어난 용기와 외교적 지모를 지닌 인물이었음은 사실이지만, 일본과 당나라와의 교섭에서 얻은 결과가 순전히 김춘추 개인의 능력에만 기인했다고 보기는 어렵다. 그 무렵에 일본이나 당나라는 모두 김춘추(신라)의 도움과 협력이 필요한 상황이었다. 일본은 신라를 통해 당나라와 외교 관계를 회복하길 원했고, 당나라는 고구려 공략에서 빠져 있는 퍼즐을 구해야 했다. 따라서 김춘추의 능력을 꼽으라면, 일본과 당나라가 원했던 바로 그 지점에 그가 정확하게 조응했던 것을 들어야 한다. 한 걸음 더 나아가 말한다면, 김춘추의 성공은 이전의 신라 구지배층이 갖지 못한 모습을 그가 갖추었다는 데 있다고 해도 과언이 아니다. 이 지점에서 김춘추 개인에 더하여 그 무렵 신라에서 진행 중이던 새로운 경향에 주목할 필요가 있다.

　오랫동안 신라의 국가 발전 모델은 고구려와 백제였다. 고대국가 성립이 두 나라보다 늦은 신라로서는 자연스러운 일이었다. 하지만 6세기 중·후반부터 신라는 고구려·백제와 갈등이 격화되었고, 또 실력 면에서 두 나라와의 격차를 많이 줄였다. 그 결과 신라에서 두 나라를 뛰어넘어 중국 문화를 직접 수입하려는 경향이 나타났다. 가장 손쉬운 방법은 유교 경전을 비롯한 중국 서적을 수입하여 공부하는 것이었다. 6세기 말 원광圓光 (555~638)은 유학을 떠나기 전에 이미 신라에서 노장사상과 유학, 제자백가와 중국의 역사서 등을 두루 섭렵했다. 신라 학자 강수(?~692)는 7세기 초 그의 선생들로부터 『효경孝經』, 『이아爾雅』, 『문선文選』 등 중국의 경전과 문학서 등을 배웠다. 강수를 가르친 선생들이 이미 신라 안에 있었다는 말이다. 수입된 서적으로 공부하는 것을 넘어 직접 중국으로 유학을 떠나는 사람들도 있었다. 원광은 이미 신라에서 상당한 학문적 수준을 갖춘 뒤 남조南朝의 진陳나라로 유학을 떠났고, 얼마 후에는 자장慈藏(590~658), 원측圓測(613~696), 의상義湘(625~702) 등이 뒤를 이었다. 다시 말해서 김춘추가 중국에 갔던 648년 무렵이면 중국 문화에 대한 신라의 이해가 상당한 수준에 이르렀다고 보아야 한다.

더구나 김춘추는 중국과의 관계를 더 긴밀히 할 수 있는 조건에 있었다. 앞에서 언급했듯이 김춘추나 김유신은 신라 안에서 정치적으로 유사한 위치에 있었다. 이들은 신라 최고 권력층의 일부이면서도 구주류 세력의 핵심에서는 다소 벗어나 있는 인물이었다. 이들의 정치적 위치가 더 넓은 활동의 폭, 새로운 문화에 대한 더 많은 포용력을 가능하게 했을 것이다. 이런 맥락에서 본다면, 김춘추가 648년 당나라에 갔을 때 국자감의 석전과 강론을 관람한 일이 단순히 외교적인 탐색에 그친다고 할 수는 없었다. 아마도 김춘추의 요구에 대한 태종의 응대에 약간의 진정성이라도 있었다면, 그것은 김춘추에게서 당나라의 문화와 체제, 말하자면 유교적 지향성을 수용하려는 적극적인 자세를 읽었던 것과 관련 있었을 듯싶다.

5. 645년 1차 고·당전쟁이 국제적 동맹 관계로 이어지고

642년의 충격 이후 고구려·백제·신라는 각자 국가적 생존을 위해서 분투했다. 백제는 신라에 지속적인 군사 공격을 가했다. 신라는 백제의 공격을 막아내는 한편으로 김춘추가 고구려와 당나라, 그리고 바다 건너 왜까지 왕래하며 국가적 생존을 위해 노력했다. 고구려는 임박한 당나라 침략에 대비했다.

645년 당나라는 오랜 준비를 마치고 고구려에 거대한 군사 공격을 감행했고, 고구려는 이를 성공적으로 막아냈다. 이는 전쟁의 당사자인 당나라뿐 아니라 백제에게도 의미 있는 영향을 주었다. 이 공격은 당 태종이 즉위 이래 거의 20년을 준비한 일이었다. 당나라는 645년의 침략 이후에 647년과 648년에도 재차 고구려를 공격했다. 하지만 결과는 달라지지 않았다. 결국 당나라는 연이은 공격 실패 후에 자력만으로는 고구려를 굴복시킬 수 없다는 사실을 깨달았다. 백제는 고구려의 힘을 재인식하고 이후 고구려에 대해 '연화' 정책을 펼쳤다. 이런 과정들이 고구려, 백제, 신라 및 당나라를 기존에 개별적으로 행동했던 것에서 짝을 지어 협력하고 갈등하는 관계로 유도했다.

648년 당 태종과 김춘추의 밀약은 신라는 물론 고구려, 백제 모두에게 하나의 전기가 된 사건이다. 648년의 밀약이 성립 가능했던 것은 당나라와 신라 모두 스스로 원했기 때문이다. 신라 측에서 보면 이 밀약은 신라가 국가적 위기를 벗어나 새로운 단계로 넘어가는 계기였다. 백제와 고구려의 공세로 시달리던 상태에서 고구려·백제 대對 신라·당나라라는 동맹적 관계가 시작되는 출발점이었다.

03

동·서, 남·북 연합 국제전의 전야

1. 김춘추의 즉위

백제의 끊임없는 군사 공격에 시달리던 신라는 648년 당나라와 비밀 협약을 체결했다. 이로써 신라는 국가 존립을 위한 최소한의 안전장치를 마련해놓았다. 김춘추가 이를 주도했다. 밀약 체결 후 김춘추는 셋째 아들 문왕을 당나라에 숙위로 남겨두고 귀국했다. 당 건국 이후 신라는 당에 조공 관계를 유지하면서도 연호年號는 계속 독자적으로 사용하고 있었다. 하지만 650년 이후 신라는 진덕여왕의 연호인 태화太和를 폐지하고 당 고종의 연호인 영휘永徽를 쓰기 시작했다. 법흥왕 23년(536)에 건원建元이라는 독자 연호를 쓰기 시작한 이래 114년 만에 중국 연호를 받아들인 것이다. 이미 649년부터 신라 관리들은 중국의 복식과 의관을 착용했다. 이렇듯 신라는 당나라와의 관계 강화에 전력을 기울였다.

신라가 취한 조치들은 백제나 고구려는 취하지 않았던 행동이다. 고구려와 백제에게도 당나라와의 관계는 매우 중요한 국가적 외교적 사항이었다. 하지만 두 나라에게 당나라와의 관계는 외교·정치 문제에서 고려해야 할 유일한 사항이 아니었다. 이 점에서 신라는 고구려나 백제와 달랐다. 그 시기 신라에게는 다른 선택의 여지가 없었다. 이러한 신라의 대당 관계에서 김춘추는 신라를 대표했다.

654년 3월, 진덕여왕이 재위 8년 만에 병으로 사망했다. 뒤를 이을 유력한 성골 출신의 인물은 아무도 없었다. 신라로서는 또 한 번의 정치적 위기를 맞이했다. 화백회의가 열렸고, 여기에서 여러 귀족들이 알천閼川에게 섭정에 오를 것을 요청했다. 이를 주도한 이들은 구귀족 계열인데, 순전히 당파적 이유로 그 요청을 했다고 하기는 어렵다. 알천은 당시 신라를 대표할 만한 인물 중 하나였다. 그는 이미 638년 10월에 선덕여왕을 대신하여 민심을 안정시키기 위해 지방 순무巡撫에 나선 바 있고, 대외 항전에 자주 참전하여 전공을 세웠다. 647년 '비담과 염종의 반란'을 진압하는 데 일등 공신은 김유신이다. 난이 진압된 후 왕권에 도전했던 사람들은 모두 숙청되었다. 그런데 '비담과 염종의 반란'이 진압된 후 최고위직인 상대등에 오른 사람이 바로 알천이다. 그는 신귀족 세력에게도 우호적인 사람이었던 것으로 보인다.

알천은 섭정 지위에 오를 것을 요청받았으나 거절했다. 자신은 이미 노쇠하고 덕이 없다는 이유를 댔다. 실제로 그때 알천은 70대 중·후반이었을 것으로 짐작된다. 대신에, 알천은 덕망과 경륜으로 보아 김춘추만 한 인물이 없다며 그를 추천했다. 그에 따라 화백회의에서는 진골 출신 김춘추를 왕으로 추대했다. 김춘추는 세 번 사양한 끝에 즉위했다. 처음으로 진골 출신 인물이, 그것도 신구 귀족들의 만장일치로 왕위에 올랐다. 이로써 신라는 자칫 지배층 분열로 위기 상황을 초래할 수도 있었던 권력 교체 과정을 무사히 넘겼다.

김춘추가 순조롭게 즉위할 수 있었던 배경에는 몇 가지 요인이 작용했다. 첫 번째는 왕위를 계승할 수 있는 성골이 없었다는 점이다. 김춘추 앞에 두 명의 여왕이 연이어 즉위했던 것도 성골로 왕위를 잇는 신라의 전통이 강력하게 작용한 결과였다. 두 번째 요인은 김유신의 힘이다. 이와 관련해 『삼국유사』에 다음과 같은 기사가 나온다.

> 왕의 시대에 알천공閼川公·임종공林宗公·술종공述宗公·호림공虎林公(자장법사의 아버지)·염장공廉長公·유신공庾信公이 있었는데, 이들은 남산南山에 있는 오지암亏知巖에 모여 나라의 일을 의논하였다. 이때 큰 호랑이 한 마리가 좌중에 뛰어드니 여러 공들이 놀라 일어섰는데, 알천공만은 조금도 움직이지 않고 태연히 담소하면서 호랑이 꼬리를 붙잡아 땅에 메어쳐서 죽였다. 알천공의 완력이 이와 같아서 윗자리에 앉았으나, 모든 공들은 유신공의 위엄에 복종하였다.
>
> ─『삼국유사』 권1 「기이紀異」 1, 진덕왕.

위 기록을 문자 그대로 믿기는 힘들지만 그 메시지는 분명하다. 신라 귀족들은 맨손으로 호랑이를 때려잡은 괴력의 알천보다 김유신의 존재를 더 두려워했다는 이야기다. 진덕여왕 시대에 이미 탁월한 군사적 능력과 업적을 보여준 김유신의 권위가 김춘추의 즉위에 크게 기여했다.

그런데 여기서 간과할 수 없는 사항이 하나 더 있다. 알천에게도 김춘추의 즉위에 공로가 있다는 점이다. 그는 여러 귀족의 추천을 거절하고 김춘추에게 왕위를 양보했다. 결코 쉽지 않은 행동이다. 연구에 따르면 그는 이때 70대 중·후반으로 김유신보다 20년 이상 나이가 많았다. 아마도 그는 외교에서는 김춘추, 국방에서는 김유신이 결합한 기반 위에서 신라가 나아간다는 점을 정확히 알고 있었던 것 같다. 그의 사퇴로, 신라는 자칫 발생할 수도 있었을 권력층 내부의 갈등과 힘의 소모를 피했다. 그는 신라 최초로 문무의 최고위직인 상대등과 대장군을 역임한 사람이었다. 알천 이외에 그런 경력을 또 가진 이는 김유신뿐이다. 인간적으로 자신보다 20~30년이나 나이가 적은 김유신과 김춘추에게 권력을 양보하기란 여간 어려운 결단이 아니었을 것이다. 그의 양보는 김춘추의 즉위를 순탄히 이룰 수 있도록 했고 신라에게 보이지 않는 큰 힘이 되었다.

2. 가열되는 군사적 대립과 김춘추의 대응

신라·당 동맹이 작동하다

김춘추가 무열왕으로 즉위하고 다음 해인 655년에 고구려, 백제, 신라 그리고 당나라는 군사적 외교적으로 충돌했다.

> 영휘 6년(655) 정월에 고구려와 백제, 말갈이 연병連兵하여 신라의 북쪽 경계선을 침입하고 33성을 취하였으므로, 신라 왕 춘추가 당에 사신을 보내 도움을 구했다. 2월 을축에 영주도독營州都督 정명진程名振과 좌위중랑장左衛中郎將 소정방蘇定方에게 병사를 내어 보내서 고구려를 쳤다. 5월 임오에 명진 등이 요수를 건너니, 고구려가 그 병사의 수가 적은 것을 보고 문을 열고 귀단수貴端水(현 훈허강渾河)를 건너와 역습하므로 명진 등이 분격하여 크게 깨뜨렸다.
>
> ─『자치통감』 권199.

백제가 고구려·말갈과 연합하여 신라 북쪽 국경에 있는 33개 성을 공격하여 빼앗았다. 백제와 고구려는 당항성을 빼앗기 위해 번갈아가며 신라를 공격했다. 앞에서 언급했듯이 신라에게 당항성은 자국과 당나라를 이어주는 생명선이었다. 무열왕은 당 고종에게 사신을 급파하여 구원을 요청했다.

이 상황은 이제까지 물밑에 있던 삼국과 당나라의 관계를 드러내는 계기가 되었다. 무열왕이 사신을 통해, 고구려와 백제가 연합하여 신라를 공격한다고 당 고종에게 전언한 것은 단순히 신라가 당나라를 끌어들이기 위해 지어낸 말이 아니었다. 김춘추가 당 고종에게 사신을 급파한 것은 648년 자신과 당 태종 사이에 맺은 밀약에 기초한 일이었다. 그에 따라 당 고종도 당나라 장수 정명진程名振과 소정방蘇定方을 보내서 고구려를 공격했다. 고구려의 배후를 공격하여 신라에 대한 고구려의 군사적 압박을 완화시켜준 것이다. 이로써 고구려·백제의 남북 진영과 신라·당나라의 동서 진영 간 군사 대결이 가시화되었다. 이러한 상황 전개는 당나라가 백제가 아닌 신라와 연결되었음을 명백히 드러냈다. 백제 역시 당나라의 군사·외교적 파트너가 될 수 있었지만, 신라의 치열한 외교적 노력에 따라 당나라가 백제를 완전히 배제했음을 의미한다. 655년은 660년의 백제 멸망으로 이어지는 첫 출발점이다. 당과 고구려·백제·신라는 서서히 국제전의 들머리에 들어서고 있었다.

무열왕의 내정 개혁

김춘추의 내정 개혁은 그가 즉위하기(654) 전부터 시작되었다. 김유신이 '비담의 난'(647)을 제압한 이후 김춘추·김유신 중심의 신귀족 세력은 신

라의 정치적 군사적 실권을 장악했다. 그에 더하여 당 태종과의 비밀 협약
을 체결하고 돌아온 이후인 649년(진덕여왕 3)부터 김춘추는 국내 정치 개
혁을 실시했다. 이미 이때부터 정치 개혁이 시작되었던 것이다. 이를 통해
신라 정치에 중국적 유교적 색채가 강하게 투영되기 시작했다. 이런 양상
을 촉진시킴으로써 김춘추는 귀족 세력에 대해 국왕 권력을 강화할 수 있
었다.

　진덕여왕 대 관제 정비의 특징을 요약하면, 통합적으로 운영되던 업무
를 세분화하고 집사부執事部와 시위부侍衛府를 설치한 것이다. 집사부는 신
라의 중앙행정관청 13개 중 최고 행정 관서로, 여러 다른 행정 관서를 거
느렸다. 왕의 명령을 받들고 중요한 기밀 업무를 맡았다. 김춘추와 김유신
은 집사부를 통해서 그들의 정치적 기반을 확고히 했고, 왕권을 강화해 나
갔다. 시위부는 궁성에서 국왕을 호위하는 군대이다. '비담의 난'을 진압
한 후 그 경험을 기반으로 해서 성립되었다. 즉, 왕권에 도전하려고 무력
도발을 일으키는 세력에 대한 대응책으로 설립되었다. 시위부의 중심 세
력은 김춘추와 김유신의 군사력으로 충당되었다. 『당서唐書』는 "왕성을 호
위하는 군대 3,000이 있다"고 기록했다. 아마도 이는 시위부의 규모일 것
이다.

　김춘추의 관제 개혁은 그 형식에서 당나라 제도를 수입하는 형태로 이
루어졌다. 개혁의 요체는 유교 정치 이념의 강화였으며, 신라에서 오랫동
안 불교가 담당했던 역할을 나누어 맡는 형태로 이루어졌다. 유교 정치 이
념의 핵심은 왕권 중심의 수직적 지배 체제를 강화하는 데 있었다. 다시
말하면 귀족의 정치적 권한을 축소하고 왕권을 확대하는 것이었다.

　김춘추가 유교 정치 이념에 관심을 가진 것은 자신이 정치적 실권을 쥐
고 조정의 관제 정비에 나서기 이전부터 시작되었다. 그러한 행보는 그가

경주 태종무열왕릉비 태종무열왕의 능 앞에 세워져 있으며, 당나라 양식이 나타나는 최초의 석비다. 현재 비몸은 없고 거북받침돌 위로 머릿돌만 얹혀 있다. 머릿돌 좌우에 6마리 용이 3마리씩 뒤엉켜 여의주를 받들고 있고, 앞면 중앙에 '太宗武烈大王之碑태종무열대왕지비'라고 새겨져 있다.

648년 청병을 위해 당 태종을 만났을 때 이미 엿보인다. 그는 국학國學에 나가서 석전과 강론에 참관할 수 있게 해줄 것을 당 태종에게 요청했었다. 국학은 국자감을 말하며, 당나라에서 받아들여 신라에도 세워졌고 그 뒤 고려로 계승되었다. 1308년(충렬왕 34)에 성균관으로 이름이 바뀌었는데, 그 명칭이 조선시대까지 이어졌다. 국학은 유교 이념을 가르치는 곳이고, 석전이란 공자에 대한 제사이다. 당나라에서 김춘추가 보인 행동은 귀국 후에 어떤 원칙으로 국정을 개혁할 것인지를 알려준다.

김춘추는 국가 운영에 유교적 색채를 강화했다. 이는 오랜 세월 신라가 따랐던 불교적 경향성으로부터의 궤도 수정을 뜻한다. 그런데 오래전

법흥왕이 불교를 공인했던 것도 궁극적인 목적은 이를 통해 왕권을 강화하려는 의도였다. 법흥왕을 잇는 진흥왕은 자신의 맏아들을 동륜銅輪, 둘째 아들을 금륜金輪으로 불렀다. 둘째 아들 이름은 사륜舍輪인데, 금륜으로도 불렀다. 진흥왕의 두 아들 동륜과 금륜은 불교에서 전륜성왕轉輪聖王의 네 왕인 금륜·은륜·동륜·철륜의 바로 그 동륜과 금륜이다. 전륜성왕은 인도 불교에서 무력에 의하지 않고 정법正法으로 통치의 수레바퀴를 굴려 세계를 통일하고 지배하는 이상적인 제왕을 말한다. 선덕여왕도 정치적 위기를 맞자 황룡사에 9층목탑을 세웠다. 반면에 김춘추는 자기 아들들에게 법민法敏, 인문仁問, 문왕文王 같은 유교 색채의 이름을 지어주었다. 이는 진흥왕이 불교 이념으로 통치하려 했던 목적과 본질적으로 다르지 않다.

김춘추는 즉위 후에 율령律令의 정비를 단행했다. '율령국가'는 당나라 국가 체제의 핵심이다. 국가가 강제력을 지니는 규범을 만들고, 그것을 위반하면 처벌한다는 것을 뜻한다. 이는 강력한 황제나 국왕의 권력이 없이는 실시할 수 없으며, 반대로 율령제의 실시는 황제나 국왕 권력의 강화를 뜻한다. 무열왕은 이와 더불어 큰아들 법민을 태자로 세우고, 문왕과 인태仁泰 등 아들 넷의 관등을 한 단계씩 올렸다.

김춘추의 내정 개혁과 함께 주목할 사항이 또 있다. "왕녀 지소智炤가 대각찬 유신에게 시집갔다"는 기사가 『삼국사기』 무열왕 2년(655) 10월 조에 나온다. 무열왕의 딸 지소를 아내로 맞았을 때 김유신의 나이는 61세였다. 그녀가 원술元述의 모친이다. 지소가 김유신의 첫 부인일 수는 없다. 또한 김유신의 여동생 문명왕후(무열왕의 왕비)의 소생인지도 확실하지 않다. 어떻든 김유신은 무열왕의 손위 처남인 동시에 사위가 되는 이중의 혼맥으로 신라 왕실과 더욱 단단히 결속되었다. 이런 혼인 관계는 김춘추가 김유신과의 관계를 더욱 긴밀하게 했음을 뜻한다.

3. 의자왕 재위 15년 이후의 백제

의자왕에 대한 왜곡된 인식

의자왕을 이해하기 위해서는 먼저 그에 대해 잘못 알려진 사실들을 확인할 필요가 있다. 대표적인 사례가 낙화암 '삼천궁녀' 이야기다. 『삼국유사』에 인용된 『백제고기百濟古記』에 따르면 낙화암 삼천궁녀의 이야기는 이렇다. 부여성 북쪽 모퉁이에 큰 바위가 있고 아래로 강물이 흘렀다. 나당연합군이 백제 왕성인 부여성을 함락하자 많은 궁녀가 그들에게 굴욕을 면치 못하리라 생각하고 남의 손에 죽지 않겠다며 이곳에 와서 빠져 죽었다. 기록에는 강물에 빠져 죽은 궁녀들 수가 나오지 않는데, 후대로 갈수록 이 설화가 부풀려져서 죽은 궁녀들 수가 3천이었다는 말이 보태졌다. 고려시대 기록에도 낙화암에 대한 기록이 확인된다. 이곡李穀(1298~1351)이 1349년에 부여를 돌아보고 쓴 「주행기舟行記」라는 기행문에서다. 이곡은 고려 말의 중요한 인물인데, 뒤에 다시 나온다.☞ 408~409쪽 참조 그에 따르면 백제 멸망 시에 상황이 급박해지자 군신君臣이 궁녀들을 놔두고 도망쳤는데, 궁녀들이 의리상 당나라 군사들에게 몸을 더럽힐 수 없다고 하여 떼를 지어 이 바위에 이르러서 강물에 몸을 던져 죽었고, 그리하여 낙화암이라는 이름이 지어졌다. '삼천궁녀'에 관한 첫 기록은 15세기 후기에 살았던 김흔金訢(1448~1492)이 지은 시에 나온다. 그의 시 「낙화암」이 1518년(중종 13)에 편찬된 『속동문선續東文選』(권5)에 실려 있다.

백제 멸망의 원인을 의자왕의 개인적 결함과 부도덕한 행위로 돌리는 기록이 많다. 하지만 이런 설명으로는 의자왕에 대해서는 물론이고 백제 멸망의 원인도 합리적으로 이해할 수 없다. 정말로 이해해야 할 사항은, 7

낙화암 부여 백마강변의 부소산 서쪽 낭떠러지 바위를 가리켜 낙화암이라 부른다. 사진은 낙화암 전망대에서 백마강 쪽을 바라본 전경이다. 의자왕과 '삼천궁녀'는 후대에 많이 부풀려진 이야기다.

세기 동아시아의 국제 정세 속에서 백제의 외교정책이 어떻게 국가 패망과 관련되는가이다. 또한 이에 더해 의자왕과 함께 활동했던 정치집단의 생각과 정책을 파악하는 것이다. 의자왕에 대한 많은 서술은 분석이라기보다는 비난에 가깝다. 흥미롭게도 의자왕과 백제에 대한 이런 인식은 오늘날 북한이나 미국에 대한 우리의 이해 방식과 일부 비슷한 면이 있다. 우리는 개인적으로 북한이나 미국에 부정적 혹은 우호적인 감정을 가질 수 있다. 하지만 그런 감정은 그 나라들의 작동 방식이나 의사 결정 방식을 이해하는 것과 아무런 관계도 없다.

의자왕은 644년(의자왕 4)에 셋째 왕자 부여융扶餘隆(615~682)을 태자로 책봉했다. 의자왕의 전반기 정치를 이끈 세력은 의자왕의 즉위와 태자 융의 책봉을 도운 세력이다. 의자왕의 아버지 무왕武王(재위 600~641)은 재위 33년(632)에야 큰아들 의자를 태자로 임명했다. 의자왕 자신이 반대 세력 때문에 태자 책봉이 늦어졌던 경험을 갖고 있다. 그는 자신의 왕권을 강화하는 방법 중 하나로 태자 책봉을 서둘렀던 듯하다. 이 시기 의자왕의 지지 세력은 신라에 대해서는 강경책을, 당에 대해서는 우호 관계를 유지해야 한다고 믿었다.

의자왕의 딜레마

645년(의자왕 5) 이후 백제는 고구려와 조금씩 가까워졌다. 고구려가 당나라의 대대적 군사 공격을 막아낸 힘에 의자왕은 깊은 인상을 받았던 것 같다. 놀랍게도 고구려는 645년 및 그 후 이어지는 시기에 당나라의 세 차례 공격을 잘 막아냈다. 650년에 들어서면서 백제는 고구려와 좀 더 가까워졌다. 이런 정황은 백제가 652년 이후 당나라에 대한 조공을 중단하고 655년에 고구려와 합동으로 신라를 공격하는 것으로 표현된다. 655년은 의자왕 재위 15년이 되는 해이다. 이해에 백제는 고구려·말갈과 연합하여 신라 북쪽 변경의 30여 성을 빼앗았다. 이러한 군사적 성과에 힘입어 의자왕은 마침내 국내 귀족 세력의 견제에서 완전히 벗어나 전제 왕권을 확립했다.

655년을 전후로 백제의 권력 구조에 커다란 변화가 진행 중임을 암시하는 일들이 일어났다. 먼저 최고위직인 좌평 벼슬에 있던 성충成忠이 의자왕을 비판하다가 옥에 갇혀서 굶어 죽고, 좌평 흥수興首가 귀양을 갔다. 이때 백제는 6좌평제로 운영되었는데, 그중 두 사람이 축출된 셈이었다. 이로 알 수 있는 사실은 국가 최고위급 인물들을 의자왕이 투옥하고 귀양

보낼 정도로 강력한 힘을 갖고 있었다는 점이다. 또 좌평 사택지적砂宅智積이 퇴임했다. 그는 의자왕 재위 초기에 일본과의 관계를 정상화하기 위해 일본에 파견되었던 인물이다. 나중에 드러나지만 좌평 임자任子는 이 시기부터 김유신과 내통하기 시작했다.

투옥되거나 귀양을 가거나 조정에서 물러나거나 적과 내통한 위의 좌평들은 의자왕 즉위 이래 재위 15년 무렵까지 의자왕과 정치적 행보를 함께했던 사람이다. 좌평들이 퇴진하면서, 동시에 의자왕의 왕비 군대부인郡大夫人 은고恩古가 정치에 개입하기 시작했다. 그녀는 의자왕의 또 다른 아들 부여효扶餘孝의 모친이고 부여융이 태자에 책봉된 것에 불만을 가지고 있었다. 은고와 부여효 세력은 의자왕의 고구려·백제 동맹 추진 정책을 지지하면서 정치적 발언권을 강화했다. 이를 기반으로 부여효의 정치적 지위를 격상시켰으며, 나아가 융을 몰아내고 효를 태자로 만들려 했다. 결국 은고의 뜻대로 되지는 않았지만, 태자 융의 지위는 크게 약화된 반면 효의 지위는 높아졌다. 이 과정에서 태자 부여융과 부여효를 각각 지지하는 세력 사이에 분열과 대립이 일어났다.

의자왕 15년 무렵 백제에서는 큰 폭의 권력 구조 변동이 일어났다. 외교정책에 대한 군신 간의 이견이 그 변동의 핵심 원인으로 작용했던 듯하다. 의자왕은 당나라 대신 고구려와 점점 가까워졌고, 좌평 성충으로 대표되는 기존 세력은 이를 깊이 우려했다. 이런 가운데 은고는 의자왕의 뜻에 동조하면서 권력 중심에 다가섰다.

이 시기에 백제가 맞은 상황은 지금 다시 살펴보아도 딱히 적절한 대책을 생각하기 어렵다. 신라는 642년 백제의 공격을 받고 고구려로부터 기대했던 군사적 지원을 얻을 수 없게 되자 전력을 다해서 당나라의 지원을 받으려 노력했다. 신라에게 그것은 국가 존망이 걸린 일이었다. 그 결과 당나라도 차츰 신라 쪽으로 기울었다. 결국 648년에는 당나라와 신라 사이에 비밀 협약이 체결되었다. 당 태종이 사망하기 한 해 전이다. 태종이 죽고 고종(재위 649~683)이 즉위하자, 새로운 정권에 대한 기대 때문이었는지 백제는 다시 3년간 매년 당나라에 사신을 파견했다. 하지만 652년 이후로는 사신 파견을 중단했다.

의자왕이 당나라에 사신 파견을 중단한 것은 현명한 조치라 할 수 없지만, 그에겐 그럴 만한 이유도 있었다. 당 고종이 일방적으로 신라에 치우친 발언을 하고 백제와 신라 관계에 개입했기 때문이다. 당 고종은 백제에게 신라로부터 빼앗은 영역을 모두 돌려줄 것을 요구했다. 의자왕은 즉위 이래 신라를 압박하고 당나라를 중시하는 두 가지 외교 원칙을 지켜왔다. 그런데 그 두 원칙이 충돌하였다. 두 가지 중 하나를 포기해야 하는 상황이었다. 의자왕으로서는 큰 희생을 치러가며 신라로부터 되찾은 영토를 당나라와의 관계를 위해서 다시 돌려줄 수는 없었다. 그것은 마치 642년 김춘추가 청병을 위해 고구려를 방문했을 때, 고구려가 군사 지원의 대가로 옛 영토를 돌려달라는 조건을 달자 신라의 입장에서 받아들일 수 없었던 상황과 다르지 않다.

당나라가 일방적으로 신라를 편들었던 것은 이해할 수 있는 일이다. 당나라에 대한 백제와 신라의 충성 정도가 달랐기 때문이다. 두 나라 사이에서 당나라가 공정해야 할 이유는 없었다. 신라가 당나라에 충성을 맹세했던 것도 이해할 수 있는 일이다. 신라에게는 다른 선택의 여지가 전혀 없었다. 자국과 대등하거나 우월한 두 나라로부터 동시에 공격받는 상황이었다. 당나라는 신라가 도움을 요청할 수 있는 유일한 나라였다. 그러나 백제는 신라와 상황이 달랐다. 백제가 고구려에 접근했던 것은 그 나름의 합리적인 선택이었다. 당시 상황에서만 본다면 당은 바다 건너에 있어 백제에게 직접적 위협이 될 수 없었던 반면, 고구려는 신라와 국경을 접해 있어 언제든 신라에 직접적인 위협을 가할 수 있었다. 백제 시각에서 보면 고구려가 당나라보다 전략적 가치를 더 가지고 있었다. 당나라가 신라와 백제 관계에 개입하여 부당한 요구를 하자, 백제가 당나라에 거리를 두고 고구려에 접근했던 이유는 이런 판단에서 기인했을 것이다. 652년 이후 당나라에 사신을 보내지 않았던 백제는 653년에 왜국과 우호 관계를 맺었다. 이는 대당 외교의 단절을 보완하려는 의자왕의 노력으로 볼 수 있다. 하지만 의자왕의 이런 시도는 정작 백제 패망 시에는 아무런 효과도 발휘하지 못했다. 사비성이 너무 빨리 함락되었기 때문이다. 다만 661년에 들어서 왜국의 지원이 있었는데, 이 원조가 백제부흥군에 상당한 도움이 되었다. 왜국의 지원은 663년 백제부흥군이 소멸될 때까지 이어졌다.

의자왕 15년 이후 백제의 권력 갈등은 심화되었다. 의자왕 17년(657)에 왕의 서자 40여 인이 좌평에 책봉되었다. 이는 백제의 기존 6좌평 정치체제가 무너지고 좌평직을 과잉 남발했음을 보여준다. 서자 40여 인이 모두 의자왕의 서자였다고 보기 어렵다는 연구 결과도 있다. 이 연구는 의자왕을 비롯해 이전 시대 왕들까지 포함하는 모든 왕의 서자 출신 인물들을 가리키는 것으로 본다. 아마도 한 사람의 자식으로는 너무 수가 많기 때문에 이런 해석이 등장했을 것이다. 한편, 의자왕 초기에 정치적으로 소외되었던 인물들이 이즈음 다시 등용되었다. 의자왕 15년 이후 백제의 정치 세력으로 등장한 사람들은 당나라와 신라에 대해 전보다 훨씬 우호적인 관계를 유지하고자 했다. 의자왕 15년 이후에는 그 앞 시기와 달리 의자왕 19년(659) 4월의 한 차례를 제외하고는 신라에 대한 군사 공격도 없었다. 이 시기의 정치 세력은 백제를 둘러싸고 전개되었던 국제적 외교 정세에 소홀했다. 의자왕 19년 이후 백제 내부의 신구 세력 대립은 극에 달했다. 이를 눈치챈 신라가 당에 이러한 사실을 전하면서 당군唐軍의 백제 공격을 이끌어냈다.

의자왕 15년 전후로 심화된 권력투쟁의 직접적 양상은 정계 개편과 태자 교체를 둘러싼 갈등과 대립이었다. 이런 상황이 벌어진 근본적 원인은 의자왕의 왕권 강화가 가져온 부작용이었다. 의자왕은 자신의 새로운 외교정책에 따른 찬반 세력을 아우르지 못했다. 자신의 외교정책을 지지하는 세력을 중용하고 반대하는 세력은 몰아냈다. 군대부인 은고의 정치적 영향력 확대는 그녀 자신의 정치적 능력이라기보다는 의자왕의 선택으로 보아야 한다.

의자왕은 자신의 직계 왕자들을 중심으로 정국을 운영했다. 그들이 의자왕의 외교정책을 지지했기 때문일 것이다. 반면, 무왕 대 왕족이나 귀족 세력은 정치에서 배제했다. 심지어 무왕의 다른 왕자들이나 손자들을 왜국으로 보내버렸다. 다르게 보면, 이는 의자왕이 무왕 대 왕족 세력의 지지를 받지 못했음을 뜻한다. 결론적으로 말해, 의자왕은 자신의 직계 세력과 지지 세력을 제외한 다른 왕족이나 귀족들로부터 소외되어 있었다. 이후 무왕 대의 왕족들이 주로 백제부흥운동을 주도하는 데 비해 의자왕의 왕자들은 당에 항복한 후 당의 기미정책羈縻政策에 이용되었던 것도 이 때문이다. 기미정책에 대해서는 뒤에 설명한다.☞ 137쪽 참조

4. 의자왕과 김춘추

재위 15년 전후로 의자왕은 어쨌든 왕권 강화에 성공했다. 그는 즉위년(641) 다음 해 정월에 모친이 죽자, 모친을 통해 권력을 행사했던 이복·동

복 형제자매들과 귀족들을 섬으로 유배 보내며 자신의 권력을 강화하기 시작했다. 이 같은 노력이 그가 60세 남짓이었을 655년 무렵에 마침내 결실을 보는 듯싶었다. 그해에 그는 고구려·말갈과 연합하여 신라 북쪽 변경의 30여 성을 획득했다. 이런 군사적 성과가 곧 그의 권력 강화의 토대였다.

그런데 의자왕이 그 지점에 도달하는 과정에서 두 가지 문제가 발생했다. 하나는 신라를 군사적으로 밀어붙이는 과정에서 신라가 당나라에 접근했고 양국 사이에 밀약이 체결된 것이다. 사실 이런 상황은 의자왕의 전반부 국정 운영을 함께했던 세력이 미리부터 걱정했던 일이다. 두 번째는 의자왕이 자신의 생각을 지지하는 세력과 반대하는 세력을 아우르지 못했다는 점이다. 그 결과 백제 지배층은 내부적으로 심각하게 분열했고, 왕실은 고립되었다. 백제가 나당연합군의 군사 공격을 받을 때 의자왕은 자신이 소외시켰던 세력으로부터 군사적 도움을 전혀 받을 수 없었다.

654~655년에 백제와 신라 각각은 정치적으로 큰 변화를 겪었다. 그 중심에는 의자왕과 김춘추가 있었다. 의자왕은 이 시기에 강력한 왕권 구축에 성공한 듯 보였지만 실상 정치적 통합에 실패하고 있었다. 나이도 60세를 넘어섰다. 반면에 김춘추는 654년 52세 나이로 즉위했다. 그의 즉위 과정은 권력 집단 내에서 별다른 갈등 없이 순조롭게 완료되었다. 신라가 당나라와의 협력에 국운을 걸었던 상황에서 그 전체 과정을 담당한 신라 측 협상 책임자가 김춘추이다. 신라에 더 이상 성골 출신의 인물이 없는 상황에서 그의 즉위는 자연스러웠다. 게다가 그는 준비된 임금이었다. 진덕여왕 재위 기간 내내 이미 실제로 권력을 운영하며 경험을 축적했다. 김춘추는 즉위와 동시에 왕권 강화 조치를 무리 없이 진행해 나갔고, 이를 통해서 국정의 집행력을 높였다.

04

백제의 패망

1. 백제의 패망 과정

소정방, 서해를 건너다

660년 6월 18일 소정방蘇定方이 13만 당나라 군대를 이끌고 산둥반도의 내주萊州를 출발했다. 지금의 중국 산둥성山東省 라이저우시萊州市이다. 『삼국유사』에 따르면 1,900척 배가 동원되었다. 『삼국사기』는 "많은 배들이 꼬리를 물고 1,000리를 이어 흐름을 따라 동쪽으로 내려왔다"고 기록하고 있다. 항해 거리와 선박의 수를 고려할 때 아마도 비유에 그친 표현이 아니었을 것이다. 백제를 함락하기 위한 당나라와 신라의 연합작전이 시작되었다.

당나라 군대는 서해를 건너 6월 21일에 덕물도德物島(현 인천광역시 옹진군 덕적군도)에 도착했다. 대략 사흘 정도가 걸렸다. 당나라와 신라의 해상 루트 중 하나가 바로 이 길인데, 등주→ (장산곶 부근) 장구진→ 교동도 →

강화도 → 덕적군도 → 당은포로 이어진다. 공교롭게도 오늘날 덕적도(덕물도) 앞 아산만 안쪽에는 세계 최대의 해외 미군기지가 자리 잡고 있다. 이 지역이 중국과 관련해 갖는 전략적 위치의 의미를 다시 한번 보여준다.

전쟁은 659년 가을부터 이미 시작된 것이나 다름없었다. 당나라는 백제 공격 정보가 노출되는 것을 막기 위해 659년 윤10월에 장안長安(현 중국 산시성 시안)에 들어온 일본의 4차 견당사 일행을 억류했다. 그들은 일본에서 당으로 오는 길에 잠시 백제 남쪽 섬에 머물렀던 적이 있다. 더구나 의자왕은 왜국과 전통적인 우호 관계 위에서 653년에 새삼 우의를 더욱 강화했다. 견당사가 돌아가는 길에 백제에 들러 당의 원정 계획을 알려줄 수도 있다. 결국 그들은 당에 억류되어 있다가 백제가 함락되고 소정방이 철수를 시작한 660년 9월에야 일본으로 돌아갈 수 있었다. 659년 11월에는 당 고종이 소정방을 신구도행군총관神丘道行軍摠管으로, 김춘추의 아들 김인문金仁問을 부대총관副大摠管으로 삼았다.

그런데 당나라의 백제 공격을 살피기 전에 먼저 생각할 문제가 있다. 당나라가 659년에 고구려가 아닌 백제를 먼저 공격하기로 결정한 이유는 무엇일까? 이전까지 당나라의 공격 대상은 늘 고구려였다. 당나라가 서해를 건너 백제를 직접 공격할 수 있다는 말이 아예 없었던 것은 아니다. 643년 신라가 당나라에 군대를 요청했을 때 당 태종이 그렇게 말한 바 있다.☞ 40쪽 참조 그 이후 당나라와 백제의 외교 관계는 지속적으로 악화되었다. 652년 이후 백제는 당나라에 더 이상 사신을 보내지 않았다. 그럼에도 그때까지 당나라가 백제를 곧바로 공격한 적은 한 번도 없었다. 백제가 당나라의 공격에 대비하지 못했던 점은 분명 잘못이기는 하지만 터무니없는 실수라고만 할 수도 없다. 어느 나라나 논리적으로 예상되는 모든 치명적 위험에 완벽히 대비하기는 힘들다. 아마도 659년에 당나라가 백제를 공격하기로 결정한 중요 이유는 신라의 강력한 요청 및 백제에 대한 정보 제공 때문이었을 것이다. 김춘추는 659년 4월에 아들 김인문을 당에 보내서 백제 내부의 권력투쟁과 분열 양상을 전하며 출병을 요청했다.

덕물도 회동

신라 무열왕은 660년 5월 26일 금성(경주)을 출발했다. 김유신이 대장군이고, 태자 법민法敏(626~681, 훗날의 문무왕)이 병부령兵部令으로서 진주眞珠, 천존天存 등의 장군과 군사를 이끌었다. 6월 18일에는 남천정南川停(현 경기도 이천시 소재)에 이르렀다. 소정방이 군대를 출발시킨 날이다. 정停은 신라시대 지방에 설치된 군영 혹은 군사 주둔지다. 이어서 21일에는 김법민이 김유신과 함께 병선 100척을 이끌고 덕물도로 건너가 소정방을 만났다. 이 자리에서 두 나라 군대가 백제 공격을 위해 합류할 지점과 사비성 공격 날짜를 협의했다. 이후 무열왕은 금돌성今突城(현 경상북도 상주시 모서면 백화산 고성)에 머물고, 김유신은 신라군을 거느리고 탄현을 지나 황산벌로 향했다.

여기서 한 가지 의문을 가질 수 있다. 왜 소정방과 김유신·김법민의 전략 회의가 덕물도에서 이루어졌을까? 당나라와 신라의 대규모 군사 공격을 백제가 알아차리지 못하게 하려는 의도였을 것이다. 당나라 군대는 13만, 신라 군대는 5만의 규모였다. 만약 소정방과 김유신·김법민의 전략 회의를 육지에서 했다면 그 소식이 백제에 전달되었을 가능성이 매우 높다. 덕물도에서 가진 전략 회의는 당나라가 659년 윤10월 장안에 들어온 일본의 4차 견당사 일행의 귀국을 막고 억류했던 조치와 같은 맥락이다. 신라·당나라 연합군의 백제 공격은 기습을 최우선의 원칙으로 삼았다.

김법민은 지금의 국방장관에 해당하는 병부령 직책을 맡고 출전했다. 하지만 신라를 대표하는 사람은 상대등 김유신(595~673)이었을 것이다. 법민은 이때 35세였다. 그는 아버지 김춘추를 도와 이미 여러 번 당나라에 건너가 외교 임무를 수행한 경험이 있었다. 650년 당 고종이 즉위하자 김법민은 25세 나이에 사신으로 가서 진덕여왕이 비단에 수놓은 「태평송太平頌(당나라의 태평을 바라는 노래)」을 황제에게 바친 적도 있었다. 훗날 아버지 무열왕을 이어 통일의 대업을 완수한 데서 볼 수 있듯이 그는 역량 있는 인물이었다. 그럼에도 그가 69세의 백전노장 소정방(592~667)의 전략 협의 상대일 수는 없었을 것이다. 전략 회의에서 실질적으로 신라를 대표하며 소정방을 상대한 인물은 66세의 김유신이다. 12년 전인 648년에 김춘추가 당 태종을 처음 만났을 때, 당 태종은 이미 김유신의 이름을 알고 있었다. 김유신과 소정방은 7월 10일 사비성 남쪽 20여 리 지점에서 합류하여 백제 도성 사비성을 공격하기로 합의했다.

김유신과 소정방의 합의 내용은 당나라에 유리했지만 신라에는 불리했다. 사비성 위치 때문에 어쩔 수 없는 일이었다. 당나라는 덕물도에서 바닷길로 곧장 접근할 수 있는 데다 백제의 방비가 강하지 않아서 약속 지점에 비교적 쉽게 도달할 수 있었다. 반면에 신라군 상황은 전혀 달랐다. 무엇보다 육지로 이동해야 했고, 결사 항전하는 계백階伯의 군대를 돌파해야 했다. 무열왕은 태자 법민, 대장군 김유신, 좌장군 품일品日, 우장군 김흠순金欽純 등에게 정예부대 5만을 주어 사비성을 향해 진격하도록 했다.

백제의 방어 대책 회의

백제의 패망 원인에 대해서는 적지 않은 연구가 있다. 이들 연구가 공통적으로 꼽는 백제 패망의 핵심적인 두 가지 원인은 첫째, 백제가 대외 정책에 실패했다는 점이고, 둘째, 백제의 지배층이 분열되었다는 점이다. 그런데 이 두 가지가 동시에 나타나는 장면이 있다. 당나라와 신라 군대가 공격해오고 있는 상황에서 의자왕이 소집한 백제의 방어 대책 회의가 그것이다. 이 회의에서 좌평 의직義直과 달솔 상영常英의 의견이 치열하게 대립했는데, 그 치열함의 정도가 상식적으로 이해할 수 없는 수준이었다. 좌평은 백제 16관등 중 1품관으로 6명이 정원이고, 달솔은 2품관으로 30명 정원이었다. 우선 그들의 이야기를 들어보자. 좌평 의직은 다음과 같이 말했다.

> 좌평 의직이 나서서 말하기를 "당나라 군사는 멀리서 바다를 건너왔습니다. 그들은 물에 익숙하지 못하므로 배를 오래 탄 탓에 분명 피곤해 있을 것입니다. 그러므로 그들이 상륙하여 사기가 회복되지 못했을 때 급습하면 뜻을 이룰 수 있을 것입니다. 신라 사람들은 큰 나라의 도움을 믿기 때문에 우리를 경시하는 마음이 있을 것입니다. 만일 당나라 사람들이 불리해지는 상황을 보면 반드시 주저하고 두려워서 감히 빨리 진격해오지 못할 것입니다. 따라서 우선 당나라 군사와 결전을 하는 것이 옳다고 봅니다."라고 하였다.
>
> —『삼국사기』 권28, 「백제본기」 6, 의자왕 20년.

요컨대 의직은 당나라와 먼저 싸워야 한다는 쪽이었다. 달솔 상영은 의직과 정반대 주장을 했다.

> 달솔 상영 등이 말하기를 "그렇지 않습니다. 당군唐軍은 멀리서 왔으므

로 빨리 싸우려 할 것이니 그 서슬을 당할 수 없습니다. (반면에) 신라 군사들은 이전에 여러 차례에 걸쳐 우리 군사에게 패하였기 때문에 우리 군사의 기세를 보면 겁을 내지 않을 수 없을 것입니다. 오늘의 계책으로는 당나라 군사들의 진격로를 막아 그들이 피곤해지기를 기다리면서, 먼저 우리의 일부 군사로 하여금 신라 군사를 쳐서 예봉을 꺾은 후 형편을 보아 싸우게 한다면, 군사를 온전히 유지하면서 나라를 보전할 수 있습니다."라고 하였다.

—『삼국사기』 권28, 「백제본기」 6, 의자왕 20년.

상영은 당나라 군사의 진군을 지연시키면서 신라군과 먼저 싸워 그 날카로운 기세를 꺾은 다음에 병력을 합치는 방어책을 제시했다. 의직과 상영이 치열하게 대립하자, 결정을 내리지 못한 의자왕은 5년 전 고마미지현古馬彌知縣(현 전라남도 장흥)에 귀양 보낸 좌평 흥수에게 사람을 보내서 방어책을 물었다.

좌평 의직과 달솔 상영의 대립은 수도 방어 전략을 둘러싼 단순한 의견 차이를 넘어섰다. 그것은 구귀족 좌평 세력과 신귀족 달솔층의 대립이었을 가능성이 높다. 의자왕 15년(655) 이전에 의자왕과 함께했던 세력이 구귀족이다. 이들의 중심은 좌평 세력으로 대표되는 대성8족大姓八族이다. 의자왕 15년 백제 권력 변동의 핵심적 내용은 이들 좌평 세력이 물러나고 약 30여 명 정원을 가졌던 달솔층인 신귀족이 등장한 것이다. 백제 도성을 향해 공격해오는 나당연합군의 침공에 대책을 마련해야 할 회의 석상에서 권력의 분열 양상은 절정으로 치달았다.

흥수는 다음과 같은 답변을 보내왔다.

당나라가 신라와 함께 우리의 앞뒤를 견제하고 있으니 만일 평탄한 벌 판과 넓은 들에서 마주하고 싸운다면 승패를 장담할 수 없습니다. 백 강과 탄현은 우리나라의 요충지로서 한 명의 군사가 창 하나를 가지고 도 만 명을 당해낼 수 있을 것이니, … 당군으로 하여금 백강으로 들어 오지 못하게 하고, 신라군으로 하여금 탄현을 통과하지 못하게 하소서. 대왕께서는 성문을 굳게 닫고 지키면서 그들의 물자와 군량이 떨어지 고 적군들이 피곤해질 때를 기다린 후 분발하여 급공을 한다면 반드시 이길 수 있습니다.

—『삼국사기』 권28, 「백제본기」 6, 의자왕 20년.

홍수의 말은 4년 전 성충이 죽기 전에 했던 말과 같았다. 당시 나당연합 군의 진로는 명확했다. 당군은 백강(백마강, 금강)에서 상륙하여 수도 사비 로 진격하는 길이었으며, 신라군은 탄현을 거쳐 황산벌에서 사비로 진격 하는 루트였다. 백강에서 백제 수군은 당군에게 수전水戰으로 1차 저항을 하고, 기벌포伎伐浦에서 당군의 상륙을 저지해야 했다. 아울러 백제는 군 사적으로 천혜의 요충지인 탄현을 방어하면서 신라군의 진격을 최대한 늦 추어야 했다.

홍수가 보내온 답변을 두고 조정은 다시 논란을 이어갔다. 홍수 의견에 반대하는 측은 홍수가 자신을 귀양 보낸 것에 앙심을 품고 일부러 잘못된 대책을 보냈다고 주장했다. 이런 논란이 이어지는 동안에 당나라와 신라 군대는 빠른 속도로 성충과 홍수가 말한 두 곳을 돌파했다. 의자왕은 최악 의 결정, 즉 아무런 결정도 하지 않는 결정을 한 셈이었다.

나당연합군의 백제 공격

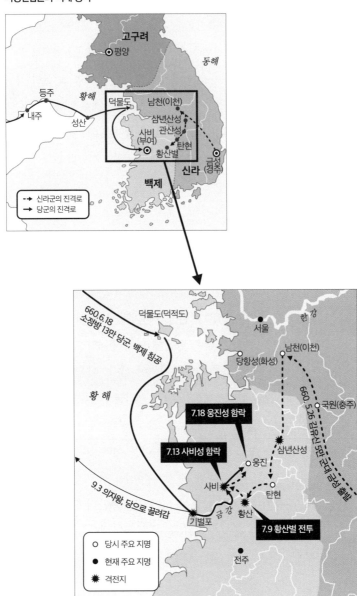

2. 황산벌 전투

소정방은 김유신·김법민과 덕물도에서 회동한 뒤 서해안을 따라 내려가 7월 9일 백강 하구의 기벌포 부근에 상륙했다. 신라와 만나기로 한 7월 10일 하루 전이었다. 기벌포는 현재 금강 하구의 충청남도 서천군 장항읍 장암리에 있던 포구로 추정된다. 일찍이 성충과 흥수는 당나라 군사들이 기벌포로 들어오지 못하게 막아야 한다고 역설했다. 그 이유는 기벌포가 백제 도성인 사비성의 인후咽喉와 같은 곳이기 때문이다. 당나라 군대는 상륙을 저지하는 소규모 백제군을 물리치고 강을 거슬러 올라가 사비성 남쪽 30리 지점에 진을 치고 신라군을 기다렸다.

당나라 군대가 기벌포에 상륙한 7월 9일, 신라군은 황산벌(현 논산시 연산면·부적면)에 도착했다. 성충과 흥수가 말한 탄현은 이미 통과했다. 탄현의 위치에 대해서는 논란이 있지만 지정학적 조건을 고려할 때 금산군 진산면 일대로 추정하는 연구자가 많다. 이곳은 백제가 적은 수의 병사로도 신라군을 효과적으로 방어할 수 있는 요충지였다. 탄현이 뚫렸기 때문에 백제군은 수적으로 10배나 많은 신라군을 평야 지대인 황산벌에서 막아야 했다. 백제 조정이 신속한 결정을 하지 않았기 때문에 일어난 일이었다.

의자왕은 좌평 충상忠常, 달솔 상영과 계백에게 결사대 5천 명을 주어 황산에 나아가 신라군을 막도록 했다. 출전에 앞서 계백은 자신의 아내와 자식들을 모두 죽였다. 『삼국사기』에 따르면 그는 "한 나라의 인력으로 당과 신라의 대군을 당해내야 하자니 나라의 존망을 알 수 없다. 나의 처자가 붙잡혀 노비가 될지 모르니, 살아서 치욕을 당하는 것보다 차라리 통쾌하게 죽는 것이 낫겠다"고 말했다. 계백 스스로도 전쟁의 승패가 이미 기울었음을 예감했다.

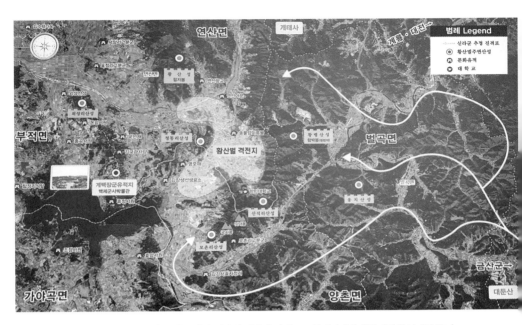

황산벌 전적지 황산벌은 현 논산시 연산면 신양리 일원으로 황령산성과 청동리산성 사이의 분지로 추정된다. 지도에서 흰색 화살표는 신라군의 진격로이다.

　백제군은 미리 황산벌에 도착해 험한 지형을 골라서 세 곳에 진영을 설치하고 신라군을 막아섰다. 신라군이 위 지도에서 보듯 세 갈래 길로 공격해오자 백제군은 죽음을 각오하고 싸웠다. 백제군은 네 차례 싸워 네 번 모두 이겼다. 신라군은 수적으로 10배가 많았지만 결사의 의지로 대항하는 백제군에게 계속 패했다. 당군과 합류해야 할 날짜인 7월 10일을 하루 남겨둔 김유신에게 전선의 교착을 타개할 돌파구가 절실했다. 사료에는 언급되지 않았지만 어쩌면 또 다른 이유로 마음이 급했을지 모른다. 백제 지방군이 도성인 사비로 집결하기 이전에 사비성 공격을 끝내야 한다는 생각으로 초조했을 수 있다. 전쟁이 시작된 이래 신라와 당나라가 비밀스럽게 움직였던 까닭도 이와 관련되었을 것이다.

황산벌 전적지 전경 황산벌 전투가 치러졌던 곳의 전경이다. 이 평야 지대에서 백제군은 10배나 많은 신라군을 막아내야 했다. 황산벌과 가까운 곳에 계백장군 유적지가 있다. 출처_논산시청

당시 신라 우익장군 김흠순은 김유신의 친동생이며, 김춘추에 이어 화랑을 지냈던 인물이다. 그의 아들 반굴盤屈도 이 전투에 참여했다. 반굴은 아버지 권유에 따라 적진 깊숙이 돌격하여 분전하다가 전사했다. 다음으로 좌익장군 품일의 아들 관창官昌이 반굴의 뒤를 따랐다. 사망할 때의 반굴 나이는 밝혀지지 않았지만, 관창은 16세였다. 둘 다 비슷한 나이였을 것이다. 관창은 화랑이었다. 이들이 백제 군대로 돌진한 이유는 스스로 전사함으로써 신라군의 사기를 높이기 위해서였다. 신라군은 의도했던 대로 결국 백제군에게 승리를 거두었다.

신라 군대와의 전투에서 백제군은 계백을 비롯한 나머지 장병 모두가 전사했다. 하지만 좌평 충상, 달솔 상영 등 20여 명은 신라군에게 투항하

여 목숨을 건졌다. 상영은 전투에 임하기 직전 백제의 방어 대책 회의에서 당군보다 먼저 신라군을 막아야 한다고 강력히 주장했던 인물이다. 그는 나중에 신라에서 벼슬을 지냈다. 신라군은 백제군을 깨뜨린 후 황산벌을 지나 당초 약속했던 날짜보다 하루 늦은 7월 11일에 사비성 남쪽에서 당나라 군대와 합류했다.

3. 사비성 함락과 백제의 패망

사비성 함락

신라군은 당나라군과 합류하기로 한 7월 10일보다 하루 늦게 도착했다. 소정방은 이를 꼬투리 잡아 신라군의 독군督軍 직책에 있는 김문영金文穎의 목을 베려 했다. 독군은 부대의 행군과 군량 등을 책임지는 직책이었다. 소정방이 신라군 통수권까지 장악하려 했던 것이다. 실제로 김문영이 참수되면 신라는 작전권이나 전투 활동에 대한 독자적 권한을 상실했을 가능성이 높다. 김유신으로서는 받아들일 수 없는 일이었다.

김유신은 황산벌 전투의 상황을 소정방에게 들이대며 강하게 반발했다. 김문영을 군법으로 다스린다면 신라는 당군과 먼저 일전을 벌여 결판을 내겠다고 소리쳤다. 이때의 상황을 『삼국사기』는 다음과 같이 전한다. "이에 (김유신이) 큰 도끼를 잡고 군문에 섰는데, (그의) 성난 머리털이 곤추서고 허리에 찬 보검이 저절로 칼집에서 튀어나왔다. 소정방의 우장右將 동보량董寶亮이 (소정방의) 발을 밟으며 말하기를 '신라의 군사가 장차 변란을 일으킬 듯합니다'라고 하자, 소정방이 곧 문영의 죄를 용서하였다."

신라군과 당나라 군대의 집결지는 사비 도성 남쪽 20여 리 지점이라고 사료에 나온다. 현재의 충청남도 부여군 석성면 일대였을 것으로 짐작된다. 이곳에서 각각 170m, 180m 남짓한 고도로 서로 이어진 파진산과 용머리산을 넘으면 바로 사비 도성이다. 나당연합군은 당군 13만 명과 신라군 5만 명이 합쳐진 18만 명에 이르는 엄청난 규모였다. 7월 12일에 김유신을 비롯한 유백영劉伯英·풍사귀馮士貴·방효태龐孝泰가 이끄는 나당연합군 4개 군단이 각 방향에서 일제히 사비 도성을 공격했다. 사비 도성은 시가지 전체를 에워싸는 나성羅城과 백제 왕궁이 위치한 부소산성扶蘇山城으로 구성되었다.

의자왕은 모든 병력을 모아 나당연합군에 대항했으나 역부족이었다. 1만 명의 사상자를 내고 나성 방어에 실패했다. 하루 만에 사비 나성을 깨뜨린 나당연합군은 의자왕이 있는 부소산성으로 포위망을 좁혔다. 상황이 다급해진 백제는 차례로 좌평 각가覺伽, 상좌평, 그리고 여러 왕자들이 여섯 좌평을 이끌고 나와 당군의 철수를 호소했다. 나당연합군은 이들을 모두 거절하고 부소산성을 압박했다.

7월 13일, 의자왕은 성이 함락되기 직전에 탈출했다. 왕자 부여효를 비롯한 몇몇 측근과 밤을 틈타 북동쪽으로 약 30km 떨어진 웅진성으로 피신했다. 조선 후기 김정호가 제작한 〈청구도靑邱圖〉에 따르면, 조선시대 부여와 공주는 육로와 수로로 연결되어 있었다. 육로는 금강을 왼쪽에 끼고 북동쪽으로 용전역龍田驛과 몽도면蒙道面을 지나 정치鼎峙고개를 넘어 반탄면半灘面, 이인역利仁驛을 거쳐 공주에 다다르고, 수로는 금강을 따라 거슬러 올라가면 곰나루에 도달할 수 있다. 삼국시대 사비와 웅진 사이의 교통로도 조선시대와 크게 다르지 않았으리라 본다. 나당연합군이 겹겹이 에워싸고 부소산성을 공격하고 있는 상황에서 의자왕 일행이 성문을 나와

부소산성 부여군 부여읍 부소산에 있는 백제의 산성이다. 이곳에 왕궁이 있었다. 백제 성왕이 538년 웅진에서 사비로 도읍을 옮긴 후 백제가 멸망할 때까지 123년 동안 도읍지였다. 아래 흐르는 강이 금강이다. 출처_부여군청

육로로 웅진에 갔을 가능성은 낮다. 아마도 그들은 부소산성 아래 금강을 따라 배를 타고 웅진으로 갔을 것이다.

　의자왕이 왕성을 떠나자 그의 둘째 아들 부여태夫餘泰가 스스로 왕이 되어서 무리를 거느리고 성을 지켰다. 하지만 태자 부여융, 대좌평 사택천복沙宅千福 등이 밧줄을 타고 성 밖으로 나갔고, 이어서 백성들이 그 뒤를 따랐다. 왕자 태는 어쩔 수 없이 성문을 열고 항복했다. 생각해보면 이 같은 상황은 몹시 이상하다. 임금인 의자왕이 태자 융 대신에 효와 함께 몸을 피한 일이나, 태자인 부여융이 성안에 있는데도 불구하고 부여태가 스스로 왕을 선언한 일은 이해하기 어렵다. 아마도 이는 앞에서 언급한 상황, 즉 의자왕 15년 이후 권력 변동으로 태자 융의 지위가 크게 약화되었던

것과 관련이 있는 듯하다. 연구자들 중에는 공식적으로 부여융의 태자 지위가 취소되지는 않았지만 실제로는 부여효가 그 역할을 하고 있었을 것으로 보는 이들이 많다.

신라의 태자 김법민(626~681)은 부여융(615~682)을 말 앞에 꿇어앉히고 그의 얼굴에 침을 뱉으며 꾸짖었다. "예전에 네 아비가 내 누이를 죽여 옥중에 파묻었다. 나는 이 일로 20년 동안 가슴이 아팠다. 오늘은 네 목숨이 내 손에 달렸다!" 부여융은 땅바닥에 엎드려 아무 말도 하지 않았다. 김법민이 말한 누이는 고타소랑이다. 642년 의자왕에게 대야성이 함락되어 죽은 성주 김품석의 아내이다. 신라가 백제를 공격한 원인이 고타소랑 죽음에 대해 김춘추와 그 자식들이 원한을 갚기 위한 것이었다고 말할 수는 없다. 하지만 그 사건이 아무런 원인도 되지 않았다고 말하기 역시 어렵다. 사비 도성이 함락된 날은 7월 13일이다. 신라와 당나라 연합군의 본격적인 공격 이틀 만에 백제 도성이 함락되었다.

백제의 패망

의자왕이 사비성을 탈출해 웅진성에 간 것을 의미 없는 마지막 발버둥이라고만 볼 수는 없다. 웅진성(현 충청남도 공주 공산성)은 잘만 하면 저항의 근거지가 될 수 있는 조건을 갖추고 있었다. 백제는 475년 고구려에게 한강 유역을 잃고 남쪽으로 내려와 웅진을 새 수도로 삼았다. 이후 538년(성왕 16) 사비로 다시 천도할 때까지 웅진은 60여 년 동안 백제 수도로서 정치·군사·경제·문화의 중심지였다. 사비 도읍 시기에도 웅진성은 5방方 중 북방北方의 거점이었다. 백제의 '방方'은 지금의 도道와 같은 지방행정 단위였다. 웅진은 방어에 대단히 유리한 곳이었다. 의자왕 일행이 웅진으

공주 공산성 금강변 야산의 계곡을 둘러싼 산성으로 동서 약 800m, 남북 400m 정도의 장방형을 이루고 있다. 나당연합군에 의해 사비 도성이 함락되기 직전에 의자왕이 사비성을 떠나 이곳 웅진성에 잠시 머물기도 했으며, 백제부흥운동의 거점지이기도 했다. 사방에 문터가 확인되는데, 사진은 그중 터만 남아 있던 서문터에 1993년 복원해놓은 금서루錦西樓이다. 출처_문화재청

로 향했던 이유도 웅진의 이런 점을 염두에 두었으리라. 곧이어 일어나는 백제부흥군이 웅진성의 의자왕 일행과 결합했었더라면 상황은 또 어찌 되었을지 모른다. 백제 멸망 이후 각 지역에서 백제부흥운동이 일어나 당나라 군대가 주둔하던 사비성이 위협받았다. 그러자 당군은 방어에 유리한 자연조건과 과거 도성으로서의 인프라를 갖춘 웅진으로 거점을 옮겨 웅진도독부를 설치하고 옛 백제 지역을 통괄했다. 역시 웅진의 군사 방어적 이점에 주목한 일이었다.

하지만 의자왕의 계획은 웅진성 방령方領 예식진禰寔進(615~672)과 그의 형 예군禰軍(613~678) 형제에 의해서 곧바로 좌절되었다. 방령은 방方의 중심지인 방성方城의 우두머리다. 예식진을 포함한 예씨 일족은 대대로 웅진을 세력 근거지로 삼았다. 예씨 형제는 방성의 군사를 이용해 반란을 일으켜서 의자왕을 붙잡아 당에 바치고 항복했다. 그들 형제가 보기에, 기껏해야 1천 명 남짓한 웅진성 병력으로 18만 나당연합군을 대적한다는 것은 완전히 무모한 일이었다. 대개 방령은 1천 명 안팎의 병력을 지휘했다. 웅진성으로 도피했던 의자왕은 예씨 형제에게 사로잡혀 7월 18일 부여효 및 웅진방령군熊津方領軍과 함께 사비성으로 압송되어 와서 항복했다. 이로써 백제는 온조가 B.C. 18년 개국한 지 678년 만에 1차로 패망했다.

당나라 부대의 철군과 의자왕의 사망

소정방은 9월 3일에 철군을 시작했다. 대단히 빠른 철군이었다. 백제 전역이 전혀 평정되지 않은 상태였다. 오히려 달솔 흑치상지黑齒常之와 그의 별부장別部將 사타상여沙吒相如가 중심이 되어 백제부흥군이 빠르게 결집하고 있었다. 소정방은 철군 직전인 8월 26일 백제부흥군이 결집한 임존성任存城(현 충청남도 예산군 대흥면 봉수산성)을 공격했지만 승리하지 못했다. 소정방이 당군의 철수를 그렇게 서두른 까닭은 무엇일까? 공식적인 이유는 곧 이어질 고구려 공략을 위한 준비 때문이었다. 하지만 그 이유가 전부는 아니었을 것이다.

사실 나당연합군이 싸운 백제 군대는 의자왕에게 직접 속한 군대뿐이었다. 백제 병력의 다수는 의자왕과 갈등하던 지배층 내의 귀족 세력에 속해 있었다. 나당연합군이 상대했던 백제의 병력이 지나치게 적은 이유가 바로 이 때문이다. 이는 곧 점령군인 나당연합군이 앞으로 치러야 할 전투가 많이 남아 있음을 뜻했다. 애초에 당나라가 목적으로 삼은 공략 대상은 고구려였다. 필사적인 백제부흥군과 싸워 전력을 잃을 필요가 없다고 생각했을 것이다. 소모전이 불가피한 백제부흥군과의 전투를 신라 쪽에 미뤄버리고 당나라 본래의 목표에 집중한 것이다.

소정방이 붙잡아 간 백제 포로의 숫자는 기록에 따라 차이가 난다. 『삼국사기』 「신라본기」 무열왕 7년(660) 조에는 백제 왕과 왕족 및 신료 93명과 백성 12,000명이라 했고, 같은 책 「열전」 김유신 조에는 백제 왕과 신료 등 93명과 병졸 20,000명이라 했으며, 같은 책 「백제본기」 의자왕 20년 조와 『삼국유사』 권1 태종춘추공 조에는 의자왕과 왕자 효·태·융·연 및 대신·장사 88명과 백성 12,807명이라 기록되었다. 어쨌든 소정방은 백제 원정에 참여했던 당나라 군대와 1만 수천 명의 백제 포로를 이끌고 사비성에서 금강 수로를 따라 내려가 서해를 건너 등주登州(현 산둥성 펑라이시 蓬萊市)를 거쳐 귀환했다.

이즈음 당나라 고종은 왕비 측천무후와 함께 낙양洛陽(현 허난성河南省 뤄양시洛陽市)에 머물고 있었다. 그 때문에 포로 중 중요 인물들은 낙양으로 압송되었다. '대당평백제국비명大唐平百濟國碑銘'에서 말하는 의자왕과 태

부여 정림사지 5층석탑 익산 미륵사지 석탑(국보)과 함께 2기만 남아 있는 백제 시대의 석탑이다. 초층 탑신부에 당나라 소정방이 대당평백제국비명大唐平百濟國 碑銘이라는 글귀를 새겨넣은 것을 볼 수 있다. 탁본_국립중앙박물관

자 융을 비롯한 외왕外王 13명 그리고 대수령 대좌평 사택천복沙宅千福과 국변성國辨成 이하 700여 명이 바로 그들이다. '대당평백제국비명'은 소정방이 백제를 함락한 직후인 660년 8월 15일에 사비 도성 한복판에 위치한 정림사지 5층석탑의 탑신과 옥개받침에다 자신의 공적을 기록해놓은 것이다. 2,126자에 달하는 장문의 기록이다.

의자왕은 나라를 잃고 온갖 수모를 당하면서 58일 만에 당나라 낙양에 도착했지만, 그해(660)를 넘기지 못하고 병사病死했다. 그가 처했던 상황을 생각하면 이해할 수 있는 결과이다. 그는 낙양 북쪽 망산邙山에 묻혔다. 낙양은 중국의 13개 왕조가 수도로 삼았을 만큼 역사적으로 번창한 곳이다. 망산에는 동주東周(B.C.771~B.C.256) 시대부터 당·송 대까지 수많은 지배층 인물들이 묻혔다. 그러나 중국 문화대혁명(1966~1976) 중에 이곳의 상당 부분이 파괴되었다. 오늘날 의자왕의 무덤은 확인되지 않는다.

한편, 의자왕을 사로잡아 당에 바친 예식진과 예군 형제의 무덤이 지난 2006년 이래 연이어 발견되었다. 2006년에는 뤄양시의 한 골동품 가게에서 예식진의 묘지墓誌가 발견되었다. 묘지란 죽은 사람의 성명·관계官階·경력·사적·생몰연월일, 자손의 성명, 묘지墓地의 주소 등을 새겨서 무덤 옆에 파묻는 돌이나 도판陶板이다. 2010년 봄에는 산시성陝西省 시안시西安市 문물보호고고연구소文物保護考古研究所가 창안구長安區 궈두난춘郭杜南村에서 당나라 시대 무덤 3기를 발굴했는데, 그 가운데 두 무덤에서 예식진의 아들 예소사禰素士와 손자 예인수禰仁秀의 묘지가 각각 출토되었다. 그리고 2011년 7월에 시안시에서 출토된 것으로 보이는 예군의 묘지가 소개되었다. 함께 발굴된 비문에 따르면 예군과 예식진 형제는 당에서 높은 관직을 받고 당 왕조를 위해 봉사하며 영화를 누렸다. 그의 자손들도 부귀영화를 누리며 살았다.

4. 백제부흥군의 결집

660년 7월 13일 사비 도성 함락 후 의자왕과 왕자들을 포함해 최소 1만 명이 훨씬 넘는 사람들이 당나라에 포로로 끌려갔다. 하지만 660년에 백 제가 완전히 망했다고 볼 수는 없다. 나당연합군의 기습적이며 압도적인 병력 집중으로 그런 결과가 초래되었지만, 백제 지방군은 건재했다. 백제 부흥군이 빠르게 대규모로 결집될 수 있었던 배경이다.

무왕의 조카이자 의자왕의 사촌 동생 복신福信과 승려 도침道琛 그리고 서부 출신의 흑치상지가 임존성에서 깃발을 들자, 10여 일 사이에 3만여 명의 군대가 만들어졌다. 임존성에 인접한 구마노리성久麻怒利城(현 충청남 도 공주)에서도 달솔 여자진餘自進이 궐기했다. 나당연합군은 임존성을 공 격했으나 패퇴했다.

660년 10월, 백제부흥군은 일본에 지원 군대와 함께 의자왕의 아들 부 여풍扶餘豊이 귀환할 수 있도록 요청했다. 백제부흥군을 이끌 리더가 필요 했던 것이다. 조선시대 역사가 안정복安鼎福은 『동사강목東史綱目』에서 의 자왕이 아닌 부여풍을 백제의 마지막 왕으로 보았다. 설득력이 있는 주장 이다. 그의 말에 따르면 백제 멸망은 660년이 아니라 백제부흥운동이 실 패한 663년이 되는 셈이다. 백제는 오래전부터 왜국과의 관계를 공고히 하기 위해 왕자를 파견했었다. 부여풍도 일찍부터 일본 나라奈良에 살면서 일본에 거주하는 백제 사람들을 대표했다.

그 무렵 사비성·웅진성에는 당나라 장수 유인원劉仁願의 군사 1만과 무 열왕의 아들 김인태의 7천 병력이 주둔하고 있었다. 661년 정초에 백제 부흥군은 당나라 웅진도독부가 설치된 웅진성과 사비성을 계속해서 공략 했다. 웅진에 있던 당나라 장군 유인원은 서라벌에 급보를 띄웠고, 신라는 구원군을 급파했다. 3월 5일 이찬 품일 휘하의 선발군이 두릉산성豆陵山城 남록에 진을 치려 하다가 백제부흥군의 급습을 받고 참패했다. 현 충청남도 청양군 정산면 백곡리의 계봉산 일대이다. 3월 12일에는 무열왕의 셋째 아들 김문왕과 대아찬 양도良圖의 후속 대부대가 달려가 두릉산성을 36일간 공격했지만, 이기지 못하고 철군했다. 이때 신라 병참부대가 백제부흥군의 습격을 받아 막대한 군수품을 빼앗겼다. 복신의 백제부흥군은 두릉산성 전투 승리 후 신라—웅진 간의 보급로를 차단했다. 무열왕이 몸소 진압에 나서서야, 백제부흥군에 포위되어 웅진성에 갇혀 있던 신라군을 구해낼 수 있었다.

5. 유일하게 전해지는 의자왕의 육성

당나라가 고구려보다 먼저 백제를 공격한 것은 당나라의 기존 정책이 아니었다. 648년 당 태종과 김춘추가 비밀 협약을 체결했을 때도 당나라의 관심은 백제가 아닌 고구려였다. 당나라가 공격의 우선순위를 바꾼 이유는 아마도 두 가지 원인이 동시에 작용한 결과일 것이다. 하나는 당나라단독 작전에 의한 요동 공략의 한계가 여러 번 드러났다는 점이다. 당나라는 새로운 전략이 필요했다. 다른 하나는 백제 공략에 당나라를 끌어들이려는 신라의 집요한 노력이다. 659년에 신라는 백제의 공격을 받았다. 신라는 즉각 이 사실을 당나라에 알리고 참전을 요구했다.

백제 패망의 원인에 관한 가장 중요한 질문은 무엇일까? 아마도 그것은 당나라가 전쟁을 시작한 순간 이미 전쟁의 승패에 판가름이 나지 않았을까 하는 의문일 것이다. 의자왕에게는 아무런 반전의 기회도 없었던 것일까? 흥미롭게도 영화 〈황산벌〉(2003)에서 김유신은 그렇게 말한다. 오늘날 이 문제에 대한 사람들의 생각이 반영되었다고 보아야 할 것이다. 하지만 영화에서 말한 대로 꼭 그렇게만 볼 수 없다. 의자왕과 왕자들, 그리고 백제의 중요한 사람들이 당나라로 압송된 이후에 백제부흥군이 신속히 대규모로 일어났고, 이들의 전투력을 나당연합군은 쉽게 제압할 수 없었기 때문이다. 요컨대 백제 패망은 의자왕 직속부대의 패배에서 비롯되었지만, 그 패전을 백제 전체 병력의 패배라고 볼 수는 없다. 백제 권력층의 깊은 정치적 분열은 도성의 빠른 함락과 백제부흥군의 신속한 성립, 둘 다의 원인이다. 백제는 전면전에서 패했다기보다 나당연합군의 기민한 도성 함락 전략에 패했다.

660년 의자왕에게 나당연합군을 막아낼 아무런 기회나 수단이 없었다고 할 수 없지만, 의자왕은 그에게 주어진 작은 기회나 수단조차 전혀 활용하지 못했다. 그는 나당연합군의 공격 앞에서 신속한 의사 결정에 실패했다. 스스로 말했듯이, 그는 거의 마지막 순간까지 성충과 홍수의 건의를 받아들이는 데도 실패했다. 나당연합군이 사비성 코앞까지 들이닥쳐서야 "후회스럽다! 성충의 말을 듣지 않아서 이 지경에 이르렀도다"라고 했다는 말은 오늘날 우리에게 전해지는 그의 유일한 육성肉聲이다. 백제 패망 과정에서 귀족층이 분열을 수습하여 자신들이 가진 병력을 동원하려 했다는 어떤 기록도 볼 수 없다. 그 결과로 유구한 왕조 백제는 패망했으며, 의자왕은 머나먼 중국 땅에서 죽음을 맞고 그 무덤조차 확인할 수 없다.

05

661년, 백제부흥운동

1. 661년에 있었던 세 가지 일

661년은 신라, 고구려, 백제 모두에게 중요한 일이 진행되었던 해이다. 이에 대해 말하기 전에 먼저 분명히 할 것은 660년에 백제는 아직 완전히 패망하지 않았다는 점이다. '백제'라는 단어는 계속 사용되었다. 신라에서는 무열왕 김춘추가 6월에 사망하고 태자 김법민이 즉위했다. 8월에는 소정방이 평양성을 공격했다. 그리고 9월에는 일본에 있던 백제 왕자 부여풍扶餘豐이 백제부흥군 지원 병력을 이끌고 귀국했다.

문무왕 즉위

661년 6월 태종무열왕이 재위 8년 만에 59세로 병사했다. 무열왕이 사망할 당시, 그가 추진했던 사업 중에서 성공적으로 마무리된 일은 거의 없었다. 그가 해왔던 사업의 대부분은 그 결과가 어찌 될지 알 수 없었다.

심지어 신라의 독립과 안전조차 여전히 불투명했다. 648년 당 태종과의 합의에서, 백제를 패망시킨 후에는 그 영토를 신라가 차지하기로 되어 있었다. 물론 아직 백제부흥군의 저항이 극렬했다. 하지만 당 고종은 부왕 태종과 김춘추 사이의 합의를 존중하는 어떤 모습도 보이지 않았다. 실제로 오늘날 일부 연구는 당 태종이 밀약 다음 해 죽을 때 자신과 김춘추 사이의 약속을 아들 고종에게 전하지 않았을 것이라고 보기도 한다. 백제가 함락되자 당은 그 영토에 웅진熊津·마한馬韓·동명東明·금련金漣·덕안德安의 5도독부와 37주 250현을 설치했다. 이는 곧 당나라 행정구역의 연장이었다. 어찌 보면 신라로서는 늑대를 몰아내려고 호랑이를 불러들인 꼴이었다. 당나라가 서해 너머의 백제에 대해서조차 직접 장악하려고 하는 마당에 고구려에 대해서는 불을 보듯 뻔한 일이었다. 고구려와 육지로 연결되어 있으니 고구려를 멸망시킨 후 당나라가 직접 지배하리라는 것은 너무나 확실했다. 평양 이남을 신라에게 준다는 당 태종의 약속은 지켜질 것 같지 않았다. 그렇다면 국력을 기울여 치른 전쟁 후에 과연 신라에게 돌아올 몫은 무엇인가?

자신이 추진한 정책이 도달한 불확실하고 복잡한 현실 앞에서 죽음을 앞둔 김춘추는 무엇을 생각했을까. 이제 와서 당과의 동맹을 파기해야 할까. 그러자니 이미 너무 멀리 와 있었다. 당장 웅진성 등에 주둔해 있는 당나라 군대에 대한 백제부흥군의 공격이 치열한데, 신라는 어떻게 대응해야 할까. 전력을 기울여 당나라 군대를 구원해주자니 신라군의 손실이 클 것은 분명했다. 더구나 그 결과는 백제 영역에 대한 당의 지배력만 강화해주는 꼴이 될 가능성이 높다. 조만간 고구려 공략전을 펼쳐야 하는데, 백제 상황에 비춰 볼 때 어떻게 해야 할까. 이렇듯 해결하기 힘들고 그 결과를 예측할 수 없는 문제들을 남기고 김춘추는 661년 여름에 죽었다. 그가 남긴 문제들은 결과가 어떻게 매듭지어지는가에 따라 전혀 다른 평가를 받을 수밖에 없었다. 이 문제들을 떠안고 태자 김법민이 즉위했다. 이 사람이 통일 군주 문무왕文武王(재위 661~681)이다. 이때 나이가 36세였다.

문무왕은 즉위와 동시에 두 개의 문제에 부딪혔다. 하나는 그냥 두고만 볼 수 없는 백제부흥군의 저항이었다. 백제부흥군의 저항이 워낙 강력했기 때문에 쉽게 진압되지 않았다. 9월에는 일본에 가 있던 백제 왕자 풍도 돌아와서 패망 이전 백제의 모습을 거의 회복하는 수준이 되었다. 아버지 무열왕이 고민했던 내용은 이제 문무왕 자신의 고민이 되었다. 또 하나 문제는 고구려 공격에 나선 당나라의 파병 요구였다. 이것은 648년 김춘추와 당 태종 사이의 밀약에 따른 요구였다. 신라로서는 응하지 않을 수 없었다.

문무왕에게 거의 유일한 위안이라면 김유신의 존재였다. 역사에서 선왕先王의 중신重臣은 후계 왕에게 경원시되고 배척당하는 사례가 적지 않다. 새로 즉위한 왕이 자신의 존재감을 즉시 드러내기 위해서 하는 일 중의 하나가 바로 선왕의 중신을 퇴진시키고 그 자리를 자기 사람들로 채우는 것이다. 하지만 문무왕과 김유신은 가장 모범적인 군신 관계를 이어갔다. 673년 6월 김유신의 임종 직전에 병문안을 간 문무왕과 병석의 신하가 나눈 대화는 자못 감동적이다. 문무왕이 "과인에게 경이 있음은 물고기에 물이 있음과 같았습니다"라고 말하자, 김유신이 이렇게 말했다. "왕께서 의심 없이 등용하여 믿고 임무를 맡기셨기에 어리석은 소신이지만 약간의 공을 이뤘습니다." 김유신의 공이 '약간의 공'일 수는 없다. 견훤이나 연개소문의 아들들 사이에서 볼 수 있듯이, 부자·형제 관계에서도 국왕 자리를 놓고 양보 없는 갈등이 벌어졌다. 군신 관계는 그보다 훨씬 약한 관계이다. 군신 사이에서 '의심'의 문제를 짚어낸 김유신 역시 비범하다.

661년 제2차 고·당 전쟁

661년 8월에 당나라는 고구려 공략에 나섰다. 당군의 규모는 모두 6개 부대 44만이었다. 1년 전 백제를 공격했을 때보다 3배가 좀 넘는 규모인데, 연구자에 따라서는 이보다 적은 수였을 것이라 말하기도 한다. 백제에 대한 승리의 경험은 당나라의 기존 고구려 공략 방식에 영향을 주었다. 이전에는 주력부대가 육로로 이동하여 요하를 건너서 요동을 공격하는 방식이었다. 하지만 이번에는 주력부대가 해상으로 바다를 건너 고구려에 상륙하는 방식을 취했다. 백제에 승리를 거둔 방식이다. 당 고종은 고구려 공략을 시작하기 전, 이해 6월에 신라의 참전을 요구했다. 아마 이때 당 고종은 무열왕의 사망을 몰랐던 듯하다. 그러나 알았더라도 별로 달라질 상황은 없었을 것이다. 8월에 문무왕은 아버지 무열왕의 장례만 겨우 치르고 상중에 몸소 정벌 길에 올랐다. 김유신이 대장군이었다.

당나라의 총 6개 부대 중 소사업蕭嗣業의 부여도행군扶餘道行軍과 정명진程名振의 누방도행군鏤方道行軍은 전통적인 방식대로 요하를 건너 요동으로 침공했다. 4개 부대, 즉 계필하력契苾何力의 요동도행군遼東道行軍, 소정방의 평양도행군平壤道行軍, 임아상任雅相의 패강도행군浿江道行軍, 방효태의 옥저도행군沃沮道行軍은 해상으로 침공했다. '행군行軍'이란 대규모 부대 단위를 말한다. 계필하력 부대는 압록강 하구를 점령하여 북쪽 요동 지역과 고구려 남부 지역을 끊었고, 나머지 3개 부대는 평양성의 대동강 하구에 상륙했다. 이들 소정방·방효태·임아상 부대야말로 당나라 주력부대였다.

개전 초기의 전황은 당나라에 유리하게 전개되었다. 당나라 군대가 압록강 하류로 상륙했고, 연개소문의 아들 연남생이 수만 군사로 이를 막았다. 하지만 그해 겨울은 일찍부터 추웠고 압록강도 일찍 얼어붙었다. 당나라와의 전투로 고구려군 3만이 전멸하고 나머지는 항복했으며, 연남생만 간신히 목숨을 구했다. 대동강 하구로 침투한 당나라 부대도 고구려군을 물리치고 평양성을 포위했다. 이렇게 되자 고구려는 강력한 부대가 있던 요동 지역과 차단된 채 당나라 부대에 포위되는 상황에 처하였다.

그런데 이때 당나라에서 뜻밖의 사건이 벌어졌다. 661년 10월, 흉노의 한 종족인 철륵鐵勒의 회흘부迴紇部 추장 비속독比粟毒이 당나라를 공격해 온 것이다. 당나라 수도 장안이 위협받는 상황이 되었다. 진압 병력이 부족하자 당나라는 우선 소사업 부대를 고구려 공격 전선에서 빼내 방어 부대에 포함했다. 하지만 정인태鄭仁泰가 이끄는 당나라 부대는 전멸을 당했다. 이를 타개하기 위해 철륵 출신인 계필하력과 그의 부대도 또다시 고구려 전선에서 빼낼 수밖에 없었다. 당나라 부대 일부가 고구려 전선에서 철군하자, 해상으로 대거 침입하여 평양성을 포위했던 소정방의 평양도행군, 임아상의 패강도행군, 방효태의 옥저도행군 부대는 오히려 고구려 한가운데서 고립되었다. 평양성은 견고했고 고구려의 겨울 추위는 맹렬했다. 소정방이 신라에 식량과 지원 병력을 요청했을 무렵의 상황이다. 북쪽 요동 지역과 고구려 남부 지역을 차단했던 계필하력 부대가 철군했기에, 어쩌면 요동 방면 고구려 부대의 남하도 예상할 수 있는 상황이었다.

김유신의 활약과 연개소문의 승리

신라 군대가 고구려로 접근하는 일은 쉽지 않았다. 애초 계획대로라면 백제를 멸망시킨 후이니 신라가 당의 고구려 공격을 군사적으로 지원하는 데 장애가 없어야 했다. 하지만 현실은 그렇지 않았다. 백제부흥군의 공세가 치열했다. 백제부흥군 때문에 웅진에 있던 당나라와 신라 부대는 문무왕을 도울 수 없었다. 문무왕 부대도 백제부흥군의 저항을 뚫고 나아가야 했다.

661년 9월 25일에 백제부흥군의 한 부대가 옹산성甕山城(현 대전시 대덕 계족산성鷄足山城)에 있으면서 신라군 앞길을 막았다. 김유신이 옹산성을 포위하고 군사軍使를 성 아래로 가까이 보내 적장을 회유했다. "이제 너희들이 홀로 고립된 성을 지켜서 무엇을 하겠는가? 결국 비참하게 궤멸되리니, 나와서 항복하는 것만 못하다. 항복한다면 목숨뿐만 아니라 부귀도 기약할 수 있을 것이다." 성주이자 백제부흥군의 장수가 맞받아쳤다. "비록 하찮은 작은 성이지만 병기와 식량이 충분하고 병사들이 의롭고 용감하니, 차라리 싸워 죽을지언정 맹세코 살아서 항복하지는 않겠다." 이틀의 전투 끝에 9월 27일 성이 함락되자, 김유신은 적장만 붙잡아 참수하고 백성들은 모두 놓아주었다. 이렇게 전투를 치르면서 나아가느라 신라 군대의 행군은 더뎠다.

한편 소정방의 당나라 군대는 대동강을 거슬러 올라가 평양 서남쪽 마읍산馬邑山(서학산으로 추정. 현 남포특별시 천리마구역)을 점령했다. 여기서 수개월 동안 평양성을 포위 공격 중이었다. 마읍산은 평양성에서 60리 정도 떨어진 방어의 요충지였다. 하지만 평양성은 견고했다. 공방전이 계속되는 중, 오랜 세월 당나라의 고구려 공략을 힘들게 했던 상황이 다시 시작되었다. 당나라 대군의 병참선兵站線이 막힌 상태에서 겨울이 다가오고 있었다. 일찍이 645년 당나라가 고구려를 공격했을 때 당 태종은 이렇게 말했다. "유주幽州(현 베이징) 이북에서 요수遼水까지는 2,000여 리인데, (중간에) 주현州縣이 없어 군대를 움직일 때 물자와 군량을 취급할 곳이 없다." 고구려 공격에 따른 병참 지원의 어려움을 말한 것이었다. 요수, 즉

마읍산 위치 평양성에서 약 24km 떨어진 곳에 있다. 현 서학산으로 추정된다. 661년 8월 대동
강 입구에서 고구려군을 격파한 당나라 소정방 부대는 강을 거슬러 올라가 평양성 서남쪽의 마
읍산을 점령하고 진지를 구축했다. 출처_구글 맵

오늘날의 랴오허강遼河江은 당나라와 고구려가 대치한 국경선이었다. 안시
성, 요동성, 신성, 건안성 등이 랴오허강을 앞에 두고 늘어서 있는 이유다.
당나라가 신라와 손을 잡은 이유도 근본적으로는 이 문제를 해결하기 위
함이었다. 당나라에게 골칫거리인 이 문제가 이 시기에는 신라를 통해 해
결될 수 있는 상황이었다. 소정방은 문무왕에게 다급하게 군량 지원을 요
청했다. 평양으로 군량을 수송하라는 고종의 칙서가 10월에 경주에 도착
했다. 다음은 이와 관련된 사료이다.

문무왕은 군신들을 모아놓고 당군唐軍에 대한 군량 지원의 방책을 물었다. 신하들이 난색을 표했다. "적지賊地 깊숙이 군량을 나르는 일은 지금 형세로 보아 불가합니다." 문무왕이 계책을 정하지 못하고 한탄만 거듭하자, 김유신이 나아가 말했다. "지금이야말로 늙은 몸이 충성을 다할 때이오니, 신이 적국으로 들어가 소蘇 장군의 뜻에 부응하도록 하겠습니다." 문무왕이 앞으로 나와 김유신의 손을 잡고 눈물을 흘리면서 말했다. "공公 같은 어진 신하를 얻었으니 걱정할 일이 무엇이겠소." 유신이 왕명을 받고 현고잠懸鼓岑의 수사岫寺에 이르러 재계하고 영실靈室로 들어갔다. 방문을 닫고 혼자 앉아 분향하기를 여러 날 밤낮으로 계속한 후 나와서 기뻐하며 "내가 이번 길에 죽지 않게 될 것이다."고 말하였다. 떠날 때에 왕이 손수 글을 써서 유신에게 이르기를 "국경을 나간 후에는 상과 벌을 마음대로 함이 좋겠소." 하였다. … (662년) 정월 23일 칠중하七重河에 이르렀는데, 사람들이 모두 두려워하여 감히 먼저 (배에) 오르지 못하였다. 유신이 말하기를 "제군들이 죽음을 두려워한다면 어찌 여기에 왔는가?" 하고 자신이 먼저 배를 타고 건너니, 여러 장졸들이 서로 따라 물을 건너서 고구려 땅에 들어갔다.

—『삼국사기』 권42, 「열전」 2 김유신.

신하들이 군량 수송에 난색을 표한 것은 당연했다. 스스로 움직이지 못하는 식량 가마니를 운반하는 일은 명령에 따라 움직이는 군대를 보내는 일보다 훨씬 어렵다. 군량 규모는 쌀 4,000석과 벼 22,000석이었다. 무게로 환산하면 대략 3,000톤 정도로 추정된다. 벼는 도정을 하지 않은 것이다. 도정하면 보관이 어렵기 때문에 군량미로 운반할 때는 벼 상태여야 했다. 수송에 동원된 수레가 2,000대였고, 수레 하나당 1.5톤 정도 적재했을 것으로 추정된다. 이 분량은 식량을 운반하는 인력이 소비해야 하는 양은 제외한 것이었다.

군량미를 수레 2,000대로 나눠 싣고 적진을 돌파하며 1천 리 밖으로 운송하는 데는 적어도 2만가량의 병력이 필요했을 것이라고 연구자들은 어림짐작한다. 이 정도 규모는 적의 관측을 피해 행군하기에는 너무 많고, 고구려의 대규모 주력부대와 교전하기에는 적은 숫자다. 더구나 전투가 아닌 식량 운반이 목적이었기에 행동의 자유가 극히 제한되었을 것이다. 우마차를 이용한 수송 능력, 주로 외지고 험한 길로 이동한 사정, 보급부대로서는 크고 전투부대로서는 작은 규모 등을 감안하면, 이 수송 작전은 엄청난 일이었다. 더구나 한겨울이었다.

문무왕 2년(662) 1월 23일 김유신 부대는 칠중하七重河(현 임진강)에 이르렀다. 이때 한 달 이상 계속 내리던 궂은비가 눈보라로 변하면서 기온이 급강하했다. 동상자가 속출했다. 장졸들 모두가 두려워하여 감히 먼저 강을 건너려는 사람이 없었다. 이때 김유신이 나섰다. 그는 "그대들이 죽음을 두려워한다면 왜 여기까지 왔는가?"라고 외치며 먼저 배에 올라 강을 건넜다. 그러자 모든 장졸이 뒤따라 고구려 경계로 들어갔다.

김유신 보급부대의 코스는 칠중하→ 임진강과 개성 사이의 산양蒜壤 → 이현梨峴→ 장새獐塞(황해도 수안)→ 양오楊隩→ 평양성이었다. 김유신 부대가 식량을 가지고 간 곳은 양오까지였다. 이곳에서 소정방 부대에 식량을 전달했다. 그런데 위 지명들은 대부분 무척 생소하다. 그 이유는 사료에도 나오듯이 김유신 부대가 고구려군을 피해 인적이 드문 소로小路로 갈 수밖에 없었기 때문이다. 이렇듯 외진 길로만 갔는데도 고구려 부대를 완전히 피하지는 못했다. 산양에서 고구려의 한 부대와 맞닥뜨려 전투를 치르고 패퇴시켰다.

1월 말 날씨는 얼어붙을 듯 추웠고 병사와 말(馬)은 피로를 견디지 못하고 자꾸 쓰러졌다. 그러자 김유신은 팔을 걷어 어깨를 드러내고 말에 채찍을 가하며 앞에서 달려갔다. 68세 노장이 앞장서자 뭇 장졸들이 힘을 다해 뒤따르며 감히 춥고 힘들다는 말을 꺼내지 못했다. 드디어 평양성과 36,000보步 떨어진 장새에 당도했다. 약 62km 거리다. 칠중하에서 장새까지 거리는 약 96km인데, 1월 23일 칠중하를 도하한 김유신 부대가 장새에 도착한 때는 2월 1일이다. 약 96km를 이동하는 데 7일가량 소요되었다. 1일 평균 약 14km 속도로 행군했음을 알 수 있다. 고대古代의 행군 속도가 1일 30리(12km) 내외인 점, 군량 수송을 위해 수레와 우마를 대거 운용해야 했던 점, 혹한기에 적지의 소로를 이용해야 했던 점 등을 고려하면 꽤 빠른 속도의 행군이었다.

이제 고구려군의 종심縱深 깊은 방어진지를 뚫고 가서 당군 진영에 신라군의 도착을 알려야 했다. 매우 어려운 일이었다. 당시 당군은 군량이 떨어져서 궤멸 직전이었다. 김유신이 보기감步騎監 직책에 있는 열기裂起를 불러 말했다. "나는 젊어서부터 그대와 교유하여 그대의 지조와 절개를 안다. 이제 소蘇 장군에게 우리 뜻을 전하고자 하나 사람을 구하기 어렵다. 그대가 갈 수 있겠는가?" 열기는 김유신이 화랑이었을 때 그의 낭도郎徒였다. 화랑과 낭도의 관계가 대개 그렇듯이, 김유신과 평생을 함께했던 사람이다.

열기가 엎드려 말했다. "어찌 장군의 명령을 욕되게 하겠습니까? 제가 죽는 날이 새롭게 태어나는 날이 될 것입니다." 열기는 장사 구근仇近 등 15명 용사들과 함께 혹한 속에서 적진을 뚫고 나갔다. 그는 소정방을 만나 김유신이 군량을 운반하여 대동강 어귀에 와 있다는 사실을 알렸다. 소정방은 크게 기뻐하며 열기의 귀로 편에 감사의 글을 김유신에게 보냈다.

김유신은 이틀 만에 귀환한 열기와 구근에게 제9위의 관등을 주었다. 6두품 이상이어야만 가능한 관등이다.☞ 200쪽 신라의 골품제 참조 통일전쟁 시기에 신라는 특별한 공을 세운 자에게는 골품의 한계를 뛰어넘어 승진시키곤 했다. 열기나 구근은 6두품에 못 미치는 골품 출신이었을 가능성이 있다.

백제와 고구려를 대상으로 영토를 넓히기 시작한 진흥왕 이후, 신라는 전사자들에 대해 특별한 우대 정책을 폈다. 자료 탓도 있겠으나 이 같은 정책은 백제나 고구려에서는 확인되지 않는 일이다. 이 점이 통일전쟁 과정에서 신라와 지배층 진골이 가졌던 유연성이다. 나중에 다시 서술하겠지만 통일 이후에는 신라 진골에게서 그런 유연성이 사라진다. 아무튼 김유신은 대동강 어귀에 있는 양오에 진을 치고 중국어에 능통한 무열왕의 아들 김인문, 김양도金良圖, 그리고 자신의 서자 군승軍勝에게 당나라 진영으로 식량 부대를 호송하도록 명했다.

이때 방효태 부대는 대동강 상류의 사수蛇水(현 대동강의 한 지류인 합장강) 부근에 주둔해 있었다. 임아상 부대와 소정방 부대는 평양성을 포위하고 있었다. 662년 2월, 드디어 고구려군이 고립된 당의 대군에 대한 총공격에 나섰다. 방효태 부대는 북베트남과 같은 위도에 있는 따뜻한 중국 남부 영남 지역의 부대였기에 고구려의 겨울 추위를 더욱 힘들어했다. 연개소문의 고구려는 임아상과 방효태 부대를 몰살했다. 대총관 임아상은 전투 중에 행방불명되었다. 대총관 방효태는 그의 부장들이 탈출하기를 권했으나 "내가 데리고 온 향리 자제 5,000여 명이 모두 죽었다. 어찌 내 한 몸만 살아남길 구하겠는가?"라며 거절했다. 이때 죽은 자가 수만에 달했고 방효태는 몸에 꽂힌 화살로 고슴도치처럼 되었다고 사료는 전한다. 방효태의 아들 13명, 그리고 그가 이끈 옥저도행군은 사수에서 몰살당했다. 소정방 부대는 식량을 보급받은 후 지체 없이 철수를 시작했다.

부여풍의 귀환

660년 10월에 백제 무왕의 조카로 알려진 복신은 좌평 귀지貴智 등을 일본에 보냈다. 일본에 머물던 왕자 부여풍의 귀국과 지원 병력을 요청하기 위해서였다. 661년 9월, 왜국에 오랫동안 체류하던 의자왕의 아들 부여풍이 5,000명 호위병과 함께 귀국하여 백제부흥군의 최고 지도자로 추대되었다. 사료에 풍왕豊王으로 불리는 이가 바로 이 사람이다.

부여풍은 주류성周留城을 백제부흥군의 지휘 본부로 삼고, 복신과 왜장倭將들로 항전 태세를 갖추었다. 백제부흥운동은 초기에는 임존성이 중심이었지만, 곧 복신과 승려 도침이 있는 주류성이 새로운 중심이 되었다. 부여풍의 귀환으로 그 중심성은 더욱 강화되었다. 백제 유민들은 부여풍을 왕으로 받들었고, 부흥군은 한때 200여 성城을 회복할 만큼 맹위를 떨쳤다. 이것은 당의 웅진도독부가 웅진·사비 일원만 장악하고 나머지 백제 영역 거의 대부분을 부흥군이 탈환했다는 뜻이다.

2. 백제부흥군의 내분

왕자 풍이 귀국했을 무렵 백제부흥군의 사기는 드높았다. 백제부흥군이 곧바로 백제를 다시 회복할 듯이 보였다. 하지만 이런 기세는 일종의 착시였다. 당나라는 661년 1월부터 이미 고구려 공격을 위해 부대를 이동시키기 시작하여 이듬해 2월 말까지 고구려를 침략했다. 신라도 이 전쟁에 참여했다. 그 때문에 백제부흥군과 싸울 수 있는 여력이 부족했다. 이런 상황에서 백제부흥군이 몇 차례 승리를 거두자, 백제부흥군 지도자 도침은 자신을 영군장군領軍將軍, 복신을 상잠장군霜岑將軍이라 칭하며 권력의 맛을 알아가는 듯 보였다. 승려 출신 도침은 부흥군 내에서 가장 강력한 힘을 갖고 있었다. 반면에 복신은 백제 왕족 출신으로 부흥군 내에서 가장 전공戰功이 많았다. 도침이 자신을 앞세우면서 방자한 태도를 보이자, 이에 자극을 받은 복신이 662년 4~5월 사이에 도침을 살해하고 말았다. 도침을 제거한 복신은 부흥군 내의 모든 권력을 장악했다.

풍왕은 비록 임금에 추대되었지만 실권 없는 왕에 불과했다. 오랜 세월 왜국에서 지냈던 터라 부흥군 내에 별다른 정치적 군사적 지지 기반이 없었기 때문이다. 복신은 왜국에 사신을 보낼 때도 풍왕이 아닌 자신이 주체가 되어 파견하는 등 외교권을 행사했다. 풍왕은 차츰 복신에게 불만을 갖게 되었고 공공연히 복신을 비난했다. 나중에 두 사람의 불화는 당과 신라에서도 모두 알 정도였다. 663년 6월 복신은 병을 핑계로 굴방窟房에 누워 있었다. 그는 풍왕이 문병 오기를 기다렸다가 덮쳐 죽일 계획이었다. 하지만 풍왕이 이를 먼저 눈치채고 복신을 급습하여 사로잡았다. 복신이 먼저 반란을 계획했던 것인지, 풍왕이 먼저 복신을 제거할 계획을 세우고 있었는지는 사료에 따라 다르게 해석할 여지가 있다. 어쨌든 풍왕은 복신을 사로잡은 후, 그의 목을 베어 머리를 소금에 절여버렸다.

한편 임존성에 있던 흑치상지 세력도 주목할 필요가 있다. 그는 본래 소정방이 백제를 점령하자 곧바로 항복했었다. 그런데 소정방이 병사들을 풀어 약탈을 자행하자, 이를 두려워하여 '추장酋長' 10인과 함께 달아났다. 이들은 임존성에 있으면서 성을 굳게 지켰다. 이들을 중심으로 사람들이 모였다. 열흘이 채 지나지 않아서 도망처 온 사람이 3만이었다. 소정방이 당나라 군대를 이끌고 흑치상지를 공격했지만 이기지 못했다. 흑치상지는 마침내 200여 성을 회복했다. 이후 흑치상지는 부흥운동군에서 큰 활약을

흑치상지 묘지석 1929년 중국 뤄양洛陽 망산邙山에서 흑치상지의 묘지가 발굴되었다. 현재 중국 난징박물관에 소장되어 있다. 아래는 묘지석을 부분 확대한 것으로, 중간에 '黑齒常之흑치상지'라는 글자가 선명하게 보인다.
출처_〈KBS 역사추적: 의자왕 항복의 충격 보고서! 예식진 묘지명〉 2019. 12. 30. 방송 화면 캡처.

예산 임존성 봉수산 꼭대기에 있는 둘레 약 3km의 산성으로, 백제가 고구려의 침입에 대비하여 쌓은 것으로 짐작된다. 백제가 멸망한 뒤에는 주류성과 더불어 백제부흥군이 활동했던 곳으로, 이 성에서 흑치상지가 중심이 되어 백제의 부흥을 꾀하였으나 실패했다.

했다. 하지만 663년에 돌연 당나라 장군 유인궤劉仁軌(602~685)에게 항복했다.

흑치상지가 당나라에 스스로 항복한 이유가 사료에 명확하게 나오지는 않는다. 다만 일부 연구자들은 그의 항복이 이 시기에 백제로 돌아온 부여융과 관련이 있을 것으로 본다. 부여융은 의자왕과 함께 당나라로 끌려갔다가 다시 백제에 돌아와서 당나라 군대의 지휘관으로 백강구白江口 전투에 참여했다. 흑치상지의 항복은 부여융의 설득에 따른 것으로 추정된다. 흑치상지가 항복했다는 소식만으로도 부흥운동군 세력은 크게 위축될 수밖에 없었다. 그런데 그는 당에 항복한 이후 당군의 선봉에 서서 백제부흥운동군을 공격했다. 결국 그가 선봉에서 이끈 나당연합군의 공격에 의해 임존성이 마지막으로 함락되면서 백제부흥운동은 종말을 맞는다. 백제부흥운동이 실패한 결정적 요인은 의자왕의 백제 조정이 그랬듯, 부흥운동군을 이끈 인물들 간의 분열 때문이었다.

3. 동아시아 최초의 국제전, 백강구 전투

부여풍은 복신을 제거한 후에 왜국에 사자使者를 급파하여 구원 병력을 요청했다. 당시 일본은 661년에 사이메이齊明 천황(재위 655~661, 고교쿠皇極 천황 재즉위)이 죽은 뒤 나카노오에 황자가 바로 즉위하지 않은 채 실권을 쥐고 국정을 운영하고 있었다. 나카노오에는 다이카개신을 주도했던 인물이며 668년 2월에 덴지天智 천황으로 즉위한다. 다만 연호는 662년부터 덴지 1년으로 쓴다. 나카노오에는 자신의 모친인 사이메이 천황에 이어 백제부흥군에 강력한 지원을 유지했다. 『일본서기』 덴지 2년(663) 3월

조 및 8월 조를 보면, 나당연합군 공격에 대응하여 663년 3월에 2만 7,000명의 일본군이 바다를 건너왔고, 8월에 또 1만여 명이 더 건너옴으로써 백제부흥운동을 돕는 일본군 총병력은 3만 7,000여 명에 이르렀다. 신라가 660년 백제 공략에 나설 때 병력 규모가 5만이었음을 생각하면, 일본이 파병한 구원군이 얼마나 큰 숫자인지 짐작할 수 있다.

그런데 나카노오에의 이런 행동은 다소 의문을 자아낸다. 645년에 일어난 다이카개신은 본래 오랫동안 권력을 잡았던 백제계 가문인 소가씨蘇我氏를 폭력적으로 제거한 정치 쿠데타였다. 또, 646년 김춘추가 일본에 왔을 때 왜국은 그에게 당나라와의 관계를 재개할 수 있도록 도움을 부탁하기도 했다. 불과 10년 남짓한 시간이 흐른 뒤 왜국이 대규모 병력과 전선戰船을 보내서 백제부흥군을 적극적으로 도운 이유는 무엇일까?

다이카개신을 주도한 두 중심인물은 가루輕 황자(645년 고토쿠孝德 천황으로 즉위)와 나카노오에 황자였다. 고토쿠 천황(재위 645~654)은 고구려−백제 동맹보다 당나라−신라 동맹 편에 섰었다. 그런데 현실에서 당나라−신라 동맹이 고구려−백제 동맹을 압도하자, 일본으로서는 미처 생각하지 못했던 새로운 위험이 부각되기 시작했다. 고구려·백제가 소멸된 후 당나라−신라 동맹의 일본 침략을 걱정하기 시작했던 것이다. 왜국 입장에서 보면 가능한 염려였다. 실제로 백제 패망 이후 사이메이 천황은 백제 지원에 왜국의 총력을 기울이다시피 했다. 그녀가 661년에 죽고 뒤이어 아들 나카노오에가 정권을 잡자 663년에 대규모 군대를 백제에 보낸 이유다.

나당연합군 대對 백제부흥군·왜국연합군은 최후의 결전을 앞두고 군대를 움직이기 시작했다. 문무왕은 대장군 김유신을 비롯하여 김인문, 천존天存, 죽지竹旨 등 28명 장수들을 거느리고 친정에 올랐다. 당 고종은 좌위위장군左威衛將軍 손인사孫仁師에게 산동병山東兵 7,000을 주어 웅진도독부를 지원하도록 했다.

신라군은 663년 7월 17일 웅진으로 들어가서 당군과 합세하여 8월 13일 두솔성豆率城(현 충청남도 청양군 칠갑산)을 함락했다. 문무왕은 포로가 된 왜병들을 풀어주며 말했다. "우리나라는 너희 나라와 바다를 사이에 두고 경계를 나누고 있으며, 서로 다투지 않고 사이좋게 교류해왔다. 그런데 무슨 까닭으로 오늘날 백제와 함께 악행을 하며 우리나라를 침해하려 하느냐? 지금 너희 군사가 모두 내 손바닥 안에 있으나 죽이지 않고 돌려보낸다. 돌아가서 너희 왕에게 이 사실을 알리도록 하라."

한편 1,000척에 달하는 왜선倭船들이 남해안을 돌아 백강구白江口로 접근해 들어왔다. 주류성에 있는 백제부흥군을 지원하기 위한 배들이었다. 주류성의 부여풍은 그들을 접응하기 위해 기병騎兵을 거느리고 백강구 언덕으로 달려가 군진軍陣을 세웠다. 이에 유인궤, 두상杜爽, 부여융은 당의 수군을 거느리고 웅진에서 백강구로 향했다. 663년 8월에 전개된 백강구 전투는 육전陸戰과 수전水戰이 배합된 입체적 국제전이었다.

왜선은 전후 네 차례에 걸쳐 당선唐船 170척에 선제공격을 감행했다. 그러나 왜선은 당선의 적수가 되지 못했다. 숫자로는 당선보다 훨씬 많았지만, 크기가 작은 데다 조선술이 낙후하여 견고하지 못했다. 당선은 당파전법撞破戰法, 즉 충돌해서 배를 부수는 방법으로 왜선을 수장했다. 게다가 맞바람을 맞으며 돌진하던 왜선은 바람을 등진 당선의 화공火攻에 걸려들었다. 왜선 400척에 불이 붙었고, 화염이 하늘을 찌르고 바닷물도 붉게 물들었다. 백강구 전투의 패배로 백제는 실질적인 패망을 맞이했다. 이때 지배층을 포함한 많은 백제인이 일본으로 가게 되어 결과적으로 일본 고대사 전개에 상당한 영향을 주었다. 오늘날 일본이 이를 백촌강 전투(하쿠수키노에노타타카이白村江の戰い)라 부르며 대단히 중시하는 이유다.

미즈성 백제 유민들은 오늘날 후쿠오카福岡 지역에 도착한 후 곧바로 신라와 당나라 군대의 침입을 두려워하여 이를 방어하기 위한 백제식 토성을 쌓았다. 미즈성水城과 오노성大野城이다. 그 배후에는 다자이후시大宰府市를 건설했다. 다자이후는 규슈 지방 전체를 다스리는 관청으로 약 500년 이상 지속되며 번영했다. 지금도 유적이 많다.

4. 백제 패망의 원인은 무엇인가

백제 패망의 원인을 말하기 전에, 그 원인이 아닌 것들을 먼저 검토해야 한다. 앞서 말했듯이 백제 패망의 원인을 말하는 사료들 중에는 왜곡된 내용이 많기 때문이다. 가장 흔한 것은 백제 패망이 의자왕 개인의 무절제함과 무능력에 주로 기인하는 듯이 기록된 사료이다. 다수의 연구자가 제시한 설득력 있는 주장에 따르면, 의자왕은 오히려 그 반대되는 사람이었다. 개인적으로만 보면, 과단성 있으며 어려서 효심이 지극했던 인물이다.

백제의 일차적 패망 원인이 국내 문제에서 비롯되었다고 보기는 힘들다. 왕조 말기에 흔히 나타나는 민생 파탄이나 백성들에 대한 국가의 가혹한 착취 기록은 전혀 보이지 않는다. 백제 패망은, 오랫동안 완만히 진행되면서 그 결과를 어느 정도 예측할 수 있는 성질의 것도 아니었다. 648년 3월 백제 장군 의직이 신라 서쪽 변경의 10여 성을 함락하는 등 양국 간 전쟁이 한창일 때, 김유신이 진덕여왕에게 대야성의 원수를 갚자는 건의를 했다. 그러자 진덕여왕은 "작은 나라가 큰 나라를 건드려서 그 위험을 장차 어떻게 감당하려 하오?(以小觸大 危將奈何)"라고 응답했다. 백제가 패망하기 불과 10여 년 전 백제에 대한 신라 국왕의 인식이다. 또, 661년 제2차 고·당 전쟁을 치르는 당나라를 지원하러 김유신이 북진하는 과정에서 옹산성에 이르렀을 때, 백제부흥군과 함께 싸우는 옹산성 성주城主에게서 얼핏 볼 수 있듯이 백제는 '패망' 직후에조차 극히 정상적인 상태였다.☞

105쪽 참조

백제 패망은 두 단계로 이루어졌다. 660년 의자왕의 항복이 첫 번째이고, 663년 백제부흥운동의 실패가 두 번째다. 660년 의자왕의 항복은 도성 방어 전략의 실패가 가장 직접적인 원인이다. 당나라와 신라가 본격적인 공격을 시작한 지 불과 사흘 만에 백제 도성을 함락하고 의자왕의 항복을 받았다. 백제의 도성 방어 전략 실패는 당나라에 대한 외교 혹은 정보 수집에 백제가 완전히 실패했음을 보여준다. 당나라와 신라가 이미 여러 달 전 침략을 시작한 시점에 백제는 그것을 막아낼 어떤 준비나 전략은커녕 그에 대한 정보조차 가지고 있지 않았다. 백제가 도성 방어에 실패했던 또 하나의 원인은 지배 집단 내부의 깊은 분열이다. 당시 신라와 당나라는 의자왕 직속의 군대만을 상대했을 뿐이다. 백제 귀족층이 거느린 군대는 거의 동원되지 않았던 것으로 보인다.

사비 도성이 함락된 후 매우 빠르게 대규모로 백제부흥군이 일어났다. 이런 양상은 정상적이라고 볼 수 없다. 정상적이라면 도성 방어를 위해 치열한 전투를 치렀을 테고 그 결과 백제군에게 상당한 전투력 손실이 있었어야 한다. 그렇지 않았기 때문에 그들의 전투력이 거의 온존해 있었다. 하지만 3년 후 백제부흥군은 소멸되는데, 그 이유는 660년 실패의 반복이다. 백제부흥군 지도부 내의 깊은 반목과 갈등이 결국 부흥운동을 종식시켰다.

백제는 왜 그토록 깊은 국론 분열을 겪었던 것일까? 여기에는 간단치 않은 이유가 있다. 그것은 554년 백제 성왕이 관산성 전투에서 목숨을 잃은 사건으로부터 시작된다. 본래 그 몇 년 전까지도 신라와 백제는 고구려를 상대로 치열한 영토 전쟁을 치르고 있었다. 두 나라 사이는 나쁘지 않았다. 백제와 신라의 동맹 관계는 적어도 551년까지 유지되었다. 이해에 양국 군대가 북진하여 고구려로부터 실지失地를 수복한 뒤, 백제는 한성 등 한강 하류의 6군郡을 차지하고 신라는 한강 상류 지역 10군을 차지했다. 그런데 553년 7월에 신라가 약속을 어기고 백제를 공격하여 한강 하류 지역을 기습적으로 점령하는 일이 벌어졌다. 이를 주도한 사람이 20세의 진흥왕이다. 이에 백제는 554년 7월 가야군과 합세해 신라에 반격했는데, 그 과정에서 성왕이 관산성(현 충청북도 옥천) 전투에서 신라군의 매복에 걸려 붙잡히고 목이 베이는 사건이 일어났다. 신라에게 빼앗긴 영토를 되찾기 위해 치른 전투에서 백제 국왕이 죽임을 당한 것이다.

성왕의 죽음은 치욕적이기도 했다. 『일본서기』에 따르면 노비 고도苦都가 성왕의 목을 베고 두골頭骨을 경주 왕궁의 북청北廳(도당都堂 건물)에 오르는 계단 아래에 묻었다. 물론 고도의 신분이 말 그대로 노비라기보다는 지방민 중 외위外位☞ 외위는 181쪽에서 설명를 지닌 유력자가 스스로를 낮춰 말했을 뿐 실제 노비로 보기는 어렵다는 연구도 있다. 어찌 되었든 이런 상황 자체가 이후 백제 국왕들에게는 세월이 흘러도 잊을 수 없는 치욕일 수밖에 없었다. 이로써 백제와 신라 사이에 길고 치열한 전쟁이 시작되었다. 아마도 642년 대야성을 무너뜨린 백제가 성주 김품석과 그의 아내이자 김춘추의 딸 고타소랑의 목을 벤 일도 성왕에 대한 설욕과 관련 있을지 모르겠다.

7세기 삼국 간 갈등은 고구려와 백제가 신라에게 잃은 옛 영토를 되찾기 위해 공격하는 형태로 진행되었다. 신라는 당나라에 매달릴 수밖에 없었다. 신라는 공격을 받을 때마다 당나라에 연락해서 당나라로 하여금 고구려와 백제를 견제하게 했다. 고구려나 백제 모두 당나라와 친밀하게 지내려고 노력했지만, 신라의 충성도가 두 나라를 훨씬 앞섰다. 신라에게 대당 관계는 국가의 존망이 걸린 일이었다. 이런 관계가 지속되면서 당나라는 서서히 신라의 입장으로 두 나라 관계를 보게 되었다. 그러다가 당나라는 백제와 신라 간의 치열한 영토 분쟁에 개입했고, 신라에 치우치는 발언을 하기 시작했다.

백제의 국제관계에서도 가장 중요한 나라는 당나라였다. 또한 백제가 최우선으로 삼은 국가적 목표는 신라에게 빼앗긴 영토를 회복하는 일이었다. 그렇지만 당 태종은 백제보다 신라에 기울었다. 백제는 당나라로부터 천천히 밀려났다. 이 과정에서 의자왕은 고구려에 접근했다. 645년 이후 고구려가 당나라의 침략을 막아내는 것을 보면서 고구려의 역량을 더욱 긍정적으로 평가하게 되었다. 당 태종이 신라에게 기울어지면서 백제는 태종 말년에 사신을 보내지 않다가 649년 고종이 즉위하자 연속으로 3년간 사신을 보냈다. 의자왕은 당 고종에게 아마도 백제와 신라 사이에서 좀 더 공정한 태도를 기대했을 것이다. 하지만 당 고종은 아버지의 시각과 태도를 그대로 물려받았다. 결국 652년 이후로 백제는 다시 당나라에 사신을 보내지 않았다. 반면에 고구려나 왜국과의 관계를 강화하는 데 노력했다. 이는 다른 말로 하면 백제가 자주노선을 견지하게 되었음을 뜻한다. 이런 전환이 이루어진 시기는 대략 653년 전후로 보인다.

의자왕이 보여준 대외 노선의 전환은 백제 귀족층 내부에 깊은 이견과 갈등을 초래했다. 의자왕 15년(655) 이전까지 그와 함께했던 세력은 백제가 당나라와의 관계를 소홀히 하는 것에 깊은 우려를 나타냈다. 그러나 다른 한편으로 의자왕의 생각에 동의하는 일군의 사람도 새롭게 등장했다.

백제 패망이 당나라를 무시한 의자왕의 독자 노선 때문일까? 신라는 그렇게 주장했고, 오늘날에도 많은 사람이 여기에 동의한다. 그런데 정말 그럴까? 그럴 수도 있고 그렇지 않을 수도 있다. 문제는 오히려 다른 곳에 있는 듯하다. 백제 패망 원인을 의자왕의 독자 노선에서만 찾고 일체의 다른 가능성들을 배제하는 자세가 그것이다. 이는 '제국'의 시각이다. 그리고 결과를 가지고 과정을 거꾸로 꿰어 맞추는 일에 가깝다. 이런 인식의 밑바탕에는 '제국'에 대한 패배 의식이 있다.

의자왕이 당나라에 대해 독자 노선을 취하고 백제 중심으로 사고했다는 것 자체가 문제일 수는 없다. 그렇지 않았다면 오히려 그것이 더 문제다. 문제의 핵심은 그런 사고방식과 노선을 당대의 국제 현실에서 구현하는 방식이 적절했는가 하는 점이다. 우리는 그 지점에서 따지지를 못하고, 백제와 신라 사이에 등장한 당나라가 백제를 '버리고' 신라와 가까워지면서 게임이 끝났다고 생각하는 듯하다. 백제 패망의 진짜 이유는 국론 분열, 대외 정보 부족, 당나라에 대한 군사 방어 전략 실패에서 찾아야 한다. 또, 백제가 평소 공들여온 고구려와 왜국으로부터 위기의 순간에 지원을 받지 못했던 것은 백제에게 뼈아픈 일이다.

06
고구려 패망과 신라의 대당 전쟁

1. 고구려의 패망

661년 당나라의 고구려 침략

660년 7월 당나라·신라 연합군이 백제를 패망시킨 후, 당나라는 661년 8월 고구려 공격에 착수했다. 동원된 병력 규모에 대해서는 몇 가지 설이 있다. 백제 공략에 동원된 13만 명보다 훨씬 많은 규모였다는 것에 대해서는 이론이 없고, 최대 44만 명이 동원되었다는 주장이 있다. 하지만 662년 2월까지 이어진 공격에서 당나라는 크게 패했다. 특히 2월에 좌효위장군 방효태가 거느린 수군 5천 명은 평양 인근 사수蛇水에서 연개소문의 공격을 받고 전멸했다. 소정방 군대는 혹한 중에 김유신의 전력을 기울인 군량 지원을 받고서야 겨우 철군하여 몰살을 피할 수 있었다. 이 전투의 패배는 당 고종에게 다시 한번 충격을 주었다. 백제에 아직 머물고 있던 당나라 군대의 철수를 고려할 정도였다. 이 전투의 실패 이후 고구려와 당나라는 수년 간 소강상태를 유지했다. 당나라가 고구려 공략을 재개하는 것은 4년 후인 666년이다. 그 사이에 고구려에서 중요한 사건이 일어났다.

연개소문 사망

665년 초에 연개소문이 병사病死했다. 그의 정확한 출생 연도는 아직까지 확인되지 않지만 대략 614년 전후로 짐작된다. 그렇다면 그가 642년 유혈 쿠데타를 일으켜 권력을 잡았던 것이 29세 무렵이다. 그는 이후 22년이 넘는 기간 동안 고구려의 명실상부한 제1인자로서 국정을 장악했다. 그의 죽음은 고구려는 물론이고 당나라와 신라를 진동시킨 뉴스였으며, 고구려·당나라·신라의 전쟁 구도에 커다란 영향을 미쳤다.

연개소문은 죽음을 앞두고 세 아들 남생男生(634~679), 남건男建, 남산男産(639~702)에게 "너희 형제들은 고기와 물처럼 화목하게 지내고 절대로 벼슬을 다투지 말라"고 유언했다. 그의 유언을 단순한 가족 윤리 차원의 당부로만 볼 수 없다. 오랜 시간 국정을 이끌어온 그가 보기에 자식들 간 권력 다툼의 여부는 고구려를 유지하는 데 결정적으로 중요한 사항이었다. 따지고 보면, 이런 상황 자체를 빚어낸 당사자가 연개소문이었다.

연개소문의 642년 쿠데타 이전 고구려의 권력 구조는 귀족 연립정권 체제였다. 국왕과 귀족들이 권력을 나눠 가지는 정치체제다. 연개소문 집안도 유력한 귀족 가문들 중 하나였다. 그런데 연개소문이 쿠데타로 강력한 권력을 획득하자 기존의 귀족 연립 체제가 위축되었다. 이런 구조하에서 다른 귀족들의 동의 없이 연개소문은 죽을 때까지 20여 년 동안 권력을 유지했다. 그가 죽자 큰아들 남생이 연개소문의 지위를 이어받았다. 이 과정에서도 귀족들의 의사는 무시되었던 듯하다. 아무리 힘이 있어도 어쨌든 왕이 아닌 자가 귀족회의를 무력화시키고, 권력을 장기간 독점하고, 그 자식에게까지 권력을 물려주는 것에 대해 다른 귀족들의 불만이 적지 않았을 것이다. 이런 상황에서 형제들 사이에 갈등이 불거진다면 그 결과는 예측하기 어렵지 않다.

문제의 핵심은 연개소문이 생전에 제도화된 어떤 권력 창출 체계를 확립하지 못했다는 데 있다. 연개소문의 권력은 그가 가진 무력뿐 아니라 그 개인의 권위주의적이고 무단적인 리더십에 의해 뒷받침되었다. 다시 말해서 연개소문의 리더십은 그 스스로의 독특한 특성에 의해 보강되었다. 이러한 리더십에 따른 지배는 연개소문 사후 권력 승계에 큰 문제점을 노출시킬 가능성이 높다. 연개소문의 아들들이 아버지가 가졌던 지위는 물려받아도 리더십까지 물려받을 수는 없기 때문이다.

굳건해 보였던 체제가 독재자의 죽음으로 갑자기 무너지는 사례는 역사에서 드물지 않다. 그의 아들들 사이에 갈등이 터지면 그것을 수습할 수 있는 제도적 장치가 전혀 없었기 때문이다. 연개소문의 동생 연정토淵淨土가 신라에 투항한 것도 이런 맥락에서 해석할 수 있다. 권력 창출을 위한 제도적 장치를 대신할 수 있는 유일한 방법은 형제 사이의 단합뿐이다. 말하자면 형제의 단합을 통해, 리더십 단절로 인한 문제 자체를 발생시키지 않는 것이 유일한 해결책이다. 이것이 아마도 연개소문이 형제간 단합을 유언으로 남긴 이유일 터다. 그러나 연개소문의 자식들은 아버지 말의 진의를 이해하지 못했던 것 같다.

형제의 분열

666년 정월에 당나라 산동의 태산泰山 정상에서 유례를 찾기 어려울 정도로 큰 규모의 봉선封禪이 거행되었다. 봉선이란 중국에서 천자가 자신의 정통성을 만천하에 알리기 위해 하늘과 산천에 제사 지내는 의례였다. 이 행사는 664년부터 준비되었다.

이 행사에 국내 여러 지방의 군사 및 행정 책임자인 도독都督과 자사刺史는 물론이고, 서방의 페르시아부터 동방의 왜에 이르는 각국의 왕족과 사신들이 참여했다. 흥미로운 사실은 고구려 보장왕의 태자 고복남高福男도 참석했다는 점이다. 그는 당나라 장군 유인궤가 인솔한 신라·백제·탐라·왜의 사신들과는 별도로 이 봉선에 참석했다. 그는 665년 10월 25일에 낙양에 가서 당 고종에게 인사하고 나흘 뒤인 29일에 고종과 함께 태산으로 떠나 666년 정월 초하루의 봉선에 참석했다. 당의 봉선 일정에 맞춰 고복남이 이같이 움직일 수 있었던 연유는 당의 배후 조종이 작동했을 가능성이 크다. 665년 말은 고구려와 당나라가 661~662년 전쟁 후 소강상태에 있을 때다. 고복남은 어떻게 고구려의 잠재적 적국인 당나라 행사에 참석할 수 있었을까?

665년 초 연개소문의 사망 후에 장남 연남생은 삼군대장군과 태막리지 벼슬을 계승했다. 차남 남건과 삼남 남산도 권력을 나눠 가졌다. 훗날 세 형제가 보인 행동을 고려해 보건대, 당나라에 대한 그들의 태도는 본래부터 서로 달랐던 듯하다. 특히 첫째 남생과 둘째 남건이 확연히 달랐다. 남생이 당나라에 대해서 비교적 온건했다면 남건은 분명한 대치 의식을 가지고 있었다. 보장왕의 태자 고복남이 665년 말 당나라에 갈 수 있었던 까닭은 그 시점에 고구려의 실권자인 남생이 허락했기 때문일 것이다.

고복남의 당나라 봉선 참여를 단순히 그가 요청하고 연남생이 허락하여 성사된 일로 볼 수 있을까? 그렇게만 보기에는 고복남이 당에 입국한 후 당나라의 배려가 너무 두드러진다. 고복남의 봉선 참여는 고구려의 내부

연남생 묘지 덮개돌과 그 탁본 중국 허난성河南省 뤄양洛陽에서 연개소문의 아들 남생과 남산의 묘지墓誌가 출토되었다. 이 묘지에는 당에 투항한 뒤 연개소문 집안의 행적을 알 수 있는 내용이 기록되어 있다.

분열을 유도하려는 당나라 의도가 작용했던 것일 수 있다. 흔히 고구려 멸망의 원인으로 남생·남건·남산 형제의 분열 및 당나라의 외압과 침략을 든다. 그런데 이 두 가지는 완전히 독립적인 요인이 아닐 가능성을 배제하기 어렵다. 형제간 내분을 군사적 침략의 연장선상에서 이용한 당나라 외교 공작으로 보는 연구도 있다.

연남생은 아버지 지위를 물려받아 665년 내내 조정을 안정시킨 후 지방 순시에 나섰다. 그는 자신이 평양성에 없는 동안 조정의 일을 동생 남건과 남산이 대행하도록 했다. 그런데 남생이 지방으로 순시를 나간 사이에 어떤 사람이 형제들 사이를 이간했다고 한다. 이 과정에서 남생의 아들 헌충獻忠이 삼촌 남건에게 살해되는 일이 벌어졌다. 이 시기는 대략 665년 말이나 666년 초쯤이었을 것이다. 헌충의 나이는 아무리 많아도 10대 중반이었을 것으로 추정된다. 따라서 헌충의 죽음은 그 자신의 일로 빚어진 결과로 볼 수 없다. 이 사건으로 인해 결국 남생은 동생들이 있는 평양성에 돌아가지 못했다. 그는 이전의 고구려 수도인 국내성으로 갔고 거기에서 동맹 세력을 모아 평양을 치려고 했다. 하지만 일은 계획대로 되지 않았고, 결국 나중에는 당나라 힘을 빌리는 쪽으로 전개되었다. 남생의 생각으로는 그저 당의 힘을 빌리는 것이었지만, 객관적으로 보면 당에 투항하는 것이었다.

연남생이 당나라에 투항 의사와 더불어 청병을 요구했을 때 당나라는 이를 믿지 않았다. 당나라로서는 쉽게 생각할 수 없는 일이었기 때문이다. 그리하여 남생의 진의를 확인하기 위해서 그의 다른 아들 헌성獻誠을 입조入朝(당나라에 와서 항복함)시키고 고구려 성들을 투항하게 할 것을 요구했다. 666년 5월 연헌성이 당에 입조했다. 연남생이 권력 다툼에서 밀려난 뒤, 연남건은 666년 8월 보장왕에 의해 정식으로 막리지에 임명되었다. 이후 고구려의 대당 항전은 연남건 중심으로 전개되었다.

666년 겨울, 마지막 전쟁이 시작되다

666년 12월, 당 고종은 이적李勣을 대총관大摠管(최고지휘관)으로 삼고 고구려 원정군을 일으켰다. 이 무렵 연개소문 동생 연정토가 벼슬아치 24명, 백성 3,500명 그리고 성 12개를 들어 신라에 투항했다. 고구려 지도부가 스스로 무너져 내리기 시작했던 것이다.

667년 9월, 당군은 요하를 건너 고구려를 침공했다. 이적 부대는 고구려의 서변 요충인 신성新城을 공격하여 항복을 받았다. 그 일대 16개 성들도 싸우지 않고 모두 이적 부대에 항복했다. 이때 나당 양군은 평양성을 남북에서 협공하기로 되어 있었다. 신라군은 평양으로 가는 길을 뚫기 위해 임진강의 요새 칠중성七重城(현 경기도 파주시 적성면 소재)을 공격하여 격파하고 장새障塞(황해도 수안)까지 북진했다. 그러나 이적은 겨울 작전에 따른 병력 손실을 염려하여 당군을 철수했다. 그에 따라 신라군도 회군했다.

해가 바뀌어 668년 이적이 고구려 정벌을 다시 시작했다. 2월에 부여성과 주변 40여 성이 당나라에 항복했다. 부여성은 현재 중국 지린성吉林省 눙안현農安縣에 있는 고구려 성이다. 지린성 창춘시長春市에서 북쪽으로 60km 정도 떨어졌다. 시어사侍御史 가언충賈言忠이 사명使命을 받들고 요동에 갔다가 돌아오자 당 고종이 군중軍中 상황을 물었다. 가언충은 다음과 같이 대답했다.

> (당나라가) 반드시 승리합니다. 옛날 선제先帝(당 태종)께서 고구려를 토벌하려 했으나 뜻을 얻지 못한 것은 고구려에 틈이 없었기 때문입니다. 속언俗言에 이르기를 "군軍은 중매仲媒가 없으면 중도에서 돌아온다"고 했는데, 이제 남생이 형제들과 분쟁이 일어나서 우리의 향도嚮導(군대의 길을 인도함)가 되었으니, (이로써 당나라는) 적국의 형세를 모두 알게 된 데다 장수들은 충성스럽고 사졸들은 힘을 다하는 까닭에 신臣이 반드시 이긴다고 한 것입니다.
> —『삼국사기』 권22, 「고구려본기」 10, 보장왕 27년 춘2월.

668년 6월, 당에 숙위宿衛로 가 있던 김유신의 장남 김삼광金三光이 당나라 장군 유인궤와 함께 귀국했다. 이들은 고구려에 출병을 명하는 당 고종의 조서를 신라에 전달했다. 그리고 임박한 고구려 공격을 위한 당나라와 신라의 합동작전을 논의한 후 다시 당나라로 돌아갔다.

이때 신라 문무왕은 20만 대군을 일으켜 평양성을 향해 친정親征에 나섰다. 대총관 김유신 이하 총관 38명이 참전한, 그야말로 경국지병傾國之兵

의 규모였다. 20만이라는 『삼국사기』 기록에 대해서 오늘날 과장된 숫자라고 생각하는 연구자들도 적지 않다. 신라가 자체적으로 동원할 수 있는 규모를 크게 웃도는 숫자이기 때문이다. 하지만 이 숫자의 정확성보다 더 중요하게 생각할 점은 문무왕이 왜 이렇게 최대치의 병력을 동원했는가이다. 그것은 문무왕이 병력을 운영한 내용을 통해서 짐작할 수 있다.

신라는 동원한 병력 중 일부만 평양성 전투에 투입하고, 나머지는 당군의 남하南下에 대비하여 국경 지대에 포진시켰다. 당군의 남하란 곧 신라에 대한 당나라의 군사 공격을 말한다. 문무왕은 신라까지 장악하려는 당의 의도를 잘 알고 있었다. 고구려 정벌이 끝나자마자 당나라가 신라를 공격할 수 있다는 가능성에 대비한 일이었다.

이해에 김유신 나이는 74세였다. 아무리 강철 체력의 소유자라지만 이미 고령이었다. 더구나 이 시기 그의 건강은 출전할 수 있는 상황이 아니었던 듯하다. 문무왕은 동생 김인문과 자신의 삼촌이자 김유신의 동생인 김흠순에게 야전군 지휘권을 주었다. 인문과 흠순은 김유신에 대한 인간적인 미안함 때문이었는지, 일단 완곡하게 사양했다. 둘은 "만일 유신과 함께 가지 않는다면 후회할 일이 생길지 모릅니다"라고 문무왕에게 말했다. 이에 문무왕이 답했다. "공들 세 신하는 국가의 보배입니다. 만약 한꺼번에 적지敵地로 갔다가 뜻밖의 일로 돌아오지 못한다면 나랏일을 어떻게 하겠습니까? 유신 공을 여기에 남아 있게 하면 은연중 나라의 장성長城과 같아 끝내 근심이 없을 것입니다." 김유신은 그 존재만으로 나라를 지키는 장성에 비유되었다. 출전에 앞서 인문과 흠순은 김유신을 찾아가 양해와 지도를 부탁했다.

신라군은 7월 16일 한성주漢城州(현 경기도 광명시 일대)를 출발하여 평양성 외곽의 사수蛇水에서 당군과 합류했다. 고구려의 막리지 남건도 이에 맞서 결전을 결심하고 출병했다. 사수 전투에서 최고의 무훈을 세운 신라 측 인물은 장군 김문영金文穎이다. 그는 8년 전 나당연합군이 백제를 공략했을 때 신라와 당나라 간 통수권 다툼에서 김유신이 소정방을 제압하지 못했다면 참수될 뻔했던 인물이다.☞ 88쪽 참조 그는 훗날 694년에 신라의 최고위직인 상대등에 오르며 크게 출세했다.

평양성의 고구려 지도부 인물들은 서로 생각이 달랐다. 668년 9월 보장왕은 남건의 동생 남산으로 하여금 수령首領 98명과 함께 백기를 들고 항복하게 했다. 막리지 남건은 성문을 굳게 닫고 수성전을 벌였다. 하지만 얼마 가지 못했다. 전세가 극히 불리한 가운데 남건은 승려 신성信誠에게 지휘권을 넘겼다. 신성은 적장 이적李勣에게 밀사密使를 보내 항복하겠다는 뜻을 전하고, 닷새 후 몰래 성의 북문을 열었다. 선발된 용사 500명으로 구성된 신라 특전대가 제일 먼저 북문으로 뛰어들어 성루에 불을 질렀다. 이로 미루어 보건대 아마도 이 당시 고구려를 공격하는 과정에서 신라는 당나라와 별도로 독립적인 부대 및 전술 운영을 했던 것 같다. 남건은 자결을 시도했으나 죽지 못했다. 결국 보장왕과 남건 등이 붙잡혔고, 고구려는 28왕 705년 만에 패망했다.

2. 고구려 패망 원인에 대한 상반된 시각

대부분의 연구자들은 고구려 패망에 대해 두 가지 원인을 든다. 당나라가 중심이 되는 국제적 외교 관계에서 고구려가 오판을 했다는 것이 하나이고, 다른 하나는 연개소문 사후 고구려 리더십의 부재 혹은 붕괴이다. 이렇게 본다면 고구려 패망 원인은 백제 패망 원인과 별로 다르지 않다.

두 가지 원인 중에서 연구자들 사이에 의견이 갈리는 것은 전자이다. 고구려 패망의 외교적 원인으로 당나라와의 관계를 그르친 것을 더 중요하게 보는 시각이 있고, 신라와의 관계를 그르친 것을 더 중요하게 보는 시각이 있다. 각각의 관점을 대표하는 연구자의 견해를 살펴보자.

이기동의 견해

이기동은 고구려 멸망이 당시 당나라가 '한창 중천에 높이 뜬 태양'이라는 국제적 위상, 즉 국제관계 현실을 고구려가 받아들이지 않았기 때문이라고 보았다. 그의 견해는 이렇다. 7세기 동아시아 세계를 뒤흔든 근원적인 힘은 300년 가까이 분열되어 있는 중국이 수·당에 의해 통일되어 이전까지 존재하지 않던 강력한 세계제국이 출현한 데 있다고 분석한다. 당나라는 630년부터 고구려를 멸망시킨 668년까지 주변국을 차례로 복속시키면서 절정의 군사력을 자랑했다. 하지만 고구려는 중국이 구축하려는 국제질서에 맞서 당나라에 대한 번신藩臣(당나라 주변 신하 국가)의 예를 끝내 거부했다.

수나라와 당나라는 침략 전쟁을 여러 차례 일으켰지만 고구려는 잘 막아냈다. 645년 안시성에서 패한 당 태종이 참담하게 퇴각한 것은 1812년 나폴레옹의 모스크바 후퇴에 비유할 만한 사건이다. '정관의 치(貞觀之治)'로 알려진 당 태종 대의 태평성대는 결국 그때의 고구려 정벌 실패로 파탄을 맞게 된다. 그러나 이기동은 "이로부터 20여 년 후 고구려가 지도상에서 사라지게 된 것을 주목해야 한다"고 말한다. 당나라도 상처를 입었지만 고구려가 입은 상처는 더 깊었다고 보았다.

이기동은 "고구려는 660년대의 격류에서 잠시 발을 뺄 적절한 기회를 포착하지 못했다"고 말한다. 사실 당군은 고구려를 멸망시킨 2년 뒤인 670년 설인귀 휘하 당군 11만이 청해호靑海湖 남쪽의 대비천大非川(현 중국 칭하이성靑海省 궁허현共和縣 부근) 전투에서 토번의 명장 가르친링論欽陵(?~699)에게 전멸당했다. 이 전투에서 설인귀는 포로가 되었다. 토번은 7세기 중엽에서 9세기 초까지 존재했던 티베트 왕조이다. 이후 당나라는 678년까지 참패를 거듭했다. 이 때문에 결국 당나라는 그때까지 대외 관계에서 취해온 공세적 태도를 수세적 태도로 전환할 수밖에 없었다. 당이 신라와의 전쟁을 계속하지 못하고 물러난 것도 이 때문이다. 요컨대 이기동은 고구려가 좀 더 유연한 자세를 취하여 당나라의 신경질적 침략 야욕을 조금만 완화했더라면 머지않아 대외 위기가 사라져서 오랫동안 안녕을 구가했을 것이라고 주장했다.

노태돈의 시각

노태돈은 다음과 같이 묻는다. 고구려가 당에 대해서 유화적 자세를 취했다면 과연 당이 고구려를 침공하지 않았을까? 그는 그렇지 않았을 것이라 말한다. 618년 당 건국 이후 고구려는 619~629년까지 당나라에 사신을 10번이나 보냈다. 당나라와 적대적 관계로 나아가지 않으려는 고구려의 노력이었다. 하지만 당 태종은 동돌궐, 토욕혼, 고창을 5년 단위로 복속·멸망시키고, 마지막 대상으로 고구려를 노렸다. 더구나 당은 631년 8월에 경관景觀을 파괴했다. 이 경관은 고구려가 수나라와 싸워 이긴 것을 기념하여 요서 지역에 세운 일종의 전승기념물이었다. 이로써 당나라는 자국의 향후 국가 진로를 예시했다. 고구려 측이 온건하게 혹은 굴종적으로 대응했다고 해도 당의 공격을 피할 수는 없었을 것이다. 만약 고구려가 굴종적으로 나왔다면 당나라는 고구려로서 결코 받아들일 수 없는 요구, 예컨대 연개소문의 입조를 요구했을 가능성이 높다. 그러므로 연개소문이 당의 압력에 강경한 대응책을 쓴 것은 비판할 사항이 아니다.

오히려 주목할 부분은 고구려가 신라에 취했던 태도이다. 연개소문은 642년 말 평양성에 온 김춘추의 청병 요구를 사실상 거부했다. 이 때문에 결과적으로 고구려는 위아래에서 협공을 받게 되었다. 사실 그 무렵 당나라는 자국의 힘만으로는 고구려를 군사적으로 제압할 수 없었다. 대규모 병력의 단기간 공격이나 소규모 병력에 의한 장기 소모 전략이 모두 효과가 없었다. 당나라는 신라와 연결된 이후에야 그 전의 고구려 공격 방식이 지녔던 치명적 한계를 넘어설 수 있었다. 신라를 통해 고구려군 방어력을 위아래로 분산시킬 수 있었을 뿐만 아니라, 중국이 고구려를 공략할 때 최대 약점인 길고 취약한 수송선에 따른 식량 보급의 어려움도 극복했다.

매우 유사한 상황이 551년에도 벌어졌었다. 이때 고구려는 서쪽에서 북제北齊의 군사적 외교적 위협을 받았고, 그에 더해 신흥 유목민족국가 돌궐의 침공까지 당할 형세였다. 남쪽에 신경 쓸 여력이 없었다. 백제가 이 틈을 타 고구려를 쳐서 한강 하류 유역 6개 군을 차지했는데, 신라 진흥왕도 이를 보고 한강 상류의 강원도 지역 10개 군을 장악했다. 신라로서는 처음으로 죽령을 넘어 현 경상북도 경계를 넘어선 진출이었다. 그러자 고구려는 백제 점령지까지 포함한 한강 유역 전체와 동해안 함흥평야 일대에 대한 신라 차지를 인정하는 조건으로 신라와 평화협약을 맺었다. 이를 통해 고구려는 남부 국경선의 안정을 확보한 뒤 방어력을 서북부 국경선에 집중시켜 난국을 타개했다. 고구려로서는 상당한 손실을 감수하면서도 전선이 두 개로 분산될 수 있는 상황을 막고 국력을 효율적으로 사용할 수 있도록 한 것이다. 그 후 553년에 신라는 백제가 차지했던 한강 하류 지역을 공격하여 점령했다. 그에 따라 신라와 백제 간에 장기 전쟁이 시작되었다. 그 결과로 자연스럽게 고구려 남부 국경선은 수습되었다. 고구려는 서북부 방면에서 요동으로 침공해온 돌궐군을 격퇴하여 전체적인 상황을 안정시켰다.

아마도 642년 평양성 회담에서 연개소문과 김춘추 모두 91년 전 양국 상황을 생각했을 것이다. 그런데 같은 것을 떠올리면서도 그 생각의 방향은 달랐던 듯하다. 고구려는 신라가 어려운 처지에 있으니 이 기회에 91년 전 신라가 자신들에게 빼앗은 땅을 돌려받을 수 있다고 생각했을 테고, 김춘추는 과거와 똑같은 상황이 재현될 수 있으니 그때처럼 고구려의 양보를 끌어낼 수 있다고 생각하지 않았을까?

당시 상황과 연개소문의 관점에서만 보면 연개소문의 요구가 비현실적이었다고 비판하기는 어렵다. 김춘추와 연개소문이 평양성에서 만난 시점은 연개소문이 유혈 쿠데타를 일으키고 두 달 정도 지났을 때다. 아직 고구려 국내 상황은 유동적이고, 연개소문은 반대 세력에게 자신의 존재감을 확고히 해야 할 필요가 있을 때였다. 그의 관점에서 보면 과거 고구려에 속했던 땅을 되돌려달라는 요구가 지나친 주장이라고 할 수 없다. 『삼국사기』에 따르면, 590년 영양왕이 즉위했을 때 온달(?~590)은 "신라가 우리의 한북漢北 땅을 취했으니 … 한번 가서 반드시 우리 땅을 되찾아 오겠다"며 "계립현雞立峴(조령 동북쪽 고개)과 죽령 서쪽(이북)의 땅을 되찾지 못하면 돌아오지 않겠다"고 말했다. 551년에 고구려가 이 지역을 신라에게 빼앗긴 이후 약 40년 만에 온달이 되찾으려고 출정하면서 한 말이다. 실지失地 회복에 대한 고구려의 염원이 깊었음을 알 수 있다. 그런데 연개소문의 요구는 그 무렵 국지적 상황이나 그의 생각보다 좀 더 큰 구도, 즉 동아시아 국제정치적 차원에서 볼 필요가 있다.

연개소문 등 고구려 집권층이 대외 강경책을 통해 추구했던 궁극적인 지향점은 무엇이었을까? 아마도 광개토대왕(재위 391~412) 이래 5~6세기에 고구려가 구축했던 국제적 지위를 회복하려던 것이 아니었을까. 5~6세기 동아시아의 국제 정세는 다원적인 세력 균형 상태였다. 중국의 남북조, 몽골고원의 유연柔然 및 돌궐, 동북아시아의 고구려 등이 공존했다. 오랫동안 어느 나라도 동아시아 국제 정세를 일방적으로 주도하지는 못했다. 그런 가운데 고구려는 동북아시아 지역에서 독자적인 세력권을 구축하며, 백제와 신라를 압도하는 형세를 이루었다. 신라는 상당 기간 고구려의 종속국과 같은 위치에 있었다. 국제적으로 적어도 200년 정도 이러한 상태가 유지되었다. 하지만 수나라 통일(589) 이후에 국제 정세가 크게 달라졌다. 7세기 중엽에 슈퍼파워 당나라의 위세가 절정에 이르렀고, 그런 기세가 상당 기간 지속될 것이 예상되었다. 또한 신라도 이미 옛 신라가 아니었다.

노태돈 등 여러 연구자들이 지적하듯이, 고구려는 독자적인 '천하관天下觀'을 가진 나라였다. 천하관이란 자국을 세계의 중심에 놓고 그리는 국제 질서에 대한 인식, 그에 기반한 자존 의식 정도로 표현할 수 있다. 고구려 사람들은 스스로를 '천손天孫'으로 표기했다. 이는 5~6세기에 지속되었던 동아시아 국제관계가 만들어놓은 인식이다. 연개소문 등 고구려 지배층이 5세기 이후 200년 넘게 유지해온 자국의 '정당한' 국제적 위상을 회복하고자 한 의지에 대해 잘못되었다거나 지나쳤다고 할 수 있을까? 그렇지만 고구려의 그 목표는 7세기 중엽 동아시아 현실에서는 유지하기 어려운 과제였다. 수나라는 주변 세력을 복속시키면서 일원적一元的 천하관을 구현하고자 했고, 그러한 수나라에게 고구려는 용납할 수 없는 나라였다. 그것은 비단 고구려 한 나라의 문제로 끝날 일이 아니었기 때문이다. 중국에게는 상대해야 할 다른 나라들이 많았고, 그들이 수나라와 고구려의 관계를 지켜보고 있었다. 수나라가 네 차례나 대규모로 고구려를 침략했던 이유이다.

고구려와 수·당 사이에는 경제적 이익과 안보라는 측면도 개입되었다. 수·당과 고구려는 요서 지역의 경제적 이권, 요하遼河(랴오허강) 일대 유목 부족들에 대한 영향력이라는 국익을 놓고도 충돌했다. 요서는 당시 고구려의 영토는 아니지만 그곳에 살던 말갈이나 거란에 대해 고구려는 강력한 영향력을 유지하고 있었다. 이것은 마치 오늘날 남중국해 등에 대한 영향력을 놓고 미국과 중국이 치열한 정치적 군사적 갈등을 벌이는 양상과 유사하다. 중국은 자국과 인접한 지역에서 영향력 증진을 통해 자국의 안전과 계속적인 영향력 확대의 기반을 마련하기 위해 노력하고 있다. 이 과정에서 이미 그 지역을 장악하고 있는 미국과 갈등이 진행 중이다.

한 국가의 지배층이 자기 나라의 '역사적 정상 상태'를 과거 어느 시기로 설정하는가는 때에 따라 매우 중요하다. 그것이 곧 그 나라 국정 운영의 정서적 논리적 기준이 되기 때문이다. 일례로 오늘날 일본은 한국을 비롯해 동아시아 여러 나라와 갈등을 빚고 있다. 여러 원인이 있겠지만 여기에는 일본이 스스로 생각하는 과거 일본의 '정상 상태'도 하나의 원인이라 짐작된다. 그들은 19세기 후반에서 20세기 전반의 일본을 역사적 정상 상태로 생각하는 듯하다. 청일전쟁(1894)에서 1945년까지 약 50년 정도의 기간이다. 이런 인식은 집단적 차원의 기억 고착 현상이라고 할 수 있을 것이다. 일본으로서는 그럴 만도 하다. 하지만 그런 시대는 가까운 여러 세대 안에는 다시 오기 어려울 것이다. 사실 그것은 세계사의 우연이 빚은 일시적 현상이었다.

3. 신라의 대당 전쟁

신라의 이중 전략

당은 고구려를 무너뜨린 후 668년 12월 평양에 안동도호부安東都護府를 설치했다. 660년 백제의 웅진도독부, 663년 신라의 계림주대도독부鷄林州大都督府에 이은 것이다. 이로써 백제, 신라, 고구려는 모두 당나라 행정 체계의 일부가 되었다.

도호부 체제는 당나라 기미정책羈縻政策의 산물이다. '기미'란 말이나 소에 채우는 굴레와 고삐라는 뜻으로, 자유자재로 부리는 것을 비유한다. 기미정책이란 당나라가 주위 나라들에 대해 군사적 통제력을 유지하면서, 당나라의 통제하에 있는 현지 출신 인물로 하여금 권력을 행사하게 하는 지배 방식이다. 말하자면 당나라 괴뢰정부에 의한 지배이다. 이는 고조선 시대의 한사군漢四郡처럼 중국 관리를 직접 파견해 지배하는 형태는 아니고, 토착 세력을 이용하여 간접 지배를 하면서 도호부가 이를 전체적으로 관리하는 방법이다. 타국을 직접 지배하는 형태와 타국의 사실상 독립을 인정하는 책봉 체제의 중간쯤 되는 방식이다. 영국으로부터 홍콩을 돌려받은 뒤 중국이 홍콩에 취한 '일국양제一國兩制'가 그 한 예라 할 수 있다.

신라는 고구려 패망 후 지체 없이 자신들의 본래 목표를 향해 나아갔다. 백제 지역에 대한 군사적 점령에 착수했다. 고구려 지역을 지배하려는 생각을 갖지는 않았다. 한편 당나라에 대해서는 평화 정책도 지속했다. 여기서 주목할 점은 신라의 유연함이다. 이러한 이중 전략은 신라가 이전부터 계속 유지해온 모습이다. 앞에서 보았듯이 648년 김춘추가 당 태종과 양국 간 군사협약을 맺은 이후 신라는 당시 동아시아의 어떤 나라도 하지 않았던 행동으로 당나라를 만족시켰다. 당나라에 장복을 요청하여 신라 조정을 당나라 관복으로 채웠고, 오랫동안 사용해온 신라의 독자 연호를 주저 없이 당나라 연호로 바꾸었다. 신라 여왕이 수놓은 「태평송」을 새로 즉위한 당나라 고종에게 바치기도 했다. 그 무렵의 신라는 당나라에 매달리는 방책 외에 다른 선택의 여지가 없었기 때문이기도 하다. 하지만 고구려 패망 후에는 곧바로 단호하게 자신들의 처음 목표를 향해 나아갔다.

669년(문무왕 9) 문무왕은 김양도金良圖와 김흠순을 당나라에 사신으로 보내서 고종에게 사죄했다. 신라가 백제의 토지와 유민遺民을 취해 나가는 것에 당 고종이 격노했기 때문이다. 당 고종은 진사사절陳謝使節 흠순과 양도를 감옥에 가두었다. 흠순은 김유신의 동생이자 문무왕의 삼촌이다. 그런데 따지고 보면 648년 당 태종과 김춘추가 맺은 약속을 처음부터 어긴 쪽은 당나라였다. 그럼에도 신라가 일단 굽히고 들어오자 당 고종은 감금 중이던 김흠순을 석방했다. 김양도는 풀려나지 못하고 결국 이국땅에서 죽었다. 그는 통일전쟁 과정에서 혁혁한 공을 세우고 5등급 대아찬까지 올랐던 인물이다. 진골만이 승진할 수 있는 등급이다.

670년 10월 문무왕은 장군 품일品日과 문충文忠에게 군사를 주어 옛 백제 영역으로 진격하게 했다. 진격의 명분은 백제 잔당이 명을 거역하고 반란을 일으킬 기회만 엿보고 있다는 이유였다. 품일·문충 부대는 단번에 63개 성을 빼앗고, 그곳에 살던 백제 유민들을 신라 땅으로 이주시켰다. 또한 천존天存·죽지竹旨 부대는 7개 성을, 김군관金軍官·김문영金文穎 부대는 12개 성을 각각 빼앗았다. 한 달 동안 전라도 일대 82개 성을 전격적으로 석권한 눈부신 전과였다.

671년 여름에는 신라 장군 죽지가 군사를 이끌고 사비성 남쪽 근교인 가림성加林城(현 충청남도 부여군 임천면)의 벼를 짓밟았다. 당나라 웅진도독부의 둔전屯田을 폐허화한 것이었다. 둔전이란 군대의 군량을 충당하기 위해 설치한 경작지다. 이에 당군과 백제부흥군이 연합하여 신라군에 반격했다. 마침내 부여 동쪽 석성石城(현 부여 석성산성)에서 전투가 벌어져 죽지 부대가 적 지휘관 6명을 사로잡고 5,300명의 머리를 벴다. 671년에 신라군은 웅진성을 압박하면서 백제 수도였던 사비성 일대에 소부리주蘇夫里州를 설치했다. 요컨대 신라는 군사적 점령을 확대하면서 당나라의 도호부 혹은 도독부 체제를 부정하고 옛 백제 수도에 신라의 행정 체제를 구축한 것이다. 백제가 당나라의 일부가 아닌 신라의 일부라는 사실을 선언한 행위였다. 이 과정에서 신라의 전투력이 당나라 전투력을 압도했다.

답설인귀서

신라는 백제에 대한 점령을 계속 확대해갔다. 그러자 당나라 행군총관 설인귀가 문무왕 11년인 671년 7월 26일 문무왕에게 편지를 보냈다. 신라의 반당反唐 행위를 꾸짖는 내용이었다. 사실 이 시기에는 신라와 당나라 사이에 군사 충돌이 이미 시작되어 있었다. 편지는 신라가 당나라의 은혜를 저버리고 배신하려 한다는 비난과 당군의 압도적 군세軍勢를 들먹이며 복종을 요구하는 협박을 담았다. 이에 문무왕은 신라의 정당성을 천명하는 답장을 보냈다. 이것이 『삼국사기』 「신라본기」 문무왕 11년 조에 실린, 역사적으로 유명한 문건 「답설인귀서答薛仁貴書」이다. 설인귀가 보낸 「설인귀서」 다음에 바로 실려 있다.

「답설인귀서」의 메시지는 분명했다. 공정한 전후 처리, 즉 당나라와 신라 사이에 약속되었던 점령지 분할을 이행하지 않겠다면 전쟁뿐이라는 신라 방침을 대내외에 선언한 것이다. 「답설인귀서」는 '개전開戰 외교문서의 백미'로 일컬어진다. 당시 세계 최고의 슈퍼파워를 상대로 한 문서였기에 그 언사는 부드럽지만, 사실에 대한 규명과 신라 국가이익에 관해서는 한 치의 양보도 찾아볼 수 없다.

「답설인귀서」는 신라가 당군을 공격할 수밖에 없는 이유를 사실에 근거하여 조목조목 밝혔다. 특히 문무왕은 백제와 고구려를 평정하는 과정에서 신라가 결정적인 공을 세운 구체적 사례들을 제시했다. 전쟁의 공으로 따지면 당나라보다 오히려 신라가 앞섰다는 말이다. 문무왕이 이렇게 말한 데는 이유가 있었다. 당나라는 신라와 함께 전쟁을 치르는 과정에서 신라를 대등하게 대한 적이 없었다. 기껏해야 하위 파트너 정도로 취급했다. 이는 기본적으로 제국으로서 당나라의 자의식에서 나온 행동이었으며, 두 나라 '연합군'의 지휘 체계에도 반영되었다. 그래서 당나라가 주력 임무를 담당하고 신라는 그것을 지원하는 형태로 조직되었다. 「답설인귀서」는 그런 지휘 체계의 형식과 무관하게 실제 전투에서 신라가 수행했던 역할과 전공戰功을 지적했다.

「답설인귀서」가 문무왕이 설인귀에게 보낸 문서라는 사실에 주목할 필요가 있다. 설인귀는 645년 당나라의 고구려 공격 때 처음 두각을 나타내기 시작한 뒤 고·당 전쟁에 잇따라 참전했던 장수이다. 그를 상대로 문무왕이 사실과 다른 말을 할 수는 없었다. 게다가 문무왕 역시 백제와 고구려를 상대로 한 전쟁의 산증인이었다. 무열왕 김춘추는 654년에 즉위하자 바로 훗날 문무왕이 되는 맏아들 김법민을 병부령, 즉 오늘날의 국방장관에 임명했다. 그랬기에 그는 태자이자 병부령으로서 백제 및 고구려와 치른 전쟁은 물론 중간에 여러 차례 벌어진 전투에도 대부분 직접 참여했다. 최후로 이루어진 고구려 공략 때도 한성에서 평양으로 가는 도중에 고구려의 항복 소식을 들었다. 이런 까닭에 「답설인귀서」는 가장 정확한 전쟁

「설인귀서」와 「답설인귀서」

「설인귀서」(오른쪽)는 『삼국사기』 권7 「신라본기」 7, 671년 7월 26일 당 총관 설인귀가 왕에게 편지를 보내 회유하는 내용이다. "가을 7월 26일에 당나라 총관 설인귀가 임윤법사에게 편지를 맡겨 보냈다(秋七月二十六日, 大唐摠管 薛仁貴, 使琳潤法師寄書曰) …"로 시작한다.

「답설인귀서」(아래)는 『삼국사기』 권7 「신라본기」 7, 671년 7월 26일 문무대왕이 설인귀에게 답서를 보낸 내용이다. "대왕이 (설인귀의) 편지에 답하여 말하였다. '선왕께서 정관 22년에 입조하여(大王報書云, 先王貞觀二十二年入朝) …"로 시작한다.

출처_국사편찬위원회 한국사데이터베이스, 『삼국사기』 옥산서원본(1573)

의 기록이다. 동시에 삼국통일전쟁에서 신라의 실제 역할을 정확히 알려주는 역사적 문건이다.

「답설인귀서」의 전문全文은 「설인귀서」와 함께 앞뒤로 나란히 『삼국사기』에 실려 있다. 이렇게 배치한 김부식金富軾(1075~1151)의 역사적 안목을 높이 평가할 만하다. 만약 이 문서가 없었다면 신라에 대한 역사적 평가는 크게 훼손당했을 것이다. 『구당서舊唐書』, 『신당서新唐書』, 『자치통감資治通鑑』 등 중국 측 사서史書는 7세기 중반 삼국의 항쟁을 중국의 관점에서 기록했다. 그런 관점에 따라 그들에게 중요한 사실을 중심으로 서술되었다. 그 서술에는 삼국 통일에서 신라의 역할이 축소되거나 무시되었다. 중국 측 시각에서 보면 이해할 수 있지만, 그들의 기록만으로는 당시 상황을 균형 있게 파악하는 데 문제가 있을 수밖에 없다.

김유신의 죽음

673년(문무왕 13) 7월 1일에 김유신이 79세로 죽었다. 신라가 당나라에 최종적 승리를 확정짓지는 못했지만 전략적 우위를 점해가던 시점이었다. 그의 협력자 혹은 경쟁자들인 김춘추, 의자왕, 연개소문보다 월등히 긴 생애였다. 김유신을 포함한 4명 중 2명은 왕이었고, 다른 한 명은 왕보다 더 큰 힘을 지닌 사람이었지만 김유신은 그렇지 못했다. 하지만 이들 중 최후의 승리자에 가까운 인물은 김유신이다. 그는 자신이 평생에 걸쳐 했던 일의 마지막 성공을 예감하면서 생애를 마쳤다.

673년 6월에 문무왕이 김유신을 방문했다. 서로 마지막 만남이 될 것을 알고 있었다. 다음은 김유신과 문무왕이 마지막 대화를 나누는 모습이다.

대왕이 친히 와서 위문하였다. 유신은 "신이 온 힘을 다하여 임금을 받들고자 하였으나, 소신의 병이 이에 이르렀으니 오늘 이후로는 다시 용안을 뵙지 못할 듯합니다."라고 말하였다. 대왕이 울면서 "과인에게 경이 있음은 물고기에게 물이 있는 것과 같으니, 만약 피할 수 없는 일이 생긴다면 백성들은 어찌하고 사직은 어찌합니까?"라고 말하였다.

유신이 대답했다. "… 신이 예로부터 대통을 이은 임금들을 보건대 처음에는 못하는 경우가 없지만 끝까지 잘하는 경우는 드물어 여러 대의 공적이 하루아침에 무너져버리니 매우 가슴 아픈 일입니다. 엎드려 바라건대 전하께서는 성공하는 일이 쉽지 않음을 아시고 이루어놓은 일을 지키는 것 또한 어렵다는 점을 유념하소서. 그리하여 소인배를 멀리하고 군자들을 가까이하시며, 위로는 조정을 화목하게 하고 아래로는 백성과 만물을 편안하게 하시어, 재앙과 난리가 일어나지 않고 나라의 기반이 무궁하게 된다면 신은 죽어도 여한이 없나이다." 왕은 울면서 이를 받아들였다.

—『삼국사기』 권43, 「열전」 3 김유신(하).

김유신은 660년(무열왕 7)에 상대등에 올라서 사망할 때까지 조정을 이끌었다. 그는 무열왕 김춘추에게는 믿음직한 동지였고, 문무왕에게는 최대의 정치적 후원자였다. 문무왕은 자신과 김유신의 관계를 물고기와 물에 비유했다. 673년은 문무왕이 48세로 재위 13년째 되는 해였다. 김유신의 말은 마치 왕이 죽음을 앞두고 세자에게 이르는 유언 같은 느낌을 준다. 이때 문무왕은 경험 많은 노련한 국왕이고 나이가 적지도 않았지만, 김유신의 말을 "울면서 받아들였다."

흔히 김춘추와 김유신의 동지적 관계에 대해서는 많이 언급되지만, 김

경주 문무대왕릉 대왕암大王巖이라고도 한다. 육지에서 200여 미터 떨어진 가까운 바다에 있다. 그 안은 열 십(十) 자 모양의 물길이 나 있어, 바닷물이 동쪽에서 흘러들어와 서쪽으로 빠져나간다. 사진은 동쪽 상공에서 서쪽으로 조망한 모습이다. 출처_문화재청

유신과 문무왕 김법민의 관계는 그보다 덜 주목되는 듯하다. 하지만 『삼국사기』에 김유신과 문무왕 관계를 전하는 기록은 두 사람 사이의 신뢰도 대단히 강력했음을 보여준다. 문무왕은 삼국의 항쟁이 본격화된 642년부터 신라가 당나라를 몰아낸 676년까지를 모두 살아낸 사람이다. 642년에 그는 17세였다. 681년에 사망한 그는 삼국 통일을 이루고 전후 처리까지 수행했다. 그는 56세에 사망했으므로 장수했다고 말하기 어려우나 삼국 항쟁과 통일의 전 과정을 포괄하며 거대한 생애를 살았다. 그와 김유신은 31년의 나이 차이가 있는 조카와 외삼촌 관계이지만 어찌 보면 수많은 경험을 함께한 동지였다. 그는 김유신을 마음으로 의지했을 가능성이 크

다. 그의 울음에는 진정성이 느껴진다. 이런 관계는 무엇보다 신라에 커다란 행운이었다. 김춘추(무열왕), 김유신, 김법민(문무왕)으로 이어지는 동질적 경험과 지향은 신라가 이들 각각의 죽음에도 흔들리지 않을 수 있었던 주축이 되었다.

김유신의 마지막 당부의 말 가운데 '소인배를 멀리하고 군자들을 가까이하며, 조정을 화목하게 하고 백성과 만물을 편안하게 하라'는 구절이 의미심장하다. 소인배를 멀리하고 군자를 가까이하라는 말은 너무 당연해서 의례적으로 들리지만 일반적 의미에 그치지 않았을 것이다. 김유신은 가야계 인물이고, 신라는 본래 대단히 강력한 골품제 사회였다. 김유신의 말은 골품보다 개인의 태도와 능력을 중시하라는 뜻이었을 것이다. 김유신 본인이 받았던 차별이 그 바탕에 깔려 있었다고 보아도 지나친 해석은 아닐 것이다. 조정을 화목하게 하라는 말도 심상하게 들리지 않는다. 조정의 화합은 신라가 백제와 고구려를 물리칠 수 있었던 근본적인 힘 중 하나였다. 그는 그 점을 정확히 인식하고 있었다.

문무왕은 외삼촌 김유신의 부음을 듣고 매우 애통해하며 채색 비단 2천 필과 벼 2천 석을 부의로 보냈다. 또 군악대 100명을 보내 장례를 엄숙히 거행토록 했다. 장례 후에는 민호民戶를 정하여 김유신의 무덤을 대대로 지키게 했다. 김유신은 사후에 국왕 지위에 올랐다. 사후 162년 만인 835년(흥덕왕 10)에 흥무대왕興武大王으로 추봉追封되었다.

매소성 전투와 기벌포 전투

675년(문무왕 15) 당나라 장군 이근행李謹行이 20만 대군으로 매소성 부근을 함락한 뒤 주둔하고 있었다. 이 부대는 당나라, 말갈, 거란족을 합친

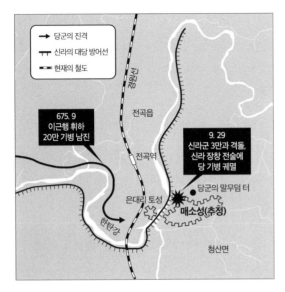

매소성 전투(675)

혼성부대였고, 이근행 자신도 말갈인이었다. 매소성이 현재 어디인지를 두고 의견이 나뉘지만 경기도 연천군 청산면 대전1리 한탄강 주변 일대로 보는 측이 경기도 양주로 보는 쪽보다는 다수이다.

675년 9월 설인귀 함대가 한강 하류의 천성泉城(현 경기도 파주시 탄현면 성동리 소재 오두산성烏頭山城으로 추정)으로 침입했다. 이곳은 한강과 임진강이 만나는 지점이다. 설인귀 함대가 매소성에 가기 위해서 반드시 통과해야 하는 지점이다. 설인귀 함대는 매소성에 주둔하고 있던 당군에게 식량과 군수물자를 대주기 위한 보급 함대였던 것으로 보인다. 신라 장군 김문훈金文訓 등이 이끄는 약 1만~3만의 신라군이 당군을 공격하여 1,400명을 참수하고, 병선 40척, 말 1천 필을 노획할 정도로 크게 이겼다. 설인귀 보급 선단이 격침되고 겨울로 접어들어 재보급 가능성이 희박해지자, 매소성에 주둔해 있던 이근행의 군대는 동요했다. 게다가 천성 전투 뒤 신라군이 매소성을 공격해옴에 따라 이근행의 20만 군대는 말 30,380필과 많은 병기를 버리고 북쪽으로 퇴각했다.

전투에서 패한 당나라는 676년 2월 안동도호부를 평양에서 요동성(현 랴오닝성 랴오양)으로 옮겼다. 매소성 전투는 당군을 한반도에서 패퇴시킨 육상의 결전이다. 이 전투로 신라군은 임진강-한탄강 경계선을 국경선으로 확정짓는다. 매소성 전투에서 신라의 승리는 나당전쟁의 분수령을 이루었고, 이로써 신라는 나당전쟁의 승기를 잡을 결정적 기회를 얻었다.

매소성 전투 다음 해인 676년 11월에는 금강 하구 기벌포에서 당나라와 신라 사이에 해상 전투가 벌어졌다. 설인귀가 이끄는 수군이 금강 하구로 침입하여 사찬沙飡 김시득金施得이 지휘하는 신라 수군과 격돌했다. 기벌포 전투는 당군이 백제 고토에서 철수 작전을 꾀하는 과정 중에 일어났던 것으로 판단된다. 당나라는 매소성 전투의 패배로 나당전쟁에서 패색이 짙어졌다. 여기에 676년 윤3월 토번이 당나라 깊숙이 침입했다. 당나라는 전체적으로 토번과의 전쟁에 집중하지 않을 수 없었다. 신라 수군은 첫 전투에서 패배했으나, 이후 크고 작은 22차례의 전투에서 연승하여 당군 4천여 명의 머리를 베었다. 육전과 달리 수전은 참수하기가 어렵다. 그 점을 고려하면 당군의 사망자는 수급首級의 숫자보다 훨씬 많았을 것이다. 기벌포 전투의 승리로 신라는 동아시아의 제해권을 장악했다.

매소성 전투와 기벌포 전투에서 패배한 당군은 한반도에서 전면적으로 물러났다. 안동도호부를 676년에 요동 고성遼東故城으로 옮겼고, 다음 해에는 다시 요하 부근의 신성新城으로 옮겨 설치했다. 이곳은 과거 고구려가 당나라와 대치했던 최전선 기지이다. 당 고종은 677년 전前 고구려 국왕 고장高藏(보장왕)을 요동군왕으로 봉하고, 웅진도독부를 요하 방면 건안성建安城에 다시 설치하여 부여융을 그곳으로 보내 대방군왕으로 삼았다.

신성과 건안성   랴오허강(요하)을 따라 고구려시대 여러 성 가운데 신성과 건안성도 있다. 매소성 전투와 기벌포 전투에서 신라군에 패한 당나라는 안동도호부를 평양에서 요동성으로 옮겼다가 다시 신성으로 옮겨 설치했다. 또 백제 웅진성에 설치했던 웅진도독부는 건안성에 다시 설치했다. 사진은 건안성 서벽 남단의 모습이다. 출처_동북아역사넷

건안성은 중국 랴오닝성遼寧省 가이저우시盖州市 고려성자촌高麗城子村 동쪽 석성산石城山에 있는 삼국시대 고구려의 산성이다.

당이 신라와 전쟁을 계속하지 못하고 퇴각한 결정적 이유가 있다. 당나라 서쪽 변방에서 일어난 군사적 위기 때문이었다. 당나라가 640년 서방에 위치한 고창을 멸망시킨 후 동방 쪽의 고구려 공략을 본격화했듯이, 이 시기 발발한 티베트 왕국 토번과의 전쟁은 당나라의 신라 원정을 조기에 중단시키는 원인이 되었다. 678년 당은 18만 대군으로 토번을 공격했다. 하지만 지금의 칭하이성靑海省 시닝西寧 부근에서 치러진 승풍령承風嶺 전투에서 당은 다시 한번 토번의 명장 가르친링에게 대패했다. 이즈음 군사전략 회의에서 당 고종은 "고구려는 요하를 건널 수 없고, 백제는 창파滄波(서해)를 건너뛸 수 없었는데도 지난날 빈번하게 군대를 보내서 나라의 물자를 허비했다. 지난 일이지만 후회스럽다"고 술회했다.

4. 무엇이 세 나라 운명을 갈랐나

642년 백제의 신라 공격으로 격화되기 시작한 고구려·백제·신라·당·왜 간의 갈등과 전쟁은 676년 당나라 군대가 신라에 패하여 한반도에서 철수하는 것으로 마무리된다. 이 내용을 좀 더 들여다보면 그 내부에는 또 다른 흐름들이 포함된다. 하나는 수나라와 당나라를 상대로 한 고구려의 70년에 걸친 전쟁이고, 또 하나는 성왕 전사 이후 100년 넘게 이어진 백제와 신라 사이의 전쟁이다. 이 모든 과정을 통해서 결국 백제는 멸망했고, 고구려는 30년 후 발해로 다시 태어났으며, 당나라는 고구려·백제·신라 삼국에서 신라와 발해로 재편된 양상을 새롭게 맞이했다. 당 고종의 후회처럼 당나라는 실익이 없는 전쟁을 치렀다. 애초의 의도를 성공적으로 달성한 유일한 나라는 신라였다. 신라 측에서 보면 실은 그 이상이라고 해도 좋을 것이다.

이 시기의 주인공들로는 의자왕, 연개소문, 김춘추, 김유신, 당나라 태종과 고종을 들 수 있다. 의자왕은 나라를 잃고 중국에 끌려가서 곧 비극적인 죽음을 맞았고, 연개소문은 나라의 패망을 보지는 않았지만 자신의 죽음이 곧 고구려 패망의 계기가 되었다. 김춘추는 사망할 당시에 그가 벌여 놓은 일들이 어떻게 마무리 지어질 것인지 전혀 예측할 수 없었다. 당 태종 역시 필생의 과업인 고구려 정벌을 성공하지 못하고, 자신이 쌓은 국내 정치의 치적에 흠집을 내면서 생애를 마쳤다. 이들에 비하면 김유신의 죽음은 훨씬 평안했다. 그는 자신이 해온 일이 거의 마무리되어갈 즈음에 그 결과를 예감하며 생애를 마감했다.

삼국 항쟁의 결과는 예상 밖이었다. 신라는 스스로 기대했던 것 이상의 놀라운 성공을 거두었고, 고구려와 백제는 사라졌다. 그들의 성공과 실패를 갈랐던 원인은 무엇인가? 그것은 국제관계와 각국의 지배 권력 집단 내 단합 정도의 상호작용에 따라 주로 판가름 났다. 세 나라 모두 외형적으로 강력한 권력을 만드는 데까지는 성공했다. 그런데 그 권력을 만드는 과정이 서로 달랐다. 백제와 고구려는 그 과정에서 지배 집단이 분열했다. 그 결과 의자왕은 일부 병력만으로 나당연합군을 상대해야 했다. 고구려는 연개소문의 아들들이 분열하여 큰아들 남생이 적국인 당나라가 고구려를 공격하는 데 향도가 되는 지경에 이르렀다. 오직 신라만이 지배 집단 내부의 갈등을 최소화하면서 국가적 결집력을 유지했다.

Ⅱ. 통일 왕국의 파편화

Ⅱ부는 8세기 말부터 889년에 일어난 농민반란인 '원종과 애노의 난'까지 살펴본다. 대략 100년 정도의 기간이다. 삼국 통일 후 신라는 한국사 전체로 보아도 유례없는 번영의 시기를 구가했다. 하지만 시간이 지날수록 사회 내부의 갈등이 고조되었다. 유능한 임금들이 개혁에 일시적으로 성공한 듯 보이는 시기도 있었지만 결국 오래가지 못하고 사회 갈등은 지속적으로 높아졌다. 아무리 노력해도 좋았던 이전 시기로 사회를 되돌리지 못했다. 사회를 분열시키고 해체하는 힘이 끊임없이 작동했기 때문이다.

　어느 시대 어느 사회나 심각한 사회문제로 인식되면서도 좀처럼 해결되지 않는 것들이 있다. 이처럼 풀리지 않는 까닭은 대개 문제가 그 사회의 작동 원리 자체에서 생겨났기 때문인 경우가 많다. 신라의 경우 그것은 사회 편성 원리로서의 골품제였다. 골품제는 신라 사회를 파편화하는 원심력의 핵심이었다. 신라는 골품제가 발생시키는 문제들을 관리하는 데 성공하지 못했고, 그 결과 정치적 경제적 갈등 수준이 점점 더 심해졌다. 이 과정에서 중앙은 지방에 대한 통제력을 점차 잃어갔으며, 지방은 조각조각 파편화되었다. 그러는 사이에 6두품이 진골 귀족에 대한 비판 세력으로, 사회 개혁 세력으로 등장했다. 그들이 성공하지 못하자 뒤이어 6두품과는 전혀 다른 성격을 지닌 새로운 사회 세력인 호족이 등장했다.

07

신라 중대에서 하대로

1. 신라의 시대구분

『삼국사기』「신라본기」 끝에는 신라 국인國人들의 설說이라고 하면서 신라의 전 역사를 상·중·하 세 시대로 구분하고 있다. 여기서 '국인'은 오늘날의 '국민' 혹은 '시민'이 아니다. 국가 지배층에 속한 사람들을 말한다. 그에 따르면 상대는 성골 계통이 왕이 된 시기이고, 중대와 하대는 진골 계통이 왕이 된 시대였다. 중대는 진골 중에서도 태종무열왕 김춘추 직계가 이어진 시대이고, 하대는 태종무열왕계가 아닌 진골 출신의 왕이 계속된 시대였다. 상대는 1대 박혁거세(재위 B.C.57~A.D.4)부터 28대 진덕여왕(재위 647~654)까지이고, 중대는 29대 태종무열왕(재위 654~661)부터 36대 혜공왕(재위 765~780)까지다. 하대는 37대 선덕왕宣德王(재위 780~785)부터 56대 경순왕(재위 927~935)까지다.

신라는 거의 천년 동안 지속된 왕조이다. 그중에서 가장 긴 시대는 상대이지만, 연구자들은 신라가 국가 체제를 갖추기 시작한 것이 23대 법흥왕

(재위 514~540) 무렵이라 보고 있다. 하대는 155년간 지속되는데 혼란스러운 시대였다. 그에 비해 126년간 지속된 중대는 신라왕조는 물론이고 한국사 전체를 통틀어서도 한 정점을 기록한 시기다. 태종무열왕이 즉위하면서 시작되어 그의 5세손 혜공왕이 반란군에 피살될 때까지이다.

2. 통일전쟁 승리 후 100년

신라가 당대 세계적 초강대국 당나라를 상대로 국가의 존망을 건 전쟁을 승리로 끝낸 때가 676년이다. 이렇게 보면, 중대는 126년간이지만 그 중 앞쪽 20여 년은 중대를 만든 시기였고, 이어지는 약 100년이 중대가 지속된 기간이다. 이 100년은 삼국 중 어느 나라도 일찍이 경험하지 못한 국제적 평화와 정치적 안정, 그리고 경제적 번영을 누렸던 시기다.

정치적 안정

이 시기에 신라가 정치적으로 안정되었던 데는 이유가 있다. 국왕과 진골 귀족의 힘이 적절히 조화를 이루어 공존했기 때문이다. 이런 정국을 가능하게 한 계기가 바로 647년(선덕여왕 16) 정월에 일어났던 '비담의 반란'이다. '비담의 반란'은 신라 구귀족 세력이 국왕 권력에 도전한 사건이다. 신귀족의 중심축이었던 김춘추·김유신 세력은 이를 무력으로 진압했다. 이에 힘입어 선덕여왕 후임으로 또 다른 성골 출신의 진덕여왕이 무사히 즉위할 수 있었다. 선덕여왕이 즉위했을 때와 같은 구귀족의 정치적 '양해'는 필요 없었다.

진덕여왕 즉위 이후 국가 운영의 중심은 당연히 김춘추·김유신 세력이었다. '비담의 반란'을 제압한 여세를 몰아서 김춘추는 진덕여왕 5년(651) 2월에 '관제 개혁'을 실시했다. 이때 실시된 관제 개혁의 의미를 이해하기 위해서는 먼저 알아야 할 사항이 있다. 그것은 전통적으로 신라에서 국왕과 진골의 관계, 즉 진골이 국왕을 어떻게 바라보았는가 하는 점이다. 본래 진골은 6세기에 왕경 경주의 6부部 족장층과 그 가신家臣 세력이다. 이들은 국왕을 범접할 수 없는 어떤 상위의 존재라기보다는 자신들의 지위와 특권을 보장해주는 진골 집단의 대표자쯤으로 보는 경향이 있었다. 역사적으로 보면, 최고 권력자를 이렇게 보는 사람들이 바로 '귀족'이다.

관제 개혁이란 관료 제도를 개혁한다는 뜻이다. 더 구체적으로 말하면 중국식 관료 제도를 신라에 도입한다는 의미이다. 중국식 관료 제도에서 황제와 신하의 관계는 신라의 전통적인 국왕과 진골 관계와는 매우 달랐다. 중국식 관료 제도에서 황제는 전제군주專制君主이다. 651년에 김춘추가 추진했던 관제 개혁의 목적은 통일전쟁 과정에서 국왕이 좀 더 큰 권한을 가지고 진골 세력을 통제하며 국가를 운영하기 위한 것이었다. 당연히 이 개혁이 대외적으로 전쟁을 수행하는 측면에서만 국왕 권력을 상승시켰던 것은 아니다. 대내외를 막론하고 전반적으로 국왕 권력은 강화되었다.

651년 관제 개혁의 핵심은 기존의 관청인 품주稟主를 집사부執事部로 전환시킨 것이다. 본래 품주는 왕의 가신적 성격이 강한 기구로, 신라의 대외 팽창이 시작된 진흥왕(재위 540~576) 때 설치되었다. 이 품주를 전환하여 설치한 기관이 집사부이다. 그 전환의 과정에서 품주가 담당해오던 재정은 창부倉部에 맡기고 집사부는 따로 독립했다. 집사부는 품주가 지닌 가신적 성격을 표면화하여 정부의 기밀을 관장하는 일만을 공적인 임무로 맡는 관부가 되었다. 집사부는 국왕과 여러 행정 관부와의 중간에서 위로 는 왕명을 받들고 아래로는 여러 관부를 통제하는 지위를 차지했다. 행정 계통상으로 집사부는 신라의 최고 관부였다.

성립 과정에서 짐작할 수 있듯이 집사부는 행정기관을 통해 국왕의 권 력을 확고히 하려는 목적으로 설립되었다. 집사부의 장관으로 중시中侍라 는 관직을 설치했다. 삼국 통일 직후인 신문왕(재위 681~692) 때 이르러서 는 신라의 기존 행정 체계보다 상하 수직적 관계가 훨씬 강한 당나라 행 정 체계가 신라에 도입되었다. 이런 과정을 통해 국왕 권력은 더욱 강화되 었다. 그 결과 진골 귀족들이 국왕 권력에 의해 규율됨으로써 신라는 정치 적 안정을 얻었다.

경제적 번영

고구려·백제와의 장기 전쟁에서 최후 승리자가 되었을 때, 신라는 경제 적 측면에서 위기적 요소와 기회의 요소를 모두 가지고 있었다. 먼저 기회 의 요소는 일단 전쟁이 종식되었다는 사실 그 자체에 있다. 따져 보면 신 라는 6세기 중반 이래 고구려나 백제, 혹은 두 나라 모두를 상대로 전쟁을 계속했다. 신라가 한강 유역을 포함한 여러 지역을 획득한 반작용이었다. 백제와 고구려가 오랫동안 자신들의 땅이었던 한강 유역을 되찾기 위해 서 신라를 공격했던 것이다. 100년이나 이어진 이런 상태가 끝났다는 사 실 자체가 경제적으로 크게 긍정적인 점이었다. 문무왕이 681년 7월 1일 에 죽음을 앞두고 내린 유조遺詔를 보면, 그간 병기兵器를 녹여서 농기구를 만들었고, 부세와 요역을 가볍게 한 결과 집안이 넉넉해지고 인구가 증가 했으며 창고는 넘치게 되었다고 자부하고 있다. 신라 조정이 약탈적인 전시경제에서 평상시의 경제체제로 신속하게 전환했음을 짐작할 수 있는 대목이다.

반면, 위기적 요소도 가지고 있었다. 오랜 시간에 걸쳐 가혹한 생존 전쟁을 치르는 동안 백성들은 매우 피폐해졌고, 그 사이에 사회계층의 분해 작용이 폭넓게 진행되었다. 그 결과 백성들 중에는 몰락하여 살던 곳을 떠나 유민流民이 되거나 노비 신세로 떨어진 자가 적지 않았다. 이런 상황은 세계사에서 흔히 나타났던 현상이다. 서양 고대에서 로마가 장기간 전쟁으로 말미암아 자영농민층이 붕괴되면서 국가적 위기를 맞았고, 19세기 초 나폴레옹이 이끈 전쟁에서도 비슷한 결과가 빚어졌다. 전근대에 한 국가의 기반이 되는 자영농민층의 몰락은 군대의 붕괴와 국가 체제 붕괴로 이어졌다. 사실 이는 전근대에만 나타났던 일도 아니다. 문무왕의 유조는 그가 이런 상황을 정확히 알고 대처했음을 알려준다.

문무왕은 고구려를 멸망시킨 이듬해인 669년 2월에 획기적 조치를 취했다. 교서를 내려 대대적인 사면을 단행하는 한편, 모든 채무자의 이자를 탕감해주었다. 특히 농사를 망친 지역의 농민들에게는 원금元金에 해당하는 본곡本穀마저 면제해주는 일대 덕정령德政令을 반포했다. 성덕왕 때인 707년 정초부터 7월 말까지 7개월 동안 조정은 한 사람에게 조(粟) 3되(升, 부피 단위)씩을 지급, 모두 30만 500석을 방출했다. 신라 역사상 전무후무한 일이었다. 하지만 그 후 이 같은 임시방편 구제책으로는 농민 문제를 해결할 길이 없다고 판단했다. 당의 균전제均田制를 본떠 성인 남성인 정남丁男에게 농토를 지급하는 획기적 조치를 단행했다. 722년(성덕왕 21) 8월 백성에게 지급한 정전丁田이 그것이다. 그러나 연구에 따르면 이때 국가가 실제로 백성들에게 농토를 지급했던 것은 아닌 듯하다. 자세한 내용은 알기 어렵지만 아마도 국가가 어떤 법제적인 절차를 취하고 그것을 정전이라는 이름으로 표현했던 것 같다. 그럼에도 불구하고 이러한 조치는 신라 사회의 기초를 이루는 자영농민을 보호·육성하려는 조정의 강한 의지를 보여준다. 이러한 조치가 신라 중대의 경제적 안정을 가능하게 했다.

3. 성덕왕 대의 균형

문무왕과 신문왕神文王(재위 681~692)의 국정 운영 방식은 사뭇 달랐다. 문무왕이 세심하게 민정을 살펴 어루만지는 스타일이라면 아들 신문왕은 매우 거칠었던 것으로 보인다. 신문왕은 통일에 따른 집권 체제의 구축을 정력적으로 추진했다. 그는 즉위한 지 1개월여 만에 왕비의 아버지와 그 측근 세력을 반역 음모를 꾀했다는 죄목으로 전격 체포한 뒤 처형했다. 더욱이 이 사건과 엮어서 얼마 전까지 상대등직에 있던 김군관金軍官을 불고지죄로 자진케 했다. 상대등은 귀족 세력을 대표하고 국사를 총괄하는 관직이었다.

강화된 왕권을 배경으로 신문왕은 지방행정구역을 크게 9주州로 나누고 5소경小京 제도를 완비했다. 또, 중앙군은 본래의 신라인 외에도 고구려·백제·말갈 등 피정복민까지 포괄하여 편성했다. 이에 더해 그때까지 귀족 관료들에게 일종의 특권으로 묵인했던 녹읍祿邑을 폐지하고, 그 대신 세조歲租를 지급했다. 이로써 국가 운영을 위한 인적·물적 기반은 한층 충실해졌다. 녹읍의 설치와 폐지는 귀족권의 강약을 가늠할 수 있는 일종의 시금석이다. 이에 대해서는 뒤에서 좀 더 설명할 것이다.☞ 184쪽 참조

신문왕이 죽자 그의 맏아들 효소왕孝昭王(재위 692~702)이 즉위했다. 그는 불과 6세에 즉위하여 10년간 재위했다. 워낙 어린 나이에 즉위했지만

대신들의 도움을 받아 비교적 안정적으로 국정을 유지할 수 있었다. 이 시기 신라에는 국가를 분열시키는 원심력보다 통합게 하는 구심력이 더 강력히 작용했기 때문일 것이다. 신문왕 때 추진되었던 제도 개혁도 지속적으로 진행했다. 하지만 효소왕 재위 말년에는 정치적으로 불안정했다. 그의 사후에 친동생, 곧 신문왕의 둘째 아들이 즉위하는데 바로 성덕왕聖德王(재위 702~737)이다.

성덕왕이 추구했던 정책 중에서 주목할 부분은 당나라와의 관계를 회복시킨 일이다. 이는 단순히 소원했던 강대국과 다시 우호적인 관계를 회복했다는 것 이상의 의미가 있다. 이웃한 강대국 당나라와 우호적인 관계를 회복하는 일은 신라에게 매우 중요했다. 당과 통일전쟁을 치른 문무왕은 681년 죽을 때까지 당과의 교섭을 중단했었다. 그 뒤 20여 년간 신라는 당에 단 두 차례만 사신을 파견했을 뿐이다. 반면에 성덕왕은 35년 재위 기간 동안 견당사遣唐使를 무려 46회나 보냈다. 신라가 당나라를 밀어내고 차지했던 예성강 유역에 대한 영유권을 당나라는 735년(성덕왕 34)에 정식으로 인정했다.

성덕왕은 당나라에게서 무엇을 얻으려 했을까? 그가 사행단을 파견할 때 유학생들을 딸려 보내 당의 국학에서 유학을 배우도록 했다는 데서 힌트를 얻을 수 있다. 성덕왕은 당나라로부터 유학과 율령을 비롯한 당의 문물을 도입하려 했다. 성덕왕은 국학에 문묘, 즉 공자의 사당을 설치하기도 했다. 이런 일을 통해 성덕왕은 신라의 국가 면모를 제도적으로 변화시키려고 했다. 성덕왕의 제도 정비에서 두드러지는 사항은 유교 의례에 기반해 각종 국가 예제禮制를 제정했다는 점이다.

'유교적 예제'를 갖추는 일이 국가적으로 왜 중요했을까? 국가 예제에는 무미건조하게 치르는 행사 의식(ceremony)을 초월하는 의미가 담겨 있다.

유교 사상은 당시 중국의 전제주의적 황제 권력의 이념적 지주였다. 그런데 유교는 단순히 전제주의적 황제 권력의 생경한 노출에 동의하지 않았다. 유교 예제는 권력의 자장磁場 안에서 질서 있게 정렬되는 위계를 강조한다. 이를 통해 권력의 절대성이 보존되면서도 폭력적으로 드러나지 않고, 집권 세력이 공존할 수 있는 각자의 공간이 제공된다. 신라는 전쟁을 통해 확보한 평화를 이제는 무위武威가 아닌 유교 사상과 의례를 강화함으로써 확립하고 유지해 나갈 필요가 있었다. 한 국가가 전쟁을 통해 희생을 치르며 무력으로 얻은 것들을 그 후유증을 최소화하면서 사회적으로 평화롭게 나누는 일은 역사상 어느 나라도 쉽게 성공하지 못했다. 대개 그것은 새로운 사회적 불평등과 갈등 요소로 작용하는 경우가 많았다.

이 시기 신라의 현실 곳곳에는 '중국적인 것들'과 '신라적인 것들'이 혼재했다. 당시唐詩와 당악唐樂이 중국적인 것이라면 향가鄕歌는 신라적인 것이었다. 행정단위, 관청과 관직 이름에 예부터 내려온 고유 명칭이 있었다면 그것을 대체하는 중국식 이름 또한 있었다. 이들 개별적인 것은 '중국적인 것들'과 '신라적인 것들'을 환기하는 사회적 의미를 띠었다. '중국적인 것들'과 '신라적인 것들'은 신라 현실에 양립하는 두 개의 힘이었다. 중국적인 것의 바탕에는 전제주의적 황제 권력이 있었고, 신라적인 것의 바탕에는 귀족주의적인 진골 세력이 있었다. 중국적인 것의 이념적 형태는 유교였고, 신라적인 것의 제도적 기반은 골품제였다. 성덕왕은 이 두 가지를 세심하게 조율하여 국왕의 권위와 권력을 유지했는데, 경덕왕은 그것을 조율하는 데 아버지만큼 성공하지 못했다. 물론 그렇게 나타난 결과를 두 왕의 개인적 역량 차이로만 설명할 수는 없다. 아마도 성덕왕에 이어 경덕왕 때 사회적 번영과 평화가 유지되면서, 사회적으로 '신라적인 것들'의 힘이 앞 시기보다 더 커졌을 것이다.

4. 경덕왕 대의 파열음

되살아난 힘

737년 2월 성덕왕이 35년을 재위하고 40대 후반 나이로 사망했다. 뒤를 이어 효성왕孝成王(재위 737~742)이 즉위했다. 효성왕의 모친은 소덕왕후炤德王后 김씨金氏로, 성덕왕의 두 번째 왕후이다. 첫 번째는 성정왕후成貞王后였는데, 성덕왕은 처음에 그녀에게서 태어난 왕자를 태자로 삼았다. 그 후 정확한 이유는 알 수 없지만 그녀를 궁에서 내보냈고, 수년 후 태자마저 죽고 말았다. 그 뒤 다시 맞아들인 사람이 소덕왕후이고, 그녀가 두 아들 효성왕과 경덕왕을 낳았다. 효성왕은 742년 5월에 20대 초반 나이로 죽고 말았다. 그에 따라 동생인 경덕왕景德王(재위 742~765)이 즉위했다.

경덕왕은 부왕父王 성덕왕의 정책을 충실히 따랐다. 당과 계속해서 긴밀한 관계를 유지했고, 당의 문화를 적극적으로 받아들였다. 이를 통해 당나라에 못지않은 정교한 의례儀禮로 디자인된 제도 국가 신라를 만들어 나갔다. 그런데 이런 노력에도 불구하고 그 효과는 이전만큼 만족스럽지 않았다. 국왕 권력에 대해서 진골 귀족의 저항이 차츰 강해졌다. 사실 이미 효성왕 대에 지배 세력 내부의 갈등이 높아지는 현상이 나타나고 있었다. 현실의 기저에서 국왕 권력에 반하는 새로운 힘이 강화되기 시작했던 것이다. 여기에는 크게 두 가지 구조적으로 작동하는 원인이 있었다. 하나는 본래 신라를 움직이는 사회적 틀이 골품제였다는 점이고, 다른 하나는 평화가 지속되면 정치권력보다 사회적 권력이나 관행이 강화되는 경향이 있다는 점이다.

신라에서 국왕 권력을 강화한 제도화의 뼈대는 약 90년 전 진덕여왕 때 김춘추가 추진했던 관제 개혁이었다. 그때의 관제 개혁은 수년 전 '비담의 난'(647)을 김춘추·김유신 세력이 무력으로 제압했기에 가능했다. 하지만 김춘추의 관제 개혁이 진골들에게 받아들여질 수 있었던 더 근본적인 배경은 삼국 간 전쟁이라는 외부적 요인 때문이었다. 고구려, 백제와 전쟁을 해야 하는 상황이기에 국가적 수준에서 국왕 중심의 강력한 리더십이 필요했다. 이런 시대적 요구는 비단 신라만이 아니라 고구려·백제도 마찬가지였다. 그리고 삼국 간 전쟁이라는 상황 자체를 촉발시켰던 좀 더 근원적 힘은 당나라라는 국제적 슈퍼파워의 등장이었다.

8세기에 들어와서 왕권 강화를 필요로 했던 국제적 상황은 더 이상 지속되지 않았다. 당나라는 이제 외부에 대해서 공세적인 태도를 취하지 않았다. 삼국 간 전쟁도 오래전에 종식되었다. 그러자 신라 사회가 본래 가지고 있던 사회적 관행과 힘이 다시 작동하기 시작했다. 그 힘은 골품제에 기초했으며 진골 귀족들로부터 나왔다. 국제적으로 평화 상태가 지속되면서 신라 고유의 신분제도인 골품제가 다시금 강화되었다.

부왕 성덕왕은 중국적 전제주의와 신라의 골품제를 적절히 조절하고 공존시키는 데 성공했다. 그런데 경덕왕 대에 이르자 중국적 전제주의를 지향하는 한화漢化 정책과 신라 골품제를 조화시키는 일이 이전보다 더 어려워졌다. 신라 사회 내부의 힘이 좀 더 강해졌기 때문이다. 그 결과 경덕왕의 한화 정책은 파열음을 내기 시작했다.

경덕왕 대 정치적 갈등이 기본적으로 구조적 요인 때문에 빚어졌던 것은 사실이지만, 그럼에도 경덕왕이 좀 더 세심하게 양자를 조율했다면 갈등을 조금은 더 늦출 수 있었을지도 모른다. 경덕왕은 재위 16년(757) 12월에 9주 관하의 117군 293현의 명칭을 중국식(漢式)으로 고쳤고, 재위 18년(759) 정월에 모든 관청과 관직 이름도 중국식으로 개정했다. 군현 명칭을 중국식으로 바꾼 것은 지방에 대한 중앙정부의 통제력 강화를, 관청과 관직 명칭을 중국식으로 고친 것은 왕권 강화를 의도했다. 그뿐 아니라 756년 2월 상대등 김사인金思仁이 왕의 개혁 정치에 제동을 걸자, 경덕왕은 이듬해 정월에 자신의 심복인 김신충金信忠을 그의 후임으로 임명했다. 신라에서 본디 상대등은 국왕과 거취를 같이하는 것이 관례였다. 국왕이라도 마음대로 경질할 수 없었다.

경덕왕 대 후반기로 접어들면서 국제 정세도 경덕왕에게 더욱 불리해졌다. 755년 11월 중국에서 안녹산安祿山과 사사명史思明이 일으킨, 즉 안사安史의 대반란은 당나라를 큰 혼란으로 몰아넣었다. 이 사건은 당나라와 긴밀한 관계를 맺고 있는 신라 조야에도 상당한 충격을 주었다. 반란은 763년까지 중국을 휩쓸었다. 당나라 현종(685~762, 재위 712~756)은 피란을 가면서 태자 숙종肅宗(재위 756~762)에게 양위할 수밖에 없는 상황이었고, 762년 4월 숙종이 죽자 대종代宗(재위 762~779)이 즉위하는 등 황제 교체가 잇따랐다.

사회적 위기가 탄생시킨 걸작들

당나라가 혼란에 빠져들고, 신라 국내적으로 진골 귀족과도 갈등하는 가운데 경덕왕은 불교의 힘을 빌리려 했다. 현실에서 발생한 문제를 다른 영역에서 해소하려 했던 것이다. 불교의 화엄적인 세계관을 상징적으로 제시하면서 화평和平 세계의 실현을 선전하고자 했다.

화엄이 말하는 세계는 서로 대립하면서도 결국에는 융합한다. 과정상의 갈등이 종국에는 행복한 결말로 귀결되는 세계상이었다. 신라 중대 화엄사상의 정치적 사회적 역할에 대해서는 학계에서 견해가 엇갈린다. 화엄

사상이 전제 왕권 국가의 율령정치 체제를 뒷받침하는 사회적 기능을 했다고 보는 견해가 있는가 하면, 그와 다른 주장도 있다. 화엄 사상이 기층민의 정신적 일체감 형성을 도와서 왕권의 안정된 유지에 기여했다는 정도로 생각하는 견해가 그것이다.

751년(경덕왕 10)부터 불국사와 석불사石佛寺(석굴암)가 착공에 들어갔다. 또 771년(혜공왕 7)에 완성되는 성덕대왕신종을 만들기 시작했다. 국보 제29호 에밀레종이다. 이 동종銅鐘의 명문은 종명鐘銘의 효시다. 종 표면에 630자의 서문과 200자의 명銘으로 짜여 있다. 명이란 한문漢文 문체文體 형식의 하나이다. 대개 넉 자로 1구句를 이룬다.

> 무릇 심오한 진리는 가시적인 형상 이외의 것도 포함하나니, 눈으로 보
> 면서도 알지 못하며 진리의 소리가 천지간에 진동하여도 그 메아리의
> 근본을 알지 못한다. 그러므로 (부처님께서) 때와 사람에 따라 적절히 비
> 유하여 진리를 알게 하듯이, 신종을 달아 진리의 둥근 소리(圓音)을 듣게
> 하셨다.

종명은 성덕왕의 공덕을 종에 새겨서 기리고 종소리를 통해 그 공덕이 널리 퍼져서 국태민안國泰民安이 지속되기를 바란다는 내용으로 이루어져 있다. 성덕대왕신종은 그 자체로 신라의 왕위 또는 왕실을 상징한다. 명문은, 신종神鐘이 함부로 옮겨지지 않고 외부의 어떤 풍파가 있어도 그 위상이 결코 위축되지 않으며 그 소리가 천지를 진동시킬 것을 기원했다.

성덕대왕신종의 용뉴龍鈕와 '음통'은 신라 왕실의 염원을 직접적으로 표현하고 있다. 성덕대왕신종의 용뉴는 중국이나 일본, 그리고 8세기 이전 우리나라 종의 고리 모양과도 다르다. 다른 종들의 고리는 두 마리 용으

성덕대왕신종 일명 에밀레종이라고도 한다. 경덕왕이 아버지 성덕왕의 공덕을 널리 알리기 위해 제작했다. 우리나라에 남아 있는 최대의 거종巨鐘이다. 종신에는 장문의 명문이 돋을새김으로 새겨져 있다. 출처_국립경주박물관

성덕대왕신종의 용뉴와 음통

로 이루어진 반면에, 특이하게도 성덕대왕신종은 한 마리 용과 '음통'으로 구성되었다. 이런 형태는 이후 우리나라 용뉴의 전통이 되었다. 그런데 오늘날 다수의 연구자는 이전까지 '음통'이라 생각했던 것을 더 이상 그렇게 생각하지 않고 『삼국유사』에 나오는 만파식적萬波息笛으로 본다. 『삼국유사』에 따르면, 죽은 후 해중릉인 대왕암에 묻힌 문무왕이 바다 용이 되어 천신天神이 된 김유신과 함께 용을 사자使者로 보내서 신묘한 대나무를 전한다. 이 대나무로 만든 피리가, 한번 불면 나라의 모든 근심과 걱정이 해결되었다는 만파식적이다. 성덕대왕신종은 그 이야기를 체현하고 있다. 하지만 신라 왕실과 신라의 역사는 경덕왕이 원했던 것과는 다른, 현실의 힘이 작동하는 방향으로 흘러갔다. 불국사와 석굴암 그리고 성덕대왕신종에 담긴 염원이 나라의 진로를 바꾸지는 못했다.

경덕왕은 만년에 국가 경영에 의욕을 잃었던 것 같다. 진골 귀족들과의 권력투쟁에 지치고, 의지하던 당나라마저 크게 동요한 데 따른 결과였을 것이다. 그는 연악宴樂, 즉 잔치를 즐기는 데 탐닉했다. 그러자 왕의 개혁 정치를 지지하던 측근 신하들도 하나둘씩 왕의 곁을 떠났다. 765년 6월, 40대 중반에 접어든 경덕왕은 홀연히 세상을 떠났다.

경덕왕 대 나타난 정치적 양상은 신라 하대에 지루하게 반복되었던 양상의 예고편이다. 그것은 대개 세 가지 양상으로 나타났다. 첫째 귀족층이 국왕 권력에 저항했다. 빈번한 천재지변이 있을 때마다 현실 정치의 잘못을 신랄하게 비판하고 국왕을 대변하는 시중侍中에게 정치적 책임을 물었다. 둘째, 국왕은 한화 정책을 강화하기 위해서 노력했다. 관제를 정비하고, 국학에서 유학 교육을 진흥하기 위해 노력했으며, 관료에 대한 감찰 및 사정 기능을 강화했다. 셋째, 귀족들의 힘은 이따금 반란의 형태로 분출되었다. 신라 하대에 크게 활성화된 힘이 바로 이 시기부터 본격화되기 시작했다.

5. 혜공왕 대의 파국

혜공왕惠恭王(재위 765~780)은 부왕 경덕왕이 갑자기 사망함에 따라 8세의 어린 나이로 즉위했다. 그는 태종무열왕 직계손으로 계승된 신라 중대 왕실의 마지막 왕이다. 경덕왕 대에 국왕과 진골 귀족 간 갈등의 에너지가 축적되었다가 어린 혜공왕이 즉위하자 그것이 폭발적으로 터져 나왔다. 15년 재위 기간에 무려 여섯 번의 난이 발생했다. 결국 혜공왕도 반란의 와중에 피살되었다.

대공의 난

혜공왕 재위 15년 동안 일어난 여섯 번의 난 중에서 가장 큰 규모의 반란은 '대공의 난'이다. 이 반란은 768년(혜공왕 4) 7월 3일에 대공大恭과 그의 동생 대렴大廉이 왕경 경주에서 일으켰다. 대공의 관등은 제7관등 일길찬一吉飡이고, 아우 대렴은 제6관등 아찬阿飡이었다. 대공 형제의 관등이 아주 높지 않았음에도 장기간 왕궁을 포위할 수 있는 경제적 군사적 기반을 가졌던 것은 그들의 아버지 또는 근친近親이 재상이었거나 대아찬(5관등) 이상 관등을 보유한 고위 관리였기 때문일 것이다. 그들은 자신들의 사병私兵으로 왕궁을 33일간이나 포위했다.

『신당서』「동이전東夷傳」 신라 조에는 이 시기 신라 사회에 대한 정보가 실려 있다. 재상의 집에 "노동奴僮이 3천 명이며, 갑병甲兵과 소·말·돼지도 그 수와 비슷하다"고 기록되었다. '노동奴僮'은 노비라기보다는 재상가에서 사적으로 부리는 사람들을 가리키는 표현으로 이해하는 것이 합리적이다. 당연히 노동 가운데 사병도 포함되었을 것이다. 갑병이란 무기를 말한다. 요컨대 신라의 재상가들은 왕궁을 포위할 만한 규모의 병력과 경제력을 가지고 있었다.

혜공왕 즉위 후 천변과 괴변이 자주 발생했다. 백성들 사이에서는 이 천재지변이 어린 나이에 즉위한 혜공왕과 그의 어머니 만월부인滿月夫人, 그리고 당시 집권자인 김옹金邕·김양상金良相 등의 실정失政에 대한 하늘의 경고라는 인식이 널리 퍼졌을 것이다. 김옹은 만월부인의 친정 오빠이다. 대공 형제가 이런 기회를 틈타 768년 7월에 혜공왕 퇴위 및 김옹·김양상 세력 퇴출을 명분으로 내걸고 군사를 일으켜 왕궁을 포위했다. 지방에 거주하는 일부 진골 귀족들과 주·군·현에 파견된 지방관들 가운데 일부가 대공의 반란에 동조했다. 반란은 크게 확대되었다. 『삼국유사』 권2, 「기이紀異」 2, 혜공왕 조에는 대공이 반란을 일으키자 왕경 경주를 비롯한 5개 도道에 걸친 주·군에서 96명의 각간角干이 서로 싸워 크게 어지러웠다고 나온다. '각간'은 진골만 오를 수 있는 최고위 관등이기에 보통 진골을 가리키는 통칭이다. '대공의 난'이 진골들의 전국적인 내란이었음을 알 수 있다. 이때의 상황이 중국의 『신당서』 「동이전」 신라 조에도 실려 있다. "재상들이 권력 다툼을 벌이고 서로 공격해서 나라가 크게 어지러웠다"라는 기록이다.

하지만 반란은 실패했다. 왕의 측근 인물 이찬伊飡 김은거金隱居를 비롯한 왕군王軍이 반란군을 33일 만에 진압했다. 대공의 반란에 연루된 지방 거주 진골 및 지방관들을 완전히 제거하는 데까지는 이로부터 다시 3년 정도가 더 걸렸다. 대공의 반란에 지방 거주 진골 귀족들이 관련되었던 것은 조정이 정책적으로 진골 귀족들을 지방에 나가서 살게 했기 때문이다. 『삼국사기』에 "문무왕 14년(674)에 6도徒의 진골을 5경京과 9주州에 나가 살게 하고, 별도로 관명을 칭하게 하였다"라는 기사가 나온다. 6도란 경주의 6부部를 말한다. 아마도 삼국 통일 후 새로 확보된 영역을 관리하고 진골 귀족들을 견제하기 위해 중앙정부가 펼친 정책의 일환이었을 것이다. 실제로 통일신라 시기에 진골들이 지방에 거주한 사례를 다수 발견할 수 있다.

'대공의 난'은 당시 지배층에 속하는 친족공동체 족장들 대부분이 참가한 전국적 규모의 내란으로, 전대미문의 사건이었다. 중대에 확립된 강력한 왕권 체제를 부인하는 행위였다. 김은거는 이 반란을 진압한 공로로 그해에 시중에, 이찬 신유神猷는 상대등에 임명되었다. 흥미로운 사실은 반란을 진압한 자들과 진압된 자들이 실상 같은 정치집단에 속했다는 점이다. '대공의 난'은 신라 지배층 내부에서 진행되던 깊은 분열이 겉으로 드러난 사건이다. 이후에도 지배층 내의 반란은 계속 이어졌다. 아이러니컬하게도 김은거는 775년(혜공왕 11) 6월에 자신이 반란을 일으켰다가 사형에 처해졌다. '대공의 난'이 갖는 함의는 '전제' 왕권 중심의 신라 중대 사회가 귀족 중심의 사회로 바뀌고 있다는 것이었다.

혜공왕의 피살

혜공왕 대 후반에 민심이 동요하고 나라가 크게 어지러워졌다. 김은거의 반란이 있고서 5년 뒤 780년(혜공왕 16) 2월, 이찬 김지정金志貞과 그에 동조한 혜공왕의 삼촌 및 사촌들이 왕의 실정과 그로 말미암은 정치적 사회적 혼란을 명분으로 반란을 일으켰다. 그들은 군사를 이끌고 왕궁에 침입하여 혜공왕과 왕비, 만월부인, 김옹을 시해했다.

김양상은 혜공왕이 김지정 일파에게 살해되었다는 소식을 듣고 4월에 김주원金周元, 김경신金敬信 등과 함께 군사를 동원하여 반란군을 진압했다. 그런데 문제가 생겼다. 혜공왕의 삼촌과 사촌들이 김지정 일파에게 동조하여 반란에 가담했다가 진압되었기에 왕위를 계승할 적당한 후보자가 없었다. 이에 김경신과 김주원 등이 중심이 되어 성덕왕의 외손이자 왕위 계승 서열이 가장 앞선 김양상을 왕위에 추대했던 것으로 보인다. 이 사람이 하대 최초의 임금인 37대 선덕왕宣德王(재위 780~785)이다. 그는 자신의 실력으로 즉위한 셈이었다. 무력에 의한 왕위 찬탈은 이전 신라 정치사에서는 찾아볼 수 없던 전혀 새로운 현상이다. '비담의 반란'처럼 시도 자체가 아주 없지는 않았으나 결코 성공하지 못했다. 이런 현상은 신라 하대의 왕위 계승에 심대한 영향을 끼쳤다.

6. 중국적인 것 vs 신라적인 것

신라 왕실은 거의 1000년 가까이 지속되었다. 당연히 왕실의 모습은 몇 번이나 바뀌었다. 결코 하나의 모습으로 지속되지는 않았다. 중대는 가장 영광스러운 시기였다. 태종무열왕부터 그의 5세손 혜공왕까지 이어진 126 년의 기간이다. 이 시기의 앞쪽 20여 년은 신라가 삼국 간 전쟁에서 승리를 얻어낸 기간이고, 이어진 100여 년은 국내외 조건이 이상적으로 조화롭게 균형을 이루어 한국사의 한 정점을 기록했던 기간이다.

중대에서도 가장 절정의 시기는 성덕왕부터 경덕왕 시기까지로 보아야 한다. 이 시기에 두 왕은 신라적인 요소와 중국적인 요소를 적절히 조화시키는 데 주력했다. 그것은 국왕 권력과 진골 귀족 권력의 조화를 뜻한다. 성덕왕 대에 이 과제 해결에 무난히 성공했다면, 경덕왕 시기에는 양자의 조화가 조금씩 어려워지기 시작했다. 시간이 지날수록 사회 내에서 '신라적인 것'의 힘이 강화되었기 때문이다. '신라적인 것'의 핵심은 골품제에 기반한 진골 귀족의 힘이다. 성덕대왕신종은 신라가 중대에 도달했던 절정을 상징한다.

08

임계점을 향하여

1. 하대 왕실의 시조 원성왕

선덕왕

선덕왕宣德王 김양상金良相은 17대 내물왕(재위 356~402)의 10대손이다. 그의 할아버지 김원훈金元訓은 성덕왕 때 중시中侍를 역임했고, 어머니는 성덕왕의 딸이다. 경덕왕은 선덕왕에게 외숙이다. 경덕왕 23년(764)에 김양상은 집사부 시중侍中에 임명되어 혜공왕 4년(768)까지 재임했다. 시중이나 중시는 신라 중대의 최고 행정 기구인 집사부의 최고위직이다. 경덕왕 6년(747)에 중시가 시중으로 개칭되었다. 김양상은 시중 역임 후에도 요직에 있으면서 성덕대왕신종의 제작을 맡았다. 혜공왕 10년(774)에는 상대등이 되어 조정에서 실권을 계속 유지했다.

780년(혜공왕 16, 선덕왕 원년) 2월, 이찬 김지정이 반란을 일으켜 궁궐을 침범했다. 그러자 4월에 상대등 김양상은 당시 이찬으로 있는 김경신金敬

信(38대 원성왕)과 함께 이를 진압했다. 김지정의 난을 진압하는 과정에서 혜공왕이 왕비와 함께 살해되었고, 김양상이 뒤를 이어 왕위에 올랐다. 혜공왕이 누구에게 살해되었는지에 대해서는 사료에 따라 엇갈리고 오늘날 연구자들도 견해가 일치하지 않는다. 『삼국사기』에는 혜공왕이 김지정 무리에게 살해되었다고 기록되어 있으나, 『삼국유사』에는 선덕왕에게 죽임을 당했다고 적혀 있다.

왕위에 오른 선덕왕 김양상은 자신과 함께 김지정의 반란을 진압했던 김경신을 상대등에 임명했다. 그런데 선덕왕 즉위 이후에도 정치적 불안정은 계속되었다. 이를 안정시키기 위해서 노력했지만 성과는 분명하지 않았다. 784년(선덕왕 5)에는 선덕왕 스스로 왕위에서 물러나겠다고 밝히기도 했다. 신하들의 반대로 계속 왕위를 유지하기는 했으나, 다음 해 정월 13일에 선덕왕은 후사 없이 병으로 사망했다.

원성왕의 즉위

선덕왕의 뒤를 이어 상대등 김경신이 즉위했다. 이 사람이 원성왕元聖王(재위 785~798)이다. 김경신은 780년 혜공왕이 시해당했다는 소식을 들은 김양상이 군사를 일으키자 이에 동참했고, 김양상이 선덕왕으로 즉위하자 상대등에 임명되어 자신이 즉위할 때까지 재임했다. 정치적 경험이 많은 인물이었다.

김경신이 왕위에 오르는 과정은 순조롭지 않았다. 자세한 내막은 알기 어렵지만 모종의 분규가 있었음이 확실하다. 『삼국사기』 권10, 「신라본기」 10, 원성왕 1년(785)에 따르면, 선덕왕이 아들 없이 죽자 군신들은 처음에 김주원金周元을 왕으로 세우려 했다. 그런데 이때 공교롭게도 폭우가 내려

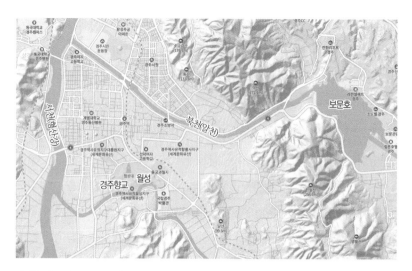

월성(왕궁)과 북천의 위치 월성, 즉 신라 왕궁은 북천 아래에 있다. 이곳은 현재 경주역사유적월성 지구에 속해 있으며, 국립경주박물관이 바로 근처에 있다. 출처_네이버 지도

북천北川(알천閼川)이 범람했다. 이 때문에 북천 이북에 살던 김주원이 왕궁에 오지 못하여 결국 김경신을 다시 추대했다고 한다. 『삼국유사』 「기이紀異」 원성대왕 조에도 대개 이와 같은 내용이 실려 있다. 여기에는 당시 김주원을 상재上宰, 김경신을 이재二宰라 기록하고 있다. 즉, 김주원이 김경신의 상급자였다.

김경신의 즉위와 관련된 『삼국사기』와 『삼국유사』 내용에 의문이 없지는 않지만 그 대략적인 윤곽은 파악할 수 있다. 일단 의문스러운 부분은 김경신이 선덕왕 때 최고위직 상대등에 있었는데도 이재二宰로 기록된 반면, 김주원은 상재上宰로 되어 있다는 점이다. '재宰'는 재상을 뜻한다. 이는 김주원이 태종무열왕 6대손이라는 사실과 관련이 있을 듯하다. 그때는 왕위 계승 서열과 관련해 김주원이 김경신보다 앞선다고 여겼을 것이다. 100년 넘게 무열왕 직계손들만 국왕이 되었고, 선덕왕은 비상한 상황 때

경주향교 향교 건물은 조선 선조·광해군 대에 복원되었는데, 이 자리는 신라 신문왕 2년(682)에 국학이 세워졌던 곳이기도 하다. 경주역사유적월성지구와 가깝다. 출처_경주시 홈페이지

문에 어쩔 수 없이 추대받은 예외적 경우라고 보았기 때문이다. 어떻든 상급자인 김주원을 배제하고 김경신이 즉위한 배후에는 모종의 정치적 암투와 억지가 있었음이 틀림없다. 훗날 김주원의 아들 김헌창金憲昌은 부친이 왕위에 오르지 못한 것을 구실로 반란을 일으켰다. ☞ 185~186쪽 참조

원성왕의 딜레마

원성왕은 개인적으로 국정 운영 경험이 많고 유능했다. 그가 추진했던 몇 가지 일들이 그 점을 증명한다. 먼저 재위 4년(788) 봄에 실시한 독서삼품과讀書三品科이다. 신라에는 신문왕 2년(682)에 설치된 최고 교육기관인 국학國學이 있었다. 독서삼품과는 말하자면 국학의 졸업시험이다. 그 졸업 성적에 따라 관료로 임용되었다. 『삼국사기』에 따르면, 그 전까지 활

솜씨로 선발하던 시험 방식을 이때 와서 고쳤다. 지금 보면 별것 아니지만 당시에는 그렇지 않았다. 신라는 누구나 태어나면서 갖게 되는 골품에 따라 그 개인의 사회적 삶이 결정되는 사회였다. 국학 입학생도 주로 6두품과 진골 자제들이었을 것으로 짐작된다. 독서삼품과는 이런 사회에서 개인의 노력에 따라 사회 진출이 영향받게 만든 제도이다. 이는 고려 건국 후 실시되는 과거제도의 전신이라 할 수 있다.

원성왕은 수리 시설도 증축했다. 790년(원성왕 6)에 전주 등 7개 주 사람들을 징발해서 한반도 제일의 곡창지대에 위치한 벽골제를 증축했다. 사망 직전인 798년 4월에는 농민들로 조직된 작업 부대인 법당法幢 소속 인력을 절화군切火郡(영천)과 압량부押梁郡(경산)에서 징발하여 영천에 있는 보洑의 둑을 수축했다. 농업이 기간산업인 사회에서 가장 중요한 산업 시설은 수리 시설이다. 원성왕은 수리 시설을 증축하여 농업생산력을 높이는 데 힘썼을 뿐만 아니라 백성들에 대한 진휼에도 힘썼다. 786년(원성왕 2) 금성金城(경주) 일대에 기근이 들자 두 차례에 걸쳐 6만여 석 곡식을 백성들에게 나눠 주었다. 또, 789년(원성왕 5)에 한산주漢山州(현 경기도 광주를 중심으로 하는 한강 유역)에 기근이 들자 그곳 백성들에게 곡식을 나눠 주었고, 790년에도 큰 가뭄이 들자 한산주와 웅천주熊川州 백성들에게 곡식을 나누어 주었다. 웅천주는 백제 옛 수도인 공주 지역이다. 796년(원성왕 12)에도 금성에 기근이 들고 전염병이 돌자 창고를 풀어 백성들을 구제했다.

790년(원성왕 6), 원성왕은 일길찬一吉飡 백어伯漁를 발해에 사신으로 보냈다. 신라는 이때 처음으로 발해에 사신을 보냈다. 발해로서도 698년 건국 이래 90여 년 만에 처음 맞은 신라 사신이었다. 오랜 갈등 관계에 있던 신라와 발해 사이에 원성왕이 교류를 시도한 것이다. 이렇듯 원성왕은 여러 방면에서 좋은 정책을 추진한 왕이다. 그럼에도 불구하고 재위 7년째

경주 원성왕릉 괘릉掛陵이라고도 불린다. 무덤의 둘레석에는 12지신상이 조각되어 있다. 무덤에서 약 80m 떨어진 지점부터 양 옆으로 돌사자 두 쌍, 문인석 한 쌍, 무인석 한 쌍과 무덤을 표시해주는 화표석華表石 한 쌍이 마주 보고 서 있다. 특히 무인석은(사진에서 맨 앞 오른쪽) 서역인의 얼굴을 하고 있다. 원성왕은 독서삼품과를 실시하고 벽골제를 증축하는 등의 업적을 남겼다.

되는 해인 791년에 '제공悌恭의 모반'을 겪는 등 정치적 불안정이 계속되었다. 그 이유는 무엇일까?

원성왕 대에는 한재, 지진, 서리, 우박, 홍수, 황충蝗蟲 등으로 인한 재해 기록이 많다. 모두 농사에 영향을 주는 자연재해다. 이를 증명이라도 하듯, 788년(원성왕 4)에는 가뭄과 황충의 피해로 국서國西 지역에 도적이 많이 발생하여 왕이 사신을 파견했다는 기록이 등장한다. 이전 시기에도 도적이 없지 않았겠지만 기록으로는 처음 보인다. 791년에 일어난 '제공의 모반'은 이 같은 불안정한 사회 상황을 배경으로 이해될 수 있다. 그런데 여기서 유의할 사항은 이 시기에도 정치적 긴장이 계속되었다는 점이다.

앞에서 말했듯이 원성왕의 즉위 과정에서도 갈등이 있었다. 비록 원성왕이 즉위에 성공했어도 그런 긴장이 곧바로 해소되었다고 볼 수는 없다. 그렇다면 이런 재해에 따른 도적의 발생 등도 정치적 갈등이라는 배경 속에서 나타났다는 점을 인식할 필요가 있다.

2. 원성왕 대의 사회적 변화

원성왕은 유능하고 성실했으며, 신라 국정은 큰 문제없이 운영되는 듯 보였다. 그런데도 8세기 끝 무렵 신라 사회에는 내부 긴장과 갈등의 수위가 높아지고 있었다. 구조적인 사회경제적 원인이 축적되어 있었기 때문이다.

진골 귀족의 수적 증가와 파벌화

선덕왕이 780년에 즉위했고, 뒤이은 원성왕이 785년에 즉위했다. 삼국 통일 후 즉위한 첫 번째 왕 신문왕이 681년에 즉위했으니 통일 후 약 100년이 지난 시점이었다. 그 사이에 서서히 내적 변화가 축적되고 있었으며, 그것이 차츰 신라 사회를 변화시켰다.

통일전쟁 중에 귀족층인 진골들은 솔선수범하고 자신을 희생하며 전쟁을 이끌었다. 이 과정에서 적지 않은 진골들이 죽었다. 전쟁이 끝난 후 진골 귀족들은 수적으로 계속 증가했다. 진골 귀족의 수가 크게 증가했던 현실을 얼핏 드러낸 사건이 혜공왕 때 벌어진 '대공의 난'(768)이다. 이때 왕도王都 경주와 5도道 주군州郡에 살던 소위 96각간角干이 싸웠다고 나온다.

각간이 바로 진골이다. 진골 귀족의 수적 증가는 자연스러운 현상이었다. 골품은 태어날 때 이미 결정되고 오랜 시간이 지나도 그 신분이 유지되었다. 시간이 지날수록 진골의 수가 늘어날 수밖에 없다. 이런 면에서 진골은 조선시대 양반과도 달랐다.

한 사회의 지배 신분이 출생과 동시에 결정되는 혈연적인 것인가, 아니면 본인의 노력이나 재능 혹은 행운으로 생애 동안 획득하는 것인가는 생각보다 잘라 말하기 어렵다. 전근대사회가 전자에 속하고 근대사회가 후자에 속한다고 말할 수는 없다. 조선시대 양반이 그 예다. 오늘날 우리가 볼 때는 조선시대 양반은 전자라고 생각하지만, 꼭 그렇지는 않다. 기본적으로는 전자에 해당하면서도 그 내부에 경쟁적인 요소가 있어서 후자의 성격도 상당히 가지고 있다. 양반의 지위를 유지하려면 양반으로 태어나야 하지만, 동시에 끊임없이 노력하여 과거에 합격하고 성공적인 가문 결합, 즉 혼인 관계를 누대에 걸쳐 유지해야 했다. 그뿐 아니라 경제적으로도 그 지위를 유지하거나 상승시켜야 했다. 그렇지 않으면 장기간에 걸쳐 지배 신분에서 도태되었다. 자본주의 경제체제와 민주주의 정치체제가 확립된 오늘날은 조선시대 양반과는 반대 방향에서 역시 그 구분이 쉽지 않다. 이에 비해 진골은 훨씬 선명하게 전자의 성격을 유지했다.

진골 귀족의 수가 늘어나면서 신라 사회는 내부 갈등이 높아질 수밖에 없었다. 진골이 그에 어울리는 삶을 살기 위해서는 경제적 정치적 조건이 갖춰져야 한다. 그런데 진골 집단 전체가 나눠 가져야 할 정치적 경제적 자원은 사회 전체적으로 비교적 고정되어 있었다. 진골들 간에 긴장, 경쟁, 갈등이 높아졌던 이유다. 이 과정에서 진골 집단 내부는 분화 또는 파편화될 수밖에 없었을 것이다. 조건만 갖추어지면 어느 시대 어느 나라에서나 나타나는 일이다. 요컨대 진골이 수적으로 포화 상태에 이르면서 내부적으로 갈등이 극대화되고 자체적으로 파편화가 심화된 것이다. 이것이 바로 왕위 계승 쟁탈전을 촉발시키는 근원적인 요인이었다. 흥덕왕興德王(재위 826~836) 사후 희강왕僖康王(재위 836~838), 민애왕閔哀王(재위 838~839), 신무왕神武王(재위 839년 4~7월)이 차례로 교체된 것이 그 예다. 이 현상은 특별히 누가 잘못해서 나타난 일이 아닌, 구조 자체가 자연발생적으로 초래했다. 중앙의 정치적 불안정이 가속화되자 지방에 대한 중앙의 통제력은 크게 약화되었다. 그에 따라 지방 세력들이 여기저기서 등장하기 시작했다.

불만에 찬 지방 세력

신라 지방 사회를 구성하는 단위는 촌村이다. 말하자면 신라는 촌이라는 세포들로 구성되었다. 이 촌을 대표하는 존재가 촌주村主이다. 이들은 일찍부터 존재했지만 신라가 국가 체제를 강화하고 지방을 통제하는 동안에는 독자적인 힘을 갖지 못했다.

6세기 초까지만 해도 신라의 영토 확장을 위한 전투는 왕경王京 경주의 6부민部民만으로 수행할 수 있는 정도의 규모였다. 당시에 왕경 6부는 일종의 전사공동체였다. 군 복무는 그들의 의무인 동시에 특권이었다. 6세기 중엽이 되자 상황이 달라졌다. 신라는 가야 여러 나라들에 대한 병합을 완료한 후에 곧이어 백제와 고구려를 상대로 전쟁을 시작했다. 그런데 백제나 고구려는 이전의 가야 소국들과는 체급이 다른 상대였다. 이 전쟁에 필요한 인적·물적 자원을 왕경 6부만으로는 조달할 수 없었다. 지방민들이 그것을 조달하는 새로운 역할을 맡았다.

신라의 지방민들은 장기간 진행된 삼국 간 전쟁에 출전하여 많은 희생자를 냈다. 6세기 중반 이후의 전쟁에서 신라는 상당한 정도로 국경을 확대하는 데 성공했다. 응당 그에 따른 정치적 사회적 보상이 지방민들에게 주어져야 했다. 이 시대 상황에 대해서는 남아 있는 자료가 많지 않고, 그나마 있는 자료조차 두드러진 역할을 담당했던 인물들 중심으로 기록되었다. 하지만 통일전쟁 과정에서 물리적으로 희생하고 헌신한 사람들은 기록을 남기지 못했던 평범한 백성들이었다. 사실 그것은 자료로 증명할 필요도 없는 일이다.

신라는 당나라와 전쟁을 벌이던 674년(문무왕 14)에 지방민에게만 주어지는 별도의 관등인 외위外位를 폐지하고 경위京位로 일원화하는 획기적인 조치를 취했다. 이 같은 조치는 지방민들의 오랜 희생에 대한 보상처럼 보였다. 원래 신라는 두 개의 관등 체제를 가지고 있었다. 17등 체계의 경위와 11등 체계의 외위이다. 경주에 사는 왕경인王京人만 경위를 받고 중앙 관직을 차지할 수 있었다. 무엇보다 이들만 골품제 편제의 대상이었다. 경위와 외위는 왕경인과 지방민을 출신지에 따라 차별하는 제도이다. 지방민에게도 외위 대신 경위를 지급하여 관등을 일원화한 조치는 그런 차별을 없애려는 정책처럼 보였다. 하지만 실제로는 그렇게 진행되지 않았다.

촌주를 정점으로 한 지방 촌락 사회의 상층부는 경위 관등을 받았지만 정식 관원이 되는 길은 계속 봉쇄되었다. 그들은 기껏해야 주·군·현의 하급 관리층인 이속吏屬으로서, 지방관으로 파견된 왕경 6부인을 보좌하는 역할에 머물렀다. 왕경인과 지방민은 명확히 구분되었으며, 왕경인은 그 자체로 특권적 집단이었다. 통일 후 신라가 설치한 5소경에 파견된 왕경인 출신 지방관이나 집단적으로 이주한 왕경인들은 이를 잘 보여준다. 금석문에 등장하는 왕경인 출신자의 이름은 반드시 왕경의 출신 부명部名과 짝하여 기록되었다. 왕경 6부인이라는 사실을 분명히 하기 위해서였다.

단순히 자신의 관념적 정체성을 확인하고 드러내기 위해 그렇게 한 것만은 아니었다. 이들은 실제로 5소경에 살면서도 요즘 식으로 말하면 '주민등록'을 왕경에 두고 있었다. 자신의 신분과 그에 연동하는 관직을 지키기 위해서는 현 거주지가 아닌 왕경에 '주민등록'을 두는 편이 훨씬 더 중요했기 때문이다.

신라 중앙정부는 관등을 일원화한 후에도 지방민에 대한 정치적 사회적 차별과 배제를 없애지 않았다. 이는 곧 100년에 이르는 지방민의 희생에 대한 보상 거부를 뜻했다. 그러니 지방민의 불만이 계속 쌓여갔고 9세기에 들어가면서 더욱 팽배했다. 세계사를 보면 로마 공화정 시기의 역사는 평민들의 참정권(시민권) 획득을 위한 신분 투쟁사였다. 평민들의 요구는 단계적으로 실현되어 정복 전쟁에 본격적으로 돌입하기 직전인 B.C. 4세기 무렵에는 마침내 귀족과 평민 간의 법적 차별이 사라졌다. 지방 속주 출신자라도 일정한 군 복무를 마치면 시민권을 받을 수 있었다. 심지어 로마의 노예들조차 10년이 지나면 자유민이 되었고, 그들의 자손은 자동적으로 로마 시민권을 획득했다. 이것이야말로 로마의 진정한 힘이었다. 로마가 제국이 될 수 있었던 요인은 바로 혈연과 지연에 대한 개방성에 있었다.

흥미롭게도 진골 귀족들은 자신들 내부에서는 파벌화되어 내란 수준의 갈등을 빚어도, 지방민이나 6두품의 신분 상승 요구에 대해서는 일치단결하여 단호히 반대했다. 언제 어디서나 흔히 볼 수 있고, 정점을 지나 쇠퇴하는 사회에서 더 자주 나타나는 현상이다. 당에서 유학하고 돌아온 6두품 출신 지식인들과 관료들의 불만은 신라 패망과 관련하여 자주 언급된다. 하지만 지방민들의 불만에 대해서는 상대적으로 주의를 덜 기울이는 듯하다. 두 가지는 현상적으로 차이가 있다. 6두품에 대한 차별과 배제가 계층이나 신분과 관련되었다면, 지방민에 대한 차별과 배제는 지역과 관련 있다. 하지만 둘 다 경주 진골 귀족의 이익을 지켜내는 과정에서 나온 차별과 배제라는 점에서는 다르지 않다. 사실은 이 두 가지가 신라를 패망에 이르게 한 골품제의 핵심적 문제이다.

소농층 몰락

8세기 후반에 이르러 소농민층의 경제적 조건이 더 악화되었다. 소농민층은 전근대 시대 전체를 통틀어도 경제적으로 안정적이었던 적이 드물다. 개별 소농민들은 늘 생존과 소멸의 경계선상에 있었다. 이런 처지는 서양도 마찬가지였다. 문제는 소농민층 전체의 형편이 악화되고 있는 추세인가, 그렇지 않은가이다. 이 시기에 소농민층의 경제적 조건과 상황은 악화되는 추세로 나아갔다. 여기에는 크게 두 가지 원인이 있었다.

첫째는 애초에 소농의 생산력 자체가 높지 않았다는 점이다. 낮은 생산력이란 단순히 단위면적당 수확량이 낮다는 의미만은 아니다. 농업 생산의 전제 조건인 자연적 기후적 환경에 그대로 노출되어 있음을 뜻하기도 한다. 농업 생산이라는 기준에서 보면 자연적 기후적 환경은 언제나 불완전하다. 그 여건을 완화해줄 수 있는 장치들, 예를 들면 수리 시설 등이 필요하지만 크게 부족했다.

두 번째 요인은 고리대이다. 소농민의 재생산이 자연환경이라는 조건에서 불완전하다면, 이를 보완할 수 있는 사회적 방법은 일종의 보험 기능을 갖추는 것이다. 조선시대에 환곡의 설치 목적이 바로 그에 해당한다. 농사를 망친 해에 농민들이 어려움을 이겨내고 살아갈 수 있도록 국가가 일종의 비상 기금으로 마련한 제도가 환곡이다. 국가 주도의 환곡이 목적으로 삼은 기능을 정반대 방향에서 하는 것이 바로 민간에서 사적으로 운영한 고리대다. 환곡이 궁극적으로 소농의 자립 상태 유지를 목적으로 한다면, 고리대는 소농을 예속과 소멸로 이끄는 지름길이다. 그 길로 떨어뜨리는 핵심 장치는 고리대의 높은 금리이다. 전통시대의 평균적인 농업생산력으로 감당할 수 있는 수준을 넘어선 이자율이다. 일단 고리대의 도움을 받게 되면 농민들은 그 고리대로 자신들을 '도운' 부유하고 강력한 존재들에게 항구적인 '채무 노비'로 전락할 가능성이 매우 높았다.

두 번째 요인과 관련해서 주목할 사항은 녹읍祿邑의 부활이다. 녹읍이란 고위 관리에게 관직 복무의 대가인 녹祿을 지급할 때 곡물 등 물품이 아닌 일정한 지역, 즉 읍邑을 내려주는 제도였다. 녹읍 주인은 해당 지역에서 세금을 수취할 수 있는 수조권收租權과 그 토지에 딸린 노동력 및 공물貢物을 모두 수취할 수 있는 특권을 가졌다. 말하자면 녹읍은 그 녹읍을 받은 사람 개인의 왕국이나 마찬가지다. 앞에서 서술했듯이 녹읍은 본래 신라 진골 귀족의 경제적 토대였다. 그런데 신라가 통일전쟁을 승리로 이끈 후 신문왕 9년(689)에 녹읍을 폐지했다. 절정에 있는 국왕 권력이 아니면 생각하기 어려운 조치다. 하지만 경덕왕 16년(757)에 녹읍제가 다시 부활했다. 거시적인 구도로 본다면 이런 조치는 그동안 진골 귀족들의 집합적 힘이 커졌다는 사실을 뜻한다.

문제는 녹읍으로 설정된 토지 위에 있는 소농민들이다. 열악한 생산 조건에서 가중되는 부담은 영세한 소농들을 좌초시키는 힘으로 작용했다. 다수의 소농민이 자기 토지를 잃고 유민으로 떠돌거나 지방 유력자의 비호 아래 들어가 대토지소유제에 포섭되었다. 이렇게 되면 국가는 세금 낼 사람과 군인이 될 사람을 잃는다. 이 두 가지야말로 국가기구를 유지하는 핵심 자원이다. 이들을 잃고서는 국가가 유지될 수 없다.

3. 김헌창의 난

원성왕이 798년 12월에 죽자 그의 장손이 소성왕昭聖王(799~800)으로 왕위를 계승했다. 하지만 소성왕이 재위 1년 6개월 만에 죽고 열세 살의 태자 청명淸明이 즉위하니, 곧 애장왕哀莊王(800~809)이다. 정치적 실권은 곧 왕의 숙부인 김언승金彦昇이 장악했다. 809년에 그는 조카를 죽이고 왕위에 올랐다. 이 사람이 헌덕왕憲德王(809~826)이다. 그는 원성왕의 손자이고 소성왕의 동생이다.

헌덕왕 대 신라는 사회경제적으로 크게 어려웠다. 814년(헌덕왕 6) 여름, 국서國西 지방에 홍수가 난 이래 매년 흉년이 들어 기근이 만연했다. 조정에서는 처음 1년간 조세와 공물을 면제한다거나 구휼책을 쓰기도 했으나 815년 이래 각지에서 초적草賊이 일어났다. '초적'이라는 말은 『삼국사기』에서 헌덕왕 때 처음 나온다. 단순한 도적이 아니라 농민반란군의 성격을 띤 무리를 말한다. 살길을 찾아 중국으로 건너가는 사람이 속출했고, 심지어 자식을 팔아 생계를 꾀하는 사람도 나타났다. 이른바 '신라노新羅奴'가 중국 연해 일대에서 매매되기 시작한 것도 이 무렵이다. 822년(헌덕왕 14) 3월, 이 같은 사회적 혼란을 틈타 웅천주熊川州 도독 김헌창金憲昌이 반란을 일으켰다.

김헌창은 태종무열왕의 7대손이다. 그는, 아버지 김주원이 785년 선덕왕의 후계자로 최초 군신 회의에서 차기 왕으로 추대되었지만 상대등 김경신이 책략을 써서 왕위를 가로챘다고 주장했다. 거사 직전 그는 4개 주 도독과 3개 소경의 장관인 사신仕臣, 그리고 여러 군·현의 수령을 위협하여 자신에 대한 지지를 강요하는 등 자못 기세가 등등했다. 그의 근거지인 웅천주에서 장안長安이라는 국호를 내걸고 경운慶雲이란 연호까지 사용했다. 하지만 곧 반군 세력 내부에서 이탈자가 속출했다. 결국 반란 거점인 웅진성이 농성 10여 일 만에 함락되었다. 그는 성이 함락되기 직전에 자살했다. 이 반란에 연좌되어 주살된 김헌창의 종족과 관계자는 모두 239명에 달했다. 그 3년 뒤 김헌창의 아들 범문梵文이 다시 한번 반란을 일으켰다. 고달산高達山(현 경기도 여주) 산적들과 공모하여 양주楊州에 반란 거점을 확보하고자 북한산성을 치다가 한산주 도독이 거느린 군대에게 살해되었다.

 '김헌창의 난'은 9세기 초 신라 사회의 기저에서 진행되던 사회적 변화의 흐름을 보여준다. 가장 중요한 변화는 지방 세력이 중앙정부의 통제력에서 벗어나기 시작했다는 점이다. '김헌창의 난'은 기존의 권력투쟁과 달리 왕경 경주에서 일어나지 않았으며, 그런 면에서 50여 년 전 일어났던 '대공의 난'과 대비된다. 즉, '김헌창의 난'은 왕경 출신의 유력한 귀족이 지방장관으로서 지방민을 규합하여 일으킨 사건이다. 지방이 반란의 거점이 될 수 있는 힘을 갖기 시작했음을 보여준다.

 '김헌창의 난'과 같은 맥락으로 나타난 현상이 820년대에 지방에서 군진軍鎭들이 등장한 것이다. '군진'은 군사 주둔지를 중심으로 설치된, 군사적 성격이 강한 행정단위다. 흥덕왕은 828년(흥덕왕 3)에 장보고張保皐의 요청에 따라 1만의 병력을 청해진淸海鎭(현 전라남도 완도)에 주둔시켰다. 청해진을 설치한 바로 이듬해인 829년(흥덕왕 4)에는 당은군唐恩郡을 당성진唐城鎭(현 경기도 화성시)으로 삼아 사찬沙湌 극정極正으로 하여금 지키게 했다. 이는 중앙정부가 지방에 대해서 강력한 통제력을 상실하고 지방민의 독자적 무장武裝을 공인해주기 시작했음을 뜻한다. 지방 세력의 성장을 어쩔 수 없이 받아들이게 된 모습이다. 이런 양상은 같은 시기에 당나라 조정이 각 지역마다 반半자립적인 절도사節度使를 인정해주었던 것과 비슷

장보고기념관 장보고의 본거지인 청해진의 옛터에 세워졌다. 전라남도 완도군 완도읍에 있다.

적산법화원赤山法華院 장보고가 신라인의 집단 거주지였던 당나라 산둥반도에 세운 사찰이다. 중국 산둥성 웨이하이시威海市의 행정구역인 룽청시榮成市 스다오진石島鎭 적산赤山 기슭에 있다.

하다. 당나라에서도 왕조 말기에는 절도사들의 반란이 끊임없이 발생했고, 결국 그들 중 한 사람이 훗날 송나라를 세웠다.

4. 원종과 애노의 난

진성여왕(재위 887~897)이 887년 7월에 즉위했다. 여왕은 즉위하자마자 모든 백성에게 1년 간 조세를 면제하는 선심책을 썼다. 이런 조치 자체는 괜찮았다. 성덕왕도 즉위 후에 같은 조치를 취한 바 있다. 문제는 정부의 재정 형편이 그때와 완전히 달랐다는 점이다. 이듬해 5월 가뭄이 들어 농사를 망치게 되자 국고가 바닥을 드러냈다. 889년(진성여왕 3) 왕은 전국 각지에 관원들을 보내서 공부貢賦, 즉 세금을 심하게 독촉했다. 그러잖아도 팍팍한 삶에 세금 독촉까지 받은 농민들은 거세게 저항했다. '원종과 애노의 난'은 이런 상황에서 일어났다.

『삼국사기』에는 이렇게 나온다.

> 도적이 벌 떼와 같이 일어났을 때 원종元宗과 애노哀奴 등이 사벌주沙伐州(현 경상북도 상주)를 근거지로 하여 반란을 일으켰다. 왕명에 따라 진압에 나선 나마奈麻(신라의 17등급 관계官階 중 제11등 관등명) 영기令奇가 반란군 보루를 바라보고 두려워한 나머지 돌격하지 못했다. 그러자 촌주 우연祐連이 돌격하여 힘껏 싸우다가 전사했다.
>
> —『삼국사기』 권11, 「신라본기」 11, 진성왕 3년.

'원종과 애노의 난'은 조기에 진압되지 못했고 결국 신라 전역으로 번졌

합천 해인사 길상탑 경상남도 합천 해인사 일주문으로 들어서기 전에 있다. 통일신라 시대의 전형적인 석탑 양식이다. 이 탑에서 조그만 소탑 157개와 탑지塔誌(탑에 대한 기록) 4장이 출토되었다.

오대산사길상탑지五臺山寺吉祥塔誌 합천 해인사 길상탑에 봉안되어 있던 탑지 4장 중 하나다. 앞면에는 진성여왕 대에 전쟁으로 극심한 혼란에 빠진 모습과 전란 중 사망한 승군들의 넋을 위로하며 길상탑을 세운다는 내용이 기록되어 있다. 뒷면에도 승군을 애도하는 글이 새겨져 있다. 오대산사는 강원도 지역이 아닌 해인사 부근의 사찰로 추정된다. 출처_국립중앙박물관

다. 국가로서 유지해야 하는 중앙정부의 기본적인 지배망이 마비되고 말았다. 해인사 승려 훈訓은, 889년부터 895년까지 7년 동안 천지가 온통 난리로 어지러워 들판이 전쟁터가 되고, 사람들은 방향을 잃고 짐승같이 행동했다고 기술했다. 이 7년간 해인사 인근에서 농민군과 해인사 측 승군 사이에 치열한 싸움이 벌어졌다. 이 과정에서 해인사 측에서만 56명이 사망했다. 거대한 경제력을 가진 해인사가 농민군의 표적이 되었기에 일어난 일이다. 이 시기 이후는 전국적인 내란의 시기다. 역사학계는 이 시기를 '후삼국시대'라고 부른다.

'원종과 애노의 난'은 신라를 회복 불능 상태로 몰아넣었다. 반세기가 지나지 않아 신라는 반란 세력의 하나인 고려에 자진해서 항복했다. 왜 신라는 농민반란의 일격에 쓰러지고 말았을까? 이 의문에 답하기 위해서는 '원종과 애노의 난'이 일어나고 확산된 양상을 살펴야 한다.

'원종과 애노의 난'은 67년 전인 822년에 일어난 '김헌창의 난'에 비해 훨씬 비조직적이었다. 그럼에도 경주 조정은 난을 진압하는 데 실패했다. 이 난은 전국적으로 확산되어 '성주城主' 혹은 '장군將軍'을 자처하는 전국 각지 지방 호족들의 자립운동으로 번져 나갔다. 『삼국사기』는 궁예가 절을 나와서 891년 죽주竹州(현 경기도 안성)의 기훤箕萱에게 귀부歸附할 당시의 상황을 "왕기王畿(수도와 그 주변) 밖 주현州縣의 반叛·부附가 서로 반반이었다"고 기록하고 있다. 지방 호족 중 경주 조정에 반기를 든 세력(叛)과 그렇지 않은 세력(附)의 비중이 대략 비슷했다는 말이다. 이 정도면 이미 신라를 온전한 나라라고 말하기 어렵다. '귀부'는 매우 중요한 개념이다. 뒤에서 설명한다. ☞ 224쪽 참조

'원종과 애노의 난' 이후 경주는 지방에 대한 통제권을 거의 잃어버렸다. 이어지는 시대가 후삼국시대이다. '원종과 애노의 난'은 신라가 더 이

상 어찌할 수 없는 수준으로 국가 체제가 해체되었을 때 일어난 사건이다. 중앙정부가 지방을 통제하지 못함은 물론이고, 지방이 중앙을 두려워하지도 않았다. 이미 곳곳에 스스로를 '성주'나 '장군'으로 부르는 사람이 등장했다. 골품제에서 '장군'은 본래 진골 출신만 지닐 수 있는 관직이었다. 지방에서 성장한 세력이 기존의 지위 또는 권위를 사칭하는 것에 전혀 부담을 느끼지 않았다는 말이다.

9세기 말부터 10세기 초는 당나라를 주축으로 하여 형성되어 있던 동아시아 국제질서가 근본적으로 흔들리는 때다. 당나라도 '황소黃巢의 난'(875~884)이 일어나서 수도 장안이 점령되었다가 나라 전체가 큰 혼란에 빠진 뒤 회복하지 못했다. 당은 907년, 발해는 926년, 그리고 신라는 935년에 멸망했다.

5. 사회가 조각나다

원성왕 즉위(785) 이래 '원종과 애노의 난'(889)이 발생할 때까지 약 100년의 시간이 흘렀다. 이 기간이야말로 실질적 의미에서 신라 하대의 시간이다. 이 기간에 시기마다 약간의 차이는 있지만 신라 사회가 흘러갔던 방향은 한결같았다. 한 사회의 변화 추이가 일관된 경향을 보이면서 그 특성을 강화해간다는 것은 그 사회 전반에 작동하는 힘의 성질이 일관되었다는 의미로 볼 수 있다. 동시에, 그런 흐름에 반전을 일으킬 수 있는 정도의 정책 변화가 없었다는 뜻이기도 하다. 원성왕은 개혁을 위해서 노력했지만, 그 효과는 의도했던 만큼 크지 않았다. 다시 말해 원성왕이 실시한 정책의 효과를 상쇄할 정도로 사회적 갈등의 힘이 강력했다는 뜻일 것이다.

'김헌창의 난'에 이르러서는 지방이 중앙의 구심력에서 이탈하기 시작했다. 이러한 이탈의 결과가 무엇인지를 잘 보여주는 사례가 '원종과 애노의 난'이다. 이 난은 일회적 사건이라기보다는 신라 사회 기저의 흐름을 보여준 일종의 표식이다. '원종과 애노의 난' 이후 이미 시대의 주역은 경주의 진골이나 그들을 비판했던 6두품이 아니라 지방 호족이었다. 그래서 역사학자들은 이 시기를 더 이상 '신라'가 아닌 '후삼국'시대라고 부른다.

09

골품제, 진골과 6두품의 갈등

1. 최치원과 왕거인

최치원

9세기에 들어와 당나라는 외국인 유학생에게도 과거시험 응시를 허용했다. 821년(헌덕왕 13) 신라인 최초의 합격자가 나오면서 재능 있는 신라 청소년들이 당나라 진사 급제를 목표로 유학을 떠났다. 6두품 출신 자제들이 다수를 차지했다. 당에서는 외국인 학생의 유학 기간을 10년으로 제한했다. 이 기간 내 시험에 합격하지 못하면 본국으로 강제 귀국을 당했다. 실제로 이 규정에 따라 840년(문성왕 2) 4월, 만기가 된 신라 유학생 105명이 한꺼번에 추방되어 신라로 돌아온 일도 있었다.

최치원崔致遠(857~?)은 견훤보다 10년 앞서 경주에서 태어났다. 아마 궁예와 비슷한 나이였을 것이다. 그는 868년(경문왕 8) 12세 때 상선을 타고 중국 유학길에 올랐다. 당나라 공교육기관인 국자감의 입학 연령이 14~19

세이고, 신라 국학의 입학 연령이 15~21세인 점을 감안하면 일종의 조기 유학이다. 그리고 18세 되던 874년에 진사과에 급제했다. 당나라 진사과는 조선시대 문과, 즉 대과大科에 해당한다. 당이 멸망하는 907년까지 58명의 신라 출신 급제자가 나왔다. 이전까지 최치원을 비롯한 신라인들이 합격한 과거시험은 외국인을 대상으로 실시한 빈공과賓貢科로 알려졌다. 하지만 연구에 따르면 당나라 때는 선거 과목에 빈공과가 없었다. 빈공 자격으로 과거에 응시했던 것을 마치 과거의 한 과목으로 오해했던 것이다.

최치원은 과거 급제 후 당에서 관직 생활을 하다가, 경주를 떠난 지 17년 만인 885년(헌강왕 11) 3월에 귀국했다. 그의 나이 29세 때였다. 그 자신이 타고난 문인인 헌강왕의 큰 환영을 받았다. 헌강왕은 최치원을 6두품이 승진할 수 있는 최고 벼슬인 한림학사에 임명했다. 하지만 이듬해 886년 7월에 젊은 왕이 갑자기 세상을 떠났다. 최치원으로서는 최대의 후원자를 잃은 것이다. 이후 그는 주위의 의심과 시기를 많이 받아 받아들여지지 못하다가 지방관인 태산군太山郡(지금의 전라북도 태인) 태수太守에 임명되었다.

최치원은 889년(진성여왕 3) 농민반란 '원종과 애노의 난'이 터질 무렵 부성군富城郡(현 충청남도 서산시) 태수로 있다가 도망치듯 경주로 돌아왔다. 893년(진성여왕 7)에는 하정사賀正使에 임명되었다. 하정사는 정조사正朝使라고도 하는데, 정월 초하루에 당나라 황제에게 신년 인사를 하기 위해서 신라가 파견하는 사신이다. 그는 당나라로 가는 도중에 신라 영역을 벗어나지도 못하고 난리로 길이 막혀 임무를 달성하지 못했다. 889년 농민반란으로 빚어진 혼란 때문에 국가를 대표하는 외교사절이 그 임무를 중단해야 하는 지경이었다.

다음 해인 894년 2월에 최치원은 국가개혁안인 시무책 10여 조를 올렸다. 그의 나이 38세 때였다. 별다른 반향은 없었다. 결국 897년(효공왕 1)에 관직에서 물러나 해인사로 들어갔다. 해인사에는 친형 현준賢儁(玄準)이 승려로 주재하고 있었다. 최치원은 해인사에 은둔해 있던 중 904년(효공왕 8)에 형의 권유로 법장法藏(643~712)의 전기 『법장화상전法藏和尙傳』을 썼다. 법장은 당나라 수도 장안 출신으로 중국 화엄종의 3대 종조이다. 훗날 『법장화상전』은 중국에 소개되어 송나라 대장경에 포함되었다. 『법장화상전』 말미에 그는 "어지러운 이 세상에 무슨 일을 할 수 있으랴"라고 한탄했다. 52세 때인 908년까지는 최치원의 생존이 그의 작품을 통해 확인되지만, 최후는 알 수 없다.

문경 봉암사 지증대사 탑비 최치원이 지증대사智證大師 도헌道憲을 현창하기 위해 찬술했다. 사산비명四山碑銘 중 하나이다. 사산비명은 최치원이 29~37세 사이에 왕명으로 지은 비문 가운데 자료적 가치가 높은 4편을 통칭하는 말이다. 최치원의 학문과 사상이 온축되어 있다고 평가받는다.

왕거인

888년(진성여왕 2) 2월에 왕거인王巨人이 경주에 끌려와 투옥되었다. 유명한 농민반란인 '원종과 애노의 난'이 일어나기 꼭 1년 전이다. 그는 대야주大耶州(현 경상남도 합천)에 사는 이름난 지식인이었다. 투옥된 이유는 조정을 비방했다는 혐의였다. 사건의 대략은 다음과 같다.

그즈음 진성여왕이 정치적 추문에 휩싸여 있었다. 기록에 따르면 '총애하던' 상대등이자 자신의 숙부 위홍魏弘이 진성여왕 2년(888)에 죽자 은밀히 두세 명의 젊은 미장부들을 왕궁에 불러들여 음란한 짓을 했다고 한다. 심지어 그들에게 요직을 주어 국정을 맡겼다. 이런 경우 흔히 그렇듯 뇌물이 공공연히 횡행하고 상벌이 공평하지 못했다. 정치 기강도 문란했다. 그때 누군가가 외우기 쉽고 운율감이 있는 불경佛經 주어呪語인 다라니어陀羅尼語를 큰길가에 걸어두었다. 얼핏 보아서는 내용을 알 수 없는 은어隱語였다. 내용을 풀게 하니 "여왕과 두 명의 소판蘇判, 세 명의 아간阿干, 그리고 부이鳧伊가 망국의 장본인"이라는 뜻이었다. 소판이나 아간은 신라 관등官等 명칭이다. 부이는 부호부인鳧好夫人의 별칭인데 위홍의 아내이며 진성여왕의 유모이다. 위홍이 사망한 뒤 부호부인이 권력을 장악하고 국정을 휘두르고 있었다.

즉각 범인 수색에 나섰지만 사건은 미궁에 빠져들었다. 이럴 때 사람들은 자신들의 평소 생각이 반영된 상상을 하게 마련이다. 사람들은 현실에 좌절한 6두품 지식인의 소행일 것이라고 근거 없이 짐작했다. 그때 여왕 측근의 한 사람이 혹 왕거인의 소행이 아닐까 하는 '혐의'를 제기했다. 물론 근거는 없었다. 그에 따라 왕거인이 자신이 살던 합천에서 전격 체포되어 경주로 끌려와 투옥되었다. 왕거인은 분한 나머지 감옥 벽에 다음과 같은 7언절구 시 한 편을 썼다.

우공이 통곡하니 3년 동안 날이 가물었고,[*]   于公慟哭三年旱

* 우공은 중국 한漢 무제武帝·소제昭帝 때 동해東海 지방의 재판관으로, 옥사 판결이 공평하기로 유명했다. 동해의 효부가 시어머니를 죽였다는 누명을 쓰고 옥에 갇혔다. 그녀는 옥리의 심문에 못 이겨 거짓으로 자백했고, 결국 그에 따른 옥안獄案이 만들어졌다. 우공이 태수

추연이 슬픔을 품으니 5월에도 서리가 내리네.[*]	鄒衍含悲五月霜
지금 이내 근심도 예나 다름이 없는데	今我幽愁還似古
황천은 아무 말도 없이 창창할 뿐이로구나.	皇天無語但蒼蒼

　기록에 따르면 왕거인이 시를 쓴 그날 저녁에 홀연히 구름과 안개가 끼고 벼락이 치고 우박이 쏟아졌다. 왕이 두려워하여 그를 풀어주었다고 한다. 왕거인 사건은 『삼국사기』와 『삼국유사』에 모두 나온다. 사회적으로 대단한 반향을 일으킨 사건이라는 뜻이다.

　최치원과 왕거인 모두 6두품이다. 이 두 사람의 사례에서 보듯이 당시 경주를 떠나 지방에 은거하던 6두품이 꽤 많았다. 그들은 왜 조정을 떠나 지방에 은거했던 것일까? 거기에는 분명하고도 유구한 내력이 있다.

2. 골품제

내용

골품제는 신라 사회를 강력하게 지배했던 카스트적 신분제도이다. 연구

에게 "효부가 시어머니를 죽이지 않았을 것이다"라고 말했지만 태수가 듣지 않았다. 그러자 우공은 그 옥안을 안고 울었다. 태수가 끝내 효부를 처형했는데, 그 뒤 동해군이 3년 동안 가물었다. 『漢書』卷71 于定國傳.

[*] 추연은 전국시대戰國時代에 연 혜왕燕惠王을 충성으로 섬겼다. 하지만 혜왕은 사람들의 참소를 듣고 그를 옥에 가두었다. 추연이 하늘을 쳐다보고 통곡하니, 5월 여름철에 눈이 내렸다 한다. 『太平御覽』天部 霜.

자들은 고구려와 백제에도 골품제와 비슷한 사회 편성 원리가 있었을 것으로 생각한다. 다만 고구려나 백제의 그것은 신라처럼 엄격한 법제적 성격이 아니어서 역사책에 기록되지 않았으리라 추정한다. 연구자들은 이 차이를 각국의 수도 이전 경험과 관련짓는다. 고구려와 백제는 수도를 옮긴 적이 있지만, 신라는 그렇지 않다. 경주는 신라 천년의 수도였다. 이런 사례는 세계적으로도 매우 드물다. 기득권의 강도와 배타성은 특정한 지역에 대한 고착성과 깊은 관련이 있다는 뜻이다. 2000년대 초반 한국에서 수도 이전 논의가 나왔을 때 기득권층의 저항 양상을 생각하면 상당히 설득력 있는 추론이다.

오늘날 평균적인 한국인이라면 신분제 사회의 모습을 직관적으로 이해하기가 좀 어려울 수 있다. 한국은 20세기를 거치면서 사회 신분제가 철저히 분쇄되었기 때문이다. 식민지, 남북 분단, 한국전쟁, 산업화를 거치면서 지연이나 혈연이 모두 단절되었다. 사회가 평평해진 것이다. 그런데 21세기에 들어와 사회 계급화가 급속히 진행되면서 그 희미했던 그림자가 다시 짙어지고 있다. 신분제 사회는 출생과 함께 부여받은 사회 신분이 개인의 생애와 삶의 구체적 양상을 촘촘히 규제하는 사회이다. 신분제 사회에서 개인은 타고난 신분에 따라 서로 다른, 더 정확히 말하면 불평등한 의무와 권리를 갖는다.

골품제는 원래 성골과 진골의 두 골骨과 6~1두품의 여섯 두품頭品으로 이루어진 8등급이었다. 나중에 성골이 소멸되고 3~1두품은 평민 혹은 백성이라 불리며 한 덩어리로 뭉뚱그려졌다. 그 결과 진골, 6두품, 5두품, 4두품, 평민(백성)의 5등급으로 정리되었다.

개인은 출생과 함께 자신의 골품이 결정된다. 『삼국사기』에는 '혈통의 귀하고 천한' 정도에 따라, 다시 말해 골품에 따라 관직에서 승진할 수 있는 한계, 결혼 대상자의 범위, 거주하는 가옥 규모, 의복 빛깔, 교통수단인 우마차의 장식 등 사회생활 전반에 걸친 특권과 제약이 상세하게 정리되어 있다. 간단히 서술하면 다음과 같다.

● **색복**色服

겉옷, 속옷, 바지, 목도리, 배자, 저고리, 겉치마, 옷고름, 속치마, 띠, 버선목, 버선, 신발, 빗, 비녀 등의 착용 가능 여부, 그리고 착용 시 색깔과 재료를 규정했다. 예컨대 4두품 이하 여자는 속치마를 입을 수 없다.

● **차기**車騎

안장틀을 만드는 목재 종류, 장식물 종류, 안장 언치, 안장 자리깔개 종류, 재갈·발걸이 재료, 가슴걸이·후걸이를 만드는 재료 종류를 규정했다.

● **기용**器用

그릇뿐 아니라 용기에 입히는 도금 재료의 종류를 규정했다.(다른 골품끼리 한자리에서 식사한다고 생각해보라.)

● **옥사**屋舍

집의 길이·너비, 지붕을 덮는 재료, 장식, 담장 높이, 들보의 가설 여부 등과 관련된 집의 구조, 표면 장식물(석회를 바르는지 여부), 문 종류, 마구간 규모까지 규정했다.

골품제는 사람들의 의식주를 포괄적으로, 그리고 촘촘하게 규정했다. 그런데 이 같은 생활 영역의 제한과 규제만으로 끝나지 않는다. 결혼과 사회적 출세야말로 골품제가 적용되는 주요한 영역이다. 결혼은 같은 골품 안에서만 가능했다. 예컨대 진골은 6두품과 결혼할 수 없었다. 아니, 그 이상을 초월한 제약이 있었다. 앞에서 보았듯 김유신의 아버지 김서현은 숙

등급	관등명	진골	6두품	5두품	4두품	복색	집 크기
1	이벌찬					자주색(紫)	24척
2	이찬						
3	잡찬						
4	파진찬						
5	대아찬						
6	아찬					다홍색(緋)	21척
7	일길찬						
8	사찬						
9	급벌찬						
10	대나마					푸른색(靑)	18척
11	나마						
12	대사					황색(黃)	15척
13	사지						
14	길사						
15	대오						
16	소오						
17	조위						
등급	관등명	진골	6두품	5두품	4두품	복색	집 크기
관등		골품					

신라의 골품제

흘종의 딸 만명과 도망하다시피 하여 혼인을 했다. 김유신 집안도 숙흘종 집안과 마찬가지로 진골이지만, 숙흘종은 그 결혼에 반대했다. 같은 진골 안에서도 차별이 있었다.

골품제 사회에서 결혼은 왜 그렇게 폐쇄적이었을까? 사회적 맥락에서 보면 당연한 현상이다. 한 사회가 가진 제한되고 귀한 자원을 배분하는 기본 원리가 신분제이고, 신분을 결정하는 거의 유일한 원리는 출생이다. 그 출생의 합법적 통로가 결혼이다. '잘못된 결혼'은 지배 신분에 속한 사람들에게 돌아가야 할 귀한 자원을 자칫 '낭비'할 수 있는 위험한 사회적 일탈이다.

골품제도의 핵심적 내용은 그것의 정치적 기능에 있다. 즉, 개인의 골품에 따라 관료제에서 승진할 수 있는 관등官等에 한계가 있다. 오직 진골만 그런 제한이 없었다. 신라의 관료제는 17등급의 관등으로 운영되었다. 진골은 제1관등인 이벌찬伊伐湌까지 승진할 수 있다. 6두품은 제6관등인 아찬阿湌까지, 5두품은 제10관등인 대나마大奈麻까지, 4두품은 제12관등인 대사大舍까지만 승진할 수 있다. 말하자면 제6관등에 있는 진골은 승진해서 제5관등으로 올라갈 수 있는 반면, 6두품은 그런 승진 자체가 불가능했다. 그런데 국가기관의 장관은 제5관등인 대아찬 이상만 맡을 수 있다. 이 말은 6두품은 아무리 공을 많이 세우고 유능해도 장관이 될 수 없었다는 뜻이다.

어떤 관리의 관등이 대략 몇 등급인지는 한눈에 알아볼 수 있다. 입고 있는 관복의 색깔이 다르기 때문이다. 1관등 이벌찬부터 5관등 대아찬까지는 자주색(紫)이었다. 다시 말해 자주색 옷은 진골 신분만 입을 수 있는 옷이었다. 6관등 아찬부터 9관등 급벌찬까지는 다홍색(緋)이었다. 10관등 대나마에서 11관등 나마는 푸른색(靑) 옷을 입었다. 12관등 대사 이하는 황색(黃) 옷을 입었다.

형성 과정

골품제는 신라가 성장하고 팽창하는 과정에서 생긴 역사적 산물이다. 신라는 체제 면에서 크게 3단계를 밟아 성장했다. 첫 번째는 촌락 사회 단계였다. 지금의 경주 지역에 자리 잡았던 사로6촌斯盧六村 연합이 신라의 최초 형태이다. 6촌의 각 촌은 개별 씨족집단의 거주 구역이었다. 직경 10km 정도의 범위로, 경제와 생활 활동이 이루어지는 공간이었다. 두 번째는 소국小國 단계이다. 사로국斯盧國 시대인데, 진한辰韓 12개 소국 중 하

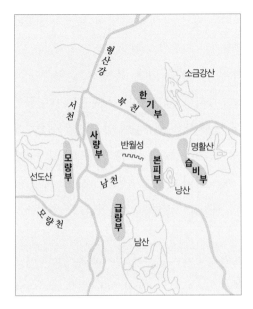

사로국 6부의 위치

사로국 6부는 각각 이전 사로6촌이다. 『삼국사기』와 『삼국유사』에 따르면 유리이사금儒理尼師今 대(24~57)에 6촌에서 6부로 바뀌었다. 다만 사로6촌과 6부의 위치, 상호관계에 대해서는 이설도 있다. 6부 중에서 양부梁部라고도 불렸던 급량부와 사량부가 강력했다고 알려져 있다. 출처_이기동, 『신라 골품제 사회와 화랑도』, 일조각, 1990, 194쪽 참조.

나로 사로국이 존재했다. 사로국 단계에서 종래의 6촌은 새로운 통치 구획인 6부部로 편제되었다. 6부 안에는 과거 사로6촌에 살았던 씨족집단의 후손이 계속 그 세력을 유지했다. 세 번째 단계에서 비로소 신라가 등장한다. 사로국이 주변의 다른 진한 소국들을 통합하여 신라가 되었다. 이 단계에서 골품제가 점차 윤곽을 드러냈다.

신라는 촌락 사회에서 사로국을 거쳐 고대국가로 성장하는 과정에서 주변에 있던 세력을 흡수·병합했다. 이 과정이 모두 무력을 통해서만 이루어지지는 않았다. 김유신의 증조할아버지 김구해가 이를 잘 보여준다. 금관가야의 국왕 김구해가 신라에 항복하자, 신라는 그를 경주에 살게 하면서 진골 귀족에 포함했다. 그리고 그가 본래 다스리던 지역은 식읍食邑으로 주었다. 다시 말해 골품제는 신라가 팽창하는 과정에서, 신라에 새로 포함되는 집단의 우두머리들이 이전까지 가졌던 힘을 전환시키는 장치였다. 사로국 시기의 왕족과 왕비족은 성골과 진골이 되었고,[*] 6촌의 촌주 가계는 6두품이 되었으며, 6촌에서 살던 세력으로 촌주 가계만 못한 가계는 차차 5두품, 4두품으로 내려갔다.

골품제는 신라 사회를 편성하는 원리였다. 그것은 마치 오늘날 기업들이 합병 비율에 따라 합병되는 양상과 유사하다. 골품제는 이웃한 세력을 전쟁으로 전멸시키지 않고도 공존할 수 있는 방법이었다. 투항한 이웃 나라 왕에게 본래 다스리던 나라를 식읍으로 주는 것도 단순히 그 왕을 회유하기 위한 목적만은 아니었다. 투항한 왕이 경주에 와 살면서 본래 다스리던 나라를 식읍으로 유지하게 되면, 신라 입장에서는 새롭게 편입된 지역에 대한 통제가 용이해진다. 이웃 나라를 무력으로 일시 점령하는 것보다 더 어려운 일은 점령한 그곳을 정상적으로 다스리는 것이다. 이제까지 다른 나라였던 지역을 중앙에서 소수의 관리들만 파견하여 다스리는 일은 물리적으로도 대단히 어렵다. 식읍은 그것을 가능하게 했다. 식읍은 투항한 타국의 지배층을 통한 간접 통치라고 할 수 있다. 이렇게 본다면 골품제는 그 성립 초기에 신라 사회를 전쟁 없이 통합하는 원리였던 셈이다. 그러나 시간이 흘러 훗날에는 도리어 배제와 갈등의 원리가 되었다. 동일한 제도가 시간이 지나면서 사회적으로 정반대 기능을 하게 된 것이다.

신라 골품제는 520년(법흥왕 7) 반포된 율령에 의하여 법제적으로 편성된 국가의 공식적인 신분제가 되었다. 골품제가 이때 갑자기 생겨났을 리

---

[*] 성골에 대해서는 이와 다른 유력한 논의도 있다. 즉, 성골과 진골이 애초부터 혈연으로 구분되지 않았다는 것이다. 그에 따르면 성골은 신라 초창기부터 존재한 것이 아니라 진평왕 대(재위 579~632)에 새로이 만들어진 좁은 범위의 혈족 집단을 가리킨다. 성골은 진평왕의 국왕권 강화 과정의 산물인 셈이다. 이기동, 「신라 내물왕계의 혈연의식」, 『역사학보』 53·54합집, 1972 참조.

는 없다. 오랜 세월 신라 사회가 확장되는 과정에서 실행되어오던 사회 편성 원리를 공식화한 것으로 보아야 한다. 입법 이후 골품제는 신라가 패망할 때까지 약 400년간 사회를 강력히 규율했던 기본 원리이다.

3. 6두품의 출신 배경

골품제에서 주인공은 진골이지만, 그에 못지않게 주목할 계층이 6두품이다. 신라 하대에 이르면 6두품의 중요성이 더욱 부각한다. 결과적으로 보면 신라의 멸망은 6두품의 정치적 선택과 밀접한 관계가 있다. 우선 어떤 사람들이 6두품이었는지 살펴보자.

첫째, 사로국 단계의 6부 씨족장 가계 후손들이다. 신라는 본래 경주에 있던 사로국이 확대되어 성립하였다. 사로국은 6부로 구성되었는데, 이 6부는 다시 그 이전 시대에 있었던 6촌이 재편된 것이다. 6두품은 6촌 씨족장 가계의 후손들이 그 원형이다. 6부 중에서도 강력한 씨족이었던 사량부沙梁部 출신 최치원이 대표적이다.

둘째, 신라가 주변 지역을 병합하는 과정에서 흡수된 이웃 나라 왕족이나 최고 귀족들이 6두품이 되었다. 대표적인 예가 설씨薛氏이다. 이들은 본래 압독국押督國(압량국押梁國)의 왕족이었다. 압독국은 현 경상북도 경산 지역에 있던 고대국가이다. 대표적 인물로는 설총, 그의 아버지 원효元曉, 세속5계로 유명한 원광圓光 등을 들 수 있다. 탁월한 문장으로 유명했던 강수의 가문은 본래 가야 출신이다. 신라에 흡수된 나라의 왕족 중에는 간혹 진골로 편제되는 경우도 있었다.

셋째, 본래 진골이었다가 강등된 경우이다. 이렇게 신분이 떨어진 이들을 가리켜 '강족降族'이라 표현한다. 신분 하강은 개인이 아닌 일족 모두가 포함되기 때문에 쓰이는 말이다. 6두품 가문 중에는 김씨金氏 일부가 포함되어 있다. 선종 구산선문 중 하나인 성주산문聖住山門을 개창한 낭혜화상郎慧和尙 무염無染(801~888)은 본래 무열왕의 8대손인데 강등된 6두품이다. 낭혜는 시호이다. 그의 아버지 범청範淸은 진골이었지만, 무염 대에 이르러 6두품으로 강등되었다. 무염이 6두품으로 강등된 이유에 대해서는 아직 정설이 없다. 범청이 '김헌창의 난'에 가담했기 때문에, 난이 평정된 뒤 아들 무염이 6두품으로 강등되었다는 설이 있다.

4. 6두품의 사회 활동

6두품 출신 중에는 유학 등 학문이나 불교 등 종교 면에서 뛰어난 인물이 많았다. 사회적으로 출세하기 위한 가장 쉬운 길은 관직 진출이다. 그럼에도 적지 않은 6두품 출신들이 관직보다 학문이나 종교 방면으로 진출했던 데는 이유가 있다. 골품제로 인해 관직 승진에 제한이 있었기 때문이다. 6두품이 승진할 수 있는 최고위 관직은 17개 관등 중 제6관등인 아찬까지였다. 중앙 각부의 장관급 관직은 제5관등 대아찬 이상만 차지할 수 있고 오직 진골만 승진하여 맡을 수 있는 자리였다. 이러한 신분 제한은 군대에서도 마찬가지로 적용되었다. 신라 군대에서 독립된 부대 단위는 당幢·정停인데, 이들 부대의 지휘관인 '장군'은 진골 출신만 임명되었다.

사실 6두품은 '득난得難', 즉 얻기 어려운 신분이라고 불릴 정도로 높은 귀족 신분이었다. 그 아래 5두품이 제10관등까지만 오를 수 있는 것과 비교하면, 5두품과 6두품 사이에도 꽤 큰 차이가 존재한다. 하지만 6두품에게는 5두품과의 격차보다 진골과의 격차가 훨씬 더 크게 인식되었다. 6두품은 진골 귀족과의 격차를 극복하기 위해서 관료 조직이나 군대가 아닌 종교나 학문같이 개인 능력이 인정되는 분야로 진출했다. 탁월한 재능을 가진 6두품이 학문이나 종교 분야에 유독 많았던 이유다.

6두품은 신분의 열세를 당나라의 권위와 학문의 힘으로 만회하고자 유학을 많이 갔다. 보통 10대 중·후반에 혼자 당나라로 건너가서 국학에 입학했다. 이들은 숙위학생宿衛學生이라 불렸는데, 대략 10년 정도 공부하고 당나라 과거시험에 도전했다. 합격 후에는 당나라에서 벼슬을 지내기도 했다. 이런 삶의 경로가 당나라로 건너가서 성공한 6두품의 전형적인 코스였다.

6두품이 학문을 통해 관직에 진출하는 길은 국학과 독서삼품과가 설치됨으로써 촉진되었다. 국학이나 독서삼품과는 모두 유학적 분위기 아래 설치된 제도이며, 그 주요한 설치 목적은 국왕 권력의 강화에 있었다. 국학의 학생이 되는 데 가장 관심을 가진 이들은 6두품이고, 독서삼품과 응시자들도 대개 6두품이었을 것이다. 6두품은 국학과 독서삼품과를 통해 강력한 왕권하의 관료로 출세를 이루었다고 말할 수 있다. 요컨대 자신들의 신분적 한계를 극복하려는 요구가 유학적 경향과 부합했다.

6두품 인물들의 정치적 경쟁자는 진골이었다. 6두품은 자신들을 옥죄는 관등의 제한을 넘어 정치적 힘을 갖기 위해서 국왕에 직접 접근하는 길을 선택했다. 국왕 직속의 부서가 집사부執事部·병부兵部·창부倉部이다. 집사부는 일종의 왕의 비서실 혹은 총무부서, 병부는 국방부, 창부는 재정·회계를 맡은 부서였다. 시랑侍郎은 이 세 부서의 차관 직책이라 할 수 있다. 시랑은 진골과 6두품이 진출할 수 있는 자리인데, 신라 하대에는 6두품이 많이 임명되었다. 시랑은 비록 장관이 아닌 그 아래 차관이지만, 왕의 개

보령 성주사지 낭혜화상탑비 성주사터에 있는 낭혜화상 무염의 탑비이다. 890년(진성여왕 4)에 세워졌을 것으로 짐작되며, 5천 자가 넘는 장문으로 최치원이 지었다. 이 비문도 사산비명 중 하나다. 골품제에 대한 비판적 관점이 제시된 글로서, 최치원의 개혁적 면모가 잘 드러난다. 신라 최대의 거작 비석이다. 오른쪽 사진은 비문을 부분 확대한 것이다. 출처_보령시 홈페이지, 문화재청

인적 신임 여부에 따라 직급 이상의 힘을 가졌다.

한편, 6두품 출신의 승려들은 불교 신앙을 통해 신분적 차별을 초월하려고 했다. 여기에는 은연중 진골 신분에 대한 사상적 정서적 반발이 포함되었을 것이다. 신라 말기에는 불교의 새로운 경향인 선종禪宗이 등장했다. 선종은 교단과 불경佛經 중심의 교종敎宗과 달랐다. 무엇보다 개인의 불심을 중시했다. 선종의 등장에 중요한 역할을 한 이들이 6두품이다. 앞서 언

급했듯이 성주사 낭혜화상이 6두품이다. 이렇게 등장한 선종은 신라 하대에 떠오르던 지방 호족들과 점차 결합하기 시작했다. 선종과 호족이 서로 접근하면서 선종은 호족이라는 새롭게 부상하는 사회 세력과 결합할 수 있게 되었고, 호족은 기성의 정신적 권위 대신에 새로운 정신세계를 확보할 수 있게 되었다. 6두품과 호족이 가까워지는 것은 신라 진골 귀족들에게 매우 불길한 일이었다.

5. 골품제의 반전

신라 하대에는 지배층 내부의 정치적 갈등 수위가 높아졌다. 처음에는 진골 귀족과 국왕의 갈등이 중심축이었다. 시간이 지날수록 진골 귀족의 힘이 더 강해져서 국왕의 힘을 능가하게 되었다. 이 단계를 지나자, 혹은 이 단계와 겹쳐서 진골과 6두품 사이의 긴장과 갈등이 고조되었다.

6두품은 학술과 종교에서 탁월한 성취를 이룬 인물을 많이 배출했다. 우연이 아니다. 기본적으로 6두품 출신이 진골보다 수적으로 많기도 했거니와, 진골의 정치적 견제를 피해서 타고난 운명의 골품보다 개인의 우수함이 더 중시되는 영역으로 진출했기 때문이다. 물론 국학을 통해 관직에 진출하는 6두품 역시 많았다. 또 당나라에서 유학하고 돌아온 6두품 인물들도 관직에 진출했다. 그들은 대개 경주의 중앙 관직이 아닌 지방관을 지냈으며, 국왕의 직속 부서에도 진출했다. 국왕 직속 부서들에서는 본인의 능력과 성취에 따라 국왕에게 개인적 신임을 받아서 자신이 맡은 관직 이상의 영향력을 행사할 가능성이 있기 때문이다. 요컨대 6두품의 정치적 경쟁자는 국왕이 아닌 진골이었다.

6두품과 진골 사이의 갈등은 구조적으로 초래된 측면이 있다. 신라는 통일 이후 영토와 인구가 크게 확장되고 증가했다. 늘어난 영토와 사람을 지배하기 위해서는 더 크고 합리적인 국가조직이 필요했다. 이런 국가조직의 주요 자리를 진골들만으로는 다 채울 수 없었으므로 마침내 6두품 출신들을 더 많이 기용하게 되었다. 그들 중 적지 않은 수가 당나라 유학을 통해 국가를 운영하는 데 필요한 지식을 획득한 자이고, 실제 당나라에서 관직 생활을 했던 자들도 있었다. 그들은 실력과 경험 면에서 자신들이 진골보다 뛰어남에도 불구하고 현실적으로 대우받는 처지가 매우 불합리하다고 생각했을 것이다. 그들의 이런 생각은 대체로 두 가지 사항에 근거한다. 하나는 그들에게 사유의 기준이 신라보다 더 크고 번영한 당나라라는 점이고, 또 다른 하나는 그들 스스로 현실 자체를 움직이고 있다는 자각이었을 것이다. 그들은 진골 출신들이 자신들보다 더 우월한 존재라고 생각하기 어려웠을 것이다.

진골과 6두품의 갈등 양상은 사회제도로서 골품제의 강력함을 보여주는 증거이다. 신라 골품제는 왜 그렇게 강력했던 것일까? 사실 골품제는 신라의 성공적 성장 과정이 만들어낸 제도이다. 그것은 사로국이 신라로 팽창하는 과정에서 크고 작은 주변 국가들의 지배 집단을 흡수하는 방식이었다. 다시 말해 그들의 세력을 인정하고 신라의 위계 체계에 반영하여 흡수·편제했던 틀이 골품제이다. 이러한 성격은 마치 오늘날 기업 간 합병과 비슷하다. 신라는 이 골품제 원리를 잘 지킴으로써, 전쟁이라는 불필요한 힘의 낭비를 최소화하면서 국경선을 확장해 나갈 수 있었다. 즉, 초기에 골품제는 사회적 통합의 방식이자 기제였다.

골품제의 원형적 형태는 경주에 있던 사로6촌이다. 이는 골품제가 거주 지역과 강한 관련성을 가진다는 의미이다. 더구나 신라는 고구려나 백제처럼 수도를 옮긴 적도 없다. 수도를 이전하는 데 뒤따르게 마련인 지배 집단의 다양화가 없었던 것이다. 이 점은 백제의 반대 사례를 통해서 분명히 드러난다. 백제의 내부 분열이 심했던 이유 중 하나는 한강 유역의 위례성, 웅진, 사비로 수도를 옮길 때마다 각 지역 세력이 지배층에 새롭게 편입되었기 때문이다. 백제가 475년 한강 유역에서 웅진으로 수도를 옮겼을 때는 고구려 장수왕에게 패하여 쫓겨 온 상황이었다. 이런 경우에 웅진 지역의 토착 세력이 더 강한 지분을 갖고 백제 지배층에 합류했을 가능성을 생각할 수 있다. 그렇다면 백제의 지배층이 하나로 어우러져 동질화되기는 어려웠을 터다.

520년(법흥왕 7) 반포된 골품제 규정에 따르면 골품제 아래서는 같은 골품끼리만 결혼할 수 있다. 6두품은 결코 진골과 결혼할 수 없었다. 결혼할 수 없다면 '우리'라는 의식도 형성될 수 없다. 오늘날도 마찬가지이지만 기득권 집단 내부에서 '결혼동맹'은 매우 일반적인 동맹의 방식이다. 요컨대 골품제는 혈연, 지연, 신분이 모두 하나로 결합된 체제이다. 신라 골품제가 대단히 강력했던 이유다.

골품제의 강력함은 신라가 통일하는 과정에서는 긍정적으로 작용했다. 고구려와 백제의 경우에는 수도 이전의 결과로 지배층이 단일하지 않은 탓에 내부 갈등의 요소가 잠재했다. 그에 비해 신라는 그런 내부 갈등 요인이 상대적으로 적었다. 하지만 통일 이후에는 같은 내용이 다르게, 정확히 말하면 반대 양상으로 나타났다. 진골 귀족이 매우 배타적인 성격을 띠게 되었던 것이다. 진골 귀족의 배타성은 합리적 국정 운영과 개혁을 위해 필요했던 6두품과의 협력을 어렵게 했고, 통일에 공이 많았던 지방 세력도 계속해서 배제하게 만드는 원인이었다.

최치원의 사례에서 보듯이 대부분의 6두품 출신 지식인이나 관료들은 신라 그 자체를 부정하지는 않았다. 진골에 대한 개인적 불만에도 불구하고, 그들이 원했던 것은 신라의 개혁이었다. 바로 이 점에서 6두품은 9세기에 지방에서 성장하던 호족들과 분명한 차이가 있다. 지방 세력 중에서 형성되기 시작한 호족은 신라의 전통과 권위를 거부하는 것에 별다른 부담을 갖지 않았고, 자신들에게 적합한 새로운 사회를 원했다. 물론 지방민과 호족들이 그렇게 생각하게 된 연유는 오랜 시간 경주 왕경인들의 차별이 있었기 때문이다. 결국 6두품은 뿔뿔이 나뉘어 흩어졌다. 개혁을 요구하다가 몸을 숨긴 최치원 같은 사람도 있었고, 그즈음 떠오르는 유력한 호족에게 몸을 의탁한 6두품도 나왔다. 신라의 진골이 6두품을 새로운 국정 운영 동반자로 받아들여 나라를 개혁했다면, 호족의 나라 고려는 역사에 등장하지 않았을지도 모른다.

Ⅲ. 호족의 시대

Ⅲ부는 889년 '원종과 애노의 난'이 일어난 뒤부터 고려 광종 때까지 살펴본다. 80여 년 정도의 기간이다. '원종과 애노의 난' 전후로 신라 골품제의 모순은 정점에 달했다. 진골들이 골품제에 집착할수록 신라는 약해졌다. 그 결과 신라 중앙정부는 지방에 대한 통제력을 완전히 잃었고 결국 새로운 왕조 고려가 성립되었다. 이 과정에서 국가의 정치적 중심과 사회 지배층의 성격이 전부 바뀌었다. 한국사 전체로 보아도 이런 정도의 사회적 정치적 대변화가 있었던 시기를 찾아보기 어렵다. 이 시대는 호족의 시대였다. 흥미롭게도 이 시기 역사의 전개 양상은 서양 중세 봉건제와 매우 비슷하다. 혼란스럽지만 역동적인 시대였다.

이 시대는 크게 후삼국시대와 고려의 후삼국 통일(936) 이후 시기로 나눌 수 있다. 후삼국시대의 화두는 전국에 산재한 호족들을 누가 어떤 방법으로 통합하여 새로운 사회적 힘의 균형점을 만들어내는가였다. 이 과제의 해결을 위해서는 군사적 능력, 새롭게 등장한 종교적 믿음에 대한 친연성과 통제력, 그리고 호족들을 설득하는 정치적 능력 등이 필요했다. 수많은 호족들 중에서도 세 명의 탁월한 인물이 두각을 나타냈다. 견훤은 군사적 능력이, 궁예는 종교적 능력이, 그리고 왕건은 특히 정치적 능력이 출중했다.

광종은 호족의 시대를 종식시킨 임금이다. 그는 제도적인 방식과 폭력적인 방식을 모두 사용했다. 정확히 말하면 그의 시대에는 두 가지가 선명하게 구분되지 않았다. 제도적인 방식조차 피해자들의 시각에서 볼 때는 폭력적이었다. 광종은 이 위험한 일을 어떻게 다루었는가? 삼국 통일기에 그랬듯이 이 시기 역시 영웅들의 시대였다.

10

후삼국시대와 호족

1. 후삼국시대

한국사 시대구분은 흔히 왕조별로 이루어진다. 고구려·백제·신라가 공존했던 삼국시대, 뒤따르는 통일신라시대, 고려시대, 조선시대 등이 그것이다. 때로 통일신라시대 대신 발해와 신라가 공존했던 역사에 주목하여 남북국시대라 부르기도 한다. 시대구분이 이렇게 나뉘니 한국사 연구도 많은 경우에 왕조별로 진행되었다. 그런데 이런 구분 이외에 또 다른 시대구분이 있다. '나말여초羅末麗初', '여말선초麗末鮮初' 등이 그에 해당한다. '신라 말 고려 초', '고려 말 조선 초'를 가리키는 말이다. 굳이 따지면 이 책도 이런 시대구분에 따른 편이다.

역사 연구는 변화가 큰 시기에 더 많이 주목한다. 사회 변화가 어느 시기나 고르게 일어나지는 않는다. 사회 변화가 별로 눈에 띄지 않는 시기가 있는가 하면, 반대로 큰 변화로 요동치는 시기도 있다. 이것을 위의 시대구분에 적용하면 왕조 교체기야말로 역사 고유의 특징이 잘 드러나는 시기다. 이 시기는 변화가 없는 듯 보였던 앞 시기에도 사회의 기저에서는 모종의 힘이 끊임없이 축적되고 있었음을 보여준다. 마치 땅속 깊숙한 곳에서 천천히 끓어오르던 용암이 어느 한 시기에 지표면으로 분출되는 것과 비슷하다. 한번 분출이 시작되면 짧은 시간 동안에 화산 주변의 지형 전체를 바꾸는 것도 역사의 변화 양상과 유사하다.

후삼국시대는 말 그대로 세 나라가 공존했다. 견훤이 후백제를 건국한 900년부터 왕건이 통일을 달성한 936년까지 37년간이다. 견훤이 건국한 다음 해인 901년에 궁예가 후고구려를 건국했고, 918년 궁예의 부하인 왕건이 쿠데타로 궁예를 밀어내고 즉위했다. 이후 후백제의 견훤과 신라 마지막 왕 경순왕이 차례로 왕건에게 귀부하면서 936년에 세 나라가 하나로 통합되었다.

그런데 후삼국시대를 그 앞뒤 시기와 단절하여 단순히 37년 동안으로만 제한하기는 어렵다. 먼저 앞 시기를 살펴보자. 후삼국시대는 그 말에서 연상되는 이미지와 달리, 분열의 시기라기보다는 통합의 시기로 보는 편이 더 적절하다. 후삼국시대가 시작되는 900년 즈음에는 지역마다 이미 많은 호족이 할거하고 있었다. 견훤과 궁예 그리고 왕건은 이들 호족을 자기편으로 끌어들이기 위해 경쟁했다. 뒤에 설명하겠지만 그것은 '귀부歸附'라는 형식을 통해 이루어졌다. ☞224~225쪽 참조 그들의 목표는 분명했다. '삼한三韓'을 하나로 통합하는 것, 소위 '일통삼한一統三韓' 의식이다. 견훤이 처음으로 이 의지를 천명했다.

그렇다면 정작 분열의 시기는 언제로 보아야 할까? 신라 중앙정부는 822년 '김헌창의 난' 이후 점차 지방에 대한 통제력을 잃기 시작했다. 지방에 대한 통제력을 잃었다는 말은, 곧 지방에서 생겨난 많은 호족이 왕경 경주에 대해 독립하게 되었다는 뜻이다. 889년 '원종과 애노의 난'은 그 흐름의 정점을 알려주는 사건이다. 견훤과 궁예도 '원종과 애노의 난' 이후 자신들의 진로를 분명히 했다.

고려가 936년에 신라와 후백제를 정치적 군사적으로 통합함으로써 후삼국시대가 끝났다. 하지만 그렇다고 해서 후삼국시기 내내 작동했던 힘이 균형점에 도달한 것은 아니었다. 왕건은 후삼국을 호족연합적 형태로 아울렀다. '호족연합적'에 담긴 함의는 고려 건국 이후에도 호족들이 자신들의 독자적인 힘을 상당한 수준에서 유지했다는 뜻이다. 그들은 고려 정부와 자신들의 이익이 서로 어긋나면 언제라도 저항하고 싸울 의사와 힘을 가지고 있었다. 이 호족들의 힘을 빼고 중앙정부가 국가적 통합을 튼튼히 하는 작업이 이루어져야 고려왕조는 안정을 찾을 수 있다. 그것이 신생 고려왕조가 도달해야 할 균형점이었다.

중앙정부가 지역의 호족들을 어느 정도 통제할 수 있게 되었다는 것은 무엇으로 알 수 있을까? 지방관 파견이 하나의 지표일 수 있다. 즉, 중앙정부가 호족들이 장악했던 지방에 지방관을 파견하여 다스릴 수 있다면 지방에 대한 통제가 이루어졌다고 말해도 괜찮다. 고려는 983년(성종 2) 정치적으로 중요한 지역 12곳을 선정하여 '목牧'이라 부르고, 그곳에 지방관을 파견했다. 이 12목이 양주楊州·광주廣州·충주忠州·청주淸州·공주公州·진주晉州·상주尙州·전주全州·나주羅州·승주昇州(현 전라남도 순천)·해주海州·황주黃州이다. 그렇다면 후삼국시대를 900~936년으로 제한해서 보기보다는 그 앞뒤를 포괄하여 9세기 중반부터 10세기 후반까지 살펴보는 것이 이 시대를 이해하는 데 좀 더 효과적일 수 있다.

후삼국시대는 한국사에서 가장 역동적인 시대였다고 말해도 지나치지 않다. 이 점을 좀 더 명확히 보여주는 것이 권력 집단 성원들의 사회계층적 성격과 수도 위치가 이전과 확연하게 달라졌다는 사실이다. 고려왕조에서 조선왕조로 바뀔 때는 권력 집단의 성격은 물론이고 수도의 위치도 크게 변화하지 않았다. 고려시대에도 한양은 중요한 도시였으며, 무엇보다 개경과 한양은 가깝다. 두 도시는 불과 50km 정도밖에 떨어져 있지 않다. 그에 비하면 통일신라에서 고려로의 전환은 말 그대로 극적이다. 이 시대에는 평민인 호족이 본인의 능력과 운으로 왕이 되고 지배층에 들어갈 수 있었다. 수도 역시 경주에서 가장 먼 변방인 개성으로 바뀌었다. 어떻게 이런 극적인 변화가 일어났던 것일까?

2. 호족의 등장과 출신 배경

등장

넓은 의미의 후삼국시대, 즉 9세기 중·후반에서 10세기 후반까지 시대의 주인공은 호족이었다. 9세기 초부터 지방에서 반란이 일어났지만 호족들이 중앙에까지 직접 영향을 미치기 시작하는 때는 880년대부터이다. 889년 '원종과 애노의 난'을 비롯하여 죽주竹州(현 경기도 안성)의 기훤箕萱, 북원北原(현 강원도 원주)의 양길梁吉, 경주 서남방의 적고적赤袴賊, 증성甑城(현 북한 지역으로 강원도 안변. 원산 아래에 위치)의 황의적黃衣賊·적의적赤衣賊 등이 일어났다. 또한 주군州郡 혹은 성城을 하나의 지배 영역으로 삼아 다스리던 '성주城主'나 '장군將軍'이라는 칭호가 사료상에 보이기 시작하는 것도 이때부터다.

신라 중앙정부에 대해 독립적인 호족들이 등장한 계기는 무엇인가? 가장 직접적인 이유는 치안 부재였을 것이다. 진성여왕(재위 887~897) 이후

신라 말 각지의 봉기

도적盜賊·군도群盜·초적草賊 등으로 불리는 반란군들이 전국적으로 창궐
했다. 각 지역의 토착 세력은 반란군으로부터 자기 지역 및 주민을 보호
해야만 했다. 토착 세력의 가장 작은 단위는 마을을 대표하는 촌주村主였
다. 이들은 이전부터 국가행정망의 일부로서 역할을 했다. 세금을 거두어
정부에 납부하고, 성을 쌓거나 수리 시설을 만들 때 노동력 동원을 관리
했다. 촌 단위 소부대의 지휘자이기도 했다. 촌주들 중에는 경제력을 갖춘
사람도 적지 않았다. 실제로 사료에는 이런 상황을 보여주는 구절이 나온
다. '擧兵自守거병자수'(병사를 일으켜 스스로 지킴) 혹은 '堅城固守견성고수'(성

을 굳게 지킴), '唱義募兵창의모병'(대의명분에 따라 병사를 모음) 등이다. 이런 상황이 오래 지속되면서 차차 토착 세력은 '성주'나 '장군'으로 불리는 호족으로 성장했다.

촌주 등 토착 세력이 '성주'가 되는 과정은 중세 유럽에서 봉건영주가 등장하는 과정과 본질적으로 다르지 않다. 중앙정부가 약화되어 치안 상태가 혼란스러워지면 지역마다 스스로 무장력을 갖추지 않을 수 없다. 이 과정에서 두각을 나타내는 사람이 주변 사람들에게 일상의 안전을 제공하는 대가로 그들을 통제하고 마침내 지배하게 된다. 어느 시대 어느 나라에서나 조금씩 모습을 바꿔가면서 나타나는 현상이다. 사실 따지고 보면 오늘날도 그 근본적인 속성은 같다. 과거에는 군사적 무력적인 측면에서 이런 양상이 나타났다면, 지금은 경제적인 상황으로 그 사회적 모습이 달라졌을 뿐이다. 회사에 소속되는 것은 사람들이 경제적 안전을 얻는 수단이 되었다. 오늘날 회사에 소속되지 않고 노동하는 사람을 서양 중세시대 영주에 소속되지 않은 용병을 가리키는 프리랜스(freelance: 우리나라에서는 '프리랜서'로 호칭)라 부르는 것도 같은 맥락이다.

이런 과정에서 주목할 사항이 있다. 진골 귀족에 비해 호족들에게는 혈연보다 지역성이 훨씬 중요하다는 점이다. 호족을 중심으로 지역의 치안을 지키고 삶의 일상을 확보하는 과정은 호족들끼리의 혈연적 결합보다는 지역 내 소농민들과의 결합이 더욱 중요했다. 견훤이나 궁예가 초기에 성장하는 과정에서도 볼 수 있듯이, 호족은 혈연과 무관하게 주변 사람들을 자신에게 끌어당길 수 있을 때에만 더 영향력 있는 세력으로 발전했다. 이러한 양상이 사회적으로 확대되면서 인간관계의 중심은 신라 지배층이 가졌던 고도의 혈연성에서 지역성 쪽으로 점차 바뀌었다. 고려 건국 초 태조 왕건이 처음 시행한 지역 기반의 본관本貫 제도는 이 같은 사회적 변화를 바탕으로 만들어졌을 것이다. 그 본질적 의미가 퇴색되기는 했지만 본관 제도는 오늘날까지 이어지고 있다.

『삼국사기』 권 11, 「신라본기」 11, 진성왕 3년 조에는 889년 '원종과 애노의 난'에 대해 다음과 같이 말한다. "사방에서 도적이 벌 떼와 같이 일어났을 때 원종과 애노 등이 사벌주를 근거지로 하여 반기를 들었다. 왕명에 따라 진압에 나선 나마奈麻 영기令奇가 반란군의 보루를 바라보고 두려워한 나머지, 전진해 공격하지 못했다. 그러자 촌주 우연祐連이 돌격하여 힘껏 싸우다가 전사했다." 나마 영기는 경주 사람이었을 가능성이 높다. 그는 치안이 유지되는 경주에서 살았기 때문에 반란의 현장을 직접 겪어보지 못했을 것이다. 그에 비해 촌주는 그런 치안 부재의 거친 환경에 익숙했을 터다.

출신

신라 말과 고려 초에 지방에서 등장한 유력자들은 사료에서 대개 군사적 용어로 지칭되고 있다. 치안 부재 상황에서 자기의 영역을 지켜내는 존재들이었기 때문이다. 이들이 그러한 군사력을 유지하기 위해서는 상응하는 경제력도 가지고 있어야 했다. 이렇게 군사력과 경제력을 일정한 수준 이상으로 겸비한 사람들을 호족豪族이라 한다. '호豪'는 대체로 부와 세력을 가지고 있는 존재를 뜻하고, '족族'은 일정 지역에 기반을 둔 가문을 뜻한다.

호족 개개인의 사회적 출신은 다양했다. 지역에 터전을 둔 토착 세력이 호족이 되는 경우도 있고, 견훤처럼 중앙에서 지방관으로 파견되었다가 독립한 세력도 있었다. 궁예, 원종, 애노 등과 같이 공동체에서 일탈하여 도적 무리를 형성한 세력도 있었다. 이런 무리들도 호족으로 성장하기 위해서는 지역에 기반한 경제력을 갖추어야 했다. 그런데 이 시기 경제력이 반드시 토지에서만 나오는 것은 아니었다. 왕건이 대표적이다. 왕건 집안은 송악에 근거지를 두고 해상 활동으로 성장한 세력이다. 넓은 의미에서 청해진(현 전라남도 완도)을 건설한 장보고도 호족이라 할 수 있다. 이들은 해상 활동에 기반한 상업을 통해 경제력을 구축하고, 이를 밑천으로 무장력을 획득한 사람들이다.

어떤 의미에서 보면 신라 말 혼란기에 등장한 호족은 오늘날 '스타트업(start-up) 기업'과 비슷한 측면이 있다. 스타트업 기업은 설립한 지 오래되지 않은 신생 벤처기업을 가리키는 말이다. 스타트업 기업이 혁신적 기술과 아이디어로 부를 축적한다면, 호족은 지역에 기반한 경제력과 그 위에서 갖춘 무장력으로 세력을 확대했다.

3. 호족의 행동 방식과 귀부

견훤과 궁예는 신라에 대해서 서로 상반된 태도를 보였다. 견훤이 신라 조정을 존중하는 쪽이라면 궁예는 그 반대였다. 이런 상반된 양상은 다른 호족들에게서도 비슷하게 나타났다. 9세기에 등장하기 시작한 호족들 다수는 신라 국왕에 대해 '존왕尊王의 의義'를 내세우고 신라 지방관으로서 공적인 역할을 자처하는 경우가 많았다. 실제로는 신라 중앙정부로부터 공식적인 관계官階나 관직을 받지 않았지만, 신라 지방관에 해당하는 공적인 지위를 스스로 사칭했다. '성주', '장군', '지주제군사知州諸軍事' 등이 그것이다.

호족들이 신라 지방관을 사칭한 까닭은, 그렇게 하는 것이 자신들에게 유리했기 때문이다. 신라 조정으로서도 억지로 그것을 못하게 할 이유는 없었다. 지방 호족들이 왕실에 노골적인 반기를 들지 않는 한 그들을 통해 지방에 대한 부분적인 통제가 이루어진다면 다행한 상황이었다. 호족들이 스스로 일컫는 성주, 장군, 지주제군사 등의 칭호는 독립적 성격이 강한 호족과 이들의 협조를 필요로 하는―비록 겉모습만일지라도―신라 조정의 관계에서 나타난 일종의 타협의 소산으로도 볼 수 있다.

반면, 처음부터 혹은 나중에 태도를 바꿔 신라 왕실에 적대적인 모습을 보인 호족들도 적지 않았다. 이들은 신라 관직이나 관등을 스스로에게 부여하지도 않았고, 신라 지방관을 자처하지도 않았으며, 중앙과 아무런 연관도 맺지 않았다. 상주의 아자개阿玆蓋, 죽주의 기훤, 북원의 양길 등이 대표적이다. 아자개는 견훤의 아버지다. 이들은 역사책에 '적賊'이라는 글자가 포함된 단어로 나타난다. 예컨대 '적賊', '적수賊帥', '적괴賊魁', '구적寇賊', '성적城賊', '도적盜賊' 같은 단어이다. 하지만 이들이 '성주', '장군', '지주제군사'로 표현된 호족과 다른 사회적 존재였을 가능성은 별로 없다. 그럼에도 이렇듯 대비적인 표현은 이들에 대해서 기록한 기록자와 편찬자들의 인식 때문일 것이다. 즉, 통일신라를 정통 혹은 중심으로 보면서 호족들이 신라 왕실과 맺은 관계를 기준으로 기록했기에 나타난 현상일 것이다.

호족들이 자신을 신라 조정의 지방관으로 사칭했든 경주에 적대적이었든, 그런 문제가 개별 호족의 성격을 규정짓는 핵심 내용은 아니다. 오히려 이들의 특징은 매우 독립적인 존재였다는 점이다. 이들은 자신이 지배하는 영역 안의 농민을 징발할 수 있고, 전문적인 병사를 양성했다. 호족들은 본거지에 성을 쌓고 그 주인을 자임했으므로 성주城主라고 할 수 있으며, 또한 성을 중심으로 조직된 사병을 지휘했기에 장군이기도 했다. 동서고금을 막론하고 '호족'과 같은 존재는 흔히 나타났다. 유럽 중세의 영주도 이런 사람들이고, 현대에 존재했고 존재하는 여러 세력, 예를 들어 아프가니스탄이나 중동, 동남아에 있는 반군 세력, 또 20세기 초반에 나타난 중국의 군벌 세력도 동일한 성격의 세력이다. 『삼국지』에 나오는 조조曹操, 유비劉備, 손권孫權을 비롯한 여러 인물이나 『초한지』에 나오는 유방劉邦과 항우項羽, 그리고 일본에서 16세기 전국시대戰國時代에 등장한 오다 노부나가織田信長, 도요토미 히데요시豊臣秀吉, 도쿠가와 이에야스德川家康도 그 사회적 본질이 다르지 않은 인물이다.

호족이 각지에서 많이 생겨나자 9세기 말에 이르러서는 그들을 탄생시킨 사회적 분열과 분화의 힘이 반대 방향으로 작용하기 시작했다. 호족들 간에 통합의 흐름이 형성되기 시작한 것이다. 이러한 변화는 후백제 및 후고구려와 다른 호족들 간에 새롭게 군신 관계를 맺는 방식으로 표현되었다. 이것은 '귀부歸附'라 불리는 방법을 통해서 이루어졌다. 즉, 독립된 자기 영역을 가지고 있던 개별 호족들이 후백제와 후고구려에 귀부하기 시작했다. 흔히 왕건에게만 귀부를 한 것으로 잘못 알려져 있지만, 견훤과 궁예에게도 많은 호족이 귀부했다. 다만 당연하게도 신라 국왕에게 귀부한 호족은 없었다.

귀부는 무조건항복이 아니다. 오히려 정치적 거래에 더 가까웠다. 귀부는 일정한 형식과 조건, 절차 등을 통해 성립된다. 귀부하는 호족은 그 대상인 국왕에게 충성을 서약하고, 그 표시로 가까운 일족이나 사신을 인질로 보냈다. 귀부한 후에는 국왕을 위해 자신의 군대를 동원해서 전쟁에 참여하는 경우도 있었다. 때로 군량이나 그 밖의 물자를 제공하는 등 경제적인 협조도 해야 했다.

물론 귀부의 대상인 국왕도 귀부한 호족에게 제공해야 하는 반대급부가 있었다. 왕건의 사례가 잘 알려져 있다. 왕건은 귀부한 호족에게 중앙의 관계官階나 관직을 수여했다. 혹은 왕씨王氏 성姓을 하사하거나, 호족의 자녀를 왕족이나 귀족과 혼인시킴으로써 중앙 귀족에 준하는 신분으로 인정해주었다. 귀부한 호족이 주변 세력이나 적국에게 공격받을 경우에는 군대를 보내서 보호해주기도 했다. 경제적으로는 전택田宅이나 창곡倉穀, 노비나 말(馬) 등을 지급했다. 무엇보다 중요한 점은 귀부한 호족이 기존에 지배했던 영역을 공적으로 인정해주는 것이었다.

귀부를 통한 국왕과 호족의 연합은 군신의 상하 관계를 맺음으로써 성립되었다. 하지만 이는 지극히 형식적 차원일 뿐, 실제로는 상호 보완적이고 호혜적인 자세에서 서로의 독립성을 인정했다. 견훤, 궁예, 왕건 모두 다투어 호족들과 귀부를 통해 연합함으로써 자신들의 세력을 확대했다. 귀부는 호족이 기존의 독립성을 상당한 수준에서 유지하며 이루어졌기 때문에 나중에 파기되는 경우도 적지 않았다. 귀부하여 붙좇았던 국왕의 세력이 약화되면 기존의 귀부를 철회하고 다른 국왕에게 귀부하기도 했다. 귀부는 그 속성에서 골품제 형성기에 골품제가 가졌던 기능을 수행했다. 앞에서 언급했듯 이것은 각자의 지분을 인정하는 오늘날 기업의 인수 합병과 유사하다.

4. 호족 세력 전개의 3단계

호족 세력은 길게 보면 9세기 초부터 10세기 말까지 약 150년에 걸쳐 크게 3단계로 변화했다. 첫째 단계는 9세기 초부터 889년 '원종과 애노

주요 군진 828년(흥덕왕 3) 장보고의 주도로 해상군진海上軍鎭의 성격을 띤 청해진이 완도에, 829년 당성진이 경기도 화성시 남양에, 844년(문성왕 6) 혈구진이 강화도에 설치되었다.

의 난'이 일어날 때까지다. 이 시기에 호족 세력은 날로 확장했다. 그 과정에서 지방 호족 세력이 신라 중앙정부에 대해 일정 정도의 독립성을 획득한 시기가 언제였는지는 정확히 말하기 어렵다. 하지만 '김헌창의 난'(822) 이후 여러 지역에서 군진軍鎭들이 차례로 성립되었던 것을 하나의 징표로 볼 수 있다. 청해진(828, 완도), 당성진(829, 현 경기도 화성시 남양동), 혈구진(844, 강화도), 패강진(782, 황해도 평산) 등이다. 신라 하대에 지배 체제 내부에서 성장한 군진이 처음부터 반신라적 성격을 띠었던 것은 아니다. 하지만 왕위 계승 전쟁 등으로 정치체제가 이완되고 신라의 골품제적 성격은 오히려 더욱 강화되자, 군진들이 이탈하기 시작했다. 이와 거의 유사한 맥락으로 진행되었던 것이 같은 시기에 당나라에서 등장한 번진藩鎭 체제, 즉 절도사節度使 체제이다. 이들은 나중에 독립적 군사 집단인 군벌軍

閩로 바뀌었다. 결국 이들 절도사에 의해 당나라는 멸망했다. 당 멸망 후 5대 10국의 분열을 끝내고 송宋나라를 건국한 조광윤趙匡胤도 절도사 출신이었다.

두 번째 시기는 890년대를 전후한 무렵부터 936년 고려가 후삼국을 통일할 때까지다. 좁은 의미의 후삼국시대다. 이 시기에는 후백제와 후고구려가 등장해서 후삼국이 정립되었다. 지방 호족들은 서로 치열하게 경쟁하면서 후백제와 후고구려에 귀부했다. 동시에 후백제와 후고구려가 서로 경쟁하고 전쟁을 치르면서 패권을 차지하려 노력하던 시기이다.

세 번째 시기는 936년부터 983년 성종(재위 981~997)이 12목牧을 설치하고 각 목에 지방관인 목사牧使를 파견할 때까지다. 고려 건국과 함께 지방 호족들이 곧바로 고려 중앙정부의 통치하에 들어간 것은 아니다. 하지만 고려 건국과 동시에 그 과정이 시작되었다고 할 수 있다. 중앙 관료가 된 사람들은 자신들의 이익을 위해서라도 지방 호족들의 힘을 약화할 필요가 있었다. 이들은 통일전쟁 과정에서 왕건을 열심히 도왔던 장수들, 건국이 된 후 새로 등용되기 시작한 문관 세력 등이다.

지방에 있던 호족들이 고려 중앙정부의 통제하에 어느 정도 편입되기까지는 여러 단계를 거쳤다. 940년(태조 23)의 군현 개편, 정종(재위 945~949) 대의 광군光軍 및 광군사光軍司 설치, 광종(재위 949~975) 대의 여러 개혁이 그러한 과정의 단계이다. 특히 광종 대에는 노비안검법과 과거제 시행, 세공지액歲貢之額의 제정, 순군부徇軍部와 내군內軍의 개편 등 중요한 개혁이 실시되었다. 이 개혁에 대해서는 뒤에 서술한다.☞ 14강 315~326쪽 참조 그 결과 광종 대를 거치면서 지방 호족들의 독자적 세력 기반이 크게 약화되었고, 성종 대에 이르러서는 중앙의 통치력이 지방에까지 직접 미치게 되었다.

5. 인간상으로서의 호족

어떤 시기를 특정한 이름으로 구분 지어 '○○ 시대'라고 부른다면, 그 시기가 이전 시기와는 다른 특징을 갖고 있기 때문일 것이다. 그런 다름의 구체적 내용들로 여러 가지를 들 수 있겠지만, 그것들의 밑바탕에는 대개 그 시대에 고유한 인간형이 놓여 있는 경우가 많다. 각각의 시대는 그 시대를 대표하는 인간상을 지니기 마련이다. 그 인간상은 바로 당대의 성격을 의인화 혹은 인격화한 것이리라.

9세기 이후 사회적으로 부상한 인간상이 호족이다. 이들은 이전까지 사회를 대표하고 지배했던 진골이나 6두품과는 매우 달랐다. 진골이나 6두품이 타고난 신분에 따른 구분이라면, 호족은 기본적으로 출신과 무관하게 각자가 분투하여 획득한 사회적 지위였다. 이들은 격변하는 사회 상황에서 자신의 운명적 신분과 관계없이 스스로의 노력으로 무력과 경제력을 획득한 야심만만한 존재들이다. 고려가 건국된 후에는 비록 고려의 새로운 지배 체제로 흡수되었지만, 호족이 갖고 있던 그런 성격이 완전히 없어지지는 않았다.

생각해보면 호족은 어느 시대 어느 나라에서도 나타날 수 있는 존재이다. 호족과 같은 존재는 사회의 기존 시스템이 무너져서 무질서해질 때 나타난다. 본인의 재능이나 운에 따라 귀중한 사회적 자원을 획득하여 비록 적은 규모라 해도 자기 주변의 일정한 영역을 지배하는 존재가 호족이다. 9세기 중반에서 10세기 중반 무렵까지 가장 중요한 사회적 자원은 무장력이고, 이를 뒷받침해주는 것은 경제력이었다.

호족은 그 속성상 장기간 지속될 수 있는 존재가 아니다. 기존의 사회 시스템이 붕괴된 상황에서 나타나는 존재였기에 다수의 호족이 등장하게 되면 사회는 새로운 시스템으로 통합되려는 힘이 자연스럽게 작동하기 마련이다. 고려 건국은 그런 흐름을 증명한다. 이렇게 다시 통합된 새로운 시스템은 그 이전 시스템과는 크게 다른 시스템이 될 수밖에 없다. 그것이 한반도에서는 신라 이후 고려로 나타났고, 중국에서는 당나라 이후 송나라로 나타났다.

11

견훤

　우리는 사료, 즉 역사 기록을 통해 과거 사실을 알게 된다. 하지만 그 내용도 누군가의 기록일 뿐 과거에 실재했던 사실 자체는 아니다. 사료에는 기록자의 오해나 편견도 함께 들어 있기 마련이다. 이런 이유로 역사학자들은 '사료 비판'을 통해 가능한 한 사료에서 기록자의 오류나 편견을 제거하려고 노력한다. 견훤과 궁예에 관한 사료는 특히 이 문제를 염두에 두지 않을 수 없다. 우선 『삼국사기』에 두 사람이 어떻게 기록되었는지 살펴보자. 김부식은 『삼국사기』에 자기 생각을 이렇게 기록해놓았다.

　　궁예는 본시 신라의 왕자로서 도리어 종국宗國(신라)을 원수로 삼아 멸망시킬 것을 도모하여 선조의 화상畵像을 칼로 치기까지 했으니 그 어질지 못함(不仁)이 심하다. 견훤은 신라의 백성으로 나서 신라의 녹祿을 먹고살았는데도 속으로 화심禍心(남을 해치려는 마음)을 품고 나라가 위태로움을 다행으로 여겼다. 도읍(경주)을 침략하여 임금과 신하들을 살육하기를 금수 죽이듯 풀 베듯 하였으니 실로 천하의 원악元惡이요, 대

죄이다. 그러므로 궁예는 그 신하에게 버림을 당하고 견훤은 그 화가 아들들에게서 일어났으니 모두 자초한 일이다. … 하물며 궁예와 견훤 같은 흉악한 인간이 어찌 우리 태조(왕건)에게 항거할 수 있으리오. 다만 태조를 위하여 백성을 몰아다 준 것이었다.

—『삼국사기』권50, 「열전」10, 견훤.

『삼국사기』에 기록된 견훤과 궁예의 이야기는 애초에 편견이 개입되었을 가능성이 높다. 두 사람의 이야기는 그대로 왕건의 고려 건국 이야기와 연결되기 때문이다. 견훤과 궁예에 대한 김부식의 평가는 고려의 관리로서는 적절할지 모르지만 역사가의 평가로서는 꼭 적합하다고 하기는 어렵다. 『삼국사기』 연구자들에 따르면 김부식은 당대 고려가 처했던 상황을 극복하려는 과정에서 『삼국사기』를 편찬했으며, 편찬 작업 자체는 대단히 실증적이고 합리적인 과정을 통해 이루어졌다. 그럼에도 특히 견훤과 궁예를 서술한 부분은 역사적인 맥락에서 적절치 못한 면이 있다. 위 평가에 따르면 궁예는 성격적으로 잔인한 인물이고, 견훤은 신라를 배반하고 신라의 임금과 신하들을 살육한 사람이다. 이런 사람들은 애초에 왕건에게 승리할 수 없었다는 관점이다. 사회구조적, 역사적으로 설명되어야 할 사항을 단순히 윤리적으로 심판하고 말았다.

견훤과 궁예에 대한 『삼국사기』 기록은 그 형식부터 적절하지 않다. 전통시대 한국사 전체에서 건국에 성공한 인물은 모두 10명이 되지 않는다. 견훤과 궁예는 비록 짧기는 해도 국가를 세웠던 임금이다. 그들의 기록은 『삼국사기』 「열전列傳」이 아닌 고구려·백제·신라의 왕들이 그렇듯 「본기本紀」에 들어갔어야 마땅하다. 비록 왕건이 최후에 승리했지만, 그들은 당대에 왕건의 우위에 있었거나 대등했던 경쟁자들이다. 유사한 사례가 중국에도 있는데, 역사 서술 체제를 비교해볼 만하다. 907년 당나라가 망하고 송나라가 960년에 건국되었다. 그 사이에 후량後梁·후당後唐·후진後晉·후한後漢·후주後周 등 다섯 왕국이 차례로 등장했다가 사라졌다. 송나라 때 이 나라들에 대한 역사책이 두 차례 나왔다. 『구오대사舊五代史』와 『신오대사新五代史』이다. 이 두 역사책은 다섯 왕국 건국자들을 「열전」이 아닌 「본기」에 기록했다. 「본기」는 기전체 역사 서술에서 국왕의 사적을 기록하는 범주이다. 견훤과 궁예를 그들 당대의 역사적 조건에서 평가하기 위해서는 『삼국사기』의 서술 방식과는 다른 관점과 질문이 필요하다.

1. 출생과 등장

견훤甄萱(867~936)은 사벌성沙伐城 가은현加恩縣(현 경상북도 문경시 가은읍)에서 태어났다. 아버지는 아자개阿玆蓋라는 인물이다. 아자개는 본래 농부였다가 자수성가하여 사불성沙弗城(현 경상북도 상주시 사벌면)의 장군으로 성장한 호족이다. 출생 조건에서 보면 견훤은 나중에 자신의 경쟁자가 되는 왕건과 궁예의 중간쯤에서 생애가 시작된다. 왕건보다는 못하지만 궁예보다는 나은 생활 형편에서 태어나고 자랐다. 20세 되던 880년대 중반에 경주로 가서 군인이 되었다가 후에 '서남 해안'을 수비하는 군인으로 파견되었다.

사료에서 '서남 해안'이라 말하는 곳은 어디일까? 연구자들은 846년 피살된 장보고가 장악했던 전남 완도의 청해진과 그 주변 지역을 가리키는 것으로 추정한다. 청해진은 851년에 폐지되었다. 서남 해안은 해상 교통망 측면에서나 경제적 측면에서 중요한 지역이었다. 견훤이 군인이 되었

견훤산성 경상북도 상주시 화북면 장암리에 있다. 견훤이 축성했다고 전해지지만, 삼국시대에
만들어졌다고 보는 연구자도 있다. 견훤산성은 견훤과 그의 아버지 아자개가 지금의 문경시 가
은읍 출신인 까닭에 상주 지역의 옛 성들과 자주 연관되어 언급되는데, 현지에서는 견훤이 이곳
에 웅거하며 북쪽 지방에서 경주로 향하는 공납물을 거둬들였다고 구전된다.

을 무렵은 이미 청해진이 폐지되고 오랜 시간이 흐른 뒤였다. 신라 해안은 장보고 등장 이전의 혼란스런 상황으로 되돌아가 있었다. 당나라 해적들이 들끓고 일본열도를 노략질하는 신라 해적까지 가세하여 거의 치안 부재 상황이었다. 신라로서는 서남 해안 지역의 무질서를 마냥 방치해둘 수만도 없었을 것이다. 마침내 신라는 서남 해안을 지킬 방수군防戍軍을 파견했다.

견훤이 경주에 가서 군인이 된 것은 그의 생애에 큰 영향을 준다. 사실 궁예는 물론이고 왕건 역시 920년대까지도 군사력에서 후백제에 미치지 못했다. 심지어 930년대에 접어들어서도 왕건이 후백제를 군사적으로 압도했다고 말하기는 어렵다. 후백제는 900년에 건국된 이후 빠른 시간 동안 국가 체제를 갖추었다. 후백제가 신속하게 국가 체제를 갖추는 면에서나 강력한 군사력을 양성할 수 있었던 배경에는 젊은 시절 신라의 군인과 관리로 지낸 견훤의 경험이 중요하게 작용했다고 보아야 한다.

『삼국사기』와 『삼국유사』에는 견훤이 강보에 싸인 젖먹이 때 일이 기록되어 있다. 하루는 그의 어머니가 농사일 나간 아버지에게 식사를 갖다 주면서 견훤을 수풀 아래 내려두었다. 그러자 호랑이가 와서 젖을 먹였다고 한다. 사실일 리 없지만, 이런 설화가 사람들 사이에 퍼진 이유를 생각해볼 필요가 있다. 아마도 이런 설화는 무장으로서 견훤의 용맹함 때문에 나왔을 것이다. 견훤의 무공은 호랑이 젖을 먹어서 그렇다는 뜻이리라.

중앙군 병사로 있는 동안 적과 싸울 때 견훤의 용맹함은 뭇 병사들 중에서 두드러졌다. 889년 서남해 방수군이 결성되자 견훤은 일약 비장裨將에 발탁되어 지휘관 신분으로 파견되었다. '서남 해안'으로 진군하는 과정에서 견훤의 군대는 맞닥뜨린 호족들을 제압하여 그 규모를 키우더니 진주에 이르러서는 무리가 5,000여 명을 헤아리게 되었다. 이즈음 견훤은 마침내 독자 세력을 구축할 생각을 했던 것 같다. 견훤은 순천까지 진군했다가 원래의 목적지인 서남해 지역을 향해 서쪽으로 직진하는 대신 방향을 바꾸어 북상하였다. 결국 경주를 출발한 지 3년 만인 892년에 무진주武珍州(현 전라남도 광주)에 도착하여 이곳을 자신의 아성으로 만들었다. 견훤이 26세 되던 때였다. 이 시기는 개인이 능력을 발휘하여 주변의 신망을 받으면 호족으로 성장할 수 있는 시절이었다. 이미 그의 아버지가 선례를 보였던 일이기도 하다.

2. 후백제를 건국하다

900년에 견훤은 완산주完山州(현 전라북도 전주)에서 후백제를 건국했다. 긴 시간 착실한 준비 과정의 결과였다. 892년에 무진주를 점령하여 자신의 세력 기반을 확보하면서 토대를 마련했다. 그는 이 단계에서 자신을 '신라서면도통新羅西面都統'으로 칭했다. '도통都統'은 군사 책임자를 뜻하고, '서면西面'은 지역을 가리킨다. 말하자면 그는 신라가 파견한 군사 책임자를 사칭했던 것이다. 그렇게 해야 자신에게 유리했기 때문일 것이다. 후백제는 대내적으로는 무진주 점령을 건국 기원으로 삼았지만 아직 공공연히 왕을 칭하지는 못했다. 889년부터 892년은 견훤이 자신의 세력 거점을 확보한 중요한 기간이다.

견훤은 892년부터 무진주를 거점으로 점차 내륙으로 북상하여 지배 영역을 확대해 나갔다. 마침내 900년에 완산주에 입성하고 스스로를 후백제왕이라 칭했다. 그의 나이 34세 때였다. 이때까지만 해도 견훤 역시 신라말의 다른 반란 세력과 마찬가지로 어떠한 정치적 이데올로기를 내세우지는 않았다. 그는 완산주에서 후백제를 건국한 뒤 비로소 백제의 계승을 표방했다. 이때부터 본격적으로 정치 이념과 정치체제를 정비하기 시작했다. 예컨대 도성이나 궁궐과 같은 외형적인 설비뿐 아니라 관직이나 관부 등 행정 체계의 수립과 같은 정치적인 면, 수비군의 조직·운영 따위의 군사적인 면, 경찰·치안의 유지와 같은 사회적인 면 등 제반 기능을 정비했다. '백제'라는 국호와 '정개正開'라는 독자적 연호年號를 채택한 것도 완산주에 수도를 정한 이후의 일이다.

견훤은 자신의 군사적 정치적 지위가 높아지자 그에 상응해서 새로운 목표를 표방했다. 처음에 그는 자신의 지위를 신라의 지방관으로 규정했다. 지역의 혼란스러운 치안 부재 상황을 통제하기 위해 중앙의 권위가 필요했기 때문일 것이다. 또, 완산주에서 후백제를 건국함으로써 백제를 계승한다는 취지를 밝혔다. 이 지역에 남아 있는 백제에 대한 우호적인 감정을 정치적으로 이용한 것이다. 이 단계에서 후백제는 신라와 대등한 독립 국가로서 정립되었다. 견훤은 여기서 더 나아가 '일통삼한一統三韓'을 내세웠다. 분열된 삼국을 하나로 합치겠다는 뜻이다.

'일통삼한'을 처음으로 명확히 주장한 사람은 견훤이지만, 그만이 이런 생각을 하지는 않았을 것이다. 9세기 후반 호족들의 분화가 충분히 진행되어 이제는 반대로 통합의 흐름이 형성되기 시작했을 무렵, 유력한 호족들은 이미 머릿속에 일통삼한 의식을 떠올렸으리라 보는 것이 합리적이다. 견훤은 후삼국 통일을 처음으로 천명하고 의식적으로 추구했던 사람이다. 군사적으로도 왕건이 세운 고려를 능가하여 여러 차례 왕건 군대와 격돌하여 승리를 거두었다. 그에 따라 후백제 주변 호족들이 다투어 견훤에게 귀부했다. 그는 자신이 내세운 목표를 거의 달성할 뻔했다. 마지막에 견훤은 고구려의 옛 영토를 회복하겠다는 의지를 품었다.

남원 실상사 편운화상 승탑　실상사에서 남쪽으로 약 300m 떨어진 조계암터에 있다. 전체 높이는 182cm, 지름이 48cm이다. 몸돌에는 "創祖洪陟弟子安峯創祖片雲和尙浮屠 正開十年庚午歲建"가 새겨져 있다 (아래 탁본 참조). "창건 조사 홍척의 제자이며, 안봉사의 개창자인 편운화상의 부도이다. 정개 10년 경오년에 세운다."라는 뜻이다. 정개正開는 견훤이 900년에 후백제를 건국하고 901년부터 사용한 연호로서 정개 10년은 곧 910년이다.

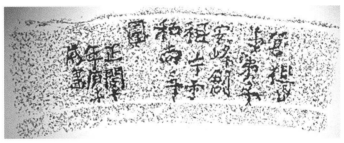

'전주성'명 수막새　전라도 지방의 군사력과 호족 세력을 기반으로 후백제를 세운 견훤은 완산주에 도읍을 정하고 왕궁성으로 추정되는 동고산성을 축조했다. 이곳을 발굴하는 과정에서 '관官', '왕王', '전주성全州城'이 찍힌 기와가 출토되었다. 출처_국립전주박물관

『삼국사기』 편찬자의 주장과 달리, 당대인들의 눈에 견훤은 대단한 인물로 비쳤음이 틀림없다. 지방의 호족 및 기층 농민들은 물론 선승禪僧 등 지방 지식인들과 심지어 경주에 사는 반反신라적 성향의 6두품 출신 도당 유학생들까지 견훤에게 몰려왔다. 6두품 출신 도당유학생이라면 신라 사회에서 귀족일 가능성이 높고 최고의 지식인이었다. 최승우崔承祐 같은 사람이 대표적이다. 견훤이 단순히 지방에서 일어난 일개 호족이 아니라 미래를 가진 지도자로 보였다는 뜻이다.

견훤은 궁예나 왕건에게도 직접적인 영향을 주었던 것으로 보인다. 궁예는 세력을 일으킨 초반부에는 2~3년 간격으로 견훤이 했던 일들을 따라 했다. 견훤이 군사를 일으켜 독자 세력을 표방한 것은 889년이다. 궁예가 2년 뒤 891년에 승려 생활을 그만두고 죽주의 기훤에게 간 것이나, 이어서 양길의 부하가 된 것은 아마도 견훤으로부터 영향받았을 가능성이 높다. 견훤은 892년 무진주를 점령한 후 양길에게 '비장'직을 수여했다. 이때 궁예는 양길의 부하로 있었다. 궁예가 894년에 양길을 떠나 독자적인 세력을 구축하게 된 것도 견훤의 영향이었을 것이다. 궁예는 견훤을 가장 성공적인 롤 모델로 보았을 가능성이 있다.

견훤은 실제로는 892년 무진주에서 스스로 왕이 되었다. 하지만 왕이라고 공공연하게 칭하지 못하다가 900년에 후백제를 건국하고 난 후에야 후백제 왕이라 칭했다. 궁예 또한 896년 철원에 도읍을 정하고 건국의 태세를 갖추었지만 901년에 가서야 후고구려를 건국하고 국왕으로 즉위했다. 견훤이 '의자왕의 묵은 원한(宿憤)'을 갚는다는 명분하에 백제 부흥을 내세웠는데, 궁예 역시 고구려를 대신하여 신라에 복수할 것을 선언하고 후고구려를 건국했다. 견훤이나 궁예 모두 본래의 신라 지역 출신이다. 백제나 고구려와는 아무런 관련도 없는 사람들이다. 또 견훤은 901년 '정개正開'

라는 연호를 사용했는데, 궁예 또한 3년 후인 904년에 '무태武泰'라는 연호를 처음 사용했다.

견훤은 자신이 천명한 '일통삼한'이나 고구려 구토舊土 회복을 이루지 못하였다. 오히려 그 꿈은 훗날 왕건이 부분적으로 실현했다. 왕건은 후삼국 통일 후 '일통삼한'을 하나의 정치 이념으로 확립했다. 그는 스스로를 고구려의 후계자로 자처하고 발해에 대해서도 고구려의 후계자이자 형제국으로 인식했다. 그랬기 때문에, 926년 발해가 패망하자 그 유민들을 적극적으로 포섭했다. 또 고구려 수도인 평양을 중시하여 북진정책의 전진기지로 삼는 등 옛 고구려의 영토를 회복하고자 노력했다. 왕건이 직접적으로 견훤의 주장을 받아들여 그렇게 했는지는 확인하기 어렵다. 하지만 왕건의 이상을 처음으로 천명했던 사람이 견훤이라는 것은 틀림없는 사실이다.

3. 경애왕을 경순왕으로 교체하다

『삼국사기』에 따르면 927년 11월 견훤이 군사를 이끌고 신라 도성에 쳐들어가 만행을 저질렀다. 포석정에서 유희를 즐기던 경애왕景哀王(재위 924~927)을 시해하고 비빈妃嬪들을 겁탈했다. 또, 함께 있던 왕족 및 귀족들 다수를 죽였다. 견훤의 잔혹함을 보여주는 대표적인 기록이다. 그러나 이 기록은 여러 가지 면에서 믿기 어렵다.

첫째, 이 기록에는 견훤이 경주를 침공한 목적이 나오지 않는다. 이상하게도 그는 경주를 침략하여 경애왕을 죽이고서 자신은 즉위하지 않고 경순왕敬順王(재위 927~935)을 세운 뒤 철수했다. 신라를 후백제에 합병하지도 않았다. 도대체 견훤은 왜 자신의 병사들을 희생시키면서 경주를 점령하고 신라의 새 왕을 옹립했던 것일까? 더구나 이렇게 옹립되었음에도 경순왕은 신라 진골 귀족들에게 별다른 저항을 받지 않고 왕위를 유지했다. 그뿐 아니라, 견훤에 의해 옹립된 경순왕은 이후 견훤보다는 왕건과 더 밀접한 외교 관계를 맺고 나중에는 결국 왕건에게 귀부했다.『삼국사기』에서는 이런 문제들에 대한 답을 찾을 수 없다.

둘째, 견훤이 경주를 침입했을 때 경애왕이 포석정에서 연희를 즐기고 있었다는 말도 납득되지 않는다. 경애왕이 연희를 즐기고 있었다는 말은, 곧 견훤의 침공에 대해 그가 아무런 정보를 갖고 있지 않았다는 뜻이다. 당시 견훤은 도성에 들어오기 수개월 전부터 경주를 향해 공격해오고 있었다. 견훤이 경주를 점령하기 2개월여 전인 927년 8월에는 경주 인접 지역인 고울부高鬱府(현 경상북도 영천)가 견훤 군대에 함락되어 경애왕이 고려 왕건에게 구원병을 다급히 요청하는 등 아주 긴급한 상황이었다. 이렇듯 급박하게 사태가 돌아가는 중에 적군이 궁성으로 쳐들어오는 것도 모르고 국왕이 비빈·척족들을 거느리고 교외에 나가 한가하게 유희를 즐겼다고 생각하기는 어렵다.

셋째, 견훤 군대가 도성에 쳐들어온 시기가 음력 11월 동짓달이다. 1년 중 가장 추운 계절이다. 얼음이 얼었을 수도 있는 한겨울에, 더구나 적군이 도성 근처로 쳐들어와 고려에 원군을 청해놓은 아주 위급한 시점에, 왕이 궁 밖에 나가서 포석정 흐르는 물에 술잔을 띄워놓고 비빈·종척들과 유유자적 유흥을 즐겼다고 보기는 어렵다.

경순왕에 대한『삼국사기』의 후한 평가도 이상하다. 경순왕은 태자와 일부 신하들의 강력한 반대를 무릅쓰고 천년 왕조 신라를 들어 왕건에게 바쳤다. 그럼에도 불구하고『삼국사기』는 경애왕에 대해서는 지극히 부정적으로, 경순왕에 대해서는 대단히 긍정적으로 기록했다. 김부식이 고려에 귀부한 경순왕의 행위를 정당화했다고 보는 것이 합리적이다. 같은 맥락에 비춰 경애왕이 포석정에서 최후를 맞는 장면은 김부식의 의도에 부합한다. 정사를 돌보지 않고 주색에 빠져서 국가를 몰락으로 몰아간 왕, 그리고 비록 그런 왕이기는 하지만 함부로 그 왕과 신하들을 살해한 견훤을 동시에 비판하기에 적합한 장면이기 때문이다.

견훤은 신라 침공의 이유를 스스로 밝힌 바 있다. "의풍義風을 살려 종사宗社를 살리기 위한 것"이 견훤이 말한 내용이다. 신라를 멸망시켜 병합하기 위해서가 아니라, 신라 왕실의 잘못된 왕위 계승을 바로잡기 위한 것이라는 말이다. 실제로 신덕왕(재위 912~917), 경명왕(재위 917~924), 그리고 견훤이 제거한 경애왕까지 3대가 '박씨 왕'이었다. 신라의 이전 '김씨 왕'들과는 다른 계통이었다. 견훤은 경애왕의 정통성을 문제 삼아 그를 제거했고, 정통인 김씨 왕을 세운다는 명분을 내세워 경순왕을 옹립했다. 경순왕은 이름이 김부金傅로, 원성왕 계열 인물이다.

견훤의 경주 침공과 경애왕 제거를 단순히 그의 포악함으로 해석하는 것은 피상적일 뿐만 아니라 사실과도 거리가 있을 가능성이 높다. 설혹 김부식 자신이 사실을 왜곡하지는 않았다고 할지라도 궁예나 견훤에 대해서는 왜곡된 사실을 엄밀하게 가려내려는 인식이 강하지 않았다고 보아야 한다.

『삼국사기』가 전하는 포석정 관련 내용이 사실이 아닐 수도 있다고 생각하지만, 그렇다고 그런 점 때문에 견훤이 경애왕을 죽이고 경순왕을 세웠다는 사실까지 부정하는 것은 아니다. 어떤 면에서 보면 '포석정 살해 현장'은 좀 더 중요한 사실을 직시하지 못하게 하는 듯한 느낌을 준다. 본질적으로 중요한 내용은 『삼국사기』가 극렬히 비판하는 것, 즉 견훤이 경애왕을 죽이고 경순왕을 옹립했다는 사실 자체는 아니다. 다수의 신라 사람과 상당수 호족이 이 사건에 매우 큰 심리적 영향을 받았을 것이라는 점이 훨씬 중요한 내용이다. 이것이 현실로 나타난 사건이 930년에 일어난 고창古昌(현 경상북도 안동) 전투이다. 결과적으로 본다면 '포석정 사건'은 견훤이 세력을 잃기 시작하는 첫 번째 원인이 되었다.

4. 결정적 전투들

공산 전투

927년 견훤이 경애왕을 제거하고 경순왕을 대신 세운 사건과 930년 고창 전투 사이에는 중요한 전투가 있다. 927년 11월 견훤과 왕건의 군대가 격돌한 공산公山 동수桐藪 전투이다. 공산은 현 대구광역시 북쪽 경계를 이루는 팔공산이고, 동수는 현 동화사桐華寺 일대로 팔공산 남쪽 중턱 아래다. 신라 경애왕은 견훤이 공격해오자 왕건에게 구원병을 요청했다. 그런데 왕건의 원군이 도착했을 때는 이미 경주가 견훤에게 점령당한 뒤였다. 왕건은 견훤 군을 공격하기 위해 그들이 돌아가는 길목인 공산 동수(현 대구시 동구 도학동)에 군사를 대기시켰다. 후백제 군대와 고려 군대가 전투를 벌인 곳은 파군재이다. 현 파군재 삼거리가 주요한 전투 장소였다.

전투 결과는, 기다렸다가 공격을 가한 고려군의 대패였다. 왕건이 직접 이끈 최정에 5,000명 기병 부대가 거의 괴멸되었다. 왕건이 견훤 군에 포위되어 위급해지자 왕건과 얼굴이 비슷한 신숭겸申崇謙이 왕건에게 몸을 피하게 하고 스스로 왕건의 수레인 어차御車를 타고 힘껏 싸우다가 전사했

신숭겸과 공산 전투 927년 11월 고려 군대와 후백제 군대가 공산 전투를 벌인 곳이 현 대구광역시 파군재 삼거리다. 이 전투에서 신숭겸은 왕건을 피신시키고 분전하다가 전사했다. 파군재 삼거리에는 신숭겸의 동상이 세워져 있다. 동상 뒤 왼쪽에는 〈충렬도忠烈圖〉, 오른쪽에는 〈사안도射雁圖〉가 부조로 새겨져 있다. 위 부조는 공산 전투를 묘사한 〈충렬도〉이다.

다. 견훤 군이 신숭겸의 머리를 잘라 창에 꿰어 돌아가고 포위가 풀리자, 왕건은 단신으로 몸을 피할 수 있었다. 신숭겸은 9년 전 왕건을 추대했던 4명 장수 중 한 사람이다. 본래 공산이었던 이름이 팔공산八公山이 된 연유도 이 전투에서 죽은 신숭겸, 김락金樂 등을 비롯한 고려군 8명 장수를 기린 데서 비롯한다.

왕건은 눈앞에 닥친 자신의 죽음을 신숭겸에게 미루어서 간신히 살아남았다. 이 전투 후에 왕건은 어떤 생각을 했을까? 그것이 정확히 무엇인지는 알 수 없지만, 어쨌든 그가 당시 할 수 있는 일은 죽은 이에게 최대한의 예를 표하는 것뿐이었다. 그는 신숭겸에게 장절공壯節公이라는 시호를 내리고, 그 명복을 비는 지묘사智妙寺를 신숭겸의 사망 장소에 세웠다. 팔공산 남쪽 줄기 한 봉우리인 초례산醮禮山(醮禮峰)에서 왕건은 공산 동수 전투 이후에 하늘을 향해 초례醮禮를 지냈다. 유교, 불교, 도교의 예로 그 공을 기린 것이다. 이 전투 이후 표면상 유지되던 후백제와 고려 사이의 평화가 깨지고 양국 간 전쟁이 본격화되었다.

고창 전투

고창 전투는 2년 전 공산 전투의 패배에서 고려를 회복시켜주었다. 929년 12월에서 930년 1월까지 고창군古昌郡 병산甁山(현 경상북도 안동시 와룡면 서지리 산25-1)과 석산石山(현 경상북도 안동시 와룡면 서지리 산172) 사이 절골 일대에서 벌어졌다. 견훤은 남쪽 석산에 진을 치고 왕건은 북쪽 병산에 진을 쳤다.

그 몇 달 전인 7월에 견훤은 갑병甲兵 5천여 명을 거느리고 고창 아래에 있는 의성부義城府를 공격했다. 이 공격으로 왕건의 충실한 지지자였던 의

안동 태사묘太師廟 　고창 전투를 승리로 이끌고 고려의 개국에 공을 세운 김선평, 권행, 장정필(장 길) 등 삼태사三太師의 위패를 봉안하고 있는 곳이다. 출처_안동 태사묘 홈페이지

성 성주 홍술洪述이 전사했다. 홍술의 전사 소식을 듣자 왕건은 "나의 양 팔을 잃었다"며 통곡했다. 홍술은 정예한 장수였던 모양이다. 10월에 견 훤은 계속해서 순주順州(안동시 풍산 지역), 고사갈이성高思葛伊城(문경 지역) 을 공격하고 점령했다. 929년 12월에 견훤의 후백제군은 고창(안동) 지역 을 포위했다. 이에 왕건은 이 지역으로 고려군을 이동시켰다. 전투는 이듬 해 정월까지 약 2개월간에 걸쳐 벌어졌다. 고창 전투에서 견훤은 왕건에 게 크게 패해 8천여 명의 사상자를 내고 퇴각하였다. 이 전투에 참여한 후 백제군의 병력 규모가 사료에 나오지는 않지만 적어도 1만 명 이하는 아 니었을 것이다.

　고창 전투에서 견훤 부대의 대패는 누구도 예상치 못한 일이었다. 왕건이 이 싸움 이전에 "싸우다가 이기지 못하면 장차 어떻게 하겠는가"라고 물었을 정도다. 이전까지 고려는 후백제보다 군사적으로 열세했다. 조물성曹物城(현 죽령에 가까운 경상북도 지역) 전투(924년 7월, 925년 10월), 공산 동수 전투(927년 11월), 오어곡성烏於谷城(현 경상북도 군위군 부계면) 전투(928년 11월), 의성 전투(929년 7월), 순주성順州城(현 경상북도 안동시 풍산) 전투(929년 7월) 등은 견훤 군의 일방적인 승리로 끝났다. 고창 전투에서 왕건 부대의 승리는 김선평金宣平・권행權幸・장길張吉과 같은 고창 지역 토착 세력의 도움에 힘입은 바가 매우 컸다.

고창 전투 직후 고려는 신라에 승전 소식을 전했다. 이전까지는 후백제가 군사적 우위를 점했으나, 이 전투로 힘의 관계가 역전되어 고려에 유리한 전환점이 만들어졌다. 고려와 후백제 사이의 싸움에서 태도가 불분명했던 안동・청송 일대의 30여 고을이 이 전투 이후에 잇따라 왕건에게 귀부했다. 이어서 명주溟州(현 강릉)부터 흥례부興禮府(현 울산 부근)에 이르는 동해안 일대 110여 성城들도 역시 왕건에게 귀부했다. 고창 전투의 승리로 경북 내륙 지방과 신라 동해안 쪽 거의 전 지역이 고려에 귀부했다.

운주 전투

고창 전투의 패배로 견훤은 큰 타격을 입었다. 하지만 그렇다고 후백제가 당장 위태로워진 것은 아니었다. 이후 계속된 여러 차례의 전투에서 고려와 후백제는 승리와 패배를 주고받는 격전을 이어갔다. 정확하게 말하면 고창 전투로 고려에 대한 후백제의 군사적 우위가 사라졌다고 할 수 있다. 고려와 후백제 사이 팽팽한 힘의 균형이 무너진 것은 934년 9월에 치러진 운주 전투이다. 이해에 견훤은 68세, 왕건은 58세였다.

운주運州는 현 충청남도 홍성 일대이다. 홍성이라는 이름은 식민지시대인 1914년 행정구역 개편 때 만들어졌다. 이웃한 홍주군과 결성군에서 한 자씩 따서 지은 이름이다. 운주는 홍주의 옛 이름이다. 대체로 홍주는 동쪽 내륙 쪽이고, 결성은 서쪽 바다 쪽이다. 당시 운주성 성주城主는 긍준兢俊이라는 인물이었다. 운주 전투에서 그는 고려 측에 큰 공을 세웠다. 그의 공훈에 힘입은 고려군의 승전은 왕건이 오랫동안 공들인 결과였다. 앞서 고창 전투에서 그랬듯이 왕건은 지역 토착 세력인 긍준의 도움으로 견훤과의 군사 대결에서 다시 한번 승리를 거머쥐었다.

긍준은 본래 궁예에게 귀부했었는데 왕건이 궁예를 몰아내고 즉위하자 다시 후백제로 귀부했다. 그가 귀부 대상을 비교적 쉽게 바꿀 수 있었던 것은 무엇보다 운주가 지리적으로 고려와 후백제 사이에 위치했기 때문이다. 그는 927년에 왕건의 고려군에게 공격을 받고 패배한 뒤 왕건에게 귀부했다. 긍준의 귀부는 단순히 군사적 패배 때문만은 아니었다. 왕건은 접경 지역인 운주성의 전략적 가치를 중요하게 생각해서 긍준을 회유했다. 왕건은 먼저 운주성과 그곳 민民의 안전을 보장하고 긍준에게 홍규洪規라는 새로운 성姓과 이름을 하사했다. 또한 고려 중앙정부의 관계官階를 수여했다. 긍준의 관계는 나중에 고려시대 정1품인 삼중대광三重大匡에 이르렀다. 더욱이 왕건은 긍준의 딸을 자신의 제12비인 홍복원부인興福院夫人으로 맞아들였다. 긍준은 자신의 영역 안에서 치러진 운주 전투에서 고려의 장수로 크게 활약했다.

왕건은 운주 전투에 직접 참여했다. 전투에 참여한 부대는 왕건의 최정예부대로, 주축은 군세고 날랜 기병인 경기勁騎 수천 명이었다. 경기만 수천이므로 운주에 온 고려군의 총 숫자는 아무리 적게 잡아도 5천 명보다 훨씬 많았을 것으로 짐작된다. 그에 맞서는 견훤의 부대는 갑사甲士 5천

명이었다. 갑옷으로 무장한 보병 부대였다.

고려군은 고창 전투의 주인공이자 고려 건국에 가장 큰 공을 세운 명장 유금필庾黔弼이 지휘했다. 그는 후백제 갑사 부대가 유리한 위치에 진을 치기 전에 기동력 있는 기병으로 먼저 타격을 가해 승리를 거두었다. 고려군에 의해 후백제 갑사 부대 5천 명 중에서 3천여 명이 목을 베이거나 사로잡혔다. 그 소문을 듣고 웅진(현 충청남도 공주) 이북 30여 성이 일거에 왕건에게 항복했다. 견훤은 이 전투의 패배로 충청남도 지역 대부분을 잃었다.

5. 신검의 모반과 견훤의 귀부

934년 9월 운주 전투의 패배로 후백제는 커다란 국가적 위기를 맞았다. 설상가상으로 935년 3월에는 후백제 내부에서 치명적인 정변이 일어났다. 견훤의 첫째 아들 신검神劍, 둘째 아들 양검良劍, 셋째 아들 용검龍劍이 넷째 금강金剛을 죽이고 견훤을 금산사에 감금한 후, 신검이 왕위에 오른 것이다. 이 과정에서 능환能奐이라는 인물이 중요한 역할을 했다. 피상적이기는 하지만 『삼국사기』에 이에 관한 설명이 나온다.

> 견훤에게는 여러 명의 아들이 있었다. 견훤이 그중 넷째 금강만을 사랑한 나머지 그에게 왕위를 물려주려고 하자, 장남인 신검이 불만을 품었다. 이때 둘째 양검과 셋째 용검은 각각 강주康州(현 경상남도 진주)와 무주武州(현 전라남도 광주)의 도독(군사령관)으로 나가 있었다. 중앙 고위 관직에 있던 능환能奐이 그들과 함께 정변을 일으켜 금강을 죽이고 견

김제 금산사 미륵전   금산사는 전주시 아래쪽에 있는 모악산도립공원에 위치한다. 600년(무왕 1)에 창건되었고, 미륵 신앙의 중심지이다. 견훤이 평상시 자주 방문했던 사찰이다. 미륵전은 조선 인조 13년(1635)에 다시 짓고 이후 여러 차례 수리를 거쳐 오늘에 이른다. 출처_문화재청

환을 금산사에 감금한 후 신검을 왕으로 추대했다. 그러나 금산사에 갇혔던 견훤은 3개월 만에 탈출하여 고려 왕건에게 투항했다. 뒤이어 후백제 내에 있던 견훤의 사위 박영규朴英規도 내응하여 왕건에게 귀순했다. 견훤과 박영규의 도움을 얻게 된 고려는 936년 신검이 이끈 후백제군과 황산黃山에서 결전을 벌여 승리했다. 신검, 양검, 용검 삼형제는 항복했고, 곧 후백제는 멸망했다.

—『삼국유사』권2, 「기이紀異」 2, 후백제·견훤.

견훤은 유폐된 지 3개월 만에 금산사를 탈출하여 바닷길로 나주에 가서

935년 6월 왕건에게 귀부했다. 곧이어 신라 경순왕도 고려에 귀부할 뜻을 전달했다. 935년 11월, 마침내 경순왕은 신하들을 이끌고 고려 수도 송악으로 와서 왕건에게 귀부했다. 『삼국사기』는 경순왕 일행의 송악행 행렬을 "향내 나는 수레와 보석으로 치장한 말이 30여 리에 걸쳐 이어지며 길을 메우니, 구경하는 사람들이 담장같이 늘어섰다"고 묘사했다.

경순왕이 신하들 무리를 이끌고 천년 수도 경주를 출발하여 9일 만에 송악으로 와서 왕건에게 귀부하는 장면은 한국사 전체로 보아도 역사적 장면으로 꼽을 만하다. 나라의 중심이 대단히 극적으로 바뀌는 모습을 보여주기 때문이다. 수도 경주에서 볼 때 가장 변방이던 곳이 이제는 새로운 국가 중심이 되었다. 경순왕은 978년(경종 3)에 사망하는데, 귀부 후 43년을 더 고려의 백성으로 살았다.

견훤이 귀부하자 후백제에 남아 있던 견훤의 사위 박영규朴英規도 이듬해 2월에 왕건에게 귀부 의사를 전해왔다. 그는 순천 사람으로 섬진강 일대의 해상 호족이었다. 왕건이 후백제를 치면 자신이 안에서 내응하겠다는 약속을 귀부 의사와 함께 전했다. 나중에 그는 그 약속을 지켰다.

936년에 신검의 군대와 고려군이 격전을 치른 곳은 일리천一利川이다. 현 경상북도 구미시 해평면 낙산 3리 원촌마을 앞을 지나는 낙동강의 당시 이름이 일리천이다. 안정복은 『동사강목』에서 일리천을 낙동강 여차니나루餘次尼津 일대로 보았는데, 현 원촌마을 근처이다. 지금 여차니나루에는 이명박 정부 때 4대강 사업의 일환으로 세운 구미보가 세워져 있다. 그 아래 남쪽에 낙동강으로 흘러드는 감천이 합류한다. 전투의 현장은 감천 하구 개활지였을 것이다.

연구에 따르면 이 전투에 참전한 고려 측 병력만 87,500명 정도로 추산한다. 후삼국시대에 치러진 수많은 전투 중에서 가장 많은 병력이 동원되

일리천 전투의 현장 후백제와 고려의 오랜 항쟁을 끝낸 전투는 일리천 전투이다. 일리천은 현 경상북도 구미시를 흐르는 낙동강의 옛 이름이다. 신검 군대와 왕건 군대가 맞붙은 곳이 감천 하구의 개활지로 추정된다. 사진에서 오른쪽에 멀리 보이는 것이 이명박 정부 때 세운 구미보이고, 남쪽으로 흘러드는 지류가 감천이다. 출처_낙동강지키기부산시민운동본부

었다. 『고려사』에 이름이 나오는 고려 측 장수만도 38명에 달한다. 고려와 신검 군을 합하여 최소 10만이 훨씬 넘는 병력이 전투를 치렀을 것이다. 고려 측 군대는 왕건이 이끌고 온 부대로만 편성되지 않았다. 명주(현 강릉)의 왕순식王順式과 운주의 긍준도 참전한 사실에서 알 수 있듯이 왕건에게 귀부한 장수들이 모두 결집했다. 사실 이 전투는 고려와 후백제의 마지막 전투가 될 것이라는 예측이 가능했다. 후백제는 연이은 전투의 패배로 기세가 꺾인 데다 내부 반란이 있었고, 견훤까지 투항한 상태였다. 왕건에게 귀부한 장수들은 마지막 전투에서 자신들의 존재와 공로를 확인시키기 위해서라도 전투에 참여했을 것이다. 『고려사』는 그들의 이름을 일

논산 개태사지 석조여래삼존입상 개태사는 936년 왕건이 후백제와 최후의 결전을 벌인 후 견훤이 머물렀던 절을 헐고 그 자리에 세운 사찰이다. 후백제 신검이 왕건에게 항복을 청한 바로 그 자리이기도 하다. 삼존불상은 개태사 건립과 동시에 조성되어 완성되었다. 본존상 높이 4.15m, 좌협시보살 높이 3.53m, 우협시보살 높이 3.46m이고, 투박하고 거대한 몸집은 고려 초기의 석불 양식을 잘 보여준다.

개태사 철확 개태사 주방에서 사용했던 것으로 전해지는 대형 철제 솥이다. 직경 289cm, 둘레 910cm, 높이 96㎝, 두께 3cm이다. 충청남도 민속문화재 제1호로 지정되었다.

일이 기록했다. 결국 신검 군은 일리천에서 패배했다. 그런데 신검은 패전한 뒤 군사를 이끌고 수도인 전주로 퇴각하지 않고 황산黃山으로 갔다. 현재의 충청남도 논산시 연산면 지역이다. 왜 그랬을까? 아마도 전주 도성이 박영규에게 이미 장악되었기 때문일 것이다.

일리천 전투는 후백제와 고려의 오랜 항쟁을 끝낸 전투이다. 견훤이 자청해서 전장에 나왔다. 기록에 따르면 고려군 쪽에서 견훤의 모습이 보이자 후백제 장군들이 그의 앞으로 나가 투항했다고 한다. 후백제 장군들은 왕건에게 패배했다기보다는 자신들의 주군인 견훤에게 항복했던 것이다. 신검의 후백제군은 황산 지역으로 퇴각해서 최후로 항복했다.

왕건 일행은 일리천 전투에서 승리하고 후백제 수도 전주에 입성했으나 견훤은 그들과 동행하지 않았다. 그는 황산에 있는 한 불사佛寺에 머물다가 곧 죽었다. 이후 그가 머물렀던 불사는 헐렸다. 그 자리에 936년 공사가 시작되어 940년 새 절이 세워졌다. 그 절이 개태사開泰寺이다. 견훤의 흔적을 지워 민심이 동요할 근거를 없애면서도 더 큰 절을 세워 뒷말까지 막는 조처였을 것이다.

6. 견훤은 왜 최후의 승자가 되지 못했나

9세기 말에 이르러 지역마다 성주와 장군들이 나타났고, 그들 사이에는 자연스럽게 통합의 기류가 형성되었다. 이런 기류의 전환은 누군가 인위적으로는 만들어낼 수 없는 자연스러운 흐름이다. 이 통합의 기류 속에서 그 시대가 요구하는 가치를 가장 잘 체현한 인물이 결국은 최후의 승리자가 되게 마련이다.

견훤은 9세기 말 10세기 초의 혼란스러운 시대에 등장한 많은 호족들 중에서 단연 두각을 나타냈다. 그는 그 시대에 필요한 장점들을 두루 가지고 있었다. 무엇보다 군사 지휘자로서 뛰어난 능력을 갖추었다. 그는 신라 군인 출신이며, 개인적으로 용맹한 사람이었다. 그런 무공을 바탕으로 가장 먼저 크고 강력한 군대를 조직했다. 후백제는 패망하기 수년 전까지도 군사력 면에서 고려보다 상대적 우위를 유지했다. 그 중심에는 견훤이 있었다.

견훤은 정치 이념을 제시하는 데도 탁월했다. 그런 역량은 단순히 자신의 상황을 치장하기 위한 목적을 넘어 당대의 필요에 부응하는 힘이었다. 처음에는 신라의 지방관을 사칭하며 지역의 치안 확보를 표방했고, 다음으로는 그 자신이 본래 신라 지역 출신임에도 백제 계승을 내세워 독자적인 국가 수립을 천명했다. 나중에는 삼한을 통합하고 고구려 옛 영토를 회복한다는 이상을 제시했다. 견훤의 이런 목표 천명을 궁예가 따랐고, 나중에는 왕건이 따랐다. 견훤은 단지 뛰어난 군사 지휘자만은 아니었다. 이렇듯 탁월한 장군이자 뛰어난 이상을 제시했던 인물이 왜 최후의 승리자가 되지 못했을까?

후백제가 몰락한 직접적인 이유는 신검 형제들의 반란과 함께 견훤이 왕건에게 귀부한 데 있다. 신검 형제들의 반란을 단순히 부자간이나 형제간에 일어난 비윤리적 행동으로 보아서는 상황을 이해하기 어렵다. 형제간 반목과 갈등의 배후에는 그들과 연결된 호족 집단이 있었다. 신검 형제들의 외가는 견훤이 세력을 처음으로 확립한 무진주(현 전라남도 광주) 쪽 호족 세력이었고, 넷째 금강의 외가는 견훤이 완산주(현 전주)로 와서 얻은 호족들이었다.

건국에 성공한 후 공신들 사이의 분열과 갈등은 언제나 벌어지는 일이다. 그 갈등은 주로 그들의 주군과 오랫동안 함께했던 사람들과 건국에 공헌했지만 주군과 함께한 시간이 상대적으로 길지 않은 사람들 사이에 벌어지는 경우가 많다. 생각해보면 이런 갈등에는 구조적이고 논리적인 이유가 있다.

능력 있는 리더가 처음 세력을 확대하기 시작할 때 그를 주군으로 받들어 주위에 모인 사람들은 아직 그 능력이 검증되었다고 보기는 힘들다. 이 상황에서 추종자들은 리더에 대해 자연스럽게 충성심을 갖게 된다. 반면에 세력 확장이 상당히 진행된 뒤 합류한 사람들은 이미 스스로 상당한 능력과 업적을 갖췄을 가능성이 높다. 건국에 성공한 이후 양자는 각자 훌륭한 보상을 기대할 합리적인 이유를 갖는다. 초기에 합류한 사람들에게는 긴 세월의 희생과 충성이 있고, 뒤에 합류한 사람들은 자신들이 세운 공이 있다. 이 차이가 그들 사이에 긴장과 갈등의 정도를 높이게 마련이다. 그럼에도 그들의 주군이 살아 있는 동안에는 그 갈등이 통제될 수 있다. 하지만 주군이 자리에서 물러나거나 사망하여 후계자가 등장하게 되면 그 갈등을 더는 통제하기 어렵다. 널리 알려졌듯이 왕건은 주요 공신들과 두루 결혼 관계를 맺음으로써 그 문제를 다음 세대로 떠넘겼다. 왕건 이후 혜종, 정종의 짧은 재위와 공신 세력에 대한 광종의 엄청난 숙청은 예정되어 있었던 셈이다. 이에 반해 견훤의 경우는 자신의 만년에 이 문제가 폭발했다.

견훤이 왕건에 비해 부족했던 면은 호족 세력 간 갈등을 조정하는 데 미흡했다는 점이다. 왕건은 고창 전투와 운주 전투에서 볼 수 있듯이 자신의 본거지와 멀리 떨어진 지역에서 치러진 전투에서도 그 지역 토호의 도움을 끌어내어 전투를 승리로 이끌었다. 나주를 비롯한 서남해 일대 해상 세력은 견훤의 근거지에 훨씬 가까웠음에도 불구하고 오히려 왕건과 연결되었다. 견훤은 탁월한 군사력으로 최후의 승리자에 가까이 다가갔지만, 결국 호족을 아우르는 정치적 측면에서 약점을 드러냈다. 뛰어난 무용을 갖고 스스로 군대의 중심에 선 견훤이었기에, 그가 왕건에게 귀부하자 후백제 군대는 무너지고 말았다.

12

궁예

1. 출생과 성장

『삼국사기』 권50, 「열전」 10, 궁예 조에 따르면 궁예는 신라 47대 헌안왕(재위 857~861) 혹은 48대 경문왕(재위 861~875)의 아들이다. 그런데 그의 출생과 관련하여 여러 가지 불길한 조짐이 있었다고 한다. 이 때문에 부왕이 아기를 죽이라는 명령을 내렸으나 유모의 도움으로 간신히 목숨을 구할 수 있었다. 그 뒤 궁예는 유모와 함께 시골에서 숨어 지내다가 10여 세 때 세달사世達寺라는 절에 들어가 승려가 되었다. 선종善宗이 그의 승명僧名이다. 이후 적어도 30대 초반까지는 승려로 살았다. 세달사는 고려시대에 흥교사興敎寺로 이름이 바뀌었다. 그 위치가 확인되지 않다가 2012년에 발굴을 통해서 강원도 영월군 영월읍 흥월2리 태화산 서쪽의 폐교된 영월초등학교 흥교분교장이 바로 옛 절터로 확인되었다. 지금은 주차장으로 쓰인다.

김부식이 『삼국사기』 권50, 「열전」 10, 견훤 조 말미에 궁예를 '본시 신

칠장사 명부전에 그려진 궁예　칠장사는 경기도 안성시 죽산면 칠현산七賢山에 소재한다. 자장율사가 창건한 사찰이다. 궁예가 10세 때까지 이곳에서 활쏘기를 하며 유년 시절을 보냈다는 구전이 내려오는데, 명부전 벽화에는 그린 궁예의 모습이 그려져 있다. 그러나 『삼국사기』에 따르면 궁예는 10여 세 때 세달사에 들어가 승려가 되었다.

라의 왕자'라고 쓴 것을 보면 궁예가 신라 왕실 출신이었다는 말은 사실인 듯하다. 그의 탄생과 관련하여 여러 가지 불길한 조짐이 있었다는 말을 표현 그대로 믿기는 어렵다. 어쩌면 왕실 내 정치적 갈등의 희생자가 되어 겨우 목숨만 건진 채 궁에서 쫓겨났는지도 모르겠다. 아버지가 호족인 왕건과 견훤은 정확한 출생 연도가 전해지고 있지만, 궁예는 그렇지 못하다. 연구자들은 궁예가 856~861년 사이에 출생했으리라 추정한다. 순탄치 않았던 그의 어린 시절이 불확실한 출생 연도로도 표현된다. 어쨌든 왕건이 877년, 견훤이 867년에 출생했으니 궁예는 왕건에 비해 최대 21년, 최소한 16년 연상이다.

　궁예가 절에서 나온 때는 891년이다. 10여 세에 출가하여 적어도 31세가 될 때까지 승려로 살았다. 절에서 나온 이후의 행동을 보면 승려로 생활하는 동안에도 착실한 승려였던 것 같지는 않다. 『삼국사기』는 그에 대해 "나이가 들자 승려의 계율에 구애받지 않았으며, 헌칠하고 담력이 있었다"고 기록하고 있다. 승려 생활을 하는 동안 궁예는 종간宗偘, 은부狀鈇 등 나중에 그의 최측근이 되는 사람들을 만났다. 그가 절에서 나올 때 이들 역시 궁예와 함께했을 것이다. 이들은 나중에 왕건이 즉위한 지 6일 만에 처형당했다. 마지막까지 궁예와 함께했었음을 뜻한다.

2. 절에서 나와 '장군'이 되다

궁예가 절에서 나오기 전부터 세상은 이미 심하게 요동치고 있었다. 889년 상주에서 '원종과 애노의 난'이 발발한 이후, 해인사 승려 훈訓이 말했듯이 그 사나운 여파가 온 나라에 수년간 이어졌다.☞ 190쪽 참조 결국 신라 조정은 곳곳에서 봉기한 난을 진압하는 데 실패했다. 오래전부터 지역마다 '장군' 또는 '성주'로 불리는, 신라 정부에 대해 독립적인 호족이 등장하고 있었다. '원종과 애노의 난'은 그 흐름을 폭발적으로 가속화했다. 절에서 나온 이후의 궁예 행동을 보면 그도 그러한 흐름에 올라타려 했음을 알 수 있다.

궁예와 그의 무리는 891년 절에서 나와 죽주(현 경기도 안성시 죽산면)를 장악하고 있던 기훤의 부하가 되었다. 기훤은 그를 업신여기면서 예우하지 않았다. 그러자 다음 해에 궁예 무리는 양길을 찾아갔다. 그 무렵 양길은 기훤보다 더 세력이 큰 호족이었다. 나중에 양길은 신라 5소경 중 북원北原(현 강원도 원주)과 국원國原(현 충청북도 충주)을 지배했다. 그는 자신을 찾아온 궁예를 예우했다. 하지만 궁예의 궁극적 목적이 양길의 부하가 되는 것은 아니었다. 그해 10월에 양길은 기병 100명을 궁예에게 주었다. 궁예는 이 병력으로 주천酒泉(현 강원도 영월군 주천면), 나성奈城(현 강원도 영월군 영월읍), 울오鬱烏(현 강원도 평창), 어진御珍(현 경상북도 울진) 등 여러 군현을 차례로 공격해서 항복을 받아냈다. 2년 뒤 울진에 도착했을 때 궁예의 병력은 600명 정도로 늘어나 있었다. 『삼국사기』에는 "궁예가 북원으로부터 하슬라(현 강릉)로 들어가는데 무리가 600여 인에 이르렀고 장군이라 자칭했다"라고 기록되어 있다. 100명에서 시작하여 2년간 병력이 6배로 늘어났다. '장군'은 그즈음 독립적인 호족을 가리켜 부르던 말이다.

궁예의 늘어난 병사들은 어떤 사람이었을까? 이에 대해 전해주는 기록은 없다. 하지만 충분히 짐작할 수 있다. 당시 곳곳에서 일어난 호족이 거느린 병사들의 출신 성분과 다르지 않았을 것이다. 그들은 여러 이유로 생계가 막연하여 자신이 살던 곳을 떠나 떠돌던 유망민, 가난한 농민들 중에서 완력이 있는 사람이었을 것이다. 사병의 원천은 곧 유망민들이었다. 그들은 시대에 따라 그 모습과 규모가 다르지만 언제나 존재하는 사람이다.

3. 전환점이 된 명주

궁예가 명주, 즉 강릉에 들어간 이후의 상황을 『삼국사기』는 다음과 같이 기록했다.

건녕 원년(894) 명주에 들어갔다. 무리 3,500인을 거느렸는데 … (궁예가) 사졸들과 더불어 즐거움과 괴로움, 수고로움과 평안함을 함께하였으며, 상벌(賞罰)에 이르러서는 공적公的으로 하고 사사로이 하지 않았다. 이로써 무리들이 (궁예를) 마음으로 두려워하고 사랑하여 추대해서 장군으로 삼았다.

―『삼국사기』 권50, 「열전」 10, 궁예.

궁예는 894년 10월 강릉에 들어갔다. 이 과정에서 전투는 없었다. 궁예가 강릉에 들어간 후 그의 병력이 3,500명이 되었다고 나온다. 즉, 강릉에 처음 입성할 때 거느렸던 무리는 600명인데, 들어간 뒤에는 그보다 훨씬 많은 병력으로 늘어나 있었다. 무혈입성이었다. 어찌 된 일일까?

강릉은 이전부터 정치적으로 반신라적 분위기가 강했다. 아마도 김주원金周元의 영향이 중요한 원인이었을 것이다. 김주원은 785년 선덕왕宣德王 사후 왕위쟁탈전에서 패배한 뒤 이곳으로 왔다. 그는 공식적으로 명주군왕溟州郡王에 봉해져서 이 지역을 지배했다. 그의 아들 김헌창은 아버지가 왕위에 오르지 못한 것을 이유 삼아 822년에 난을 일으켰다. '김헌창의 난'이다. 뒷날 궁예가 축출된 뒤에도 왕건에게 복종하지 않은 채 독립적인 상태를 유지하면서 명주를 지배했던 김순식金順式이란 인물도 있다. 그러나 태조 5년(922)에 그는 왕건에게 귀부하고 왕씨 성을 하사받았다.

궁예는 명주에서 자신의 무장 병력을 3,500명으로 키웠다. 이 정도 병력이면 당시 많은 호족들 중에서도 수준급 세력이었을 것이다. 그는 이 병력을 14개 부대로 편성하고 각 부대에 부장部將을 임명했다. 그는 894년 10월에 명주로 들어가서 895년 8월에 나온다. 이 사이에 자신의 군사적 기반을 확보했다. 이 같은 자립 방식은 892년 견훤이 무진주를 점령하여 독자적 기반을 확보했던 것과 유사하다. 이 단계에서 궁예는 많은 호족들 중 그저 그런 하나가 아니라 유력한 호족 세력으로 발돋움했다. 견훤과 궁예는 모두 이 과정에서 탁월한 개인적 면모를 통해 사람들을 자신에게로 끌어당기는 모습을 보여주었다. 이 시기에 그들은 주변 사람들에게 헌신적이고 일을 처리할 때는 공정했다. 궁예는 명주에서 자립하고 나아가 성장의 도약대까지 마련했다.

4. 두 번째 도약

895년 8월에 강릉을 나온 궁예 부대는 서쪽으로 전진했다. 저족猪足(인제), 생천牲川(화천), 부약夫若(김화), 금성金城(김화), 철원鐵圓 등 10여 군현을 삽시간에 장악했다. 이 작은 고을들이 3,500명 이상의 사기충천한 궁예 부대를 막아낼 수는 없었을 것이다. 896년에는 김포, 서울(양천), 강화, 송악에 이르는 대장정을 거쳐 한반도 중부권을 아우르는 큰 세력을 형성했다. 대장정을 하는 과정에서 궁예 군은 더욱더 규모가 커졌을 것이다. 그러고서 같은 해 드디어 철원에 자리를 잡았다.

이즈음 궁예에게 중요한 도약의 기회가 찾아왔다. 패서浿西 지역 호족들이 귀부해오기 시작한 것이다. 그들은 궁예의 병력이 많고 강함을 보고서자신들의 기득권을 보장받을 수 있는 귀부의 방식을 선택했다. 어느덧 궁예는 강력한 또 다른 호족들의 귀부를 받는 지위에 올라서 있었다. 패서란예성강 이북과 대동강 이남 사이의 지역으로, 주로 황해도 지역을 말한다. 패서 호족들은 궁예가 892년 10월 이래 그때까지 흡수했던 군소 호족이나고향을 떠나 떠돌던 농민들과는 전혀 다른 존재였다. 패서 지역은 신라 수도로부터 가장 먼 변경이었다. 그렇다고 이 지역이 낙후되었다는 뜻은 전혀 아니다. 이곳에 일찍부터 터전을 잡은 사람들은 경제적으로 부유하고 군사적으로 강력했다. 그들은 100여 년에 이르는 패강진浿江鎭의 성장과 함께 커온 집단이다. 이 지역 출신으로 나중에 왕건 세력의 중심을 형성한 인물들이 적지 않다.

신라는 전쟁을 통해 당나라 군대를 밀어내고 예성강 유역을 차지했다. 735년(성덕왕 34)에는 당나라로부터 이 지역에 대한 영유권을 정식으로 인정받았다. 조금 다른 맥락이기는 하지만, 당 태종이 648년에 김춘추에게 했던 약속은 이때에야 이루어진 셈이다. 이후 북쪽으로 차차 그 영역을 확대하여 782년(선덕왕 3)에 현재의 황해도 평산平山에 패강진을 설치했다. 진鎭이라는 글자 자체가 군사적 행정구역을 말한다. 패강진 설치는 예성강 이북의 땅을 군정軍政 방식으로 통치하기 위한 조처였다. 이로써 패강진은 군사적 성격을 지닌 채 신라 중앙정부로부터 상당한 독립성을 지닌 독자적 영역이 되었다. 이후 패강진 관할 지역은 북쪽으로 더욱 확대되어 나중에는 대동강 남안南岸에 이르렀다.

문제는 중앙으로부터 독립성이 강한 패강진이 설치된 후 신라가 지방에 대한 통제력을 잃어가면서 그 독립성이 더욱 높아졌다는 점이다. 일찍이 이기동은 신라 패망의 한 원인으로 진골 귀족에게 강력히 나타났던 '경주 중심의 폐쇄성'을 지적한 바 있다. 그가 지적하듯이, 삼국 통일 후 신문왕은 689년(신문왕 9)에 달구벌(대구)로 수도를 옮기려 했다. 확장된 나라의 영역에서 경주는 너무 한쪽에 치우쳐 있기 때문이었다. 하지만 진골 귀족들의 반대로 계획을 포기했다. 대대로 진골들이 누려온 녹읍도 폐지할 정도로 막강한 왕권을 행사했던 신문왕이지만 수도 이전에는 실패했다. 진골 귀족들의 경주에 대한 집착이 얼마나 강력했는지를 짐작할 수 있다.

신라의 5악岳은 국가 제사를 지내던 곳이다. 5악은 토함산(동악), 계룡산(서악), 지리산(남악), 태백산(북악), 공산公山(중악)이다. 5악의 정비와 그곳

신라의 5악 동악은 토함산, 서악은 계룡산, 남악은 지리산, 북악은 태백산, 그리고 중악은 팔공산이다.

에서 지내는 국가 제사는 신라 지배층의 심리적 영역 의식, 다시 말해서 진골 귀족들이 자신들에게 정말로 중요한 영역이라고 생각하는 마음의 지도를 보여준다. 흥미롭게도 신라 5악은 서악(공주 계룡산)을 제외하면 모두 소백산맥 일대와 그 동남쪽에 있는 산들이다. 이 산악들이 위치한 곳까지가 신라의 전통적인 영역이다. 삼국 통일과 이후의 영역 확대로 신라 국경선은 저 멀리 대동강 이남까지 확대되었다. 이를 감안하면 북방을 수호하는 진산鎭山으로서의 북악北嶽은 최소한 서울의 남한산쯤은 되어야 어울린다. 신라에게 그렇게 할 만한 역사적 경험이 없지도 않다. 당나라와 전쟁을 벌이던 670년대 전반에 신라는 당나라 군대의 남하를 막기 위해 임진강·한탄강, 양주·포천, 현 남한산성 자리에 겹겹이 산성을 쌓았다. 연구에 따르면 지금의 남한산성에는 이 시기에 신라가 쌓았던 주장성晝長城으로 추정되는 흔적이 확인된다. 그런데도 신라의 북악은 태백산(영주, 봉화)이 었다. 오늘날 경상북도와 강원도를 가르는 경계이다. 이는 신라의 전신인 사로국이 진한 12국을 병합하는 단계에서나 어울린다. 신라 조정은 9세기 내내 패강진 관할 지역에서 줄곧 성장하고 있던 지방 세력에 거의 주의를 기울이지 않았다. 그 결과 이 서북 변경 지대에서는 다른 지역에 비해 훨씬 단결력이 강한 봉건적 단위, 즉 호족 세력이 확고히 뿌리박았다.

패서 호족의 중심인물은 박지윤朴遲胤이었다. 그는 평산平山 박씨 가문 인물인데, 본래 그 가문은 중앙의 귀족 출신이고 할아버지는 지방관을 지 낸 박적오朴赤烏라는 인물이다. 박지윤의 아버지 박직윤朴直胤이 평주平州 (황해도 평산의 옛 이름)에 낙향하여 대호족이 되었고, 박지윤이 이를 이어 받았다. 평주는 패강진의 본영本營이 설치된 곳이었다. 박직윤은 대모달大 毛達로 불리었다. 대모달은 고구려의 장군직 이름인 대모달大模達을 가리 킨다. 신라 말 대호족을 지칭하던 '장군'과 같은 뜻이다. 박지윤은 패서 지 역의 각 군현을 거점으로 대두한 호족들에게 상당한 영향력을 행사하고 있었다. 박지윤이 궁예에게 '귀부'하자, 그의 영향력 아래 있던 패서 지역 다른 호족들도 궁예에게 차례로 '귀부'했다. 이로써 패서 지역이 궁예 밑 으로 들어갔고, 그 결과 궁예의 경제적 군사적 능력은 크게 강화되었다.

5. 왕륭의 귀부

박지윤이 궁예에게 귀부하자 송악松岳(현 개성)의 왕륭王隆(?~897)이 896

년에 그 뒤를 따랐다. 그의 귀부는 어느 정도 예상된 일이었다. 왕건가王建家는 본래 평주 지역의 호족들과 여러모로 연고를 맺고 있었으며, 특히 평산 박씨 가문과는 밀접한 관련이 있었다. 양쪽 집안은 궁예가 출현하자 대체로 행동을 같이했다. 왕륭이 궁예에 귀부하는 장면을 『고려사』는 다음과 같이 기록했다.

세조(왕륭)는 그때에 송악군松嶽郡 사찬沙粲으로 있었는데 건녕乾寧 3년 병진(896)에 자기 고을을 궁예에게 바치니, 궁예가 크게 기뻐하여 그를 금성 태수金城太守로 삼았다. 세조가 궁예를 달래어 말하기를 "대왕께서 만일 조선, 숙신, 변한 지역(한반도와 만주)에서 왕 노릇을 하려면 먼저 송악에 성을 쌓고 나의 맏아들(왕건)을 그 성주로 삼는 것이 가장 좋습니다."라고 하였다. 궁예가 그 말을 좇아서 태조(왕건)를 시켜 발어참성勃禦塹城을 쌓게 하고 이어 그를 성주로 삼았으니, 그때 태조의 나이 20세였다. 광화光化 원년 무오(898)에 궁예가 송악으로 도읍을 옮겼을 때 태조가 와서 만나니, 궁예가 정기대감精騎大監이라는 벼슬을 주었다.
— 『고려사』 권1, 「세가」 1, 태조 1.

왕건 가문은 무력적 기반이라는 측면에서는 평산 박씨 가문에 미치지 못했다. 그런데 왕륭은 궁예를 찾아가서 대담한 제안을 했다. 자신의 지역 기반인 송악을 모두 바치겠으니 맏아들 왕건을 송악 성주로 삼아달라는 제안이었다. 왕륭은 자신이 가진 전부를 건 거래를 했던 셈이다. 당시 호족들 사이에 일반적으로 행해지던 귀부의 방식이다. 궁예는 이 제안을 받아들였다. 그는 철원 옆에 있는 금성(현 강원도 철원군 김화읍)에 왕륭을 태수로 임명하고, 왕륭의 요구대로 왕건을 송악군 성주로 삼았다. 이러한 조치로 미루어 보건대, 궁예는 왕륭의 제안을 흔쾌히 받아들였던 것 같다. 왕륭이 요구하지도 않았던 금성 태수 자리에 그를 임명할 정도로 궁예가 왕건가를 우대한 이유는 무엇이었을까? 아마도 왕건가가 중국까지 이르는 해상무역에 종사하여 넓은 교역망과 상당한 부富를 얻은 것을 궁예가 고려했기 때문일 가능성이 높다. 어쨌든 왕륭의 제안은 결과적으로 큰 성공을 거두었다. 이후 송악에서 왕건가의 기반은 더욱 견고해졌다.

898년 7월에 궁예는 철원에서 송악으로 도읍을 옮겼다. 주목할 점은 1년 뒤인 899년 7월에 궁예와 양길이 전쟁을 치렀다는 사실이다. 이 전쟁에서 궁예가 승리를 거두었다. 궁예와 양길의 전쟁은 이미 예정되어 있는 일이나 마찬가지였다. 궁예가 한반도 중부권을 장악하면서 한강 유역을 차지하게 되자, 바로 그 아래 지역을 차지하고 있던 양길의 세력과 맞부딪혔기 때문이다. 궁예와 양길의 부대가 결전을 치른 곳은 비뇌성非惱城이다. 오늘날 안성에 있는 죽주산성으로 추정된다. 죽주산성은 8년 전 궁예가 절을 나와서 기훤의 부하가 되었던 곳, 즉 기훤의 본거지이며, 신라가 6세기 중반 한강 유역으로 진출하는 과정에 축조한 성이다. 지금 시각으로 보아도 교통의 요지에 위치한다. 남북으로 서울·용인 등 경기 지방과 진천·청주를 거쳐 호남 지방으로 연결되고, 동서로 평택 등 호서 지역과 음성·충주를 거쳐 영남으로 연결되는 요지에 자리 잡고 있다.

전투가 일어났을 당시에 죽주산성을 차지하고 있던 쪽은 궁예 군이었다. 양길은 휘하 30여 개 성의 정예 병력을 동원하여 899년 7월 궁예 부대를 공격했다. 하지만 양길 군의 본격적인 공격이 있기 이전에 이 지역 지리를 잘 알고 있던 궁예 군이 선제적으로 기습 공격을 하여 종국에는 대승을 거두었다. 객관적 전력으로 보면 양길이 우위에 있었다. 그런데도 궁예 군이 승리를 거두었다. 여기에는 분명한 이유가 있었다. 바로 이 지역 토착 세력의 도움이 컸다.

앞에서 궁예에게 귀부한 패서 지역의 호족 박지윤이라는 인물을 언급했다. 흥미롭게도 그의 할아버지 박적오의 후손들이 안성 지역 토착 세력이었다. 본래 경주에서 벼슬을 지내기도 했던 박적오는 죽산(현 경기도 안성시 죽산면)에 자리를 잡았는데, 그의 아들인 박직윤, 즉 박지윤의 아버지는 황해도 평산으로 갔고 박적오의 다른 아들들은 죽산에서 계속 세력을 유지하고 있었다. 다시 말해 박지윤과 안성의 토착 귀족들은 사촌 관계였다. 박지윤이 궁예에게 귀부한 이후 패서 호족들은 궁예 군대의 중요한 세력을 형성했다. 비뇌성 전투에 박지윤도 참가했을 것이다. 그리고 죽산의 토착 세력이자 그의 사촌들이 전투에 도움을 주었을 것이다. 비뇌성 전투의 승리로 궁예는 한반도 중부 지역의 패권을 완전히 장악했다. 이 승리는 901년 궁예가 스스로 왕을 칭하고 후고구려 건국을 선포하는 결정적 기반이 되었다.

6. 궁예의 선택

901년에 궁예는 송악에서 후고구려를 건국했다. 200여 년 전 패망한 고구려를 계승한다는 의미였다. 앞에서 말했듯이 이것은 견훤의 방식을 본떴을 가능성이 크다. 궁예는 이미 5년 전인 896년에 철원에서 자신의 영역을 분명히 했지만, 좀 더 힘을 길러 이때에 건국을 천명했다. 견훤의 후백제에 비하면 1년 늦은 건국이다. 하지만 국가의 판도로 보면 후고구려는 후백제 영역보다 훨씬 넓은 지역을 아울렀다. 남으로 공주에서 소백산맥을 잇는 선으로부터 북으로는 대동강에서 원산만에 이르는 선까지가 나라의 영역이었다. 삼한의 반 이상이 궁예의 영토였다. 궁예가 다음으로 해결해야 할 과제는 분명했다. 대외적으로는 견훤과의 경쟁에서 승리하는 것이고, 대내적으로는 국가 체제를 튼튼히 하는 것이었다.

국가 체제 정비에서 핵심은 호족들과 어떤 관계를 맺는가에 있었다. 따져보면 궁예가 후고구려를 건국할 수 있었던 핵심 동력은 패서 호족들과 건설적인 결합을 했던 데서 나왔다. 그들의 기득권을 인정해주면서 그들이 가진 역량을 끌어내 활용했다. 그런 정책이 가장 잘 드러난 것이 양길과의 전쟁이다. 궁예 앞에는 두 갈래 길이 있었다. 하나는 호족들과의 결합을 더욱 강화하는 방향이고, 다른 하나는 호족의 힘을 억제하면서 전제 왕권을 강화하는 방향이었다. 두 길은 전혀 다른 방향이다.

궁예가 전제 왕권을 강화하는 방향으로 나아가기 시작한 때는 904년 무렵이었던 것으로 보인다. 이해에 궁예는 국호를 고려에서 마진摩震으로 바꾸었다. 마진은 마하진단摩訶震旦의 약칭인데, 마하는 범어梵語로 크다(大)는 뜻이고 진단은 동방 전체를 의미하는 말이다. 곧 대동방국大東方國의 뜻을 담고 있다. 범어는 고대 인도어로 불경을 기록한 문자이다. 뒤이어 청주의 인호人戶 1천을 철원으로 이주시켰다. 송악은 패서 호족의 영향력이 강한 지역이었다. 그에 비하면 철원은 궁예가 패서 호족과 결합하기 전에 자신의 근거지로 삼았던 지역이다. 이렇게 준비를 갖춘 후, 이듬해 905년에 수도를 송악에서 다시 철원으로 옮겼다.

이때 만들어지는 철원 도성은 현 강원도 철원군 홍원리의 풍천원楓川原 벌판에 위치한다. 지금은 비무장지대(DMZ) 안쪽의 남쪽과 북쪽에 절반씩 걸쳐 있다. 1942년 조선총독부가 간행한 『조선 보물고적 조사자료』에 따르면 외성의 길이는 12km, 높이 최대 2.4m, 너비 최대 12m이고, 내성은 높이가 1.4m, 너비 2.4m 정도이다. 약 500년 뒤 한양 도성의 길이가

궁예 도성터 군사분계선에 걸쳐져 있기 때문에 남북의 합의 없이는 접근할 수 없는 강원도 철원군 홍원리 풍천원 일대는 궁예 도성이 있었던 곳이다. 이 도성의 남문터에는 석등 2기가 있었다. 왼쪽 석등은 높이 280cm이며 화강암으로 제작되었고, 오른쪽은 왼쪽 석등에 비해 규모는 작지만 단아한 모습이다. 출처_국립중앙박물관

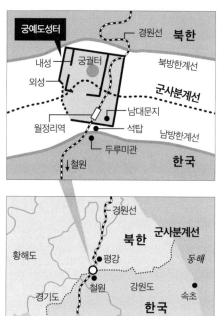

18km였다는 점을 생각하면 대단히 큰 규모이다.

수도를 옮기고 국호를 바꾸고 청주 사람들을 대규모로 이주시킨 것은 정치적으로 모두 한 방향을 가리킨다. 궁예가 패서 호족의 영향력을 축소하고 자신에게 권력을 집중시키려 한다는 것을 뜻했다. 패서 호족들에게는 고구려의 영향이 상당히 남아 있었다. 나라 이름을 고려에서 마진으로 바꾼 것은 패서 호족들에게 국가의 지향이 달라졌다는 신호로 읽혔을 터이다. 청주의 인호 1천을 철원으로 옮긴 일은 단순히 노동력을 충당하기 위한 목적이 아니었다. 옮긴 사람들 중에는 정치적 사회적 영향력을 상당히 갖고 있는 자도 적지 않았을 것이다. 그들이야말로 패서 호족과 경쟁하고 궁예의 정치적 기반이 되어야 할 사람이었다. 실제로 이후 청주인들은 궁예 정권의 핵심을 구성한다.

7. 미륵불 궁예

궁예의 전제주의적인 성향이 어떤 시점을 기준으로 갑작스럽고 폭발적으로 짙어졌던 것은 아니다. 하지만 그 수위가 지속적으로 높아지고 있었음은 분명하다. 이 때문에 궁예와 호족들 간의 갈등도 점차 고조되었을 것이다. 무엇보다 철원으로 수도를 옮기면서 들어간 엄청난 비용은 패서 지역 호족들에게 적지 않은 부담으로 작용했을 것이다. 수도 이전이 패서 호족들에게는 유리하지도 달갑지도 않은데 심지어 경제적 부담까지 자신들이 떠맡아야 하는 상황이었다. 더구나 철원에 세운 도성은 천년 고도의 경주 월성을 훨씬 뛰어넘는 규모였다.

911년 궁예는 국호를 태봉泰封으로 또다시 바꾸었다. 이때부터 궁예의 전제주의적 성향이 한층 강화되었다. 본인은 미륵불을 자칭했고, 큰아들을 신광神光보살, 막내아들을 청광靑光보살이라고 하여 자신은 물론 두 아들까지 신격화했다. 복장뿐 아니라 행차를 할 때도 미륵불의 장엄莊嚴(향이나 꽃 등을 부처에게 올려 장식하는 일)을 꾸미기도 했다. 스스로 불교 경전 20여 권을 짓고 강설하기도 했다. 이로써 궁예는 국왕이자 미륵불로서 성聖속俗의 권능을 모두 장악했다.

그런데 궁예는 자신의 권력을 강화하기 위한 수단에 왜 미륵 신앙을 동원했을까? 신앙적으로 불교에 의지하고 그것을 정치적으로 이용하기는 견훤과 왕건도 다르지 않았다. 하지만 그들에 비해 궁예가 미륵 신앙을 정치적으로 동원한 정도가 훨씬 강했다.

미륵 신앙과 궁예 개인의 인연을 말하기 전에 9세기 중·후반 신라의 불교 상황을 확인할 필요가 있다. 신라에서는 9세기 중·후반부터 말법末法 인식이 나타났다. 말법이란 부처의 말씀이 사라진 시기를 가리키는 불가의 개념이다. 혼란스러운 신라 사회의 현실을 반영한 인식이었다. 잦은 흉년과 일상적인 굶주림, 유민과 도적 떼의 횡행, 이런 마당에도 왕실과 지배층은 권력투쟁에만 몰두하는 상황이 현실이었다. 흥미롭게도 미륵 신앙은 경주의 동북 지역, 즉 강원도에서 시작되었다. 궁예가 10대와 20대를 보낸 세달사가 있던 지역이다. 미륵 신앙은 한 세대 후 전국적으로 퍼져 나갔다. 그와 함께 말법 인식도 유행했다. 말법 인식은 선종을 개창한 선사들의 비문에 나타난다. 말법 인식, 미륵 신앙, 선종은 같은 사회적 맥락에 있었다.

궁예가 미륵을 자임한 것은 자연스럽기도 하고 불가피한 측면도 있었다. 그는 10대와 20대를 불교 승려로 보냈다. 그가 어린 시절과 청년기를 보낸 지역은 말법 인식이 처음 나타났던 강원도이다. 그가 성장하는 과정

철원 도피안사 철조비로자나불좌상　강원도 철원군 도피안사에 있다. 865년(경문왕 5)에 선종 발전에 기여한 도선道詵이 도피안사를 창건하고 3층석탑(보물 223호)과 철조 비로자나불좌상을 봉안했다. 불상의 등 뒤에 "석가모니가 열반한 후 세상이 어둡게 되고 삼천광三千光이 비치지 않는 것을 슬퍼하여 865년 1월에 향도 1,500여 명이 발원하여 이 불상을 조성하였다"고 기록되어 있다. 불상 높이 91cm. 출처_문화재청

에서 획득한 대부분의 견문이 불교 지식이다. 더구나 그는 자신이 동원할 수 있는 정치적 자원이 거의 없었다. 어쩌면 이 문제를 정상적으로 해결해 보려던 시도가 청주인들을 철원으로 옮긴 사민徙民이었을 것이다. 궁예는 자신의 권력을 강화하기 위해 노력했지만 스스로 원한 만큼 강화되었다고 보기는 어렵다. 이를 보여주는 사례가 913년에 일어난 '아지태 사건'이다.

> 건화乾化 3년 계유癸酉(913)에 태조(왕건)가 누차 변방에서 공적을 드러 냈다 하여 벼슬을 높이어 파진찬波珍粲 겸 시중侍中으로 삼아 (철원으로) 소환하였다. … 이때 태조의 지위는 모든 벼슬아치의 우두머리가 되었 다. 그러나 (그것이 왕건의) 본뜻이 아니고, 또한 참소를 두려워하여 (왕 건은) 그 자리에 있기를 좋아하지 않았다. … 매번 타인이 참소를 당하 면 (왕건은) 문득 모두 구해주었다. 청주인靑州人 아지태阿志泰라는 사람 이 있었는데 본래 아첨을 좋아하고 간사했다. (아지태는) 궁예가 아첨을 좋아하는 것을 보고 같은 주인州人(즉 청주인) 입전쏬全과 신방辛方, 관서 寬舒 등을 참소했다. 유사有司(직무 담당자)가 그것을 수년 동안이나 추국 했으나 해결되지 않았다. 태조가 진위를 가리어 아지태를 복고伏辜(죄를 물음)하니 대중의 마음이 유쾌하였다. 이리하여 원문장교轅門將校(태봉국 군대 무장들)와 종실宗室·훈현勳賢(공훈이 있는 현명한 신하), 지계유아智計 儒雅(지혜롭고 품위가 있음)의 무리가 태조에게 쏠리어 그의 뒤를 따르지 않는 자가 없었다. 태조는 (자신에게) 화가 미칠 것을 두려워하여 (궁예 에게) 다시 곤외閫外(지방)에 나가게 해주기를 요청했다.
>
> —『고려사』 권1, 「세가」 1, 태조 1.

아지태阿志泰는 궁예가 철원으로 수도를 옮기면서 사민徙民한 청주인들 중 한 사람이다. 궁예는 청주인들을 활용하여 군사적 기반을 갖춰 나갔고, 그들 중 일부를 조정에 중용했다. 궁예로서는 정상적이고 합리적인 조치이다. 그런데 시간이 흐르면서 청주인들 사이에 세력이 나뉘고 어떤 이유인지 서로 갈등이 생겼던 모양이다. 궁예는 말년에 청주 출신 군인 80여 명을 처벌하기도 했다. 청주 세력 중 일부를 자신에게 반대하는 세력으로 보았다는 뜻이다. 이는 궁예가 청주인들을 통해 본래 의도했던 군사적 정치적 역할이 제대로 기능하지 못했음을 가리킨다.

한편 왕건은 909년 이후 나주 지역을 기반으로 후백제와의 군사적 대결에서 큰 공을 세웠다. 궁예는 그 공을 인정해서 왕건을 불러들여 최고위 직인 시중에 임명했다. 이 직책에 있으면서 왕건은 여러 해 끌어왔던 '아지태 사건'을 아지태에게 죄를 묻는 방식으로 말끔히 정리했다. 그에 따라 왕건의 신망이 크게 높아졌다. 하지만 왕건은 신중한 사람이었다. 두터워진 신망이 오히려 자신에게 화를 부를 수 있다고 염려했다. 당시 상황에서 충분히 가능한 일이었다. 그는 다시 지방으로 나가 군사 임무를 수행하기를 자청했고, 궁예도 이를 허락했다. '아지태 사건'은 비교적 정상적인 방식을 통해 전제 왕권을 강화하려던 궁예의 의도가 뜻대로 진행되지 않았음을 말해준다.

궁예의 미륵관심법은 915년에 등장했다. 이후 많은 문제가 발생했다. 『고려사』는 "당시에 궁예가 반역죄를 터무니없이 꾸며서 날마다 많은 사람을 죽이니 장군과 대신들 중에서 해를 당하는 자가 10 중 8, 9나 되었다"고 기록했다. 궁예의 행동이 통제할 수 없는 지경에 이르자, 915년에 부인 강씨가 궁예에게 "안색을 바르게 하고 간諫하였다." 그러자 궁예는 도리어 다른 사람과 간통했다는 누명을 강씨에게 씌워 강씨와 두 아들을 모두 죽였다. 심지어 왕건도 궁예에게 자칫 목숨을 잃을 뻔했던 적이 있다. 왕건의 생애에 죽음이 가까이 다가섰던 순간이다. 그 후로 궁예는 "의심이 많고 화를 잘 내니 여러 보좌관과 장수, 관리로부터 밑으로는 평민에 이르기까지 죄 없이 죽임을 당하는 자들이 자주 있었으며, 부양斧壤(현 북한의 강원도 평강군 평강면)과 철원 사람들이 그 해독을 이기지 못하였다"고 『삼국사기』에 기록되어 있다.

궁예의 이러한 행동은 아내와 두 아들을 죽이고도 3년이나 더 계속되었다. 918년 6월에 기병 장군 신숭겸申崇謙·홍유洪儒·복지겸卜智謙·배현경裵玄慶 등이 쿠데타를 일으켜 왕건을 추대했다. 그들은 궁성을 호위하는 친위 군대 장수들이었다. 그들의 기습적 모반으로 궁예 권력은 손쓸 사이 없이 무너졌다.

8. 궁예는 정말 광기에 사로잡혔나

사료가 전하는 궁예 말년의 모습은 미쳤다고밖에 할 수 없다. '미치광이 임금'을 정치적으로 분석하는 일은 어렵다. 이해할 수 없는 행위가 의도된 정치적 목적을 위한 연출인지, 아니면 실제로 광기 그 자체일 뿐인지를 판단하기 쉽지 않기 때문이다. 조선시대 연산군 사례가 그렇다. 그들의 정치적 인간적 몰락은 너무나 당연해 보인다. 정말 미쳤는지 여부와 무관하게 그들이 발산한 광기가 그 스스로의 몰락을 불렀다는 설명은 그들을 제거하고 집권한 사람들에게는 매우 유용하다.

궁예가 저지른 미친 듯한 행동에 일단 거리를 두고, 그가 왜 그렇게 행동했는지를 생각해보면 부분적으로 이해할 만한 측면도 있다. 물론 '이해한다'는 말이 곧 그의 행동이 정치적으로 적절했다거나 그의 행동에 동의

한다는 뜻일 수는 없다. 한마디로 궁예는 자신과 호족의 관계에서 비현실적인 목표를 설정했다. 그 목표에 도달하기 위해서는 정상적인 방법으로는 불가능하다고 생각했을 수도 있다. 그가 자기 당대에 호족 전체를 상대로 전제 왕권을 구축할 수는 없었다. 그런 권력이 '정치윤리적으로 정당한가'라는 문제는 일단 차치하고, 궁예 당대에는 물리적으로 도달할 수 없는 정치적 목표였다. 현실적으로 합리적 극대치가 어디까지인지를 파악하는 일은 언제나 그리고 누구에게나 어렵다. 궁예는 자신이 확고하게 통제하고 있는 정치적 자원이 충분하지 않아도 왕권과 종교적 신비주의를 결합하여 그 목표에 도달할 수 있다고 생각했던 듯하다.

신라 중대에 비교적 강력한 왕권을 구축하는 데 성공할 수 있었던 배경에는 동아시아에서 초강대국 당나라의 등장과 삼국 간 전쟁이라는 대내외적 요인이 있었다. 반면에 신라 하대에는 그런 요인들이 사라지면서 국왕권이 차츰 약화되었다. 궁예가 추구한 정치적 목표는 외부 환경의 도움 없이 전제 왕권을 세우려던 것이다. 신라 하대의 여러 유능한 국왕들조차 거기에 도달하지 못했다. 따라서 궁예는 신라 하대가 도달한 지점에서부터 나아가지 않을 수 없었다. 고려의 지방 통치는 성종 때 12목을 성립시키는 것부터 시작한다. 이 같은 지방 편제는 신라 하대에 설치한 9주 5소경의 연장선상에 있다고 보아야 한다. 그때까지도 중앙 권력은 지방을 정치적으로 완전히 지배하여 통치해본 적이 없었다. 궁예가 지향했던 목표는 역사상 아직 도달한 적이 없는 지점이었다. 궁예는 중앙 권력이 한 번도 도달하지 못한 목표에 별다른 정치적 자원도 없이 돌진했던 것이다.

13

왕건

왕건(877~943)은 궁예와 견훤을 물리치고 후삼국을 통합함으로써 최후의 승자가 되었다. 하지만 세 사람을 동일선상에서 다루는 것은 어딘지 어색하다. 그가 이기고 궁예와 견훤이 졌기 때문이 아니라 그들의 출발점이 달랐기 때문이다. 견훤과 궁예가 스스로 운명을 결단하여 낮은 곳에서 시작해 몸을 일으킨 '창업주'라면, 왕건은 유력한 호족 집안을 배경으로 사회 경력을 시작했고 내부 쿠데타를 통해 국왕 자리에 올랐다. 기록대로라면 그 쿠데타는 왕건이 주도하지도 않았다. 쿠데타를 일으킨 인물들이 왕건을 선택해 즉위시켰다. 따라서 918년 이전 왕건의 행적을, 훗날 그가 왕이 된 이후의 일과 필연적으로 연결되는 것처럼 말한다면 적절치 않다.

1. 왕릉의 빅딜

왕건 생애의 첫 장면으로는 그의 부친 왕륭이 궁예에게 귀부하는 장면을 들어야 할 것이다. 앞에서 이미 소개했던 내용이다. 번거롭지만 한 번 더 그 장면을 떠올릴 필요가 있다. 궁예와 왕건의 생애가 겹치고 서로가 서로에게 깊이 연관되었기 때문이다.

> 세조(왕륭)는 그때에 송악군松岳郡 사찬沙粲으로 있었는데 건녕乾寧 3년 병진(896)에 자기 고을을 궁예에게 바치니, 궁예가 크게 기뻐하여 그를 금성 태수金城太守로 삼았다. 세조가 궁예를 달래어 말하기를 "대왕께서 만일 조선, 숙신, 변한 지역(한반도와 만주)에서 왕 노릇을 하려면 먼저 송악에 성을 쌓고 나의 맏아들(왕건)을 그 성주로 삼는 것이 가장 좋습니다."라고 하였다. 궁예가 그 말을 좇아서 태조(왕건)를 시켜 발어참성 勃禦塹城을 쌓게 하고 이어 그를 성주로 삼았으니, 그때 태조의 나이 20세였다. 광화光化 원년 무오(898)에 궁예가 송악으로 도읍을 옮겼을 때 태조가 와서 만나니, 궁예가 정기대감精騎大監이라는 벼슬을 주었다.
>
> —『고려사』 1, 「세가」 1, 태조 1.

왕륭은 선조先祖 여러 대에 걸쳐 송악을 중심으로 예성강과 임진강, 그리고 강화군의 여러 섬들을 근거지로 삼아 국내외 해상무역을 통해 일어난 집안 출신이다. 상인은 속성상 대결하기보다 거래하는 존재이다. 궁예가 대부대를 이끌고 송악이 있는 동쪽으로 진격해오자 왕륭은 무력으로 그와 맞서는 일이 무모하다고 판단했던 것 같다. 대신에 그는 자신이 가진 전부를 걸고 궁예와 거래했다. 자신의 지역 기반인 송악을 바치겠으니, 맏아들 왕건을 송악의 성주로 삼아달라는 제안을 했다. 궁예는 왕륭의 제안을 흔쾌히 받아들였다. 더하여 왕륭이 요구하지도 않은 자리까지 주었다. 왕륭을 철원 옆에 있는 금성의 태수로 임명한 것이다.

경기 개성 내성 성벽 북한 황해북도 개성시에 있는 성으로, 총둘레 약 8.7km에 이르며 발어참성이라 불린다. 왕륭이 이 성을 쌓고 아들 왕건을 성주로 앉혔다. 1918년 조선총독부 촉탁 야쓰이 세이이치谷井濟一가 고적 조사하는 과정에서 촬영한 사진이다. 출처_국립중앙박물관

    왕륭은 다음 해인 897년에 금성 태수 재직 중 사망했다. 하지만 898년 송악에 성이 완성되자 궁예는 왕륭과의 약속대로 수도를 철원에서 송악으로 옮겼다. 송악의 전략적 중요성을 인정했다는 뜻이다. 왕건은 아버지의 대담한 제안을 궁예가 받아들인 덕분에 22세에 궁예의 조정에서 사회 경력을 시작할 수 있었다. 궁예도 송악이 가진 전략적 가치를 충분히 끌어내기 위해서는 왕건을 활용하는 편이 최선이라고 생각했을 것이다. 그 결과 송악에서 왕건 집안의 기반은 이전보다 더욱 단단해졌다.

2. 왕건의 성취

왕건은 견훤이나 궁예는 물론이고 다른 어떤 호족들보다 좋은 조건에서 사회 경력을 시작했다. 좋은 집안과 아버지 왕륭의 대담한 거래의 결과였다. 가히 행운이라 할 만한 요소를 갖췄지만, 그렇다고 그런 조건이 왕건의 생애를 결정할 정도는 아니었다. 왕건은 22세에 궁예를 만나서 42세에 왕위에 올랐고, 60세에 후삼국을 통합했다. 20년간 궁예의 부하 장수로 살았다. 그동안에 그는 매우 훌륭한 성과를 냈고, 궁예에게서 큰 신임을 받았다. 궁예가 확보해 나간 영역의 상당 부분은 왕건의 활약 덕분이었다. 왕건은 뛰어난 야전군 지휘관이었다. 출전하는 전투마다 군공을 세우면서 그의 지위도 지속적으로 높아졌다.

왕건은 24세 되던 900년에 궁예의 명령으로 광주廣州·충주·청주 및 당성唐城(현 경기 화성시 서신면 상안리)·괴양槐壤(현 충청북도 괴산) 등 군현을 쳐서 평정했다. 그 공으로 아찬阿湌이 되었다. 이후 육지에서 이룩한 성과도 여러 번이지만, 그가 이룬 성취의 주요한 부분은 903년부터 시작된 금성錦城(현 전라남도 나주) 전투와 관련 있다.

903년 3월에 왕건은 궁예의 지시에 따라 함대를 이끌고 출정하여 금성을 공격해 함락했다. 왕건 집안은 예성강과 그 주변 지역을 기반으로 하는 해상 세력이었다. 왕건으로 하여금 금성 공략을 주도하도록 궁예가 지시한 것은 바로 왕건 집안의 이러한 배경을 잘 알고 있었기 때문일 것이다. 왕건은 금성을 함락한 후에 그 부근의 10여 개 군현도 빼앗았다. 이때 왕건은 금성을 나주羅州로 개명했다. 이후 나주 일대의 40여 군현을 추가로 확보했다. 궁예의 계산대로 왕건의 나주 공략은 성공적이었다. 뒷날의 이야기이지만 장차 나주가 왕건의 독자적인 세력 기반이 되고 급기야 왕건과 궁예의 운명을 가르게 되리라는 것을 그때는 두 사람 모두 예상하지 못했다.

왕건과 견훤 부대의 충돌은 주로 영산강을 경계로 전개되었다. 영산강 주변 지역인 덕진포德眞浦(현 전라남도 영암), 목포木浦, 반남현潘南縣(현 나주시 반남면) 포구, 나주성羅州城 등이 주요 접전 지역이었다. 나주를 거점으로 한 왕건 세력과 이를 탈환하려는 견훤 세력은 영산강을 경계로 장기간 대치했다. 903년 왕건의 나주 정벌은 현재의 전라남도 지방을 견훤의 세력권과 왕건의 세력권으로 양분하는 결과를 가져왔다. 이제 나주를 포함한 그 이남 지역은 견훤과 무관한 왕건의 세력권이 되었다.

나주는 견훤과 왕건 두 사람 모두에게 중요했다. 사료에 따르면 견훤은 처음에 '서남해'를 지키는 임무로 자신의 경력을 시작했다. 하지만 파견된 지역으로 가는 동안 병력 규모가 급격히 늘어나자 독자 세력을 형성하게 되었고, 결국 892년에 오늘날의 전라도 광주에서 일차로 자신의 영역을 확립했다. 그러고서 900년에 전주에서 후백제를 선포했다. 이렇게 오랜 시간이 걸린 이유 중 하나로 연구자들은 견훤이 끝내 서남해 지역을 자신의 확고한 세력권으로 흡수하지 못했던 데서 찾기도 한다. 왕건에게 나주 이남을 빼앗김으로써 견훤은 배후에서 위협을 당하는 꼴이 되었다. 그 때문에 견훤의 힘이 남북으로 분산되었다. 견훤은 자신의 사위인 지훤池萱을 무주(현 광주광역시)의 성주로 삼아서 성을 지키게 했다. 이로써 나주와 무주는 후백제의 배후에서 후고구려와 후백제가 대치하는 각각의 중심 거점이 되었다.

왕건에게도 나주는 여러 가지 면에서 중요한 지역이었다. 나주에서 승리를 거둘 때마다 왕건의 군사적 정치적 지위도 함께 상승했다. 그는 차례로 대아찬大阿湌 장군將軍, 한찬韓粲 해군대장군海軍大將軍에 임명되었다.

왕건의 영토 확장

왕건은 즉위 이전부터 평생 영토 확
장을 쉬지 않았다. 그가 나주와 그
주변 지역을 확보한 것은 그런 여정
의 첫걸음이라는 의미가 있다.

913년에는 광평성廣評省 시중에 임명되었다. 당시 왕건의 관등은 제4위 파
진찬波珍湌이지만 태봉의 최고 관부인 광평성의 우두머리가 되어 모든 문
무 관료를 통솔하는 지위에 올라섰다. 이 역시 나주에서 거둔 탁월한 군
공軍功 덕분에 가능했다. 궁예는 왕건을 내직인 광평성 시중에 임명하면서
수군水軍의 일은 모두 왕건의 부장副將 김언金言 등에게 위임하도록 했다.
하지만 후백제와 직접 맞대결해야 하는 정토征討의 일만은 왕건에게 물어
서 행하게끔 했다. 정토의 일이란 나주 일대에서 벌이는 군사 활동을 뜻한
다. 궁예는 왕건이 아니면 나주 지방을 견훤의 침입에서 방위하기 어려울
것으로 보았다. 왕건은 궁예로부터 다른 사람으로 대체할 수 없는 고유의

영역을 인정받았다고 할 수 있다. 이 점은 대단히 중요하다. 왕건이 궁예에게 희생당하지 않을 수 있었던 결정적인 조건이 되었기 때문이다.

왕건이 나주를 장악한 일은 대략 909년 이후 자신에게 매우 중요한 의미를 갖게 되었다. 궁예는 905년에 송악에서 철원으로 수도를 다시 옮겼다. 이후로 궁예는 국왕 권력을 강화해 나가면서 장차 자신의 정치적 경쟁자가 될 만한 호족 및 부하 장수들에 대한 감시와 살해를 서슴지 않았다. 911년부터 궁예는 자신을 살아 있는 미륵불로 치장하며 왕권 전제화를 더욱 강화했는데, 실상 이전부터 그 양상은 계속해서 심해지고 있었다. 왕건에게 나주는 군사적 의미 외에도 궁예의 감시와 견제에서 벗어날 수 있게 해주는 공간이었다. 왕건 자신도 그 점을 잘 알고 있었다.

나주는 경제적인 측면에서도 왕건에게 큰 의미가 있었다. 고려 말 조준趙浚은 상서上書에서 "우리 신성神聖(왕건)께서는 … 수군을 조련하여 친히 누선樓船을 타고 금성錦城을 점령하여 항복을 받아냈으니, 여러 섬의 이익이 모두 국가에 속하였고, 그 재력에 의하여 드디어 삼한을 통일하였습니다"라고 말했다. 누선은 상갑판 위에 사령탑으로 쓰이는 다락을 갖춘 고대 군선軍船이다. 『고려사』에 따르면, 왕건은 길이가 96척尺(약 29m)인 누선 10척을 갖고 있었는데, 그 위에서 말을 달릴 수 있을 정도였다고 한다. 여러 섬의 이익이란 아마도 소금과 해산물의 이익을 가리킬 것이다. 왕건은 해상 경제활동으로 성장한 가문 출신이다. 누구보다 나주가 지닌 가치를 잘 알았다. 나주와 그 주변 지역은 서해와 남해가 교차하고 중국과 이어지는 교통·교역의 중심지였다. 여기서 얻은 이익이 왕건에게 큰 힘이 되었다는 뜻이다.

3. 쿠데타 세력의 추대를 받다

왕건이 쿠데타 세력에게 추대되어 즉위하는 장면은 『고려사절요』 첫머리에 그림처럼 상세히 묘사되어 있다.

기병장騎兵將 홍유洪儒·배현경裵玄慶·신숭겸申崇謙·복지겸卜智謙 등이 은밀히 모의하여 밤에 태조의 집으로 갔다. (그들이 왕건을) 왕으로 추대할 뜻을 말하려 하였는데, (왕건이 이를 짐작하고) 부인 유씨柳氏에게는 이 일을 알리지 않으려고 하면서 말하기를 "동산에 아마 새 오이가 열렸을 테니 그것을 따오시오." 하였다. 그러나 유씨가 그 뜻을 알아차리고, 북쪽 문으로 나갔다가 몰래 장막 안으로 (다시) 들어갔다.

여러 장수들이 (왕건에게) 아뢰기를 "지금 왕(궁예)의 정치가 문란하고 형벌이 지나쳐서 아내와 아들들을 죽이고 신하들을 베어 죽이며, 백성들은 도탄에 빠져서 왕을 원수처럼 미워합니다. 걸桀·주紂의 악도 이보다 더하지는 않았을 것입니다. 어두운 임금을 폐하고 밝은 임금을 세우는 일은 천하의 큰 의리입니다. 공(왕건)은 은殷나라와 주周나라의 일을 행하소서." 하였다. 태조가 정색하고 거절하여 말하기를 "나는 충의를 자부하는 터이오. 왕이 비록 포학하다고 해도 어찌 감히 딴마음을 가질 수 있겠소. 신하로서 임금을 치는 것을 혁명이라 하지만, 나는 실상 덕이 없는 사람이오. 어찌 감히 탕왕湯王·무왕武王이 한 일을 본받을 수 있겠소. 훗날 이를 구실로 삼으려 할까 두렵소. 옛사람이 말하기를 '하루만 임금이 된 사람이라도 평생 그를 주군으로 삼는다.' 하였소. …" 하였다.

여러 장수들이 아뢰기를 "때를 만나기는 어렵고 잃기는 쉽습니다. 하늘이 주는 계시를 취하지 않으면 도리어 그 재앙을 받을 것입니다. 나쁜 정치의 피해를 입은 나라 안 백성들이 밤낮으로 보복하기를 생각하고 있는 데다 권세와 지위가 높은 사람은 (이미 궁예에게) 모두 죽임을 당했습니다. 지금 공보다 덕망이 높은 사람이 없으므로 여러 사람의 마음이 공에게 바라고 있습니다. 공이 만약 이 말에 따르지 않으시면 우리들은 얼마 안 가 죽게 될 것입니다. … 어찌 하늘의 계시를 어겨서 독부獨夫(궁예)의 손에 죽겠습니까.” 하였다. 그러자 (숨어 있던) 유씨가 나와서 태조에게 말하기를 “의로운 군사를 일으켜 포학한 임금을 대체함은 예로부터의 일입니다. 지금 여러 장수의 의논을 들으니 저도 오히려 분한 기운이 일어나는데, 하물며 대장부는 어떻겠습니까.” 하고, 손수 갑옷을 가져다 태조에게 입혔다.

여러 장수들이 태조를 부축하고 나와, 동이 트자 곡식더미 위에 태조를 앉히고서 군신君臣의 예를 행하였다. 사람을 시켜 말을 달리며 소리치게 하기를 “왕공王公이 이미 의로운 깃발을 들었다.” 하니, 바삐 달려와 이르는 백성들이 이루 헤아릴 수 없었다. 먼저 궁궐 문에 이르러 북을 치고 떠들며 기다리는 자 역시 1만여 명이나 되었다. 궁예가 이 소식을 듣고 어찌할 바를 모르다가 미복微服으로 북문을 빠져나가 바위골짜기로 도망하였는데, 얼마 뒤 부양斧壤(평강平康) 백성들에게 살해되었다.

— 『고려사절요』, 태조 1년 6월 15일.

위 기사는 한밤중에 왕건 집을 찾아간 궁예의 호위 부대 기병장 4명이 왕건을 설득해 쿠데타에 참여시키는 내용이다. 연구에 따르면 왕건의 사저는 옛 철원향교 터였고, 폐교된 월하분교가 있었던 강원도 철원군 철원

읍 월하리 67번지 일대로 추정된다.

위 기사에서 주목할 부분은 두 가지다. 하나는 이 쿠데타를 왕건이 주도하여 일으키지 않았다는 점이다. 기병장들이 왕건에게 쿠데타를 이끌어 달라고 요청하자 처음에 그는 완강히 거부했다. 자신의 부덕不德을 이유로 내세웠지만, 그 급박한 상황에서 그가 댄 이유는 전혀 현실적인 답변이 될 수 없었다. 오히려 그의 답변은 순탄하고 모범적인 생애를 살아오다가 갑자기 닥친 일에 당황하는 모습이라고 보는 편이 더 사실적이다. 결국 왕건은 부인 유씨에게 떠밀리는 모습으로 집을 나섰다. 부인 유씨가 왕건의 첫 번째 부인 신혜왕후神惠王后이다.

왕건의 반응보다 더 눈여겨볼 점은 기병장 4명이 밤중에 왕건 집을 찾아간 이유이다. 왕건이 처음에 그들의 요구를 완강히 거부하자 그들은 더욱 집요하게 설득했다. 그들은 왕건이 청을 들어주지 않는다면 자신들이 모두 곧 죽임을 당하게 될 것이라고 말했다. 이렇게 말한 데는 이유가 있다. 위 내용에 따르면 그들이 대화를 나누는 시각에 쿠데타는 이미 시작되어 있었다. 왕건이 쿠데타 세력을 결집하여 이끌지 않으면 궁예에게 반격을 당할 가능성이 높다. 그렇게 되면 이 일을 주도한 4명이 곧바로 처형될 것은 불 보듯 명확한 일이다. 그런데 그들은 왜 왕건 이외에 다른 대안이 없다고 생각했을까? 그들 말에 따르면, 권세가 있고 지위가 높은 사람이 모두 궁예에게 죽임을 당한 지금에서는 왕건의 덕망이 누구보다 크기 때문에 여러 사람이 그에게 기대를 걸고 있다. 이 말은, 만일 권세가 있고 지위가 높은 다른 인물들이 살아 있다면 그들 가운데 덕망을 갖춘 다른 이를 추대할 수도 있었다는 의미를 함축한다.

위 사료에 나타나지는 않지만 기병장 4명이 왕건을 쿠데타 리더로 선택했을 이유가 몇 가지 더 있다. 첫째, 왕건은 탁월한 무훈을 세운 야전군 지

고려 태조 청동상　왕건의 무덤인 **현릉**顯陵(개성시 개풍군 해선리 소재) 근처에서 1992년에 출토되었다. 광종 2년(951) 태조의 원당으로 개성의 황성 남쪽에 세워진 대봉은사에 봉안되었을 것으로 짐작된다. 왕건상은 높이 135.8cm의 등신대 작품이다. 머리에는 중국 황제가 쓰는 통천관通天冠을 쓰고 있다.

휘자이며 시중도 지냈다. 왕건을 찾아온 기병장들도 무장이기는 하지만 국왕 친위군 지휘관이었다. 이때는 전시戰時 상황이고 야전군 지휘관으로서 왕건과는 무게가 다를 수밖에 없다. 그들이 수도에서 무력을 동원하여 정권을 일시 장악할 수는 있지만, 전시에 야전군 지휘관들의 동의가 없이는 그 정권이 유지될 수 없음이 명백했다. 또, 시중을 역임했던 왕건의 경력은 그가 단지 군부軍部에 그치지 않고 문무 관료층 모두를 아울러 조정의 전반적인 지지를 끌어낼 수 있음을 뜻한다.

둘째, 출신 지역도 왕건에게 유리했다. 왕건을 설득하러 온 네 사람은 쿠데타 주역이다. 홍유는 의성(경북), 배현경은 경주(경북), 신숭겸은 곡성(전남), 복지겸은 면천(충남) 출신이다. 백제 지역의 복지겸·신숭겸, 신라 지역의 홍유·배현경과 달리 왕건은 고구려 지역인 송악 출신이다. 말하자면 태봉의 수도권에서 멀지 않은 지역에 자리 잡은 유력한 호족 출신이다. 그 지역에 있는 여러 호족이 왕건의 군사적 경제적 우군이었다. 이런 지역적 기반이 쿠데타 정권이 자리 잡는 데 필수적인 요소라고 생각했을 것이다. 매우 합리적인 생각이다.

셋째는 둘째의 연장선상에 있는 조건이다. 왕건은 누구나 다 아는 유력한 호족 출신이다. 네 사람 중에서 홍유, 배현경, 신숭겸은 모두 평민 출신이다. 복지겸은 호족 출신인지 아닌지 다소 불확실하다. 이 네 사람이 궁예의 기병장이 되었다는 사실 자체가 이 시대의 성격을 말해준다. 그들은 평민에서 시작해 개인적인 재능과 노력으로 그 자리에 올랐을 것이다. 그럼에도 이 시대는 호족의 시대였다. 수많은 호족을 아우르고 대표하기에 왕건은 대단히 적합한 인물이었다.

4. 중폐비사

'중폐비사重幣卑辭'란 선물을 후하게 주고 말은 겸손하게 한다는 뜻이다. 즉위 이후 호족들을 대하는 왕건의 태도, 즉 포용 정책을 함축하는 말이다. 그의 이런 태도는 궁예와 대척점에 있었다. 왕건이 '중폐비사'의 태도를 보였을 때, 그 모습은 호족들에게 그만의 고유한 특징으로 인식되었을 것이다.

이 시기에 호족들은 살아남기 위해 치열하게 경쟁했다. 후삼국시대는 사실상 지속적인 내전 상태였다. 강한 호족이 약한 호족을 병합하는 시대였다. 그들이 살아남으려고 선택한 방식은 좀 더 강한 호족 세력에게 귀부하는 것이었다. 앞서 말했듯이 귀부는 무조건항복이 아닌 정치·군사적 거래에 가까웠다. 왕건 즉위 이후 호족들의 귀부 대상은 후백제와 고려였다.

궁예가 자신의 힘을 키우기 위해 선택한 권위주의적이고 폭력적인 방식은 그 당시 정치적 상황과 사회적 조건으로 보아서 현명한 행동이 아니었다. 이 시기에 국왕이 군사적 강제력을 상시적이고 직접적으로 미칠 수 있는 범위는 수도와 그 주변 지역을 크게 벗어나지 못했다. 국왕의 무력 역시 다른 호족들의 무력과 마찬가지로 근본적으로는 국지적이었다. 무력이 상시적으로 미치는 범위는 그 시대의 물리적 기술적 조건에 따라 결정된다. 곧, 수도에서 멀리 떨어진 지방은 그곳에 자리 잡은 토착 호족이 지배한다는 말이다. 따라서 후백제와의 경쟁에서 이기기 위해서는 지역 토착 호족들의 자발적 도움을 받아야 했다. 궁예가 양길을 물리칠 때, 불리한 전력에도 불구하고 토착 호족들의 도움으로 승리했다는 사실이 그것을 증명한다. 당시에는 호족들의 자발적 협조를 끌어내는 방법 이외에 그들로부터 군사적 도움을 강제할 수 있는 물리적 수단이 대단히 제한적이었다.

왕건은 즉위 직후부터 '중폐비사'의 방법으로 호족들에게 회유책을 썼다. 그 결과 많은 호족이 왕건에게 귀부했다. 더 많은 호족이 끊임없이 귀부해오는 것은 고려 정부로서는 매우 중요한 문제였다. 호족들의 귀부는 고려의 전체 역량을 강화했을 뿐 아니라 견훤과의 국가 존망을 건 경쟁에서 커다란 영향을 미쳤다. 즉, 귀부해오는 호족들은 왕건이 후삼국 통일전쟁을 승리로 이끄는 데 강력한 힘이 되었다.

즉위 직후에 왕건은 백제와 평화적 관계를 유지하기 위해 노력했다. 이 과정에 어김없이 '중폐비사'가 활용되었다. 이 당시 왕건에게는 후백제와 전쟁을 벌일 여유가 없었다. 내부적으로 반란 사건이 계속 일어났기 때문이다. 당연한 말이지만 나라 안에서 모두가 왕건의 즉위를 바랐던 것은 아니다. 왕건이 즉위한 918년 6월부터 10월까지 기록에 남아 있는 반란만 6~7회에 이른다. 궁예가 중용했던 청주인 등 주로 충청도 지역과 관련된 인물이나 궁예의 측근 인물이 반란의 주역이었다. 마군장군馬軍將軍 환선길桓宣吉, 마군대장군 이흔암伊昕巖, 순군리巡軍吏 임춘길林春吉, 소판蘇判 종간宗侃, 내군장군內軍將軍 은부狋鈇 같은 인물이다. 결국 왕건은 즉위 다음 해인 919년 1월에 고향 송악으로 수도를 옮겼다. 왕위를 유지하고 국내 정치를 안정시키는 일이 급선무였다. 이후 국내가 안정을 찾아가자 후백제와 고려의 관계는 대략 926년 무렵부터 전쟁 상태로 들어갔다. 대對백제 관계에서 '중폐비사'는 왕건에게 시간을 벌어주었다.

왕건이 신라를 대하는 방식은 '중폐비사' 정책의 또 다른 면을 보여준다. 왕건은 즉위 11년(928) 이전까지는 신라에 대해 기본적으로 우호적이었으나 능동적인 태도를 취하지는 않았다. 신라의 요구에 반응하는 수준이었다. 어차피 고려가 물리쳐야 할 대상은 신라가 아닌 견훤이라 생각했을 수 있다. 그러던 그가 즉위 11년째인 928년에 신라와 고려의 관계를 군신 관계로 설정했다. 신라가 '군君'이고 고려가 '신臣'이었다. 그는 왜 갑자기 현실과 동떨어진 이런 발언을 했을까? 아마도 전해인 927년에 견훤이 경주를 공격하여 경애왕을 죽이고 경순왕을 옹립한 사건과 직접적인 연관이 있을 것이다.☞ 239쪽 참조

신라에 대한 왕건과 견훤의 대응 방식은 두 사람 성격과 운명의 구분선 같은 느낌을 준다. 견훤이 내세운 이유와 명분이 무엇이든 경주를 공격하여 신라 왕을 교체한 일은 현명하지 못했다. 경주의 지배층과 신라 사람들에게 대단히 부정적인 인식을 심어주었기 때문이다. 견훤은 자기 행위가 가져올 정치적 결과에 대한 감각이 예민하지 못했다. 그에 반해서 왕건의 태도와 대응 방식은 전략적이고 지혜로웠다. 당시 신라는 국력 면에서 고려의 상대가 될 수 없었다. 왕건이 신라를 임금(君)으로 고려를 신하(臣)로 말한다고 해서 실제로 그렇게 되지는 않는다. 태조 왕건은 이름뿐인 신라 왕실을 받들어 높임으로써 지방 호족들에게 자신의 관용을 드러내는 효과를 노렸다. 그것은 성공적이었다. 신라 사람들 사이에 왕건에 대한 우호적인 인상이 크게 강화되었고, 경주에 인접한 지방 호족들이 왕건에게 귀부해왔다. 그들은 오랫동안 고려와 신라 사이에서 어느 한쪽을 선택하지 않은 채 방관자적 자세를 취했다. 930년 고창 전투에서 왕건이 큰 승리를 거둘 수 있었던 데는 지역 토호 세력이 이끈 향병鄕兵의 역할이 결정적이었다. 이들 토호 세력이 왕건 편에 선 것은 견훤의 경애왕 시해 사건과 왕건의 신라 왕실에 대한 중폐비사 정책에 영향을 받은 결과이다.

고창 전투에서 왕건이 예상 밖의 대승을 거두자, 931년(태조 14) 2월 9일 신라 왕은 왕건에게 사람을 보내서 귀순할 뜻을 밝히며 만남을 요청했다. 왕건은 931년 2월 23일에 경주를 방문했다. 그는 겨우 50기騎의 적은 호위 부대만 이끌고 경주에 왔다. 이 사실은 적어도 두 가지 의미를 함축한

다. 하나는 이제 개경과 경주를 오가는 사이에 견훤의 공격을 염려할 필요가 없어졌다는 뜻이다. 다른 하나는 신라와 고려 사이에 아무런 경계할 만한 것이 없다는 뜻이기도 하다.

후백제에게 짓밟혀 완전히 기력을 잃은 신라 왕실과 지배층은 왕건을 진심으로 환영했다. 왕건은 경순왕을 위로하고 백성들에게 견훤과 자신의 차별성을 부각했다. 이를 통해 사회적 불안과 동요를 안정시키고 민심을 자신에게 기울게 했다. 왕건의 위엄은 신라를 진동시켰을 것이다. 5월 20일에 왕건은 신라 왕과 왕비를 비롯하여 주요 인물들에게 선물을 차등 있게 주었다. 미리 준비한 선물이었다. 『고려사』에 선물을 받은 사람들의 관직과 이름이 구체적으로 나온다. 이로 미루어 보면 선물은 단순히 왕건의 경주 방문 기념품으로 볼 수 없다. 이로써 신라에 대한 고려의 정치적 군사적 우위는 확고해졌다. 이 시점을 기준으로 신라는 사실상 고려의 세력 범위 내로 들어왔다고 보아야 한다. 왕건은 신라 왕의 전송을 받으며 5월 26일에 경주를 출발하여 개경으로 귀환했다. 석 달가량 경주에 머물렀던 셈이다. 8월에 다시 한번 신라 왕과 백관, 군사들과 백성에게 차등 있게 선물을 내렸다.

왕건의 개인적인 특성과 '중폐비사' 정책의 관련성에 대해 생각해볼 필요가 있다. 왕건이 펼친 정책은 그의 개인적 특성과 무관할 수 없다. 상대편에게 받아낼 무언가가 있을 때만 왕건이 관용적 태도를 취했던 것 같지는 않다. 그런 면에서 '중폐비사'는 정책 차원에만 그치지 않았다고 보아야 한다. 즉, 정책 이전에 왕건의 기본적인 태도로 볼 수 있다. 그가 실시한 본관제本貫制도 중폐비사 정책처럼 호족연합책의 일환이다. 이전까지는 경주의 귀족들만 성姓을 가졌지만, 본관제를 통해 지역을 기반으로 호족들에게도 성을 부여해주었다. 왕건의 호족연합책은 그 자신이 호족들의 마음과 요구를 이해했기 때문에 가능했다. 물론 견훤이나 궁예가 호족들의 마음을 몰랐다고 단정할 수는 없다. 하지만 그들은 창업주였고 기본적으로는 목표를 향해 돌격하는 거친 생애를 살았던 인물들이다. 그들은 다른 호족들을 자신의 적이나 부하로만 보았을 가능성이 크다. 이와 달리 왕건은 다른 호족들에 대해 궁예나 견훤이 갖추지 못한 정서와 태도를 가지고 있었던 것으로 보인다. 그것을 공감 능력이라고 부른다면 과장일 수도 있겠지만, 아무튼 그런 성향의 감성이었다.

5. 민에 대한 조세정책

후삼국을 통일하는 데 가장 관건이 되는 요인은 수많은 호족과의 관계 설정 문제였다. 왕건은 견훤과 궁예에 비해 호족들과 우호적인 관계를 형성하는 데 월등한 기량을 보였다. 하지만 호족들과 관계만 잘 맺는다고 나라를 안정시킬 수는 없다. 나라를 근본적으로 안정시키려면 백성의 생활을 안정시켜야 한다. 왕건은 그 점을 알고 있었던 것 같다.

> 태조께서 왕업王業을 일으켜 즉위하신 지 35일 만에 여러 신하를 맞이하여 보고 탄식하며 말씀하시기를 "근래에 무자비하게 거두어 1경頃의 조租로 거둬들이는 것이 6석에 이르러서 민이 삶을 이어갈 수 없으니, 내가 이를 심히 안타깝게 여긴다. 지금부터는 마땅히 10분의 1을 거두는 제도를 써서 토지(田) 1부負에서 조 3승升을 내게 하라." 하시고, 드디어 3년 동안 민간의 조를 면제하셨습니다. 당시는 세 나라가 정립하여 대치하면서 군웅들이 각축을 벌였으므로, 써야 될 재정이 바야흐로

급하였음에도 우리 태조께서는 전공戰功을 뒤로 돌리고 민을 구휼하는

일을 앞세우셨습니다.

—『고려사』 78, 「식화」 1, 전제 녹과전, 우왕 14년 7월 조준 상서.

담당 관리에게 일러 말하기를 "태봉의 주主(궁예)가 백성을 자기 욕심대

로 하여 오직 거두어들이는 것만 일삼고 옛 제도를 좇지 않아 1경頃의

전田에서 조세가 6석이나 되었고, 역驛을 관리하는 호戶에서 거두는 실

(絲)이 3속束이나 되어 백성들이 밭 갈고 길쌈하는 일을 그만두고 서로

이어 유망流亡하게 되었다. 이제부터 조세와 부역은 마땅히 옛 법을 써

서 하라."고 하였다.

—『고려사』 78, 「식화」 1, 조세, 태조 원년 7월.

경頃이나 부負는 경작지의 면적 단위를 가리킨다. 왕건이 백성들로부터

거두어들이라는 '1부에 조 3승'은 환산하면 1경당 2석에 해당한다. 위 기

록에 따르면 왕건은 궁예가 거둬들였던 양의 1/3 정도만 거둔 셈이다.

눈여겨볼 대목은 왕건이 수취 제도의 원칙에 '옛 법'으로 지칭되는 '십

일세법什一稅法'을 내세웠다는 점이다. 십일세법이란 생산량의 10%만 국

가에서 수취하는 제도이다. 중국에서 처음 시작되었으며 조선왕조에서도

수취의 원칙으로 삼았던 제도이다. 농업경제를 기간산업으로 하여 왕조국

가 체제를 갖춘 나라에서 정부가 농민으로부터 거둬들이는 가장 이상적인

수취 비율로 설정한 것이 바로 '십일세법'이다.

왕건이 십일세법 시행을 명한 것은 두 가지 점에서 주목된다. 하나는 이

미 말한 대로, 수취액 자체가 궁예 통치 시절보다 훨씬 가벼워졌다는 점이

다. 또 하나 주목할 내용은 십일세법이 납부자들에게 수긍할 수 있는 조세

원칙으로 인식되었을 것이라는 점이다. 아마도 왕건이 제시한 '십일세법'은 향후에 일관되게 실시될 하나의 조세 원칙으로 납세자들에게 받아들여졌을 것이다.

위 첫 번째 자료인 조준의 상서에서 특히 주목할 부분이 있다. "당시는 세 나라가 정립하여 대치하면서 군웅들이 각축을 벌였으므로, 써야 될 재정이 바야흐로 급하였음에도 우리 태조께서는 전공을 뒤로 돌리고 민을 구휼하는 일을 앞세우셨습니다"라는 마지막 부분이다. 견훤과의 군사력 경쟁에서 고려는 초반에 열세를 보였다. 920년대까지도 고려는 후백제와의 전투에서 자주 패했다. 그런데 이 군사적 열세의 한 원인이 백성들에게 세금을 크게 부담시키지 않은 데서 비롯되었다. 견훤의 군사적 우위는 탁월한 군사지휘관으로서 그의 능력도 한몫했지만, 다른 한편으로는 민에게 과도한 부담을 지우며 수취한 물자 덕분이기도 했다. 실제로 934년 운주 전투 패배 후 견훤은 "병사는 (우리가) 북군北軍(고려군)보다 배나 되는데도 오히려 이처럼 불리하니 아마도 하늘이 고려를 돕는 것 같다"고 말하며 후백제와 고려의 군대 규모를 언급한 바 있다. 일반 농민들의 경제적인 부담을 줄여 그들로부터 지지를 받는 일에서 왕건은 궁예는 말할 나위도 없고 견훤에 견주어도 단연 돋보였다.

왕건의 십일세법은 원칙대로 장기간 유지하기가 쉽지 않은 제도이다. 따지고 보면 호족에 대한 포용 정책과 백성에 대한 십일세법은 상충할 가능성이 높은 제도이다. 지배층에 대한 적절한 타협과 피지배층에 대한 온정적 정책의 공존이 쉬울 수는 없다. 그러나 두 가지 정책이 지닌 잠재적 갈등은 적어도 왕건 재위 기간에 현실화되지는 않았다.

왕건은 전반적인 전쟁 상태를 종식시키고 삼국을 통일했지만 국가를 근원적으로 안정시키는 데까지는 도달하지 못했다. 사실 그 목표를 달성하는 일은 그의 생애에서는 불가능했다. 하지만 그는 국가를 궁극적으로 평안케 하려면 어떻게 해야 하는지를 알고 있었던 듯하다. 바로 백성들 삶의 조건을 안정시키는 일이었다. 궁예는 백성들에게서 거두는 몫이 지나쳐 "백성들이 밭 갈고 길쌈하는 일을 그만두고 서로 이어 유망流亡"하였다. 궁예를 비롯해 다른 호족들뿐만 아니라 후백제나 신라에서도 이런 양상은 크게 다르지 않았을 것이다. 생각해보면 신라가 총체적 혼란과 무질서에 빠져든 계기가 된 사건은 889년 '원종과 애노의 난'이다. 이 난도 최초 원인은 과도한 세금 독촉 때문이었다. 밭 갈고 길쌈하는 일은 백성들의 일상적인 생산 활동이다. 이런 생산 활동의 결과물에 대해 국가가 수취하는 몫이 지나치면 백성들은 한곳에 머물러 생산 활동을 계속해야 할 이유가 없어진다. 결국 살던 곳을 떠나 떠돌게 될 수밖에 없다. 바로 유망의 상태다.

백성의 유망이야말로 호족이 일어날 수 있는 가장 최적의 사회적 토양이다. 백성들의 생산 활동이 안정적으로 이루어지고 국가가 적절한 수취를 행하여 유망이 억제되면 호족의 힘은 줄어들게 마련이다. 호족의 힘을 줄이고 중앙정부의 힘을 키우는 가장 확실한 방법은 바로 백성들 삶의 조건을 안정시켜 그들을 토지에 안착시키는 일이었다. 9세기 어느 시점에서인가 시작되어 10세기 초·중반까지 진행되었던 백성들의 유망 현상을 거꾸로 되돌려야만 했다. 왕건은 그 과업을 실천하기 시작했다.

6. 새로운 가치와 믿음, 선종

호족들은 스스로 확보한 사병과 경제력만으로는 자신들의 사회적 존재를 확고히 할 수 없었다. 그들을 사회적으로 정당화하고 또 정상적인 집단으로 인식시켜줄 새로운 가치 체계가 필요했다. 그것이 없다면 그들은 여전히 경주 진골 귀족에 대한 무법적인 반란자 무리에 불과할 수밖에 없었다. 호족들은 선종禪宗과 결합하면서 자신들을 사회적으로 정상적인 존재로 만들 수 있었다.

신라 왕실과 진골 귀족들이 신앙했던 믿음은 불교의 교종教宗이다. 화엄종, 법상종 등 교종은 배타적인 경주 중심의 중앙집권 체제와 진골의 신분적 특권을 정당한 것으로 옹호했다. 교종은 불교의 전통과 교리로 현실의 기득권 세력 편에 섰다. 많은 교종 사찰이 특정 진골 귀족 집안의 원찰願刹(창건주가 자신의 소원을 빌거나 죽은 이의 명복을 빌기 위하여 건립한 사찰)이었다. 이와 관련하여 신라의 삼국 통일 후 경주에 등장했던 '금입택金入宅'에 주목할 필요가 있다. 글자 그대로 '금金이 들어가는 집'이라는 뜻의 호화 대저택이다. 모두 39채가 확인된다. 지방에 광대한 전장田莊을 소유하고 많은 노비와 사병을 거느렸던 귀족들의 막대한 재력과 호사스러운 생활을 반영하는 저택이다. 금입택 주인들은 자신들의 재력으로 사찰 건립의 물주가 되었다. 특권적 귀족 세력 이외의 사람들이 그렇게 지배자의 편에 서 있는 기성의 신앙을 진정한 마음으로 받아들이기는 쉽지 않다. 사람들은 차차 다른 불교를 원했고, 그러한 요구에 부응하여 교종과 다른 종파인 선종이 등장했다.

역사에서 드물지 않게 나타나는 현상은 '종교'와 '종교적인 것'이 같지 않다는 점이다. 마치 '정치'와 '정치적인 것'이 같지 않은 점과 유사하다. 정당과 선거 절차가 정치적인 모든 것을 포괄하지는 않는다. 오늘날 회자되는 '회사 내 정치'라는 말은 이 같은 속성을 얼핏 보여주는 예다. 회사 내에 정당이 있을 리 만무하지만 확실히 '정치적인 것'은 존재한다. 종교 역시 마찬가지여서 특정 종교의 건물과 그 종교의 성직자들이 '종교적인 것' 자체는 아니다. '종교'와 '종교적인 것'은 교집합이 넓을 때도 있지만 그렇지 않을 때도 얼마든지 있다. 종교 건물과 승려 혹은 사제가 그 자체로 '종교적인 것'의 실체는 아니다. 오히려 역사에서 확인할 수 있는 현상은, 기성 현실의 영향력 있는 종교에서는 '정치적인 것'이 '종교적인 것'보다 더 비중이 높은 경우도 있다는 점이다. 이 시기 신라의 교종이 그러했다. 이런 상황이 되면 많은 경우에 무엇이 진정으로 '종교적인 것'인가에 대한 새로운 해석이 시작된다.

교종은 인과설因果說을 내세워 정치·경제적 기득권 체제와 지배층을 긍정하고 정당화했다. 교종은 자신들이 지지하는 진골처럼 귀족적이고 배타적이었다. 선종은 이와 반대였다. 개인이 각자의 마음만 잘 닦으면 부처가 될 수 있다고 설파했다. '불립문자不立文字 교외별전敎外別傳 직지인심直指人心 견성성불見性成佛'이야말로 선종이 강조하는 내용이었다. 불경의 문구나 스승의 말은 깨달음을 위한 수단일 뿐이고, 궁극적으로 진리를 깨닫기 위해서는 곧바로 인간의 마음을 꿰뚫어서 본성을 보아야 한다는 뜻이다. 선종의 이 같은 가르침과 사고방식은 불교 경전과 승려가 갖고 있는 기성의 권위를 부정하고 개인 각자의 진정성을 신앙의 중심에 두었다. 이는 기성종교의 구제도를 부정하는 신앙의 혁명적 개인주의다. 동시에, 중앙집권적 지배 체제에 저항하며 일어난 호족 세력의 정치적 독립성과도 잘 들어맞았다.

선종과 같은 종교적 개인주의가 등장하여 사회적으로 영향력을 확대하는 과정이 9세기 한반도에서만 일어났던 일은 아니다. 유럽에서 종교개혁 시기에 일어난 일도 본질적으로는 비슷하게 진행되었다. 기성종교가 지배층의 이익을 옹호하면서 다수의 피지배층 사람들의 일상 경험 및 정서와 멀어질 때, 그 반작용으로 기성종교 내부에서도 균열이 일어났다. 기득권

보령 성주사지 구산선문의 하나인 성주사가 있던 자리다. 절터에는 남에서부터 차례로 중문처, 석등, 5층석탑(보물), 금당 건물과 그 뒤에 동서로 나란히 서 있는 동3층석탑, 중앙 3층석탑(보물), 서3층석탑(보물)이 있다. 최치원의 사산비문 중 하나인 낭혜화상탑비郞慧和尙塔碑(국보)는 성주사 터의 북서쪽에 있다.☞ 낭혜화상탑비는 207쪽 참조. 출처_보령시청 홈페이지

화된 기성종교 권력의 경전 해석과는 다른 방식의 새로운 경전 해석이 등장하고, 그것이 피지배층에 확산되는 현상이다. 대개 그 다른 방식의 경전 해석은 기성의 해석보다 좀 더 '종교적인 것'에 가까운 모습을 지닌다. 이 과정에서 기성의 권력과 종교가 가졌던 무형의 전통적 권위는 이완되고, 새롭고 좀 더 정당해 보이는 권위가 등장했다.

한편 이 시기 새롭게 들어선 선종 사찰로서는 호족들의 보호와 협조가 필요했다. 사회적으로 치안이 매우 불안했기 때문이다. 각처에서 일어나는 도적 떼의 침범을 막고 사찰을 보호하는 일이 급선무였다. 당면한 상황으로 볼 때 무기력한 중앙정부보다는 강력한 군사력을 가진 지역의 호족

남원 실상사 증각대사탑비　826년(흥덕왕 1)에 증각대사 홍척이 당나라에서 귀국한 뒤 구산선문의 하나인 실상산문을 개산開山하면서 창건한 절이 실상사이다. 증각대사는 일명 홍척국사로도 불린다. 증각대사탑비는 현재 비몸돌이 없어진 채 거북받침돌과 머릿돌만 남아 있다. 앞면 중앙에 '응료탑비凝蓼塔碑'라는 비 명칭이 새겨져 있다. 출처_문화재청

과 손잡을 수밖에 없었다. 실제로 강력한 호족 세력이 자리 잡은 곳에 선종 사찰들이 들어섰다. 정확히 말하면 호족과 선종 사찰의 결합은 그 이상이었다. 호족들이 가진 경제력이 선종 사찰을 통해서 표현되었다. 그한 예로 무염無染이 개창한 성주산문(충청남도 보령)은 불전이 80칸, 행랑이 800여 칸으로 무려 1,000칸에 이르는 거대한 사찰이었다. 소속 문도는 2,000명에 이르렀다. 이렇게 형성된 선종과 호족의 결합은 신라를 해체하는 일종의 기지基地 역할을 했다.

　선종이 신라에 전해진 시기는 당연히 실제로 확산된 시기보다 앞선다. 784년 당에 건너가 유학했던 도의道義가 821년(헌덕왕 13) 귀국하면서 선

종을 들여왔다. 그는 경주에서 포교를 시도했으나 실패하고 설악산 진전사陳田寺(강원도 양양군 강현면 둔전리 소재 폐사지)로 들어가 은거했다. 이 시기까지도 선종이 받아들여지지 않았던 것이다. 그러다가 826년(흥덕왕 원년) 중각대사證覺大師 홍척洪陟이 중국에서 귀국하여 지리산 기슭에 실상산파를 개창하면서부터 선종이 확산되기 시작했다. 당시 흥덕왕은 개혁 정치를 주도하면서 선종을 수용하고 홍척을 통해 선문禪門을 개창케 했다. 홍척은 최초로 신라 왕실의 귀의歸依[부처와 불법佛法과 승가僧伽(불교 교단)로 돌아가 의지하여 구원을 청함]를 받은 사람이 되었다. 흥덕왕은 교종의 기성 사상 체계를 비판하면서 새로 대두되고 있는 선종의 사상적 선명성에 크게 공감했다. 이로써 선종은 비로소 사회적 정치적으로 중요한 의미를 지닐 수 있게 되었다.

이후 여러 사람이 당나라에 가서 선종을 받아 왔고, 대체로 경주가 아닌 지방 각처에 선종 사찰을 세웠다. 지방 호족들은 그들을 열심히 지원했다. 호족들은 중앙의 통제에서 벗어나 독자적 세력을 형성하려는 자신들의 행동에 대한 이념적 정당화를 선종을 통해 확보할 수 있었다.

선종과 호족의 연결이 자연스럽게 이루어지고 발전하게 된 이유가 전적으로 선종의 교리 때문만은 아니었다. 선종을 들여온 이들은 6두품이나 그 이하 골품 출신자가 많았다. 특히 낭혜朗慧 무염無染(801~888), 수철秀澈(817~893) 등 선사는 그 가문이 진골에서 6두품으로 전락한 사람들이다. 선종 지도자들 중에 6두품이나 그 이하 출신자가 많이 포진해 있는 상황은 선종이 반反신라적, 탈권위적 성격으로 성장하기 쉬운 원인들 중 하나였다.

왕건이 선종과 직접적인 관계를 맺기 시작한 것은 903년 나주 지방을 정벌하면서부터다. 당시 서해안 지역 해상권을 장악한 왕건은 남중국으로

신라 말 구산선문의 성립

구산산문	위치	개조(개산조)
가지산문	장흥 보림사	도의道義(체징體澄)
실상산문	남원 실상사	홍척洪陟
동리산문	곡성 태안사	혜철惠哲
성주산문	보령 성주사(사지寺址)	무염無染
사굴산문	강릉 굴산사(사지)	범일梵日
사자산문	영월 흥녕사(현 법흥사)	도윤道允(절중折中)
봉림산문	창원 봉림사(사지)	현욱玄昱(심희審希)
수미산문	해주 광조사(사지)	이엄利嚴
희양산문	문경 봉암사	도헌道惠(긍양兢讓)

부터 영암 지방을 거쳐 귀국하는 선사禪師들을 포섭하여 친분 관계를 맺었
다. 영암 지역은 남중국과 연결되는 중요한 교통 거점이었다. 9세기 중엽
을 넘어서면서 교종과 대비되는 구산선문九山禪門이 전국적으로 지방에 세
워졌다. 지방 호족 세력을 통합해야 했던 왕건은 유력한 호족들과 연결된
선문禪門 세력의 협조가 매우 필요했다. 또, 복속된 지방의 백성을 교화하
거나 민심을 수습하기 위해서도 선사들과 결합하는 일이 중요했다. 왕건
은 즉위 이후 선종의 선사들과 적극적인 관계를 맺기 위해 더욱 노력했다.
그들을 초빙하고 자신의 정책에 대해서 자문을 요청하기도 했다. 왕건은
즉위 이듬해부터 전국에 500여 선종 사찰을 공인해주었을 뿐 아니라 새로
운 사찰 창건에도 주력했다. 이런 우대 정책의 결과 다수의 선승들이 후백
제보다는 고려에 귀의했다. 이러한 실정은 왕건이 견훤을 물리치고 후삼
국을 통일하는 데 크게 기여했다.

7. 왕건은 무엇을 이뤄냈나

왕건은 거대한 유산을 남기고 재위 26년째인 943년 5월, 67세로 사망했다. 그는 신라 하대의 혼란스러운 사회에서 태어나 자기 시대가 부여한 과제의 최대치를 해결했다. 그가 태어나기 오래전부터 시작되었던 100년 가까운 준전시 상태의 사회 상황을 종식시키고, 나뉘어 있는 세 나라를 하나로 통합하여 새 왕조를 열었다.

왕건이 건국한 고려는 신라와 아주 다른 나라였다. 그가 성장한 곳이자 고려의 수도가 된 송악은 신라 수도 경주에서 보면 나라의 최변방에 위치했다. 고려의 건국으로 기존의 국가 중심과 변방은 말 그대로 역전되었다. 고려의 삼국 통일로 천년간 신라의 중심이던 경주는 지방 도시가 되고 말았다.

신라와 고려를 구분하는 뚜렷한 특징 중 하나는 경주 중심주의의 해체에서 찾을 수 있다. 경주 중심주의는 지독히도 완강했던 신라 진골 중심주의의 또 다른 표현이다. 진골들은 국가 발전에 크게 공헌한 6두품 출신 인물들에 대해서조차 지배층의 일부로 받아들이길 끝내 거부했다. 신라 중대 삼국 간 항쟁이 지속될 때 보여주었던 신라 지배층의 유연성은 통일 이후 급격히 줄어들었다. 신라의 최고위층은 출생과 혈연으로 결정되었다. 그에 비해 고려의 지배층은 신라 진골의 시각에서 보면 귀족이 아닌 평민이고 왕경인王京人이 아닌 지방민이다. 왕건과 그를 추대한 세력은 모두 변방에서 태어나 수많은 전쟁터에서 살아남고 활약하여 공을 쌓은 평민들이었다.

왕건의 삼국 통합은 거대한 성취였지만, 동시에 과제도 남겼다. 그럼에도 불구하고 이 모든 것들을 아울러서 왕건이 삼국을 통합한 방식은 고려

왕조의 여러 제도들 속에 스며들어 계속 이어졌다. 고려가 이후 보여준 종교적, 사회적, 심지어 민족적 다양성과 거기에서 나온 활기의 일부는 '코리아'라는 말의 형태로 오늘날까지 흔적을 남기고 있다.

14

광종

1. 왕건 사후의 혼란

왕건이 막강한 경쟁자인 견훤과 궁예를 제치고 최후의 승리자가 될 수 있었던 요인 중 하나는 호족들과의 정치적 거래에 탁월했기 때문이다. 왕건은 여러 가지 호족연합책을 썼는데, 그중에서도 가장 대표적인 것은 혼인 정책이다. 그는 왕후 6명과 부인 23명 등, 총 29명이나 되는 유력한 호족들의 딸과 혼인했다. 그가 41세에 즉위하기 이전에는 부인이 2명뿐이었다. 왕건 배우자들의 출신지는 전국의 전략적 요충지에 두루 분포했다. 배우자 29명 중 출신지 확인이 가능한 27명의 지역별 분포를 보면 개경권이 11명으로 가장 많고, 경주가 포함된 경상도 지역은 5~6명이다. 왕건은 이 배우자들에게서 왕자 25명과 공주 9명, 도합 34명의 자녀를 얻었다.

왕건이 죽자 그 부인의 아버지, 즉 장인인 호족들 사이에서 치열한 왕위 계승전이 벌어졌다. 자신의 외손자를 즉위시키려는 욕망을 갖거나, 혹은 스스로 왕이 되려고 했다. 이 양상은 여러 해 동안 지속되었다. 그 과정에서 "개경과 서경(평양)의 문무관이 절반이나 살상殺傷"되었을 정도라고 전한다. 이 일이 왕건 사후에 바로 일어나지는 않았다. 그가 어느 정도 대비를 해두었기 때문이다. 왕건은 즉위 초에 제2비 장화왕후莊和王后의 아들 왕무王武를 왕위 계승권자를 의미하는 '정윤正胤'에 책봉했다. 본인 사후에 틀림없이 발생할 후계에 대한 혼란을 방지하기 위해 손쓴 세심한 조처였다. 첫 번째 부인 신혜왕후와의 사이에는 아들이 없었다. 왕무는 외가(나주 오씨) 세력은 약했지만 당진 출신의 강력한 무장 박술희朴述熙와 한강 유역을 지배하던 광주廣州 호족인 왕규王規의 지원을 받았다. 왕건에 이어 943년에 즉위한 왕무가 제2대 혜종惠宗(재위 943~945)이다.

혜종의 재위는 짧았다. 그는 재위 2년 만에 34세 나이로 사망했다. 아버지 밑에서 오랫동안 무장으로 활약했고 아직 젊은 나이였기에 그의 죽음이 자연스럽지는 않다. 그의 죽음은 아마도 그가 즉위 후 직면했던 상황과 깊은 관련이 있을 것이다. 그는 짧은 재위 기간에 두 번이나 암살을 당할 뻔했다. 그중 한 번은 침실에 잠입한 암살자를 격투 끝에 제압했다. 그는 완력을 가진 무장 출신이었다.

즉위할 때의 혜종은 조정에서 다수파의 리더가 아니었다. 왕건 배우자들의 출신지가 다양했지만, 후계를 놓고 특히 힘겨루기를 했던 지역은 전라도 나주와 중부 지역의 충주였다. 나주는 왕건의 맏아들 왕무를, 충주는 그다음 서열인 왕요王堯(정종), 왕소王昭(광종)를 배출한 지역이었다. 왕건이 왕무를 일찌감치 왕위 계승자로 정하기는 했지만, 조정 내 정치적 다수파는 충주 출신 어머니를 둔 왕요·왕소 세력이었다. 두 사람의 어머니는 왕건의 제3비 신명왕후神明王后 유씨劉氏이다. 왕요·왕소 형제는 서경 군벌 왕식렴王式廉(?~949), 평주(평산) 군벌 박수경朴守卿 등이 이끄는 개경과 서경 일대 주류 세력의 지지를 받았다. 경주를 중심으로 하는 옛 신라 세력 및 그쪽과 밀접한 명주(강릉) 세력의 후원도 받았다. 결국 혜종 정권은 945년 왕식렴의 서경 군대와 박수경의 평주 군대에 의해 붕괴하고, 왕요가 왕위에 올랐다. 그가 제3대 정종定宗(재위 945~949)이다.

혜종의 사망과 정종의 즉위 사이에 '왕규의 난'이 일어났다. 왕규의 본래 이름은 함규咸規이다. 그는 후삼국시대에 경기도 광주의 양근(현 경기도 양평 지역) 지역에서 세력을 일으켰다. 이후 왕건 밑에 들어와 활약했다. 광주에서 기반을 굳건히 다지고 왕건에게서 왕씨 성을 하사받았다. 그는 두 딸을 태조와 결혼시키고, 나중에는 태조의 유언을 받드는 고명대신이 되었다. 그는 또 혜종에게도 딸을 시집보내서 그 후원 세력이 되었다. 혜종 2년(945)에 그는 혜종의 이복동생인 왕요와 왕소가 반역을 꾀한다고 고했다. 혜종은 왕규의 말이 무고誣告라 생각했고, 오히려 자신의 큰딸을 동생 왕소와 혼인시켰다. 왕소는 이미 황주의 강력한 호족 출신의 딸인 황보씨皇甫氏와 결혼한 상태였다. 왕소의 지위는 더욱 높아졌다.

『고려사』에 따르면 왕규는 자신의 외손자 광주원군廣州院君을 왕위에 앉히기 위해 반란을 일으켰다고 한다. 하지만 혜종의 사망과 정종의 즉위 과정에 대해서는 연구자들 사이에서도 생각이 나뉜다. 『고려사』 기록대로 왕규가 반란을 일으켰고 마침 혜종이 사망하면서 정종 측이 왕규의 반란을 진압하여 자연스럽게 즉위하게 되었는지, 아니면 혜종과 왕요·왕소 형제 사이의 왕위쟁탈전이 '왕규의 난'으로 포장되었는지는 정확하게 알수 없다. 분명한 점은 '왕규의 난'을 진압한 사람이 왕식렴이라는 사실이다. 『고려사』 권92, 「열전」 5, 왕식렴 조에는 왕식렴이 "왕규 등 300여 명을 처형하였다"고 나온다. 이 300여 명이 어떤 사람들인지는 확실하지 않다. 하지만 왕규에게 소속된 이름 없는 병졸들까지 포함한 숫자 같지는 않다. 이 숫자가 조정에서 관직을 가진 호족들을 가리킨다면 대단한 규모의 무력 충돌이라고 볼 수 있다. 왕식렴은 이렇듯 정종 즉위에 결정적 도움을 주어 공신으로 책봉되었고, 나중에 정종의 묘정廟庭에 배향되었다.

혜종에서 정종으로 넘어가는 과정에서 격화된 갈등은 근본적으로는 예정된, 혹은 지연된 일일 뿐이다. 왕건의 호족연합 정책이 빚어낸 문제였기 때문이다. 왕건에게는 많은 왕자가 있었고, 그들과 연결된 강력한 호족들이 있었다. 태조 이후의 왕들은 왕건처럼 대체 불가능한 사람이 아니었다. 혜종에 이어 정종이 즉위했다고 해서 이러한 갈등 구조가 사라질 리 없었다. 이번에는 정종과 동생 왕소 사이에 긴장의 수준이 높아졌다. 혜종은 왕요·왕소와 어머니가 다른 이복형제지만, 왕요·왕소는 같은 어머니를 둔 친형제였다. 하지만 그 사실이 두 사람 사이의 갈등 구조를 해소할 정도의 힘을 발휘하지는 못했다.

왕요와 왕소는 친형제지만 지지 세력 기반이 서로 달랐다. 왕요는 서경의 강력한 군벌인 왕식렴의 후원을 받고 왕위에 올랐지만 지지 세력 범위가 좁았다. 더구나 그의 장인은 견훤의 사위 박영규로, 견훤과 함께 고려에 투항한 인물이다. 그 때문에 박영규는 고려 정권 안에서 영향력이 크지 않았다. 반면에 왕소의 지지 세력은 개경을 중심으로 광범위했다. 왕소는 어릴 적에 왕건의 제22비인 신주원부인信州院夫人 강씨康氏의 양자로 들어갔다. 그녀의 아들이 어릴 때 사망했기 때문이다. 신주원부인의 양자로 자란 덕에 왕소는 신주信州(지금의 황해도 신천)는 물론 그 주변인 평주平州, 황주黃州 등의 호족들과도 관계가 밀접했다. 신주·평주·황주는 신라의 패강진浿江鎭이 설치되었던 곳이다. 이렇게 맺어진 관계는 왕소, 즉 광종에게 든든한 무력적 기반이 되었다. 또한 그 인연을 통해 그는 황주 출신으로 왕건의 제4비가 된 신정왕후神靜王后 황보씨皇甫氏의 딸이자 자신의 이복남매인 공주와 결혼했다. 왕소와 결혼한 이 공주가 대목왕후大穆王后이다. 그녀는 태조 왕건의 셋째 딸이며, 광종에 이어 즉위한 경종景宗(재위 975~981)의 어머니다. 한편 평주를 대표하는 군벌 박수경도 왕소를 지지했다. 그는 앞서 서술했던 박지윤朴遲胤의 아들로,☞ 265쪽 참조 태조 비 몽량원부인夢良院夫人 박씨의 아버지다. 서경을 제외한 개경 일대 주류 세력은 왕소 편이었다.

정종 왕요와 왕소의 갈등은 고려 왕실 주류 세력 내부의 분열이었다. 이 갈등을 촉발한 계기는 정종과 왕식렴이 수도를 개경에서 서경인 평양으로 옮기려는 시도였다. 이는 표면적으로는 서경을 중시했던 왕건의 뜻을 실천한 일이라지만, 정종 자신의 지지 기반을 확고히 하려는 정치적 의도가 깔려 있었다. 왕건이 즉위한 후 철원에서 개경으로 수도를 옮긴 목적과 유사하다. 그런데 이 수도 이전 시도에 대해 개경 주변은 물론 남쪽 출신들이 맹렬히 반대하고 나섰다. 왕소는 이 기회를 놓치지 않고 반대하는 사람들을 광범위하게 결집했다. 그럼에도 서경 세력은 서경 천도를 강행했는데, 왕식렴과 정종이 차례로 사망하면서 결국 실패로 끝났다. 정종은 재위 4년 만에 27세 젊은 나이로 사망했다. 이에 왕소가 정종의 내선內禪을 받아 949년에 즉위하니, 바로 고려 제4대 임금 광종(재위 949~975)이다. 그의 즉위는 개경을 수도로 고수한 주류 다수파가 승리했음을 뜻한다.

2. 재위 7년(956) 이전의 광종

광종은 925년(태조 8)에 왕건의 넷째 아들로 태어났다. 어머니는 충주 출신 신명왕후 유씨이다. 936년 후삼국시대가 끝났을 때 그는 12세 소년이었고, 부왕이 사망했을 때 19세였다. 그의 10대는 후삼국 통일 후 왕건의 재위가 이어지던 기간이다. 두 살 위 친형이 정종이다. 949년 광종은 25세 나이로 즉위했다.

광종은 개경을 비롯하여 그 주변 지역에 있는 강력한 호족들의 지원을 받아 즉위했다. 이 때문에 즉위 초기에는 그들의 뜻을 거슬러 함부로 자신의 정치를 펼칠 수 없었다. 왕위 계승 경쟁 과정에서 광종은 독자적인 군사력을 갖춘 호족들의 힘이 얼마나 강력한지 절실히 체험했을 것이다. 그는 최승로崔承老(927~989)가 말했듯이 영기英奇한 모습과 기억岐嶷한 성품을 가진 인물이었다. '영기'란 빼어나고 특출남을, '기억'이란 어려서부터 총명함을 뜻하는 말이다.

이 시기에 유력한 호족의 힘은 실제로 어느 정도였을까? 고려는 유력한 호족들의 세력 기반을 해체시키며 통일을 이루지는 못했다. 건국 이후에도 호족들은 자신들이 갖고 있던 본래의 세력 근거지를 그대로 유지했다. 중앙에서 관직 생활을 하는 호족들도 그 세력 기반은 중앙정부에 대해 거의 독립적이었고, 중앙의 권력 구조에 흡수되지 않았다. 호족들 입장에서는 너무 당연한 일이다. 고려 초 유력한 호족 세력의 규모를 왕순식王順式의 사례를 통해 살펴보자.

왕순식은 본래 성이 김씨였는데 922년(태조 5) 왕건에게 귀부하여 왕씨 성을 하사받고 1품에 해당하는 대광大匡 벼슬에 임명되었다. 936년(태조 19) 후백제와의 마지막 전투인 일리천一利川 전투에서 그는 유금필庾黔弼, 정순貞順 등과 함께 큰 공을 세웠다. 명주 군벌인 왕순식은 928년(태조 11)에 왕건을 직접 찾아와 예를 갖추었고, 아들 장명長命에게 600명 군사를 주어 숙위하게 했다. 또 그는 왕건이 후백제의 신검을 토벌할 때 갑사甲士 3,000명을 거느리고 참전했다. 갑사란 갑옷으로 무장한 보병 부대이다. 이때 아들과 함께 딸려 보낸 숙위군이나 전투에 참여한 갑사는 두말할 필요도 없이 왕순식의 사병이다. 장명이 거느린 600명 병졸은 왕건의 중앙군에 편입되었을 것이다. 왕건의 중앙군은 상당수가 왕순식과 같은 호족이 거느린 사병 부대로 구성되었다. 이들 부대의 통솔 권한은 호족들에게 거의 반≠독립적으로 맡겨져 있었다. 왕건의 직속부대라기보다는 왕건에게 충성하는 호족이 거느린 부대가 왕건의 명령을 따르는 구조였다. 이러한 사정은 대체로 광종 대까지 크게 달라지지 않았을 것이다.

왕순식 자신이 일리천 전투에 참전할 때 거느린 갑사 3,000명과 아들 장명의 숙위군 600명 외에도 그의 근거지 명주에는 부대 병력이 더 있었을 것이다. 왕건 부대에 들어가 전공을 세우는 일 이상으로 자기의 세력 기반 지역을 지키는 일도 중요했기 때문이다. 요컨대 왕순식은 명주에 상당수의 직속부대를 거느리고 있었으며, 나아가 그의 명령에 복종하는 숙위군을 중앙에까지 파견했다. 아무리 적게 잡아도 그가 거느리던 사병 규모가 5,000명 이하였을 것 같지는 않다. 왕순식은 이런 정도의 병력 규모를 유지할 만한 경제적 기반도 당연히 가지고 있었을 것이다. 고려 초기의 유력한 호족이라면 이러한 사병 규모와 경제적 형편은 대체로 비슷했다. 광종은 이런 호족들을 상대해야 했다.

재위 7년(956)까지 광종의 정치 운영은 몹시 조심스러웠다. 최승로는 이 시기 광종의 정치를 극찬했다. 최승로는 신라 6두품 가문 출신으로, 광종보다 두 살 적다. 어려서 공부에 뛰어난 자질을 보여 주위의 기대를 받았다. 그는 정치적으로 매우 보수적인 인물이었으며, 광종 대 정치를 아주 부정적으로 평가했다. 그런 그가 광종 7년까지의 정치에 대해서는 대단히 높이 평가했다. 그 시기의 정치를 중국 고대의 이상 시대인 삼대三代에 못지않았다고 말했다. 그의 말을 들어보자. "(광종이 보여준) 예禮는 아랫사람을 접하는 데 더함이 있고, (광종의) 관찰력은 사람을 알아보는 데 실수가 없으며, 친하고 귀한 사람에게 아부하지 않고, 항상 호강豪强(위세와 세력이 있는 사람)한 자를 누르되 소원疎遠하고 미천한 이를 버리지 않고 홀아비나 과부(처럼 의탁할 곳 없는 자)에게 혜택이 빛나니, 즉위한 해로부터 8년에 이르기까지 정치와 교화가 맑고 공평하며 형벌과 은상이 남발되지 않았습니다."

광종은 재위 7년 이후에야 자신의 정치를 시작했다. 이때부터 고려에 필요한 개혁을 과감하게 본격적으로 시작했다. 하지만 이런 조치들이 건국 이래 광종이 이때 처음 실시했던 것은 아니다. 936년 후삼국시대가 종식되면서 왕건은 이미 그다음 과제가 무엇인지를 알고 있었다. 호족들의 힘을 줄이고 국왕 권력을 강화하는 일이었다. 이 목표를 처음 관철해야 할 곳은 재정 분야였다. 이를 위해 호족들이 장악하고 있는 지방에서 중앙정부가 거둘 수 있는 세금의 원천을 파악해야 했다. 후삼국 통일 후 왕건은 관리를 지방에 파견하여 세원稅源을 파악하고 문서를 작성했다.

아버지 왕건이 했던 작업을 토대로 광종은 즉위한 그해(949) 8월에 주현州縣의 세공歲貢, 즉 주현이 해마다 내야 할 공물貢物을 정했다. 이 일은 원보元甫 직책의 식회式會와 후백제 출신으로 원윤元尹 직책에 있는 신강信康이라는 인물이 수행했다고 알려져 있다. 고려시대 공물은 민民이 부담하는 포布 외에도 소所의 생산물 및 공역에 의해 생산되는 물품으로 구성되었다. '소'는 고려시대 행정단위의 하나이다. 그곳에서는 주로 왕실이나 관아에서 필요한 수공업·광업·수산업 부문의 공물을 생산했다. 행정단위별로 세공액을 정했다는 말은 중앙정부가 주현별 생산품의 종류와 수량을 대략적으로나마 파악했다는 뜻이다.

국가가 주현에서 공물을 수취하기 위한 작업은 940년(태조 23) 이후부터 시작되지만, 구체화된 것은 광종 즉위년(949)의 조치였다. 광종 대에 토지

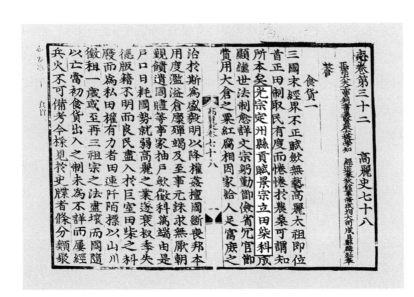

고려왕조의 재정 기록 식화지食貨志 **서문** 『고려사』 권78, 「지志」 32 「식화食貨」 1 서문으로, 밝게 강조한 부분은 "광종은 주현州縣의 공부貢賦를 정하였으며, 경종景宗은 전시과田柴科를 수립하였다."라는 말이다. 원문 이미지 출처_국사편찬위원회 한국사데이터베이스

에 대한 중앙정부의 파악이 꾸준히 증가하여, 광종의 뒤를 이어 975년 경종이 즉위한 다음 해에는 최초의 전시과田柴科가 실시되었다. 전시과는 관료들에 대한 중앙정부의 토지 지급 규정이다. 이를 통해 보면 광종이 즉위할 때까지 정치적 혼란이 지속되기는 했지만 그런 와중에도 중앙정부의 힘을 강화하기 위한 조치들 역시 꾸준히 진행되었음을 알 수 있다. 신라 하대 이래 호족들의 절대적 경제 기반은 민의 사유지에서 행사했던 생산물에 대한 수취권이다. 국가가 민의 사유지에 대한 파악 정도를 높여간 상황은 호족들 입장에서는 자신들의 기반에 대한 점증하는 위협이 아닐 수 없었다.

한편, 고려에서 최초의 전시과가 976년(경종 1)에 실시되었던 사실은 조선의 과전법科田法이 1391년 건국 한 해 전에 실시되었던 점과 대비된다. 고려는 918년에 건국되었고 936년에 후삼국을 통일했다. 삼국을 통일한 시점부터 계산해도 고려의 전시과 실시는 39년이 지난 뒤이다. 이런 차이는 초창기 고려왕조에서 광종 대가 위치하는 역사적 지점을 가늠할 수 있는 하나의 기준이 된다.

3. 개혁 정책

노비안검법

광종은 재위 7년(956)에 노비안검법奴婢按檢法을 전격 실시했다. 광종의 첫 번째 개혁 입법이었다. 이 법은, 본래 양인良人이었으나 통일전쟁 과정에서 노비가 되었거나 빚을 갚지 못하는 등 여러 이유로 노비가 된 사람들을 안검按檢, 즉 자세히 조사하여 양인 신분을 회복시켜주는 일종의 노비해방법이었다. 노비를 해방시켜 양인으로 만들 필요성은 일찍부터 인식되었다. 호족의 힘을 줄이고 국왕 권력을 강화하는 핵심이기 때문이다. 왕건은 즉위 직후인 918년(태조 1)에 노비가 된 양인 가운데 1,200명을 방면시켰다. 그 주인에게는 국가 재정으로 값을 지불했다. 그런데도 공신들의 반발이 심했던 탓에 결국 이 일을 계속할 수는 없었다. 광종의 노비안검법은 왕건의 노비 방면과는 달랐던 것 같다. 노비에서 양인으로 신분을 회복시켜주는 과정에 그 노비 주인에게 값을 지불했다는 기록이 보이지 않기 때문이다.

노비안검법은 광종 대에 가장 뜨거운 개혁 이슈들 중 하나였다. 앞에서 언급했듯이 이미 9세기에 접어들면서 '초적草賊'이나 '신라노新羅奴'와 같은 단어가 사료에 등장한다. 이후 신라 사회의 혼란이 격화되면서 더 많은 노비가 양산되었을 것이다. 광종 즉위 시점을 기준으로 하면 적어도 100년 이상 지속된 일이었다. 후삼국시대에 전쟁 포로가 되었거나, 흉년으로 농사를 망쳐 빚을 갚지 못했거나, 또 그 밖의 강제적인 방법으로 양인에서 노비로 떨어진 사람이 많았다. 이 시기부터 호족이 등장하기 시작했다. 호족들은 그런 자들을 획득하여 자신의 노동력으로 이용했고, 자신들 군대를 채울 사병私兵으로 삼았다. 말하자면 노비는 호족 세력의 경제적 군사적 토대였다. 노비에서 양인으로 되돌아간다는 의미는 그들에 대한 경제적 인신적 구속력의 원천이 호족에서 국가로 되돌려진다는 말이다. 따라서 노비를 다시 양인으로 만드는 일은 호족들에게는 매우 치명적인 위협이었다. 요컨대 노비에서 양인으로 전환되는 사람이 많으면 많을수록 호족의 힘은 약화되고 중앙정부의 힘은 강화되게 마련이다.

광종의 노비안검법에 대해 훗날 최승로는 「시무 28조」에서 다음과 같이 말했다.

> 광종 때 이르러 비로소 노비를 안험按驗(자세히 살핌)하여 그 시비是非를 분별하게 하자, 이에 공신의 무리들이 모두 원망하였으나 간諫하는 사람이 없었습니다. 대목왕후大穆王后가 간절히 간했으나 (광종은) 듣지 않았습니다. 그러자 천한 노예들이 때를 만난 듯이 존귀한 이를 업신여기며 앞다투어 허위 사실을 꾸며내 본주인을 모함한 자가 이루 헤아릴 수 없이 많았습니다. 광종은 스스로 화禍의 원인을 만들어놓고도 능히 이를 막아 끊지 못하였으며, 말년에는 억울한 사람을 잘못 죽인 일이 매우 많아 크게 덕을 잃었습니다. … 원컨대 성상(성종)께서는 전대前代의

일을 깊이 거울삼아, 천한 자가 귀한 이를 업신여기지 못하게 하고 노
비와 주인의 신분에 대한 문제는 중도中道를 잡아 처리하소서. 대저 벼
슬이 높은 이는 이치를 알기에 법에 어긋나는 일이 적지만, 벼슬이 낮
은 이는 진실로 자기의 잘못을 치장해 꾸밀 수 있을 만큼 지혜가 있지
않고서야 어찌 능히 속여 양민을 천민으로 만들 수 있었겠습니까. 다만
궁원宮院과 공경公卿 중에 간혹 위세를 가지고 나쁜 일을 한 자가 있지
만, 지금은 정치가 밝아 사정私情이 없으니, 어찌 능히 방자할 수가 있
겠습니까. … 그러니 지금 노비와 주인의 송사를 판결할 때는 상세하고
분명하게 하여 후회가 없도록 힘쓸 것이며, 전대에 판결한 것은 다시
캐고 따져서 세상을 어지럽게 할 필요가 없습니다.

—『고려사절요』 권2, 성종문의대왕成宗文懿大王, 원년 6월.

최승로는 「시무 28조」에서 노비안검법이 실시되었을 때의 상황과 그에
대한 자신의 견해를 잘 표현하고 있다. 법이 실시되자 공신들은 광종을 심
하게 원망했지만 나서서 반대하지는 못했다. 그러자 광종의 부인 대목왕
후가 광종을 말리고 나섰다. 대목왕후 황보씨는 태조 왕건과 신정왕후 황
보씨 사이에서 난 딸이다. 신정왕후는 황주의 호족 황보제공皇甫悌恭의 딸
이다. 황주 호족은 광종 정권에서 힘을 가지고 있는 집단이었다. 하지만
광종은 호족들과 대목왕후의 반대에도 불구하고 노비안검을 밀어붙였다.

노비안검에 대한 최승로의 주장은 몇 가지로 정리할 수 있다. 첫째, 노
비안검법이 등장하자 천한 노예들이 허위 사실을 꾸며내 주인을 모함했
다. 둘째, 애초에 양인 신분으로서 노비가 된 사람들은 많지 않았다. 셋째,
노비안검 같은 일로 세상을 어지럽게 할 필요가 없다는 것이다. 최승로는
명확히 노비 주인의 관점에서 발언했다.

노비안검법으로 가장 많이 구제된 사람들은 누구였을까? 이에 관한 사료는 확인되지 않는다. 하지만 아마도 통일전쟁 과정에서 오랫동안 여러 차례 전투의 대상이었던 후백제 계통 사람이 많았을 것이다. 신라는 고려와 전쟁을 하지 않았기에 전쟁 때문에 노비가 된 사람이 많지는 않았을 것이다.

과거제 실시

광종 대에는 총 여덟 번의 과거가 실시되었다. 최초의 과거는 958년(광종 9) 5월에 실시되었다. 후주後周에서 귀화한 전 후주 관리 쌍기雙冀의 건의로 이루어졌고, 그가 지공거知貢擧로서 과거를 주관했다. 쌍기는 불과 2년 전인 956년에 고려에 왔다.

고려시대 과거시험에서 지공거는 단순히 시험 관리자가 아니다. 지공거에서 '거擧'는 선발한다는 뜻이고, '공貢'은 보낸다는 뜻이며, '지知'는 주관한다는 뜻이다. 즉, '지공거'는 적절한 사람을 관리로 선발하는 일을 주관한다는 뜻이다. 과거시험은 객관식 선다형 문제가 아니기 때문에 답안을 평가할 때는 선발하는 사람의 주관적 판단이 작용할 수밖에 없었다. 이런 특성 때문에 고려시대 과거에 급제한 사람은 지공거를 '은문恩門' 또는 '좌주座主'라 하여 평생 그의 '문생門生'으로 자처했다. 그 결과 과거를 통해 관료 조직 안에서 좌주와 문생이라는 강한 인적 네트워크가 생성되었다. 이는 지금 한국에서도 존재하는 관행이다. 1960~1980년대 군사정권에서 육사 졸업 기수는 매우 중요한 출세 배경이었다. 군사정권이 종식되고 군부 엘리트가 핵심 권력 집단에서 탈락한 이후 이제는 그렇지 않다. 하지만 여전히 행정고사나 특히 예전 사법고시 합격 기수는 과거 육사 졸업 기수와 유사한 사회적 기능을 하고 있다.

광종 때 과거가 처음 실시되었다고 해서 고려가 이때 처음으로 과거제도를 알게 되었다고 생각하면 안 된다. 외국인 출신 쌍기가 지공거에 임명된 일 역시 고려인들 중에 그 역할을 수행할 정도의 유학 지식을 가진 사람이 없어서 그랬던 것도 아니다. 과거제는 이미 통일신라시대부터 당나라에 건너가 공부하고 온 수많은 도당유학생을 통하여 잘 알려져 있었다. 고려 초에는 중국인 못지않게 유학에 대한 깊은 학식을 갖춘 학자도 상당수 있었다. 그럼에도 불구하고 광종은 과거제 실시 초기에 쌍기를 지공거로 임명했다. 무슨 까닭이었을까? 광종은 자신의 개혁에 부정적 생각을 가진 사람들이 과거시험을 주관하지 못하게 하려는 의도를 갖고 있었다. 아마도 과거제를 실시하려는 광종의 시도에 대해서도 조정에서는 찬성하는 사람들보다 반대하는 사람들이 훨씬 많았을 것이다.

당시 조정에 있는 유력한 호족 출신 고위 관리들 눈에 새로 도입된 과거제도는 어떻게 보였을까? 어쩌면 광종이 추진하는 하나의 제도적 폭거이자 정치적 배신으로 비쳐졌을 수도 있다. 그들은 고려가 자신들의 헌신과 희생으로 세워진 나라라고 생각했을 터다. 상당한 정도로 사실인 측면이 있다. 그런데 광종이 추진한 과거제도는 관리를 충원할 때 호족들의 기득권을 제한하겠다는 선언이나 마찬가지였다. 호족들이 조정에서 차지하고 있는 지위에 대한 혈연적 세습을 제한하고, 대신에 유학 지식이 뛰어난 사람을 뽑겠다는 뜻이기 때문이다. 더구나 과거제는 그때까지 신라나 고려에서 한 번도 실시하지 않았던 제도였다. 고려의 관리 선발 방식에는 음서蔭敍 역시 있었으므로 과거제 실시 이후에도 기득권의 힘이 배제되지는 않았다. 그럼에도 과거제가 가져온 충격은 적지 않았다.

광종이 과거제도를 도입한 의도는 명확했다. 후삼국시대를 포함하여

장양수 홍패 고려 희종 원년(1205)에 진사시에 급제한 장양수에게 내린 교지이다. 현존 과거 관련 문서 중 가장 오래되었다. 광종 때 처음 시행된 과거제는 무신정권기에도 이어졌다. 희종 때는 최충헌이 정권을 장악하고 있었다. 무신정권기에는 과거시험보다 천거제가 관리 임용에 더 많이 활용되었다.

100여 년에 걸쳐 성장한 무장 세력을 제도적으로 축소하기 위함이었다. 광종의 조정에도 아버지 왕건과 함께 통일전쟁을 치른 다수의 호족 출신 무장들이 여전히 건재했다. 따지고 보면 광종이 즉위했을 때는 통일전쟁이 끝난 지 불과 10여 년밖에 지나지 않은 때였다.

주의 깊게 볼 부분은 광종의 개혁에 반대했던 세력이 무장 공신에만 국한되지 않았다는 점이다. 시대와 나라를 불문하고 힘 있는 사람이나 세력 주변에는 기꺼이 그들의 힘을 정당화하고 그 힘을 효율적으로 작동하게 해주는 지식인들이 있게 마련이다. 이를 통해 이 지식인들 역시 지배 세력의 일부로 기능했다. 신라 말 이래로 강력한 호족 및 무장 세력과 결합한 6두품 출신 지식인들이 적지 않았다. 당시 유학에 대한 소양을 지닌 지식인들 중 많은 사람이 바로 6두품 출신이었다.

신라 6두품 출신들은 과거제가 실시되기 전에도 이미 조정에서 활발하게 활동했다. 이들은 국가를 운영하는 데 필요한 문필 능력에 더하여 관료의 경험까지 갖춘 경우가 많았다. 그런데 이들은 광종의 여러 개혁에 부정적이었다. 광종이 과거제를 실시하여 유학을 공부한 관료들을 더 많이 등용하려는 정책에 대해서도 비판적이었다. 이들에게 결국 중요한 것은 공부한 내용이나 유학적 가치관이 아니었다. 이들을 대표하는 인물이 최승로이다. 최승로는 쌍기뿐 아니라 과거로 뽑힌 신진 관리들을 비난하고 폄하했다. 그는 신진 관료가 '비재非才', 즉 재주가 없음에도 지나치게 빨리 승진하고 광종의 지극한 '은례恩禮'를 받았다고 주장했다.

광종에 대한 최승로의 일관된 비판에는 사적인 증오심이 묻어난다. 그의 출신 배경이나 광종 대에 그가 처했을 상황을 짐작해보면 이해할 만한 측면도 있다. 그는 어릴 때 총명하고 뛰어난 재주로 소문이 났지만 광종 대 내내 두각을 나타내지는 못했다. 광종 대에 최승로에 관한 기록이 전혀 확인되지 않는다. 광종이 죽고 나서야 그는 빛을 보기 시작했다. 광종은 기득권 세력에 속하지 않은 사람들을 선발하기 위해 과거제도를 실시했다. 광종 대 실시된 여덟 번 과거 가운데 쌍기가 1~3차 지공거를 맡았고, 4차는 조익趙翌, 5~8차까지는 왕융王融이 맡았다. 왕융 또한 쌍기처럼 귀화인으로 짐작된다. 모두가 신라 6두품 출신의 유학자들과 거리가 먼 인물들이다. 최승로는 '외국인' 출신 지공거에 대해 혹독한 비판을 가했다.

광종 대에 여덟 번의 과거를 통해 총 39인이 선발되었다. 많다고 할 수 없는 인원으로서, 진사進士 27인, 명경明經 6인, 복업卜業 3인, 의업醫業 3인 등이다. 선발 분야는 문장력을 시험하는 제술업, 유학 경전經典 이해력을 시험하는 명경업, 여러 가지 기술을 시험하는 잡업, 승려의 능력을 시험하는 승과로 구성되었다. 제일 중시되었던 시험은 제술업이고, 무과는 시행되지 않았다. 굳이 무과를 실시해야 할 필요가 없었을 것이다. 이미 무장들은 너무 많았다. 선발 인원이 제한적이었으므로 과거제가 종래의 관리 등용 방식을 완전히 대체할 수는 없었다. 하지만 과거는 조정 관료의 인적 구성에 의미 있는 변화를 이끌어냈다. 과거시험에 합격하여 관직에 나온 사람들은 광종이 펼친 개혁에 적극적으로 동조했다. 주목할 사항은 후백제 지역 출신자들이 과거를 통해 대거 선발되었다는 점이다.

왕건은 10조목의 유언인 「훈요10조訓要十條」 중 제8조에서 자신의 후계자들에게 다음과 같이 말했다.

> 차현(차령車嶺) 이남과 공주강(금강) 밖은 지형이 개경을 등지고 거꾸로 달리는 형국이라 인심도 그럴 것이다. 그 아래 주현州縣의 사람이 조정에 참여하거나 왕후국척王侯國戚(왕과 제후 및 왕실 친척)과 혼인하여 국정에 참여하게 되면, 혹은 국가에 변란을 일으키거나 혹은 (고려가 이룩한) 통합에 원한을 품고 난을 일으킬 것이다. … 결코 벼슬을 주어 일을 보게 하지 말라.

포용력이 크다고 널리 알려진 왕건도 오래도록 자신을 힘들게 하고 목숨까지 위태롭게 했던 후백제에 대한 앙금을 깨끗이 털어버리지 못했던 것 같다. 그러나 광종은 아버지의 유언에 구애받지 않고 후백제 지역 출신들을 차별 없이 선발했다. 광종의 고른 인재 등용은 자신의 통치 기반을 넓혔을 뿐만 아니라 지역 간 갈등을 완화하고 중앙과 지방의 조화를 이루어 고려를 오래 번창하도록 만들었다. 태조 왕건은 외형적으로 삼한을 통일하는 위업을 이루었지만, 광종은 아버지와 다른 길로 지역 차별을 타파하여 고려의 내면적인 통합을 향해 나아갔다.

시위군과 내군

즉위 직후 광종의 왕권은 두 형(혜종, 정종)이 가졌던 왕권과 다름없이 불안했다. 광종은 두 형이 처해 있던 권력 구조와 같은 상황 속에 있었다. 정종의 경우는 연구가 없지만, 혜종은 짧은 재위 기간 중에도 자신의 호위 조직을 만들기 위해 애썼던 사실이 확인된다. 하지만 그런 노력은 성과를 보지 못했고, 그가 불안을 느꼈던 그 원인으로 인해 끝내 짧은 재위에 그치고 말았다. 즉위 초 광종도 똑같은 불안감을 느꼈을 것이다.

광종은 재위 11년(960)부터 호족들에 대한 대대적인 숙청을 여러 해 지속했다. 그 이전 재위 7년(956)과 9년(958)에 각각 실시했던 노비안검법이나 과거제도 호족들의 이익에 반하는 시책이었다. 광종은 어떻게 이런 개혁을 지속할 수 있었을까? 두 형과 달리 광종은 자신의 무력적 기반을 확립하는 데 성공했기 때문이다. 그 무력적 기반의 토대는 시위군侍衛軍과 내군內軍이었다. 둘 다 최승로가 몹시 비난하며 성종 대에 규모 축소를 요구했던 조직이다.

연구에 따르면, 후삼국 통일전쟁 중에 왕건이 직접 지휘한 자신의 군대는 마군馬軍 2만 정도였다. 이들은 전투가 없을 때는 궁성 수비 및 왕과 왕실의 호위, 그리고 수도의 치안 유지까지 맡았다. 통일전쟁이 끝나자 왕건은 많은 군대를 지방으로 돌려보냈다. 휘하의 부하 장수들 부대뿐 아니라 자신의 직속부대도 숙위에 충당할 정도만 남기고 내려보냈다. 평화 시에 대규모 부대를 수도에 유지하는 일은 불필요하기도 하고 비용 부담도 컸기 때문이다. 지방으로 돌려보낸 군사들은 지방 호족들 지휘권하에 들어갔을 것이다. 이렇게 되자 혜종과 정종은 자신의 호위 조직도 없이 강력한 무장력을 가진 호족들에게 둘러싸이는 형국에 처해졌다. 이런 상황이 불안한 왕권의 현실이었다. 광종은 아버지가 해체했던 마군을 복원시켰다. 바로 시위군이다.

시위군이 수도에 주둔하면서 수도를 방위하는 중앙군이라면, 내군은 왕과 왕실의 신변 보호와 궁궐 수비에 초점을 맞춰 증강된 부대였다. 내군이 국왕의 최측근에서 근무했다는 점을 고려하면 그 숫자가 아주 많지는 않았을 것이다. 장군은 보통 1,000명의 병력을 이끄는 지휘관을 일컫는데, 내군 책임자를 내군장군이라 칭했던 사실로 미루어 내군의 병력 규모는 대략 1,000명 정도로 추산된다. 내군은 국왕의 신변 호위는 물론이고 왕궁 내부에서 국왕의 처소와 정전, 각 전각들 및 왕비와 왕자 등을 보호하는 임무를 띠었다.

시위군과 내군을 확대하면서 지방에 있던 병력이 다시 중앙으로 모였다. 최승로도 지적했듯이, 시위군과 내군으로 뽑힌 병력은 지방의 주군에서 선발한 정예병이었다. 이들이 시위군과 내군으로 다시 모이는 과정 자체가 호족의 군대를 약화시켰을 것이다.

그런데 이렇게 중앙으로 대규모 병력을 모으는 데는 많은 비용이 들 수밖에 없다. 설사 모아놓았다고 해도 그 병력을 감당할 경제적 기반이 없다면 유지할 수 없다. 광종은 즉위 후 곧바로 주현의 세공액을 다시 정했는데, 시위군을 대규모로 증강할 수 있었던 배경은 그때 실시한 지방 주현의 세공액 책정 조치가 있었기 때문이다. 광종은 주도면밀했다.

행정·군사 제도 개편

호족 세력을 약화시키고 국왕 권력을 강화하기 위한 조세제도 정비가 광종 즉위 이전부터 꾸준히 진행되어왔듯이, 행정제도 개편도 그랬다. 고려 건국 후 중추적 기능을 갖는 행정 기구는 광평성廣評省, 내봉성內奉省, 순군부徇軍部, 병부兵部 등 네 곳이었다. 건국 초기에는 호족 출신 재상들의 정책 심의 기구인 광평성이 서열 1위였고, 행정부에 해당하는 내봉성이 서열 2위였다. 광평성과 내봉성은 정치를, 순군부와 병부는 군사를 담당했다. 군사 이동에 대한 명령권인 군령권을 가진 순군부가 병부보다 위상이 높았다. 하지만 태조 말년에는 광평성, 내봉성, 내의성內議省 중심의 3성 체제가 자리를 잡았고 병부와 순군부는 그 하위 관서로 밀려났다. 기존의 구성에서 내의성이 새롭게 진입했는데, 이 기관은 국왕의 정무 비서 기관으로 국왕의 지시를 적은 문서인 조칙詔勅을 작성했다.

광종 11년(960)에 본격적으로 국왕 권력을 강화하기 위한 행정조직 개편이 이루어졌다. 이 시기에 이르러 행정조직의 서열이 바뀌었다. 기존에는 광평성, 내봉성, 내의성의 순서였지만, 이제 내의성, 내봉성, 광평성 순서로 전환되었다. 국왕의 비서 기관인 내의성이 재상들의 정책 심의 기구인 광평성보다 더 상위의 기구가 되었다.

행정 체계 개편보다 더 중요한 것은 국왕을 보위하는 군사 조직이 크게 강화되었다는 점이다. 광종 11년에 순군부를 군부軍部로, 내군을 장위부掌衛部로, 물장성物藏省을 보천寶泉으로 명칭을 바꾸었다. 이는 단순히 명칭의 변화만 뜻하지 않는다. 순군부는 태조 6년(923)에 만들어졌는데, 건국 이래 병권의 최고 기관이며 무력을 가진 호족들의 아성이었다. 순군부를 군부로 개편한 조치는 순군부를 통해 작동하던 호족들의 군사지휘권을 빼앗아 국왕 중심의 군사 기구인 군부 아래로 옮겨놓은 것이었다. 군부는 시위군을 지휘했다. 이 조치가 의미하는 바는, 광종이 뽑은 시위군 규모가 확대되자 그것을 통제하는 기구로 군부를 설치했고 순군부는 거기에 흡수되었음을 뜻한다. 순군부가 흡수되는 상황에도 불구하고 호족 출신 관료들이 저항하지 못한 까닭은 시위군의 힘 때문이었다. 이로써 중앙에서 호족들이 상당한 정도의 힘을 갖고 독자적으로 운영해오던 군사지휘권은 소멸되었다. 비슷한 시기에 광평성의 지위도 격하되었다.

친위군 성격의 내군을 장위부로 개편한 조치는 그 기능을 강화한 일이었다. 지방에서 뽑아 올린 장사들을 여기에 소속시켜 국왕의 친위 부대를 확대한 것이다. 물장성은 본래 궁중의 공예품과 보물의 보관을 맡은 기구였는데, 그 명칭을 보천으로 바꾼 의도는 재정 확충과 더불어 이에 대한 통제권을 왕실에서 장악하겠다는 의지의 표현이었다. 이는 시위군 증가에 따른 군수물자를 확보하기 위한 조치였다. 시위군 체제가 갖춰지면서 국왕의 병권 장악력이 크게 높아졌다.

4. 대숙청

광종은 재위 7년(956)에 노비안검법을 실시하고, 2년 뒤인 재위 9년에는 과거제를 시행하기 시작했다. 다시 2년 뒤인 재위 11년(960)부터는 행정 제도 개편으로 국왕 권력을 강화하고, 군사 조직 개편을 통해 병력에 대한 국왕의 장악력을 크게 높였다. 이 모두가 호족 세력을 약화하고 국왕 권력을 강화하는 방향에 맞춰진 정책들이다.

광종의 개혁은 제도적 방식으로만 진행되지 않았다. 숙청을 통한 폭력적 방식 역시 개혁의 일부였다. 행정·군사 부문에서 일련의 정지 작업을 통해 정치적 군사적 장악력을 높인 광종은 재위 11년부터 숙청 작업에 착수했다. 숙청의 무력적 기반은 시위군이었다. 반역 고발 사건을 빌미로 호족, 장군, 공신, 황족들에 대한 대대적인 숙청에 나섰다. 감옥이 죄수로 넘

청주 용두사지 철당간

청주 도심인 상당구 남문로 2가에 있다. 둥근 철통 30
개를 연결하여 세운 이 철당간의 아래에서 세 번째 철
통에 용두사 건립 연대와 내력을 적은 글자가 양각되어
있다. 철당기 마지막 부분에 "維峻豊三年 太歲壬戌 二
月二十九日鑄成(유준풍삼년 태세임술 이월이십구일주
성)"이라 쓰여 있다. 건립 연대가 '준풍3년峻豊三年'으로
기록되어 있는데 962년 광종 13년이다. '준풍'은 광종
의 연호로, 960년부터 사용했다.

쳐났다. 임시 감옥을 지어야 할 정도로 많은 사람이 체포되고 갇히고 죽임을 당했다.

광종은 재위 12년(961)에 궁궐을 수리하면서 거처를 옮겼다. 왕건의 사촌 동생이자 왕식렴의 동생인 왕육王育의 집에서 지냈다. 거처를 옮긴 공식적인 이유로는 궁궐 공사를 내세웠다. 이 시기에 공신 세력 숙청이 대대적으로 진행되었는데, 광종의 거처 이동은 사실상 숙청 과정에서 발생할지 모르는 불상사를 미연에 방지하려는 목적이었을 것이다. 그는 2년이 지나서야 환궁했다. 궁 밖에 나가 있는 2년 동안 "백관들이 일을 보고하는데 (광종이) 직접 듣지 못한 적이 많았다." 공신 숙청에 대한 비난이나 암살 위험을 피하고자 피신했을 것이라는 혐의가 짙다.

광종의 숙청은 재위 15년(964) 무렵에 정점에 달했다. 이때 유금필의 외손자 효은태자孝隱太子와 박수경 세력에 대한 숙청이 이루어졌다. 유금필은 고려가 견훤의 후백제를 제압하게 되는 결정적 전투들을 이끌었던 인물이다. 후백제와의 전투에서 몇 차례나 왕건의 목숨을 구하며 통일전쟁을 승리로 이끈 영웅이다. 그는 왕건 밑에서 큰 공을 세웠다는 정도의 말로는 부족한 수준의 혁혁한 공훈을 세웠다. 그런 유금필의 외손자 효은태자는 광종의 이복동생이기도 한데 광종에게 대항하려 했다는 혐의로 죽임을 당했다. 효은태자가 실제로 광종에게 대항하려고 했는지는 알 수 없다. 효은태자는 외할아버지 유금필과 평주의 군벌을 뒷배로 두었고, 그 자신은 장군의 기질을 가지고 있었다고 알려졌다. 그의 존재 자체가 광종에게는 위협적이었을 것이다. 평주의 박수경 가문도 광종에게 부담과 위협이 되기는 마찬가지였다. 박수경은 광종 정권을 탄생시킨 최고의 무력 세력이다. 이 시기에 그의 세 아들이 반역죄로 갇히자, 박수경은 광종 15년(964)에 화병으로 세상을 떴다. 아들 셋 역시 결국에는 처형을 면치 못했던 것 같다. 유금필과 박수경 가문의 몰락은 전쟁 영웅들의 시대, 호족의 시대가 마감되고 있음을 뜻했다. 혜종의 외아들과 정종의 외아들도 죽음의 덫을 피하지 못했다.

최승로는 성종 원년(982)에 유명한 「시무 28조」를 올렸다. 이 상서에서 그는, 광종이 죽고 경종이 즉위할 즈음에는 옛 신하로서 살아 있는 자가 40여 인에 불과했다고 말했다. 그 숫자의 정확성 여부와는 무관하게 광종의 숙청이 가혹했음을 알 수 있다. 최승로는 고려 조정의 정치가 나아가야 할 방향으로 두 가지를 염두에 두었다. 첫째, 왕권의 안정이 필요하며 중앙집권적인 정치형태가 타당하다고 생각했다. 민을 다스리는 것은 중앙정부의 임무요, 중앙정부를 대표하는 국왕의 일이며, 지방이 호족의 독자적 지배에 맡겨져서는 안 된다고 보았다. 그는 호족의 독자적인 지배를 '침탈'이라고 주장했다. 둘째, 전제적專制的 국왕이 아니라 귀족 관료들이 정치를 주도해야 한다고 생각했다. 요컨대 최승로는 안정된 중앙집권 체제라는 외피 속에 국왕이 아닌 자신과 같은 사람들이 중심이 되어 귀족적 유교 정치가 이루어지는 정치체제를 이상적이라고 보았다.

최승로의 귀족적 유교 정치체제 지향은 그 자신의 사회적 존재 여건에서 보면 자연스럽다. 그는 경주 6두품 집안 출신이다. 신라 마지막 왕 경순왕이 왕건에게 귀부의 뜻을 전하고 935년 경주를 출발하여 개경에 갈 때 9세의 최승로도 아버지와 그 길을 동행했다. 그는 어려서부터 유학 교육을 받았다. 그의 시무책에는 관직 기준의 의복 구별, 신분에 따른 가옥 구별, 노비와 주인의 구분에 대한 내용이 나온다. 다분히 골품제 사회의 분위기가 느껴진다. 시무책에는 백성에 대한 시혜적인 내용도 포함되어 있지만, 그럼에도 불구하고 전체적으로 보면 그의 시무책은 자신과 같은 귀족 관료들에게 가장 이상적이고 최적화된 세상을 제시한다. 시무책을 올릴 때 그는 장관직에 있었다. 고려가 건국되어 골품제가 무너지지 않았다면 그의 지위는 불가능했다. 아마도 이런 현실에 최승로는 크게 만족했을 것이다. 하지만 그는 더 이상의 신분 개방을 원하지 않았다. 그는 한정된 범위 내의 귀족들만 관직을 차지하는 귀족국가를 이상적이라고 생각했다. 진골들만 실질적 지배층이 될 수 있는 골품제 사회와 비교하면 그의 주장이 수구적이라고만 말할 수 없지만, 시대의 변화를 충분히 반영했다고 보기도 어렵다.

최승로가 광종을 가장 비난한 대목은 광종이 '중앙집권적인 귀족정치'를 성립시키지 못했다는 점이다. 광종, 경종을 이어 즉위한 성종 때부터는 최승로가 지향하던 정치의 모습이 조금씩 정착되기 시작했다. 귀족들 상호 간에 견제가 이루어지면서 정치적 세력 균형이 유지되었으며, 그런 가운데 왕권이 안정되어 중앙집권화되었다. 성종 대 정치 양상에 비하면 광종은 개국공신 세력이나 지방 호족 세력을 도태시키면서 전제 왕권을 추구했다.

광종에 대한 최승로의 비난은 한 가지 의문을 불러일으킨다. 과연 성종 대에 나타나기 시작한 정치적 양상은 광종이 거칠게 밀어붙이던 일들이 없었어도 저절로 그렇게 되었을까? 최승로가 광종과 생각을 달리했던 지점은 중앙 권력이 전제화된 왕권이냐, 아니면 본래 거친 성향의 호족이 새롭게 유교적 분위기를 풍기며 귀족 세력으로 거듭나서 중앙 정치를 주도하느냐였다. 광종은 전자를 지향했고, 최승로는 후자를 이상적이라고 생각했다. 최승로의 비판에는 중요한 사항이 빠져 있다. 광종이 어떤 지점에서부터 개혁을 시작했는가를 고려해야 했다. 최승로는 막강하고 거친 호족 출신 무장들을 어떻게 부드럽고 교양 있는 귀족적 유신儒臣으로 바꿀 수 있는지에 대해서는 말하지 않았다.

5. 광종의 개혁은 성공했나

광종과 왕건은 각각 27년(949~975), 26년간(918~943) 재위했다. 우연이 겠지만 두 사람 모두 5월에 사망했다. 광종은 아버지 왕건과 몇 가지 점에서 확연히 다른 길을 갔다. 왕건이 후백제 출신을 조정에 쓰지 말라는 유언을 남겼지만, 광종은 과거제를 실시하여 후백제 출신 인물을 다수 등용했다. 아버지가 시작했으나 계속하지 못했던 노비 해방을 광종은 지속했다. 심지어 그 노비안검법은 호족들과 부인의 간곡한 반대를 무릅쓴 일이었다. 또 왕건이 '중폐비사'로 상징되는 온건한 호족연합 정책을 구사했던 것에 비해, 광종은 호족 세력을 오랫동안 과격하게 숙청했다. 숙청의 개별 사례들이 모두 공정했다거나 적절했다고는 말하기 어렵다. 더구나 광종은 그 숙청을 엄격히 통제하지 못하고 상황 자체에 휘둘린 측면도 있었다.

결과를 놓고 볼 때도 광종의 치세는 왕건의 치세처럼 깔끔하지 않다. 왕건이 생애 말년에 마침내 후삼국 통일이라는 명확한 결과물을 도출했다면, 광종의 치세는 그렇지 못했다. 어떤 면에서 광종의 치세 말년에는 자신이 의도했던 바와 달리 호족이 다시 등장했다. 광종 16년(965) 이후에는 호족들이 광종의 전제정치에 비판을 가하기도 하고, 광종 19년 이후에는 호족 세력이 광종에 반발하는 모습도 보였다. 확실히 광종은 재위 11년(960)부터는 독재정치를 했고 호족 세력에 대한 숙청도 가혹했다. 그런데도 불구하고 호족 세력이 근절되지 않았다는 점은 눈여겨볼 부분이다. 호족 세력은 강력했다.

광종의 대숙청은 불가피했을까? 적어도 단명한 두 형처럼 되지 않기 위해, 즉 광종 자신의 권력과 목숨을 지켜내기 위해서라도 불가피했던 측면은 있다. 그렇다면 좀 더 온건한 방법은 없었을까? 광종 때 호족 정책은 얼핏 서양 근대를 열었던 프랑스혁명과 영국혁명이 그 과격성 면에서 크게 다른 점과 비교하여 생각해볼 거리를 던져준다. 프랑스혁명은 영국혁명과 비교할 수 없이 폭력적이고 오래 지속되었다. 그래서 프랑스혁명이 과연 필요했던 것일까를 되묻는 질문도 제기된 바 있다. 하지만 결과적 효율성만으로 프랑스혁명을 가늠하기는 어렵다. 혁명은 프랑스 봉건귀족들의 규모와 강력함, 수백 년 동안 피지배층에게 그들이 행사했던 가혹함이 부른 것이었다.

광종이 즉위해서 상대해야 했던 세력은 100여 년 동안 성장하고 고려 건국에 커다란 공을 세운 막강한 무장 집단이다. 최승로는 광종 대 초기 일시적으로 호족들 위에 살짝 얹혀 있던 광종과 호족들의 공존 시기를 중국의 하·은·주 삼대三代에 비유했다. 유교에서 삼대는 이상적 정치 시대를 상징한다. 그의 말은 시대착오적이다. 광종의 치세는 호족 세력이나 그들과 우호적인 관계를 맺고 있던 모두에게 가혹했다. 광종이 평화적이고 점진적으로 호족 세력을 약화하는 방법을 찾아낼 수는 없었을 것이다. 기득권을 지닌 지배 집단이 자발적으로 평화롭고 질서 있게 자신들의 권리를 내놓고 물러났던 사례가 있었나?

광종의 개혁에 대해 물어야 할 좀 더 중요한 질문이 있다. 과연 그가 했던 일들은 고려왕조에 도움이 되었는가? 분명한 것은 광종의 시대를 통과하면서 고려는 비교적 정상적인 왕조국가의 모습을 갖추게 되었다는 점이다.

Ⅳ. 원간섭기 고려 국왕들과 개혁

'원간섭기'를 최대로 잡으면 1259년부터 1356년까지다. 1259년에 강화도에서 몽골('몽고'는 몽골을 부르는 중국어)과 대치하던 고려 고종이 태자를 원나라에 보내 귀부 의사를 표했다. 이후 고려는 원나라의 강력한 정치적 군사적 영향력 아래서 왕조를 유지했고, 공민왕 5년인 1356년이 되어서야 공민왕의 전격적인 조치를 통해 그 영향력에서 벗어났다. 거의 100년 가까운 기간이다.

오래전 한국에서 번역 간행된 『거대한 체스판(The Grand Chessboard)』이라는 책이 있다. 지미 카터(Jimmy Carter) 미국 대통령 정부(1977~1981)에서 백악관 안보담당 특별보좌관을 지낸 즈비그뉴 브레진스키(Zbigniew Brzezinski, 1928~2017)가 쓴 책이다. 그는 미국 공화당 쪽에서 헨리 키신저(Henry Alfred Kissinger)가 그러했듯, 민주당 쪽 정책결정자들에게 오랫동안 국제정치와 미국의 정책에 관해 영향력을 미친 인물로 알려져 있다. 그의 책에서 '체스판'은 유라시아 대륙이다. 저자 스스로 밝혔듯이, 미국의 세계 1등 영향력을 유지하기 위해서 미국이 세계 각국을 어떻게 관리하고 해당 지역에서 어떤 상황을 조심해야 하는지를 친절하게 설명한 책이다. 흥미롭게도, 아니 당연하게도 즈비그뉴 브레진스키는 몽골 제국을 언급한다. 그는 현재적 관점에서 진정한 의미의 세계 강국이라는 표현에 가장 걸맞은 대상으로 로마나 중국이 아닌 몽골 제국을 든다. 따지고 보면 로마는 지중해를 내해로 하는 지역을 통일했을 뿐이고, 중국은 유라시아 대륙의 동쪽 편 일부를 지배했을 뿐이다. 몽골이야말로 그의 말처럼 사실상 최초의 세계제국이라고 할 수 있다. 원간섭기는 자연스럽게 오늘날 한국과 미국의 관계를 연상시킨다.

원나라의 고려 지배는 당연히 정치·외교 관계에만 한정되지 않았다. 원나라와 고려의 관계는 고려 국내의 정치적 사회적 지형을 지배했고 새로운 정치·사회 세력을 낳았다. 나아가 지배층의 여론과 지식인 계층의 지적 학문적 명성의 기준에도 강력한 영향을 미쳤다. 시간이 흐르자 세계제국 원나라가 구축한 질서 속에서 고려의 위치와 국가 정체성을 놓고 고려 지배층 내부에서 의견이 갈렸다. '부원배附元輩'의 부패도 바로 그 연장선상에 있었다. IV부에서는 세계제국의 영향력에 노출된 고려의 개혁 양상을 살펴본다.

15

원종, 충렬왕, 쿠빌라이가 만든 세조구제

1. 원종과 쿠빌라이의 만남

1231년(고종 18) 8월에 몽골이 고려를 침략하면서 두 나라 사이에 전쟁이 시작되었다. 전쟁은 6차례에 걸쳐 30년 가까이 이어졌다. 고려는 1170년(의종 24) 이래 무신정권이 지속되고 있었다. 고려 정부는 일단 몽골이 요구한 조건들, 즉 공물 납부, 군사 협력과 다루가치 설치 등을 약속하여 몽골을 안심시킨 뒤 고려 땅에서 군대를 철수하게 했다. 다루가치는 한자로 '達魯花赤달로화적'이라고 쓰는데, 그 어원은 몽골어로 '속박하는 사람' 이라는 뜻이다. 몽골이 복속시킨 나라의 내정內政을 간섭하기 위해 파견한 민정民政 담당자이다. 몽골 군대가 철수한 다음 해인 1232년(고종 19) 6월에 고려는 전격적으로 수도를 개경에서 강화도로 옮겨 대몽 항전 체제에 돌입했다. 이후 1259년 고려 국왕이 태자를 몽골에 보내 귀부歸附할 때까지 항쟁이 지속되었다. 고려가 개경으로 되돌아온 것은 그로부터 다시 11년 후인 1270년(원종 11)이다.

몽골 침략이 장기간 이어지면서 고려는 점차 한계 상황에 이르렀다. 1254년(고종 41)에는 "몽골 병사들에게 붙잡힌 남녀가 무려 20만 6,800여 인이고, 살육된 자가 이루 헤아릴 수 없으며, 몽골 병사들이 지나는 주군州郡마다 모두 잿더미가 되었다"고 한다. 상황이 이러한 까닭에 몽골과 강화해야 한다는 주장이 강화도에 있는 조정 내부에서 제기되었다. 하지만 그 주장이 현실화되지는 못했다. 무신정권 인사들이 강력히 반대했기 때문이다. 그들이 몽골에 저항한 궁극적인 목적은 오늘날 우리가 생각하는 민족주의적 정서와는 아무런 관련도 없다. 오로지 자신들의 권력을 유지하기 위해서였다. 백성들이 겪는 고통이 그들에게는 절박한 문제가 아니었을 것이다. 결국 1258년(고종 45) 3월 유경柳璥·김준金俊(초명: 김인준金仁俊) 등이 무신정권 최고 권력자 최의崔竩를 죽여 최씨 무신정권을 무너뜨리면서 몽골과의 강화론이 전면에 부상했다.

다음 달인 4월에 몽골이 다시 한번 군사 공격을 하면서도 오히려 강화 조건 수위는 낮추었다. 이전까지 몽골은 고려 국왕의 친조親朝와 출륙환도出陸還都를 요구했다. 친조란 제후가 황제 있는 곳에 찾아가 알현하는 것이다. 고려 국왕이 몽골에 직접 가서 항복하고 수도를 강화도에서 개경으로 옮기라는 말이다. 그런데 이때는 국왕 대신 태자가 몽골에 항복하러 가는 조건으로 수위를 낮추었다. 고려도 이에 동의하고 태자가 출발할 시기를 둘러싼 교섭을 진행했다.

교섭의 결과로 고종은 태자 왕식王植(초명: 왕전王倎)을 몽케 칸에게 보내 귀부하기로 결정했다. 왕식은 고종을 이어 즉위하는 원종元宗(1219~1274, 재위 1259~1274)이다. 몽케 칸은 당시 몽골의 최고 권력자인 대칸大汗이었다. 태자는 1259년 4월에 고려를 출발하여 1259년 6월 9일 동경요양부東京遼陽府(현 랴오양遼陽)에 도착했다. 그런데 여기서 태자 일행은 몽케의 남

고려 태자(원종)와 쿠빌라이의 만남 1259년 고려 태자 왕식(훗날 원종) 일행은 원나라에 귀부하러 사천 조어산을 향하다가 도중에 육반산에서 몽케 칸의 사망 소식을 듣고 쿠빌라이에게로 발걸음을 돌렸다. 고려 태자와 쿠빌라이가 만난 곳이 양초지교이다.

송원정군南宋遠征軍이 사천四川의 조어산釣魚山(지금의 쓰촨성四川省 충칭重慶 허촨구合川區) 행재소(황제나 임금이 궁 밖에 머물던 곳)에 있다는 사실을 알게 되었다. 동경요양부에서 조어산까지는 대단히 먼 거리다. 동경요양부를 떠나 행재소로 향하던 왕식 일행은 중국의 서북 영하寧河에 있는 육반산六盘山(현 닝샤후이족자치구寧夏回族自治區 구위안시固原市 징위안현涇源縣)에 도달했을 때 몽케 칸의 사망 소식을 듣는다. 왕식 일행은 몹시 곤란한 상황에 빠졌다. 누구에게 가서 고려의 귀부 의사를 밝혀야 할지 불확실해졌기 때문이다. 그 뒤에 일어난 일을 생각하면 이들이 맞았던 상황은 그때 자신들이 인식한 정도보다 훨씬 더 중대한 형국이었다.

당시 몽골 제국의 정치적 상황은 공석이 된 대칸 자리를 놓고 몽케의 두 동생 쿠빌라이(1215~1294)와 아리크부카(1219~1266)가 대결하는 형세였다. 쿠빌라이가 형이고 아리크부카가 동생이다. 어떤 이유로 그랬는지는 확실치 않지만 왕식은 아리크부카 대신 쿠빌라이에게로 갔다. 왕식의 행동은 고려를 대표한 귀부 행위였다. 1259년 겨울, 왕식은 쿠빌라이가 남송 공격을 중단하고 북상한다는 소식을 듣고 서둘러 변량汴粱(현 허난성河南省 카이펑시開封市) 부근에 이르러 쿠빌라이를 만났다. 사료에는 두 사람의 만남 장소가 양초지교粱楚之郊(양주粱州와 초주楚州의 교외)라고 나온다. 연구에 따르면 개봉에서 130km쯤 떨어진 곳으로 추정된다. 쿠빌라이와 왕식 일행은 길거리에서 처음 만났다.

왕식을 만난 쿠빌라이는 크게 기뻐했다. 왕식의 귀부는 그 당시 쿠빌라이에게 특별한 의미가 있었다. 쿠빌라이는 이렇게 말했다. "고려는 만 리나 되는 나라요, 당 태종이 친정親征을 하고도 항복시킬 수 없었다. 그런데 지금 그 나라 세자가 스스로 와서 나를 따르니, 이는 하늘의 뜻이다." 쿠빌라이는 왕식과 개평부開平府까지 동행했다. 쿠빌라이의 말은 대칸 계승 투쟁에서 아리크부카에 비해 정통성이 부족했던 절박한 심정을 그대로 드러낸다. 동시에, 쿠빌라이의 의식 속에 고려가 고구려를 계승한 국가로서 쉽게 굴복시킬 수 없는 나라라는 생각이 각인되어 있었음을 보여준다.

2. 세조 쿠빌라이

쿠빌라이는 1215년 칭기즈 칸의 막내아들 툴루이(1192~1232)와 어머니 소르카타니 베키 사이에서 둘째 아들로 태어났다. 아버지 툴루이는 용맹스럽고 강한 군대를 가진 장군이었으나 오래 살지는 못했다. 몽골 사회에서 일반적으로 어머니의 지위는 높지 않았다. 하지만 쿠빌라이는 어머니로부터 큰 영향을 받았다. 쿠빌라이를 만나 본 마르코 폴로(1254~1324)는

툴루이와 소르칵타니 베키 부부, 그리고 아들 쿠빌라이 쿠빌라이(오른쪽 그림)는 칭기즈 칸의 손자이자 툴루이와 소르칵타니 베키의 둘째 아들이며 몽케 칸의 동생이다. 쿠빌라이의 아버지 툴루이는 칭기즈 칸의 막내아들로, 쿠릴타이에서 형 오고타이를 몽골 제2대 칸에 오르게 했다.

"작지도 크지도 않은 보통 체격에 신체가 적당하며, 얼굴에 홍조와 하얀빛이 돌고, 눈동자는 까맣고 콧날은 오뚝하다"고 묘사했다.

쿠빌라이의 청년 시절은 힘들었다. 부친 툴루이가 일찍 사망한 후 백부 오고타이(우구데이) 칸의 견제가 있었기 때문이다. 하지만 이 시기에 쿠빌라이는 어머니를 통해 중요한 경험을 했다. 권력에서 소외된 그의 집안은 분봉지分封地 통치에 정성을 기울였다. 당시 몽골의 다른 유목 귀족들은 한족漢族 농경민을 단지 수탈의 대상으로만 보았다. 반면에 소르칵타니 베키는 탄압과 착취보다는 그들의 농업생산력을 높여 수입을 증가시키는 쪽을 모색했다. 그녀의 전략은 주효했고 농경민들로부터도 좋은 반응을 끌어냈다. 어머니의 사고방식은 쿠빌라이에게 영향을 미쳤다. 그도 1236년 하북 지방에 있는 인구 1만의 형주荊州를 분봉받은 뒤 같은 방법으로 지역의 부흥을 꾀했다. 이 같은 방식은 그가 훗날 중국을 통치하는 기본 모델이 되었다.

쿠빌라이가 정치적으로 두각을 나타낸 때는 대략 1251년이다. 이해에 큰형 몽케가 자기 실력으로 몽골 제국의 네 번째 대칸이 되었다. 치열한 대칸 계승 쟁탈전을 치르면서 오고타이 왕가와 차가타이 왕가의 경쟁자들을 물리쳤다. 오고타이는 칭기즈 칸의 셋째 아들이며 아버지를 이어 몽골의 2대 대칸이 되었던 인물이고, 차가타이는 칭기즈 칸의 둘째 아들이다. 몽케 칸이 동생 쿠빌라이에게 북중국 지역의 통치를 위임하면서 쿠빌라이도 정치 전면에 등장하게 되었다.

쿠빌라이는 개평부(뒤에 상도上都로 개칭)에 자리를 잡았다. 그곳에서 중국식 관료제를 실시하면서 세금을 감면해주고 농업을 장려하는 등의 시책을 펴며 정치적 기반을 닦아 나갔다. 쿠빌라이가 이런 통치 방식을 사용한 데는 어머니의 영향이 컸다. 하지만 몽케 칸은 쿠빌라이의 한인漢人 중용과 한법漢法에 의한 통치를 마땅치 않게 여겼다. 쿠빌라이의 명망이 날로 높아지자 몽케 칸은 그의 통치 방식을 자신의 권위에 대한 도전으로 받아들였다. 결국 1257년에 몽케 칸은 쿠빌라이에게 모반의 혐의를 두고 그의 영지에 대해 일종의 세무 사찰인 구고鉤考를 실시했다. 이해 겨울 쿠빌라이는 몽케 칸을 만나서 용서를 빌었고, 극적인 화해가 이루어졌다. 그 결과로 쿠빌라이가 시행하던 정책들은 모두 폐기되었다.

몽케 칸은 1257년 남송 정복을 선언하고, 직접 대규모 원정대를 이끌고 출정했다. 그러나 남송 정벌을 완성하지 못한 채 1259년 8월에 사천성 합주合州 부근 조어산釣魚山에서 병사했다. 이에 몽골의 남송 정벌은 중단되었고, 몽골 제국에서는 차기 대칸 계승권을 두고 몽케 칸의 동생들인 쿠빌라이와 아리크부카 간에 치열한 다툼이 시작되었다. 출전에 앞서 몽케는 막내 아우 아리크부카로 하여금 수도 카라코룸에 남게 했다. 자신을 대신하여 몽골 제국을 통치케 함으로써 만일의 경우에 아리크부카가 대칸의 지위를 계승할 수 있도록 했던 것이다. 몽케가 죽자 자연스럽게 차기 대칸 자리는 아리크부카 쪽으로 옮겨가는 듯했다.

몽케가 막냇동생에게 수도 카라코룸을 맡긴 것이나 몽케의 후계자로 아리크부카가 유력시된 이유는 몽골의 상속 제도와 깊은 관련이 있다. 몽골은 말자상속末子相續을 실시했다. 부친의 재산, 신분, 제사권 등을 막내아들이 상속하는 관행이다. 사람은 적고 목초지 이용이 자유로웠던 몽골의 자연환경에서 말자상속은 자연스러웠다. 아버지는 재산을 늘려가면서 아들들이 성장하면 차례로 재산을 떼어 주어 분가시키고 마지막에 제일 어린 막내에게 자신의 영역과 재산을 넘겨주는 방식이었다. 이것은 분할상속과 동일한 의미를 가진다. 당시만 해도 몽골은 여전히 유목 전통이 유지되었다. 쿠빌라이는 새로운 대칸이 되기 위한 명분이 부족했다. 고려 태자 왕식이 찾아와서 귀부 의사를 밝힌 것은 바로 이때였다.

쿠빌라이는 몽골 귀족층을 구성하는 유력한 종왕宗王(황제의 종실 일원으로 왕으로 봉해진 자)들의 지지가 절실했다. 그는 요동 지역에 위치한 동방 왕가의 수장 타가차르의 지지를 확보하자마자 1260년 4월에 자신의 근거지 개평부에서 돌연 쿠릴타이(Khurilatai: 대집회)를 개최하고 아리크부카보다 먼저 대칸에 즉위했다. 쿠릴타이는 대칸을 뽑는 부족장들의 집회이다. 몽케 칸 사후 수도 카라코룸을 지키던 아리크부카는 장례 의식 논의를 위한 쿠릴타이 개최를 준비하고 있었다. '황금씨족'들 대부분이 참가하는 이 쿠릴타이에서 다음 대칸을 결정하는 일이 칭기즈 칸 이래 지켜진 몽골 관습이었다. 황금씨족(알탄 우룩Altan urug)은 칭기즈 칸과 그 형제들의 자녀들로 이루어진 몽골의 귀족이다. 이 원칙은 쿠빌라이에 의해 무시되고 말

왔다. 다음 달인 5월에 아리크부카도 대칸에 즉위함으로써 몽골 역사상 처음으로 형제간 대칸 계승 전쟁이 시작되었다. 결국 4년여 전쟁 끝에 아리크부카가 항복함으로써 내전은 쿠빌라이의 승리로 끝났다.

3. 세조구제의 등장

태자 신분의 원종이 몽케 칸 사망 직후 몽골 제국의 차기 대칸 자리를 놓고 아리크부카와 경쟁 중이던 쿠빌라이를 찾아가 만난 일은 이후 고려와 원나라 관계에 결정적인 영향을 미쳤다. 앞에서 말했듯이 몽케 칸 사망 후 몽골은 쿠빌라이파와 아리크부카파로 나뉘었다. 흥미롭게도 고려에서도 사정이 비슷했다. 고려에는 원나라에 대해 항전을 주장하는 무신정권이 강화파와 대립하고 있었다. 태자 왕식의 귀부는 아리크부카와 결전을 앞둔 쿠빌라이에게 큰 힘이 되었다. 원종이 쿠빌라이를 처음 만날 때만 해도 몽골과 고려가 앞으로 어떤 관계를 맺게 될지에 대해서는 아무것도 정해지지 않은 상태였다. 쿠빌라이가 4년 후 아리크부카에게 승리를 거두면서 비로소 양국 사이에 강화의 기조를 유지할 수 있게 되었다. 그리고 고려와 원나라의 관계는 이 승리 이전에 이미 맺은 원종과 쿠빌라이의 합의, 정확히 말하면 원종의 6가지 요구와 그에 대한 쿠빌라이의 수용 위에서 성립되었다.

고려 태자, 즉 원종은 쿠빌라이를 만나 진행한 교섭에서 다음 6가지를 요구했다. 첫째, 고려의 의관衣冠 등 풍속은 본국, 즉 고려의 것을 따른다. 둘째, 원나라 사신은 몽골 조정에서만 보낸다. 셋째, 고려 조정의 개경 환도를 재촉하지 않는다. 넷째, 압록강 유역에 주둔시킨 몽골 군대를 가을

내로 철수한다. 다섯째, 고려에 설치한 다루가치를 소환한다. 여섯째, 전쟁 중 몽골에 투항한 고려인들을 돌려보낸다.

이 6가지 요구는 그 무렵 고려가 처해 있던 상황에서 보면 고려 측에 매우 유리한 내용이었다. 넷째와 다섯째는 원나라가 고려를 복속시킨 후 설치한 군대와 행정관을 철수하라는 말이다. 셋째는 아직도 몽골에 항전을 주장하는 무신정권이 지속되고 있는 고려의 현실을 양해해달라는 말이다. 둘째는 원나라 중앙정부에 대해 상대적인 독립성을 지닌 여러 몽골 부족이 여전히 존재하고 있던 까닭에 고려 측으로서는 충분히 염려되는 사항이었다.

강화 협상으로 내건 6가지 중에서 가장 중요한 조건은 첫 번째인 '불개토풍不改土風'이었다. 의관 등 풍속은 고려의 전통을 따르고 몽골의 전례를 강요하지 않는다는 내용이다. 향후 이 원칙은 그 의미가 포괄적으로 해석되어 단순히 의관 등의 문제에만 한정되지 않았다. 고려의 정치·경제·사회·문화 등 각 부문에서 몽골풍으로 고치기를 강요하지 않을 뿐만 아니라, 더 나아가 고려의 종묘와 사직, 즉 독자적인 왕조 체제의 존속을 보장받는 결정적인 근거가 되었다. 세조구제世祖舊制는 압축하면 바로 '불개토풍'이다.

고려 태자와 강화 교섭 당시 쿠빌라이는 아리크부카와 내전을 앞두고 남송과의 전투마저 중단한 상태였다. 더구나 후계자 계승 경쟁에서 쿠빌라이는 몽골의 여러 종왕宗王들을 설득할 명분이 밀리는 상황에 있었다. 이런 상황에서 고려의 귀부는 쿠빌라이에게 큰 힘이 되었다. 바로 이런 상황이 쿠빌라이가 왕식의 다소 과도한 요구들을 흔쾌히 수용한 이유였다. 게다가 쿠빌라이는 고려가 몽골을 상대로 30년 가까이 싸워왔다는 사실을 알고 있었다. 이런 여건이 두 사람의 강화 교섭에서 고려에 유리하게 작용

강화 홍릉 고려 23대 고종의 무덤이다. 고종은 재위 기간에 몽골의 침입을 받아 강화도로 천도하고 28년간 항쟁했다. 말년에 태자 왕식을 몽골로 보내 강화講和하고자 했다. 그의 묘는 인천 강화군 강화읍 국화리 산129−2번지에 소재한다. 고종에 이어 등극한 국왕이 쿠빌라이와 극적으로 만나 불개토풍의 합의를 이끌어낸 원종이다. 출처_문화재청

했다. 이때 왕식은 42세이고 쿠빌라이는 46세였다. 두 사람은 상호 이해가 일치되는 선에서 최상의 타협점을 찾았다. 쿠빌라이는 명분을, 왕식은 실리를 얻어냈다. 어떤 면에서 당시 두 사람은 서로를 필요로 하는 동반자 관계에 가까웠다. 서로를 이용하여 각자는 자국에서 정치권력을 강화할 수 있었다. 왕식은 1260년 3월에 귀국했다. 전년도에 그가 고려를 떠난 직후 부왕 고종이 사망했기 때문에, 원종은 뒤늦은 즉위식을 하고 왕위에 올랐다. 이후 쿠빌라이가 아리크부카를 꺾고 몽골 제국의 명실상부한 대칸이 되자 고려에서 원종의 발언권과 권위도 높아졌다.

4. 원·고려 왕실의 통혼

1264년 7월에 아리크부카가 쿠빌라이에게 투항했다. 이로써 쿠빌라이는 몽골의 대칸 계승전에서 승리를 거두었다. 8월에는 연호를 '지원至元'으로 고쳐서 자신이 진정한 대칸임을 선포했다. 이후 쿠빌라이는 대외적으로 좀 더 적극적인 혹은 공격적인 태도를 보이기 시작했다. 고려 국왕에게 자신을 찾아와 인사하라는, 즉 조근朝覲하라는 요구는 그 연장선상이다. 몽골에서 조근은 전통적으로 칸에 대한 충성의 표시다. 심지어 왕자인 제후들조차 조근을 거부하면 아버지 칸에 대한 불복종을 뜻하는 것으로 인식되었다. 즉, 조근이 단순히 고려 국왕에게만 적용되지는 않았다.

원종 9년(1268)에 원나라와 고려 사이에 갈등 수위가 높아졌다. 그간 몽골이 고려에 요구했지만 고려가 계속 미뤘던 '출륙환도出陸還都'와 '6사事'를 원나라가 다시 압박한 것이다. '6사'는 몽골이 칭기즈 칸 이래로 복속시킨 나라들에 대해서 충성의 의미로 요구한 여섯 가지 의무로, 납질納質, 공호수적供戶數籍, 설역設驛, 조군助軍, 수량輸糧, 치다루가치置達魯花赤를 가리킨다. 그 내용은 이렇다. '납질'은 복속된 나라의 왕족 또는 지배층 자제를 원나라에 인질로 보내는 것이다. '공호수적'은 호구(인구)조사를 해서 보고하는 것이다. 이는 복속된 나라에 대한 징세와 징병 자료였다. '설역'은 역참驛站 설치를 말한다. 몽골과 복속된 나라 사이의 교통을 위한 것이다. '조군'은 복속된 나라가 자국 군대를 보내서 몽골의 전쟁을 돕는 것이다. '수량'은 식량을 운송하여 지원함을 뜻한다. '치다루가치'는 복속시킨 나라에 다루가치를 설치하는 것이다.

그때까지도 고려 조정에는 원종으로 대표되는 강화파와 몽골과의 항전을 계속 주장하는 무신정권이 공존했다. 원나라의 공격적 요구는 두 세력

간에 갈등 수위를 높였다. 무신정권의 실권자 김준金俊(김인준)은 몽골 사신을 죽이고 다시 항전해야 한다 주장했고, 원종은 이에 반대했다. 그러자 김준은 원종의 폐위를 기도했다. 이 갈등 끝에 원종이 임연林衍의 군사력을 끌어들여 김준을 제거했는데, 곧이어 임연이 원종을 폐위시키고 원종의 동생 안경공安慶公 왕창王淐을 옹립했다.

1269년(원종 10) 7월, 세자 왕심王諶은 몽골에 갔다가 돌아오던 길인 파사부婆娑府(현 중국 단둥시丹東市 북동쪽 15km 지점에 있던 역참. 구련성九連城으로도 불림)에서 임연이 부왕을 폐위시켰다는 소식을 들었다. 그는 곧바로 대도大都(현재의 베이징北京)로 되돌아가서 쿠빌라이에게 부왕의 복위와 역적 토벌, 그리고 자신과 몽골 공주의 혼인을 요청했다. 쿠빌라이는 세자의 청혼을 받아들이지 않았다. 하지만 원종의 정치적 후원자로서 군사 요청에 대해서는 받아들였다. 그에 따라 왕심에게 군사 3천을 주어서 귀국시켰고, 다음 달에는 병부시랑兵部侍郎(차관급)을 파견했다. 이로써 원종은 폐위된 지 4개월 만에 복위할 수 있었다.

복위한 원종은 1270년 2월 대도에 입조入朝했다. 쿠빌라이는 1267년에 수도를 개평부에서 대도로 옮겼다. 원종은 당연히 자신의 복위를 가능케 해준 쿠빌라이에게 먼저 감사를 표한 뒤 고려 세자와 원나라 공주의 통혼을 요청했다. 원종은 폐위와 복위 과정을 거치며 자신과 고려 왕실의 존망이 쿠빌라이에게 달렸음을 다시 한번 절감했을 것이다. 그리고 아들로부터 쿠빌라이에게 요청했던 청혼 이야기도 들었을 것이다. 이 청혼은 몽골 왕실에서도 전례가 없는 일이었다.

쿠빌라이는 원종의 청혼에 즉답을 피했다. 칭기즈 칸 이래 몽골은 본래 매우 개방적이었다. 그런 개방성이 몽골을 세계제국으로 성장시켰다. 하지만 몽골 황실의 혼인은 상당히 폐쇄적이었다. 유목 민족의 혈통적 문화적 동질성이 고려되었다. 더구나 한번 혼인 관계를 맺으면 계속해서 대를 이어 혼인을 이어가야 했다. 복속된 나라와 그런 관계를 갖는다면 상당히 복잡한 문제를 일으킬 가능성이 있다. 쿠빌라이로서는 쉽게 결정할 수 없는 문제였다. 혼인 관계를 맺으려면 강력한 정치·군사적 목적성이 내포되어야 했다. 이런 까닭에, 쿠빌라이가 원종의 청혼을 받아들인다면 몽골 전통을 강조하는 폐쇄적인 황금씨족의 혼인 관례상 매우 이례적인 경우가 될 수밖에 없었다.

한편 원종은 임연 제거와 출륙환도를 조건으로 쿠빌라이에게 군사를 얻었다. 원종은 이 몽골군을 이끌고 돌아와 무신정권을 붕괴시키고 강화도를 나와 수도 개경으로 돌아왔다. 이로써 1170년에 성립된 고려 무신정권은 정확히 100년 만에 종식되었다. 원종은 원나라에서 돌아온 다음 해인 1271년 2월에 사신을 보내 정식으로 세자와 원나라 공주의 결혼을 요청했다. 11월에 귀국한 고려 사신은 쿠빌라이가 청혼을 허락했음을 알렸다.

원종이 세자와 원나라 공주의 결혼을 요청한 이유는 충분히 짐작할 수 있다. 100년간의 무신집권기 동안 고려 국왕들은 무신 권력자들에게 심하게 휘둘렸다. 국왕이라 하지만 사실상 허수아비에 불과했다. 고려 왕실은 원나라의 간섭과 국가적 독립성의 훼손을 예상하면서도 그들의 힘과 영향력을 이용하여 고려 내에서 왕권을 회복하려 했던 것이다. 고려가 스스로 원나라 부마국이 된 이유이다.

원종 15년(1274) 5월, 고려 세자 왕심과 몽골 공주 쿠틀룩 켈미쉬忽都魯揭里迷失(제국대장공주)가 혼인했다. 당시 몽골 황실의 통혼은 같은 몽골족인 옹기라트 씨족이나 아키레스 씨족, 그리고 칭기즈 칸에게 협력하여 몽골 제국 건설에 공이 컸던 옹구트 씨족에 한정되었다. 원 세조의 7명 부마 중 옹기라트 출신이 3명, 아키레스 출신이 2명, 옹구트 출신이 1명이었다.

나머지 1명이 바로 왕심, 곧 충렬왕忠烈王(재위 1274~1308)이다.

황실 부마가 되면 몽골족 관례에 따라 쿠릴타이에 참여할 수 있는 등 종왕宗王들과 대등한 지위를 획득한다. 쿠릴타이는 몽골 황실 대회大會로, 칭기즈 칸 등 역대 몽골 군주들은 쿠릴타이에서 즉위했다. 두 사람이 혼인한 다음 달에 원종이 사망했다. 그에 따라 8월에 세자가 귀국하여 고려 국왕에 즉위했다. 이로써 충렬왕은 처음으로 고려 국왕과 몽골 부마라는 두 개의 지위를 겸하게 되었다.

쿠빌라이가 고려 왕실과의 혼인을 수락한 이유는 무엇일까? 앞에서 말했듯이 몽골 황실의 통혼은 혈통적 문화적 동질성이 우선적 고려 대상이었다. 여기에 정치·군사적 목적성이 더해졌다. 몽골 황실과 통혼 관계를 맺은 몇몇 부족들의 사례를 보면 황실의 통혼은 군사적 정치적 이해관계가 고려되었음을 알 수 있다. 즉, 막강한 군사력을 보유하고 있는 경우, 그 근거지가 군사적으로 중요한 지역인 경우, 정치적으로 포섭할 필요가 있는 경우 등이 여기에 해당한다. 이런 경우에 몽골 황실은 그 부족(또는 국가)과 세대를 거듭한 통혼 관계를 통해 그들을 몽골의 친중앙 세력으로 유지시켰다. 고려도 여기에 해당한다.

일찍이 칭기즈 칸(1162~1227)은 새로 정복한 지역을 동생과 아들들에게 분봉分封했다. 몽골을 중심으로 제국의 서쪽은 아들들인 주치, 차가타이, 오고타이에게 각기 4개 천호千戶 씩을 분봉했다. 제국의 동쪽인 요동 지역은 세 동생에게 분봉했다. 칭기즈 칸의 바로 손아래 동생인 카사르에게 1개 천호, 그다음 동생인 카치운은 일찍 죽은 탓에 아들 엘치데이에게 3개 천호, 막냇동생 테무게 옷치긴에게는 8개 천호를 분봉했다. 옷치긴은 칸을 제외하면 가장 강력한 군사력을 보유했다. 쿠빌라이는 대칸 계승 전쟁 때 이들 동방 3왕가의 지지를 받고서야 대칸으로 즉위할 수 있었다. 쿠빌

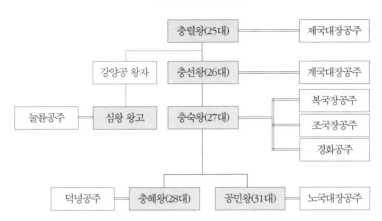

고려와 몽골의 혼인 관계

원간섭기 고려 국왕 7명(충렬왕, 충선왕, 충숙왕, 충혜왕, 충목왕, 충정왕, 공민왕) 중 5명이 몽골 공주와 혼인했다. 충목왕과 충정왕은 어린 나이에 죽었으니, 원간섭기 모든 왕이 몽골 공주를 아내로 맞아들인 셈이다.

라이가 보기에 자신의 즉위에 큰 영향력을 행사했던 옷치긴의 손자 타가차르가 요동에 막강한 군사력을 보유하고 있는 것은 충분히 경계할 만한 문제였다. 쿠빌라이가 고려 왕가와의 혼인을 수락한 가장 큰 이유는 고려가 이들 동방 3왕가를 견제할 수 있다고 생각했기 때문일 것이다. 이렇게 1274년 5월에 양국 간 통혼이 이루어진 이래 공민왕 대까지 8명의 원나라 공주가 고려 왕실에 출가했다.

  과거에는 이 통혼을 고려에 대한 원나라의 내정간섭 장치로만 이해하는 관점이 강했다. 하지만 좀 더 넓은 시야로 보면 다른 측면도 있다. 고려 왕이 통혼을 통해 자동적으로 황금씨족의 일원이 되었기 때문이다. 이 자격으로 고려 왕은 원 제국의 정치 중심에서 영향력을 발휘할 수 있었다. 황금씨족 제왕들과 대등하게 대칸을 선출하는 쿠릴타이에 참석하여 몽골 제국의 중대사를 논의했다. 충선왕의 경우 원 성종 사후에 안서왕安西王

아난다阿難答와 카이샨(훗날 무종) 사이의 제위 계승 분쟁에서 결정적인 역할을 했다. 그는 카이샨을 지지하여 후일 쿠빌라이계 적통에만 부여되는 일자一字 왕호인 심왕瀋王에 진봉되었다. 이지르부카라는 몽골식 이름도 갖고 있는 충선왕은 쿠빌라이의 후계자인 친킴眞金의 장남 카말라甘麻剌의 장녀 부다시리 공주(계국대장공주)와 혼인했다. 그녀는 몽골 황실의 적통 중 적통이다. 이 혈통에서 훗날 10대 대칸이자 원나라 6대 황제인 예순테무르也孫鐵木兒, 즉 원 태정제元泰定帝가 나온다. ☞ 368쪽 '원 황실의 계보' 참조

5. 충렬왕 4년 세조구제 체제의 성립

원종이 복위하고 무신정권이 붕괴되었을 즈음, 몽골과 고려의 기존 관계에도 변화가 생겼다. 원종과 쿠빌라이가 처음 합의했던 내용들이 대부분 파기되었다. 우선 원종 원년(1260)에 고려에서 철수했던 다루가치와 몽골 부대가 다시 왔다. 또 지난날 몽골에 투항하여 원나라에 갔던 사람들이 몽골군을 따라 들어와서 고려 정치에 간여하는 일이 벌어졌다. 대표적인 사람이 홍다구洪茶丘(1244~1291)였다. 고려가 계속 미뤄온 '6사事' 문제도 몽골의 요구대로 모두 실행되었다. 고려 측이 지켜낸 것은 '불개토풍' 원칙뿐이었다. 그런데 이마저 위태로운 상황이었다.

몽골 황실 안의 위상으로 볼 때 충렬왕은 아버지 원종과 많이 달랐다. 높아진 위상을 토대로 충렬왕은 고려의 대원對元 관계에서 주도권을 갖게 되었다. 그러자 홍다구 등으로 대표되는 고려 내 부원 세력이 저항했다. 하지만 몽골 기준으로 보아도 부원 세력은 부마인 충렬왕 아래에 있다. 이런 양상이 정치적 사건으로 크게 불거졌는데, 바로 충렬왕 3년(1277) 12월

에 일어난 '김방경 무고 사건'이다. 이 사건은 발생 다음 해 충렬왕과 쿠빌라이가 만나는 계기가 되었다. 이때 두 사람은 이후 공민왕 5년(1356)까지 이어지는, 거의 80년 가까운 세월 동안 몽골과 고려의 기본 관계를 성립시키는 약속을 하게 된다. 소위 '세조구제' 체제의 성립이다.

'김방경 무고 사건'의 내용은 대략 다음과 같다. 충렬왕 3년(1277), 김방경金方慶(1212~1300)에게 개인적 반감을 가진 일부 무신들이 김방경의 모반을 고발했다. 충렬왕은 재상들로 하여금 이를 조사케 하여 그 고발이 무고임을 밝혀내고는 사건을 끝내려 했다. 그런데 이때 홍다구가 개입하여 사건을 확대했다. 결국 김방경은 유배되었다. 이 과정에서 이분희李汾禧·이분성李汾成(다른 이름은 이습李槢) 형제 등 원종이 총애했던 신하들이 홍다구와 밀착했음이 드러났다. 요컨대 사건의 진실은, 부원 세력과 원종이 총애했던 신하들이 일부 무신들의 불만을 이용해 일으킨 무고였다. 그들의 궁극적 목적은 고려 내에서 반원反元 움직임을 부각하여 충렬왕 및 고려 정부에 대한 원나라의 신뢰를 떨어뜨리는 것이었다. 이를 통해, 충렬왕 때문에 위축되었던 자신들의 존재 가치를 높이려 했다. 충렬왕이 대원 관계에서 강한 권한을 가질수록 자신들의 존재감이 줄어들었기 때문이다.

충렬왕은 홍다구의 강요로 김방경을 유배 보낸 뒤, 곧 부인인 원나라 공주의 사속인私屬人 인후印侯를 원나라에 보내서 사건을 보고했다. '사속인'은 뒤에서 설명할 것이다.☞ 361쪽 참조 인후는 사실을 보고하는 데만 그치지 않고, 이 사건이 무고라 밝히면서 이를 해명하기 위해 충렬왕의 입조를 요청했던 것으로 보인다. 인후가 귀국하자 원에서는 충렬왕과 홍다구를 동시에 대도로 소환했다. 이를 계기로 상황이 반전되었다. 충렬왕 4년(1278) 6월 충렬왕은 즉위 후 처음으로 대도에 입조했다. 그는 쿠빌라이를 만나 약 3주에 걸쳐 양국 관계의 여러 현안에 관해 의견을 나누었다.

충렬왕과 쿠빌라이가 결정한 내용을 언급하기 전에 먼저 알아야 할 사항이 있다. 충렬왕이 아버지보다 훨씬 더 자발적으로 몽골 제국의 일부가 되기 위해 노력했다는 점이다. 이런 태도는 그가 원나라 부마가 되기 전부터 보여준 모습이다. 그는 세자 시절부터 몽골인의 머리 모양이나 복장 같은 외양을 자발적으로 모방했다. 세자 시절인 원종 13년(1272) 2월 숙위 임무를 마치고 고려에 귀국했을 때 몽골 옷차림에 변발을 하고 있어서 보는 이들이 탄식했을 정도다. 즉위 직후 몽골 공주를 맞이하러 서북면으로 행차할 때는 변발을 하지 않은 고려인 신료들을 질책했다. 공주와 함께 도성에 들어올 때도 고려의 예복을 입으라는 신료들 건의를 물리치고 몽골식 복장(융복戎服) 그대로 입성했다. 심지어 신료들의 영접을 받을 때 고려 예복을 입은 자들을 몽둥이로 때려 쫓아내기도 했다. 충렬왕 4년(1278) 2월에는 전국에 몽골식 의관을 착용하라는 명을 내렸다. 이 모두가 몽골의 요구가 아닌, 충렬왕 스스로 결정한 일이었다. 오래전 김춘추가 당나라의 지원이 절실히 필요할 때 당나라에 관복을 요청했던 것과 비슷한 양상처럼 보인다.☞ 56쪽, 138쪽 참조 이 같은 충렬왕의 노력이 쿠빌라이와 몽골 지배층의 인식에 긍정적인 영향을 미쳤으리라 짐작된다.

충렬왕은 몽골의 군사 활동에도 적극 협력했다. 세자로 책봉된 뒤 그는 수차례 몽골에 입조하고 장기간 숙위 직무를 이행했다. 그러는 동안 쿠빌라이를 비롯하여 몽골의 여러 지배층 인사들과 활발히 교류했다. 이 과정에서 자연스럽게 그들이 기대하는 고려의 군사적 역할을 분명히 파악하게되었다. 게다가 군공軍功을 세운 원나라 제왕·장군들이 후하게 포상받는 모습도 지켜보았다. 이 경험을 바탕으로, 몽골의 군사 활동에 적극 협력하여 공을 세운다면 자신의 위상을 높일 수 있을 뿐 아니라 고려에 대한 몽골의 통제력도 완화할 수 있다고 판단했던 것 같다.

충렬왕과 쿠빌라이의 만남에서 김방경 문제는 처음부터 핵심 사항이 아니었다. 오히려 그 기회를 이용해 충렬왕은 원나라와 고려 사이의 여러 외교 현안을 해결했다. 그 대표적인 성과가 몽골군 철수, 다루가치 소환, 6사의 한 조항으로 호적의 제출을 뜻하는 공호수적供戶數籍 면제 등이다. 그런데 이 성과는 단순히 원나라가 복속국에 부과하는 6사 의무 사항들 중 몇 가지를 빼줬다는 의미에 국한되지 않는다. 두 사람의 결정 사항은 충렬왕에 대한 처우가 복속국 군주에서 이제 황실 부마로 전환되었음을 가리켰다. 충렬왕에게 남겨진 의무는 칸에 대한 제왕諸王 등 봉군封君의 의무와 동일했다. 그것은 복속국이 받는 차별이라기보다는 세계제국 원나라의 성원으로서 갖는 의무였다.

충렬왕은 귀국하자 곧 김방경을 복직시키고 이분희·이분성 형제를 죽인 다음 홍다구 당여黨與를 유배 보냈다. 그러고는 거침없이 부원 세력을 숙청했다. 쿠빌라이의 전폭적인 지원이 없었다면 할 수 없는 행동이다. 역설적으로 이후 충렬왕 대에는 고려인이지만 원에 의탁하여 고려에서 폐단을 일으키는 무리가 거의 나타나지 않았다. 충렬왕은 대원 관계를 주도하면서 국내적으로는 왕권 강화에 성공했다. 애초 고려 왕실이 원나라에 귀부하면서 가졌던 의도가 실현된 셈이다.

충렬왕의 이러한 성과는 국내적으로 어떤 효과를 냈을까? 충렬왕은 고려·원나라 연합군의 일본 공격이 실패한 뒤, 원나라에 민생의 피폐를 들어 다시 공격이 이루어지더라도 고려가 전함과 군량을 부담할 수 없다는 점을 분명히 밝혔다. 연이은 삼별초 진압 및 일본 원정에 따른 전함·군량 동원은 고려가 감당하기 어려운 부담이었다. 또한 원에 보내는 공물에서 금과 인삼을 제외해달라고 요청하는 등 공물의 부담을 줄이고자 노력했고, 공납을 빌미로 폐단을 일으키는 부원배를 견제했다. 원나라에 호구조사 권한을 뺏기지 않고 호적 제출을 하지 않음으로써 국내적으로 전쟁 피해를 복구할 수 있는 발판을 마련한 점도 중요한 성과였다. 요컨대 충렬왕은 세조구제를 통해 공물이나 조군助軍 등으로 인한 부담을 최소화할 수 있었다.

6. 원나라의 책봉 권한

원 제국하에서도 고려는 독자적 왕조 체제와 통치권을 유지했다. 이는 근본적으로는 원 제국 자체의 역사에 이를 수용할 만한 경험이 존재했기 때문에 가능한 일이었을 것이다. 본래 몽골은 전쟁을 통해 새로운 지역을 복속시키면 전쟁에 참여했던 제왕과 공신들에게 정복지의 토지와 인민을 나누어 주는 분봉의 전통을 가지고 있었다. 분봉된 영역에 대해서는 분봉받은 자의 독자적인 지배 권한을 인정했다. 그들의 정복이 처음 시작된 초원 지대에서는 이런 방식이 관행으로 이어져 내려왔다. 그런데 1234년 몽골이 금나라를 멸망시키고 화북 전체를 점령하자 기존 관행을 유지하기가 어려워졌다. 정복된 지역이 인구가 희박한 초원이 아니고 비교적 조밀하고 많은 농경 지대였기 때문이다. 몽골인들로서는 처음으로 자원이 한정된 상황에 부닥쳤다. 더 이상은 분봉된 땅에 대한 분봉받은 자의 독자적 통치권을 인정할 수 없었다.

이제 몽골 정부는 기존 분봉 방식 대신에 중앙집권적 관료제를 채택해야 할 판국이었다. 칸의 권위를 강화하고 농경 지역을 효과적으로 통치하기 위해서는 불가피한 일이었다. 하지만 대부분의 몽골 제왕이나 공신들은 몽골의 전통 방식대로, 정복한 농경 지대와 농경민을 분봉해줄 것을 기대했다. 그리하여 몽골 정부는 화북의 농경지·농경민을 대상으로 제후들에게 제한적인 권한만을 주는 새로운 형태의 분봉제를 시행했다. 분봉지에 대한 호적 제출이 바로 그에 해당한다. 이 같은 정책은 강남 지방을 정복한 후에도 똑같이 실시되었다. 말하자면 몽골 제국은 그 성장의 역사에서 두 종류의 분봉제를 갖게 되었다. 고려에는 그들이 본래 초원에서 행했던 분봉제에 해당하는 방식이 적용되었다.

원나라는 고려를 황제의 부마국으로 대우했다. 그런 연유로 다루가치와 몽골 군대도 철수시켰다. 하지만 동시에 이를 견제할 수 있는 수단도 갖추었다. 고려에 원나라 사신使臣을 수시로 파견하는 방식으로는 한계가 있었다. 원나라는 고려 국왕에 대한 책봉冊封을 통해 그 수단을 확보했다. 이는 국왕이 즉위한 뒤 중국 왕조로부터 추인을 받던 이전의 형식적 책봉 의례와는 완전히 달랐다. 원나라는 고려 국왕의 책봉 및 폐위의 권한을 배타적으로 행사했다. 이전부터 존재해온 형식이지만, 이전까지 한 번도 없었던 내용이다. 원종부터 공민왕까지 원간섭기 모든 고려 국왕은 원으로부터 일방적으로 임명되고 해임되었다.

원나라가 고려의 전통적인 왕위 계승 질서를 부정하는 일은 없었다. 원이 고려 국왕을 책봉하는 일은 일정한 규칙과 범위 안에서 이루어졌다. 세자를 최우선으로 하되, 그러지 못할 경우에는 직계비속, 방계비속 차례로 왕위 계승권이 넘어갔다. 방계에 속한 사람이 원나라 조정과 가깝다고 하여 직계비속을 제치고 왕위에 오르는 일은 없었다. 이는 '불개토풍' 원칙에 따른 것이다. 그럼에도 원나라는 책봉 권한을 이용하여 고려의 왕위 계승에 얼마든지 실질적인 영향력을 미칠 수 있었다. 예를 들어, 현재의 왕 대신에 세자를 왕으로 임명할 수 있었다. 원나라의 이런 권한 행사는 '불개토풍' 원칙을 어기는 것이 아니다. 요컨대 '불개토풍'이 세조구제의 보이는 부분이라면, 고려 국왕에 대한 원나라의 배타적이고 독립적인 책봉권 행사는 비록 보이지는 않지만 세조구제를 이루는 또 하나의 구성요소였다.

원나라가 고려 국왕에 대해 행사한 독립적이고 배타적인 책봉은 명확한 정치적 결과를 초래했다. 이것이야말로 원간섭기 지속적으로 이어졌던 국왕 측근 세력에 의한 정치적 파행의 진정한 원인이었다. 원나라는 세자를 비롯하여 왕위 계승 후보자 범위에 들어 있는 왕자들을 즉위 이전에 원나라에서 장기간 숙위케 했다. 고려의 왕자들은 원나라 대도에서 숙위하는 중에 원나라 공주와 결혼을 했고, 또한 주변에 시중을 들던 인물들과 함께했다. 원나라에 의해 다음 왕으로 결정되면 함께했던 그들을 데리고 귀국했다. 사정이 이러하니 새로 즉위한 국왕은 고려의 관료 및 국내 정치 세력과 하나가 되기 어려웠다. 원간섭기의 어떤 국왕도 고려의 공적인 관료 조직을 자신의 정치적 기반으로 삼지 못했다. 국왕이 세자 시절 원나라에서 함께했던 사람들과의 인간적 유대감 때문만은 아니었다. 고려 국왕은 늘 원나라에 의한 강제 퇴위의 위험에 노출되어 있었다. 그 위험은 국왕과 그의 측근 세력에게만 미칠 뿐이고 국내 정치 세력과는 무관했다. 말하자면 측근 세력은 국왕과 운명공동체였다. 이 점이 국왕이 측근 세력에게 더 의존하게 되는 원인이었다.

'세조구제'에 기반한 고려-원 관계는 원에서도 만족스럽게 받아들인 듯하다. 고려와의 오랜 전쟁을 거치면서 원이 고려에 대해 갖게 된 인식은 무력으로 쉽게 정복할 수 없는 상대라는 점이었다. 그 결과 고려왕조의 존재를 인정하되 항전의 가능성을 막고 필요한 협조를 얻어낼 수 있는 체제로 '세조구제'에 만족했다. 원으로서도 가장 효율적으로 고려를 통제할 수 있는 방법이 '세조구제'였던 셈이다.

7. 원간섭기 고려를 어떻게 보아야 할까

30년 가까운 전쟁 끝에 1259년(고종 46) 고려가 몽골에 귀부했다. 이로부터 시작된 몽골의 고려에 대한 간섭은 1356년(공민왕 5) 공민왕의 반원 개혁이 성공할 때까지 약 100년 가까이 계속되었다. 오늘날 우리가 '원간섭기'라 부르는 시기다.

이 시기 원나라와 고려의 관계는 2단계에 걸쳐 확정되었다. 1259년 세자 신분의 원종이 아직 대칸이 되기 전인 쿠빌라이를 만나서 여러 가지 요구를 관철하고, 그중에서도 특히 '불개토풍'의 원칙을 확약받은 것이 그 1단계였다. 2단계는 19년 뒤인 1278년(충렬왕 4) 쿠빌라이와 충렬왕의 약속을 통해 확정되었다. 그 내용은 원나라가 고려의 독자적 체제를 인정하고, 원나라는 고려 국왕에 대한 배타적인 책봉 권한을 갖는 것으로 요약된다. '세조구제'에 기반한 고려-원 관계는 고려의 왕조 체제 유지와 왕권의 대외 종속이라는 모순적인 이중성을 가졌다. 이 때문에 원간섭기에는 자주自主와 예속, 또는 반원反元과 친원親元이라는 요소가 동거했다.

중국 역대 통일왕조는 국세國勢가 왕성하여 타국에 영향을 미칠 수 있을 때마다 주변 국가들에 정치적 지배 기구를 설치했다. 한반도에 설치되었던 한사군漢四郡, 웅진도독부熊津都督府, 안동도호부安東都護府 등도 그에 해당한다. 원나라를 전통적인 중국 왕조로만 보기는 어렵다. 하지만 그와 같은 속성에서는 원나라도 중국의 여타 왕조와 다르지 않았다. 세조구제 원칙 역시 그런 전통을 잇는다. 그들이 세운 지배 기구나 원칙이 주변국의 자주성을 침해하는 정도는 조금씩 달랐다. 그럼에도 이런 기구나 원칙이 인접한 나라들의 온전한 독립성을 침해했다는 점은 동일하다. 이런 경향은 오늘날도 달라지지 않았다. 과거에 중국은 홍콩과 마카오 등에 대해 '일국양제一國兩制' 원칙을 표방했다. 이보다 앞서 중국은 건국한 다음 해인 1950년에 티베트에 대해서도 일국양제를 선포했었다. 그러나 9년 뒤 중국은 티베트를 직접 지배하게 된다. 오늘날 중국이 자국의 힘에 대한 확신이 강해지면서 '일국양제'는 직접 지배로 전화되고 있는 듯하다.

16

혼혈 군주 충선왕

1. 충렬왕의 유산

충렬왕(재위 1274~1308)은 원나라 부마로 즉위한 첫 번째 왕이다. 그의 아들 충선왕忠宣王(재위 1298, 1308~1313)만큼은 아니지만, 충렬왕 역시 원나라가 구축한 세계 체제에 고려가 편입되어야 한다고 믿었다. 그는 원나라 숙위 기간의 경험으로 인해 몽골이 구축한 국제질서에 스스로 일원이 되고자 노력했다. 전례가 없던 원나라 공주와의 결혼을 그가 먼저 요청한 이유는 그런 생각에서 비롯되었다.

충렬왕은 자기 측근 세력과 재추宰樞들을 중심으로 국정을 운영하기 시작했다. 재추란 고려시대에 2품 이상의 재상급 고위 관리를 말한다. 시기마다 차이가 있지만 고려 전기를 기준으로 하면 늘 10명 남짓한 수준을 유지했다. 측근 세력은 충렬왕이 세자로 원나라에 있을 때 그의 곁에서 시종했던 사람들이다. 그런데 시간이 지날수록 국왕 측근 세력의 힘은 강해지는 반면, 재추 관료들의 힘은 약화되었다. 이 같은 현상은 충렬왕의 개인적 경험이나 인간적 특성 때문에 나타난 일은 아니었다. 원나라와 고려 사이에 구축된 정치 구조가 빚어낸 현상이었다. 이 양상은 원간섭기 고려 국왕들의 정치 운영에서 계속 나타났다. 원간섭기 내내 국왕의 측근 세력은 고려의 국내 정치 세력과 갈등했다.

충렬왕 측근 세력은 다양했다. 환관宦官, 내료內僚, 응방인鷹坊人, 역관譯官, 겁령구怯怜口(게링구) 및 폐행嬖幸 등이 그들이다. 폐행이란 국왕이 개인적으로 아끼는 인물이다. 고려시대 환관은 평민이나 천민 중에서 사고를 당해 불구가 된 사람으로 충당되었다. 그들은 내전內殿, 즉 왕비 거처의 잡무만 담당했고, 그 수도 많지 않아서 10명 이내였다. 조선시대 내시가 맡은 역할은 주로 내료가 수행했다. 내료는 국왕 주변에서 잡무를 담당했는데, 사회적으로 비천한 신분 출신이 많았다. 환관과 내료, 폐행은 거의 대부분 충렬왕이 세자로 원나라에서 생활할 때부터 곁에서 사적인 친밀감을 쌓아온 존재들이다.

응방鷹坊은 고려가 원나라에 진상하는 매를 관리하던 조직이다. 매의 포획과 사육, 진상을 담당했는데, 시간이 지나자 이런 업무의 연장선상에서 자연스럽게 정치·군사적으로 중요한 기능을 갖게 되었다. 규모도 크고 체계적으로 운영되었다. 나아가 매를 진상하는 과정에서 대원 외교의 창구가 되었고, 군사 조직의 기능도 갖게 되었다. 전통시대에 사냥은 전쟁이 없는 평시에 일종의 군사훈련 성격을 겸했다. 응방은 충렬왕이 사냥할 때 호위하는 일뿐만 아니라 점차 국왕의 경호 기능까지 갖게 되었다. 개경에는 물론 지방에도 설치되었으며, 결국에는 충렬왕의 사조직처럼 운영되었다. 응방은 원나라와 직접적인 관계를 갖는 대표 기관이지만 유일한 기관은 아니었다. 원나라와 관계있는 다른 기관들은 응방에 나타났던 여러 가지 폐단을 유사한 형태로 함께 보여주었다.

환관, 내료, 응방인은 거의 전적으로 국왕 개인에 부속된 사람들이었다. 따라서 이들이 일시적으로 권력을 휘두른다고 해도 다음 왕이 즉위하면 대체로 제거되는 경우가 많았다. 실제로 충선왕이 즉위한 뒤 충렬왕 측근 인물들의 운명이 그랬다. 하지만 역관이나 겁령구는 달랐다. 그들은 중국에 사적 인맥이 닿아 있었다. 그 관계 자체가 그들 힘의 원천이었다. 충렬왕은 즉위 후 통문관을 설치하여 역관을 양성했다. 그런데도 통역 일을 맡길 경우에 그가 편하게 여긴 사람은 세자로 원에 있을 때 자신을 시종했던 역관들이었다. 역관들 중에는 고려의 전통적 지배층인 권문세족 자제나 문과 급제자가 거의 없었다. 하지만 그들 중 일부는 충렬왕 대 고려 조정에서 재추 반열에 오르는 사례가 적지 않았다. 조인규趙仁規(1237~1308)가 그 대표적인 인물이다.

겁령구는 여러 종류의 친원 무리 중에서도 가장 강력한 존재였다. 이들은 원나라 공주가 고려에 시집올 때 따라 나온 사람들이다. 겁령구는 몽골어 '게링구'의 한자어 표기로 '집안 아이'라는 뜻이다. 전적으로 원나라 공주에게 딸린 사람들, 즉 사속인私屬人이다. 이들은 고려에서 공적인 지위를 가졌든 그렇지 않았든 자기가 속해 있는 사람의 수족으로 인식되었다. 고려의 왕비가 된 원나라 공주와 국왕이 대립하지 않는 한 이들은 국왕편이었다. 이들의 임무 중에서 가장 중요한 일은 원나라에 다녀오는 사행使行이었다. 고려 왕실에서 원에 요청할 일이 있을 때는 으레 이들을 파견했다. 가장 대표적인 인물이 인후印侯(1250~1311)이다. 충렬왕 대에 겁령구는 모두 4명이었는데, 대개 재추 반열에 올랐다. 이들은 관직과 무관하게 거의 치외법권적 지위를 누렸다. 뒤에 충선왕이 즉위하여 충렬왕 측근 세력을 제거할 때도 이들만은 별 영향을 받지 않았다.

충렬왕 대에 환관, 내료, 응방인, 역관, 겁령구 등이 국왕의 비호 아래 권력을 행사하자, 고려의 관료들 중에서 이들과 친분을 만들려는 사람이 나타나기 시작했다. 마치 음식을 상온에 놓아둔 채 시간이 지나면 곰팡이가 피듯이, 권력이 있는 곳이면 언제 어디서든 나타나는 자연발생적인 현상이다.

국왕 측근 세력 인물들 중에는 미천한 신분 출신이 많았다. 이들은 우연히 갖게 된 지위와 권력을 통해 재산을 모으는 데 열중했다. 재산이 권력보다 더 높은 지속성과 안정성을 제공한다고 믿었기 때문일 것이다. 치부의 대상은 주로 토지였다. 처음에는 주인이 없거나 분명하지 않은 한전閑田(경작하지 않고 놀리는 땅)과 진전陳田(오래 묵은땅)이 대상이었지만, 얼마 지나지 않아 일반 민전民田에까지 확대되었다. 일반 민전은 모두 기존에 소유자가 있어서 경작되고 국가가 세금을 부과했던 땅이다.

고려시대 민전은 크게 공전公田과 사전私田으로 나뉜다. 공전은 국가에 직접 세금을 내는 땅이고, 사전은 특정한 관리에게 세금을 내는 땅이다. 국가가 관리에게 재직하는 반대급부로 사전을 지급한다는 말은 땅의 소유권을 주는 것이 아니라, 그 땅에서 나오는 세금을 거둘 권리, 즉 수조권收租權을 준다는 뜻이다. 정부가 이렇게 수조권으로 지급했던 현실적인 이유는 세금으로 받은 곡물의 운반 비용을 줄이기 위해서였다. 국왕 측근 세력이 '민전을 침탈한다'는 말은 국고로 들어가야 할 세금이나 정부 관리들에게 돌아가야 할 몫을 그들이 착복한다는 뜻이다. 이렇게 되면 국용國用, 즉 국가 재정이 부족해지고 관료들이 녹봉을 받지 못하게 되는 상황이 올 수 있다. 실제로 그렇게 되었다. 이는 대단히 심각한 사회적 문제이며, 그 연장선상에서 정치적 문제가 되지 않을 수 없었다. 그뿐만 아니라 직접적으로 국가 체제를 위협하는 일이었다.

2. 충선왕의 탄생

충렬왕은 39세 되던 해 1274년(원종 15) 5월에 세조 쿠빌라이의 딸 제국
대장공주齊國大長公主(1259~1297)와 결혼했다. 그녀 이름은 쿠틀룩 켈미쉬
忽都魯揭里迷失이고, 어머니는 예쉬진 카둔阿束眞可敦이다. '카둔'은 왕비라
는 뜻이다. 공주는 고려에 온 직후 임신하여 1275년(충렬왕 원년)에 첫아들
왕원王諲을 낳았다. 이 아기가 훗날의 충선왕이다. 왕비는 2년 뒤 여름에
여자아이를 낳았고 그다음 해에도 사내아이를 낳았다.

왕원은 세계제국 원나라 황제의 외손자였다. 그는 혈통적으로 고려인이
자 동시에 몽골인이었다. 충선왕은 원간섭기 고려의 여러 국왕들 가운데
원나라 황실에서 혈통적으로 가장 높은 지위에 있던 인물이다. 쿠틀룩 켈
미쉬는 충렬왕의 첫 번째 왕비가 아니었다. 당연히 왕원보다 나이가 많은
충렬왕의 아들이 있었다. 하지만 그의 존재는 왕원이 세자가 되는 데 아무
런 장애가 되지 않았다. 왕원은 세 살 때인 충렬왕 3년(1277) 정월에 배다
른 형을 제치고 세자가 되었다.

충렬왕은 재위 4년(1278) '김방경 무고 사건'으로 인해 원나라에 가서 6
월에 쿠빌라이를 만났다. 이때 충렬왕은 쿠빌라이를 만나 고려와 원나라
사이의 현안들을 타결지었다. 이 만남은 매우 순조로워서, 원나라가 전통
적으로 복속국에게 부과하던 의무를 고려에게는 풀어주었다. 이는 쿠빌라
이가 충렬왕을 더 이상 복속국의 군주가 아닌 자신의 부마로 대우한 결과
였다. 이 방문에 충렬왕은 부인인 공주와 네 살의 어린 세자, 그리고 갓 태
어난 왕녀와 동행했다. 64세의 쿠빌라이는 오랜만에 보는 딸과 처음 보는
손자 손녀 때문에 충렬왕에 대해서 너그러운 마음을 갖게 되었을 것이다.

제국대장공주가 아들(세자)과 딸을 데리고 황후를 알현하니 황후가 세

자를 사랑했고, 또 태자비에게 보이니 태자비는 세자에게 '이지르부카益智禮普化'(힘센 황소라는 뜻)라는 이름을 지어주었다. 이 일은 훗날 상당한 의미를 갖게 된다. 이 태자비가 쿠빌라이의 황태자 친킴의 비妃 코코진이다. 코코진의 남편인 황태자는 1286년에 아버지 쿠빌라이보다 먼저 사망하지만 코코진은 카말라甘麻剌(진왕晉王), 다르마발라答剌麻八剌, 테무르鐵木耳를 낳았다. 셋째 테무르는 쿠빌라이를 이은 2대 황제 성종(재위 1294~1307)이다.☞ 368쪽 '원 황실의 계보' 참조 훗날 충선왕은 카말라의 딸과 결혼한다. 충렬왕, 제국대장공주, 세자는 9월에 압록강을 넘어 개경으로 돌아왔다.

세자는 16세인 1290년(충렬왕 16) 11월에 독로화禿魯花로 원에 보내졌다. 독로화는 몽골말로 '뚤루게'라 하는데, 원나라에 인질로 보낸 고려 왕족과 귀족의 자제를 말한다. 원간섭기 초에는 독로화로 원나라에 가는 것을 꺼리는 분위기가 강했지만, 나중에는 그 성격이 변하여 일종의 정치적 기회의 성격을 띠게 된다. 세자는 중간에 일시 귀국하기도 했으나 1297년까지 거의 원나라에 머물렀다. 그가 독로화로 보내진 이유는 그의 나이가 이를 감당할 수 있을 정도가 되었고, 마침 카다안哈丹 반란의 잔당으로 인해서 원과 고려 양국이 군사적으로 긴밀하게 협력할 필요가 있었기 때문이다.

3. 아버지와 싸우다

세자는 원나라에서 1년 6개월을 머물고 1292년(충렬왕 18) 4월에 일시 귀국했다. 원나라에 체류했던 이 시기에 세자는 자신의 정체성을 결정지은 강렬한 경험을 했던 것 같다. 당시 고려는 원나라 반란군인 카다안과 한창 전쟁을 치르고 있었다. 카다안 무리는 1290년에 고려의 동북 지방을 침략했다. 세자는 쿠빌라이를 만나서 카다안 토벌을 위한 외교 활동을 효과적으로 펼쳤다. 그런데 이보다 더 주목할 부분은 이 시기에 세자가 쿠빌라이의 마음에 들었고, 또 그러기 위해서 애를 썼다는 점이다.

쿠빌라이는 세자에게 고려국왕세자를 제수하고 금도장(金印)을 하사했다. 이는 세자가 고려 정치에 개입해도 좋다는 쿠빌라이의 허락을 뜻했다. 그러고서 말하기를 "후사後嗣로는 적자이고 친親으로는 나의 외손자인데 번국藩國의 세자가 되었으니 직책으로 국은國恩에 보답하라"고 했다. 쿠빌라이가 자기 입으로 세자를 외손자(甥)라 부른 것이다. 이와 함께 수정배水精杯, 서각연엽잔犀角蓮葉盞, 옥배玉杯 등을 하사하여 총애했다. 성년에 접어든 세자는 몽골의 황손이자 몽골 제국 세계의 왕자로서 드높은 자부심을 갖게 되었다. 그 자부심이 아버지 충렬왕과의 갈등으로 이어졌다.

고려가 세자의 환국을 요청하여 세자는 1292년(충렬왕 18) 4월에 귀국길에 올랐다. 그에 앞서 장군 김연수金延壽가 원나라에서 돌아와 세자의 귀국을 보고했다. 그런데 그는 다음과 같은 세자의 말을 충렬왕에게 전했다.

> 나라에 흉년이 들고 백성들이 굶주린다고 하는데, 어가御駕가 행차하는 곳마다 바쳐야 할 비용이 적지 않을 것입니다. 부디 주상께서는 국경까지 마중 나오지 마소서. 또한 아버지가 아들을 위해 몸을 굽혀 출영하는 것은 도리에 어긋나는 일입니다. 궁료宮僚(세자에게 딸린 관료)로서 마땅히 출영해야 할 자도 서보통원西普通院*을 넘지 말게 하소서.
>
> ─『고려사』 권30, 「세가」 30, 충렬왕 18년 4월.

---

* 서보통원은 개경 입구 간선도로상에 설치되었으리라 짐작된다. 원간섭기에 원에 다녀오는 국왕이나 원 고위 관료들이 개성에 들어오기 전에 머물렀다.

얼핏 들어도 이상한 말이다. 충렬왕은 이 말을 듣고 노하여 "세자의 말이 참으로 온당하지 않다"고 했다. "아버지가 아들을 위해 몸을 굽혀 출영하는 것은 도리에 어긋나는 일입니다"라는 말은 세자가 충렬왕을 어찌 생각하는지를 보여준다. 그의 의식 안에서 위계의 기준은 가족이 아닌 원 황실 안에서의 위치였다. 세자의 생각에는 그 기준에서 아버지 충렬왕은 자신보다 아래에 있는 존재로 여겼던 것이 아닌가 짐작된다. 20여 일 뒤 충렬왕은 세자를 출영한다며 마천馬淺의 서쪽에서 사냥판을 벌였다. 5월에 세자가 돌아와 왕과 제국대장공주가 차린 환영연에 참여했고, 장漿(무료 급식)을 시내 길거리(街市)에 마련하여 굶주린 자들에게 3일 동안 베풀었다.

세자와 충렬왕이 주고받은 말이나 행동은 평범한 부자 사이에서는 보기 힘들다. 더구나 세자는 무료 급식을 제공하면서 민생을 염려하는 모습을 연출했다. 그가 보여준 모습은 세자의 행동이라기보다는 국왕의 행동에 더 잘 어울린다. 이런 일련의 행위는 18세 아들과 57세 아버지가 이제 정치적 경쟁 관계에 있음을 뜻했다. 이 관계에서 우위에 있는 쪽은 아버지가 아닌 아들이었다. 충렬왕은 쿠빌라이의 늙은 사위이지만, 세자는 쿠빌라이가 스스로 말한 외손자이다. 이 시기 이후를 보면 세자는 고려에서보다 원나라에서 생애 대부분의 시간을 보낸다. 심지어 그는 고려 국왕으로 재위하는 중에도 원나라에 계속 머물렀다.

세자는 1292년(충렬왕 18) 5월 고려에 도착하여 잠시 있다가 윤6월(혹은 7월)에 원나라로 되돌아갔다. 이후 1295년(충렬왕 21) 8월까지 3년 넘게 원에 머물렀다. 이 시기에 쿠빌라이는 세자를 자신의 침전에 불러서 무슨 책을 읽는지 묻기도 하고, 세자는 노환에 시달리는 쿠빌라이를 정성껏 간호했다. 1294년 정월에 쿠빌라이가 죽고 뒤이어 성종이 즉위했다. 세자는 원나라 황실 가족의 일원으로서 황위 교체의 전 과정을 지켜보았다. 성종이 증언했듯이, 세자는 외할아버지의 사랑과 지도를 받았고 쿠빌라이의 질병 수발에 정성을 기울였다. 아버지 충렬왕과 갈등을 빚던 모습과는 극히 대조적이다. 성종이 즉위하자, 세자의 이름을 지어준 성종의 모친 코코진 태후가 정치적 실권을 행사했다.

세자는 1295년(충렬왕 21) 8월에 귀국했다. 귀국할 때 성종은 세자를 고려국왕세자 영도첨의사사高麗國王世子領都僉議司事에 책봉했다. 영도첨의사사는 고려의 최고 정무 기관인 도첨의사사의 최고 직위였다. 젊은 황제 성종은 자신의 즉위에 맞춰 고려에도 세대교체를 원했다. 황제가 내려준 벼슬에 상응하여 고려에서도 세자에게 벼슬을 주어야 했다. 충렬왕은 세자를 판도첨의밀직감찰사사判都僉議密直監察司事에 임명했다. 고려 조정의 행정권과 군사권을 총괄하는 자리였다. 이런 벼슬들이 더해져서 세자는 이미 고려 조정의 정치와 군사 영역에서 충렬왕과 비슷한 권한을 갖게 된다. 그는 고려 조정에서 인사권을 행사했고, 상벌을 주도했다. 세자의 요청으로 김방경에게 식읍 3,000호, 식실봉食實封 300호를 하사했다. 식실봉이란 식읍食邑을 줄 때 실제로 지급한 호戶를 말한다. 석 달 뒤 그는 결혼하기 위해 다시 원나라로 갔다.

세자는 1295년 11월에 원나라로 가서 다음 해인 1296년 11월에 쿠빌라이의 손자인 카말라의 딸 부다시리寶塔實憐(?~1315)와 결혼했다. 그녀가 계국대장공주薊國大長公主이다. 두 사람의 결혼식은 세계제국 원나라 안에서 이루어질 수 있는 최고의 이벤트였다. 세자는 고려 국왕의 후계자이자 세조 쿠빌라이의 외손자이고 성종 황제의 고종사촌이다. 배우자 부다시리는 카말라의 딸로, 카말라는 성종 황제의 형이면서 동생과 제위를 다투다 황제가 되지는 못했지만 쿠빌라이의 총애를 받았던 친손자이다. 이 결혼으로 세자의 위상은 더욱 확고해졌다.

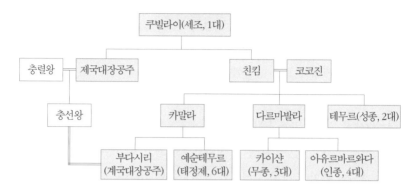

원 황실의 계보

세자의 결혼식에 참석했던 충렬왕과 왕비(제국대장공주)는 1297년(충렬왕 23) 5월에 개경으로 돌아왔다. 그런데 귀국 직후에 왕비는 아파서 곧 사망했다. 귀국한 지 15일 만이었다. 모친 사망 소식을 듣자 세자는 6월에 귀국했다. 돌아온 지 얼마 지나지 않아 세자는 부왕의 눈치를 끊임없이 살펴야 하는 보통의 세자라면 상상도 할 수 없는 일을 저질렀다. 세자는 이미 원나라 성종의 후원을 받는 실력자였다. 그는 모친의 사망이 아버지가 총애하던 궁인宮人 무비無比 때문이라고 생각했다. 그는 충렬왕에게 무비와 주변 인물들을 조사할 것을 요청했다. 충렬왕은 상중이니 기다리라고 말했지만 세자는 스스로 움직였다. 자체적으로 사건을 조사해서 7월에 무비와 내시 4명, 중랑장中郎將 김근金瑾을 죽이고, 관련자 40여 명을 유배 보내버렸다. 세자가 부왕이 총애하는 후궁과 측근을 참수한, 생각하기 어려운 일이 벌어진 것이다. 그러나 이 사태에 대해 충렬왕은 세자에게 아무것도 할 수 없었다. 세자의 위세와 힘을 충렬왕은 이미 통제할 수 없었다.

같은 해 10월에 세자는 원나라로 돌아갔다. 세자가 원에 당도하고 사흘 뒤 조인규와 인후 등이 원에 도착하여 황명으로 충렬왕의 전위傳位, 즉 왕위에서 물러나게 해줄 것을 요청했다. 이듬해 1298년 정월에 세자가 귀국했고, 충렬왕은 전위 명령을 내렸다. 원 황제 성종은 이를 받아들이는 형식으로 세자를 고려 국왕에 제수했다. 이로써 오랫동안 이어졌던 충렬왕과 세자의 갈등이 일차로 마무리되었다. 이때 충선왕 나이가 24세였다.

충선왕의 개혁을 살피기 전에 충렬왕과 충선왕 부자 관계를 잠시 살펴볼 필요가 있다. 앞에서 말했듯이 두 사람 사이에는 평범한 부자 관계에서 상상할 수 없는 일들이 벌어지곤 했다. 두 사람은 충렬왕이 죽을 때까지 싸웠다. 따져보면 이유는 깊다. 충렬왕과 제국대장공주의 결혼은 두 나라 왕실의 첫 번째 혼인 관계였다. 정략결혼이었고, 조건만 봐도 둘의 결혼 생활이 원만히 이루어지리라 기대하기는 어렵다. 둘이 결혼할 때 충렬왕의 나이는 39세였고 당연히 첫 번째 결혼이 아니었다. 제국대장공주의 나이는 16세였다. 그녀는 자신이 전혀 알지 못하는 세상에 왔고 남편과 정서적 교감을 나누기도 어려웠을 것이다. 그래서 더 그랬는지 모르지만, 그녀는 오만했고 충렬왕의 모든 일을 간섭하며 못마땅해했다. 그녀는 자신이 남편보다 우위에 있는 존재라는 점을 잘 알고 있었다. 충렬왕은 어린 공주를 달래고 안정시키는 대신 밖으로만 돌았다. 원간섭기 고려 왕들 중에서 그만큼 사냥을 자주 나갔던 임금은 없다.

충선왕은 파탄지경에 있던 충렬왕과 제국대장공주 부부 관계의 희생자였다. 충선왕은 이미 세자 시절에 피폐한 민생과 충렬왕의 사냥을 연결지어 아버지를 비난하는 말을 한 적이 있었다. 1292년(충렬왕 18) 귀국 시에 세자가 했던 말도 같은 맥락에 있다.☞ 365쪽 참조 그 연장선상에서 충선왕은 일찍부터 부왕에게 반감과 대결 의식을 가졌던 것 같다. 그가 원나라에 체류하며 외할아버지 쿠빌라이와의 관계를 위해 열심히 노력했던 데는 그런 이유도 있었을지 모른다.

4. 아버지를 이기다

충선왕은 10년 간격을 두고 두 번(1298, 1308~1313) 국왕 자리에 올랐다. 이런 일은 단지 충선왕뿐 아니라 원간섭기에 여러 번 일어났다.☞ 420쪽 '원간섭기 고려 왕위 계승' 도표 참조 원나라가 고려 국왕에 대한 책봉 권한을 독립적이고 배타적으로 행사했기 때문이다. 충선왕은 충렬왕의 전위에 따라 1298년 1월에 즉위하여 각종 개혁을 추진하다가 8월에 갑자기 국왕 자리에서 물러났다. 부인 계국대장공주와의 불화가 직접적 원인이었다. 물론 부부 불화가 이유의 전부는 아니다. 그의 개혁에 반발한 고려의 반개혁 세력이 충선왕을 퇴위시키고자 뒤에서 노력했다. 그들은 충선왕과 계국대장공주 사이의 불화로 빚어진 원나라 황실의 충선왕에 대한 불만을 확대하려고 했다. 특히 원나라 황제의 허락을 받지 않고 단행하는 개혁을 문제 삼았다. 충선왕의 개혁에 반원反元의 색깔을 씌웠다. 그런 작전은 효과가 있었다. 결국 충렬왕이 복위되었고, 충선왕은 원나라로 돌아갔다.

1307년 정월에 원나라 성종 황제가 후계자 없이 사망했다. 성종과 그의 부인 불루간卜魯罕 사이의 외아들 테이슈德壽는 한 해 전인 1306년에 사망했다. 곧바로 원나라 황실에서는 후계를 결정하기 위한 경쟁이 시작되었다. 성종의 형 다르마발라答剌麻八剌의 아들인 카이샨海山(1281~1311)과 그의 동생 아유르바르와다愛育黎拔力八達(1285~1320)가 강력한 경쟁자들이었다. 그런데 불루간은 성종의 사촌 동생 안서왕安西王 아난다阿難答를 황제로 세우려고 했다. 일부 중신들과 충선왕이 여기에 저항했다. 이 과정에서 충선왕이 결정적인 역할을 하며 카이샨을 황제로 추대하는 데 큰 공을 세웠다. 성종 사후에 불루간의 연락으로 아난다가 먼저 수도 대도大都(현 베이징)에 도착했고, 아유르바르와다(훗날 4대 황제 인종仁宗)와 그의 모친은 나중에 도착했다. 도착 당시에 그들은 무장력을 갖지 못한 상태였다. 강력한 군대를 갖고 있는 아유르바르와다의 형 카이샨은 더 나중에야 도착했다. 그 사이에 충선왕이 상황에 개입했다. 충선왕은 자신을 수종하는 신료와 호위병뿐 아니라 여러 가지 이유로 대도에 많이 거주하고 있는 고려인들 상당수를 동원했다. 결국 카이샨이 5월에 3대 황제 무종武宗으로 즉위했다. 동생 아유르바르와다는 황태자로 세워졌다.

카이샨과 아유르바르와다는 충선왕의 외사촌 조카였다.☞ 368쪽 '원 황실의 계보' 참조 그들은 이전부터 대단히 친밀한 사이였다. 황위 계승 경쟁의 중대한 시기에 충선왕이 적극적으로 나선 데는 이런 배경이 있었다. 이런 인연에 더하여 무종 즉위에 결정적인 공헌을 세워 1308년 5월 충선왕은 심양왕瀋陽王에 봉해졌다. 이로써 충렬왕과 충선왕 부자의 오랜 정치적 갈등은 사실상 끝난 것이나 마찬가지였다.

그때 충렬왕도 원나라 수도 대도에 있었는데, 그는 황위 계승 경쟁에서 안서왕 아난다를 지원했다. 충선왕은 태자 아유르바르와다(인종)를 조정하여 부왕 충렬왕을 현 베이징 황성 서남쪽에 있었던 경수사慶壽寺라는 절에 유폐시켰다. 그런 다음 자신이 전지傳旨(임금이 관청이나 관리에게 편지를 보내는 것)로써 고려 정치를 운용하기 시작했다. 후에 충렬왕은 풀려나 귀국할 수 있었지만, 이듬해인 1308년 7월에 73세로 사망했다. 충선왕은 곧바로 귀국해서 8월에 고려 국왕으로 복위했다. 이로써 그는 심양왕이자 고려 국왕으로 두 개의 왕위를 동시에 가졌다. 몽골 제국 안에서도 두 개 왕위를 동시에 갖는 경우는 드물었다. 사실상 황제와 태자 다음으로 높은 지위라고 해도 과언이 아니었다. 그가 무종과 인종 형제의 집권에 결정적인 공을 세운 결과이다. 잠시 귀국했던 충선왕은 다시 11월에 원나라로 돌아왔고, 이후 재위 기간 내내 고려에 한 번도 가지 않았다.

5. 충선왕의 개혁과 사림원

충선왕의 국정 운영은 처음부터 개혁 정치의 모습을 띠었다. 그는 1298년 1월 21일에 첫 번째로 즉위했는데, 즉위 이틀 후 30여 항목의 즉위교서를 발표했다. 정치·경제·사회 전반에 걸쳐 고려가 안고 있는 폐단에 대한 과감한 개혁안이었다.

흥미로운 점은 충선왕이 개혁을 추진하는 과정에서 '세조구제'를 필요로 하지 않았다는 것이다. 따지고 보면 '세조구제'는 기본적으로 원나라에 대한 고려의 방어 논리이다. 원나라가 고려 고유의 방식을 보장한다는 것이 세조구제의 핵심 내용이었다. 그러나 충선왕의 머릿속에는 원나라와 고려를 구분하는 경계선 자체가 없었다. 그는 원나라 조정에서도 매우 강력한 존재였다. 그가 펼친 개혁은 반원反元과 아무런 관련이 없다. 더구나 그즈음 원나라에서도 강력한 개혁이 진행 중이었다. 개혁이라는 면에서 충선왕은 원나라 성종과 공조를 했다고 볼 수 있다.

충선왕의 가장 두드러진 개혁은 정방政房을 혁파한 일이다. 충선왕은 즉위교서를 발표한 지 3개월 뒤인 4월에 정방을 혁파했다. 정방은 1225년(고종 12) 무신 집권자 최우崔瑀가 자기 집에 처음 설치하고 모든 관리의 인사권을 장악하면서 시작되었다. 정방은 무신정권의 가장 강력한 권력 기구로서 무신은 말할 것도 없고 문신의 인사 권한까지 모두 가지고 있었다. 그런데 무신정권이 붕괴한 후에도 정방은 폐지되지 않았다. 누가 집권하든 정방은 집권자에게 매우 유용했기 때문이다. 그런 정방이 설립된 지 70여 년 만에 충선왕에 의해 폐지되었다. 하지만 이것으로 정방의 생명이 다하지는 않았다. 이후로도 정방은 오랫동안 복구와 폐지를 거듭했다. 정방 폐지는 고려 말 개혁의 주요 아이콘이었다.

충렬왕 재위 기간에 정방은 신흥 권력층, 크게 보아서 부원배에 해당하는 인물들이 정치적으로 성장하는 데 필요한 통로였다. 『고려사』는 정방의 폐단을 생생하게 기록했다. "권신權臣이 사사롭게 정방을 두면서부터 뇌물로 정치가 이루어져 인사고과가 크게 무너지고, 과거로 선비를 뽑는 것도 함부로 하여 … 고려의 왕업이 드디어 쇠약해졌다." 정방은 정치를 사유화하는 수단이 되었고, 관료의 공정한 선발과 인사고과를 엉망으로 만들었다. 결국 고려 패망의 중요한 원인 하나도 정방이었다.

충선왕은 정방과 함께 승지방承旨房도 폐지했다. 승지방은 고려시대에 왕명을 출납하던 관청으로 조선시대 승정원에 해당한다. 충선왕은 이 두 강력한 기관을 폐지하고, 그 대신 두 기관의 기능을 통합한 사림원詞林院을 5월에 설립했다. 사림원은 충선왕의 개혁을 상징하는 기관이다.

사림원은 관직 제도상으로만 보면 종래의 한림원翰林院이 강화된 데 지나지 않는다. 한림원은 임금의 말이나 명령을 문서로 작성하던 기관이다. 하지만 사림원이 맡은 업무 내용을 보면 단순히 기능 강화로 보기 어려울 정도로 막강한 권력기관이 되었다. 한림원, 정방, 승지방이 모두 합해진 기관이 사림원이었다. 한림원이나 승지방은 본래 국왕과 밀접한 기관이었다. 한림원은 광종 때 그 기능이 크게 강화되었다. 왕권 강화의 일환이었다. 승지방은 왕명의 출납, 즉 왕의 명령이 나오고 왕에게 보고하는 통로였다. 이런 기관들을 모두 통합했다는 것은 국왕의 말이 흘러가는 통로를 단일화했다는 뜻이다.

사림원의 임무는 대략 네 가지였다. 첫째, 한림원의 기능인 왕명을 맡아 문서를 작성하는 일, 둘째, 정방의 기능이었던 인사행정, 셋째, 승지방이 폐지되면서 맡겨진 왕명의 출납, 마지막으로 충선왕 개혁 정치의 고문顧問 구실을 맡았다. 사림원은 폐지된 정방과 승지방이 가졌던 기능을 모두 흡수한, 대단히 강력한 권력기관이었다. 또한 개혁에 대해서 충선왕의 고문에 대비하는 핵심 기구였다.

사림원의 구성원은 4학사學士로 불리던 박전지朴全之·오한경吳漢卿·이진李瑱·최참崔昰과 이승휴李承休·권부權溥(초명: 권영權永) 등이다. 이들은 무슨 특별한 공로가 있어 뽑힌 게 아니고 충선왕이 직접 발탁한 인물이었다. 그런 이유가 있어 그랬는지 이들의 경력이나 개인적 면모는 비슷했다. 모두 과거를 통해 벼슬에 나왔고 글재주로 이름을 떨쳤으며, 청렴하다고 알려진 인물들이었다. 또한 백성들에게 '은혜로운 정치(惠政)'를 펴기 위해 노력했던 경력을 갖고 있었다. 그리고 권문세족과는 무관한 인물들로, 가문도 그리 두드러지지는 않았다. 말하자면 똑똑하고 개혁 의지를 지니고 있으면서 왕에게 충성할 수 있는 인물들이었다.

하지만 사림원이 개혁에 관한 실제 활동이나 성과를 보여주지는 못했다. 설립된 지 불과 3개월 만에 충선왕이 물러났기 때문이다. 10년 후 충선왕이 다시 집권했을 때는 이 기관이 사료에서 확인되지 않는다. 그럼에도 불구하고 사림원의 등장은 고려 말 개혁 출발의 역사적 신호탄이라고 할 수 있다. 이후 사림원과 그 성격이 유사한 개혁 기구들이 역량과 규모를 달리하여 계속해서 나타났다. 4학사 중 한 사람인 이진의 아들이 뒷날 크게 활약하는 이제현李齊賢이다. 이제현의 장인 역시 사림원 학사 중 한 사람인 권부이다.

충선왕 개혁에서 정방 혁파와 함께 강조되는 다른 두 가지는 '용원冗員 감축'과 관료의 '기강 정비'이다. 충선왕은 부왕 충렬왕 대에 재상들 수가 지나치게 많았다면서 감축해야 한다고 주장했다. '용원'이란 쓸데없이 많은 인원을 말한다. 충선왕은 번잡하게 많이 설치된 관청과 관원의 수를 감축했다. '기강 정비'는 감찰 기관의 정비를 뜻했다. 당시 고려에는 사회적

파주 서곡리 고려벽화 고분
파주 서곡리 고분은 벽화가 있는
석실묘이다. 묘지석을 근거로 권
준權準(1281~1352)의 묘소임이 확
인되었다. 권준은 충선왕 때 밀직
부사, 지밀직사사 등을 역임한 문
신이다. 그림은 묘의 주인공으로
추정되며, 고려시대 관료의 모습을
잘 보여준다. 출처_국립문화재연구소

으로 많은 폐단이 발생했다. 중앙에서는 지방에 자주 별감別監을 파견하여
백성들을 침탈했다. 조선시대 관찰사에 해당하는 안렴사按廉使와 각 고을
수령守令은 수도 개경에 있는 세가勢家들에게 은·쌀·포布를 일상적으로 바
쳤다. 이렇게 바친 뇌물은 당연히 모두 백성들에게서 수탈한 것이었다. 궁
궐이나 국왕의 호위 조직인 홀치忽只·응방鷹坊·아가치阿車赤·순마巡馬 등
관청의 관원들은 상시적으로 뇌물을 받았다. 개혁은 이 모두를 금지했다.

그런데 사실 이보다 더 심각한 사회구조적 문제가 진행되고 있었다. 바
로 농장農莊 문제였다. 이것이야말로 14세기 고려의 대표적인 사회경제적
문제였다. 고려왕조는 결국 이 문제를 해결하지 못하여 패망했다고 할 수
있다. 세력가들은 국가 부역에 시달리다 농토를 떠난 사람들의 토지를 모
으거나 함부로 사패賜牌를 사칭하여 자신들의 농장에 포함했다. 사패에 대

해서는 뒤에서 설명한다.☞ 397쪽 참조 농장이란 대규모로 집적된 토지 및 그 토지에 대한 지배 방식을 말한다. 그 크기는 때로 어떤 숫자가 아닌 산과 강으로 경계 지표를 삼을 정도였다. 이 시기에 자신의 농장을 만드는 것은 가장 일반적이면서도 효과적인 치부致富 수단이었다. 세력가들은 재산을 불리는 또 다른 방법으로 막대한 이익이 발생하는 염세鹽稅와 외관노비外官奴婢를 탈취하기도 했다. 외관노비는 지방 관아에 소속되어 사역하는 노비로 정부 재산이다. 즉, 세력가들은 국가 재산을 사취했던 것이다. 양민이 세력가에게 눌려 천민이 되는 사례도 적지 않았다. 이 모두가 개혁의 과제였다.

고려시대에 농장이 다양한 사회적 폐단의 백화점이 되었던 데는 이유가 있다. 가장 수익성 높은 치부 수단이었기 때문이다. 농장을 통해서 소농이 일군 농업 생산성 증대를 농장주에게 귀속시킬 수 있었다. 농장은 그 소유자에게 경제적 힘과 사회적 위세를 제공했다. 이는 유동적일 수밖에 없는 정치권력과 대비된다. 오늘날 땅과 건물이 가장 안정적이고 높은 수익성을 제공하기에 사람들이 누구나 여기에 관심을 갖고 투자하는 형태와 본질적으로 다르지 않다. 따지고 보면 이 같은 현상은 비단 한국에서만 벌어지는 일도 아니다.

충선왕은 오랫동안 인사행정을 문란하게 했던 정방을 혁파하고, 관제개편을 통해 불필요한 정부 인원과 부서를 없앴으며, 관료 사회의 기강을 일신하기 위해 감찰 행정을 강화했다. 개혁 추진으로 집중적인 타격을 받은 이들은 부왕 충렬왕의 측근 세력이었다. 그들 중 적지 않은 인물이 원나라와 관계를 가지고 있었다. 이런 측면 때문에 연구자들은 오랫동안 충선왕의 개혁이 '반원'적 성격을 가졌다고 보았다. 하지만 충선왕의 개혁은 '반원'과 아무런 관계도 없다. 오히려 충선왕은 충렬왕보다 더 원나라 조정에 깊이 관여된 인물이다. 충선왕이 개혁하려던 것은 단지 고려의 부패하고 비효율적인 조직 및 그에 기생하는 인물들이었다. 역설적이게도 부원 세력만이 충선왕의 개혁을 반원적이라 주장했다. 부원 세력은 자신들의 부패가 문제가 아니고 충선왕의 반원 정책이 문제라고 주장했다.

1298년 첫 번째로 즉위했을 때 과감한 개혁을 추진하다가 7개월여 만에 왕위에서 쫓겨나 원나라에 머무르던 충선왕은 1308년 8월에 귀국하여 다시 왕위에 올랐다. 이후 기강의 확립, 조세의 공평, 인재 등용의 개방, 공신 자제의 중용, 귀족의 횡포 엄단 등 10년 전 즉위교서에 필적하는 혁신적인 복위교서를 발표했다. 하지만 개혁의 실제 강도는 10년 전 그것에 미치지 못했다. 그나마도 그는 복위한 지 두 달 만인 11월에 매형 제안대군齊安大君 왕숙王淑(1238~1312)에게 왕권을 대행시키고 원나라로 가버렸다. 이런 상황에서 개혁 정치가 지속될 수는 없었다. 그 뒤 재위 기간에 충선왕은 한 번도 귀국하지 않고 원나라 수도에서 전지傳旨를 통해 고려 국정을 원격으로 조정했다. 개혁은 그 방법만큼이나 그것을 이뤄내려는 끈질긴 의지가 중요하다. 충선왕의 개혁 의지가 높았다고 보기는 어렵다. 그에게 고려는 자신의 절실한 현실은 아니었다.

6. 충선왕 개혁의 의의

충선왕은 두 차례 재위 기간 중에 개혁 정치를 추진했다. 개혁이 구체적으로 진행되면서 타격을 입은 이들은 충렬왕의 측근 세력이었다. 그들 중에는 사회적으로 미천한 신분 출신이 많았고, 거의 대부분 충렬왕이 원나라에 있는 동안 그 곁에서 시중들었던 인물들이다. 그들은 사회적으로, 그리고 관료 조직 내부에서 많은 문제를 일으켰다. 충선왕의 개혁 과녁이 그들에게 집중되었기 때문에 과거에는 충선왕 개혁을 반원 개혁으로 보기도 했다. 하지만 충선왕은 반원과는 거리가 멀다.

충선왕 개혁은 성공하지 못했다. 개혁은 의욕적으로 시작되었지만 지속되지 못했다. 무엇보다 충선왕 자신이 계속 원나라에 머물렀다. 그는 고려의 왕일뿐만 아니라 심양의 왕이었고, 원 황실에서도 중요한 인물들 중 한 사람이었다. 그의 자리는 개경보다 오히려 원 제국의 수도인 대도가 더 어울렸다.

충선왕의 개혁은 적어도 두 가지 점에서 의미를 가진다. 첫 번째는 개혁의 주요한 내용이 확인되었다는 점이다. 정방으로 인한 인사행정상의 부패와 경제적 부패가 그것이었다. 두 번째는 개혁 주체의 윤곽도 떠올랐다는 점이다. 충선왕은 개혁 추진 기관으로 사림원을 설립했다. 이 기관은 문음門蔭 출신이 아닌 과거 급제자 출신으로 채워졌다. 사림원 구성원들은 공통적으로 청렴하고 좋은 정치를 펼쳤다고 평가받는 인물들이다. 하지만 사림원이 성립되고 불과 3개월 만에 충선왕이 물러나면서 실제로 개혁이 이루어지지는 못했다. 그럼에도 개혁 추진 기구로서의 사림원은 이후의 개혁 과정에서 이름과 규모는 다르지만 유사한 형태를 띠며 반복적으로 등장한다.

17
충숙왕, 그의 아버지 충선왕과
사촌 심왕 사이에서

1. 충숙왕의 즉위

충숙왕의 아버지 충선왕은 1298년 정월에 고려 국왕으로 즉위하여 의욕적으로 개혁을 시작했다. 하지만 개혁은 얼마 가지 못했다. 부인 계국대장공주와의 불화와 반개혁 세력의 책동 때문에 이해 8월 국왕직에서 물러나야 했다. 아버지 충렬왕이 국왕에 복위했고 충선왕은 원나라로 갔다.

1307년 정월에 원나라 성종 황제가 후계자 없이 사망했다. 이해 5월에 카이샨과 아유르바르와다 형제가 집권하여 형 카이샨이 무종 황제로 즉위했다. 앞에서 서술했듯이 이 과정에서 충선왕이 결정적인 공을 세웠다. 강력한 무력을 가진 카이샨이 먼저 황제 자리에 올랐고, 동생 아유르바르와다가 황태자로 책봉되어 무종 황제 다음을 약속받았다. 원나라 황위 계승에 큰 영향력을 발휘함으로써 충선왕은 아버지 충렬왕과의 오랜 정치적승부에 종지부를 찍었다. 충렬왕은 다음 해 7월에 사망했고, 충선왕이 다시 즉위했다.

충선왕은 고려 국왕으로 복귀한 후에도 계속 원에 머물렀다. 원나라 체류는 충선왕에게 불가피한 일이었을 수도 있다. 겉보기에 무종 즉위 이후 원나라 조정에서 충선왕의 정치적 지위는 확고한 듯했다. 하지만 실제로는 그렇지 못했다. 무종이 황제권을 강화하면서 동생 아유르바르와다를 지지했던 사람들의 지위가 불안해졌다. 무종 즉위에 공을 세운 인물들마저 하나둘 현직에서 물러나거나 지방으로 좌천되었다. 아유르바르와다의 황태자 지위마저 위협받았다. 충선왕은 본래 카이샨과 아유르바르와다 형제 중에서 동생과 더 가까웠고, 성종 사후에도 처음에는 아유르바르와다의 즉위를 추진했었다. 아유르바르와다와 그 주위 세력의 정치적 지위가 불안해지면서 자연히 충선왕도 그 영향을 받았다. 이런 문제에 신속히 대응하려면 원나라 수도인 대도에 있어야 했다. 그런데 충선왕의 대도 체류가 계속되자 그를 견제하는 목소리들이 나오기 시작했다.

당시 요양행성遼陽行省(현 중국 랴오양시 소재)은 홍중희洪重喜(?~1310)라는 인물이 우두머리인 우승右丞으로서 지배하고 있었다. 그는 충선왕이 고려 국왕 지위와 심양왕 지위를 겸하는 것이 옳지 않다고 주장했다. 심양왕은 심주瀋州(심양瀋陽, 현 랴오닝성 선양)·요양遼陽에 대한 통치권을 가졌다. 홍중희는 일찍이 몽골에 투항하여 고려 침략을 향도嚮導했던 홍복원洪福源(1206~1258)의 손자이며, 홍다구洪茶丘(1244~1291)의 아들이다. 그는 원나라에서 태어났고, 1292년 이래 요양행성 우승을 쭉 맡아왔다. 홍복원·홍다구 이래 요심遼瀋(요동과 심양) 지역은 이 집안의 강한 영향력 아래 있었으며, 원나라도 이를 인정했다. 홍중희의 의도는 충선왕이 고려 국왕 지위를 선택하고 심양왕 지위를 포기하도록 하여 요심 지역에 대한 충선왕의 영향력을 차단하는 것이었다. 그의 주장은 원나라 조정에서 상당히 설득력 있게 받아들여졌다. 이렇듯 무종 즉위 후에도 충선왕이 대도에서 정치적으로 신속히 대응해야 할 일은 많았다.

1311년에 무종이 죽고 동생 아유르바르와다가 인종으로 즉위했다. 처음에 이 상황은 충선왕에게 매우 유리해 보였다. 하지만 또 다른 변수가 등장했다. 다기태후答己太后, 즉 무종과 인종의 모친이 자신의 정치적 영향력을 위해 테무데르鐵木迭兒를 무종 사후에 바로 우승상에 임명되도록 했다. 원나라에서는 우승상이 좌승상보다 높고 최고위 관직이다. 다기태후는 테무데르를 통해 인종과 대립했다. 태후와 테무데르는 인종의 측근 세력을 견제하려는 목적으로 충선왕에게 귀국을 요구했다. 여기에 이용된 명분이 앞서 홍중희가 주장했던 내용이다.

충선왕의 대응을 서술하기 전에 언급해야 할 사항이 있다. 충선왕은 무종을 옹립한 공으로 1308년 5월에 심양왕瀋陽王에 봉해졌다. 그런데 사료에 따르면, 1310년 5월에 충선왕은 심양왕이 아닌 심왕瀋王으로 불리고 있다. 심왕은 심양왕보다 높은 등급이다. 원대元代의 왕들은 모두 6등급으로 구분되었는데, 고려 왕을 포함하여 몇몇 경우를 제외하면 1등급 왕은 모두 일자一字 왕호였다. 말하자면 충선왕은 1등급에 속하는 왕위를 동시에 지니고 있었던 것이다.

충선왕에게 선택지는 두 가지였다. 하나는 원나라 대도에 머물면서 심왕 지위를 유지하되 고려 국왕 지위를 포기하는 것이고, 다른 하나는 귀국하여 고려 국왕 지위만 유지하고 심왕 지위는 포기하는 것이다. 충선왕 측근 신하들 사이에서도 의견이 나뉘었다. 충선왕은 고려 왕위를 포기하고 심왕으로서 계속 대도에 머무는 편이 유리하다고 판단했다. 이런 결정을 한 이유는 고려 왕위를 내놓아도 고려에 실질적인 지배력을 행사할 수 있다고 계산했기 때문이다. 그렇다면 두 개의 왕위를 유지하는 것과 다를 바 없었다.

충선왕은 복위 5년(1313) 3월, 대도에 함께 있던 둘째 아들 강릉대군江陵
大君 도燾에게 왕위를 물려주었다. 이 사람이 충숙왕忠肅王(재위 1313~1330,
1332~1339)이다. 이때 그의 나이가 20세였다. 충선왕은 충숙왕을 허수아
비로 삼아 자신의 권력을 계속 유지할 수 있다고 판단했던 모양이다. 그러
면서도 충숙왕에 대한 견제 장치 또한 잊지 않았다. 충선왕의 배다른 형의
아들, 즉 그에게는 조카가 되는 왕고王皜를 충숙왕의 세자로 삼았다. 충선
왕은 충숙왕과 함께 1313년 4월 말에 연경燕京(대도, 현 베이징)을 출발하여
귀국했다가 이듬해 정월 혼자 원나라로 돌아왔다. 충선왕과 충숙왕 일행
은 6월 16일 개경에 도착하는데, 충선왕은 그 전인 5월에 왕고를 독로화禿
魯花로 삼았다. 이로써 왕고는 실질적인 세자 수업에 들어간 셈이었다. 충
선왕은 개경에 도착하기도 전에 충숙왕에 대한 견제를 시작했다.

충선왕이 양위하고 충숙왕이 즉위하는 과정은 원간섭기 고려 정치의 내
부 구조를 보여준다. 즉, 원나라에서 전개되는 정치적 상황에 따라 고려는
시시각각으로 직접적인 영향을 받았다. 정치권력의 원천이 고려가 아닌
원나라에 있었고, 충선왕은 이에 신속히 대응하기 위해서 고려를 떠나 제
국의 수도에 머물렀다. 그러나 고려에서도 자신의 권력을 유지하기 위해
허수아비 왕을 내세우고, 멀리 대도에서 측근들을 통해 정치를 했다. 그
결과 고려에는 파행적인 정치 운영 양상이 빚어졌다. 고려의 정상적인 관
료 조직이 아니라 충선왕의 소수 측근 세력이 권력을 전횡했던 탓이다.

2. 찰리변위도감

다음 사료는 즉위 후 충숙왕이 처했던 상황을 잘 보여준다.

상왕(충선왕)이 원에 있으면서 국가의 모든 일을 멀리서 전지傳旨로 시
행하였다. 이 때문에 (충선왕을) 호종하던 재상인 권한공權漢功, 최성지
崔誠之, 이광봉李光逢 등 4, 5명 무리가 권세를 부려 (자신들의) 친척이나
친구, 그리고 뇌물을 주는 사람에게 (그들의) 어질고 어질지 않음을 따
지지 않고 함부로 높은 관직을 주니, 왕(충숙왕)이 자못 불만을 품었다.

—『고려사절요』 권24, 충숙왕 5년 5월.

부왕 충선왕이 상왕으로 있는 한 충숙왕은 허수아비에 불과했다. 상벌
의 권한과 인사권은 원나라에서 충선왕을 호종했던 4~5명의 인물이 행사
했다. 충선왕은 그들에게 전지傳旨를 보내서 고려의 국정을 조정했다. 그
래도 고려에 있는 현직 국왕은 충숙왕이다. 그의 주변에도 인물들이 전혀
없지는 않았다. 하지만 충숙왕 측근으로서 그 존재가 조금만 두드러지면
충선왕에 의해 직접적인 견제를 받았다.

충숙왕은 재위 5년(1318) 5월에 사헌부 집의執義 김천일金千鎰을 경상·
전라·충청도에, 지평持平 장원조張元組를 서북면에 보내서 백성들이 고통
스럽게 여기는 질고疾故가 무엇인지를 물었다. 그리고 그달 16일에 제폐사
목소除弊事目所를 설치했다. 말 그대로 백성들에게 질고의 원인인 사회적
폐단을 제거하기 위한 기구이다. 이어서 충숙왕은 14개 항목의 내용을 담
은 교서를 발표했다. 이 14개 항목은 당시 고려 사회의 폐단을 지적하고
그에 대한 개혁 방안을 제시하는 내용으로 구성되어 있다. 그런데 그 내용
을 자세히 살펴보면 허술한 부분이 있다.

첫째, 극도로 해이해진 지방관이나 공물 징수관의 기강 확립에 큰 역점
을 두면서도, 정작 그들의 임명 및 파면에 관련된 인사행정 관련 사항은
한마디도 언급이 없었다. 부패한 지방관이나 공물 징수관을 발견해도 이

들에 대한 처벌 규정이 없었던 것이다. 이는 충선왕의 지시를 받는 서너 명 신하들이 장악한 전주권銓注權, 즉 인사행정 권한의 문란에 대해 충숙왕이 아무런 조치도 취할 수 없었기 때문이다.

둘째, 전주銓注(관리들을 평가해서 인사에 반영하는 일) 문제를 포함한 정치 분야 개혁안이 비교적 소극적인 반면에 경제 분야 개혁안은 상세했다. 경제 분야에서는 납세 거부, 전민탈점田民奪占, 고리대 등 농장의 설치와 확대를 둘러싼 그 시기의 가장 절실한 문제를 포괄했다. 전민탈점이란 경작지(田)와 거기에서 노동하는 농민들(民)을 불법적으로 빼앗아 자기 소유로 차지하는 행위를 말한다. 전반적으로 보아 정치 분야는 허술했고 경제 분야는 면밀했다. 이렇게 된 까닭은 부왕 충선왕과의 직접적인 마찰을 피할 수 있으리라 기대했던 경제 분야 개혁에 충숙왕이 상당히 적극성을 띠었기 때문이다.

충숙왕은 제폐사목소를 설치한 지 한 달 만에 그 이름을 찰리변위도감 揶理辨違都監으로 바꾸었다. 이 기구는 전민변정田民辨整만을 전담했다. 부왕의 정치적 간섭을 의식한 충숙왕은 정치 분야보다는 경제 분야 개혁에, 특히 그중에서도 전민변정 문제에 중점을 두었다. 호세가豪勢家에게 빼앗긴 토지(田)·농민(民)을 잘 살펴서(辨) 본래의 주인에게 되찾아주는 것(整)으로 '제폐除弊', 즉 적폐 청산의 범위를 축소했다. 다만 범위를 축소하는 대신에 내용을 구체화했다. 충숙왕은 기구의 이름을 바꾸는 과정에서 '찰리揶理'라는 이름을 직접 지었을 정도로 이 일에 정성을 쏟았다. '찰리'라는 말은 대단히 세밀하게 다스린다는 뜻이다.

하지만 이 시도 역시 충선왕에게 막혔다. 제폐사목소는 물론이고 찰리변위도감의 활동 기록도 전혀 발견되지 않는다. 지방에 파견되었던 김천일은 파직되고, 장원조는 충선왕 측근 인물의 횡령 사실을 적발했다가 도

충숙왕의 개혁 "제폐사목소除弊事目所를 고쳐 찰리변위도감察理辨違都監으로 하고 호세가에서 탈점한 전민田民을 대대적으로 수색하여 그 주인에게 돌려주었으니, 안팎에서 크게 기뻐하였다. 오로지 호세가들만이 이것을 우려하다가 상왕(충선왕)에게 하소연하여 폐지하였다." —『고려사절요』 권24, 충숙왕 5년 6월. 출처_국사편찬위원회 한국사데이터베이스

리어 충선왕에 의해 유배를 가게 되었다. 찰리변위도감은 바로 다음 달인 7월에 다시 설치되었다. 하지만 역시 아무런 활동 기록을 남기지 못하고 11월에 혁파되었다.

찰리변위도감은 그로부터 3년 뒤 1321년(충숙왕 8) 3월에 다시 등장한다. 그 이유는 명백하다. 전해인 1320년 12월 충선왕이 토번吐蕃으로 유배를 갔기 때문이다. 1320년 정월에 원나라 인종이 죽고 그의 아들 영종英宗(재위 1320~1323)이 즉위했다. 본래 무종이 동생 인종을 태자로 정할 때는 인종이 무종의 아들을 다음 태자로 삼는다는 서로의 약속이 있었다. 하지만 그렇게 되지 않았다. 인종은 즉위하자 무종 대 정치를 철저하게 청산했

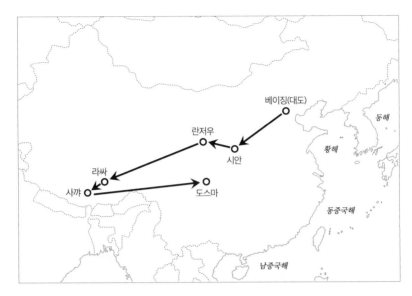

충선왕의 유배길

다. 그런데 인종 대에 정치 구도가 다시 변했다. 인종과 모친 다기태후(홍
성태후興聖太后) 세력 사이에 대립이 나타나기 시작했다. 인종 사망 후 다기
태후 세력은 인종 지지 세력을 숙청하고 권력을 장악했다. 그러나 인종의
장남 영종이 즉위한 뒤 곧 이에 반격하면서 다기태후 세력을 숙청하는 데
성공했다. 인종 재위 기간에 충선왕은 점차 다기태후 세력 쪽으로 기울었
었다. 그 때문에 영종은 충선왕을 자기편이 아닌 다기태후 세력으로 보았
다. 충선왕은 1320년 12월에 사캬撒思結(현 중국 시짱자치구西藏自治區 르카쩌
시日喀則市)에 있는 사캬사원으로 유배되었다.

　사캬는 현재의 라싸拉薩에서 300km쯤 서쪽에 위치한다. 대도(베이징)에
서 출발하여 가는 데만 반년이 걸리는 1만 5천 리 밖의 유배지였다. 그는
이곳에서 2년 6개월쯤 있다가 한 번 더 유배지가 옮겨졌다. 도스마朶思麻

사캬로 유배된 충선왕 사캬사원 유물보관실에 간직된 탱화에 충선왕으로 짐작되는 인물이 그려져 있다(원 안의 인물). 충선왕이 유배 왔을 때 그려졌다고 하는데 원나라 제후 복장을 한 모습이다. 출처_KBS 역사스페셜 37회, 〈고려 충선왕, 티베트로 유배된 까닭은〉, KBS 2006. 2. 17 방송 화면 캡처.

혹은 脫思馬)라는 곳으로, 오늘날 쓰촨성四川省 성도省都인 청두成都와 가깝다. 여기서 7개월을 머물렀다.

충선왕이 유배된 지 불과 23일 만에 충숙왕은 폐지되었던 정방을 다시 설치하여 관리들에 대한 전주권을 장악했다. 그리고는 충숙왕 8년(1321) 정월에 인사이동을 단행했다. 이 인사이동에서 재추급 인물 12명이 탈락했다. 이들 중 다수는 과거시험을 통해 벼슬길에 나온, 당시 유력한 가문 출신이며 고려의 정통적 정치 세력이었다. 이들 중에는 이른바 '권문세족' 출신이라고 할 만한 자들도 상당수였다. 무엇보다 이들은 모두 충선왕 추종 세력이었다.

충숙왕 8년(1321) 3월에 다시금 설치된 찰리변위도감의 전민변정 대상자들은 충선왕 추종 세력이었다. 충숙왕은 정방을 설치하여 전주권을 장악함으로써 충선왕 추종 세력을 관직에서 축출한 데 이어, 찰리변위도감을 설치하여 그들의 경제적 기반까지 약화시키려 했다. 하지만 충숙왕의 시도는 곧 저지되고 만다. 충숙왕은 1월에 원나라로부터 입조入朝(원나라 조정에 와서 황제에게 예를 표함)하라는 조서를 받고 4월에 원나라로 갔다. 그는 원에 도착하자마자 곧 심왕瀋王 왕고王暠의 참소로 고려국왕인高麗國王印을 빼앗기고 억류되었다. 국왕의 자격이 정지된 것이다. 찰리변위도감에 대한 더 이상의 기록은 보이지 않는다.

원종 이후 거의 모든 고려 왕의 재위 시기에는 개혁 기구가 설립되었다가 폐지되곤 했다. 연구에 따르면 원종부터 고려 마지막 왕 공양왕까지 11명 왕이 재위하는 동안 개혁 기구가 모두 16차례 설치되었다. 개혁 기구의 이름은 조금씩 달랐지만, 개혁의 목적이 모두 전민변정에 있음은 다르지 않았다. 이 시기에 부유하고 권력을 가진, 세력 있는 집안(호세가豪勢家)이 주도한 전민田民(토지와 노동력) 탈취는 사회적으로 가장 심각한 문제였다. 나아가 국가의 조세 수입과 군사력을 축소시키는 직접적인 원인이었다. 물론 당시에도 이런 문제의 처리를 담당하는 국가기관이 존재했다. 하지만 호세가들의 위세에 눌려 그 기능이 제대로 작동하지 않았다. 그 때문에 국왕이 바뀔 때처럼 정치 세력의 대규모 변동이 있을 때마다 평상시 기구들보다 권한을 강화하여 전민 소송을 담당하는 특별 기구가 설치되었다. 전면변정 기구의 잦은 설치와 폐지는 민생이 얼마나 피폐했는지, 또한 개혁이 얼마나 어려운지, 무엇보다 기득권 세력이 얼마나 강력했는지를 보여주는 증거이다.

3. 심왕 왕고

1320년 원나라 인종의 큰아들 영종이 즉위했다. 즉위 후 그는 충선왕을 토번으로 귀양 보냈고, 충숙왕도 입조하라고 명령했다. 충숙왕은 1321년 정월에 입조하라는 조서를 받고 4월에 원나라로 갔다. 원에 도착하자마자 충숙왕은 곧 심왕 왕고의 참소로 고려 국왕의 도장을 빼앗기고 억류되었다. 충숙왕이 주색과 사냥에 빠져 정사를 돌보지 않는다며 왕고가 참소했던 것이다. 충숙왕의 억류는 1323년(충숙왕 10) 8월에 원에서 정변이 일어나 영종이 살해되고 태정제泰定帝(재위 1323~1328)가 즉위할 때까지 계속되었다. 태정제는 충선왕을 귀양지에서 소환하고 충숙왕에게는 국왕인國王印을 돌려주었다. 충숙왕의 고려 국왕 자격을 회복시켜준 것이다. 태정제는 충선왕의 매제, 즉 부인 계국대장공주의 동생이다. 충선왕의 귀양 기간과 충숙왕의 원나라 억류 기간은 거의 겹친다. 고려에 국왕이 부재했던 기간이다. 이 기간에 왕고가 고려 국왕의 후보자로 떠올랐다.

연안군延安君는 왕고(?~1345)는 충선왕이 만든 인물이나 다름없다. 그는 충렬왕의 맏아들 강양공江陽公 왕자王滋의 아들이다. 강양공은 충렬왕이 원나라 공주와 결혼하기 전 정식 왕후였던 정신부주貞信府主(정화궁주貞和宮主, ?~1319)의 아들이다. 따라서 강양공은 충선왕의 배다른 형이고, 왕고는 충선왕의 조카이다. 왕고는 그저 평범한 종친 중 한 사람이다. 그런데 무슨 이유인지 충선왕은 그를 몹시 아꼈다. 자기 아들에게 냉담했던 충선왕은 배다른 형의 아들인 왕고를 궁중에서 길렀고, 충숙왕의 세자로 책봉했다. 세자 책봉 두 달 후에는 왕고를 독로화로 삼아 왕위 계승권자의 지위를 만들어주었다. 충숙왕 3년(1316) 3월에는 충선왕 본인이 갖고 있는 심왕 지위를 왕고에게 물려주었다. 왕고가 원의 공주와 결혼하여 원 황실의 부마가 되는 과정도 충선왕이 주도했던 것으로 보인다. 왕고와 결혼한 원의 공주는 충선왕비 계국대장공주의 질녀인 눌륜공주이다. 이렇게 되자 처가의 지위라는 측면으로 보면 왕고 쪽이 충숙왕 쪽보다 높았다. 이렇듯 충선왕이 만들어준 세자, 독로화, 심왕, 부마의 경력과 지위를 바탕으로 왕고는 영종에게 접근하여 정치적 후원을 얻어냈고, 충숙왕을 참소하기에 이르렀다. 충숙왕이 영종의 명으로 원나라에 억류되었던 이유다.

충선왕과 충숙왕 부자 관계는 시종 불편했다. 충선왕이 충숙왕에게 왕위를 물려주었다고는 하지만, 그것은 충선왕이 고려 국왕으로서 실질적 권력을 계속 유지하기 위한 수단일 뿐이었다. 왕고와 충숙왕이 각각 결혼하는 과정을 보면 충숙왕의 이런 생각을 알 수 있다. 충숙왕은 1313년 고려 국왕에 즉위할 당시 아직 원나라 공주와 결혼하지 못한 상태였다. 이는 곧 충숙왕이 원나라 황실과 독자적인 관계를 가질 수 없는 조건임을 뜻한다. 반면에 왕고는 1316년 3월에 충선왕에게서 심왕위를 물려받는 동시에 양왕梁王의 딸인 눌륜공주와 혼인하여 원나라 황실의 부마가 되었다. 충숙왕과 원나라 공주의 결혼은 4개월 뒤에나 이루어졌다. 충선왕은 충숙왕이 고려 왕으로 자립할 수 있는 조건을 허락하지 않았던 것이다.

아마도 충숙왕은 충선왕에게서 아버지의 정을 느끼지 못했을 것이다. 본래 충선왕은 큰아들 왕감王鑑을 세자로 봉했었다. 충숙왕의 동복형이다. 그런데 1310년 요양행성 우승 홍중희의 말로 촉발된 문제,☞ 380쪽 참조 즉 충선왕에게 심양왕과 고려 국왕의 지위를 동시에 유지하게 해서는 안 된다는 말이 나왔을 때 잠시 왕감에게 양위하는 문제가 제기된 적이 있다. 이때 혼란스러운 상황 속에서 다소 오해가 발생하자 충선왕은 너무나 쉽게 왕감과 그의 주변 인물들을 살해해버렸다. 적어도 왕감과 충숙왕 형제의 모친이 원나라 공주였다면 충선왕이 그토록 쉽게 왕감을 죽이지 않았으리라는 점은 분명하다. 두 사람의 모친은 몽골 여인 예쉬진也速眞이다. 충선왕의 제2비인 의비懿妃 예쉬진에 대한 기록이 전혀 나타나지 않는 점으로 보아 몽골의 귀족은 아니었던 것 같다.

4. 심왕옹립운동과 입성론

충숙왕이 원나라에 억류된 상태에서 분위기는 원나라 영종의 지지를 받고 있는 왕고에게 점차 유리해졌다. 시간이 갈수록 영종의 권력은 안정되었고, 그에 연동되어 왕고의 세력도 점차 확대되었다. 이런 흐름 속에서 1322년(충숙왕 9) 8월부터 '심왕옹립운동'이 본격화되었다. 왕고를 고려 국왕으로 옹립하자는 내용이다. 이미 말했듯이 당시 고려에는 국왕이 부재했고, 왕고는 충숙왕의 세자이기도 했다.

심왕옹립운동의 구체적 형태는 고려의 관료들이 원나라 조정에 왕고를 고려 왕으로 옹립해달라며 요청하는 문서에 집단 서명하여 제출한 일로 나타났다. 충선왕 쪽 인사들이 이 운동에 열심이었다. 누가 보아도 충선왕의 마음이 충숙왕보다는 심왕에게 기울어 있다고 여겨졌다. 고려의 다수 관료들이 심왕옹립운동에 동조했다. 원나라와 고려에 걸쳐 있는 충선왕의 정치적 비중이 크기 때문이기도 했다. 하지만 심왕옹립운동은 원 조정에서 받아들여지지 않았다. 만약 왕고를 고려 왕으로 인정해줄 경우, 이는 이전에 충선왕을 공격했던 논리인 '한 사람이 두 개 왕위를 겸하는' 상황이 되기 때문이다. '심왕옹립운동'은 확실히 명분상 결함을 가진 주장이었다.

'심왕옹립운동'이 저지되자 1323년(충숙왕 10) 초부터는 '입성론立省論'

을 제기했다. '심왕옹립운동'의 명분적 결함을 극복하고 왕고가 고려에 대한 실질적 지배권을 장악하기 위한 주장이다. 충선왕이 충숙왕을 허수아비 삼아 고려에 대한 실질적 지배권을 행사하려던 목적과 동일하다고 할 수 있다. 입성론은 고려를 원나라의 한 행성行省으로 만들자는 주장이었다. 원나라 때는 중국 전역에 지방행정기관으로 '행성'을 설치했다. 행성은 '행중서성行中書省'을 줄인 말인데, 원나라 중앙정부인 중서성中書省의 지방 파견 기관이라는 뜻이다. 현대 중국의 지방행정구역인 각 '성省'은 이때 만들어진 말이다. 어쨌든 이렇게 만들어진 행성에서 심왕이 행성의 우두머리, 즉 승상丞相이 된다면 심왕의 지위를 유지하면서도 고려에 대한 지배권을 장악할 수 있다. 영종도 이 입성론에 긍정적이었다. 신설될 행성의 이름을 '삼한성三韓省'으로 정하는 등 입성을 위한 준비도 상당히 진척되었다.

하지만 원 조정 내부에서 입성론에 대해 몇 가지 반대 이유가 제기되었다. 첫째, 고려를 행성으로 만드는 것이 '세조구제'에 어긋나고, 둘째 군사적 경제적으로 원나라에 실익이 없으며, 셋째 입성론은 심왕과 충숙왕 측의 정치적 갈등에서 비롯된 주장일 뿐이라는 것이었다. 더구나 당시 영종은 '새 정치(新政)'를 추진하면서 세조 대 정치의 회복을 표방했다. 영종의 '새 정치'와 '입성'은 논리적으로 모순되었다.

1323년(충숙왕 10) 8월 원나라에서 정변이 일어나 영종이 살해되었다. 9월에 태정제가 즉위하면서 새로운 정치적 국면이 시작되었다. 태정제가 즉위한 그달에 바로 충선왕의 유배가 풀리고 다음 해 1월에는 충숙왕이 국왕 도장을 돌려받고 귀국이 허락되었다. 이러한 조치는 왕고와의 여러 해에 걸친 경쟁에서 충숙왕이 승리했음을 의미한다. 그렇다고 충숙왕이 고려 국왕으로서 실질적인 권한을 곧바로 회복하지는 못했다. 충선왕이 51세로 1325년(충숙왕 12) 5월에 사망한 후에야 충숙왕은 고려 국왕으로서 실질적인 권한을 행사하게 되었다. 1325년, 충숙왕은 4년 남짓 만에 고려로 귀국했다. 우연의 일치겠지만, 충숙왕이 귀국하여 개경에 도착하던 날 충선왕이 대도에서 사망했다. 충선왕은 죽는 순간까지도 아들을 고려의 실제 국왕으로 인정하지 않았다.

1323년(충숙왕 10) 정월에 일어난 '입성론'은 단순한 권력투쟁에 그치지 않는다. 심왕옹립운동의 연장선상에서 일어났지만 오로지 왕고의 권력의지 때문에 비롯되었다고만 볼 수 없기 때문이다. 입성론은 이후에도 몇 차례 더 제기되었는데, 당시 고려의 국가 정체성에 대한 고려 내부의 상이한 관점을 드러냈다.

입성론의 직접적 단초는 충선왕에 의해 만들어졌다고 볼 수 있다. 충선왕은 재위 중에도 세조구제와는 무관하게 원 제국 제후국으로서의 위상을 분명히 하는 방법으로 고려의 국가적 이익을 확대하려고 했다. 그 관점에 따르면 고려의 국가적 독립성은 중요하지 않다. 비록 고려가 외형상 독립적인 왕조 체제를 유지했지만, 원 제국 중심의 세계질서야말로 진정한 현실이라고 생각했던 것이다. 충선왕을 지지하는 사람들 중에서 입성론 찬성론자가 다수 나왔던 현상은 논리적으로 자연스럽다. 그런데 바로 이 지점에서 충선왕을 지지했던 고려의 신료들은 양분되었다. 한 걸음 더 나아가는 사람이 있는 반면에, 거기서 멈추는 사람이 있었다. 전자에 속한 사람들은 고려 국가가 원 제국 속으로 용해되는 것을 받아들이는 쪽이었다. 후자에 속한 사람들은 어쨌든 고려의 독립성, 즉 실체로서의 고려는 유지되어야 한다고 생각했다. 입성론은 전자에 속한 사람들에게는 자연스러운 주장이었다.

부원 세력이라고 하면 원나라와의 관계를 이용하여 부정하게 사욕을 채운 사람들을 가리키는 경우가 많다. 물론 현상적으로 본다면 사실이다. 하지만 '부원 세력'이라는 말은 좀 더 근본적인 함의를 가진다. 고려의 국가적 독립성 유지보다 원 제국 중심의 세계질서가 더 중요하고, 그것이 진짜 현실에 가깝다는 생각이 깔려 있다. 이런 생각은 상응하는 현실적 근거를 지니고 있다. 몽골은 세계제국을 운영하기에는 인구가 너무 적었다. 따라서 약 100만에 이르는 색목인色目人(서방계 민족의 총칭, 주로 터키·이란·아랍인을 가리킴)을 준지배층으로 수용했다. 몽골인은 제국의 운용에 특정한 인종을 중심으로 하기보다는 제국이 정한 원칙을 중시했다. 민족적으로 몽골인이 아니어도 이 원칙을 어기지 않는다면 몽골인이 구축한 세계제국에서 얻을 수 있는 것들이 많았다. 오늘날과 같은 국민주권이 정립되어 있지 않았던 시기에 '팍스 몽골리카(Pax Mongolica)'는 매력적일 수밖에 없었을 것이다. 어쨌든, 입성론에 대한 찬반은 고려 지배층 내부에서 '고려의 진짜 현실이 무엇인가'라는 문제를 놓고 각자의 생각과 관점의 차이를 드러냈다.

5. 충숙왕 12년 개혁

충숙왕은 1325년(재위 12) 10월에 31개 항목에 이르는 방대한 개혁안을 발표한다. 그가 4년 넘게 원나라에 억류되었다가 귀국한 지 5개월이 지났을 때다. 이 개혁안은 충숙왕으로서는 즉위 후 국왕 자격으로 주도하는 첫 번째 개혁이나 마찬가지다. 처음 즉위했을 때는 충선왕이 상왕으로서 고려의 국정을 장악했기 때문에 충숙왕은 허수아비나 다름없었다. 재위 5년(1318)에 충숙왕은 개혁을 추진했지만 충선왕에게 막혀 실제 활동은 전혀 할 수 없었다. 재위 8년(1321) 3월에 또다시 개혁을 착수했지만 곧 원나라로 소환되어 4년 넘게 억류되었다. 원나라 태정제 즉위 후 억류에서 풀려난 충숙왕이 1325년 5월에 개경에 도착한 날 원나라 대도에서 충선왕이 사망했다. 12년 세월을 흘려보낸 뒤에야 충숙왕은 자신의 실질적 재위를 시작하게 되었다.

개혁안이 제시한 문제를 분야별로 살펴보면 정치가 6개 항목, 경제가 9개 항목, 사회가 8개 항목, 군사가 3개 항목, 문화가 5개 항목이다. 사회 및 경제 분야의 항목이 모두 17개 항목을 차지한다. 이 개혁안은 사회·경제적 문제에 집중되었다. 물론 그렇다고 해서 순수하게 사회와 경제 문제 그 자체에만 한정된 개혁일 수는 없다. 사회와 경제 문제의 배후에는 늘 세력을 가진 인물들 및 집단이 있게 마련이다. 비록 사회 및 경제 문제라 하더라도 그것은 결국 정치 세력과 관련이 있었다.

경제 분야 개혁은 권력층에 의한 토지와 산림 그리고 인구人口(즉 노동력)의 점탈과 은닉, 염법鹽法의 폐단, 고리대 폐해 등이 다른 여러 문제들 중에서도 절박한 사안이었다. 권력층은 주로 대규모 농장을 소유하고 있거나 그 규모를 늘리려 노력했다. 그들은 소규모 자영농민들이 가진 땅을 '겸병兼幷'하는 방법으로 농장을 확대해 나갔다. 겸병이란 '아울러 병합한다'는 뜻인데, 다른 사람들의 토지를 합쳐서 가지는 것을 말한다. 겸병은 주로 고리대라는 중간고리를 통해서 이루어졌다. 고리대-겸병-대농장은 밀접히 연결되어 있었다. 이들을 연결하는 고리는 어떻게 엮였는가?

소규모 경작지에서 농사짓는 자영농 가구 대다수는 경제적 자립도가 매우 낮았다. 이러한 사정이 고리대가 작동할 수 있는 구조적 기반이다. 오늘날 영세한 소규모 자영업자가 개업하여 몇 해 버티지 못하고 불경기에 폐업하는 현상과 근본적으로 다르지 않다. 영세한 소규모 자영농의 대부분은 한 해 흉작을 버틸 비축도 가지지 못했다. 고려시대에 법정이자율은 미米가 1석(15두)에 5두, 포布가 15척에 5척이었다. 연리로 33%였다. 흉년이 들면 채무를 지게 되고, 일단 채무 상태에 들어가면 거기에서 벗어나기란 몹시 어려운 일이었다. 채무 상환 방법으로 국가에서는 '일본일리一本一利', '자모정식子母停息'을 강조했지만, 현실에서는 '이중생리利中生利'와 고리대가 일반적이었다. '일본일리'는 이자(利)가 원금(本)을 넘지 않는다는 말이다. '자모정식'이란 이자가 설령 '일본일리'를 넘더라도 고리대가 되지 않게 한다는 말이다. 『고려사』에는 '자모정식'의 예를 다음과 같이 말한다. "1석을 빌려 준 자는 가을에 1석 5두를 받고, 2년이 되면 1석 10두를 받고, 3년이 되면 2석을 받으며, 4년이 되면 이식(息)을 정지(停)했다가 5년이 되면 3석을 받게 하며, 6년 뒤에는 이식을 정지하도록" 하였다. '이중생리'는 이자가 다시 이자를 낳는 복리複利를 뜻한다. 채무를 갚을 수 없는 농민은 결국 자신의 땅을 채권자에게 넘기는 수밖에 없었다. 이 상황은 여기에서 멈추지 않는다.

자기 땅을 다른 사람에게 넘긴 농민 앞에는 두 가지 길이 놓이게 된다. 하나는 살던 곳을 떠나 유망流亡에 오르는 길이다. 다른 하나는 땅을 넘겼듯 그들 자신도 남에게 넘기는 것이다. 생계를 위해서는 이제 남의 땅이 되어버린 이전의 자기 땅에서 계속 일하는 방법 외에 별다른 뾰족한 수가 없었다. 이것이 양인(양민良民)이 노비가 되는 경로였다. 사료에 수없이 등장하는 '압량위천壓良爲賤'(양인을 강제로 천인인 노비로 만드는 것)의 주요 내용이다. 이렇게 되면 국가는 세금을 걷고 군인으로 동원할 수 있는 자원인 땅과 사람, 즉 전민田民을 잃게 된다. 권력층에 의한 토지와 인구의 점탈 및 은닉이 바로 그 원인이었다. 그리 낯설지 않은 모습이다. 9세기에 지방에서 호족들이 등장할 때도 광범위하게 나타났던 현상이다. 다른 점이 있

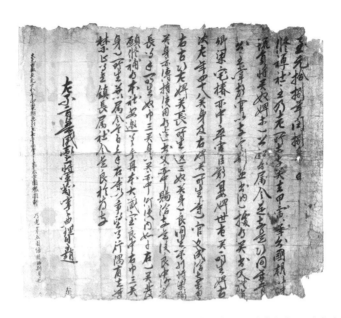

순천 송광사 고려고문서 중 노비 문서 수선사修禪社(지금의 송광사) 주지였던 원오국사가 아버지 양택춘에게서 받은 노비와 그 자식을 수선사에 바쳤고, 나라에서 이를 공인한다는 내용이다. 문서 끝부분에 '지원 18년'(1281, 충렬왕 7)이라는 연호가 적혀 있어 문서 작성 연도를 알 수 있다. 이 문서는 사원이나 승려가 노비를 소유하기도 했던 사회상을 보여준다. 출처_국립중앙박물관

다면 그때는 집권화된 정부가 없는 거나 마찬가지인 상황에서 호족들이 여기저기서 일어났지만, 고려 말에는 권세가들이 경제적으로 점탈하는 데 그칠 뿐 중앙정부에 대립하는 독자적 무장 세력을 형성하지는 않았다는 정도이다.

권력층이 농장을 만드는 방법에는 겸병만 있지 않았다. 그들은 정부로부터 특정 지역에 대한 '사패賜牌'를 받아서 땅을 획득했다. 사패란 임금이 왕족, 공신, 고위 관료, 불교 사찰 등에 땅이나 노비를 하사할 때 주던 공문서, 이른바 소유권 증명서이다. 사패를 딸려 하사한 토지를 사패전賜牌田 또는 사전賜田이라고 한다. 역사적으로 보면, 훗날 폐단이 되는 일도 그것

이 처음 시작될 때는 그 나름의 적절한 이유가 있었던 경우가 적지 않다. 골품제가 그러하고, 사패전 역시 크게 보면 그렇다.

사패전은 몽골과의 전쟁이 끝나면서 등장했다. 몽골과의 전쟁은 전 국토를 황폐화했고 많은 사람의 터전을 앗아가 살던 곳을 떠나게 만들었다. 다른 지역으로 이주한 사람들도 있었고, 심지어 몽골에 전쟁 포로로 끌려간 사람들도 있었다. 그 결과 수많은 농경지가 버려졌다. 정부 측에서 보자면 누군가 농사를 지어 농경지를 회복하고 이를 통해 민생과 재정의 토대를 복구해야 했다. 이런 상황에서 그나마 가지고 있던 노동력을 활용할 수 있는 이들은 왕족, 공신, 고위 관료와 불교 사찰 등이었다. 고려 정부는 버려져 황폐해진 땅을 이들에게 줘서 개간하도록 하는 조치를 취했다. 이로부터 사패전이 출발했다. 이 같은 조치는 본질적으로 한국이 1960년대 경제성장이라는 명분하에 재벌 체제를 키웠던 정책과 별로 다르지 않은 맥락이다. 외국에서 들여온 차관이라는 제한된 자원을 효과적으로 쓰기 위해 그때 시점에서 가장 실행력 있는 기업을 선택했던 것이다. 그런 이유로 국가가 사패전을 지급할 때 그 규모에 제한이 없었고, 사패전에 대해서는 세금도 거두지 않았다. 어쨌든 버려진 땅을 경작지로 더 많이 바꿀수록 국가적으로 바람직하다고 생각했다. 기업이 더욱 커지고 고용을 더 많이 창출할수록 국가에도 득이 된다고 생각했던 것과 크게 다르지 않다. 재벌 체제가 갖는 문제는 오히려 나중에야 등장했다.

사패전 운용은 시간이 지나자 자연스럽게 그 자체의 논리대로 전개되었다. 백성들이 멀쩡히 농사짓고 있는 땅도 사패전으로 지급되었고, 국가 공유지도 사패전으로 지급되었다. 또 공신들 이외에 세력 있는 자들이나 집단 등에게도 사패전이 지급되었다. 심지어 사패전으로 지급받았다는 내용의 위조문서가 만들어지기도 했다. 이런 과정을 통해 사패전은 대농장 형성의 주요한 통로가 되었다. 어찌 보면 이 상황은 9세기 중엽 신라에서 일어난 일과 비슷한 면이 있다. 대략 830년 이후 지방에 군진軍鎭들이 등장했다. 이미 호족들이 곳곳에서 무장하기 시작했는데 정부도 군진을 세움으로써 그런 무장을 공인한 셈이 되었다. 이 과정에서 경주가 지방에 대한 통제력을 잃었듯이, 농장의 확산은 고려 정부의 국정 통제력을 붕괴시킬 수밖에 없었다.

충숙왕 개혁 교서에는 사패전에 대한 규정이 있다. 공신이 받은 사전의 상한선을 100결結(농토의 면적 단위)로 정하고 그 이상은 정부가 거둬들이도록 했다. 사패전 자체를 폐지하지는 않았던 것이다. 이런 정도의 규정으로는 사패전 확대의 도도한 흐름을 막아낼 수 없다. 이런 상황의 결과는 명확히 예측할 수 있다. 민생과 국가 재정이 모두 회복되지 않은 채 사패전을 차지한 세력들만 부와 권력을 행사하는 상태가 되었다. 이는 경제적 차원에서 몽골에 의한 피해를 영속화하는 것과 다름없었다.

농민들은 사패전 명목으로 자기 땅을 빼앗기는 사례가 적지 않았다. 자기 땅을 빼앗기지 않았을 경우에도 사패전의 피해는 컸다. 사패전은 본래 국가 공유지였거나 공유지 기능을 했던 땅일 가능성이 높다. 공유지는 모두가 이용할 수 있는 땅이다. 난방과 취사를 위한 연료를 채취하고, 생활에 필요한 임산물이나 가축 사료를 얻을 수 있는 곳이다. 이렇게 얻은 공적 자원은 소농민이 자신 소유의 작은 농경지에서 나오는 부족한 소출을 보충하는 데 매우 긴요했다. 실제로 충숙왕은 재위 12년(1325)에 "산림천택은 (국왕이) 백성들과 더불어 그 이익을 함께하는 것인데, 근래에는 권세 있는 집에서 스스로 차지하여 자기 것으로 만들고 백성들이 땔나무하고 짐승 치는 일(樵牧)을 멋대로 못하게 하여 백성들의 해가 되고 있다"고 말하였다.

소농민이 공유지에 의존하는 정도는 대단히 높았다. 이는 비단 14세기 초 고려에서만 그렇지는 않았다. 15세기 중엽 이후 영국에서는 '인클로저 운동(Enclosure Movement)'으로 소농민들이 개방지, 공동 방목지, 황무지 등 공유지에서 배제되었다. 공동 이용이 가능한 토지에 담이나 울타리를 쳐서 사유지화 함으로써 많은 소농민이 대를 이어 살던 곳을 떠나는 결정적 계기가 되었다. 공유지에서 아무것도 얻지 못한 채 자신들의 땅에서만 얻는 수확으로는 생활을 유지할 수 없었던 것이다. 결국 공유지가 소멸되면서 농촌공동체가 해체되었다. 그 결과 부랑자(vagrants), 즉 유망流亡 농민이 크게 증가했다. 그리하여 1601년 마침내 그들을 구제하기 위해 엘리자베스(Elizabeth) 빈민법(An Act for the Relief of the Poor 1601), 간단히 빈민법(또는 구빈법救貧法, Poor law 1601)이라 불리는 법률이 제정되었다.

빈민법은 인클로저 운동으로 부랑자가 크게 늘어나면서 교회의 구빈 활동만으로는 그들을 구제하기 힘들고, 또한 물리적 억압으로도 통제할 수준을 넘어서자 나온 입법이다. 역사적 맥락에 비춰 현대사회에서 이와 유사한 현상을 찾자면 '민영화' 사업을 들 수 있다. 민영화는 국가가 공공의 복지를 목표로 운영하던 분야를 사기업이 넘겨받아서 경영하는 것이다. 대중교통, 전력, 수도, 의료 등 기초적인 민생과 직결된 분야이다. 소득이 많지 않은 가구에게 이 분야는 기본적인 생활을 지탱해주는 귀중한 요소이다. 민영화는 경쟁을 통한 효율을 강조하면서 추진되지만, 대개는 기업의 이익과 국민들의 부담 증가, 사회적 후생의 저하로 귀결되는 경우가 많다. 그 결과는 옛날이나 지금이나 별 차이가 없다.

충숙왕 12년(1325)의 개혁은 실패했다. 경제적 사회적 폐단을 개혁하는 과정에서 그 폐단의 배후에 있던 세력가들이 드러났다. 문제는 그들 중에 충선왕 지지 세력뿐 아니라 충숙왕 지지 세력도 있었다는 점이다. 양자를 구분하지 않고 처단해야만 개혁은 성공할 수 있다. 그런데 그 일은 쉽지 않다.

개혁을 추진하면서 충숙왕은 이후의 고려 왕들도 반복해서 마주치게 될 문제에 직면한다. 충숙왕 자신은 복위 후에 의욕적으로 국정 개혁을 추진하려고 했던 것 같다. 그러나 현실적으로 그는 왕권도 지켜야 했다. 충선왕은 사망했지만 그가 키워놓은 심왕 왕고는 여전히 건재했다. 원나라에 억류되어 있는 동안 충숙왕은 고려 조정의 도움을 받지 못했다. 나아가 '심왕옹립운동'은 충숙왕이 고려의 관리들을 자신의 정치적 지지 기반으로 삼기 어렵다는 점을 보여주었다. 결국 그는 자기 주변 세력에 의지할 수밖에 없었다. 이런 경험은 그가 귀국한 이후에 고려 조정의 고위 관료들을 자신의 정치적 기반 세력으로 삼을 수 없게 만들었을 것이다. 결국 충숙왕은 개혁을 추진하는 일에서뿐만 아니라 왕권을 지키기 위해서라도 측근 세력에 의존해야만 했다. 하지만 측근 세력의 유지를 통해 개혁을 추진하고 국왕 권력을 강화하는 일은 한계가 있었다. 개혁이 의욕적으로 시작되었으나 결실을 보기 어려웠던 이유다. 제거된 대상은 이미 정치권력을 잃은 세력이고, 현 국왕의 측근 세력이 그들의 자리를 채웠을 뿐이다.

6. 원 제국의 세계질서에서 고려의 위치는 어디인가

충숙왕 개혁의 좌표는 어디쯤 위치할까? 원종이 쿠빌라이를 만나서 귀부 의사를 밝혔던 1259년부터 따지면 1325년(충숙왕 12)의 개혁은 고려가 원 제국의 일부가 된 지 66년이 되었을 때 추진되었다. 최소한으로 보아도 두 세대가 훨씬 넘는 긴 시간이 흘렀다. 그동안 고려는 점점 더 원 제국의 일부가 되어갔다.

적어도 충렬왕 재위 중반 무렵, 다시 말해서 충선왕이 독로화가 되고 고려의 국왕이 되는 시점부터는 고려를 원 제국의 일부로만 생각하는 고려 내부의 자생적 경향이 관찰된다. 이런 경향이 심왕 왕고와 충숙왕 사이의 정치적 갈등 과정에서 '입성론' 형태로 등장했다. 심왕과 그 측근들이 먼저 고려를 원나라의 한 행정구역으로 만들자는 주장을 했지만, 충숙왕 쪽도 고려를 독립적인 위치에 두었다고 보기는 어렵다. 1325년 개혁에서 원나라를 반대하는 경향은 조금도 보이지 않는다.

부원 세력은 자신들이 어쩌다 갖게 된 힘을 이용해서 경제적 치부에 힘썼다. 이 때문에 부원배는 부패한 이미지를 갖게 되었다. 하지만 그것이 부원 세력이 가진 정체성의 전부라고 할 수는 없다. 부원 세력은 원간섭기 중반 이후 고려와 원 제국 사이의 관계에서 '세조구제'의 반대편에 위치한 입장을 공유한 세력이다. 당시 정치권력의 원천은 고려가 아닌 원나라 황실에 있었다. 이런 현실적 조건 위에, 원나라 황실에 속한 사람들과 이런저런 인간관계의 끈을 가진 고려 사람들은 고려보다는 원나라가 구축한 세계제국이 진정한 현실이라고 생각했다.

18

개혁 세력의 등장과 정치도감

1. 충혜왕 대의 혼란

충혜왕忠惠王 왕정王禎(재위 1330~1332, 1339~1344)은 충숙왕의 큰아들이고, 그의 모친은 남양부원군南陽府院君 홍규洪奎의 딸 명덕태후明德太后 홍씨洪氏이다. 즉, 그녀는 고려인이다. 충혜왕은 19강에서 살펴볼 공민왕의 친형이다. 공민왕보다 열다섯 살이 많다. 1328년(충숙왕 15) 2월 고려의 세자로 원나라로 가서 숙위하다가, 1330년(충숙왕 17) 2월에 아버지 충숙왕에게서 왕위를 물려받았다. 다음 달인 3월에 원나라 관서왕關西王 초팔焦八의 만딸 덕녕공주德寧公主(?~1375)와 결혼했고, 9월에 귀국하여 왕위에 올랐다.

충혜왕 역시 두 차례에 걸쳐 즉위했다. 처음 재위 시기는 1330~1332년이고, 두 번째 재위 시기는 1339~1344년이다. 1330년 2월에 부왕 충숙왕은 원나라의 요구로 충혜왕에게 왕위를 물려주었다. 충숙왕은 원에 억류되었다가 4년 만에 귀국하여 1325년 왕위에 복귀했으나 심왕파에게 지속적인 공격을 받았다. 결국 심왕파의 요구가 원나라에 통하여 충숙왕은 충혜왕에게 양위하지 않을 수 없었다. 양위 후 나라는 더욱 혼란스러워졌다. 충숙왕은 1332년에 복위했다. 충혜왕의 두 번째 재위는 충숙왕 사망 후 거의 1년 가까이 지나서야 이루어졌다. 부왕 사후 왕위 계승이 즉시 이루어지지 못했던 데는 이유가 있다. 당시 원나라 조정의 실권자 바얀伯顔이 충혜왕 복위에 반대했기 때문이다. 그는 심왕 왕고를 지지했다. 바얀은 몽골의 5대 부족 중 하나인 메르키트 부족 출신 장군으로 원나라 6대 황제 태정제 사후부터 국정을 장악한 인물이다.

사실 충혜왕의 복위에 더 큰 장애 요인은 문란했던 그의 행실이었다. 그는 조선시대 연산군에 비교될 정도로 고려 국왕들 중 최악의 왕으로 꼽히는 인물이다. 주색酒色에 빠져, 신분을 가리지 않고 많은 여인을 강간했다. 충숙왕이 사망하고 아직 자신의 복위가 결정되지 않은 중요한 시기에도 그는 경화공주慶華公主를 강간하는 사건을 일으켰다. 경화공주는 부왕 충숙왕의 세 번째 부인이자 원나라 공주이다. 충숙왕 사후에 실질적으로 고려의 제1인자였던 인물이다. 충혜왕의 이런 행실을 설명해보려는 연구가 없지는 않다. 그에 따르면 충혜왕과 부왕 충숙왕 사이의 안 좋은 부자 관계가 원인이었다거나, 몽골의 독특한 관행인 수계혼受繼婚을 언급하기도 한다. 수계혼이란 부친이 사망하면 아들은 모친을 제외한 아버지의 처와 혼인할 수 있으며 타인에게도 시집보낼 수 있는 관행이다. 이런 설명에도 불구하고 충혜왕의 행동을 납득하기는 쉽지 않다.

이런 와중에 1339년 8월 '조적의 난'이 일어났다. 이 무렵 고려의 정승 조적曺頔은 심왕 왕고와 한편이었지만, 난 자체는 그와 별개로 충혜왕이 경화공주를 강간한 사건에서 비롯되었다. 이 난은 양측의 무력 대결 끝에 조적 측의 패배로 끝이 났다. 그럼에도 충혜왕의 복위는 이루어지지 않았다. 오히려 원나라에서 '조적의 난' 사태를 조사하기 위해 사신을 파견했고, 그 결과 11월에 충혜왕은 원나라로 잡혀갔다. 물론 여기에는 원 조정의 실권자 바얀의 의도가 개입되어 있었다. 원에서 정쟁이 일어나 바얀이 자기 조카 톡토脫脫에게 제거되고 톡토가 새로운 실권자로 부상하자, 마침내 충혜왕에게 복위의 기회가 왔다. 바얀의 견제와 황후 승격 반대에 몰리던 기황후奇皇后는 그가 제거된 후 1340년에 비로소 원나라 마지막 황제인 순제順帝(혜종, 재위 1333~1370)의 제2황후로 책봉되었다. 그녀가 충혜왕을 지지하면서 우여곡절 끝에 1340년 3월 충혜왕이 사실상 복위할 수 있었다. 이렇듯 충혜왕 복위는 원 황실의 내부 사정에 따라 결정되었다. 4월에 충혜왕은 귀국했다.

충혜왕의 두 번째 재위 기간은 4년 남짓에 불과했다. 그 기간에 고려의 정치적 무질서와 사회경제적 피폐상은 극에 달했다. 이 상황을 가속화시켰던 이들은 충혜왕 측근 인물이었다. 아버지 충숙왕이나 할아버지 충선왕에게도 측근 세력이 있기는 마찬가지였지만, 충혜왕은 선왕들보다 훨씬 더 측근 세력에 의존했다. 복위 과정에서 '조적의 난'을 겪으며 어렵게 즉위했기 때문일 것이다. 충혜왕의 측근으로 크게 지탄을 받았던 강윤충康允忠(?~1359)이나 배전裵佺(?~1361) 등은 '조적의 난' 때 충혜왕을 도운 공으로 1등공신에 올랐다.

강윤충은 본래 공노비 출신이다. '조적의 난'이 일어나지 않았다면 결코 관직에 나올 수조차 없는 인물이다. 강윤충 같은 이들의 비리와 부패 행위는 우리가 정치적 부정부패를 연상할 때 떠올리는 전형적인 상이다. 왕실과 밀착하여 인사권을 장악하고, 이를 기반으로 막대한 부를 끌어모으며 국정을 농단했다. 이들은 충혜왕 사후에도 살아남았다. 충혜왕 사후에 개혁을 추진하던 왕후王煦(1296~1349)는 충목왕 2년(1346) 12월에 원나라 황제의 명을 받고 원나라에 들어갔다. 원 순제가 그에게 고려의 폐정을 개혁하도록 직접 당부하자, 왕후는 충혜왕의 실정이 그 주변의 '소인小人'들 때문이었다고 말했다. 그 '소인'의 대표로 강윤충을 들었다. 그리고 만약 고려에서 개혁 정치를 하려면 마땅히 그를 제거해야 한다고 말했다.

충혜왕의 최후는 충격적이다. 재위 중인 국왕이 사신으로 파견된 원나라 관리에게 체포되어 중국으로 압송된 후 귀양을 가는 길에 죽임을 당했다. 아무리 원나라가 고려 국왕에 대한 실질적인 책봉 권한을 가졌다고 해도 이전에는 한 번도 없던 일이다.

충혜왕 복위 4년(1343) 11월에 원에서 대경大卿 도치朵赤와 낭중郎中 베시게別失哥 등 6명이 황제의 조서를 들고 고려에 왔다. 황제의 명으로 충혜왕을 원나라로 소환하기 위한 목적이었다. 충혜왕이 병을 핑계로 그들을 만나지 않으려다가 나중에 신하들을 대동하고 만났다. 도치는 충혜왕을 늦게 왔다며 꾸짖고 구타한 후 원나라로 압송해갔다. 원나라에 붙잡혀온 충혜왕은 다음 해 정월에 수도 대도에서 2만여 리나 떨어진 게양현揭陽縣(현 광둥성廣東省 제양시揭陽市)으로 유배 명령을 받았다. 게양은 중국 지도에서 베이징을 지나는 선을 수직으로 내리그었을 때 남쪽의 바다와 만나는 지점 근처에 있다. 충혜왕은 시중들 사람 하나 없이 홀로 유배지로 떠났다. 하지만 그는 귀양지에 도착하지 못했다. 유배지로 가던 중 악양岳陽(현 후난성湖南省 웨양시岳陽市)에서 피살되었다. 그때 나이 겨우 30세였다. 그의 죽음이 알려지자 고려의 백성들은 몹시 기뻐했다.

충혜왕이 죽자 당시 원나라에서 숙위 중이던 충혜왕의 원자 흔昕이 8세의 어린 나이로 1344년 2월에 즉위했다. 이 아이가 충목왕忠穆王(재위 1344~1348)이다. 충목왕의 이복동생 왕저王眡(충정왕)와 숙부 왕기王祺(후일의 공민왕)도 원에서 숙위 중이었지만, 왕흔은 두 사람과 달리 모친이 원나라 공주(덕녕공주)였다. 그는 아무 문제없이 왕위를 계승했다.

2. 충목왕 즉위와 개혁의 분위기

충목왕은 원나라 수도 대도에서 왕위에 올랐다. 그는 즉시 명령을 내려 고려의 폐정 개혁을 지시했다. 이어 고려의 몇몇 고위 관리들을 국정에 참여시키는 한편, 폐정의 직접적 원인으로 지목된 선왕 측근 인물들을 유배 보냈다. 그는 즉위 후 3개월 만인 1344년 4월에 귀국한다.

즉위 당시 충목왕은 여덟 살에 불과했으므로 직접 국정을 운영할 수는 없었다. 그러나 어린 나이의 즉위는 오히려 고려에 정치적으로 기회일 수 있었다. 세자가 원나라에서 여러 해 숙위한 후 성년의 나이에 귀국할 경우에는 새 왕 주변에 이미 측근 세력이 형성되어 있게 마련이다. 이렇게 즉위한 국왕이 고려 국내의 관료들을 자신의 정치적 동반자로 삼기는 어렵다. 대개 새 왕은 원나라에서 오랫동안 함께한 측근 인물들을 자신의 정치적 기반으로 삼았다. 그리고 그 측근 인물들은 자신들이 얻은 기회를 이용하여 재산 증식에 열중하며 고려 국내의 정치 세력과 갈등을 빚었다. 원간섭기 고려의 정치 지형이 만들어내는 정치적 사회적 양상은 바로 이와 같았다. 반면에 충목왕은 연경 숙위와 관련해 측근이랄 수 있는 인물이 거의 없었다. 그런 까닭에 고려의 고위 관료 집단이 정국 운영의 전면에 나설 수 있는 기회가 마련되었다.

이즈음 고려의 재상급 인물들은 비슷한 생각을 했던 것 같다. 그들은 충목왕 즉위로 개혁을 실시할 수 있는 기회가 왔다고 보았다. 당시 원나라 관료로 재직 중이던 이곡李穀(1298~1351)은 고려의 재상들에게 글을 보내

「동문선」 1478년(성종 9) 서거정徐居正 등이 중심이 되어 편찬한 우리나라 역대 시문선집이다. 최치원, 김부식, 이인로, 이규보, 이제현, 이곡, 이색, 이첨, 정도전, 권근 등 500여 명 인물의 글이 실려 있다. 사진에 보이는 글은 제70권, 「의재 기義財記」로, 이곡의 작품이다. 출처_국립중앙박물관

개혁의 필요성을 강조했다. 그 내용이 간절하다. "우리 삼한三韓이 나라다운 구실을 못한 지가 오래되어 풍속은 퇴폐하고 정치와 형벌(刑政)은 문란해져서 백성이 도탄에 빠져 있습니다. 충목왕 즉위와 함께 사직의 안위, 백성의 이해, 사군자士君子의 진퇴가 모두 재상들에게 달려 있으니 개혁을 부탁합니다."라고 썼다.

이곡은 14세기 전반 원간섭기 고려를 대표할 만한 인물들 중 한 사람이다. 그는 원나라가 구축한 제국에 포함된 고려의 모습을 보여주었다. 그를 특징지을 수 있는 점은 여러 가지다. 흔히 그는 고려 말의 유명 인물인 이색李穡(1328~1396)의 아버지로도 널리 알려져 있지만, 그 점이 그를 특징

짓는 사항은 아니다. 그는 고려에 성리학이 도입되는 과정에서 중요한 역할을 했다. 또, 원나라에서도 실력을 인정받은 문장가였다. 1478년(성종 9)에 편찬된 우리나라 역대 최고의 시문을 골라 편집한 『동문선』에는 그의 작품이 100여 편이나 들어 있다. 그는 원간섭기 고려의 개혁과 관련해서도 중요한 역할을 했다. 하지만 이런 사항들보다 더욱 그를 특징짓는 사실은 그가 14세기 전반기에 고려의 지방 도시 한산韓山(현 충청남도 서천 지역)의 향리 집안에서 태어나 고려와 원나라를 오가며 활약했던 국제적 인물이라는 점이다. 그는 고려와 원나라 과거시험에 우수한 성적으로 합격하여 두 나라 모두에서 관료와 지식인으로 활동했다. 피지배 평민 대부분이 생애 내내 태어난 곳을 거의 벗어나지 못하고 죽었던 시절이다. 최상급 관료와 지식인들조차 고려를 벗어나기 쉽지 않았던 시절이다. 그는 세계인이었다.

충목왕 즉위 즈음에 고려 국내에서는 국정을 개혁해야 한다는 요구가 높았다. 흥미롭게도 개혁을 가장 강력히 요구한 것은 원나라였다. 원나라 순제는 귀국하는 충목왕에게 "폐정을 개혁하고 백성을 구제하라"고 당부했다. 흔히 부원 세력의 폐단 때문에 고려에 대한 원나라의 인식을 오해할 수 있다. 물론 원나라는 원 제국이 구축한 질서에서 고려가 벗어나는 것을 원하지 않았다. 하지만 그와 동시에 그 질서 안에서 비교적 정상적인 국가로 작동하기를 바랐다. 이를 통해서 고려가 주변 세력에 대한 억지력을 유지하고 있는 편이 원나라에게도 유리했다. 본래 쿠빌라이가 고려 왕가와 통혼을 수락한 가장 큰 이유도 고려가 만주에 자리 잡은 몽골의 동방 3왕가를 견제할 수 있다고 생각했기 때문이다. 원나라·고려연합군의 일본 정벌 역시 원나라의 관심이 일본에까지 미치고 있었음을 보여준다. 고려의 국정이 지나치게 문란해져서 주변국들에 대한 견제 능력을 잃는 상황은 원나라가 바라는 일이 결코 아니었다. 원나라는 고려가 원나라의 일부이면서도 정상적으로 작동하는 나라이기를 바랐다. 그것은 제국이 그 영역 안에 있는 나라들에 바라는 모순적 요구이다.

3. 이제현과 상도당서

충목왕이 귀국한 다음 달인 1344년 5월에 이제현李齊賢(1287~1367)이 상도당서上都堂書를 올렸다. 여기에는 국정 개혁의 여망이 담겨 있었다. 이제현은 고려 당대 제일의 문사文士이자 유종儒宗으로 사회적 명망이 높았다. '유종'이란 유학儒學과 덕행德行이 뛰어나서 만인으로부터 존경과 추앙을 받는 사람을 말한다. 그는 부친 이진李瑱(1244~1321)과 장인 권부權溥(1262~1346)에게서 가르침을 받았고, 백이정白頤正(1247~1323), 우탁禹倬(1262~1342) 등 당대 최고 석학들에게 배웠다. 이진은 고려에 성리학을 도입한 안향安珦(1243~1306)에게서 성리학을 배웠다. 이진과 권부는 충선왕 때 개혁 기구인 사림원詞林院의 학사였다. 이진은 충선왕에게 개혁의 마스터플랜을 올린 인물이다. 충선왕은 이를 받아들였다. 부자가 대를 이어 국정개혁안을 올린 것이다. 이제현은 28세에 충선왕의 부름을 받아 연경에 갔다. 그리고 충선왕이 연경 자기 집에 세운 만권당萬卷堂에서 중국의 최고 지식인들과 교류했다. 이를 통해 이제현은 고려와 원나라에 걸쳐 문명文名을 드날렸다.

이제현은 당시 고려에서 정치적 사회적으로 큰 존재감을 지닌 인물이었다. 그러한 묵직한 존재감이 이제현 개인의 문필과 학문의 탁월함에서만 비롯되었다고 보기는 어렵다. 개인이 가진 특정한 재능이 자동적으로 사

이제현 이 초상화는 이제현이 연경에 갔을 때 원나라 화가 진감여陳鑑如가 그려준 그림이다. 그는 15세였던 1301년(충렬왕 27) 성균시에서 장원하고, 1314년 연경에 있던 충선왕의 부름으로 원나라에 가서 당대의 문장가 요수姚燧, 염복閻復, 조맹부趙孟頫 등과 함께 고전을 연구했다. 출처_ 국립중앙박물관

회적 평판과 보편적 존재감으로 연결되지는 않는다. 그 무렵 고려에는 성리학을 공부하는 사람들 수가 이전보다 많이 늘어났다. 그들은 과거시험을 통해 관료가 되고 조정에서 좌주–문생 관계를 통해 세력을 결집했다. 이제현은 관직에 있는 동안 여러 번 성균관 교관을 역임하면서 많은 제자를 배출했다. 또 지공거를 두 번 역임하여 문생도 많이 배출했다. 백문보白文寶, 이곡李穀, 윤택尹澤, 이색李穡 등은 그중에서 특히 주목되는 인물들이다. 이들이 나중에 다시 지공거와 성균관 대사성(성균관 최고위 관직)에 재직함으로써 또다시 수많은 문생과 제자를 키워냈다. 이곡의 아들 이색은 무려 네 차례에 걸쳐 고시관을 역임하여 고려 말 성리학 확산과 사회 개혁에 큰 영향을 끼쳤다. 정몽주鄭夢周와 정도전鄭道傳도 이색의 제자이다. 공민왕 대 이름 있는 인물들은 대부분 이제현에게서 직간접적으로 영향을 받았다.

역사에는 이제현 같은 인물이 가끔씩 등장한다. 세상이 몹시 어지러워서 이상적 성향을 띤 젊은 지식인들이 마음 둘 곳을 찾지 못할 때, 학문적으로 뛰어나고 인격적으로 훌륭하며 온건한 개혁 성향을 가진 인물이 등장하면 수많은 젊은이가 그의 주위로 모여드는 경우가 있다. 이제현이 바로 그런 인물이었다. 긴 시간대에서 보면 고려는 이제현이 정치적으로 등장한 무렵부터 신흥유신, 곧 성리학을 공부하여 과거로 벼슬길에 오른 관료들이 정치적으로 점차 중요해진다. 그 중심에 이제현이 있었다.

'상도당서上都堂書'란 도당에 올리는 상소라는 뜻이다. 도당은 고려 후기의 최고 정무 기관인 도평의사사都評議使司이다. 국정을 의논하는 최고위 관료들인 재추宰樞의 합의기관이고, 모든 관료를 통솔하고 행정 실무를 관장하는 최고 정무 기관이다. 개혁을 추진한다면 바로 도당에서 결정하여 집행해야 했다. 이제현이 도당에 개혁안을 올리고 그 집행을 촉구한 이유이다.

충목왕 대 개혁 정치는 충선왕이나 충숙왕의 개혁 정치와 다른 점이 있다. 후자의 개혁 정치는 선왕과의 갈등 상황에서 정치적 실권을 장악하기 위한 수단으로 기능한 측면이 강했다. 즉, 충선왕과 충숙왕 때의 개혁은 반대파를 몰아내고 자파 세력의 정치권력을 강화하려는 성격이 강했다. 반면에 충목왕 대 개혁은 신구 세력 간 권력투쟁의 성격보다는 고려 사회의 극심한 불법과 부패에 대한 자정의 성격이 더 강했다. 개혁 그 자체를 목적으로 했던 것이다.

이제현의 상서에는 이전 개혁안들에서는 볼 수 없는 내용이 있다. 국왕과 신하들에게 성리학적 관점의 개혁을 요구했던 것이다. 이제현은 국왕에게 공부할 것을 건의했다. 이를 위해서 서연書筵의 설치를 요청했다. 조선시대에 서연은 세자의 공부 자리를 말하지만, 원간섭기에 서연은 조선시대 경연經筵, 즉 왕의 공부 모임을 뜻한다. 이 공부는 성리학에 입각한 군주의 수신론修身論이다. 군주의 마음을 바로잡아야 사회의 도덕성이 회복된다고 보는 맹자의 주장이다. 또한 군주의 학문 능력을 향상시켜 도덕성을 함양해야 올바른 통치 능력을 갖게 된다는 주장이기도 하다. 조선시대에는 식상할 정도로 너무나 흔하게 되풀이되었던 주장이다. 하지만 이제현 이전까지는 개혁을 위해 국왕과 신하의 강론 자리가 필요하다는 주장이 제기된 적이 없었다. 말하자면 이제현은 처음으로 유교적 경세론의 원칙을 제시했던 것이다. 그는 국왕의 수신과 함께 국왕을 바르게 이끌어 줄 수 있는 신하의 역할도 강조했다. 이제현의 상서는 고려가 비로소 성리학적 개혁론을 도입하게 되었음을 보여주며, 이후에 진행될 개혁론의 시그널과 같은 의미를 가진다.

이제현은 국가 재정과 민생 문제 개선을 위한 여러 가지 개혁을 요구했다. 일부는 수용되었지만, 그보다 훨씬 중요한 개혁 내용은 받아들여지지 않았다. 그의 요구에 따라 실현된 일은 보흥고寶興庫·덕녕고德寧庫·내승內乘·응방鷹坊의 혁파와 서연의 설치이다. 보흥고는 부왕 충혜왕이 1339년에 사사로이 설치한 재정 기관인데 민전 침탈을 일삼았다. 충목왕은 약탈한 토지와 노비를 본래 주인에게 돌려주고 보흥고를 혁파했다. 덕녕고는 언제 설치되었는지 불분명하지만, 이 역시 국왕이 개인적으로 만든 재정 기관이다. 내승은 궁내에서 필요한 마필馬匹을 관장하던 관서로, 환관들이 관리했다. 매를 키우던 응방과 함께 백성들로부터 많은 지탄을 받았다. 개혁의 성과로 볼 수 있는 분야는 모두 국왕과 직접 관련된 기관들의 혁파이다.

충목왕 때 이루어진 개혁 중에서 주목할 것 중 하나는 과거제 개편이다. 과거시험은 본래 초·중·종장의 3단계로 구성된다. 과거제 개편으로 초장에 육경의六經義와 사서의四書疑를, 종장에 책문策問을 새롭게 시험하게 되었다. 육경의는 유교 경전인 육경의 뜻을, 사서의도 역시 유교 경전인 사서의 뜻을 묻는 시험이다. 이는 국왕에게 성리학 공부를 권유하는 것과 짝하는 개혁 내용으로 볼 수 있다. 이제현은 임금과 신하 모두 성리학적 원칙을 수용해야 한다고 믿었다. 이에 대해서는 뒤에서 좀 더 설명할 것이다.☞ 426~428쪽 참조 한편, 이제현의 개혁 건의 중에서 거부된 사항은 정방 폐지와 녹과전祿科田 설치이다.

정방은 충숙왕이 되살린 이후 이때까지 존속되었다. 국왕으로서는 없애기 쉽지 않았을 것이다. 정방은 측근 세력을 통해 국왕 권력을 보위하는 핵심 조직이다. 정방이 없어지려면 국왕이 국내 정치 세력을 신뢰하여 자신의 조직으로 만들 수 있어야 했다. 비록 충목왕이 이전 국왕들보다는 측근 세력이 적다고 할지라도 여전히 국왕과 국내 정치 세력이 구조적으로 일체화되었다고 보기는 어렵다. 이제현이 정방 폐지를 요구한 까닭은 당시 많은 문제가 국왕 측근 세력으로부터 비롯되었다는 인식 때문이었다. 정방을 폐지하라는 요구는 국왕과 그 측근에 의한 불공정 인사 제도를 혁신하여 실력과 능력을 갖춘 관료들을 선발하자는 뜻이었다. 그런 의미에서 정방 폐지 요구는 녹과전 설치와 동전의 앞뒷면 같았다. 새로 관료를 뽑으려면 그에 따른 경제적 자원이 있어야 하기 때문이다.

녹과전은 1271년(원종 12)에 처음 설치되었다. 몽골의 침입으로 국가 재정이 고갈되면서 고려 조정은 관리들에게 녹봉을 지급할 수 없었다. 그러자 고려 조정은 경기京畿 일부의 땅을 관리들에게 녹봉 대신 관직 등급에 따라 나누어 주었다. 경기는 지금의 경기도가 아니라 개경을 둘러싼 땅을 말한다. 경기 일부는 대략 지금의 개성 동쪽 지역이다. 이렇게 지급한 땅이 녹과전인데, 고려 전기 토지제도인 전시과田柴科 대신에 등장한, 현직에 있는 문무 관료들에게만 지급했던 경작지이다. 녹과전을 받은 관리는 경작자에게 전조田租를 거두었다. 말하자면 그 전조가 바로 관리의 녹봉이다. 그런데 녹과전 설치 이후 70년 넘는 세월이 흐르는 동안 권세가들이 이 땅도 침탈했다. 이제현은 경기 지역에서 권세가들에게 탈점된 녹과전을 회복하고자 했다. 정확하게 말하면 권세가들의 탈점으로 녹과전 자체가 모두 없어지지는 않았다. 하지만 상당한 수준에서 침탈되었던 것으로 보인다.

녹과전을 회복하자는 이제현의 주장은 이중적 효과를 노렸다. 하나는 국왕 측근 세력과 부원배의 경제 기반을 해체하고, 또 하나는 그렇게 함으로써 개혁의 주체가 되어야 할 신흥유신들에게 경제 기반을 제공하는 것이었다. 녹과전 회복은 이후 신흥유신이 주장하는 경제개혁의 핵심 사항이 된다. 이제현은 도덕성과 책임 의식을 가진 신진 관료들에게 경제적 기

반을 마련해주고 이들을 통해 사회 폐단을 해결하고자 했다. 실제로 녹과
전 회복은 고려 말 개혁의 바로미터나 마찬가지였다. 정부가 현직 관료들
몫으로 정했던 땅에 대한 불법적 점탈조차 회복하지 못하면서 백성들 민
전에서 자행되는 권세가들의 횡포를 막을 수 있다고 기대하는 것은 어불
성설이 아닐 수 없다.

이제현이 상서를 올리고 3개월 후인 1344년 8월에 원나라에서 사신이
왔다. 원나라 병부상서兵部尙書 부카溥花와 동지자정원同知資政院 도르치朶
兒赤가 기황후의 명령을 전달했다. "나의 친척이 권세를 내세워 다른 사람
의 토지와 노비(田民)를 빼앗는 일이 없도록 하라. 만약 어길 시에는 반드
시 처벌할 것이며, 법을 맡은 관청(法司)이 그 사실을 알고 일부러 놓아주
는 경우에도 반드시 죄를 줄 것이다"라는 내용이었다. 순제가 고려의 개혁
을 요구했기에 기황후도 그에 부응했던 것으로 보인다. 사신 일행은 고려
에 한 달 이상 머물렀다. 그 연장선상에서 10월에 개혁적 인사인 왕후王煦
를 수상으로 하는 새 정부가 구성되었다. 왕후는 원래 이름이 권재權載이
다. 당대 최고 세족인 안동 권씨 출신으로, 권부의 넷째 아들이다. 충선왕
이 그를 자신의 양아들로 삼아 이름을 새로 내려주고 왕실 족보에 올렸기
에 종실宗室(임금의 친족) 사람으로 취급받았다. 충선왕의 총애를 받아 그는
원 황태자의 시그루치速古赤(시자侍者: 본래는 '양산을 가진 사람'이라는 뜻)가
되었으며, 자덕대부資德大夫(정2품) 계림군공鷄林君公의 지위에 오르고 집과
땅을 받았다. 자덕대부와 계림군공은 원나라의 관품과 작호이다. 요컨대
그는 원나라와 고려에서 좋은 평판을 받았던 명망가이다. 그는 이제현의
처남이기도 하다.

1344년 12월, 마침내 우정승(수상) 왕후의 주도 아래 개혁이 시작되었
다. 정방이 혁파되고, 녹과전의 복구 정비 조치가 취해졌다. 이제현의 상

서에 포함된 내용이지만 실현되지 못했던 문제들이다. 하지만 정방은 혁파된 지 한 달 만에 다시 설치되고, 녹과전 복구도 이루어지지 않았다. 개혁은 시작되자마자 중단되었다. 왕후는 몇 달 후 우정승에서 파직되었다. 이로써 충목왕 즉위년(1344)에 시도된 개혁은 부분적인 성과만을 거둔 채 급히 종결되었다. 개혁에 대한 반대 세력의 저항은 신속하고 강력했다.

4. 정치도감의 설립과 활동

1345년(충목왕 원년) 초 우정승에서 파직된 왕후는 2년 뒤 1346년 12월에 김영돈金永旽(1285~1348)과 함께 원나라 황제의 명을 받고 원나라에 갔다. 김영돈은 김방경金方慶의 손자이며 문과 출신의 문신이다. 순제는 두 사람을 불러서 고려의 정치整治, 즉 정치 개혁을 명했다. 오늘날의 의미로 풀이한다면 체제 내의 온건한 개혁 요구라 할 수 있다.

사실 충혜왕이 저지른 실정으로 인한 고려의 국정 문란은 원나라에게도 부담이 되고 있었다. 그 때문에 1344년 2월 충목왕이 즉위할 때부터 이미 원나라는 고려에 개혁을 요구했지만, 왕후의 퇴진에서 알 수 있듯이 그것은 성공하지 못했다. 그러자 순제는 고려 조정에서 영향력이 큰 두 사람을 직접 불러들여 좀 더 본격적인 고려의 정치 개혁을 요구했다. 고려로 돌아온 왕후는 순제의 요구에 따라 개혁을 주도할 기관인 정치도감整治都監을 설립했다. 글자 그대로 고려의 정치를 개혁하기 위해 만들어진 기구이다. 정치도감 설립 직후 고려 조정은 원나라 관련 기관들에 포진해 있는 부원배들을 처벌했다. 이전의 개혁과는 달라진 양상이다. 이때 부원배에 대한 처단이 가능했던 이유는 개혁 기관인 정치도감이 원나라 황제의 명으로 설립되었기 때문이다.

정치도감은 충목왕 3년(1347) 2월 16일에 설립되었다. 재추급 판사判事 4인을 우두머리로 하여 사使 9명, 부사副使 7명, 판관判官 12명, 녹사錄事 6명 등 34명이 관원으로 임명되었다. 이들 모두를 '정치관整治官'이라 불렀다. 판사 4인은 계림군공 왕후, 좌정승 김영돈, 찬성사 안축安軸(1282~1348), 판밀직사사 김광철金光轍(?~1349)이다. 왕후는 원제를 만나고 돌아올 때 자신을 다시 정승으로 임명하라는 원제의 밀지密旨를 지니고 돌아왔다. 하지만 그는 정승에 복귀하지 않고 자진해서 정치도감 판사 직책을 맡았다. 그 자세한 내막은 알 수 없지만, 어쩌면 정치도감 일이 더 중요하다고 왕후 스스로 생각했기 때문일지 모르겠다. 정치관 34명은 왕후가 중심이 되어 선발한 사람들이다.

정치도감은, 오랫동안 지탄받아온, 하지만 처벌이 이루어지지 않았던 문제들을 실제로 적발하여 관련자들을 처벌했다. 정치도감 개혁안은 총 12개 항목이었는데 정치와 경제 문제를 포괄했으며, 곧 정치관들의 행동 지침이기도 했다. 무엇보다 먼저 토지에서 발생하는 불법한 겸병兼倂을 찾아내고, 압량위천壓良爲賤으로 표현되는 노비 문제의 해소를 활동의 최우선 목표로 두었다. 압량위천이란 양인良人을 불법적 권력이나 채무 등으로 압박하여 천인賤人 즉 노비로 만드는 것을 말한다. 정치관들은 토지와 노비, 즉 전민田民에 대하여 가장 큰 관심을 가지고 그에 관련된 일을 했다. 사실 다른 개혁 과제들도 결국에는 대부분 전민의 폐단으로 귀결되었다. 정치관들은 정치도감이 설립되자마자 각 도에 파견되어 전민에 대한 실태 파악에 전격적으로 착수했다.

곧 각 지방에서 폐단들이 적발되어 시정 조치가 취해졌고 중앙에 보고되었다. 정치관들은 중앙의 막강한 권력자들과 관련된 지방의 하수인들을 엄히 처벌했다. 그들을 개경으로 압송하여 장杖을 치거나 순군옥巡軍獄에 가두었다. 농장들이 실제로 철폐되었으며, 압량위천된 노비들이 다시 양인으로 복권되었다. 순군은 국왕 직속 기구로, 도적을 잡고 치안을 유지하는 기능을 수행했다. 순군옥은 순군의 감옥이다. 순군은 조선시대에 의금부로 개편되었다. 조선시대 의금부와 포도청의 기능을 동시에 가진 기관이었다.

정치도감이 짧은 시간에 불러일으킨 전국적 개혁의 분위기는 대단했다. 이를 잘 보여주는 사례가 기황후의 친동생 기주奇柱를 구속한 사건이다. 정치도감이 활동을 시작하자 그는 자신이 저지른 일에 대한 처벌을 두려워하여 도망가서 숨었다. 하지만 정치관이 그를 체포하여 개경으로 압송했고, 정치도감에서는 장을 때려서 순군옥에 가두었다.

정치도감에 적발되어 처벌된 이들의 면모는 다양했지만, 결국 이런저런 방식으로 원나라와 연결된 인물이 많았다. 환관 족속, 고위 관료를 지낸 부원 세력, 종실宗室, 기황후 관련 인물들이었다. 환관 족속이란 원 황실에서 환관으로 일하는 고려인들의 본국에 있는 친족을 말한다. 충렬왕의 부인 제국대장공주가 부친 쿠빌라이에게 고려인 환관을 보내기 시작한 이래 50년 가까운 세월이 흘렀고, 그동안 100여 명의 고려인이 원나라에 들어가 환관이 되었다. 그들 중 일부는 원 황실에서 상당한 지위를 차지했고, 이를 기반으로 고려 왕실에 큰 영향력을 미치기 시작했다.

원간섭기 고려 국왕은 원나라 황실의 배타적 권한으로 책봉되어 왕위에 오르는 것이 현실이었다. 원나라의 책봉 권한으로 말미암아 원간섭기 고려 국왕 자리는 아버지와 아들이 번갈아 차지하는 일이 매번 벌어졌고, 심왕옹립운동이나 입성 책동도 일어났다. 이런 혼란스런 상황은 원나라 황실의 환관이 고려 왕실과 조정에 영향력을 발휘하기에 최적의 조건이었

24 원종	—	25 충렬왕	—	26 충선왕	—	27 충숙왕	┌	28 충혜왕	┬	29 충목왕
1259~1274		1274~1298. 1 1298. 8~1308		1298. 1~8 1308~1313		1313~1330 1332~1339		1330~1332 1339~1344		1344~1348
							└	31 공민왕	└	30 충정왕
								1351~1374		1349~1351

원간섭기 고려 왕위 계승 재위년에서 알 수 있듯이, 원간섭기에는 아버지와 아들이 번갈아 왕위에 올랐다. 원나라가 고려 국왕 책봉을 배타적으로 결정했기 때문이다.

다. 더구나 기씨가 황태자를 낳아 정식으로 황후가 된 이후 고려에서 기씨 집안의 위세가 크게 높아졌다. 본래 사회적으로 미천했던 신분의 인물들이 원나라에서 권력을 얻자 고려에 있는 그들의 친족들도 덩달아 권세가 높아졌고, 그 힘을 이용해서 오랫동안 부정한 치부를 했다. 이런 사람들, 그리고 이들의 불법행위야말로 정치관들의 적발 대상이었다.

5. 정치도감 vs 정동행성

충목왕 3년(1347) 2월 16일에 시작된 정치도감 활동은 한 달 남짓 만에 중대한 난관에 부딪쳤다. 기황후의 족제族弟 기삼만奇三萬이 옥에 갇혔다가 3월 26일에 사망한 것이다. 토지 겸병에 대한 심문을 받던 중이었다. 사료에 '족제'라고 기록된 것으로 보아, 기황후의 친형제는 아니고 친척쯤 되는 인물인 듯하다. 아무튼 그의 처가 이 일을 정동행성 이문소征東行省理問所에 고소했다.

이문소는 정동행성의 법부法部로, 원나라 관련 범죄를 담당했다. 업무와 관련해 합법적으로 고문이 가능한 신문이나 국문을 할 수 있는 권한을 가졌다. 이문소는 정동행성 내 여러 소속 기관들 중 부원 세력의 이익을 지켜주는 가장 강력한 기관이었다. 기삼만 처의 고발을 접수한 이문소는 4월에 30여 명의 정치관들을 투옥했다. 이 때문에 정치도감 활동이 중지되었다. 개혁이 진행되면서 정치도감과 정동행성이 충돌했고, 정동행성은 반개혁 세력의 구심점이 되었다.

왕후와 김영돈은 이 상황을 황제에게 알리기 위해 원나라로 출발했는데, 이문소는 사람을 보내서 그들을 잡아 돌아왔다. 이즈음에 원나라 사신이 개혁을 격려하는 뜻에서 원나라 황제가 보낸 옷과 술을 가지고 고려에 왔다. 이 소식을 듣자 이문소는 구속했던 정치관들을 일시 석방했다. 이는 정동행성 이문소가 자신들의 행동이 원나라 황제의 생각과 달랐다는 사실을 알고 있었다는 뜻이다. 그러나 이문소는 나중에 정치관들을 다시 가두었고, 뒤늦게 기삼만의 죽음을 안 원나라도 10월에 사신을 보내서 정치관들을 국문하고 장을 때렸다.

정치도감 개혁 활동에 대한 원나라의 태도는 일관되지 못했다. 정치도감의 성립 자체가 원나라 황제의 강력한 지원하에 이루어진 일이었으므로 원나라의 애매한 태도는 개혁에 즉각적인 영향을 미쳤다. 10월에 원나라는 사신을 통해 기삼만의 죽음을 추궁했지만, 동시에 국서를 내려서 왕후를 판사로 삼아 정치도감을 다시 설치하도록 했다. 하지만 이문소에 의해 정치관들이 이미 고초를 겪었고, 반개혁 세력의 중심인 강윤충은 자신이 장악한 정방을 통해 정치도감 활동을 조직적으로 좌초시켰다. 개혁 세력이 정치도감 활동에 집중하는 동안 정방 개혁을 놓쳤기 때문에 일어난 일이었다. 강윤충은 자기 사람인 안자유安子由를 정치도감관整治都監官으로 삼고, 왕후를 영도첨의領都僉議로 관직을 옮겨버림으로써 정치도감에 관여

개성 경천사 터 10층석탑　국립중앙박물관에 있다. 13.5m 높이의 웅장한 규모이고, 석탑 전체에
불, 보살, 나한 등이 가득 조각되어 있다. 1348년(충목왕 4), 개경으로 들어가는 길목에 자리 잡은
경천사에 세워졌다. 강융姜融과 고용보高龍普 등이 원나라 황실의 번영을 기리기 위해 원나라풍
으로 세운 탑이다. 강융의 딸은 원나라 승상 톡토脫脫의 애첩이며, 고용보는 고려 환관으로 원에
서 황제의 신임을 얻어 출세했고 기철奇轍의 여동생을 황후에 오르게 한 인물이다. 당시 기황후
와 친원 세력의 권세가 높았다. 이 탑은 1907년 대한제국 황태자 순종의 혼례식에 참여했던 일
본 궁내대신 다나카 미쓰아키田中光顯가 140개 조각으로 해체해서 일본에 무단으로 가져갔다가
비난이 높아지자 11년 뒤 반환했다. 출처_국립중앙박물관

하기 어렵게 만들었다.

강윤충은 충혜왕의 폭정을 옆에서 부채질했던 가장 중요한 인물이다. 그는 충혜왕에 이어 충목왕 대에도 정방의 책임자가 되어 인사권을 장악했다. 그는 충혜왕의 몽골인 왕비이자 충목왕 모친 덕녕공주와 간통하고 이를 이용해서 정치권력을 휘둘렀다. 이제현 등은 강윤충의 죄를 들어 주살할 것을 요청하는 상소를 올렸고, 이 일은 원나라에 알려졌다. 하지만 이제현 등이 요구한 조처는 취해지지 않았다. 충목왕은 다음 해인 1348년 12월에 사망하고 충정왕이 즉위했다. 정치도감은 충정왕 원년인 1349년 8월 16일에 완전히 폐지되었다. 정치도감의 중심인물 왕후는 그 직전인 1349년 7월에 사망했다.

6. 정치관들

충목왕 대 정치도감의 개혁이 진행되며 빚어낸 양상은 개혁이 현실에서 어떻게 진화하는지를 보여주는 사례라고 할 수 있다. 정치도감의 개혁은 두 가지 특징을 지니고 있다. 첫째, 개혁을 추진했던 세력이 유학儒學의 영향을 받은 사람들이라는 점, 둘째, 개혁 목표가 전민田民 관련 사항에 집중되었다는 점이다. 사실 이 두 가지는 충목왕 이전부터 계속 보이는 특징이다. 충목왕 이전에도 개혁을 주장하는 사람들 중에는 유학을 공부한 사람이 적지 않았고, 그들의 요구 사항도 전민 폐단 해결이 핵심이었다. 사회개혁은 보통 오랫동안 지적되어왔던 문제가 대상이 된다. 갑자기 새롭게 등장한 사회문제가 국가적 수준의 개혁 과제가 되는 경우는 거의 없다.

충목왕 대 개혁의 양상은 이전과 다른 특징도 가지고 있다. 먼저 전민 개혁의 양상이 전국적이고 뚜렷했다는 점이다. 충목왕 대 이전 개혁이라면 충선왕과 충숙왕의 개혁을 들 수 있다. 개혁의 범위, 지속성, 강도, 사회적 파급 효과라는 면에서 정치도감 개혁은 앞선 충선왕과 충숙왕 대 개혁과 확실히 대비된다. 이런 차이는 어디에서 비롯했을까? 무엇보다 정치관의 존재를 들 수 있다. 그들은 유학을 공부한 개혁적 관료였다. 물론 이전 개혁에도 유학을 공부한 개혁적 관료들이 참여했다. 충선왕 대의 사림원 학사들이 그 예다. 하지만 사림원 학사와 정치도감 정치관 사이에는 명확한 차이가 있다. 사림원 학사는 규모도 작거니와 어디까지나 충선왕에게 직속된 인물들이었다. 개인적으로는 개혁적 성향을 갖고 있어도 그들 자체 내에 개혁의 동력을 갖고 있지는 못했다. 반면에 정치도감 정치관들은 사림원 관료들에 비해 규모도 훨씬 클 뿐 아니라, 왕에 의해 움직이기보다는 그들 스스로 개혁의 동력을 움직여 활동에 참여했다. 오늘날 학계에서는 성리학을 공부하여 과거를 통해 관직에 나온 이들 개혁적 관료를 '신흥유신'이라고 부른다.

　역사의 흐름에서 동일성 속에 나타나는 이러한 차별성이 어떻게 가능했는지를 말하기는 쉽지 않다. 단순히 고려 사회에서 유학에 대한 이해가 깊어졌다거나, 유학을 공부하는 사람이 수적으로 많아졌다거나, 사회 모순이 더 심화되었기에 이런 현상이 나타났다고 말하는 것은 설득력이 부족하다. 물론 이런 요소들이 그 원인의 일부가 될 수 없다는 말은 전혀 아니다. 하지만 이런 설명만으로는 충분하지 않다. 역시 불충분한 설명이겠으나, 개혁 추진 관료들의 구심점이 된 이제현이나 왕후 같은 인물의 존재를 그 한 가지 배경으로 지적할 수 있다. 이 문제에 대한 본격적인 언급은 뒤에서 다시 하겠다.☞ 426~428쪽, 502~509쪽 참조 우선 정치관들에 대해 좀 더 살펴보자.

정치관들의 가문 배경이나 관력官歷 등을 살펴보면 몇 가지 공통점이 있다. 첫째, 과거시험 출신자가 대단히 많다는 사실이다. 판사 4명을 제외하고 34명 정치관들 중에서 입사入仕 방식, 즉 관직에 나온 방식이 확인되는 사람은 18명이다. 이들 중 과거시험 출신자는 15명이고 음서 출신이 3명이다. 이 시기 고려 조정 관리들의 입사 방식을 정확히 알 수는 없지만, 과거 출신자가 전체 관리 가운데서 차지하는 비중은 낮았다. 그렇다면 정치관들에 과거 출신자가 압도적으로 많았다는 사실은 주목할 만한 사항이다. 인원 구성면에서 정치도감은 조정 관료들과 명확히 차이를 보인다.

둘째, 정치관들 가운데 많은 사람이 이전에 대간臺諫이나 법관法官으로서 크게 활약했으며, 공정하다든지 정직하다든지 등의 인물평을 받았다. 대간은 고려시대나 조선시대에 언관言官 역할을 했던 관리이다. 이런 사실은 정치관들이 대체로 일정한 정도 이상의 정치적 식견을 갖추었을 뿐만 아니라 소신을 굽히지 않는 기개와 공공성에 대한 자의식을 지닌 사람이었음을 말한다. 아마도 왕후가 정치관을 선발할 때 이런 면을 고려했을 가능성이 높다.

셋째, 정치관들은 이후의 정치적 상황, 특히 공민왕 대 개혁 정치와 상당한 연관성을 지닌다. 정치도감의 재추급 판사 4명은, 우연의 일치겠지만 충목왕이 사망한 1348년과 이듬해인 1349년 두 해 사이에 모두 죽었다(1348년에 김영돈과 안축 사망, 1349년에 왕후와 김광철 사망). 하지만 그들이 이끌었던 나머지 정치관들은 이후 고려의 개혁에 적극적으로 참여했다. 충목왕 대 개혁 기관인 정치도감이 이후 고려의 개혁에 지속적인 영향을 미치는 것은 바로 이 정치관들의 활약 덕분이다. 이러한 정치관들의 여러 특징을 잘 갖춘 대표적인 인물로 이제현의 문생이자 이곡과 가까웠던 백문보白文寶(1303~1374)를 들 수 있다.

7. 신흥유신의 등장

조선을 건국한 신흥유신들이 그들 스스로 처음 결집한 계기는 공민왕 16년(1367)에 이루어진 성균관 재건이다. 성균관이 재건되자 성균관 대사성 이색李穡(1328~1396)을 중심으로 김구용金九容(1338~1384), 정몽주鄭夢周(1337~1392), 박상충朴尙衷(1332~1375), 박의중朴宜中(1337~1403), 이숭인李崇仁(1347~1392) 등이 교관으로 성균관에 모여서 성리학 부흥의 계기를 만들었다. 다만 이 시기 이들의 학문적 열정이 곧바로 사회적 실천으로 이어졌던 것은 아니다. 하지만 수년 뒤 이들은 '신흥유신'으로 불리는 정치 세력의 중심이 되었다. 그런데 여기서 한 가지 의문이 제기된다. 이들은 도대체 어떻게 성균관에 모이게 되었을까?

성균관에 모인 사람들은 모두 과거시험에 급제하고 거의 대부분 좌주–문생 관계로 맺어진 이들이었다. 연구에 따르면 충목왕 대 이후로 과거시험 시관試官은 이제현과 그의 문생들이 거의 독점했다. 1347년(충목왕 3) 이후 실시된 총 10회의 과거시험 가운데 1357년(공민왕 6)과 1362년(공민왕 11)을 제외하고는 모두 이제현과 좌주–문생 관계에 있는 사람들이 시관을 지냈다. 이것은 우연이 아니었다. 당시에도 이러한 상황은 명백히 인식되었다. 신돈辛旽을 등용할 때 공민왕은 유생들이 서로 좌주·문생·동년이라 칭하며 당을 만든다 비난했고, 나중에 신돈도 "이제현 같은 사람은 (그의) 문생이 그 문하에서 또 문생을 봄으로써 드디어 나라를 메운 도적이 되었으니, 유자들의 폐해가 이와 같습니다"라고 비난했다.

신흥유신들이 이제현을 중심으로 결집하는 현상은 당시 고려에서 진행되었던 주자성리학 보급과 밀접한 관련이 있다. 원나라로부터 주자성리학이 고려에 유입되는 과정에서 이제현의 역할 혹은 지위는 독보적이었다.

그는 1314년(충숙왕 1) 원나라에 머무르고 있는 충선왕에게 28세 젊은 나이로 발탁되어 북경 만권당에서 원나라의 일급 학자들과 교류하기 시작했다. 그의 이러한 경험은 고려의 관리와 지식인들 사이에서 다른 사람과 비교될 수 없는 학문적 권위로 작용했다. 이제현은 충목왕이 어린 나이에 즉위하자 『효경孝經』과 사서四書를 강의하는 등 성리학 교양을 주입하려고 노력했다.

이런 분위기에서 충목왕 즉위년(1344) 8월에 이제현의 요청에 따라 과거제도를 개편했다. 이때 주자朱子가 지은 『사서집주四書集註』를 시험 과목에 포함했다. 이 조치는 고려에서 성리학이 빠르게 보급되는 결정적 계기가 되었다. 약 30년 전인 원나라 인종(재위 1311~1320) 때 제과制科 시험에서 사서를 기본으로 시행했던 평가 방식이 고려 충목왕 대 과거제 개편의 단서가 되었을 것이다. 어쨌든 이제현의 요구와 영향으로 과거시험 과목에 사서가 포함되었기 때문에 그 자신이나 그의 문생들이 시관으로 임명된 것은 자연스럽다. 이렇게 되자 좌주-문생 관계는 더욱 강화되었고, 차차 학문적 신념과 세계관을 공유하는 긴밀한 관계로 견고해졌다. 부연하자면 『사서집주』를 고려에 들여와 최초로 간행한 사람이 권부인데, 그는 이제현이 응시하여 선발된 과거시험의 책임자였다. 또한 그는 이제현의 장인이기도 하다.

한편 과거제도 개편에서 초장(1차 시험)에 사서가 포함된 것만큼이나 종장(최종 시험)에 책문策問을 시험하기로 한 방침도 대단히 중요하다. 책문은 국가의 정책 현안에 대한 질문이다. 응시자는 일종의 정책 대안에 해당하는 답안을 내야 했다. 이 역시 충숙왕 7년(1320)에 이제현이 지공거가 되어 시부詩賦를 폐지하고 대신 책문을 시험한 데서 비롯되었다. 충목왕 대에 이르러서는 책문이 종장의 과목으로 확정되었다. 이는 젊은 유생들의 공부 방향을 획기적으로 전환시키는 조치였다. 기존의 사장詞章 중심에서 날카로운 현실감각을 기반으로 한 정책 인식을 중시하는 쪽으로 유도한 것이다. 평소 글재주 양성에 그치지 않고 현실에 대한 비판적 인식과 그에 따른 개선점을 생각하도록 이끌었던 셈이다.

8. 부원배가 정말 부패의 뿌리인가

정치도감 활동은 결과적으로 부원배에 대한 처벌 과정이었다. 정치도감이 가장 집중한 활동은 사회에 만연한 토지 겸병, 노비 문제인 압량위천, 고리대 등의 적발과 이 문제들의 시정을 통한 원상회복이었다. 권력형 부패의 중심인물들은 대개 원나라 조정에 이런저런 권력의 끈을 가지고 있었다. 정치도감이 활동을 확대하다가 갑자기 난관에 부딪혀 폐지된 원인도 부원 세력의 보위保衛 기관이라 할 수 있는 정동행성 이문소의 반격 때문이다. 그렇다면 원간섭기에 사회적 폐단의 근본 원인이 부원 세력이라고 말할 수 있을까? 그렇게만 보기는 어렵다.

전민田民 관련 폐단이 사회적으로 문제시되기 시작한 때는 이자겸李資謙이 정권을 장악하여 전횡을 일삼은 인종 대(재위 1122~1146) 초엽부터이다. 고려가 건국된 지 200여 년 지났을 때였다. 전민 문제는 이후 1170년부터 시작된 무신집권기 내내 크게 증폭되었고, 원간섭기가 본격화된 충렬왕 대(재위 1274~1308) 이후에 더욱 악화되었다. 특히 원나라에서 무종(재위 1307~1311) 즉위 이후 정치적 혼란이 가중되고 여러 황제가 수년마다 교체되는 정치적 무질서가 빚어졌는데, 그와 연동하여 고려의 정치도 무질서해졌다. 이런 정치적 무질서는 고려에서 부원 세력 확산에 더없이 좋은 환경을 제공했다.

하지만 이런 현상이 곧 전민 문제의 뿌리가 부원 세력임을 증명하지는 않는다. 사실, 그들이 전민 문제를 처음 만들어내지도 않았다. 전민 폐단을 일으킨 사람들 중에서 그들이 가장 큰 비중을 차지했을 수도 있지만, 그렇다고 그들만 문제를 일으킨 주범이라고도 할 수 없다. 다만 그들이 이전부터 지속되어온 사회적 폐단에 편승하여 상황을 더욱 악화시켰다는 점만은 분명하다. 그들이 당시 고려에서 가장 강력한 권력을 가진 사람임에는 틀림없지만, 그들만 이런 문제의 주체는 아니었다. 이를 잘 보여주는 사실은 공민왕의 반원운동이 성공을 거둔 후에도, 다시 말해서 부원배가 상당한 수준으로 청산된 이후에도 이전부터 온존하던 사회경제적 문제들이 별로 줄어들지 않았다는 점이다.

학계에서는 오랫동안 부원배를 이 시기 사회적 폐단의 중심 세력으로 설정했다. 그리고 이들에 대한 처벌을 반원 개혁으로 규정했다. 그러나 여러 연구들이 지적했듯이, 수차례 만들어진 개혁안 자체의 내용은 주로 국내적인 문제가 핵심이고, 반원적이라고 할 수 있는 사항은 부차적이다. 그렇다면 기존의 관점은 경제적이고 계급적인 문제를 민족적 관점에서 해석했다고 할 수 있다. 왜 그런 해석이 나왔을까? 어쩌면 그 원인은 원간섭기에 있지 않고 지금 여기에 있는지도 모르겠다. 계층이나 계급이 일으키는 갈등은 우리들 가까이에 있고, 민족 갈등은 멀리 있기 때문이 아닐까. 계층이나 계급 문제를 민족문제로 해석하는 것은 현실 문제를 회피하는 하나의 방법일 수 있다.

19

공민왕의 등장과 개혁의 리허설

1. 삼수 만에 즉위하다

공민왕은 1330년 충숙왕의 둘째 아들로 태어났다. 충숙왕은 쿠빌라이의 손자 영왕營王의 딸 복국장공주와 결혼했지만, 그녀는 자식이 없이 일찍 죽었다. 그 뒤 충숙왕은 쿠빌라이의 증손자 위왕魏王의 딸 조국장공주와 혼인했는데, 그녀 역시 아이를 낳다가 사망했다. 결국 남양부원군 홍규洪 奎의 딸 덕비德妃 홍씨와의 사이에서 태어난 두 아들이 차례로 왕이 되었다. 큰아들 충혜왕과 둘째 아들 공민왕이다. 두 사람은 열다섯 살 차이가 난다. 공민왕의 초명은 왕기王祺이며, 즉위 후 왕전王顓으로 개명했다. 몽골명은 바얀 테무르伯顏帖木兒이다. 출생 후 강릉대군江陵大君에 봉해졌다.

그는 12세가 되던 해 1341년(충혜왕 복위 2) 5월에 원나라의 명령으로 원나라 수도 대도에 들어가 숙위를 시작했다. 아버지 충숙왕이 죽고 형 충혜왕이 1340년 3월에 복위하여 1년 남짓 지났을 때였다. 이때 그보다 일곱 살 어린 충혜왕의 큰아들 왕흔王昕(충목왕)도 원나라에서 같이 숙위했다. 왕위 계승 서열로 보자면 왕기는 왕흔보다 밀리지만, 왕기 역시 당시에 '대원자大元子'로 불렸던 사실로 미루어 왕위 계승권자의 범주에 포함되었음을 알 수 있다.

친형 충혜왕이 젊은 나이에 폐위된 후 원나라로 압송되어 귀양을 가던 도중에 사망했다. 그때 왕기는 15세 나이로 대도에서 숙위 중이었다. 비록 충혜왕의 큰아들 왕흔이 나이는 어렸지만 삼촌 왕기를 제치고 즉위하는 데는 아무런 문제도 없었다. 왕흔의 모친은 원나라 덕녕공주이고, 공민왕 모친은 고려인이기 때문이다. 그런데 충목왕 왕흔이 재위 4년 만인 1348년 12월에 12세 나이로 갑자기 사망했다.

충목왕 사후에 고려의 왕위 계승자로는 충목왕의 숙부 왕기(훗날 공민왕)와 이복동생 왕저王眡(충정왕)가 동시에 거론되었다. 공민왕의 모친도 고려인이지만, 왕저의 모친도 고려인 희비禧妃 윤씨尹氏였다. 두 사람 모두 모친이 고려인임에도 왕위 계승자로 거론되었던 까닭은 당시 원 황실과 혈연적으로 맺어진 인물이 없었기 때문이다. 즉, 몽골 공주에게서 태어난 왕자가 없었다.

이 당시 이제현이나 이곡 등 고려의 영향력 있는 고위 관료와 지식인들은 왕기의 즉위를 몹시 바랐으며, 그를 즉위시키기 위해 노력했다. 그들이 이렇게 생각하고 활동했던 이유는 자신들의 이익보다는 고려의 국가 현실에 대한 공감대가 형성되어 있었기 때문이다. 고려의 국정은 오랫동안 정상이 아니었다. 이곡은 이 무렵의 고려에 대해 "나라가 아니다"라고까지 극언했다. 이런 상황에서 벗어나려면 충목왕 같은 어린 임금이 또다시 나와서는 안 된다고 생각했다. 그들은 충숙왕 복위(1332) 이후 15년 넘게 계속된 고려 국정의 난맥상을 끝내려면 12세의 왕저보다 19세의 왕기가 더 적임자라고 생각했다.

왕조국가에서 어린 임금의 즉위는 국정 혼란으로 이어지는 경우가 많다. 어린 국왕의 즉위는 측근 인물들의 등장을 부르고 그들이 정치를 사유화할 수 있는 좋은 조건을 제공하기 때문이다. 국정을 정상화하는 기본 전제가 성년의 인물이 국왕 자리에 오르는 것이라 생각하는 데는 상당한 근거가 있다. 정승을 지낸 바 있고 고려 조정에도 폭넓은 영향력을 행사하던 권부가 원나라 중서성中書省에 강릉대군 기를 고려 국왕으로 임명해주길 요청하는 상서上書를 했다. 권부는 충선왕이 사림원을 설치하여 개혁을 시도할 때 사림원 학사였던 인물이다. 당시 원에 머물던 이곡과 다른 여러 사람도 같은 취지의 상소를 올렸다. 권부는 정치도감에서 개혁을 이끌었던 왕후의 생부生父이자 수년 뒤 공민왕 개혁 때 척살당하는 권겸權謙의 아버지이며, 이제현의 장인이다.

왕저를 지지하는 세력도 만만찮았다. 그들은 왕기 지지 세력보다 원나라 조정에 한층 더 효과적으로 영향력을 미칠 수 있었다. 그런데 그들이 왕저를 지지했던 이유는 왕기 지지 세력의 그것과는 달랐다. 그들은 왕저가 즉위해야 자신들에게 유리하다고 생각했다. 왕저를 지지했던 세력은 크게 두 부류다. 하나는 부원 세력인 노책盧頙과 최유崔濡 등이다. 이들은 왕후, 이제현 등과 정치적으로 대립했다. 다른 한 부류는 충혜왕의 왕비 덕녕공주를 중심으로 한 세력이다. 실상 덕녕공주의 지원이 왕저가 즉위하게 된 주요한 힘이었을 것이다. 덕녕공주는 남편 충혜왕이 죽은 후 어린 아들 충목왕 곁에서 섭정을 하며 고려를 실질적으로 통치했다. 그녀는 자신의 정권을 유지하는 데 강릉대군 왕기보다는 어린 왕저가 왕위를 계승하는 편이 훨씬 유리할 것으로 판단했다. 왕저의 모친 충혜왕비 희비 윤씨도 아들의 왕위 계승에 강력한 경쟁자인 강릉대군을 물리치려면 덕녕공주와 힘을 합해야 하는 상황이었다.

원나라 조정은 충목왕이 죽은 후 두 달이 지난 1349년 2월에 왕저의 입조를 명했다. 이미 오랫동안 숙위 중인 왕기와 함께 원에서 머물게 했다가 1349년 5월에 13세의 왕저를 새로운 고려 왕으로 지명했다. 바로 충정왕忠定王(재위 1349~1351)이다. 왕위 계승 경쟁에서 왕기는 두 번째 패배했고, 왕저가 승리했다.

강릉대군 왕기를 지지했던 사람들이 보기에 충목왕 사후 왕기의 즉위는 거의 확실했다. 하지만 결과는 왕저의 즉위였다. 그러자 고려 국내에서 왕기를 지지했던 사람들은 개인적으로 신변에 불안감을 느꼈다. 실제로 박해를 당하기도 했다. 이곡은 불안을 느껴 관동 지방으로 유람을 떠났으며, 이승로李承老와 윤택尹澤 등은 지방으로 좌천되었다. 이승로와 윤택 역시 왕기를 추대하는 글을 원나라 중서성에 올렸었다. 심지어 장杖을 맞고 섬으로 유배된 인물도 있다. 이들은 대개 음서가 아닌 과거시험을 통해 자력으로 관직에 나온 관료였으며, 국왕 주변 인물들에 의한 측근 정치를 부정적으로 보았다.

왕기가 즉위에 실패하자 원나라 대도에서 그를 시종하던 사람들도 큰 충격을 받았다. 실망감으로 적지 않은 사람들이 그의 곁을 떠났다. 원간섭기에 대도에서 숙위하던 왕자의 곁을 지키는 사람들의 궁극적 목적은 분명했다. 그가 나중에 고려 왕으로 즉위할 때 받게 될 보상이었다. 이런 면에서 보면 원간섭기 내내 국왕 측근 세력에 의한 국정 농단과 부패는 예약되어 있는 것이나 다름없었다. 장차 법을 초월한 특권 행사가 보장되어 있지 않다면 타국에서 기약 없는 시종 생활을 할 이유가 없었다. 나이 어린 조카가 왕이 되었기에 왕기에게는 더 이상 즉위할 기회가 없다고 생각한 사람들이 자연스럽게 그의 곁을 떠났다.

충정왕 왕저는 13세에 숙부 왕기를 제치고 즉위했다. 그러나 재위 2년 만에 충정왕은 원나라에 의해 퇴위당했다. 이어 강릉대군 왕기가 왕위를 계승했으며, 다음 해인 1352년(공민왕 1)에 충정왕은 귀양지 강화도에서 독살되었다. 강화도로 쫓겨난 충정왕은 공민왕에게 잠재적인 경쟁자이기는 했지만 구체적인 위험은 아니었다. 하지만 공민왕은 이후 재위 기간에 여러 번 드러나듯이 정치적으로 잠재적인 경쟁자조차 용납하지 않았다.

충정왕의 즉위는 그 자신에게 비극적인 일이고 고려에도 좋지 않았다. 그의 재위 기간에 고려는 더 깊은 혼돈 속으로 빠져들었다. 이런 상황은 어느 정도 예측된 일이다. 충정왕은 어린 나이였기에 직접 국정을 운영하기는 힘들었다. 그를 대신하여 누군가 국정을 정상화시켜야 했다. 하지만 그를 둘러싼 사람들은 모두 고려의 국정 정상화보다는 자신에게 돌아올 이득만 생각했다. 이 때문에 충정왕 즉위 후 새 집권 세력은 왕 재위 기간 내내 아무런 개혁적인 정책도 펴지 못했다. 심지어 즉위교서조차 반포하지 못했다. 국왕 측근 인물들은 국정 운영을 방기한 채 집권 세력 내부의 권력투쟁에만 몰두했고, 결국에는 원나라와의 관계마저 약화되게 만들었다. 설상가상으로 1350년(충정왕 2)부터 고려에는 왜구의 침략이 시작되었다. 당시 일본 규슈에서 진행되던 내전內戰의 직접적인 영향이었다. 사실, 이 시기 왜구의 침략이 원나라가 충정왕에 대한 정치적 지지를 철회하게 된 주요 원인이었던 것으로 보인다.

2. 공민왕 즉위와 지원 세력

왕기는 1349년(충정왕 원년) 10월에 위왕魏王의 딸 노국대장공주魯國大長公主(부다시리寶塔失里)와 혼인했다. 이 혼인은 이전 고려 왕들과 원나라 공주들의 결혼과는 다소 달랐다. 즉, 이전의 고려 왕들은 세자의 신분이거나 왕위에 오른 직후에 원나라 공주와 결혼했지만, 공민왕은 왕위 계승 경쟁에서 조카에게 밀린 뒤 아무것도 기약되지 않은 상태에서 혼인이 이루어졌다. 다른 왕들의 결혼은 정략적 성격이 강했던 반면, 공민왕의 경우에는 그렇지 않았던 것 같다. 몇몇 연구자들은 공민왕과 노국대장공주의 사이가 유달리 좋았던 이유를 거기서 찾기도 한다. 어쨌든 공민왕은 노국대장공주와의 혼인을 통해 원의 부마로서의 지위를 확보했다. 원나라는 충정왕 3년(1351) 10월에 충정왕의 퇴위와 왕기의 즉위를 명했다. 그에 따라 마침내 공민왕이 원나라에서 즉위했다. 숙위한 지 10년 7개월 만이고, 공민왕이 22세 되던 해였다.

원나라가 충정왕을 폐위시킨 중요한 이유 중 하나는 충정왕 추대 세력의 국정 운영 능력에 실망했기 때문이다. 당시 고려의 지배 세력으로서 무엇보다 중시된 능력은 친원 관계를 돈독히 하고 일정한 수준의 국정 운영 성과를 보이는 일이었다. 하지만 충정왕 추대 세력은 두 가지 모두에 실패했다. 특히 뒤의 사항이 문제가 되었다.

이 시기 주목할 사항 중 하나가 왜구의 침략이 시작되었다는 점이다. 그 규모는 수십 척에서 많은 경우는 200~500척에 이르는 대규모 해적 선단이었다. 왜구의 침략은 도적질 수준을 뛰어넘는, 무차별적으로 진행되는 침략 전쟁과 다름없었다. 경기도 강화의 교동喬桐과 예성강 어구 등 수도 개경의 코앞에서 노략질을 자행했고, 내륙 깊숙이 들어와 개경의 치안까지 위협했다. 왜구의 침략은 이후 공민왕, 우왕 대를 거치면서 더욱 고조되었다. 문제는 이 시기 고려가 왜구에 대한 대비 자체가 전혀 없었다는 점이다. 당시 고려에는 독립적인 해군이 없었다. 고려는 역사적으로 늘 북쪽에서 내려온 세력과 전쟁을 치렀기 때문이다. 군사적으로 대응하지 못하고 외교적인 방법을 취해보았지만, 그 또한 여의치 못했다. 일본은 내전 중이라 중앙정부도 왜구를 통제할 수 없었다.

한편, 공민왕을 추대한 세력은 크게 네 범주이다. 가장 큰 세력은 기씨 일파였다. 고려에 공민왕의 즉위를 알리고 충정왕으로부터 국새를 거둬 퇴위시킨 뒤 강화도로 내보내도록 한 원의 사신使臣 월제이부카完者不花가 기철奇轍의 조카이다. 충정왕 대에는 기철의 딸이 왕후王煦의 아들과 혼인했고, 이에 앞서서 기철의 조카가 이제현 손녀와 혼인을 했다. 기씨 일파는 고려에서 자신들의 비천했던 신분의 약점을 극복하기 위해 고려의 유수한 가문들과 통혼했다. 이 때문에 기씨 일족은 공민왕 즉위를 적극 주장한 왕후나 이제현에게 동조했던 듯하다. 기씨 일족이 왕후나 이제현 등과 가까워지려고 노력한 까닭은 고려 조정에 미치는 그들의 영향력을 무시하지 못했기 때문일 것이다. 이는 과거시험 출신의 조직화된 관료들이 고려 조정에서 점차 더 큰 정치 세력으로 성장하고 있었음을 다시 한번 보여준다. 공민왕은 대도에서 숙위하는 동안 기황후 아들인 원 황태자 아유르시리다라愛猷識理達臘(1338~1378, 북원 소종北元昭宗, 재위 1370~1378)를 가까이에서 시종했다. 이 관계는 원나라가 공민왕을 고려 국왕으로 선택한 배경이기도 하지만, 또한 기씨 일족이 정치적으로 공민왕을 지원하는 직접적인 배경이기도 했다.

공민왕을 추대한 두 번째 세력은 이제현과 왕후 등 고려 국내의 정통 관료 및 지식인 집단이다. 이들은 충목왕 대에 정치도감을 통해 정치 개혁을 추진했던 세력이다. 공민왕은 즉위 이전부터 이들과 어느 정도 친분을 맺어왔고, 즉위하게 되면 개혁할 뜻이 있음을 이들에게 내비치곤 했다. 이들이 즉위 이전의 공민왕에게 우호적인 느낌을 갖게 된 이유다. 그랬기에, 공민왕이 즉위하면 고려에 가장 필요한 정치 개혁을 자신들이 추진해 나갈 수 있을 것이라 생각했다. 공민왕 재위 초에는 이들의 기대가 실현되는 듯이 보였다. 공민왕은 원나라에서 귀국하기 전에 이제현을 섭정승攝政丞·권단정동성사權斷征東省事로 임명하여 정치적 수습을 맡겼다. 섭정승이란 국왕을 대신하여 국정을 운영하는 대신大臣을 가리킨다. 권단정동성사는 정동행성의 업무를 총괄하는 직책이다. 평시에는 고려 왕이 겸임하는 직책이다.

세 번째 세력은 공민왕이 10년 남짓 숙위하면서 함께했던 사람들이다. 공민왕이 처음 원에 들어갈 때 30여 명의 시종 신료가 함께 갔는데, 그 구성원은 고위직 관리, 하급 문신, 무인, 환관, 상인 등 다양했다. 이들은 공민왕 즉위 후 연경에서 보좌했던 공로를 인정받아 '연저수종공신燕邸隨從功臣'이라는 공신호功臣號를 받았다. 공민왕 원년(1352)에 난을 일으킨 조일신趙日新도 여기에 속한다. 이들은 공민왕에게 중요한 지지 기반이었다. 공민왕은 이들을 매우 신뢰했으며, 자신이 귀국하기 전에 먼저 이들 중 한 사람인 조일신으로 하여금 고려에 들어가 인사 명령을 발표하도록 했다.

마지막으로 공민왕의 외척 세력, 즉 모친 쪽 인물들이다. 이 범주의 인물들은 공민왕의 즉위 과정보다 오히려 재위 기간 중에 공을 세웠다. 공민왕의 모후 명덕태후明德太后 홍씨(1298~1380)는 공민왕보다 오래 살았다. 공민왕이 원나라 공주가 아닌 고려인 왕비의 소생이라는 사실은 그 자신의 국가적 정체성 측면에서나 정치적으로 활용할 수 있는 인적 자원 측면에서 큰 의미를 지닌다. 공민왕에게 큰 힘이 되어준 사람이 그와 나이 차이가 많은 외사촌 형 홍언박洪彦博(1309~1363)이다. 홍언박은 명덕태후 홍씨의 친조카로, 남양 홍씨 가문을 대표하는 인물이었다. 일찍이 과거에 합격하고 밀직제학密直提學을 역임한 후 원에 사신으로 들어와 공민왕과 잦은 만남을 가졌다. 뒷날 공민왕이 반원 정책을 단행할 때, 홍언박은 가장 두드러진 후원자가 되었다. 그 밖에 경천흥慶千興(후일 경복흥慶復興으로 개명), 김속명金續命 등도 공민왕의 외척이다. 이들은 상당한 역량과 비교적 바른 심성을 가진 인물이었고 공민왕 대에 크게 중용되었다.

3. 공민왕 원년의 개혁과 '조일신의 난'

1351년 10월 원의 수도 연경에서 고려 국왕에 책봉된 공민왕은 곧바로 두 가지 조치를 취한다. 첫째는 이제현을 수상으로 임명하여 고려 국내의 시급한 정치적 수습을 맡겼다. 둘째는 조정의 인사 개편을 단행하여 조일신으로 하여금 고려에 먼저 들어가서 발표하게 했다. 12월에 공민왕은 노국대장공주와 함께 귀국하여 개경 송악산 아래 위치한 연경궁延慶宮 강안전康安殿에서 즉위했다.

인사 개편 내용은 즉위 초 공민왕이 국정을 누구와 이끌어갈 것인지를 보여주었다. 인사 개편에 포함된 이들은 24명인데, 그중 15명이 연경에서 공민왕을 시종했던 인물이었다. 이제현 등 고려의 고위 관료들이 일부 포함되었지만, 이 인사 개편에서 중심인물은 역시 연경에서 공민왕과 함께했던 사람들이다.

공민왕은 1352년(공민왕 원년) 2월 2일에 즉위교서 25개 항을 반포했다. 곧이어 감찰대부 이연종李衍宗의 건의를 받아들여서 몽골식 변발辮髮과 호복胡服을 고려 양식으로 되돌리는 주목할 만한 조처를 취했다. 평소 이에 대한 생각이 없었다면 가능하지 않았을 조치이다. 이연종은 충선왕 때 사림원 개혁에 참여했던 인물로, 『제왕운기帝王韻紀』를 지은 이승휴李承休의 후손이다.

〈광여도廣輿圖〉 18세기 조선 영조 때 제작된 지도이다. 7책冊 채색도로 이루어져 있으며, 위 그림은 그중 경기도 개성부를 확대한 것이다. 송악산과 만월대, 연경궁이 보인다. 공민왕은 1351년 12월 연경궁에서 즉위했다. 출처_서울대학교 규장각 한국학연구원

변발과 호복 등 몽골풍 폐지보다 훨씬 중요한 조치는 정방政房을 없애고 문관과 무관에 대한 인사권을 각각 전리사典理司와 군부사軍簿司로 되돌려 놓은 것이다. 전리사는 조선시대의 이조에, 군부사는 병조에 해당한다. 또한 전민변정도감田民辨整都監을 설치하여 부당하게 자행되던 토지·노비 점탈 사례를 조사 적발하고 바로잡도록 했다. 이런 조치들의 종합적인 의미는 분명했다. 공민왕은 측근 세력을 정치적 기반으로 삼아 고려의 사회경제적 개혁을 추진하려 했던 것이다.

그러나 공민왕 원년의 첫 번째 개혁 시도는 곧바로 좌초되고 만다. 원에서 즉각 제동을 걸어왔고, 고려 안에서도 기득권을 침해받은 세력이 반발했기 때문이다. 누구보다도 공민왕의 개혁에 공공연히 불평했던 사람은

연경 시종 신료 그룹의 대표 격인 조일신이었다. 공민왕 개혁의 기반이 되어야 할 그가 오히려 개혁에 대해 불평하고 저항했다. 이런 상황 전개는 공민왕이 개혁을 너무 쉽게 생각했었음을 보여준다.

조일신은 조인규趙仁規(1237~1308)의 손자이고 충숙왕 때 고위 관직을 지낸 조위趙瑋의 아들이다. 조인규는 본래 미미한 집안 출신이었으나 자신의 당대에 가문을 권문세가 반열에 올려놓은 인물이다. 충렬왕이 세자로 원에 갈 때 몽골어 통역관으로 수행하고 후에 크게 출세하여 충선왕의 장인이 되었다. 조일신은 공민왕의 연경 수종 신하들 중 한 사람이며 10년간 원나라에서 공민왕의 시중을 들었다. 조일신의 출생 연도는 알 수 없지만 공민왕이 12세에 숙위를 시작할 때부터 함께했다는 점으로 미루어 공민왕보다 적어도 열 살 이상 많았을 것으로 짐작된다. 공민왕이 즉위하자 그도 귀국하여 연저수종공신 1등상공신에 책봉되었다.

조일신은 자신이 공민왕의 전위 세력임을 빙자하여 국정을 전횡했다. 그 결과 조정의 많은 고위 관료들과 갈등을 빚었다. 공민왕 원년(1352) 3월경에는 이미 다수의 고위 관료들이 조일신에 대한 반발로 사직하거나 그에게 파면당했다. 이제현도 조일신과의 갈등으로 세 번이나 사직상소를 올렸다. 그런데 이런 양상, 즉 새로 즉위한 국왕의 수종 측근들과 고려 국내 고위 관료 집단 간의 갈등은 전혀 새로운 일이 아니었다. 원간섭기 이후, 세자로 원나라에 오래 숙위했다가 돌아와서 즉위한 이전 왕들 모두의 재위 기간에 나타났던 일이다. 말하자면 그것은 원간섭기 고려 정치의 지형이 빚어낸 현상이었다.

이와 관련해 공민왕 원년 6월에 발표된 연저수종공신 37명을 살펴볼 필요가 있다. 이들 대부분은 정부의 공적인 일을 담당하기에는 본래부터 적합하지 않았다. 이들 가운데 문과 합격자는 유숙柳淑을 포함해 2명뿐이고,

음서 진출자도 조일신을 포함해 2명뿐이었다. 물론 문과 급제나 관직 경력 여부가 공적인 일을 담당할 능력에 대한 최종적 판단 근거는 되지 못한다. 이들의 결함은 좀 더 근본적인 데 있었다. 이들이 미래를 기약할 수 없는 숙위 왕자를 대도에서 시종하며 버티었던 근본 이유는 공적인 명분과는 거리가 멀었다. 이들은 혹시라도 행운이 따라서 자신들이 시종하던 왕자가 즉위하게 된다면 곧 정치를 사유화할 수 있고 불법적인 축재도 가능하다고 여겼다. 바로 이런 희망을 기대하고 시종 생활을 견뎌왔던 것이다. 공적인 마음이 전혀 없는 이들 시종 신료는 국왕 비서실에 해당하는 밀직사와 군대 무관직, 재정 담당 기관에 배치되었다. 모두 사적 이익을 추구하기에 유리한 자리다. 아마도 이들이 그런 자리에 배치될 수 있었던 데는 본인의 강력한 요구가 작용했을 것이다. 이들은 공적 임무 수행을 위한 능력이나 자세보다는 공민왕에 대한 사적 충성심이 앞선 인물들이었다. 그리고 그 충성심의 궁극적 목적은 공민왕이 아닌 자신들의 사적 이익이었다.

조일신이 가장 크게 반발한 개혁 내용은 정방을 폐지한 일이었다. 정방이 폐지된 후 인사권은 각각 전리사와 군부사에 되돌려졌다. 그러자 그는 "원에서 권세와 총애를 받고 있는 신하 중 그 일족一族에게 관직을 주고 싶어 하는 자가 이미 전하께 요청을 했고, 또 신에게도 부탁했습니다. 이제 전리사와 군부사가 전선銓選(인사행정)을 관장하고 있는데, 유사有司(담당자)에서 법조문에 구애되어 지체됨이 많을까 두렵나이다. 청컨대 정방을 복구하여 임금께서 제수하십시오."라고 불만을 터뜨리며 스스로 사직할 정도였다. 조일신의 이 말이야말로 정방의 폐지가 오랜 세월 왜 그렇게 어려웠고, 그 폐지가 얼마나 큰 폭의 개혁이었는지를 역설적으로 보여준다.

조일신은 이제현 같은 고려의 정통 고위 관료 세력하고만 갈등하지 않왔다. 오히려 더 거칠게 직접적으로 갈등했던 상대는 부원 세력 기씨 일파 였다. 사실 조일신이나 기씨 일파는 똑같이 부원 세력이었다. 개인적 성향 으로 보아도 크게 다를 바 없는 사람들이었다. 두 세력 사이의 갈등이 폭 발한 사건이 공민왕 원년(1352) 9월에 일어난 '조일신의 난'이다. 공민왕이 귀국하여 개경에서 즉위한 지 1년도 안 되었을 때였다.

조일신은 1352년(공민왕 1) 9월 29일 밤, 몇몇 인물들과 모의해 기씨 일 파 암살을 시도했다. 부원배 집단의 중심인물인 기철 등 기황후의 5형제 와 고용보高龍普 등이 대상이었다. 하지만 정작 계획했던 기철이나 고용보 등은 처단하지 못하고 기철의 동생 기원奇轅만 죽이는 데 그치고 말았다. 고용보는 고려 출신의 원나라 환관이었다. 그는 공녀로 원나라에 끌려온 기씨를 황후로 성장할 수 있게 해준 인물이다. 황제에게 차를 올리며 시중 드는 궁녀로 기씨를 들여보냈던 것이다. 그 덕에 기씨가 황제의 총애를 받 아 제2황후로 승진한 후 고용보는 그녀의 사람이 되어 큰 권력을 행사했 다. 하지만 공민왕 입장에서는 언젠가는 제거해야 할 인물이었다. 그는 공 민왕의 친형 충혜왕을 유배 보내 죽게 한 인물이었다.

기원을 죽인 뒤 이어서 조일신은 공민왕이 거처하던 성입동星入洞의 이 궁離宮(정궁 이외에 임금이 머무르던 또 다른 궁궐)을 포위하고, 직숙直宿 중 이던 관료들을 살해한 뒤 왕을 강제하여 스스로 우정승이 되었다. 또, 함 께 모의했던 정천기鄭天起를 좌정승에 임명하고 나머지 무리에게도 골고 루 요직을 주었다. 그러나 기철 등이 도망친 데다 그 자신의 지나친 행동 이 지탄을 받을까 두려워한 나머지 자신의 무리에게 반란의 책임을 돌리 고 죄를 씌웠다. 공모자 최화상崔和尙을 죽인 다음, 왕으로 하여금 장승량 張升亮 등 8~9명을 목 베어 저자에 내걸게 하고 정천기를 하옥시켰다. 그 로부터 사흘 후인 10월 4일에 공민왕은 정동행성에 가서 조일신을 잡아들여 참수한 후, 그와 함께했던 사람 28명을 옥에 가두었다. 이로써 '조일신의 난'은 평정되었다. 맥락이 조금 다른 이야기지만 공민왕이 정동행성에 간 이유는 정동행성의 힘을 빌려 조일신을 제압하기 위해서였을 것이다. 이 무렵 정동행성의 힘을 엿볼 수 있다.

'조일신의 난'의 진짜 내용이 무엇인지에 대해서는 오늘날 연구자들 사이에서 의견이 나뉜다. 위 서술대로 조일신과 기씨 세력 간의 갈등으로 보는 시각도 있지만, 또 다른 유력한 시각이 있다. 즉, 공민왕이 기획하고 조일신이 수행한 사건이라는 견해이다. 공민왕이 자신의 국정 장악에 걸림돌이 되는 기씨 일족을 정계에서 축출하고자 일으킨 사건인데 정변이 성공하지 못할 듯하자 조일신을 희생시켰다는 것이다. 공민왕은 이후 재위기간에도 자신의 정치적 목적을 위해 여러 차례 수하를 희생시켰다. '조일신의 난'은 그 첫 번째 사례로 볼 수 있다.

사건의 진실이 무엇이든, 결과적으로 '조일신의 난'은 즉위 초기 공민왕에게 커다란 정치적 타격을 주었다. 조일신을 제거한 후 공민왕은 이제현을 다시 수상에 등용하여 사태를 수습하고, 원에 사신을 보내서 사건의 경과를 보고했다. 공민왕은 자기 측근을 이용해 부원 세력을 제거하고 개혁을 추진하려 했지만 도리어 부원 세력이 강화되고 말았다. '조일신의 난'이 진압된 후 기씨 일파의 정치적 위상은 사건 이전에 비해 오히려 더욱 높아졌다. 공민왕이 즉위 후 두 번째 맞이하는 새해 첫 궁궐 밖 거동을 기황후 모친인 영안왕대부인榮安王大夫人 이씨李氏 집으로 정할 정도였다. 이는 공민왕의 첫 번째 정치적 기획이 실패했음을 뜻하며, 국왕 권력을 위축시키는 결과를 가져왔다. 이후 수년간 공민왕은 개혁 정책의 추진에서 멀어졌다. 원나라의 의심을 해소하기 위해서 더 많은 노력을 기울여야 했기 때문이다.

4. 공민왕 2년(1353) 이제현의 책문

고려의 국정 개혁을 공민왕만 추구했던 것은 아니다. 오히려 고려의 전통적 관료 그룹이 오랫동안 개혁을 주장해왔다. 이제현이 이 그룹을 대표했다. 개혁이라는 목표를 놓고 공민왕과 이제현 그룹은 이따금 일시적으로 함께하기도 했지만 많은 경우에 서로 엇갈렸다. 그럴 만한 이유가 있었다. 공민왕에게는 국정 개혁보다 앞서는 목표가 바로 국왕 권력 강화였다. 공민왕이 이제현 그룹의 개혁에 대한 진정성을 못 미더워하지는 않았을 것이다. 하지만 그 개혁은 관료 중심이 아니라 국왕인 자신을 중심으로 이루어져야 한다고 생각했다. 공민왕과 이제현 그룹이 개혁을 공동 목표로 삼았음에도 서로 엇갈렸던 근본적인 이유다. 이 시기 고려의 개혁 과제는 이제현 그룹 측에서 바라볼 때 좀 더 선명하게 드러난다.

이제현은 공민왕 2년(1353)에 지공거로서 과거시험을 주관한다. 그는 두 개의 책문策問을 냈다. 앞에서 말했듯이 책문이란 과거시험의 한 과목으로 국가 정책 현안을 묻는 문제이다. 응시자들은 이 문제에 대해 대책對策을 제출한다. 답안지는 자신들의 학식과 현실 문제에 대한 생각을 담은 일종의 에세이다. 대개 책문은 당대의 정치적 사회적 현안이 그대로 제시되었다. 아래는 첫 번째 책문이다.

> ① 근래에 와서 공신녹권功臣祿券의 사패전賜牌田, 불사佛寺에 관정判定
>   으로 시주해서 바치는 토지, 행성이문소行省理問所의 순군巡軍·홀적
>   忽赤·내승內乘·응방鷹坊에 하사한 토지, 권호權豪들이 겸병한 토지,
>   교활한 무리가 빼돌린 토지 등이 백성들에게 해독을 입히고 나라를
>   좀먹어 그 폐단이 분분히 일어난다. 그리하여 국고에 들어오는 조

세가 강화도에서 난을 겪을 때와 비교해도 10분의 2~3도 되지 못한다. 만약 3년이나 5년의 수재와 한재가 발생하면 어떻게 그 위급함을 구제할 수 있으며, 천백 명의 군량軍糧을 어떻게 충당할 것인가?

② 수년 전 전 정승 왕토곤王脫歡(왕후)과 좌정승 김나가이金那海(김영돈)가 상국上國에 들어갔을 때, (고려에) 돌아가서 토지를 정리하게 하라는 천자의 명이 있었다. 두 정승이 돌아와 정리도감整理都監을 설치했는데, (토지 정리와 관련하여) 사송詞訟과 분쟁이 수없이 일어나고 체포와 심문이 끝없이 잇달았다. 그에 따라 교활한 무리들이 자못 두려워할 줄은 알게 되었으나, (그들이 개혁에 대해 쏟아내는) 비방과 원망을 막을 수 없었다. 한갓 기삼만奇三萬이라는 자의 죽음으로 이미 (원나라) 조정의 힐책을 받아 그(정리도감) 형세가 다시 떨치지 못할 것 같으니, 앞에서 이른바 백성에게 피해를 입히고 나라를 좀먹게 하던 자들이 어찌 거리낌 없이 마음대로 하지 않았겠는가? 대개 천자의 명을 받들어 나라를 다스릴 때 세상의 드문 혜택을 아랫사람에게 미치지 못하면 조정의 의논이나 천하의 공론에 어떠하겠는가?

③ 남북南北의 일(입성 책동)을 좋아하는 사람들이 도당都堂에 글을 올려, 동방東方(고려)에다 하나의 성省을 세워서 그 고장의 풍속을 변화시키자고 청하였다. 다행하게도 조정에서 '우리는 의리를 생각하여 근왕勤王한 공이 있고, 세조 황제로부터 우휼優恤하라는 조서가 있었다' 하는 글을 올려, 이에 힘입어서 (원 조정이) 여러 번 물리쳐 시행이 되지 못하였다. 이제 혹시라도 기회를 틈타 성省을 세우자는 말을 하지 않을까? … 제생諸生(시험 보는 여러분)은 모두 국가의 일에 마음이 있을 터이니, 그 할 수 있는 것으로 말해주기를 바란다.

①은 사패전과 겸병이 만연하여 국가 재정이 크게 줄어든 상황을 말하면서 그에 대한 대책을 묻고 있다. ②는 충목왕 때의 정치도감 실패를 말하면서 어떻게 다시 개혁을 성공시킬 수 있는지에 대한 질문이다. ③은 여러 차례 제기되었던 '입성立省 책동'을 말하면서 다시 이런 일이 벌어지면 어떻게 해야 할지를 물었다.

두 번째 책문은 다음과 같다.

㉮ 국가(고려)에서 원나라를 섬긴 이래, 중외中外에 걱정이 없고 여염(백성의 살림집이 많이 모여 있는 곳)이 즐비하며 행인의 왕래가 끊이지 않았다. 백성은 날로 풍성하고 넉넉해졌으며(殷富), 들판은 날로 개간되어 염분이 많은 땅은 논으로 만들고 황무지는 화전으로 경작하니, 이 어찌 백성이 늘어나지 않을 수 있으랴. 그러나 명전名田(국가에서 파악한 전시과에 올라 있는 경작지)에서 부역을 바치는 자가 100분의 2~3이 되지 않음에도 불구하고, 권세 있고 부유한 집은 금과 옥으로 그릇을 만들고 장사치의 아내들도 비단옷을 입고 다니니 어찌 부유하다 하지 않으랴. 그러나 의식衣食이 떨어지고 이식利息(채무)을 갚느라 헐벗고 굶주린 자가 10에 8~9는 되었다. …

㉯ (도당의) 합좌合坐가 있어 큰일을 계획하고 정방이 있어 출척黜陟(인사상 상벌)을 단행하며, 감찰을 맡은 관리는 죄를 다스리고 잘못을 바로잡으며, 법을 맡은 관리들은 의문을 밝히고 옥사를 판정하는가 하면, 우리 주상 전하께서는 어질고 검소하여 풍류나 사냥을 좋아하지 아니하며, 성색聲色(연회와 여색)을 멀리하고 기로耆老(국가 원로)들을 방문하며, 대신들을 예우하여 전에 없던 예문禮文을 닦고 종묘에 친히 제사를 올리니, 그 덕의와 예절로써 인도하며 다스렸다고 이를

만하다. 그러나 조정에는 덕으로 양보하는 풍속이 없고 민간에는 태
평한 기상이 없으며 시비가 분분하고 도둑이 일어나고 있으니, 이런
것들도 오히려 면하기 어려운데 하물며 그 부끄러움을 알고 감화되
기를 바라겠는가? 무릇 이렇게 되는 것은 무엇 때문인가? 제생은 …
이와 같은 폐단이 생기게 된 이유를 깊이 생각하여 밝히고, 이 백성
을 새롭게 할 방도를 진술하라.

　위에서 ㉮와 ㉯는 다른 내용이지만 결국 같은 문제이다. ㉮는 한편으로
는 경제적으로 소수의 부유해진 사람들이 생겨나면서도 동시에 다른 한편
에서는 다수의 헐벗고 굶주린 자들이 생겨나는 현상, 즉 경제적 양극화를
말하고 있다. ㉯는 조정과 임금이 맡은 바 직무에 힘쓰는데도 민간에서
그 효과가 드러나지 않을 뿐 아니라 오히려 여론이 안정되지 않고 도둑들
이 일어나는 이유를 묻고 있다. 즉, 경제와 정치에서 모두 상반되고 대립
된 현상이 동시에 나타나는 이유에 대한 질문이다.
　위 두 개의 책문은 이제현 혹은 그를 대표로 하는 고려 말 관료·지식인
들이 인식하는 나라의 현실과 지향하는 미래를 보여준다. 이들의 현실 인
식과 미래상은 공민왕의 그것과는 상당히 달랐다. 엇갈리는 지점은 바로
원나라에 대한 태도이다. 이제현의 책문에서 원나라는 고려가 극복하고
물리쳐야 할 존재로 표현되지 않는다. 오히려 원나라 황제는 고려의 개혁
기구인 정치도감을 지원했던 주체이다. 또 고려는 원나라를 섬긴 뒤 나라
안팎으로 걱정이 사라지고 경제적으로 부유해졌다. 요컨대 이제현에게 원
나라는 극복해야 할 대상이 전혀 아니었다. 이제현만 그렇게 생각했던 것
은 아니다. 고려 지식인들에게 원나라는 따라 배워야 할 선진 문명이었다.
'팍스 몽골리카'는 그들에게 당연하고 정상적인 현실이었다. 고려 말 영향

력 있는 관료이자 지식인으로 이제현, 이인복李仁復(1308~1374), 이곡, 이색 등을 들 수 있는데, 이들의 공통점은 모두 원나라에서 문명을 떨쳤거나 과거에 합격했다는 점이다. 원나라 유학留學은 고려에서 인정하는 지적인 권위의 기준이었다. 고려의 지식인과 관리들에게 원나라와 그 학문인 성리학은 보편 질서이자 이념이었다. 물론 객관적으로 말하면 그것은 원나라의 질서이고 원나라 중심의 사고였다.

이제현으로 대표되는 고려의 관료와 지식인들이 원에 대해 갖는 인식은 두 가지 요인에 의해 굳건히 뒷받침되었다. 하나는 대몽 항전에 대한 어떠한 경험도 없다는 점이다. 이들은, 고려가 1259년 몽골에 귀부하고 원 제국이 성립한 이후에 태어났다. 대표적으로 이제현은 1287년(충렬왕 13)에 출생했다. 또 하나는 고려가 몽골에 귀부하기 이전 무신집권기 문신들의 상황을 이들이 알고 있었다는 점이다. 이제현의 무리는 고려가 어쨌든 문신 중심의 왕조 체제를 유지할 수 있게 된 배경이 원나라 지배 속에 있기 때문이라고 생각했을 것이다.

고려 말 이제현과 그 제자들이 가졌던 '보편주의'와 '세계주의'의 진실은 공민왕 입장에서 볼 때 오히려 그 실체가 드러난다. 공민왕에게 원나라는 결코 이제현 무리가 생각하는 그런 존재가 아니다. 원나라는 고려 국왕에 대해 독립적이고 배타적으로 임명과 파면의 권한을 행사하는 존재였다. 공민왕은 자신의 왕위를 지켜내기 위해서라도 원나라 영향력에서 벗어나야 했다. 원나라를 바라보는 공민왕과 관료·지식인 그룹의 태도는 매우 달랐다. 후자에게는 고려의 내부 개혁이 제1의 목표이지만, 공민왕에게는 왕위 유지가 제1의 목표였다. 원나라에 대한 태도 차이야말로 공민왕과 고려 말 유교 지식인들이 단단히 결합되기 어려웠던 이유다. 그 결과 공민왕 재위 내내 이제현을 대표로 하는 관료 지식인 그룹은 정치적으로

겉돌았고, 공민왕의 개혁 역시 실질적으로 진전되지 못했다. 개혁은 아무리 국왕일지라도 혼자서 할 수 있는 일이 아니기 때문이다.

5. 장사성 반란과 원나라의 정세 변화

공민왕은 재위 원년(1352)에 이어 재위 5년째인 1356년에 두 번째 반원 개혁을 전격적으로 단행했다. 이를 통해 1259년 고려와 원나라가 맺었던 관계를 근본적으로 바꿔놓는 데 성공한다. 즉, 이때의 개혁으로 고려는 원나라의 정치·군사적 예속 상태에서 벗어난 것이다. 1356년의 반원 개혁은 과단성 있게 정략을 구사했던 공민왕의 면모를 선명히 보여준다. 이 시기 공민왕은 원나라 내부의 정세 변화를 면밀히 지켜보며 개혁을 결행해 나갔다.

당시 누구도 명확히 판단하기는 어려웠겠지만, 원나라는 천천히 붕괴하고 있었다. 한족漢族의 반란이 여기저기에서 대규모로 발생하는 가운데 원·명 교체(1368)의 기운이 조성되었다. 원 조정에서는 황제가 바뀔 때마다 황제 자리를 둘러싼 황족들 사이의 분란이 이어졌다. 정치적 불안이 고조되었고, 민생은 도탄에 빠졌다. 이런 현실이 원나라에서 민란이 일어난 직접적 원인이다. 공민왕도 대도에 있을 때 어렴풋이 원의 쇠퇴를 감지했을 것이다. 공민왕 3년(1354) 6월에 원이 한족의 반란을 진압한다는 명분으로 고려에 지원군을 요청해왔다. 전해(1353)에 장사성張士誠(1321~1367)이 고우성高郵城(현 장쑤성江蘇省 양저우揚州 가오유시高郵市)에서 난을 일으켰는데, 원나라가 바로 진압하지 못했던 까닭에 이듬해 고려에 병력을 요청한 것이다. 전성기 원나라였다면 있을 수 없는 일이다.

장사성이라는 인물은 태주泰州(현 장쑤성江蘇省 타이저우시泰州市)의 염전인 백구장白駒場에 적을 둔 소금 중개인이었다. 1353년 염장鹽場의 관리들과 거기서 일하는 염정鹽丁(소금 노동자)들 사이에 분쟁이 일어났다. 장사성은 이를 계기로 염정들을 모아 난을 일으키고 얼마 뒤 태주와 고우를 점령했다. 그곳을 근거지로 1354년에 장사성은 스스로 '성왕誠王'이라 칭하고 국호를 '대주大周'로 정했다.

고려는 본래 원나라에 대해서 '조군助軍', 즉 군사 요청에 응할 의무가 있었다. 하지만 원에서 실제로 군사를 요청한 것은 충렬왕 15년(1289) 이후 65년 만의 일이었다. 더구나 그때는 원나라의 북방 정벌을 돕기 위해서였다. 이번처럼 내란을 진압하기 위한 수세적 상황의 조군은 처음이었다. 고려는 원이 지명해온 유탁柳濯·권겸權謙·인당印璫·염제신廉悌臣·안우安祐·이방실李芳實·김용金鏞·정세운鄭世雲·최영崔瑩 등을 비롯한 40여 명 장상將相과 2,000명 사졸士卒을 파견했다. 이때 원나라에 파견된 장수들은 고려의 최정예 장령將領이었다. 그들 이름은 이 시기 이후 고려의 국정 전개에서 계속 등장한다.

정벌에 참여했던 장수들은 나중에 귀국하여 원나라 국내 사정을 소상하게 보고했다. 이 보고를 통해 공민왕은 원의 쇠퇴를 확실히 읽어냈던 것 같다. 칭기즈 칸 이래 100년 넘게 강력하게 유지되던 세계제국이 쇠퇴하고 있음을 종합적으로 판단해내는 일은 분명 말처럼 쉽지 않았을 것이다. 오늘날같이 많은 정보를 쉽게 얻을 수 있는 시대에도 이는 대단히 어려운 일이다. 어쨌든 공민왕은 이런 판단하에 원나라가 대규모 군대를 동원해서 고려 내정에 간섭할 수 있는 능력이 더 이상 없을지도 모른다는 생각을 하게 되었던 듯싶다.

원나라 사정이 이런데도 고려 내부의 정치적 사정은 딴판으로 흘러가고 있었다. 기철 일파를 비롯한 부원 세력은 이전 어느 때보다 기세등등했다. 이들은 공민왕을 자신들의 임금이 아니라 원 제국 안에서 자신들과 대등한 존재로 보았다. 이들의 생각이 절대로 잘못되었다고 말하기도 어렵다. 확실히 그런 측면이 없지 않았다. 이들이 존재하는 한 공민왕이 추구하는 국왕권 강화와 사회경제적 개혁은 요원했다. 고려 국왕에 대한 일방적 책봉 권한도 여전히 원나라가 가지고 있었다. 마침내 공민왕에게 원과 갈라설 것을 각오하는 정치적 결단의 시간이 다가오고 있었다.

공민왕 3년(1354) 12월에 오랫동안 원나라 최고 실권자였던 태사太師 톡토脫脫가 실각했다. 1340년 이후 오래도록 유지해오던 최고 권력을 잃은 것이다. 톡토가 실각한 직후 공민왕은 인사 개편을 단행했다. 수상인 우정승 채하중蔡河中을 물러나게 하고 그 자리에 이제현을, 좌정승에 홍언박을 기용했다. 원나라 정세를 반영한 인사 조치였다. 공민왕은 정치적 결단을 준비했다.

6. 공민왕 속에 있는 '원간섭기'의 흔적

공민왕은 고려 왕실에서 충숙왕 이래 실로 오랫만에 등장한 정상적인 국왕이다. 사실 충숙왕도 복위한(1332) 이후로는 거의 국정 운영을 방기했다. 그러는 사이에 거의 20년 가까운 세월이 흘렀다. 충혜왕은 비정상적으로 국정을 운영했으며, 이어 즉위한 충목왕과 충정왕은 국정을 운영하기에는 너무 어린 나이였다. 고려의 국정은 정상 궤도에서 아주 멀리 벗어나 있었다. 그 때문에 공민왕 즉위는 정상적 국정 운영을 바랐던 고려의 관리와 지식인들에게 매우 소망스러운 일이었다.

기대대로, 공민왕은 이전 왕들에 비해 여러 가지 면에서 정상적이었다. 성인이 되어 즉위했고, 고려 국내의 전민 개혁이 매우 절실한 문제임을 이해하고 있었다. 하지만 그 역시 12세에 원나라에 가서 10년 남짓 머물렀다. 원간섭기가 만들어놓은 파행적인 고려 정치 구조는 그에게도 내재화되어 있었다. 공민왕도 즉위 후 연경 수종 측근들을 자신의 정치 기반으로 삼아 국정을 운영했다. 그럼에도 그는 원간섭기의 어떤 고려 국왕보다 개혁에 대한 국내 정치 세력의 여망을 이해했고, 선왕들보다는 상대적으로 그들과 더 가까운 관계를 유지했다. 공민왕은 정치적 위기를 겪을 때마다 국내 정치 세력의 대표자 격인 이제현을 불러들여 위기 상황에서 벗어나곤 했다. 그러면서도 결코 국내 정치 세력에게 정국 운영의 주도권을 나눠 주지는 않았다. 공민왕 즉위 후 일어난 일들은 그의 이런 이중적 측면을 반영한다.

V. 개혁에서 건국으로

V부는 1356년(공민왕 5)부터 조선이 건국된 1392년까지 살펴본다. 36년간이다. 이 기간에 4인의 왕이 재위했다. 공민왕이 1374년까지 22년 남짓 재위했고, 뒤이어 우왕이 1388년까지 13년 8개월가량 재위했다. 창왕과 공양왕은 둘의 재위 기간을 합하면 4년여인데, 이 시기는 앞쪽에서 바라보면 개혁의 시기였지만 뒤쪽에서 돌아보면 건국으로의 과정이었다.

원간섭기부터 조선 건국까지는 약 130년의 기간이다. 개혁의 관점에서 이 시기를 조망하면, 개혁은 크게 3단계를 거치며 전개되었다. 1단계는 충선왕부터(1298) 충정왕 때까지(1351) 개혁으로, 앞에서 살펴본 바와 같다. 이 시기의 개혁은 원나라가 허락한, 심지어 원나라가 요구한 개혁이다. 2단계는 원나라의 정치적 지배에서 벗어나 진행되었는데 공민왕 5년(1356)부터 위화도회군(1388) 전까지의 개혁이다. 마지막 3단계는 위화도회군 이후 고려 왕조를 벗어나기 시작한 개혁이다.

공민왕은 100년 가까이 이어진 원간섭기를 전격적으로 종식시켰다. 이후 공민왕과 고려의 개혁 과제는 마땅히 전민田民 개혁을 핵심으로 하는 국내의 민생, 즉 사회경제적 개혁이어야 했다. 하지만 이에 대한 개혁의 성과는 크게 미흡했다. 14세기에 고려가 해결해야 할 두 가지 국가적 과제는 원나라의 정치적 지배에서 벗어나는 것과 전민 개혁을 통해 민생을 개선하는 것이었다. 공민왕이 첫 번째 과제를 사실상 완수함으로써 이제 가장 큰 개혁은 전민 개혁이 된 셈이었다.

전민 개혁은 고려왕조의 존망과 가장 밀접하게 관련된 문제였다. 고려 말 국정 핵심 담당자들도 그 문제가 중요한 개혁 과제임을 모르지 않았다. 하지만 국가의 존망에까지 관련되었다고는 생각했던 것 같지 않다. 시대를 막론하고 자기 시대에 해결해야 할 문제들의 크기를 역사적 수준에서 파악하는 일이란 몹시 어렵다. 앞 세대로부터 물려받은 오래된 문제는 이미 자신들의 일부가 되어 있기에 그 문제의 크기와 질감을 객관적으로 파악하기 어려운 것이다. 전민 문제는 지배층 내부의 권력투쟁 수준을 넘어 모든 사람의 일상적 삶과 관련된 문제였다.

이 시기 민民의 삶을 가장 직접적으로 위협한 것은 홍건적 및 왜구의 빈번한 침탈과 전민 문제 두 가지였다. 보통 사람들의 간절한 바람은 전쟁이 없는 상태에서 굶지 않고 먹고사는 일이었다. 이성계는 홍건적과 왜구의 침략을 물리침으로써 전국적 명성을 얻었다. 그가 역대 고려 국왕들이 성공하지 못했던 전민 개혁까지 이루어내고 마침내 새 왕조를 건립한 것은 그리 어색해 보이지 않는다. 당대 사람들이 가장 원한 일이었기 때문이다.

20
개혁의 현실,
공민왕 5년에서 13년까지의 개혁과 좌절

1. 1356년(공민왕 5) 5월 18일

장사성 반란을 진압하기 위해 공민왕 3년(1354)에 파견되었던 장수들이 귀국하였다. 공민왕은 그들로부터 원나라 상황을 자세히 들었을 것이다. 이 정보를 통해 공민왕은 원나라가 더 이상 대규모 군대를 움직일 수 있는 상황이 아니라는 판단을 하게 된 듯하다. 한편, 쇠약해가는 원나라 사정과 상관없이 고려 국내에서는 기씨 일파를 비롯한 부원 세력의 정치적 위세가 더욱 높아져 있었다. 공민왕은 사태를 면밀하게 지켜보았다. 세심한 기획 속에 드디어 공민왕 5년(1356) 5월 18일에 세 가지 조치가 전격적으로 취해졌다. 실로 대담한 기획과 실행이었다.

이날 기철奇轍 등 다수의 최고위급 부원 세력 인사들이 살해되었다. 공민왕은 궁중에서 열리는 잔치인 곡연曲宴을 베푼다며 재추급 고위 인사들을 궁에 초대했다. 기철, 노책盧頙, 권겸權謙 등 부원 세력 3대 우두머리에게는 특별히 그들 집에 직접 고관을 보내서 초대했다. 요직에 있는 그들

자제들도 함께 참석하도록 했다. 기철은 기황후의 친오빠이고, 노책은 수상인 우정승을 역임했으며, 권겸 역시 딸을 원나라 황태자에게 바치고 고위 관직을 지낸 인물이다. 그는 왕후王煦의 친동생이기도 하다. 기철과 권겸이 먼저 궁에 도착했는데, 이들은 미리 매복해 있는 장사들에게 쇠망치를 얻어맞았다. 왕의 인척이자 측근인 밀직密直* 경천흥慶千興(경복흥慶復興)의 지시를 받은 자들이 한 일이었다. 왕의 또 다른 측근인 밀직 강중경姜仲卿은 직접 군대를 이끌고 노책의 집으로 가서 그를 죽였다. 개경 전체에 즉각 계엄이 내려졌고, 도망친 기철 자제들을 수색하는 한편 그들의 당여黨與를 죽이거나 투옥했다. 당여란 같은 정치집단이나 세력에 속한 인물들을 뜻하는 말이다. 공민왕은 이런 조치와 동시에 자신의 외사촌 형 홍언박을 수상으로 임명하는 인사이동을 단행했다. 홍언박은 이후 수년간 공민왕이 가장 믿고 의지하는 인물이다. 그는 공민왕의 측근 세력을 대표했다.

두 번째 조치로 정동행성 이문소를 철폐했다. 정동행성 이문소는 원나라의 고려 지배를 상징하는 기관이자 부원배에 대한 최대의 지원 기구였다. 앞에서 보았듯이 전민변정을 핵심으로 한 고려의 개혁들은 이 기관에 의해 번번이 저지되었다.

정동행성 이문소 철폐보다 더 분명한 반원反元의 세 번째 조치는 고려가 원나라에 빼앗겼던 옛 영토를 무력으로 되찾은 일이다. 5월 18일 고려는 동북면(현 함경도 지역)과 서북면(현 평안도 지역) 양계兩界를 각각 급습했다. 서북면병마사 인당印璫이 신순申珣·유홍兪洪·최영崔瑩 등 장수들을 이끌고 의주에서 압록강을 건넜다. 그들은 원으로 가는 통로의 요충지인 파사부

---

* 밀직사密直司의 우두머리. 밀직사는 국왕 비서실에 해당하는 관청으로, 왕명의 출납, 궁중의 경비, 군사기밀 등을 관장했다.

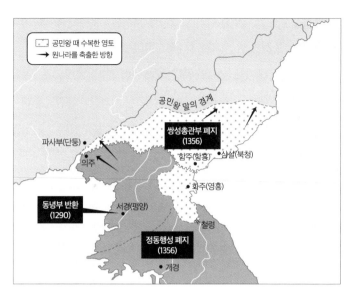

공민왕 때 되찾은 영토

婆娑府(현 중국 단둥丹東)를 비롯한 요동반도의 8참站*을 공격하여 3참을 점
령했다. 계속해서 압록강 중류 남안의 임토林土(현 평안북도 벽동)·이성泥城
(현 평안북도 창성군) 등, 여진족이 고려인과 섞여 살고 있는 지역까지 점령
하여 고려 영토에 귀속시켰다.

동북면병마사 유인우柳仁雨는 공천보貢天甫·김원봉金元鳳 등을 이끌고
철령鐵嶺(함경도와 강원도를 구분하는 고개)을 넘어 쌍성총관부를 공격하여
80일 만에 점령했다. 이로써 98년간 원 나라에 빼앗겼던 화주和州(현 함경
남도 영흥) 일대와 정주定州(현 함경남도 정평) 지역 그리고 등주登州(현 강원

* 동팔참이라고도 한다. 참이란 역로驛路에 설치하는데, 공용 여행자에게 교통 편의를 제공하
던 시설이다. 두관頭館·첨수甛水·연산連山·용봉龍鳳·사열斜列·개주開州·탕참湯站·역창驛昌에
두었던 8개의 참이다. 변경의 군사정보는 참을 통해 중앙에 신속히 전달되었다.

도 안변군 안변)·고주高州(현 함경남도 고원군)·문주文州(지금의 강원도 문천시)·의주宜州(현 강원도 문천시 덕원)·선덕진宣德鎭(현 함경남도 정평군 선덕면) 등, 몽골 침입 이전의 고려 변경 지대였던 군사 거점들을 탈환했다. 이후에도 계속 북상하여 함주咸州(현 함경남도 함주군)·삼살三撒(현 함경남도 북청) 점령함으로써 이들 지역을 고려의 판도에 포함했다.

쌍성총관부를 되찾는 전투에 이자춘李子春과 그의 22세 된 아들 이성계李成桂가 참여하여 큰 공을 세웠다. 이자춘은 동북면을 둘러싼 상황이 예민하게 바뀌자 전해인 1355년 12월 개성에 와서 공민왕을 만나 귀부 의사를 밝혔다. 범상치 않은 그의 상황 파악 능력을 보여준다. 공민왕이 반원 개혁을 단행하기 두 달 전인 3월에 이자춘은 공민왕을 다시 찾았다. 이때 공민왕은 "만약 변란이 있거든 마땅히 나의 명령대로 하라"는 말을 했다.

2. 5월 18일 이후 후속 조치와 원나라의 대응

5월 18일 조치에 이어서 약 3개월에 걸쳐 추가 조치들이 단행되었다. 6월 26일에는 교서를 내려 내정 개혁안을 발표했다. 총 24개 항목의 개혁안 내용은 공민왕 원년(1352)의 개혁과 맥락을 같이한다. 오랫동안 중요한 개혁 과제였던 정방 혁파도 단행되었다. 7월 9일에는 원나라 순제의 '지정至正' 연호를 사용 금지했다. 이는 고려가 원나라 부마국 지위를 부정하는 조치였다. 동시에 원간섭기 이전 고려의 관제官制를 복구하여 자주성을 회복하는 조치를 취했다. 8월에는 부원 세력의 거목으로 고려 국정을 주도하던 전 정승 채하중을 반역 혐의로 전라도 순천에 유배 보냈다. 그는 부패한 부원배의 상징과 같았던 인물이다. 이듬해에 그는 또 다른 반역 사건에 연루되어 투옥되었고, 1358년(공민왕 7) 결국 옥중에서 목을 매 자살했다. 과거에 그는 심왕 왕고王暠를 고려 왕으로 옹립하려고 오랫동안 노력한 적도 있었다. 공민왕은 명을 내려 그 시신을 다시 효수했다.

공민왕은 5월 18일 개혁을 단행하면서 원으로 이어지는 통로를 차단했다. 정보 유출을 막기 위한 조처였다. 그 때문인지 원나라의 반응은 느렸다. 원나라가 고려에서 벌어진 일들을 알아챈 것은 사태 발생 한 달이 넘은 6월 26일이다. 원의 첫 반응은 80만 군사를 동원하여 고려를 공격하겠다는 위협이었다. 하지만 원나라에 그럴 힘은 없었다. 실제로 7월부터는 외교적 해결을 모색했다. 7월 19일에 원나라가 관리를 보냈는데, 고려 국경을 넘지 않은 채 압록강에서 황제의 명령인 제지帝旨를 전달했다. 기철 등이 피살된 지 이미 두 달이 지난 때고, 고려가 쌍성총관부를 공략해 탈환한 지 열흘이 지났을 때였다.

제지의 내용은 뜻밖에 매우 조심스러웠다. 원나라는 고려군이 압록강 서쪽을 공격한 사건만 문제 삼았다. 기철 일파 제거나 정동행성 이문소 폐지, 쌍성총관부 무력 점령, 지정 연호 사용 금지 등은 언급조차 하지 않았다. 제지는 오랜 세월 원나라와 고려가 긴밀히 유지해온 관계를 상기시키면서 양국을 이간질하려는 자들의 소행일지도 모르니 그 진상을 알리라는 내용이었다. 가급적 이 사태를 고려 조정과 직접 연결시키지 않으려 했다. 그런 상황을 애써 회피하거나 축소하려 한다는 느낌을 주었다.

제지가 도착하고서 10여 일 만인 7월 30일에 공민왕은 월경越境의 책임을 물어 서북면병마사 인당을 참수함으로써 원에 사과하는 모양새를 취했다. 인당은 압록강 서쪽의 8참을 공략할 때 큰 공을 세웠으나, 출정 중에 부장副將 강중경을 임의로 살해하여 커다란 물의를 일으켰다. 강중경은 연저수종공신 2등에 오른 바 있으며 5월 18일에 노책을 제거한 바로 그 인물이다. 그는 후에 주기철공신誅奇轍功臣에 올랐다. 공민왕은 인당을 죽여서 죄를 묻는 동시에, 고려의 군사행동을 그의 개인적 과실로 돌려 희생양으로 삼았다. 또, 기철 등의 모반에 대해서는 긴급히 처리하느라 미처 원에 보고하지 못했던 점과 압록강을 건너가 공격한 일에 대해서도 사과했다. 10월 8일, 원에서는 조서를 보내와 인당을 처형한 일로 고려군의 월경 문제를 마무리 지었다. 또한 기철 건은 미리 보고하지 않은 것에 유감을 표하면서도 더 이상 문제 삼지 않겠다는 뜻을 밝혔다. 이런 상황의 전개는 5월 18일 이전이라면 상상도 할 수 없는 일이었다. 이 과정에서 오고간 고려의 '사과'와 원의 '용서'는 당연히 외교적 수사였다. 실제로는 고려의 일방적인 행동을 원이 묵과한 셈이었다.

원의 조서를 받고 나흘 뒤인 10월 12일에 공민왕은 사신을 파견하여 고려의 조치를 이해해준 원나라에 감사를 표했다. 사신으로 간 사람은 이인복李仁復(1308~1374)이었다. 그의 초상화는 남아 있지 않지만 장엄한 외모에 말수가 적고 엄중하며 문장이 뛰어났던 인물로 전해진다. 우왕 때 집권한 이인임李仁任(?~1388)은 이인복과 나이 차가 크지 않았을 것으로 짐작되는 바로 아래 친동생이다. 이인복은 고려의 국자감시國子監試(1326)와 예부시禮部試(1326)를 거쳐 원의 과거시험인 제과制科(8회, 1342)에 급제했다. 국자감시는 조선시대의 진사시에, 예부시는 문과에 해당하는 시험이다. 이색은 이제현과 이인복을 당대 최고 문장가로 꼽았다. 역시 고려와 원나라 과거(7회, 1333)에 모두 합격했던 이곡과 매우 가까웠고, 그의 아들인 이색과도 인연이 깊었다. 나중에 이색은 이인복의 묘지명을 썼다. 이색 또한 고려의 문과에 1353년(공민왕 2) 장원급제하고 이듬해 원의 제과(12회)에 합격했다.

공민왕은 이인복이 원나라에 전달한 별도의 상서문上書文을 통해 지난

80년간 고려에 대한 원나라의 부당한 간섭을 비판하며 다섯 가지 사항을 요구했다. 정동행성이나 만호부萬戶府같이 고려에 설치된 원 기관들의 축소 또는 폐지, 원을 뒷배로 삼은 고려인 부원 세력의 발호 방지, 쌍성 지역 반환 등이다. 반원 개혁의 단행으로 발생한 군사적 문제를 정치적 외교적으로 풀어 대응한 것이었다. 덕흥군德興君을 고려로 송환해달라는 요구를 제외하면, 나머지는 모두 이미 고려가 무력으로 직접 쟁취한 사항들이었다. 원나라는 이에 대해 별다른 반응을 보이지 않는 방식으로 고려의 요구를 암묵적으로 수용했다. 고려도 덕흥군 송환을 더는 요구하지 않았다. 덕흥군에 대해서는 뒤에서 서술하겠지만,☞ 478쪽 참조 그는 공민왕이 즉위하자 원나라로 망명한 인물이다. 어쨌든 고려는 외형상이기는 해도 10월 말까지 원과의 관계를 정상화했다. 고려의 반원 개혁 조치를 기정사실화하는 데 성공한 것이다. 이로써 고려는 원나라로부터 주권을 회복하는 동시에 대원 관계를 원만히 수습하는 데 일단 성공했다. 반원 정책이 단행된 지 5개월 남짓 만의 일이다. 고려의 능동적인 주도하에 원나라와의 오랜 관계의 내용을 변경시켰던 것이다.

3. 주기철공신

공민왕 5년(1356) 5월 18일에 단행되어 10월 말까지 계속된 반원 개혁 조치를 기획하고 주도한 사람은 공민왕 자신이다. 이 위험하고 큰 규모의 일을 실행하는 데는 많은 협력자가 필요했다. 공민왕 8년(1359) 6월 이에 대한 상훈, 즉 '주기철공신誅奇轍功臣' 책봉이 이루어졌다. 1등공신 8명, 2등공신 11명, 사망추념자 1명 등 모두 20명이다. 이들은 이후 공민왕 11

년(1362) 1월 무렵까지 공민왕의 정국 운영을 뒷받침하는 최측근으로 활약했다. 공민왕 5년에 세운 공으로 공신에 책봉되기는 했지만, 사실 이들 중에는 공민왕이 원나라에 있을 때부터 그를 수종했던 사람이 많다.

주기철공신을 대표하는 인물은 공민왕의 외사촌 형 홍언박이다. 똑같은 주기철공신이라 해도 감히 그의 지위를 넘볼 수 없을 정도로 홍언박은 공민왕의 절대적 신임을 받았다. 나중에 그가 사망한 후 사실상 공민왕 측근 세력으로서의 주기철공신 집단 자체가 무너졌다. 또 다른 1등공신 경천흥은 공민왕의 외사촌 매부의 아들이고, 2등공신인 상장군 김원명金元命도 왕의 외척이다. 이들은 모두 공민왕의 모친 명덕태후 홍씨를 매개로 공민왕과 관계 맺은 외척이다.

주기철공신의 다른 한 축을 구성하는 인물들은 1등공신 지문하성사 정세운鄭世雲, 지추밀원사 유숙柳淑, 상장군 목인길睦仁吉, 그리고 2등공신 판태복시사 김서金湑, 홍건적 격퇴에 공을 세운 김득배金得培 등이다. 이들은 모두 연저수종공신, 즉 일찍이 공민왕을 따라 원나라에 들어가 연경(대도)에서 그를 시종했던 사람들이다. 요컨대 공민왕 5년 5월 18일부터 약 5개월에 걸쳐 공민왕의 기획에 따라 실제로 행동한 인물들은 공민왕의 외척이거나 원나라에서 공민왕을 시중들며 개인적으로 결합되었던 이들이다.

공민왕 역시 원간섭기 고려의 이전 국왕들처럼 자신의 측근 인물들을 기반으로 국정을 운영했다. 이런 현상은 원간섭기 동안 세자의 장기간 원나라 숙위가 초래한 구조적 문제였다. 연저수종공신들이나 주기철공신들 중 여러 사람이 바로 공민왕 측근 인물이다. 하지만 공민왕은 원간섭기 고려 국왕들 중에서 상대적으로 국내의 주요 정치 세력인 개혁 지향적 관료들과 가까운 유대 관계를 맺고 있었다.

공민왕의 정치적 목표와 정치 기반 세력은 일정한 상관관계가 있다. 공민왕은 재위 기간 내내 두 가지 정치적 목표를 향해 움직였다. 제1의 절대적인 목표는 국왕 권력 강화이고, 그에 미치지는 못하지만 또 하나의 정치적 목표는 국정 개혁이었다. 원간섭기 이래 국왕들이 저마다 추진했던 사회경제적 정치적 개혁 목표와 같았다. 그는 첫 번째 목표를 위해서는 측근 세력을, 두 번째 목표를 위해서는 국내의 개혁 지향적 관료들을 활용했다. 그에 따라 일상적으로는 측근 세력을, 비상한 위기의 순간에는 일시적으로 개혁 관료 세력을 자신의 정치적 기반으로 삼았다. 공민왕 5년의 정치적 행위는 주로 측근 세력을 이용하여 단행했지만, 뒤따르는 개혁 조치에는 개혁 지향적 관료들 일부가 일시 참여하기도 했다. 이제현(1287~1367), 이색(1328~1396), 윤택(1289~1370) 등이 이 부류에 속하는 인물이다. 이들은 반원 정책 단행 뒤에 취해진 새로운 조처를 돕고 개혁의 추진에 동참하면서 공민왕의 노선을 뒷받침했다. 공민왕과 노국대장공주 사이에 아들이 없자, 이제현의 딸이 뽑혀 혜비惠妃로 봉해지기도 했다.

4. 왜구와 1, 2차 홍건적 침입의 영향

1356년(공민왕 5)의 개혁은 반원을 앞세우고 국내 개혁이 뒤따랐다. 그런데 혁혁한 반원 개혁 성과에 비하면 국내 개혁의 결과물은 분명하지 않다. 무엇보다 오랫동안 심각한 사회적 폐단인 토지나 노비 문제에 대한 개혁 양상이 명확하지 않았다. 기철 등이 탈점했던 토지와 노비를 환수했지만 좀 더 근본적인 사회 개혁 움직임은 나타나지 않았다.

전민 문제를 핵심으로 하는 국내 개혁은 반원 개혁보다 더 큰 추진 동력이 필요한 일이었다. 하지만 국내 개혁의 동력은 반원 개혁의 그것에 훨씬 못 미쳤다. 우선 이 문제에 대한 공민왕의 인식이 분명하지 않았다. 그는 사회 개혁보다 1356년의 반원 개혁에 관련된 후속 조치들이 현실적으로 더 시급하다고 생각했던 것 같다. 북쪽의 국경 지대에 군사시설을 정비하고 군사력을 개편하는 등의 일이 그에 해당했다. 원나라의 반발과 보복을 생각하지 않을 수 없는 그의 입장에서 보면 이해할 만하다. 그런데 1356년의 국내 개혁을 축소시키고 더 나아가 국정 어젠다에서 개혁을 아예 실종시켜버리는 상황이 뒤이어 벌어졌다. 다시 심각해진 왜구의 노략질과 두 차례에 걸친 홍건적의 대규모 침략이 그것이다.

왜구의 침공은 여러 해에 걸쳐 조금씩 자연발생적으로 늘어나는 형태가 아니었다. 1350년(충정왕 2) 2월부터 갑자기 상당한 규모로 시작되었다. 이해에 모두 5회의 침공이 일어났고, 다음 해에도 비슷한 규모의 침공이 발발했다. 이 시기 왜구의 침공은 일본 규슈에서 진행되던 내전에 따른 영향이었다. 이 왜구 침략이 원나라가 충정왕을 공민왕으로 교체한 중요한 이유 중 하나이다. 왜구 침공의 빈도는 일본 내전과 연동하여 진폭이 컸다. 공민왕 1년(1352)에는 이전의 침공 수준을 훨씬 뛰어넘어 10회에 이르렀지만 곧 잦아들었고, 대규모 개혁이 단행된 공민왕 5년에는 왜구의 침공이 없었다. 하지만 이듬해 다시 침공이 재개되었고 공민왕 7년(1358)에는 앞선 어떤 시기보다 많은 침공 횟수를 기록했다.

공민왕 6년(1357) 5월과 9월에 왜구가 수도 개경에서 불과 20km 남짓 떨어진 강화도 교동까지 침입했다. 9월 26일, 왜구는 예성강 하구 쪽 승천부昇天府에 위치한 흥천사興天寺에 쳐들어왔다. 이 절은 충선왕과 계국대장공주의 원찰願刹이었다. 왜구는 여기서 충선왕과 계국대장공주의 초상화를 약탈해 갔다. 연구에 따르면 최대 최고의 고려 불화로 평가받는 〈수월관음도水月觀音圖〉도 이때 함께 약탈되었던 것으로 추정한다. 당시 일본은

〈수월관음도〉 일본 가가미 신사鏡神社에 소장된 이 그림은 1310년 5월 충선왕의 후궁 김씨의 발원에 의해 그려진 것으로, 현재 기년명紀年銘 수월관음도 중에서 가장 이른 시기의 작품이다. 화면 오른쪽 아래에 입상의 선재동자가, 그 위 중앙 부분에는 정병이 놓여 있고, 관음보살의 뒤에는 대나무가 표현되어 있다. 구법求法 여행을 떠난 선재동자가 보타락산에 계신 관음보살을 찾아뵙는 장면이다. 419.5×254.2cm

고려 불화를 대단히 귀하게 여겨서 사찰에 봉안하고 싶어 했다. 현재 일본 규슈九州 사가현佐賀縣 가라쓰시唐津市 가가미 신사鏡神社에 소장된 이 그림은 중국과 일본을 포함한 동아시아에서 가장 뛰어난 불화로 알려져 있다. 현재 남아 있는 고려 불화는 모두 160여 점이다. 한국, 미국, 유럽에 각각 10여 점씩 있고, 나머지는 모두 일본에 있다.

이듬해인 공민왕 7년(1358) 5월에는 왜구가 각산수角山戍(현 경상남도 고성)에 정박 중인 고려 함선 300여 척을 불살랐다. 또 한주韓州(현 충청남도 서천), 진성창鎭城倉(현 전라북도 군산), 면주沔州(현 충청남도 면천), 용성龍城(현 전라북도 남원)을 노략질하고 강화도에 출몰하기에 이르렀다.

공민왕 8년(1359) 11월부터는 왜구보다 훨씬 더 큰 위협인 홍건적의 1차 침략이 시작되었다. 고려는 홍건적의 침략을 어느 정도 예상했으므로 그다지 갑작스러운 일은 아니었다. 이미 공민왕 6년(1357) 8월에 김득배를 서북면 홍두군 왜적방어도지휘사西北面紅頭軍倭賊防禦都指揮使로 임명했다. 1359년 2월에는 홍건적이 고려 조정에 직접적으로 글을 보내서 항복을 권하며 침략을 예고한 바 있다. 해를 넘기지 않고 예상했던 일이 결국 벌어졌다. 결론부터 말하면 홍건적 침입은 공민왕의 개혁은 물론이고 공민왕 자신의 정치적 지지 기반과 고려 전체의 정치 세력 구성에 막대한 영향을 끼쳤다.

홍건적은 원나라에서 일어난 한족 반란 세력이다. 원나라 군대에 쫓긴 그들은 물자를 확보하기 위해 압록강을 건너 고려를 침공했다. 본격적인 침공에 앞서 공민왕 8년(1359) 11월 말에 홍건적 3,000명이 압록강 건너 북부 지방을 약탈했다. 12월에는 4만 명이 본격적으로 고려를 침공했다. 홍건적의 1차 침입이었다. 조정은 도원수 이암李嵓을 비롯한 여러 장수들을 북쪽으로 급파했다. 이들이 서경西京(평양)에 도착해 보니 아직 고려 중앙군의 집결이 완료되지 않아 홍건적과 싸울 수 없는 상태였다. 이들은 홍건적의 침략 목적이 물자 확보에 있음을 간파하여 서경을 내주고 후퇴했다. 그리고는 전투 준비를 위한 시간을 확보했다. 예측대로 홍건적은 1359년 12월 서경을 점령한 후 더 이상 남하하지 않았다. 공민왕 9년(1360) 1월 하순에 고려군은 2만의 병력으로 서경 탈환에 성공했다. 고려군 사상자가 1,000여 명에 달했지만 홍건적은 그보다 훨씬 많은 사상자를 낸 후 서경을 버리고 북쪽으로 패주했다. 안우와 이방실이 이끄는 고려군은 홍건적 2만여 명을 사살하는 대승을 거두었다. 이방실, 안우, 김득배, 최영 등은 후퇴하는 홍건적을 추적하여 거의 섬멸하는 대승을 올렸다.

공민왕 10년(1361) 10월, 원나라의 대대적 공세에 쫓긴 홍건적 10여만이 2차로 고려를 침공했다. 그들은 압록강을 건너 11월 초 무주撫州(현 평안북도 영변)에 집결했다. 고려 조정은 이에 총사령관 격인 상원수에 안우, 도병마사에 김득배, 서북면 도지휘사에 이방실, 동북면 도지휘사에 정휘鄭暉를 임명했다. 1차 침입 때 뛰어난 성과를 보여준 인물들을 중심으로 군지휘부를 구성했다. 1차 방어선은 청천강, 2차 방어선은 개경으로 가는 길목인 절령책岊嶺柵(자비령)이었다. 하지만 홍건적은 청천강 방어선은 물론 절령책 방어선마저 11월 16일에 돌파했다. 홍건적이 침입한 지 34일 만인 11월 19일 새벽에 공민왕은 개경 궁궐을 떠나 피란길에 올라서 12월 15일 복주福州(현 경상북도 안동)로 대피했다. 공민왕을 따라나선 관리는 불과 28명에 불과했다고 한다. 홍건적은 11월 24일 개경에 들어와서 궁궐을 불태웠다. 그러나 개경 입성 이후로는 더 이상 남진을 계속하지 않았다. 홍건적이 불태우고 남은 궁궐터가 바로 만월대이다. 이전에도 고려의 궁궐은 거란의 침입, 이자겸의 난, 몽골 침입으로 여러 차례 불탔다가 재건된 바 있다. 홍건적이 불태운 후 고려의 궁궐은 다시 재건되지 못했다.

안동 봉정사 극락전의 공민왕 흔적 우리나라에서 가장 오래된 목조 건축물인 봉정사 극락전의 공포 밑 단청에는 용 그림과 함께 '主上殿下주상전하' '聖壽萬歲성수만세'라는 글씨가 씌어 있다. 주상전하는 공민왕을 가리킨다. 1361년 홍건적의 2차 침입 때 공민왕은 안동으로 피란했다. 1363년(공민왕 12)에 중수했다는 기록으로 미루어, 이보다 훨씬 이전에 건축되었음을 알 수 있다. 출처_문화재청

만월대 전체 면적은 390,000㎡로, 대략 11만 8천 평이다. 경복궁의 90% 수준이다. 고려 궁성에는 본래 별도의 이름이 없었고, 만월대라는 이름은 후에 그 빈터를 찾은 사람들이 부른 이름이다. 멀리 송악산이 보인다. 출처_개성 만월대 남북공동발굴디지털기록관

 홍건적이 개경에 있는 동안 고려는 전국적으로 20만 병력을 모았다. 복주에 있던 공민왕은 연저수종공신으로 오랜 측근인 정세운을 총사령관인 총병관摠兵官에 임명했다. 공민왕 11년(1362) 1월 18일 고려군은 공격을 시작했다. 이 전투에 고려 최강의 무장들인 안우, 이방실, 이여경李餘慶, 그리고 최영과 이성계 등이 참여했다. 특히 이성계는 개경 탈환 전투의 선봉에 서서 도성에 있는 홍건적을 공격할 때 뛰어난 활약을 보였다. 당시 최영이 47세, 이성계는 28세였다. 결국 홍건적은 많은 사상자를 낸 채 퇴각했고, 고려는 개경을 되찾았다.

 홍건적의 2차 침입을 물리친 직후인 공민왕 11년(1362) 2월에는 나하추

納哈出가 수만 대군을 이끌고 동북면(현 함경도) 쌍성雙城(현 함경남도 영흥)에 침입했다. 이에 7월에는 이성계가 이끄는 고려군과 나하추 부대가 함흥평야에서 대규모 전투를 벌였다. 이 유명한 전투에서 이성계 부대가 승리했다. 나하추는 요동 지방에서 대대로 뿌리를 내리며 살던 군벌 세력인데, 고려가 쌍성총관부를 회복하자 이를 탈환하기 위해 침략했던 것이다.

홍건적의 1차 침입 이후 공민왕이 추진하던 국내 개혁은 대부분 중지되었다. 원간섭기에 고려는 원의 군사적인 억제 혹은 보호 아래서 반세기 이상 큰 전쟁 없이 지냈다. 충렬왕 7년(1281) 여원연합군의 일본 원정 이후 80여 년 동안 고려는 이렇게 큰 대외적 군사 상황을 경험한 적이 없었다. 더구나 일본 원정은 국내에서 치른 전투도 아니었다. 그러다가 만난 홍건적의 두 차례 침입은 고려는 물론이고 공민왕에게도 큰 충격을 주었다. 홍건적의 1차 침입을 물리친 이후에도 재침에 대한 우려는 계속되었다.

홍건적의 1차 침략을 물리친 후 공민왕은 원나라와 다시 통교하려는 노력을 시작했다. 홍건적을 막기 위해서는 고려 자체의 힘만으로는 부족하고 원나라뿐 아니라 원나라의 만주 지역 통치기관인 요양행성과의 협조가 절실하다고 판단했기 때문이다. 2차 침입 직전인 공민왕 10년(1361) 9월 25일에는 5년 전의 개혁 때 폐지했던 정동성관征東省官을 공민왕이 스스로 다시 설치하여 원나라와의 관계 개선 의사를 보였다. 2차 침입 때 수도 개경을 잃고 몽진하는 어려움을 당하자 공민왕은 원과의 관계 개선이 필요함을 더욱 확신하게 되었다. 심지어 반원운동의 성과를 스스로 부정하면서까지 원과의 관계를 개선하고자 했다. 엄청난 외침을 겪으면서 공민왕은 자기 판단에 대한 확신이 흔들렸던 것 같다.

원나라는 공민왕이 재위 5년(1356)에 새롭게 설정한 고려와 원나라의 관계를 처음부터 전혀 인정하고 싶지 않았을 것이다. 원나라 관점에서

100년에 이르는 양국 관계를 생각하면 당연한 일이다. 그들이 보기에 원나라와 고려의 관계는 단지 두 나라만의 문제가 아니었다. 두 나라 관계를 지켜보는 원나라 지배하의 여러 국가들이 있었다. 원은 홍건적 침입 이후 일시적으로 자국에 조성된 유리한 국면을 이용하여 고려와의 관계를 옛날로 되돌리려 했다. 1362년(공민왕 11)에 원은 공민왕을 폐위하고 덕흥군을 고려 왕으로 책봉했다. 원간섭기에 원나라가 고려 국왕을 독립적이고 배타적으로 책봉하던 그 방식 그대로였다. 이에 대해서는 뒤에서 좀 더 살펴보자.☞ 478~479쪽 참조

5. 이어지는 사건들

정세운 및 3원수 피살 사건

제2차 홍건적 침입을 물리친 직후부터 대략 1년의 간격을 두고 세 개의 사건이 차례로 일어났다. 이들 사건은 공민왕 자신과 고려의 정치 지형을 바꿔놓았다. 첫 번째 사건은 총병관 정세운과 3원수의 피살이다. 공민왕 11년(1362) 1월 18일 고려군이 홍건적에게 총공격을 감행해 개경을 탈환했다. 홍건적은 고려군에 쫓겨서 수일 뒤에는 압록강 밖으로 축출되었다. 그런데 개경 수복 4일 뒤, 아직 전투의 여진도 가라앉지 않은 때 충격적인 일이 벌어진다. 고려군 최고 지휘부를 이루는 안우, 김득배, 이방실 3원수 三元帥가 국왕을 대신하여 독전督戰과 감군監軍의 사명을 띤 총병관 정세운을 살해하는 사건이 일어났다.

이 사태는 고려 조정에 큰 충격을 주었다. 그런데 이것이 끝이 아니었

다. 복잡한 과정을 거쳐 1개월 남짓 지난 2월 29일에 안우가 경상북도 상주의 행궁에 자진 출두했다가 공민왕을 대면하지도 못한 채 격살당했다. 같은 날 이방실은 상주에서 가까운 용궁현(현 경상북도 예천군 용궁면)에 나아가 왕명을 받다가 살해되었으며, 이틀 뒤 김득배는 산양현(용궁현 옆)에 숨어 있다가 붙잡혀 죽임을 당했다. 3원수를 죽인 명분은 총병관을 '천살擅殺'(멋대로 죽임)했다는 죄목이었다. 이때 공민왕은 고려군이 개경을 탈환함에 따라 피란 중 머물던 복주(현 경상북도 안동)를 떠나 개경으로 귀환하는 길이었다.

위 세 사람 중에서 김득배(1312~1362)에 대해서는 첨언이 필요하다. 그는 공민왕이 1341년 12세에 원나라로 들어갈 때 전객부령典客副令으로 처음부터 함께했던 인물이다. 공민왕이 원나라 대도에 있는 동안 주변 인물들 가운데 그와 유숙(1316~1368)만 문과 출신이었다. 김득배는 공민왕 9년(1360)에 지공거를 지냈는데, 그때 그가 1등으로 뽑은 인물이 정몽주이다. 말하자면 공민왕에 대한 충성과 능력 면에서 그는 유숙과 더불어 측근 인물들 중 가장 탁월했다.

『고려사』는 이 사건을 공민왕이 총애하던 신하 김용金鏞의 음모와 흉계로 인해 벌어진 일로 기록했다. 이에 따르면 김용은 공민왕의 총애를 두고 평소 정세운과 다투었으며, 또한 3원수가 큰 공을 세워 이후 공민왕에게 중용될 것을 꺼려 했다. 이런 이유로 김용은 3원수에게 정세운을 죽이라는 거짓 교지, 즉 임금의 명령서를 가짜로 꾸며 보냈고, 3원수는 결국 정세운을 살해했다. 그런 사실을 모르는 조정은 수습책을 강구하여 3원수에게 '수복삼한收復三韓'(나라를 되찾았다는 뜻)의 공로를 치켜세우며 유지宥旨(용서하는 교지)를 내려서 행궁으로 오도록 유도했다. 그에 따라 안우가 개선장군으로 도착하여 왕을 알현코자 행궁 중문中門에 들어섰을 때, 김용이

하수인을 시켜 그를 격살함으로써 자기의 음모와 흉계를 감추었다는 것이 『고려사』의 내용이다. 김용은 왕에게 안우 등이 정세운을 죽인 일은 '전하를 무시한 처사'로서 결코 용서할 수 없는 일이라며 그의 살해에 대한 양해를 받았다. 공민왕이 있는 곳에 가려던 이방실과 김득배도 안우와 같은 죄목으로 붙잡혀 그 자리에서 죽임을 당했다. 이로써 홍건적 난을 물리쳐 승리로 이끈 3원수는 정세운과 더불어 김용의 개인적 음모와 흉계 때문에 억울하게 피살당했다는 것이다.

그러나 많은 연구자는 『고려사』의 이러한 기록을 그대로 믿기 어렵다고 생각한다. 물론 이 사건은 조정 내의 복잡한 갈등의 여러 축이 상호작용한 결과이다. 하지만 정세운과 3원수 피살의 직접적인 원인에, 『고려사』 기록대로 공민왕이 아예 빠질 수는 없을 듯하다. 안우를 직접 격살한 목인길睦仁吉, 그리고 이방실과 김득배를 참살한 오인택吳仁澤·정지상鄭之祥·박춘朴椿 등은 모두 공민왕이 각별히 신임하는 장군이었다. 그들이 공민왕의 의중을 확인하지도 않고 김용 말만 듣고서 3원수를 격살했다고 생각하기는 어렵다. 무엇보다 3원수는 대단한 전공을 세웠으며, 살인자들과 피살자들은 개인적으로 오래 함께했던 인물들이다. 그들이 3원수 격살에 참여했다는 사실 자체가 공민왕이 3원수 제거에 직접 개입했다는 증거로 보인다.

정세운과 3원수 피살 사건을 면밀히 검토하면 두 가지 사항이 부각된다. 하나는 김용이 공민왕을 속이고 왕 몰래 정세운을 죽이라는 거짓 교서를 3원수에게 보냈다기보다는, 3원수에 대한 공민왕의 불안감과 의구심을 김용이 잘 파악하고 있었다는 편이 더 사실에 부합한다는 것이다. 다시 말해 김용의 행동은 공민왕을 속였다기보다는 왕의 의사를 대행했다고 보는 것이 더 적절하다. 두 번째는 공민왕이 수년 뒤 신돈을 등용한 이후에도 이와 같은 방식을 활용했는데, 이미 이때 이렇게 대리인을 내세워서 자신의 의중을 실행토록 하는 방식을 쓰곤 했다는 점이다.

공민왕이 정세운과 3원수에게 가졌던 불안감과 의구심이란 무엇이었을까? 고려는 공민왕 6년(1357) 이후 거의 갑작스럽다고 할 정도로 국가적 차원에서 군사적 수요가 폭증했다. 공민왕 5년 일시 소강상태에 있던 왜구들이 다시 큰 규모로 몰려왔고, 그보다 더 큰 규모로 홍건적이 두 차례 침입했다. 그 일로 짧은 기간이기는 하지만 서경과 수도를 잃기까지 하였다. 국왕으로서 큰 수치가 아닐 수 없었다. 이런 분위기에서 문관들까지 전시 상황에 대비하여 훈련을 받았다. 말타기를 싫어하던 공민왕도 이를 익혀야 했다. 이런 상황 때문에 무장의 역할이 대단히 중요해졌고 조정 내에서도 정치적 비중이 가파르게 높아졌다. 전쟁 후에 군인들의 정치적 사회적 영향력이 확대되는 현상은 예나 지금이나 마찬가지다. 홍건적의 2차 침입을 물리치는 과정에서 개경에 있던 장군들은 20만 군대를 장악하게 되었다. 자신의 정치권력에 유달리 예민한 공민왕은 이런 추세와 상황을 불안스레 지켜보았을 것이다. 연경 시절 이래 오랜 최측근 김용이 이를 알아차리지 못했을 리가 없다.

흥왕사의 난

두 번째 사건은 '흥왕사의 난'이다. 이 사건으로 공민왕은 거의 피살당할 뻔했다. 홍건적의 침입으로 피란을 갔던 공민왕은 개경을 탈환한 이듬해인 1363년(공민왕 12) 2월 14일에 개경 남쪽의 흥왕사興王寺에 행궁을 설치하고 환도 조치를 마쳤다. 1년 3개월 만에 개경으로 돌아온 것이다. 하지만 궁궐에 바로 돌아갈 수는 없었다. 전란으로 궁궐은 물론이고 도성 자체가 파괴되었기 때문이다. 궁궐을 복구할 때까지 기다려야 했다.

흥왕사명 청동 은입사 향완興王寺銘 靑銅銀入絲香垸
향완이란 향로香爐이다. 높이 40.1cm의 대형
향완이다. "己丑二月日興王寺기축2월일흥왕사"로
시작되는 명문을 통해 개풍군 흥왕사에서 썼던
향로이며, 제작 시기는 1289년(충렬왕 15) 무렵
임을 알 수 있다. 출처_삼성리움박물관

　홍왕사는 송나라 사람 서긍徐兢이 쓴 『고려도경』에 다음과 같이 나온다.
"국성國城 동남쪽에 있으며, (개경 외성外城의 동남쪽 문인) 장패문長覇門을
나서서 2리쯤에 있다. 앞쪽으로 흐르는 시냇물이 있다. 사찰의 규모가 대
단히 크다." 홍왕사는 고려 문종(재위 1046~1083)의 원찰로 11년 동안 공사
하여 1067년에 완공되었다. 2,800칸 규모에 엄선한 승려 1,000명이 머물
던 거대 사찰이었다. 건립할 때부터 너무 사치스럽고 장엄하다 하여 반대
가 있었다. 경복궁 정도의 넓이이며 역사상 우리나라 최대의 사찰이었을
것으로 짐작된다. 몽골의 전란 때 불탔다가 충숙왕 때 재건되었다. 조선시
대에 들어와서는 버려졌다.

　공민왕이 홍왕사 행궁에 머문 지 약 50일 만인 윤3월 1일 밤에 괴한 50
여 명이 침입하여 공민왕 살해를 기도했다. 그들은 위병과 숙직 중인 관리
및 환관들을 죽인 후 '황제의 명을 받들라'고 소리치며 공민왕 침전에 돌

입했다. 그 직전에 환관 이강달李剛達이 공민왕을 업어서 노국대장공주의 밀실로 피신시켰다. 왕의 침전에 남았던 환관 안도치安都赤는 왕이 자던 침상에 올라가 누워서 적들이 자신을 국왕으로 오인하게 하여 죽임을 당했다. 적도는 노국대장공주의 침전까지 들이닥쳤으나 문 앞을 막아선 그녀의 위엄에 차마 침입하지는 못했다. 그녀가 자기 목숨을 걸고 적도를 막아낸 것이다. 이날 수상 홍언박은 또 다른 습격을 받고 집에서 피살되었다. 이튿날 최영과 안우경安遇慶을 비롯한 무장들이 군대를 이끌고 와 적도를 진압함으로써 공민왕은 위기에서 벗어났다. 이후 최영은 유탁, 오인택 등과 더불어 조정의 중심인물로 떠올랐다. 세 사람 모두 이 일로 1등공신이 되었다.

이 사건을 기획하고 주도한 인물은 김용이다. 그는 당시 수도의 치안과 국왕의 보위를 맡는 순군巡軍 책임자인 제조提調였다. 공민왕은 개경 환도 직후에 그를 순군 제조에 임명했다. 이에 따라 그는 약 1천 명 규모의 순군 병력을 운용할 수 있는 권한을 갖게 되었다. 그는 순군 조직과 인력을 동원하여 이 변란을 일으켰다. 홍왕사의 공민왕 침전에 난입한 50여 명, 홍언박 집을 찾아가 살해한 여러 명, 다른 재상들 집을 습격한 수십 명을 합하면 이날 동원된 병력은 모두 100명이 훨씬 넘었고, 대부분 순군 소속 병력이었다.

도대체 왜 김용이 공민왕을 죽이려 했을까. 이 사건과 관련해 가장 크게 드는 의문이다. 김용에 대한 공민왕의 신임은 대단했다. 심지어 이 사건의 배후가 김용이라는 사실이 밝혀져서 그를 죽인 후에도 공민왕은 눈물을 흘리며 김용을 그리워하고 탄식했을 정도였다. 연경 시절 이래 그는 공민왕의 최측근이었다. 수상 홍언박에 대한 경쟁심 때문이었을까? 김용이 홍언박에게 경쟁심을 느꼈던 것은 거의 확실하다. 하지만 그 이유가 공민왕까지 살해하려는 동기가 되기는 힘들다. 아마도 이 일은 원나라가 당시 추진하고 있던 공민왕 폐립廢立 책동과 깊은 관련이 있는 듯하다. 사건이 일어난 날 '황제의 명을 받들라'는 적도의 외침이 완전히 헛소리만은 아니었던 것이다.

김용은 원나라의 공민왕 폐립 책동이 중단되지도 실패하지도 않을 것이라 판단했으리라. 사실 홍건적 침입으로 충격을 받은 공민왕도 원과의 관계를 회복하려 했다. 그럼에도 김용은 원나라가 결국 공민왕을 제압할 것이라 판단했는데, 이는 공민왕과 함께 오랜 대도 생활 경험으로부터 자연스럽게 도출된 생각이었다. 그가 그렇게 생각할 정도로 당시 고려와 공민왕은 위기 상황에 처해 있었다. 그는 더 큰 권력을 갖기 위해 이 일을 벌였다기보다는 마지막에 이기는 쪽에 서서 살아남고자 했던 것 같다. 원나라가 공민왕을 폐하려 한다는 것은 공민왕이 개경에 돌아오기 전부터 조정 고관들에게 이미 잘 알려진 사실이었다.

홍왕사 정변 후 14일 만에 대규모 공신 책봉이 이루어졌다. 제1, 2차 홍건적 침입과 관련한 공, 홍왕사 정변의 진압에 따른 공을 포함한 여러 종류의 공신 책봉이었다. 공신 규모는 무려 275명이나 되었다. 급히, 그리고 대규모로 공신 책봉을 한 데는 이유가 있었다. 이미 원나라의 공민왕 폐립 책동이 노골화되고 있는 상황이었다. 이 공신 책봉은 변란 진압 유공자들을 앞세워 여러 부문의 수많은 공신을 포상함으로써 공민왕이 더 많은 관원을 자기편에 붙들어 두려는 목적으로 이루어졌다.

이때의 공신 책봉은 조정에서 무장 세력이 대두하는 커다란 기폭제가 되었다. 공신으로 책봉된 사람들 중 적게 보아도 절반이 훨씬 넘는 다수가 무장이었다. 또한 공신 책봉을 하고 8일 만에, 홍왕사 변란이 발생한 지 22일 만에 최영을 대표로 한 무장 유공자들을 요직에 발탁하는 대규모 인

사이동이 이루어졌다. 그런데 이 인사이동의 내용이 주목된다. 공민왕 즉위 이래, 아니 그 이전 대도 숙위 시절부터 그의 정치적 기반이었던 측근 세력을 대신하여 무장 세력이 조정 권력의 중심부로 진입했다.

덕흥군 군대의 침입

세 번째 사건은 원나라가 덕흥군을 내세워 공민왕을 폐위하려 시도했고, 공민왕이 이를 신흥 무장 세력의 힘을 이용해 막아낸 일이다. 앞의 두 사건이 말 그대로 돌발적으로 발생했다면, 이 사건은 꽤 긴 기간에 걸쳐 진행되었다.

원나라가 공민왕을 폐하고 덕흥군을 고려 왕에 책봉하기로 결정한 것은 1362년(공민왕 11) 10월 무렵으로 추정된다. 공민왕은 개경에 돌아오기 두 달 전인 1362년 12월에 이미 이 소식을 전해 듣고 있었다. 덕흥군은 충선왕의 서자로 공민왕에게 숙부뻘 되는 인물이다. 연구에 따르면 1364년 당시 약 50세로 짐작되어 공민왕보다 열다섯 살 정도 나이가 많았던 듯하다. 1351년에 공민왕이 즉위하자 원나라로 건너갔다. 기황후는 공민왕에게 가족을 잃은 후 그 복수를 위해서 그를 고려 왕에 앉히고자 했다. 마침내 그는 1362년 고려 왕에 책봉되었다. '홍왕사의 난'을 치른 지 얼마 안 된 1363년(공민왕 12) 5월에 원에 갔던 역관 이득춘李得春이 돌아와서 "원제元帝(원 순제)가 덕흥군을 (고려) 국왕으로 삼고 기황후 조카 기삼보노奇三寶奴를 원자元子로 삼아 요양병遼陽兵을 일으켜 보냈나이다"라고 보고했다. 공민왕의 위기감은 극에 달했다. 결국 군사를 동원하여 덕흥군 군대의 진입을 차단하기로 결정하고 경천흥慶千興을 서북면 도원수로 삼는 조치를 취했다.

이 상황에서 고려 조정의 분위기에 주목할 필요가 있다. 원나라 황제가 덕흥군을 고려 국왕으로 삼은 것을 놓고 조정에서 대책 회의가 열렸다. 그런데 회의 분위기가 어정쩡했다. 신하들 사이에서는 덕흥군을 고려가 물리쳐야 할 적이라는 인식이 분명치 않았다. 그들은 덕흥군과 공민왕 두 사람 모두에 유보적인 태도를 취했다. 공민왕은 이런 분위기에 대해 "감히 어쩌지 못했다." 그때껏 100년 넘게 원나라가 고려 왕을 일방적으로 책봉했다. 공민왕도 그렇게 즉위했다. 이 무렵 민심의 이반도 심각했다. 공민왕 12년(1363) 6월, 개경 동쪽 교외에 여러 지역에서 징발된 군사들이 주둔하고 있었다. 예상되는 원나라 침입에 대비하여 북방에 파견하기 위한 군사들이었다. 그런데 이들이 북방 지역 출전을 꺼려서 갑자기 도성 문으로 들이닥쳤다. 결국 고려 조정은 이 사건을 주도한 8명의 목을 베는 것으로 사태를 수습했다. 하지만 그렇게 수습될 수 있는 일이 아니었다. 병사들이 외적에 대항하여 전장에 나가기 전 고려 조정에 먼저 대항한 일이었다. 이 일의 진정한 원인은 오랫동안 민생을 침해하는 사회적 폐단을 방치하고 개혁을 미뤄온 결과였다. 요컨대 신하와 백성들 모두 공민왕에게 충성을 바쳐야 할 뚜렷한 이유가 없었던 셈이다. 심지어 덕흥군을 물리치기 위해 동원된 장군들에게서도 같은 양상이 나타났다.

1364년(공민왕 13) 1월, 원이 새 고려 국왕으로 책봉한 덕흥군이 요동성(현 중국 랴오닝성 랴오양) 병사 1만 명을 이끌고 압록강을 건너 고려를 침략했다. 처음에는 고려 군대가 밀렸다. 이 전투에 참여한 이성계가 비난했듯이, 고려 측 장군들이 힘껏 싸우지 않았던 까닭이다. 최영과 이성계가 정예 병사들을 이끌고 새로이 투입되어 분전함으로써 전세를 역전시킬 수 있었다. 결국 덕흥군은 수주隨州(평안북도 정주)의 달천獺川에서 최영과 이성계 부대에게 패한 후, 전쟁을 시작한 지 약 20일 만에 원나라로 돌아갔다. 이로써 고려는 공민왕 12년 2월 개경 환도 이후 흥왕사 정변 및 덕흥군을 앞세운 원나라 군대의 침입을 겪으며 지속되었던 고려 조정의 혼돈과 불안정을 일단락 지었다.

패전 후 원나라의 조치는 신속했다. 4개월 만인 1364년 5월에 먼저 사신을 보내서 공민왕 폐위 시도에 책임이 있는 사람들을 유배 보냈다고 알려왔다. 9월에는 공민왕을 복위시키면서, 원에 억류되어 있던 고려 사신들을 돌려보내는 조치로 고려와의 관계 개선 의사를 밝혔다. 10월에는 공민왕을 복위시키는 조서를 보내왔다. 조서에는 공민왕 폐위 조치에 대한 해명과 함께 이례적으로 황제의 사과성 발언이 담겨 있었다. 원나라는 이때가 되어서야 비로소 고려와의 새로운 관계를 인정하게 되었다.

6. 개혁에 적합한 때는 없었다

공민왕이 자신의 재위 13년(1364) 말에 지난 8년간 벌어졌던 일들, 즉 공민왕 5년 5월 18일 이후에 일어난 일들을 회상한다면 어떤 생각을 했을까? 이 시기 초반에 공민왕은 자신의 정치적 목표를 위해 대담한 결단을 내렸고 단시간 안에 커다란 성공을 거두었다. 하지만 이 시기 끝 무렵에는 정치적으로 자신이 원하지 않았던 지점에 놓여 있었다. 그와 고려를 둘러싼 국제적인 규모의 정치·군사적 소용돌이가 초래한 일이다.

공민왕은 원간섭기의 선왕들처럼 연경 시절 이래의 측근 인물들을 자기의 정치 기반으로 삼았다. 동시에 그는 고려가 원나라의 지배에서 벗어나야 하고 여러 가지 개혁이 필요하다고 생각했다. 이 일은 자신의 왕위를 지키는 길이기도 했다. 이 두 가지가 그의 정치적 목표였다. 공민왕 5년

(1356) 전격적으로 단행한 반원 개혁의 성공으로 공민왕은 자신의 정치적 목표에 거의 접근했다고 생각했을지 모른다. 하지만 곧이어 왜구의 침입이 규모와 빈도에서 크게 증가하고, 두 차례 홍건적 침략을 겪는 동안 그의 정치적 목표와 세력 기반은 엉클어지고 결국은 완전히 망가지고 말았다. 특히 전민田民 관련 국내 개혁의 성과는 미약했다.

공민왕에게 개혁을 위한 시간은 실제로 얼마나 있었을까? 가장 이상적인 개혁 추진 경로를 가정해본다면, 공민왕 5년 10월 말에 원나라와의 관계를 '정상화'시킨 후 국내 개혁에 착수할 수 있었을 것이다. 하지만 다음 해 5월, 즉 공민왕 6년 5월부터 왜구의 침략이 재개되고 더구나 수도의 코앞까지 왜구들이 들이닥쳤다. 이때의 왜구 침략은 해적의 단순한 약탈 수준을 훨씬 뛰어넘었다. 수백 척에 나눠 탄 수천수만 해적들의 침략과 약탈은 사실상 전쟁이나 다름없었다. 왕궁에서 그리 멀지 않은 사찰에 봉안되어 있던 충선왕과 왕비의 초상화를 왜구들에게 약탈당하는 상황이었다. 왜구의 대규모 침략에 이어서 공민왕 8년(1359) 말에는 홍건적의 1차 침입이 일어났다. 이미 그해 2월에 홍건적이 고려 조정에 침략을 예고한 바 있었다. 이태 뒤 공민왕 10년(1361) 홍건적의 2차 침입과 그에 이어지는 사건들은 앞에서 서술한 바와 같다. 객관적으로도 보아도 이런 상황에서 국내 개혁이 진행될 수는 없었을 것이다. 개혁을 시작했더라도 중간에 중단되었을 가능성이 높다.

두 차례 홍건적 침략을 가까스로 물리친 후 공민왕은 자신과 고려가 살아남기 위해서는 원과의 관계를 다시 회복해야 한다고 생각했다. 하지만 그의 의도와 달리 원나라는 양국 관계를 원간섭기 때로 되돌리려 했다. 원나라의 그런 속셈은 공민왕 제거를 전제로 한 것이었다. 한편 국내의 군사적 수요가 급증하고, 이 상황이 공민왕 측근 세력 내부의 권력투쟁과 맞

물리면서 최영 등 신흥 무장 세력이 새롭게 조정에 진입했다. 이런 일련의 변화로 공민왕의 기존 측근 세력은 와해되고, 전민 개혁 같은 목표는 개혁의 어젠다에서 실종되었다. 그 결과 공민왕은 자신이 전혀 예상하지 못하고 원하지도 않았던 정치적 좌표 위에 놓이게 되었다.

21

신돈과 공민왕

1. 신돈이 등장한 시기의 정치적 분위기

공민왕 5년(1356) 5월 18일에 단행된 조치들은 공민왕의 인간적 면모를 잘 보여준다. 그는 주도면밀하고 결단력이 있는 사람이었다. 이 말이 어쩌면 중립적인 의미를 넘어 공민왕에 대한 긍정적인 느낌을 줄지도 모르겠다. 말을 보탠다면, 그는 비정하고 독선적이며 무자비한 면도 가진 인물이었다. 아무리 오랜 시간을 함께 보낸 사이라도 주변 인물들을 자신의 정치적 도구 이상으로 보지 않았던 것 같다. 그는 아무와도 정치적으로 깊은 신뢰 관계를 형성하지 않았고, 누구와도 자신의 권력을 나누지 않았다. 공민왕과 신돈 관계의 전 과정은 공민왕의 그런 면모를 다시 한번 보여준다.

신돈이 집권하자마자 지체 없이 처음 한 일은 2년 전인 공민왕 12년(1363)에 공신으로 책봉되었던 재추급 무장들을 유배 보낸 일이다. 그들은 신돈과 개인적으로 어떠한 이해관계도 없는 사람들이다. 공적으로나 사적으로도 당시 그들이 유배를 가야 할 어떤 잘못을 저지르지도 않았다. 그들 중에는 공민왕의 목숨을 지켜낸 공으로 공신에 책봉된 사람들도 있었다. 하지만 시간이 지나자 그들은 공민왕에게 정치적으로 몹시 불편한 존재가 되었다.

공민왕 12년 윤3월에 대규모 공신 책봉이 이루어졌다. '홍왕사의 난'이 진압된 지 불과 14일이 지난 시점이다. 제1, 2차 홍건적 침입을 막아낸 공, '홍왕사의 난' 진압에 따른 공을 포함하여 여러 종류의 공신들에 대한 책봉이었다. 그 규모가 대단히 커서 모두 275명에 달했다. 주목할 점은 275명 중에서 문과 출신은 12명에 불과했다는 사실이다. 압도적 다수가 무신이었다. 공신에 책봉된 사람들에게는 토지와 노비가 지급되었다. 공신 책봉이 이루어지고 8일 후, 다시 최영을 비롯한 무장 유공자들을 요직에 발탁하는 대규모 인사 조치가 이루어졌다. 공민왕은 왜 이런 조치를 내렸을까?

홍건적의 두 차례 침입을 물리친 뒤 공민왕 측근 세력은 큰 변화를 겪었다. 내부적으로 분열이 일어났으며 상쟁으로까지 연결되었다. 공적 가치로 묶인 집단이 아니었기에 나타난 결과일 것이다. 이로 인해 공민왕에게 오랫동안 아마도 20년 정도 충성했던 측근 인물이 다수 죽었다. 홍건적을 개경에서 몰아낸 직후 정세운과 3원수(안우, 김득배, 이방실)가 살해되었고, 환도 직후에는 '홍왕사의 난'으로 홍언박이 피살되었다. 홍언박의 죽음은 공민왕에게 회복할 수 없는 정치적 손실이었다. 또, '홍왕사의 난'이 실패하면서 이를 기획했던 김용도 당연히 죽음을 맞았다. '홍왕사의 난'이 일어난 1363년에 공민왕은 재위 12년째이고 34세였다. 이들은 공민왕이 12세에 이국 땅 연경에 있을 때부터 그의 곁을 지켰고, 공민왕 즉위 이래 정치적 기반이 되어준 인물들이다. 조정에서 이들이 빠진 자리를 공신으로 책봉된 신흥 무장들이 채웠다.

공신 책봉이 이루어진 시기는 원나라가 공민왕을 폐위하고 덕흥군을 고려 왕에 책봉하려 한다는 소식이 알려질 때였다. 원나라로부터 그 내용을 통보받기 직전이었다. 공민왕은 원나라의 고려 국왕 교체 시도를 고려 자체의 힘으로 막아낼 수밖에 없는 상황을 목전에 두고 있었다. 무장 중심의 대규모 공신 책봉은 이 상황에서 공민왕이 자기편을 확보하려는 필사적인 노력이었다. 무장이야말로 이 당시에는 공민왕의 유일한 버팀목이었다. 자연스럽게 그들은 조정에서 가장 강력한 정치 세력이 되었다. 이즈음 공민왕은 자신이 경험해보지 못했던 매우 낯선 정치적 환경에 놓여 있었다.

공민왕 13년(1364) 10월은 공민왕에게 어쩌면 수년 만에 찾아온 마음 가벼운 시기였을지 모른다. 이해 2월에 덕흥군 군대를 격파하여 공민왕은 원나라와의 관계에서 다시금 주도권을 쥐게 되었다. 10월에는 원나라 황제가 공민왕에게 복위 조서를 내림으로써 원과 고려의 관계가 다시 정상화되었다. 공민왕이 무장 세력을 이용한 무력 대결을 벌인 끝에 원나라와의 관계를 정상화한 것은 국내 반개혁 세력에게도 강력한 영향을 미쳤다. 그들의 기세는 크게 꺾일 수밖에 없었다. 이 시기에 왜구들의 침탈도 조금 수그러들었다. 주변 정세가 다소 안정되자 공민왕은 조정에서 가장 큰 힘을 가진 무장 세력이 불편하게 느껴졌을 것이다.

공민왕 14년(1365) 2월 노국대장공주가 산고 끝에 사망했다. 원간섭기 고려 국왕들이 부인인 원나라 공주와 사이가 좋았던 경우는 거의 없다. 하지만 공민왕과 노국대장공주만은 예외였다. 두 사람 사이에 아이가 없어서 오랫동안 걱정이 많았는데, 이때 출산 과정에서 아이와 공주가 모두 죽고 말았다. 신돈이 본격적으로 조정에 등장한 것이 이해 5월이다. 이 때문에 공민왕이 신돈을 정치 무대로 끌어낸 이유에 대한 오해가 있었다. 공민왕이 노국대장공주의 죽음으로 실의에 빠진 나머지 신돈을 등용하는 실

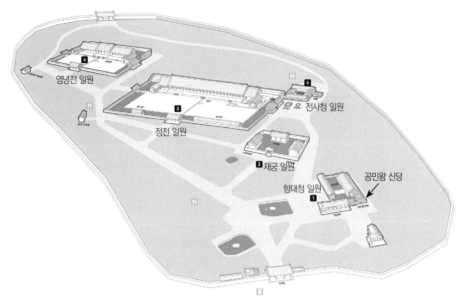

종묘 조선시대 역대 왕과 왕비의 신위를 봉안한 사당인 종묘 안에는 특이하게도 공민왕 신당
또한 있다. 공민왕 신당은 망묘루望廟樓와 향대청香大廳 사이의 작은 별당別堂으로 세워졌다.

공민왕 신당 신당 안 중앙의 벽에 공민왕과 노국대장공주를 함께 그린 영정이 있고, 옆면의 벽
에는 공민왕이 그렸다고 전하는 〈준마도駿馬圖〉가 봉안되어 있다. 출처_국립고궁박물관

정失政을 저질렀다고 보는 관점이 그것이다. 요컨대 공민왕이 정치에 뜻을 잃었다는 말이다. 그렇게 해석할 여지가 없지 않지만 그런 관점으로는 이해되지 않는 사항이 꽤 있다. 신돈 집권기의 정치적 양상이 그렇다.

2. 신돈과 공민왕의 만남

신돈辛旽의 승명僧名은 편조遍照이다. '신돈'이라는 이름은 집권 후 환속하여 정한 속명俗名이다. 그의 아버지에 대해서는 알려진 바가 없고 어머니는 옥천사玉川寺라는 절의 노비였다. 이 절은 현 경상남도 창녕군 창녕읍 화왕산에 있었는데, 신돈 몰락 후에 폐사되었다. 기록에는 신돈의 신분이 미천하여 산방山房 생활을 많이 했다고 나온다. 천한 신분 탓에 절에서도 무리에 끼지 못하고 대개 홀로 지냈다는 뜻이리라.

신돈이 공민왕과 처음 만난 것은 1365년 훨씬 이전이다. 그는 1358년(공민왕 7) 공민왕의 외척이자 측근인 김원명金元命의 소개로 공민왕을 처음 만나서 궁중에 드나들기 시작했다. 『고려사』에 다음과 같은 기사가 나온다.

> 공민왕 꿈에, 어떤 사람이 칼을 빼어 자기를 찌르려 하는데 어떤 중이 구해주어서 죽음을 면했다. 이튿날 태후(노국대장공주)에게 꿈 이야기를 말했다. 마침 김원명이 신돈을 보여주었는데, 그 용모가 (꿈속에서 보았던 중과) 매우 닮았다. 왕이 매우 이상히 여겨 더불어 말해보니 총명하고 지혜로우며(聰慧) 말을 잘하였고(能辨), 스스로 도道를 얻었다 하면서 괴이하게도 자신 있게 말함(大言)이 문득 왕의 뜻에 맞았다. 왕이 평소

에 부처를 믿고 또 이미 꿈을 꾸었으므로, 이로부터 자주 그를 비밀히 궁중에 불러들여 함께 공리空理를 담론했다.

—『고려사』 권132, 「열전」 권45 반역 6, 신돈.

　꿈 이야기를 그대로 믿기는 어렵지만, 이 기록에서 우리는 몇 가지 사실을 알 수 있다. 공민왕이 처음 본 신돈에게 호감을 느꼈으며, 신돈이 똑똑하고 말을 잘한다는 인상을 주었다는 점이다. 그리고 공민왕이 신돈을 종종 불러서 대화를 나눴는데, 이 대화에서 두 사람이 의견을 같이하는 경우가 적지 않았을 것이라는 점이다. 또한 이 기록을 남긴 사람이 두 사람의 대화를 '공리空理'라고 한 것으로 보아 신돈에 대해서 부정적으로 생각했음을 알 수 있다.

　신돈이 정식으로 집권한 시기는 공민왕의 사부師傅가 된 공민왕 14년(1365) 5월이다. 하지만 이전부터 공민왕의 마음을 얻었고, 이를 통해 막후에서 정치적 영향력을 발휘했던 듯하다. 두 가지 사실로 이를 짐작할 수 있다. 하나는 공민왕 측근 인물들이 신돈을 매우 싫어했다는 점이다. 대표적인 인물이 이승경李承慶과 정세운이다. 두 사람 모두 홍건적의 침입 때 활약했다. 이승경은 신돈에 대해 '국가를 어지럽게 할 자'라 했고, 정세운은 '요사스러운 중'이라고 했다. 그런데 이승경은 공민왕 9년(1360)에 죽고, 정세운은 공민왕 11년(1362)에 죽는다. 이들의 말로 미루어 신돈은 공민왕 9년 이전부터 이미 정치에 암암리에 간여하고 있었을 것이다. 다른 하나는 신돈이 집권하자마자 공민왕 14년 5월과 6월에 조정에서 가장 강력한 세력인 무장 출신 재추들을 유배 보냈다는 점이다. 공민왕과의 완벽한 합의가 없었다면 결코 신돈 혼자 할 수 있는 일이 아니다. 이런 사실이 말해주는 것은 다음과 같다. 신돈은 공민왕 14년 5월에 공식적으로 집권하지만 이미 6~7년 전부터 공민왕과 교류했고, 그 과정에서 두 사람이 상당한 수준의 의견 일치를 보았다. 신돈의 등장과 집권은 공민왕이 정치적으로 면밀하게 계산한 결과였다고 보는 것이 합리적이다.

3. 공민왕이 신돈을 등용한 이유

『고려사』는 공민왕이 신돈을 등용하기 전에 조정의 정치집단에 대해 어떻게 생각했는지를 보여준다.

> 세신대족世臣大族은 가까운 무리끼리 뿌리 깊이 얽혀 있어 서로 허물을 가려준다. 초야草野의 신진新進은 교만하게 행실을 꾸며서 명예를 낚다가 귀현貴顯(벼슬이 높아지고 이름이 알려짐)해지면 (자기) 집안이 한미寒微(가난하고 변변하지 못함)한 것을 부끄럽게 여기고 대족大族과 혼인하여 그 처음의 뜻을 다 버린다. 유생儒生은 유약하여 강직함이 적고, 또 문생이다, 좌주다, 동년이다 칭하면서 서로 당을 이루고 (사私)정情에 따르니 이 셋은 모두 쓰지 못하겠다. 세상을 떠나 초연한 사람을 얻어 크게 써서, 머뭇거리며 고치지 못한 폐단을 개혁하고자 한다. 돈旽을 보니 (그가) 도를 얻어 욕심이 적으며 또 미천하여 친하게 지내는 무리가 없으니, 큰일을 맡기면 분명히 뜻대로 하여 고적顧籍(자기 몸을 살펴 소중하게 여김)하는 일이 없을 것이라 생각한다.
>
> ─『고려사』 권132, 「열전」 권45 반역 6, 신돈.

공민왕 13년(1364) 10월에 공민왕은 원나라가 자신을 복위시킨다는 통지를 받았다. 아마도 이즈음부터 공민왕은 국정 운영에 대한 새로운 구상을 시작했을 것이다. 무엇보다 무장 출신 고위 관료들이 다수를 이루는 조정을 재편해야겠다고 마음먹었을 것이다. 이 시점에 공민왕은 두 가지 과제를 가지고 있었다. 첫째는 자신이 통제할 수 있는 정치 세력으로 조정을 재편하여 국왕 권력을 회복하는 일이다. 공민왕은 2차 홍건적 침입이 발생한 1361년(공민왕 10)까지 연경 시절 이래의 측근들을 자신의 정치 기반으로 삼았다. 이 집단 구성원들 중 몇몇이 문제를 일으키기는 했으나, 이들에 대한 공민왕의 신뢰는 굳건했다. 공민왕과 이들 사이에는 서로 오래된 정서적 공감대가 있었다. 하지만 공민왕 10년 이후 이어진 정치적 사건들로 인해 정치 세력으로서의 측근 집단은 붕괴되고 말았다. 그 빈자리에 들어온 무장 재추 그룹은 공민왕에게 편치 않은 존재들이었다. 위에서 공민왕은 세 집단에 대해 말하고 있다. 세신대족世臣大族, 초야신진草野新進, 유자儒者이다. 이 세 집단은 사실상 고려 조정의 정치 그룹 전체를 가리킨다. 공민왕은 조정에 있는 누구도 믿을 수 없다고 말한 셈이다. 이 맥락에서 등장하는 인물이 신돈이다.

신돈을 등용한 일은 공민왕의 이전과 크게 다른 정국 운영 모습처럼 보일 수 있다. 하지만 실상은 그렇지 않다. 신돈 역시 공민왕의 측근이다. 국가의 공적 관료 조직이 아니라 국왕이 자기 측근 인물들을 정치적 기반으로 삼는 정치 형태야말로 원간섭기 이래 고려 국왕들의 공통점이다. 공민왕은 이를 극단적으로 추구한 셈이다. 기존에는 측근이라고 해도 개인이 아닌 집단이었다. 반면에 신돈은 그 집단 자체를 대신했고, 게다가 공민왕이 자신과 동급인 양 대우함으로써 신돈이 마치 공민왕으로부터 독립한 권력인 듯이 보이게 만들었다. 하지만 신돈을 통한 권력 운영 양상은 공민왕의 이전 재위 기간에 없었던 새로운 특징은 아니었다.

이와 관련해 한 가지 더 주목할 점이 있다. 공민왕은 측근 중심으로 정치를 운영하면서도 그 측근과 자신이 마치 분리되어 있는 듯이 행동했다는 점이다. 이런 특징은 공민왕과 신돈의 관계에서 가장 잘 드러난다. 앞에서 언급했듯이 신돈은 공민왕의 기존 측근 세력과 사이가 좋지 않았다. 공민왕 16년(1367) 말에 국왕 측근 세력이 공민왕에게 아뢰어 신돈을 제거하려 했다. 그때 아뢴 이들은 조정의 고위 관료와 일부 연저수종공신이었다. 신돈이 집권한 지 2년이 지난 시점이었으나, 그들은 신돈의 진짜 배후가 공민왕임을 파악하지 못했다. 이것은 공민왕의 연출을 통해서만 가능한 일이다. 마치 신돈이 공민왕으로부터 독립적인 것처럼 보이게 만들었다는 말이다. 적어도 공민왕은 자신이 권력에 거리를 두고 있다고 신하들이 믿게 하는 데 성공했다.

이렇게 함으로써 공민왕은 정치적으로 무엇을 얻을 수 있었을까? 아마도 정치적 행위와 책임을 분리시키는 것이리라. 모든 정치 행위에는 그에 상응하는 책임이 따르는 법이다. 권한 행사에 상응하여 책임을 지는 일은 아무리 절대 권력을 지닌 왕이라 해도 피할 수 없다. 그런데 공민왕은 대리인을 내세워 자신의 정치적 의도를 관철하면서도 그에 대한 책임에서 벗어날 수 있었다. 그 대리인이 국왕의 권력을 제약할 가능성이 있거나 혹은 정치적으로 책임져야 할 일이 발생했을 때, 공민왕은 언제나 그 대리인을 신속하고 과감하게 제거했다.

공민왕의 두 번째 과제는 더 이상 미룰 수 없는 사회경제적 개혁이었다. 공민왕은 재위 원년(1352)과 12년(1363)에 전민田民 문제를 핵심으로 하는 사회경제적 개혁을 천명하고 일부 추진했다. 하지만 성과는 거두지 못했다. 언제나 이에 앞서는 일은 왕권 강화를 위한 조치였다. 공민왕 이전 왕들이 즉위 후에 선왕의 측근 세력을 물리치기 위한 권력투쟁의 방편으로 개혁을 이용했듯이, 공민왕은 반원적 조치의 명분으로 개혁을 이용한 면이 강했다. 그런데 이 시기에 이르면 '반원'이라는 정치적 목표는 더 이상 개혁 정치의 현실적 목표가 될 수 없었다. 이제 왕권 강화를 위한 정치적 명분으로는 사회경제적 개혁 이외에는 남아 있는 것이 없었다. 더구나 왜구의 빈번한 침략과 1, 2차 홍건적 침략을 거치면서 고려 사회가 가지고 있던 비리와 모순이 더욱 크게 증폭된 상태였다. 앞에서 공민왕은 신돈을 발탁한 이유로 그가 '세상을 떠나 초연한 사람'이고, '욕심이 적으며 또 미천하여 친하게 지내는 무리가 없는' 점을 들었다. 한마디로 신돈이 몸 사리지(顧藉) 않고 개혁에 나설 것으로 기대했다.

여기서 우리는 공민왕이 개혁 그 자체에 대해 가졌던 생각의 단편을 엿볼 수 있다. 그는 신돈이 기득권 세력과 관계가 없고 욕심이 없다는 점을 개혁 실행의 최적 조건으로 보았다. 이러한 시각은 공민왕이 개혁을 기성의 체제와 다른 새로운 시스템의 작동이 아닌 기존 시스템의 부정으로만 이해했음을 뜻한다. 기존 시스템을 단순히 부정하는 방식의 개혁은 결코 성공할 수 없다. 새로운 시스템을 성공적으로 도입하고 작동시키려면 기존 시스템에서 혜택을 받았던 세력이 중심이 되어도 곤란하지만, 기존 시스템을 몰라서도 곤란하다. 개혁을 그런 방식으로 이해했기 때문에 공민왕은 개혁을 지향했으면서도 재위 기간 내내 개혁적 신흥유신 집단과의 결합이 반드시 필요한 일이라고는 생각하지 않았던 것으로 보인다.

공민왕은 개혁이 현실에서 어떤 사회적 정치적 경로를 통해 이루어지는지, 개혁된 상태가 어떤 모습인지 알지 못했다. 또한 개혁의 성공이 개혁 주체의 의지에만 달린 문제가 아니라는 것도 몰랐다. 무엇보다 개혁을 성공시키려면 개혁에 대해 제대로 이해하고 있는 여러 사람이 필요하다는 것을 이해하지 못했다.

4. 신돈의 숙청

신돈이 집권했던 기간은 공민왕 14년(1365) 5월부터 공민왕 20년(1371) 3월 정도까지다. 6년에 조금 못 미치는, 짧지 않은 기간이다. 집권 기간에 신돈은 총 43명을 유배 보내거나 처형했다. 공민왕 14년 5~6월에 15명, 공민왕 15년 4월에 5명, 공민왕 16년 10~11월에 17명, 공민왕 17년 8~9월에 4명, 공민왕 18년 6월에 2명이다. 공민왕 14년과 16년에 처벌한 인물들이 많다. 처벌 양상도 시간이 지날수록 강해졌다. 공민왕 14년과 15년에는 모두 유배, 파직, 좌천 조치를 취했지만, 공민왕 16년에는 장형杖刑 후 유배를 보냈다. 공민왕 17년과 18년에는 사사賜死 혹은 장살杖殺이 포함되었다.

신돈의 정치적 숙청이 고려 조정을 구성하는 정치 세력의 교체까지 의도했던 것 같지는 않다. 사실 그 일은 신돈이나 공민왕이 하려고 해도 할 수 없었을 것이다. 단지 개인적으로 조정에서 영향력이 크다고 생각되는 인물들을 솎아내는 수준으로 숙청이 진행되었다. 물론 공민왕의 의도가 반영된 일이었다. 신돈 집권기에 좌천, 면직, 유배 혹은 처형된 인물들 상당수는 1등공신에 책봉되었던 사람이다. 특히 두 개 이상의 1등공신호를 수여받은 이가 많았다. 당시 두 개 이상 공신호를 수여받은 이들은 총 23명인데, 이 가운데 11명(47.8%)이 신돈에 의해 면직 혹은 유배되었다. 그들은 기성의 정치 세력 중에서도 중요한 인물들이었다.

신돈은 공민왕 14년(1365) 5월 왕의 사부가 되는 형식으로 집권했다. 그는 집권과 동시에 공민왕 14년 5~6월 사이에 전격적으로 정치적 숙청을 단행했다. 이때 숙청된 인물들은 대략 세 부류이다. 첫째는 홍건적의 침략, '홍왕사의 변란', 덕흥군의 침입 후 성장한 무장 세력과 공신들이다.

당시 권력의 핵심에 있던 최영을 계림윤鷄林尹(경주의 행정 책임자)으로 전격 밀어낸 후 이어서 훈작勳爵을 박탈하고 파직했다. 최영의 좌천과 파직을 시작으로 재추 반열에 있던 무장들을 모두 권력 핵심부에서 제거했다. 이구수李龜壽·양백익梁伯益·박춘朴椿·석문성石文成·경천흥·변광수邊光秀·김귀金貴 등이 대표적이다. 이들은 공민왕 14년의 숙청에서 집중적인 타격 대상이 되었다. 이들 중 이구수, 박춘, 김귀는 귀양 도중에 신돈이 보낸 자객에게 피살되었다. 특히 이구수는 여러 차례 공을 세우며 최영과 함께 신흥 무장들 가운데 핵심 인물이었다. 무장 세력 숙청은 처음 있는 일이 아니었다. 3년 전 공민왕 11년(1362)에 홍건적 2차 침입으로 잃었던 개경을 회복한 직후 공민왕의 묵인 혹은 사주로 정세운과 3원수가 차례로 피살된 일과 맥락을 같이한다. 신돈의 숙청 과정에서 최영 역시 정세운이나 김용처럼 피살되었다 해도 이상하지 않다. 하지만 야전에서 여러 차례 세운 혁혁한 전공과 평생 견지해온 청렴성 때문이었는지 모르지만 최영은 가까스로 죽음을 면했다.

두 번째 부류는 세족世族 및 기씨 가문과 가까웠던 인물들이다. 이공수李公遂·한공의韓公義·원송수元松壽·왕중귀王重貴 등은 세족 가문 출신으로 조정에서 상당한 힘을 가지고 있었다. 이들은 신돈 집권과 동시에 권력에서 배제되었다. 실상 이들은 무장 세력이 조정에 등장하기 이전부터 공민왕에게는 불편한 세력이었다.

세 번째 부류는 연저수종공신들이다. 유숙과 김보金普의 면직, 허유許猷와 목인길의 유배는 연저수종공신의 몰락을 잘 보여준다. '흥왕사의 난' 이후 연저수종공신들에 대한 공민왕의 불신은 깊어졌다. 연저수종공신들 역시 공민왕에 대한 충성심이 식어가고 있었다. 신돈이 귀양 보낸 연저수종공신들은 공민왕과 그들 내면의 변화를 보여준다.

3년 뒤인 공민왕 17년(1368) 9월에 유배형에 처해졌던 유숙이 12월에 자객에게 피살되었다. 이 사건은 공민왕의 정치 심리 속성을 이해할 수 있는 단서를 제공한다. 유숙은 6명의 연저수종일등상공신燕邸隨從一等上功臣 중 한 사람이다. 그는 1340년(충혜왕 복위 1)에 문과에 급제한 후 원나라에서 4년간 어린 강릉대군(공민왕)을 가르치는 직책에 있었다. 강릉대군이 원나라에 있는 동안 그 주변 인물 중에서 문과 급제자는 유숙과 김득배뿐이었다. 원나라가 충혜왕 사후에 충목왕과 충정왕을 연이어 고려 국왕으로 임명하여 강릉대군이 잇따라 정치적 패배와 좌절을 겪을 때도 유숙은 곁에서 함께했다. 공민왕에 대한 충성이나 개인적인 유능함으로 보아도 유숙은 연저수종공신들 중에서 독보적이었다. 더구나 연저수종공신들 가운데 그는 개혁적 신흥유신과 연결되는 거의 유일한 인물이었다. 그는 공민왕 11년(1362) 10월 홍언박이 지공거였을 때 동지공거로 과거를 주관했다. 이숭인, 설장수偰長壽, 정도전鄭道傳 등이 그의 문생이다. 그런 그가 신돈이 집권하자 곧 조정을 떠나 낙향했다. 하지만 결국 유배를 떠날 수밖에 없었고, 신돈이 보낸 자객에 의해 살해되었다. 신돈은 공민왕에게 유숙이 덕흥군에게 도망갈지도 모른다는 암시를 주었고, 마침내 유숙을 살해하는 일에 대한 공민왕의 암묵적 동의를 받아냈다. 유숙의 죽음을 공민왕 개혁의 종말을 예고하는 사건으로 본다면 지나친 비약일까? 유숙이 피살된 후 3년이 지나 신돈이 제거되자, 이인복李仁復(1308~1374)이 유숙의 만장挽章을 써서 뒤늦게나마 그의 죽음을 애도했다.

　공민왕은 신돈에게 정치를 위임한 이유를 세신대족, 초야신진, 그리고 유자를 믿을 수 없기 때문이라고 말했다. 이 말은 그가 조정의 어느 누구도 정치적으로 신뢰하지 않았다는 뜻이다. 공민왕의 정치를 전체적으로 살펴보면 실제로 그가 아무도 신뢰하지 않았다는 느낌을 갖게 된다. 상식 차원에서 생각해도 국정을 운영하려면 많은 사람이 필요하고, 좋은 정치를 하기 위해서는 모인 사람들이 공적인 원칙 위에서 움직여야 한다. 더구나 사회 개혁이라는 이상적 가치를 추구하는 경우에 그러한 당위는 더욱 강하게 요청될 수밖에 없다. 그렇게 모인 사람들 사이에는 암묵적으로 서로에 대한 공적인 신뢰가 형성되기 마련인데, 최고 권력자는 그 신뢰의 무게중심에 있어야 한다. 그러나 공민왕은 아무도 믿지 않았다는 점이 문제다. 물론 국왕의 자리에서 본다면 그런 불신이 자연스러운 일일 수도 있다. 하지만 아무도 믿지 않는다는 것은 모두를 믿는 것만큼이나 위험한 일이다. 공민왕의 비극적 최후는 최소한 부분적이나마 거기에서 비롯되었을 가능성이 있다.

신돈이 주도한 정치적 숙청에는 기존의 정치 질서를 개편하려는 공민왕의 강력한 의지가 담겨 있었다. 그 숙청은 정치권에 갑자기 개입한, 사회적으로 미천했던 한 개인이 할 수 있는 일이 전혀 아니다. 공민왕은 신돈에게 왕과 같은 권능과 지위를 부여했다. 종래의 고려 정치 질서에서는 찾아볼 수 없는 존재가 왕과 신료들 사이에 끼어든 형태였다. 신돈이 왕을 대신하여 신하들의 하례를 받았고, 왕은 자신의 정치하는 공간(聽政之所)에 나타나지도 않았다. 공식 석상에서 신돈과 공민왕은 같은 옷을 입었다. 이렇게 공민왕이 연출하여 신돈에게 부여한 그 힘으로 전격적이고 대규모로 정치적 숙청이 이루어졌다.

5. 전민추정도감

공민왕은 즉위 이후 줄곧 두 가지 개혁 목표를 추구했다. 가장 중요한 첫 번째 목표는 국왕 권력의 강화와 원나라로부터의 독립이고, 두 번째 목표는 사회경제적 개혁이다. 신돈은 공민왕의 이 두 가지 정치적 목표를 모두 추구했다. 이 때문에 신돈은 공민왕의 측근 세력이라는 이미지와 개혁 정치를 펼쳤다는 이미지를 함께 갖게 되었다. 신돈이 조정의 많은 사람을 숙청한 일이 공민왕 측근으로서 한 행동이라면, 전민추정도감田民推整都監의 설립과 운영은 공민왕의 사회경제적 개혁 목표에 상응하는 행동이었다. 전민추정도감은 신돈 자신의 집권을 상징하는 기구이기도 했다. 나중에 공민왕이 신돈 제거에 나설 때, 제일 먼저 취한 조치가 전민추정도감의 기능을 중지시킨 일이다. 전민추정도감은 신돈의 권력 기구였다.

신돈의 집권은 공민왕이 추진하던 개혁의 일환이었다. 조선 초에 편찬된 『고려사』나 『고려사절요』는 조선 건국의 정당성을 확보하려는 목적을 가질 수밖에 없기 때문에 신돈을 부정적으로 기록했다. 이들 역사서는 신돈을 우왕의 아버지, 창왕의 할아버지로 규정했다. 하지만 신돈 집권기는 개혁의 시기였다. 비록 의도했던 만큼 성공을 거두지는 못했지만 개혁이 아니라고 말할 수는 없다. 어떤 면에서 보면 신돈 집권기의 개혁은 이미 추진되었어야 했으나 지연된 것이었다. 아마도 공민왕 6년(1357) 이후 왜구와 홍건적의 침략이 없었다면 개혁은 좀 더 일찍, 좀 더 과감하게 이루어졌을 가능성이 높다. 이를 입증할 수 있는 자료는 확인하기 어렵지만, 나라 안팎의 혼란이 어느 정도 잦아들자마자 공민왕이 신돈을 내세워 개혁을 추진한 것은 그에 대한 간접적인 증거라고 할 수 있다.

전민추정도감은 공민왕 15년(1366) 5월에 설치되었다. 한 해 전 신돈 집권 직후에 설치된 형인추정도감刑人推整都監을 확대 개편한 기구이다. 형인추정도감은 가뭄이 지속되자 그 재해의 원인이라고 생각되는 억울한 소송과 지체된 소송을 해결한다는 명목으로 설치되었다. 여기서 '형인刑人'이

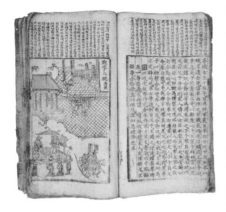

정이상소鄭李上疏 조선 세종 때 군신·부자·부부의 삼강에 모범이 될 만한 행실을 모아 편찬한 『삼강행실도』에 실린 충신도 중 하나다. 정추와 이존오가 신돈을 탄핵하고 귀양 가는 모습을 그린 것이다. 두 사람은 신돈이 왕과 나란히 의자에 앉아 있는 등 왕과 동등한 예를 행하는 것이 국가질서를 문란하게 한다고 비판했다. 그림에서 ①은 두 사람이 공민왕에게 간쟁하는 모습, ②는 신돈이 두 사람을 회유하는 모습, ③은 두 사람이 귀양 가는 모습이다. 출처_디지털 장서각

란 곧 억울한 죄수를 의미한다. 고려시대와 조선시대에는 가뭄이 들면 억울한 죄인을 풀어주고 가벼운 죄를 사면해주는 관행이 있었다.

공민왕 14년(1365) 5월에 신돈은 왕의 사부 지위로 집권했다. 이후 계속 직위가 올라가 7월에는 진평후眞平侯가 되고, 12월에는 최고위 관직인 영도첨의사사領都僉議司事에 올랐다. 개혁을 추진하려면 힘이 있어야 했다. 그렇다면 영도첨의사사에 오른 신돈은 관료들을 효과적으로 통제했을까? 그런 것 같지는 않다. 전민추정도감이 설치되기 한 달 전, 좌사의대부左司議大夫 정추鄭樞(정공권鄭公權, 1333~1382)와 우정언右正言 이존오李存吾(1341~1371)가 상소를 올려 신돈을 논박했다가 공민왕의 노여움을 샀다.

결국 이들은 이색의 변호로 극형을 면하고 동래와 장사長沙(현 전라북도 고창군 무장면) 수령으로 좌천되었다. 두 사람은 각각 21세와 20세에 문과 급제하고 권문세족과 대립했던 전형적인 고려 말 신흥유신이다. 조정에서 이들은 신돈의 지위와 권위를 전혀 인정하지 않았다. 요컨대 공민왕이 신돈을 최고위 관직에 올릴 수는 있어도 신료들에 대한 통제력까지 줄 수는 없었다. 신돈에게는 직위보다 자신의 조직이 필요했다.

이 시기에 백성들 사이에서 가장 호소력 있는 개혁 명분은 토지와 노비에 대한 개혁이었다. 민심에 가장 민감한 소재가 바로 이 문제였다. 이 개혁은 신돈과 공민왕에게 유리했다. 백성들에게 응원을 받으면서 힘 있는 세력을 약화하거나 배제할 수 있는 방법이었기 때문이다. 더구나 이 개혁을 실행하기 위해서는 관료 조직에 개입해야 했다. 신돈은 전민 개혁이라는 명분을 내세워 관료들을 장악하고 제어할 수 있는 조직으로 전민추정도감을 이용했다.

전민추정도감의 설치 목적은 이를 고시한 방문榜文에 분명히 밝혀 있다. 전민 문제를 정부가 이렇게 구체적이고 명백하게 말한 것을 이전에는 찾아보기 어렵다.

> 신돈이 전민변정도감 두기를 청하여 스스로 판사가 되었다. 개경과 지방에 방榜을 내걸어 유시諭示하기를 "근래에 기강이 크게 무너져 탐욕을 부리는 일이 풍속으로 되어서 종묘전, 학교전, 창고전倉庫田, 사사전寺社田, 녹전전祿轉田(관리의 녹봉을 마련하는 토지), 군수전軍須田 및 나라 사람들이 대대로 가업으로 이어온 농지와 노비까지 권세 있는 집에서 공법公法을 두려워하지 않고 거의 다 탈취해버렸다. 이미 (나라에서) 전주田主에게 돌려주라고 판결했는데도 그대로 가지고 있는가 하면, 양민

良民인 줄 알면서도 (계속해서) 노비로 삼고 있다. 주州와 현縣의 역리驛吏, 관노官奴, 백성들 중 역役을 피해 도망한 자들을 (권세 있는 집은 자신들의) 농장農莊에 숨겼다. 이 때문에 백성은 병들고 나라는 쇠잔해졌으며, 하늘도 분노하여 수재와 한재를 부르고 돌림병 또한 그치지 않는다. 이제 도감을 두어 이를 추정推整(바로잡음)케 하되, 경중京中은 15일, 제도諸道(지방)는 40일에 한하여 그 잘못을 알고 스스로 고치는 자는 (죄를) 묻지 않을 것이다. 그러나 기한이 지나 발각되는 자는 규찰하여 다스리고, (반대로) 망령되이 (거짓으로) 고소하는 자는 도리어 죄줄 것이다." 했다.

—『고려사』 권132, 「열전」 45, 반역 6, 신돈.

전민추정도감을 설치한 목적은 공민왕 이전부터 문제되었던 전민 문제에 대한 해결이었다. 당시 권세가들의 전민탈점은 공전과 사전을 가리지 않고 자행되었다. 그 결과 국가로부터 지급받은 토지에서 나오는 세금 수입으로 운영되는 국가기관들이 제대로 기능하지 못할 정도였다. 관료들의 녹봉과 군수물자도 늘 부족했다. 권세가들은 국가의 권위와 국가기관의 공식 판결도 무시했다. 소송을 통해 전주田主(수조권을 가진 관리들)에게 전민을 돌려주라고 판결이 나도 권세가들이 그대로 가지고 있었던 상황이 이를 보여준다. 이렇게 법질서가 무시되자 백성들은 권세가들이 확대한 농장에 숨어들었다. 그리하면 백성이 국가에 대해 지고 있는 의무, 즉 역役을 피할 수 있었다. 이 모든 결과는 "백성은 병들고 나라는 쇠잔해"지는 것으로 나타났다.

전민추정도감은 구조적 변화까지는 아니어도 눈에 보이는 변화를 일으켰다. "(전민추정도감의) 영속이 나오자 권호權豪들이 빼앗았던 전민을 주인에게 돌려주었고, 마침내 전국에서 기뻐하였다"라는 기록을 통해 이를 확인할 수 있다. 이전까지 권세 있는 자들은 법으로 결정된 사항조차 따르지 않았다. 전민추정도감은 특히 사회 하층민에게 환영받았다. 노비들이 신돈을 두고 "성인聖人이 세상에 나왔다"고 한 기록이 있다. 전민 관련 개혁이 이 정도의 사회적 반향을 일으킨 것은 충목왕 때(1347)년 설치되어 한 달 남짓 활동했던 정치도감 이후 처음이다.☞ 417~420쪽 참조 거의 20년 만의 일이었다.

전민 개혁은 반원 개혁보다 본질적으로 그 개혁 대상이 넓고 문제의 뿌리가 깊었다. 반원 개혁은 관련된 사람이 일부에 치우쳐 있지만 전민 개혁은 거의 모든 사람에 관련된 문제였다. 반원 개혁보다 훨씬 더 어려운 개혁이었다. 사회 개혁은 사회의 오래된 관행과 구조를 변화시키는 지점, 즉 탄성한계를 넘는 지점까지 가야 성공할 수 있는 법이다. 따라서 개혁을 성공시키기 위해서는 개혁적 인물 몇몇이 아닌 개혁적 정치 세력의 제도적 정착이 필요하다. 하지만 전민추정도감은 그런 수준에 있는 기구는 아니었다. 전민추정도감이 사회 하층민에게 크게 환영받으며 일정한 효과를 나타내기 시작하자, 그에 대한 반작용으로 기득권 세력의 저항도 동시에 시작되었다. 사회 하층민들이 신돈을 성인이라 추어올리고 부녀자들이 그를 숭배하는 현상은 개혁 저항 세력에게는 오히려 신돈을 비난할 수 있는 소재가 되었다.

신돈이 추진한 개혁은 개혁적 관료 집단의 조직적 지지와 협력을 받지 못했다. 그 원인 중에는 신돈과 전민추정도감 자체에 문제가 있었던 것도 사실이다. 전민추정도감에서 중책을 맡은 이인임李仁任과 이춘부李春富는 오히려 전민추정의 처벌 대상자에 더 어울리는 권세가였다. 신돈의 개인적 행실도 비판 대상이 되었다. "부인婦人으로 송사하는 자가 용모가 아름

다우면, 신돈이 불쌍히 여기는 것처럼 하여 집에 불러들여서 돌연히 간음하고 (그녀가) 송사하면 반드시 신원伸冤(한을 풀어줌)되도록 해주었다. 이로 말미암아 여자들의 청알請謁(만나 뵙기를 청함)이 성행하므로 사대부(士人)들이 이를 갈았다"는 기록이 있다. 개혁 저항 세력은 신돈이 겉으로는 공의公義를 빙자하지만 실제로는 사람들에게 환심을 사기 위해 무릇 천인과 노비들이 스스로 양인이라고 호소해오면 한결같이 모두 양인으로 만들어주었다고 주장했다. 그를 위선자로 규정했던 것이다. 개혁의 명분을 반대할 수 없다면 개혁을 주장하는 사람을 흠잡고 위선자로 몰아세우는 것이 개혁에 대한 오래된 공격법이다. 신돈을 비난하는 사료를 얼마나 믿어야 할지 말하기는 어렵다. 상식적인 차원에서 말한다면, 아마도 그런 비난에는 상당한 과장이 들어 있을 것이다. 신돈의 개혁은, 개혁을 성공시키려면 개혁적 집단이 필요하다는 사실을 보여준다.

6. 성균관 재건과 성리학 열풍

신돈은 이제현 등을 지목해 "유자儒者들은 좌주座主(과거시험관)니 문생門生(과거 합격자)이니 하고 안팎으로 줄지어 있으면서 서로 간청하여 그 하고자 하는 바를 자행합니다. 이제현 같은 사람은 (그의) 문생이 그 문하에서 또 문생을 봄으로써 드디어 나라를 메운 도적이 되었으니, 유자들의 폐해가 이와 같습니다"라고 말한 바 있다. 신돈의 말에 '유자'들에 대한 부정적 어감이 있기는 하지만, 그가 말한 내용이 당시 고려의 현실과 많이 다르다고 할 수도 없었다.

'유자'들도 대체로 신돈을 부정적 시선으로 보았다. 유자에 대한 신돈의 인식보다 불교에 대한 유자들의 부정적 인식이 훨씬 더 강했다. 그들은 불교 승려가 영도첨의사사 관직에 있는 것을 인정할 수 없었다. 더구나 그들이 보기에 신돈은 충렬왕 이래 지속된 이른바 국왕 '측근 정치'의 결정판이었다. 그들의 이런 판단도 잘못되었다고 말하기 어렵다. 하지만, 그럼에도 불구하고 신돈 집권 기간에 신돈의 도움으로 유자들이 정치적 사상적 결집과 부흥의 계기를 만들었다는 점은 매우 흥미롭다. 이 결집의 한 가닥 흐름이 25년 뒤 조선 건국으로 이어졌다.

공민왕 5년(1356) 반원운동에서 이제현은 소외되었고, 공민왕 8년(1359)에 책봉된 주기철공신誅奇轍功臣에서도 이제현 중심의 학문적 동류 집단이나 좌주-문생 관계로 연결된 신흥유신은 분명히 확인되지 않는다. 공민왕 12년(1363)의 대규모 공신 책봉에서 전체 275명 공신 중 문과 출신은 12명에 불과했다. 그중에서 신흥유신으로 분류될 수 있는 사람은 단지 6명뿐이었다. 신흥유신들은 집단적 차원에서는 신돈이 등장하기 이전까지 공민왕 정권에서 사실상 거의 소외되어 있었다고 보아야 한다.

신흥유신이 공민왕의 조정에 등장하는 계기는 신돈이 집권하여 개혁을 추진하면서 마련되었다. 신돈의 개혁은 세신대족 배제를 원칙으로 했기 때문에 이제현(1287~1367), 백문보(1303~1374), 이인복(1308~1374) 등은 개혁 주체에서 제외되었다. 하지만 이미 유신儒臣들은 그 수가 많고 또 긴밀히 연결되어 있었다. 이제현 등이 아니어도 그의 문생 이색(1328~1396)을 비롯하여 공민왕 대 과거시험에 급제한 20~30대 젊은 문신인 김구용(1338~1384), 정몽주(1337~1392), 박상충(1332~1375), 박의중(1337~1403), 이숭인(1347~1392) 등이 신돈 정권에 참여하고 있었다. 그 계기는 공민왕 16년(1367) 성균관의 재건이다.

공민왕 15년(1366) 12월, 원나라 사신이 개경에 있는 문묘를 방문했다.

고려성균관高麗成均館　고려 성종成宗 11년(992) 개경에 세워진 고려 최고의 국가교육기관으로, 고려시대의 건물은 임진왜란 때 소실되었으며, 현재의 건물은 조선 선조 35년(1602)에 다시 지은 것이다. 조선 건국 이후 한양에 새롭게 성균관이 지어지면서 개성 성균관은 향교가 되었다. 현재는 고려박물관으로 사용되고 있다. 고려성균관은 유네스코 세계유산으로 등록되었다. 사진에 보이는 건물은 대성전이다. 출처_국립문화재연구소

다음은 그에 대한 기록이다. "(사신이) 학사學舍가 버려져서 무너진 것을 보고는 관반館伴(외국 사신의 영접·접대 임무를 관장하는 영접도감迎接都監 책임자) 이색에게 '내가 듣건대 귀국은 예로부터 문文을 숭상한다고 했는데 어째서 이 지경에 이르렀습니까' 하고 물으니 이색이 '국학이 신축년에 화재를 당했는데, 왕이 바야흐로 민民들을 휴식시키고자 하기 때문에 궁궐도 아직 수리하지 못했으며…' (공민)왕이 이 말을 듣고 심히 부끄러워했다."

이색은 신축년 화재, 즉 1361년(공민왕 10) '홍건적의 난'으로 숭문관崇文館이 불탔다고 변명했다. 사실이기는 했으나 그래도 구차한 말이었다. 결국 공민왕 16년(1367) 숭문관 옛터에 성균관成均館을 다시 지었다. 그리고

서 100명의 학생을 사서재四書齋와 오경재五經齋에 나누어 들였다. 이때 신돈은 그 재건 현장을 살피면서 "문선왕文宣王(공자)은 천하 만세의 스승이다"라고 말했다. 그가 유교 자체에 특별히 부정적 인식을 갖고 있지는 않았던 듯하다. 그가 문제시했던 것은 유자들의 좌주-문생 관계였다.

성균관이 다시 세워지자 대사성大司成에 임명된 이색은 김구용, 정몽주, 박상충, 박의중, 이숭인 등을 교관으로 모았다. 나중에 정도전도 합류했다. 이들은 모두 과거시험 출신이고, 약 20년 뒤 창왕과 공양왕 때 전제 개혁이나 조선 건국을 둘러싼 정치적 상황에 긴밀히 관련된 인물들이다. 이때 일어난 성리학 부흥의 열기에 권근權近(1352~1409)은 깊은 인상을 받은 듯하다. 그는 17세 되던 공민왕 17년(1368) 8월에 성균시에 합격하여 성균관에 입학하고, 이듬해 6월 문과에 최종 급제했다. 재건된 성균관에서 권근은 학생으로 수업을 들었다.

이 무렵 상황을 권근은 『목은집牧隱集』 이색 행장에서 이렇게 말했다. "이때 성균관에서는 교관들이 매일 강의 공간인 명륜당에 모여서 경서를 분담하여 가르쳤다. 강의를 마친 후에는 뜻에 의심나는 내용을 서로 토론했다. 이때 이색은 언제나 공정한 입장에서 분석하고 판단을 내렸으며 반드시 정자程子와 주자의 뜻에 맞도록 애썼다. 이리하여 우리 동방에 성리학이 크게 일어났다." 김구용은 학생들을 격려하고 가르치는 데 게으르지 않았는데, 비록 휴가로 집에 있을 때도 질문하는 학생들이 계속 이어졌다고 한다. 비슷한 내용이 이색의 졸기卒記에도 나온다. 졸기란 고위 관료나 사회적으로 중요한 인물이 죽었을 때 조선왕조실록에 기록자인 사관史官이 개인 의견으로 남기는 인물평이다. "이색은 변론하고 분석하며 절충하는 데 (날이) 저물도록 게을리하지 않았다. 이리하여 (경서를) 기억하고 외우기만 하는 습관과 공리功利의 학설이 점점 없어지고, 성리性理의 학문이

다시 일어났다." 모인 사람들이 모두 학문에 대한 열정과 자발성을 보여준 다는 점에서 세 기록이 비슷한 분위기를 전해준다.

위 사관의 논평에서 '(경서를) 기억하고 외우기만 하는 습관'이란 무엇 인가? 학습자의 가치관에 전혀 영향을 주지 못하는 단순한 지식의 습득을 뜻할 것이다. '공리의 학설' 역시 학습자의 내면과는 무관한, 겉으로 드러 나는 성과주의를 가리킨다. 이 두 경향은 과거시험 합격을 위한 시험용 공 부를 의미한다. 문맥으로 보아 이 두 가지를 대체하는 '성리의 학문'이란 학습자의 세계관과 가치관에 영향을 주는 학문을 뜻하리라. 이 시기 성균 관에서 새롭게 일어난 성리학 학습 열풍은 학습자는 물론 심지어 교관들 의 내면에도 큰 영향을 주었을 것이라 짐작된다.

권근이 성균관에서 학습한 기간은 채 1년이 못 된다. 하지만 뜨거운 학 문적 분위기를 경험했고, 특히 교관으로 만난 정몽주에게서 큰 영향을 받 은 듯하다. 조선이 건국된 후 태종 1년(1401)에 권근은 상소를 올려 정몽 주의 정치적 복권을 요청했다. 그는 이렇게 말했다. "국가를 가진 자는 반 드시 절의節義 있는 선비를 기리고 드러내야 합니다. 그리해야 영원히 강 상綱常(삼강三綱과 오상五常, 즉 인륜)을 굳게 할 수 있습니다. 임금 된 자가 의義를 들어 창업할 때는 자기를 따르는 자에게 상을 주고 따르지 않는 자 에게 죄주는 것이 마땅합니다. 하지만 대업이 이미 정해져 수성守成할 때 는 반드시 전대前代에 절의를 다한 신하에게 상을 주어야 합니다. 죽은 자 에게는 벼슬을 추증하고 살아 있는 자는 등용하며, 아울러 정표旌表(착한 행실을 세상에 드러내어 널리 알림)와 상을 가하여 후세에 벼슬하는 사람들 에게 절의를 장려하는 것이 고금의 의리입니다."

권근의 상소는 위험할 뿐만 아니라 큰 용기가 필요한 행위였다. 권근은 정몽주가 죽임을 당한 지 10년이 안 된 때에 그를 살해한 사람에게 정치적 복권을 요구했던 것이다. 성균관 시절 권근이 정몽주로부터 얼마나 커다란 영향을 받았는지를 간접적으로 알려주는 사례이다. 권근은 1409년 (태종 9) 사망하기 직전까지 정몽주의 문집을 편찬하기 위해 그의 유고시遺稿詩를 교정했다.

권근이 증언한 내용, 즉 공민왕 16년(1367)의 성균관 재건과 성리학 학습 열풍은 매우 중대한 의미를 갖는다. 그 열풍의 한 줄기가 결국 조선 건국의 한 핵심적 계기로 연결되기 때문이다. 역사에서 이따금 등장하는 강력한 사상·학술운동은 어떻게 시작되고 확산되는가? 그 열풍과 운동을 촉발시키는 필수적인 요소로 총명한 젊은 세대의 현실에 대한 새로운 각성을 빠뜨릴 수 없다. 대개 그런 사상·학술운동은 그 이상적 목표가 현실에 연결되는 정도만큼 정치성을 띤다. 고려 말에 이 운동을 이끌었던 이색이 40세, 교관으로 참여한 김구용이 30세, 정몽주와 박의중이 31세, 박상충이 36세, 이숭인이 불과 21세였다. 이들이 성균시에서 뽑힌 총명한 젊은이들을 가르쳤다. 젊은 선생들이 자신들보다 훨씬 젊은 학생들을 가르쳤던 것이다.

공민왕 16년에 시작된 성리학 열풍의 핵심 내용은 무엇일까? 14세기 초에 고려는 이미 성리학을 수입한 상태였다. 성균관 재건 시점으로부터 계산하면 적어도 두 세대 전이다. 그런데 왜 이 시점이 되어서야 성리학 학습 열정이 집단적으로 처음 불타올랐을까? 이 학문적 열정이 곧바로 사회적 실천을 지향한 것도 아니었다. 짧기는 하지만 그때의 상황을 전하는 기록의 내용도 그렇고, 성리학 학습 열풍을 주도한 이색 역시 아카데믹한 내용을 사회적 실천으로 직접 연결했던 사람은 아니다. 사실 이색은 그다지 사회 실천적 인물은 아니었다. 그럼에도 우리는 역사적으로 강력한 사상·학술운동이 일어날 때마다 거기에는 사회적 맥락과 함의가 존재했음을 확인할 수 있다.

공민왕 16년 이후 성균관에서 불붙은 학문적 열정의 사회적 함의는 무엇이었나? 1350년(충정왕 2)부터 시작된 왜구의 끊임없는 침략과 대규모 홍건적의 침략으로 고려의 현실은 가혹했다. 남북으로 외적이 침략해오지 않았을 때도 이미 충분히 가혹하던 현실이었다. 오랫동안 사람들이 자신들의 정신세계를 의탁했던 불교의 역할은 크게 약화되었다. 불교는 거대한 기득권 세력의 일부가 되어버렸다. 이 시기 사찰은 토지와 노비 소유를 확대하려는 열정이 그들의 종교적 신앙보다 앞서는 듯했다. 사찰 토지는 면세되는 경우가 많았다. 따라서 사찰이 가진 토지가 많아지면 많아질수록 국가의 세금 수입은 줄어들었다. 개혁적인 유학자들이 이 시기 불교에 극히 부정적 인식을 가졌던 이유는 사찰이 불도를 수행하는 도량이기는커녕 토지와 노비에 욕심을 내는 현실적인 모습에서 기인한 바가 컸다. 현실 문제를 해결해야 할 정치는 이미 오래전부터 표류하고 있었다. 몽골에 의해 확보되고 유지되었던 안정적 국제질서 역시 이제는 옛일이 되어 있었다. 이 시기 성리학에 대한 새로운 해석은, 총명한 젊은이들 눈에 고려의 불안정하고 부조리한 현실을 밝히고 헤쳐 나갈 수 있는 진정성으로 인식되었다. 그들에게 학술·사상이 단순히 출세 수단이나 개인의 지적 호기심을 넘어 그 이상의 의미를 띠게 되었던 것이다. 이색과 그의 제자 집단은 성리학에서 하나의 희망과 가능성을 보았던 것 같다.

한편, 신돈의 정치 운영에 대해 대다수 신흥유신들은 기본적으로 부정적이었다. 우선 불교 승려가 왕을 대신해 정치하는 상황을 받아들이기 어려웠을 것이다. 그런 중에도 신흥유신들 개인마다 대응 방식에는 약간씩 차이가 있었다. 정추와 이존오는 극히 비판적이었고, 정몽주·정도전(1342~1398)·윤소종尹紹宗(1345~1393)은 중립적이었으며, 임박林樸

(1327~1376)은 그 자신이 전민변정사업 및 성균관 재건 건의 등 당시 굵직한 개혁 현안에 깊이 관여했다. 아마도 이러한 차이는 신돈이 갖고 있는 두 가지 상이한 성격, 즉 왕의 측근이자 개혁 세력이라는 성격 중 무엇을 더 중시했는가에 따라 달라졌던 것으로 보인다.

7. 신돈의 최후, 공민왕의 실패

공민왕 20년(1371) 7월, 신돈은 반역을 꾀했다는 죄목으로 수원에 유배되었다가 처형되었다. 이런 결말의 징후는 이미 그 전해인 공민왕 19년(1370) 10월부터 나타났다. 10월 24일, 왕은 시중 이춘부에게 다음과 같이 말했다. "옛 선왕은 모두 친히 정치를 하였으니, 지금부터는 대간과 6부로 하여금 매일 본관에 출근하여 각기 계품할 일을 헤아리도록 하라." 이춘부는 신돈에게 대단히 충성하는 인물이었다. 6년 가까이 정치를 멀리했던 공민왕이 돌연 친정親政을 선포한 것이다. 왕은 전민추정도감의 기능이 유명무실해졌다고 지적했다. 이는 신돈의 개혁이 실패했다고 말한 것이나 다름없다. 공민왕 19년 12월 11일, 공민왕은 6년 만에 조정에서 회의를 직접 주재했다.

이튿날 신돈은 육아일六衙日* 중 초2일과 16일에만 친정하길 청했고, 공민왕은 이를 수락했다. 일종의 타협책이다. 하지만 그 뒤 신돈은 병을 핑계로 자기 집에 칩거했다. 12월 23일, 왕은 문병차 신돈 집에 행차했다.

---

* '아衙'는 백관이 조회하는 곳을 뜻한다. 아일衙日은 정례적으로 백관이 모여 조회하며 임금에게 정무를 아뢰는 날로, 육아일은 한 달에 여섯 번 있는 아일을 말한다. 이 제도는 고려 중엽부터 생겼으며 조선시대에도 유지되었다.

겉으로 보면 아직 아무것도 바뀌지 않았다. 하지만 이미 신돈의 권력은 허울만 남았을 뿐이었다. 이렇게 공민왕의 말 한마디로 간단히 신돈의 정치적 지위가 유명무실해졌다는 사실이 뜻하는 바는 명확하다. 신돈이 집권한 6년 동안에도 공민왕의 힘은 견고하게 유지되고 있었던 것이다. 공민왕 20년 5월 23일, 신돈을 공개 비판했던 이존오가 31세로 세상을 떠났다. 그는 죽기 전 "신돈이 죽어야 내가 이제 죽을 것이다"라고 말했다. 그는 젊고 개혁적인 관료로서 신돈에 대해 대단히 비판적이었다. 7월 6일에 신돈의 '역모'가 발각되어 그 일당이 전격적으로 체포되고 국문을 받았다.

『고려사』 편찬자는 "공민왕은 시샘이 많고 잔인한 성품인지라 비록 복심腹心의 대신이라도 그 권세가 성하면 반드시 시기하여 그자를 베었다. 신돈이 자기 권세가 너무 강함을 스스로 알고 왕이 이를 꺼릴까 두려워하여 비밀히 반역을 모의했다"고 기록했다. 신돈이 출입할 때면 시중 이하가 그를 둘러싸서 도로가 막힐 정도였고, 조정에는 신돈의 심복들이 가득 찼기 때문에 왕은 이를 불안하게 여겼다고 한다. 『고려사』에는 7월 9일에 신돈의 유배 기사가, 7월 11일에 처형 기사가 나온다. 개경에서 출발하여 유배지 수원에 도착한 즉시 처형되었다는 뜻이다. 체포에서 유배를 거쳐 처형까지 불과 닷새밖에 걸리지 않았다. 이 과정에 신돈에게는 변론 기회조차 주어지지 않았다.

6년 가까이 왕을 대신하며 막강한 권력을 행사하던 신돈의 몰락은 신속했다. 그 절차도 너무나 간단했다. 공민왕이 자신의 복귀를 한 번 언급하는 것으로 충분했다. 이 같은 상황 전개는 신돈이 행사했던 힘의 성격을 잘 보여준다. 그 힘의 근원은 어디까지나 공민왕의 허용 또는 지원에 있었다. 신돈은 공민왕의 이전 최측근 인물들인 조일신, 정세운, 김용 등이 그랬던 것처럼 전격적으로 처형되었다.

8. 공민왕의 성취와 한계

신돈은 공민왕의 권력 자장 안에서 국정을 운영했다. 그의 활동 중 가장 두드러진 성취는 조정에서 강력한 세력 집단을 이루고 있던 무장 신료들을 귀양 보낸 일과 제한적인 범위에서나마 전민변정을 시도한 일이다. 성균관을 재건하여 신흥유신을 육성한 일도 신돈 집권 기간에 이루어졌다. 이런 일들은 당연히 공민왕의 암시 또는 허락 속에서 이루어졌다고 보아야 한다. 공민왕은 재위 19년(1370) 말부터 신돈에 대한 태도를 바꿔 이듬해(1371) 7월에 역모 혐의로 그를 전격적으로 귀양 보내 살해했다. 역모의 증거는 작성자 이름이 없는 투서 및 신돈 밑에 있었던 사람을 고문해서 얻어낸 자백 정도였다. 현재까지 연구에 따르면 신돈은 역모를 꾸미지 않았음이 분명하다. 그렇다면 공민왕은 왜 신돈을 죽였을까?『고려사』편찬자 말대로 신돈의 권세가 너무 강해지는 기미가 보였기 때문일까? 혹은 권력에 대한 공민왕 특유의 지나친 예민함 때문일까?

일부 연구자는 그 이유를 중국의 상황 변화에서 찾는다. 명 태조 주원장朱元璋은 1368년 1월 건국을 선포하고 8월에 원나라 수도 대도를 함락했다. 당시에는 명나라나 고려 모두 안정이 필요하던 터라 1370년 5월에 명나라는 공민왕을 책봉해주었고, 공민왕은 7월에 명나라 연호를 사용함으로써 중국의 판도 변화를 받아들였다. 하지만 공민왕에게는 정말 원치 않은 상황이었다. 그는 명나라의 등장을 준전시 상태로 인식했던 것 같다. 홍건적 침입으로 수도를 잃고 1년이 넘는 피란 생활을 경험했던 공민왕이다. 북방의 정세 변화에 따른 국방력 강화 필요성을 절감했을 것이다. 국방을 강화하려면 유능한 무장 및 군비를 지원할 수 있는 권문세족이 필요하다. 그런데 그들이야말로 신돈에 의해 배척되었던 사람들이다. 공민왕은 신돈을 통해 일정하게 진행시키던 개혁 대신에 이제는 명나라 등장에 대처해야 할 상황이라고 판단했던 것 같다. 공민왕은 1370년 10월에 친정 복귀를 선포했다. 요컨대 신돈이 정치 무대에서 강제로 퇴장당한 주된 이유는 명나라의 등장이었다.

신돈이 처형된 뒤 고려의 정치는 빠르게 신돈 집권 이전으로 되돌아갔다. 무장 신료와 권문세족 등 숙청되었던 사람들이 조정에 돌아왔다. 신돈이 바꾸었다고 생각되었던 것들은 별로 눈에 띄지 않았다. 신돈의 개혁 정치는 실패했고, 그것은 곧 공민왕의 실패를 뜻한다. 이후 공민왕은 3년 남짓 더 재위한다. 이 기간에 공민왕은 어떤 개혁적인 모습도 보여주지 않았다. 신돈 개혁의 실패는 공민왕 개혁의 최종적 실패이기도 했다.

신돈 처형 직후 공민왕은 자신이 신돈 집에 있던 여자와 관계하여 얻은 자식이라 말하며 모니노牟尼奴(뒷날의 우왕)를 궁궐에 불러들여 대군으로 삼았다. 자신의 후사를 삼기 위한 조치였다. 그러나 재위 23년째 되던 해(1374)년 9월, 공민왕은 환관 최만생崔萬生 등에 의해 시해되는 비참한 최후를 갑자기 맞이했다. 공민왕 죽음으로부터 18년 뒤인 1392년 고려도 패망했다.

공민왕 이후 고려에서 측근 정치는 더 이상 나타나지 않았다. 측근 정치는 원간섭기의 산물이었다. 우왕禑王(재위 1374~1388)은 공민왕과 같은 측근을 갖지도 만들지도 못했다. 우왕의 재위 기간 내내 정치의 중심은 재추들 모임인 도당都堂이었다. 창왕昌王(재위 1388~1389)과 공양왕恭讓王(재위 1389~1392) 대 역시 마찬가지였다. 이 구조는 조선시대에도 이어진다.

공민왕이 고려 사회의 개혁, 특히 사회경제적 개혁을 원하기는 했을까? 그랬던 것 같다. 그렇다면 어느 정도의 절실함으로 원했을까? 아마도 소박한, 온정주의적인 수준을 크게 넘었다고 보기는 어렵다. 개혁에 대한 반발

공민왕릉 황해북도 개성시 개풍군 해선리에 소재하며, 공민왕이 안장된 현릉玄陵과 노국대장공주가 안장된 정릉正陵으로 이루어져 있다. 왕릉의 내부는 석실 구조로 현릉과 정릉을 연결하는 통로가 있고, 동·서·북 세 벽면에 12지를 상징하는 인물(머리에 쓴 관 위에 각각의 방위에 해당하는 동물의 머리가 그려져 있음)과 천장에 해, 북두칠성이 그려져 있다. 유네스코 세계유산이다.

로 자신에게 닥칠 정치적 위험을 감수할 정도는 아니었다. 그 개혁이 그가 정치를 하는 궁극적인 목적도 아니었던 듯싶다. 하지만 그가 해내야 하는 개혁은 그런 정도의 결의로는 조금도 진척시킬 수 없는 수준의 큰일이었다. 그가 진정으로 개혁을 원했다면 이제현 세력에게 조금이라도 힘을 나누어 주었을 것이다. 그는 정치적 위기를 맞을 때마다 그 상황에서 벗어나기 위해 짧은 기간 이제현을 이용했을 뿐, 그를 자신의 정치적 동반자로 여기지는 않았다.

공민왕이 정말로 원한 것은 자기 권력을 지켜내는 일이었다. 그는 재위 기간의 절반을 원나라 영향력에서 벗어나기 위해 투쟁했다. 그리고 원나라가 패망하기 전에 그 목표를 이루어냈다. 그런데 그는 원나라 지배가 남겨놓은 정치구조물인 측근 정치의 틀을 끝내 벗어나지는 못했다. 신돈의 집권은 변형된 측근 정치였지, 측근 정치의 범위를 벗어난 것이 아니었다. 공민왕은 자신의 정치적 성공을 위해서라도 고려의 전통적 유신 관료들과 결합했어야 했다. 하지만 그는 그들을 포함해 어느 누구도 신뢰하지 않았다. 이런 정치 구조와 군신 관계는 원나라 지배가 남긴 정치 유산일 뿐만 아니라 공민왕의 개인적 특성에서 빚어진 것이었다.

22

우왕 대, 왕조의 마지막 모습들

1. 우왕 즉위와 이인임·최영 연합정권의 성립

1389년에 이성계 세력은 창왕을 몰아내고 공양왕을 추대했다. 그 명분으로 '폐가입진廢假立眞'을 내세웠다. 가짜 왕을 폐하고 진짜 왕을 세운다는 말이다. 가짜 왕은 창왕과 그의 아버지 우왕을 말하고, 진짜 왕이란 종실宗室 인물 왕요王瑤, 즉 공양왕을 가리킨다. 우왕이 가짜 왕이라는 말은 그의 진짜 아버지가 공민왕이 아니라 신돈이라는 뜻이다. 오늘날 학계에서 이것을 믿는 연구자는 별로 없다.

우왕이 공민왕의 아들로 역사책에 등장하는 것은 공민왕 20년(1371) 7월이다. 이때 신돈이 공민왕에게 죽임을 당했는데, 공민왕은 자신이 신돈 집에서 그의 여종과 관계하여 아들을 얻었다는 사실을 신하들에게 밝히며 그 아이를 궁궐로 데려오게 했다. 이 아이가 훗날 공민왕에 이어 왕위에 오르는 우왕이다. 어릴 적 이름은 모니노牟尼奴이다. 이때 나이가 7세였다. 공민왕 22년(1373) 3월에 공민왕은 모친 명덕태후에게 자기 생각을 밝혔다. 모니노를 후사로 삼으려 하니, 학교에 보내서 성균직강 이숭인으로 하여금 글을 가르치게 하겠다는 내용이었다. 그러자 태후는 조금 더 큰 뒤에 공부를 시키더라도 늦지 않다고 반응했다. 모니노를 후사로 삼는 데 동의하지 않았던 것이다. 그럼에도 공민왕은 4개월이 지난 7월에 모니노에게 우禑라는 이름을 내리고 강녕부원대군江寧府院大君으로 책봉하면서 백문보白文寶, 전녹생田祿生, 정추鄭樞 등을 그의 사부로 삼았다. 세 사람 모두 이 시기 신흥유신 집단에서 영향력 있는 인물이다. 공민왕은 특히 백문보를 높이 평가했다. 이들을 사부로 임명한 것은 우왕 즉위 이후를 헤아린 조치였다.

공민왕은 재위 23년(1374) 9월에 측근 환관에게 갑작스럽게 살해된다. 사망 당시 45세였다. 다음 사료는 우왕이 다음 왕으로 결정되는 광경을 잘 보여준다.

> (명덕)태후와 시중侍中 경복흥慶復興은 종친을 왕으로 세우고자 하고, 시중 이인임李仁任은 우禑를 세우고자 하여 의논이 주저주저하며 결정을 내리지 못하였다. 도당都堂에서도 서로 쳐다만 보고 감히 (누구도) 말을 꺼내지 못하였다. 판삼사사判三司事 이수산李壽山이 말하기를 "오늘날의 계책은 마땅히 종실에 있다."고 하였다. 영녕군永寧君 유瑜와 밀직密直 왕안덕王安德은 이인임의 뜻에 맞추어 크게 말하기를 "(선)왕이 이미 대군大君을 후사로 삼았다. 이를 버리고 어디서 구할 것이냐." 하였다. 이인임이 백관百官을 거느리고 (우를) 왕으로 세웠으니, 나이 10세였다.
> —『고려사절요』권29, 공민왕 23년 9월.

공민왕의 죽음이 정상적이지 않은 데다 강녕대군 우가 보통의 세자처

이숭인 도은陶隱 이숭인李崇仁은 목은牧隱 이색李穡, 포은圃隱 정몽주鄭夢周와 함께 고려의 삼은三
隱으로 일컬어진다. 공민왕 16년(1367)에 성균관이 재건되었을 때 교관으로 들어가 성리학 부흥
의 계기를 마련했다. 공민왕은 성균직강 이숭인에게 모니노를 보내서 글공부를 가르치려 했다.
이 초상화는 성주 이씨 10현賢의 초상화 13폭 중 이숭인 영정이다.

럼 성장하지 못했기에, 공민왕의 후계자를 세우는 문제를 놓고 의견이 엇갈렸다. 명덕태후와 시중 경복흥은 종친을 왕으로 세우려 했고, 이인임은 우褕를 왕으로 세우려 했다. 명덕태후와 경복흥이 종친 중의 인물로 다음 왕을 세우려던 것은 상식 차원에서 이해할 수 있다. 당시 고려는 여러 가지 심각한 국내외 문제에 봉착해 있었다. 새로 건국한(1368) 명나라는 많은 공물을 요구하는 등 고려를 압박했다. 고려에 대한 명나라의 압박과 위협은 우왕 대 내내 이어졌다. 왜구의 침입도 계속 심각했다. 오랫동안 해결되지 못한 사회적 적폐가 빚어낸 사회 갈등도 위태로웠다. 10세의 어린 아이가 아니라 이런 위기를 헤쳐 나갈 수 있는 인물이 왕이 되어야 한다고 생각했을 것이다. 더구나 명덕태후는 우왕이 궁에 처음 들어왔을 때부터 별로 좋아하지 않았다.

하지만 논란은 길지 않았다. 공민왕이 시해당한 날로부터 불과 사흘 만에 이루어진 우왕의 즉위가 이를 증명한다. 반대 의견이 많았다면 사흘 만에 새 왕을 결정할 수는 없었을 것이다. 우왕이 신속하게 즉위할 수 있었던 가장 결정적인 이유는 공민왕이 그를 후계자로 삼는다는 뜻을 생전에 명백히 했기 때문이다. 위 사료에 보이는 도당 회의에서도 이를 확인할 수 있다. 물론 회의 자리에서 이 점을 강력히 견지한 이인임의 역할도 대단히 중요했다.

개경에서 공민왕이 시해되고 우왕이 즉위할 즈음, 가장 강력한 군사력을 가지고 있던 최영을 비롯한 여러 장수들은 제주도에 가 있었다. 이해 7월에 명나라 요구로 탐라의 말 2,000필을 구하려 했지만 탐라 목호牧胡(원나라가 제주도에 설치한 목장의 관리를 위해 파견했던 몽골인들)가 "세조 황제께서 기르신 말을 명(大明)에 바칠 수 있겠는가?"라면서 겨우 300필만 보내왔다. 조정에서 즉각 토벌군을 편성했다. 최영이 염흥방廉興邦, 변안열邊

安烈, 임견미林堅味 등과 함께 전함 314척에 군사 2만 5,000여 명을 이끌고 탐라를 정벌했다. 그들은 10월에야 개경으로 돌아왔다.

제주에서 돌아와 공민왕의 죽음을 접했을 때 최영은 어떤 생각을 했을까. 당황스럽고 안타까웠을까? 최영의 속마음을 알 수는 없지만, 분명한 사실은 우왕 즉위에 대해 그가 아무런 문제 제기도 하지 않았다는 점이다. 사실, 최영과 무장들 입장에서 보면 공민왕은 곤혹스런 임금이었다. 전장에서 수없이 목숨을 걸고 싸우며 공민왕을 지켰지만, 그들에게 돌아온 대가는 귀양이나 죽음이었다. 그들이 우왕의 즉위에 반대해야 할 이유는 없었다. 어린 임금의 즉위가 고려에게 가장 유리한 것은 아닐지 몰라도 자신들에게 딱히 불리할 것은 없었다. 최영은 이인임과 연립정권을 구성하여 함께 권력을 행사했다.

우왕 즉위와 함께 이인임으로 대표되는 권문세족과 최영으로 대표되는 무장 세력의 연립정권이 성립되었다. 이런 상황은 당시 고려의 정치 지형에서 자연스러운 결과였다. 공민왕 20년(1371) 7월에 신돈이 실각하자 무장을 대표하는 경복흥과 최영 등이 정계로 즉시 복귀했다. 신돈에게 추방당했던 재상들은 주로 무장이었다. 한편, 권문세족 출신 이인임은 신돈 등장 이후에도 고위 관료로 꾸준히 승진했다. 그는 전민추정도감 사업의 실무를 맡아 신돈 집권기에도 별다른 정치적 타격을 받지 않는다. 신돈 몰락 후에는 수시중守侍中(시중 다음의 관료 서열 2위)에 재직하면서 권력의 중심에 섰다. 말하자면 우왕 즉위 후의 권력 구조는 새롭게 성립된 것이 아니다. 3년 전 신돈 실각 후에 성립된 권력 구조가 그대로 이어진 것이다. 권문세족 일부와 무장 고위 관리들에 대한 배제를 전제로 시도되었던 공민왕과 신돈의 개혁이 무산된 후, 그들은 조정에 복귀했다. 우왕 즉위 후에도 조정에서 그들의 우세한 지위는 계속되었다. 이인임·최영 연립정권과 가장 먼저 충돌한 정치 세력은 신흥유신들이다. 공민왕 16년(1367) 성균관 재건 이후 부상한 집단이다.

2. 명 사신 살해 사건

우왕 즉위년(1374) 11월, 명나라 사신使臣이 고려에 왔다가 돌아가는 도중에 피살 및 납치되는 사건이 벌어졌다. 이 사건은 막 출범한 이인임·최영 연립정권이 맞은 첫 번째 위기였다. 이 국면은 결국 다음 해 5, 6월 신흥유신들이 대거 귀양을 가는 것으로 귀결되었다. 이 사건의 경과 및 결과를 두고 친원파와 친명파의 대립으로 설명하는 경우도 있었지만 적절한 설명은 아니다.

명 태조 주원장(1328~1398, 재위 1368~1398)이 즉위하자 공민왕은 원과의 관계를 단절하고 1370년(공민왕 19)부터 명과 외교 관계를 수립했다. 이후 명은 차츰 고려에 매우 고압적인 자세를 취했고, 시간이 지나면서 그 정도가 더욱 심해졌다. 2,000필의 말을 고려에 요구하기까지 했다. 당시 고려에 명나라 사신으로 온 임밀林密과 채빈蔡斌의 오만방자한 태도는 고려인들의 분노를 자아내기에 충분했다. 결국, 돌아가는 사신들의 호송을 맡은 고려 관리 김의金義가 압록강 넘어 개주참開州站에 이르러서 사건을 일으켰다. 그는 채빈을 살해하고 임밀을 납치해서 말 200필과 함께 북원北元의 장군 나하추에게 달아났다. 개주참은 뒷날의 봉황성鳳凰城(현 랴오닝성遼寧省 평청시鳳城市)이다. 우왕 즉위를 알리기 위해 명나라로 가던 고려 사신 두 사람은 그 소식을 듣고 도중에 되돌아왔다. 이 때문에 명과의 외교 관계는 더욱 위태롭게 되었다.

두 달 뒤인 우왕 원년(1375) 1월에 고려에 또 하나의 소식이 전해졌다. 북원北元(1368~1635)이 심왕瀋王 왕고王暠의 손자로서 심왕위를 세습한 톡토부카脫脫不花를 고려 왕에 봉했다는 소식이었다. 원이 공민왕 12년(1363)에 덕흥군을 고려 왕으로 임명했을 때처럼 군사행동을 하겠다는 뜻이었다. 북원은 명 태조 주원장에게 밀려 몽골의 초원으로 돌아간 이후의 원나라를 부르는 말이다. 고려로서는 명나라와의 관계가 어려워진 상황에서 북원과도 전쟁을 할 수는 없었다. 더구나 이 시기에도 왜구의 침공은 계속되고 있었다. 이인임은 북원과의 군사적 충돌을 피하면서 심왕의 고려 왕 등극을 저지하려면 북원과 외교 관계를 재개할 수밖에 없다고 판단했을 것이다.

이인임은 북원에 사신을 파견했다. 단절되었던 북원과의 외교 관계를 공민왕의 상喪을 알림으로써 회복하고자 했다. 북원과의 관계 회복은 고압적인 명나라에 대한 외교적 차원의 대응이라는 의미도 갖고 있다. 이인임의 대응은 실제로 효과가 있었다. 명나라는 고려가 나하추나 북원과 연합하여 공격해올지 모른다는 우려를 가지고 있었다. 결국 명나라는 고려 내정에 간섭하지 않는 선에서 고려-명의 사대 관계를 허용했다.

북원에 대해 잠깐 살펴보자. 원나라가 중원을 잃은 이후 몽골이 중국 역사 무대에서 완전히 사라졌다고 여기는 인식이 있다. 사실과 다르다. 송나라가 금나라에 쫓겨 남쪽으로 내려간 것이 송나라의 끝이 아니듯, 원나라가 중원을 잃고 북쪽으로 간 것을 원나라의 끝이라고 말할 수 없다. 그런 인식은 명나라가 중원을 차지했으니 당연히 원나라는 멸망했다는 오해에서 비롯된 듯하다. 하지만 원나라는 중국에서 하나의 왕조에 그치는 나라가 아니다. 현대적 개념으로 본다면 오히려 원나라 때 중국은 몽골의 식민지였다고 이해하는 것이 사실에 더 가깝다. 그러므로 중국에서 새 왕조,

즉 명이 일어났다고 해서 몽골이 멸망했다는 논리는 성립하지 않는다. 물론 1368년에 원나라 마지막 황제 순제(토곤테무르妥懽怗睦爾)는 대도를 떠나 자기 조상들의 땅으로 돌아갔다. 하지만 당시 원 순제의 패주를 원나라가 중국에서 최종적으로 철수한다는 의미로 생각하는 사람은 아무도 없었다. 실제로 1368년부터 1388년까지 두 나라는 중원의 패권을 두고 대치했다. 몽골은 중원 회복을 노렸고, 명나라는 몽골을 완전히 복속시키거나 다시 부흥하지 못하게 하려고 노력했다. 몽골은 실지失地를 회복하지 못하게 된 이후에도 분열과 재통합을 반복하며 때로 명나라를 위협하곤 했다. 수 세기 후 명나라와 몽골은 비슷한 시기에 청나라에게 멸망당했다. 우리 주제와 관련해 말한다면 북원은 당시 엄연한 실체로 존재하던 나라였다.

이인임은 명나라와 북원 모두에 사대의 형식을 취했다. 두 나라 간 상호 견제라는 실리를 취하려 했던 것이다. 이에 대해 신흥유신들이 격렬하게 반대했다. 우왕 즉위를 알리기 위해 북원의 행정부에 해당하는 중서성에 글을 보내려 하자, 실무를 담당하던 박상충 등은 끝까지 반대하며 문서에 서명하지 않았다. 또한 고려의 사신 파견에 대한 답례로 북원에서도 고려에 사신을 파견했는데, 정몽주·정도전 등은 북원 사신의 입국을 거세게 반대했다. 여기에 그치지 않고 그들은 이인임 등 집권 세력이 '명 사신 살해 사건'에 관여했다는 주장을 펴면서 처단을 요구했다. 물론 이 주장은 확인할 수 없는 내용이고, 상식적으로 그렇게 보기도 어려웠다. 어쨌든 이 무렵 신흥유신들의 주장은 성균관 재건을 계기로 집단을 이룬 이후 첫 번째로 보여준 정치적 집단행동이었다.

이 시기 고려가 처한 상황을 감안하면 이해할 수도 있는 이인임의 외교적 대처에 신흥유신은 왜 그렇게까지 극렬히 반대했을까? 아마도 그들은 이 문제를 고려가 당면한 외교 문제로 보기보다는 공민왕 이래의 국내 정치 문제로 이해했던 것 같다. 신돈의 실각과 공민왕의 죽음은 공민왕 대에 추진되었던 개혁 정치의 좌절을 뜻했다. 이후 권문세족과 무장 세력이 다시 집권하면서 우왕 대 내내 개혁 시도는 보이지 않았다. 이 시기 신흥유신들은 그들의 좌장 이색이 그렇듯 공민왕 대에 과거시험을 통해서 관직 생활을 시작했다. 임박, 박상충, 정몽주, 김구용, 이숭인, 염흥방, 염정수廉廷秀, 정사도鄭思道, 방순方恂(方旬), 정도전, 박상진朴尙眞, 박형朴形, 이첨李詹, 전백영全伯英, 권근 등이다. 이들 외에 유생으로 윤소종, 조준 등도 있었다. 그들은 공민왕 대의 개혁 정치와 반원反元 이념에 익숙했다. 그리고 스스로를 중국의 새로운 지배자로 등장한 명나라의 상대역으로 생각했다. 그들이 보기에, 이인임 정권이 북원과의 외교 관계를 재개하는 조치는 신흥유신 자신들의 정치적 토대를 부정하려는 시도였다. 이 때문에 그들은 북원에 대한 고려 내부의 반감을 이용하여 집권 세력에게 정치적 타격을 가하려고 했다. 이때 그들은 자신들과 집권 세력 간의 관계를 친명親明과 친원親元의 대립으로 이해했다. 현실과 동떨어진 인식이었다. 그들이 친명파는 맞지만 이인임 정권을 친원파라 할 수는 없었다.

집권 세력에 대한 신흥유신들의 첫 번째 집단행동은 성공하지 못했다. 어떤 면에서 보면 이 실패는 신흥유신들이 공민왕 16년(1367) 성균관에 모여 학문 탐구의 연장선상에서 갖게 된 정치적 이상주의가 현실의 벽에 부딪쳤음을 뜻한다. 이때 최영의 행동에 주목할 필요가 있다. 신흥유신들은 북원과의 국교를 재개한 이인임 정권을 격렬히 비난했다. 이 상황은 이인임 정권이 국내적으로 맞은 첫 번째 위험한 고비였다. 그런데 이인임이 이 문제를 처리하는 과정에서 최영이 그에게 적극적으로 협조했다. 연배가 높아 신흥유신 그룹에서 선배 격이던 전녹생과 박상충은 최영의 모진 신문을 받고 귀양을 가다가 죽었다. 이 두 사람은 최영에게 죽임을 당한 것이나 다름없었다. 이때 박상충의 나이가 44세였다. 그는 이제현의 문생이자 이색의 처남이다. 나머지 인물들도 우왕 원년(1375) 5월부터 7월에 걸쳐 대부분 유배되었다. 모두 21명이 유배당하거나 죽음을 맞았다. 1~2년이 지난 뒤, 정도전을 제외하고 그들은 대개 사면되어 관직에 복귀했다. 하지만 우왕 재위 기간 내내 그들은 이전처럼 한목소리를 내지 못했다. 실제로 13년 뒤인 1388년 '위화도회군'이 일어나기 전까지 그들은 조정에서 아무런 정치적 존재감을 갖지 못했다.

신흥유신들에게 우왕 대는 정치적으로 시련의 시기였다. 다만 그 시련을 모두 비슷한 방식과 정도로 경험하지는 않았다. 그 경험의 내용과 정도는 신흥유신들 개개인마다 달랐다. 하지만 그들 모두 시련을 겪으면서 이전의 자신과 달라졌다는 공통점이 있다. 정도전이나 조준 등은 그 시련을 통해 자신의 정치적 신념을 단련하며 현실에 밀착한 개혁 방안을 찾았다. 한마디로 정도전·조준류의 사람들은 이 시기를 거치면서 더욱 개혁적인 모습을 갖게 되었다. 반면에 염흥방 같은 인물은 그 반대의 길, 즉 자신의 신념을 현실에 맞추는 방식을 선택했다. 염흥방의 경우는 그가 겪었던 고초에 비해 정치적 입장 전환의 정도가 지나치게 컸다. 더 많은 다른 사람들은 복직된 후 이도 저도 아닌 채로 관료 생활을 이어갔다. 전체적으로 본다면 그들은 좀 더 현실에 타협하는 쪽으로 기울었다.

3. 우왕 대 정치적 양상

우왕 대는 처음에 권문세족과 무장 세력의 연립정권으로 시작되었다. 이 시기에 권력을 구성하는 두 세력이 권문세족과 무장 세력이라는 점은 고려의 과거와 현재를 그대로 반영한다. 고려는 귀족 사회였는데, 이는 권문세족의 사회적 정치적 영향력이 지대했음을 뜻한다. 이인임은 고려 최고의 벌족 가문들 중 하나인 성주 이씨 가문 출신이다. 한편 충정왕 이래 고려는 왜구와 홍건적으로 인한 전쟁이 끊이지 않았는데, 이는 무장 세력이 부상하기에 좋은 조건이었다. 우왕 8년(1382)까지는 이인임과 최영이 정권을 이끌었고, 이후에는 임견미가 이인임을 대신하여 최영을 견제하면서 정국을 운영했다. 정확하게 말하면 이인임과 최영이 정권을 이끌었던 우왕 8년까지가 권문세족과 무장 세력의 연립정권 기간이다.

우왕 대 정권은 구조적으로 볼 때 본래부터 지속 가능한 안정된 정권이 아니었다. 국왕이 차츰 성인으로 성장하고 있음에도 불구하고 국정 운영에서 제 역할을 찾지 못했다. 연립정권에 반대하는 세력도 조정 내에 계속 등장했다. 반대 세력에 대한 지속적인 숙청을 통해서만 이 연립정권이 유지되는 상황이었다.

우왕 3년(1377) 3월에 연립정권의 핵심 인물 중 하나인 지윤池奫과 그의 식솔이 처형되었다. 우왕 초에 그는 이인임 측근으로서 이인임·임견미와 함께 인사권을 장악한 정방 제조政房提調였다. 하지만 시간이 지나면서 이인임과 관계가 악화되고, 동시에 우왕의 유모 장씨를 매개로 우왕과 가까워지면서 독자적인 세력을 형성하기 시작했다. 이인임이 이를 좌시할 리 없었다. 결국 최영이 어전에 칼을 차고 들어가서 우왕을 위협한 끝에 지윤을 제거했다. 지윤은 이성계의 사돈이다. 장남 이방우李芳雨가 지윤의 큰딸과 결혼했다.

우왕 5년(1379) 7월에서 이듬해 2월까지 정치적 사건들이 이어졌다. 7월에는 무장 양백연楊伯淵뿐 아니라 그와 연결된 일부 사대부 및 무장들이 제거되었다. 지윤이 그랬듯이 양백연도 우왕과 가까이하여 권력을 확대하려 했다는 것이 그 이유였다. 아마도 사실이었을 것이다. 이 시기 왜구의 침입은 극심했다. 우왕 때만 왜구의 침입이 400회 이상에 달했다. 우왕 3년과 4년에 왜구 침입 횟수는 연간 각각 54회와 48회로 월 평균 4회 이상이었다. 전국적으로 수많은 전투가 벌어졌다. 이런 상황에도 연립정권은 내부 권력투쟁에 몰두했다. 우왕과 연결되거나 자신들의 권력을 위협할 만한 인물들은 가차 없이 숙청했다.

두 달 뒤인 1379년 9월에 우왕이 자신의 측근이자 권문세족 출신 허완許完의 청을 받아들여 이인임의 측근 세력인 임견미와 도길부都吉敷를 쫓아냈다. 이 조치가 이루어진 날 밤 허완은 왕의 교지로 최영을 두 차례 불렀지만, 최영은 왕을 만나러 궁에 들어가는 대신 집권 세력 수뇌부 모임을 가졌다. 최영은 휘하 병사들을 이끌고 흥국사興國寺로 갔다. 궁궐에서 가까운 이 절에 경복흥, 이인임은 물론 고위 관료들도 함께 모였다. 이 자리에서 그들은 사건이 우왕의 유모 장씨 때문에 촉발되었다고 의견 일치를 본 뒤, 우왕에게 그녀를 국문할 것을 요구했다. 유모 장씨는 우왕이 신돈 집에서 자라던 어린 시절부터 그를 돌봐온 사람이다. 모친이 확실치 않은 우왕에게 그녀는 어머니와 다름없는 존재였다. 공민왕이 노국대장공주에게 정서적으로 크게 의존했듯이 우왕은 유모 장씨에게 의존했던 것으로 보인다. 우왕이 완강히 거절했지만 결국 장씨는 1380년(우왕 6) 1월에 죽임을 당했다.

유모 장씨의 처형은 우왕이 세족 출신 허완과 윤방안尹邦晏 등을 후원 세력으로 삼아 친정하려던 움직임을 이인임과 최영 연립정권이 물리력으로 차단한 사건이다. 이 일을 수습할 때 우왕의 의견은 완전히 부정되었다. 최영은 장씨 처벌을 요구하는 과정에서 제멋대로 군사를 이끌고 궁궐에 들어가서 우왕을 압박했다. 또 장씨 친족을 임의로 국문하면서 결국 자

흥국사탑 흥국사는 고려 태조 때 창건되었으며 고려시대 중요한 국찰國刹 중 하나였다. 흥국사 탑은 개성시 흥국사지에 있었으나 1935년 개성박물관으로 옮겼다. 거란군을 물리친 기념으로 강 감찬이 세운 석탑이라고 한다. 현재 탑의 높이는 2.61m인데, 원높이는 4.4m가량으로 추정된다. 1379년(우왕 5) 9월 우왕이 친정을 시도하려고 했으나, 이를 저지하고자 최영, 경복흥, 이인임 등 고위 관료들이 흥국사에 모여 회의를 가졌다. 출처_개성 만월대 남북공동발굴디지털기록관

신의 요구를 관철했다. 군신 관계에서 있을 수 없는 일이다.

우왕 6년(1380) 2월에는 연립정권의 일원인 목인길이 조정에서 쫓겨났고, 3월에는 경복흥이 이인임과 임견미 등에게 참소를 당해 청주로 유배되었다. "술을 좋아하여 정사를 돌보지 않는다"는 참소로, 조정에서 쫓아내려는 구실로는 이해하기 어려운 것이었다. 경복흥은 공민왕의 인척으로서 공민왕 5년(1356) 5월 18일 거사의 주역 중 한 사람이다.☞ 456쪽 참조 또 공민왕 13년(1364) 1월 덕흥군 군대를 물리칠 때도 큰 역할을 했다. 『고려사』 권111, 「열전」 24, '경복흥' 조에 따르면, 그는 오랫동안 재상을 지냈음에도 집이 가난했을 정도로 청렴했다. 어쨌든 목인길과 경복흥 두 사람

모두 이해(1380)에 유배지에서 죽었다. 우왕을 매개로 권력을 확대하려는 움직임을 보였던 사람들이나 연립정권에 위험하다고 간주된 인물들은 지위 고하를 막론하고 이인임과 최영에게 숙청당했다. 그런데 이런 숙청이 반복되면서 의도하지 않은 결과가 나타났다. 이인임·최영 연립정권에 반발하는 세력을 숙청하는 과정 자체가 연립정권 내부의 역학 관계를 변화시킨 것이다.

이인임과 최영이 연립정권을 성립시킬 때 두 사람 사이에는 일종의 암묵적인 역할 분담이 있었다. 중앙의 정치권력과 인사권은 이인임이 장악하고, 왜구 토벌을 위한 군 지휘권은 최영이 관장한다는 내용의 합의였다. 자신의 군사적 기반을 갖지 못했던 이인임은 최영의 도움이 필요했고, 권문세족의 영향력을 대변할 수 없었던 최영은 이인임에게 협조하지 않을 수 없었다. 당시 최영은 왜구 침입을 물리치는 데 두드러진 활약을 보였다. 1376년(우왕 2) 홍산鴻山(현 충청남도 부여) 전투의 대승이 대표적이다.

연립정권에서 두 사람은 협조 관계이면서도 최영이 어느 정도 이인임에 의해 견제되는 측면이 있었다. 하지만 이런 관계가 두 사람이 갈등했다는 말은 아니다. 오히려 이인임은 최영의 가치를 충분히 알았던 것 같다. 최영의 애국심과 백성들로부터 받는 높은 신망은 이인임 정권에게는 그가 지닌 군사력만큼이나 중요한 정치적 자산이었다. 이인임은 여러 가지로 최영을 배려했다. 이런 관계 덕분에, 나중에 이인임이 정치적으로 축출될 때 최영도 이인임에게 최대한의 인간적 배려를 해주었다. 정권의 다른 핵심 인물들이 죽임을 당할 때조차 정작 정권 담당자였던 이인임은 자신의 본관 지역인 경상도 경산으로 귀양을 가는 데 그쳤다. 이인임의 정치적 역량을 확인할 수 있는 대목이다.

연립정권에 반대하는 세력을 계속 숙청하는 과정에서 정권 내부의 역학 관계가 변화했다. 군대의 무력이 빈번히 행사됨에 따라 집권 세력 내부에서 자연스럽게 최영의 영향력이 확대되었다. 우왕 5년(1379) 우왕의 유모 장씨 사건을 처리하는 과정에서는 최영이 오히려 이인임 이상의 영향력을 발휘하는 양상이 나타나기도 했다. 한편 최영의 영향력이 확대되는 이유와 동일하게, 이인임 측근으로서 무력 기반을 가졌던 임견미 세력도 강화되었다. 임견미는 이미 공민왕 5~6년(1356~1357)에 이인임 반대 세력을 대규모로 숙청하면서 독자적 기반을 마련해놓은 상태였다. 정방 제조로 함께 인사권을 휘둘렀던 지윤이 숙청된 이후에는 이인임 세력 내부에서 임견미의 역할이 더욱 확대되었다. 그에 따라 임견미가 연립정권의 핵심 인물로 성장했고, 신흥유신으로 활약하던 염흥방 등이 그에게 가세했다. 우왕 8년(1382) 이후 이인임은 사실상 정치적으로 퇴진하고 임견미가 그를 대신했다.

염흥방(?~1388)은 흥미로운 인물이다. 그는 젊어서 개혁적 엘리트였다가 중년에 기득권 세력에 투항하고, 나아가 기득권 집단의 최고 자리까지 도달하는 인물의 전형이다. 그는 이인복의 문생이고 1357년(공민왕 6) 문과에 장원급제하여 관직 생활을 시작했다. 그는 이색 처고모부의 아들로서 이색과도 가까웠다. 젊어서는 학문에 뛰어나 여러 번 동지공거同知貢擧가 되었고 사회 개혁을 주창했다. 성리학적으로 올바른 태도를 지녔다며 이색의 찬사를 받기도 했다. 1362년(공민왕 11) 홍건적을 물리칠 때 공을 세우기도 했다. 1367년(공민왕 16)에 성균관 재건을 실무적으로 주관한 사람도 바로 그였다. 이 때문에 당시 성균관에 참여했던 인물들과 인간적으로 가까운 관계를 유지했다. 그러다가 1375년(우왕 1) 신흥유신들이 이인임을 비판하다가 뿔뿔이 귀양을 갈 때 염흥방도 여기에 포함되었다. 그는 천녕현川寧縣(현 경기도 여주)으로 귀양 가서 1년 정도 머물렀다.

염제신 고려 말의 재상이며 공민왕의 장인이기도 하다. 그의 딸이 신비 염씨이고, 아들은 염흥방이다. 이 초상화는 공민왕이 그려준 것이라 전한다.

　유배에서 풀려나 조정에 다시 나왔을 때 염흥방은 이전과 크게 달라져 있었다. 유배되었던 기간에 그가 어떤 심리적 기복 또는 가치관의 변화를 겪었는지 알려주는 사료는 없다. 하지만 유배된 지역이나 기간으로 보아 그리 가혹했다고 말하기 어려운 이때의 시련이 그에게 매우 큰 영향을 주었던 듯하다. 사실 그는 대단한 권문세족 출신이다. 아버지 염제신廉悌臣 (1304~1382)은 최고 관직인 문하시중을 지냈고, 외할머니는 조인규의 딸이다. 공민왕의 후비 신비愼妃 염씨는 그의 누이였다. 이렇듯 권신 집안 출신인 염흥방에게 임견미가 자기 아들과 그의 딸을 결혼시키자고 했다. 염흥방은 이 요구를 수락함으로써 우왕 7년(1381) 정월 무렵에 임견미와 사돈지간이 되었다. 이후 그는 자발적이고 적극적으로 매관매직을 자행하고 부정하게 토지와 노비를 축적하는 부패한 인물로 바뀌었다.

4. 1388년의 서막, 조반 사건

임견미는 염흥방, 도길부 등과 결합하며 권력을 독점했다. 그에 따라 최영은 임견미 일파에게 지속적인 견제를 받으며 권력 중심에서 점차 밀려났다. 하지만 스스로도 말했듯이 최영이 혼자 힘으로 임견미 세력에 도전할 수 있는 처지는 못 되었다. 임견미 일파는 권력을 독점한 후 자의적으로 인사권을 행사하고 심각한 수준으로 불법적 토지 점탈을 자행했다. 고려는 나라 안팎으로 몹시 어려운 상황에 처해 있었다. 그럼에도 어떤 대책조차 마련하지 못한 채 임견미 세력은 권력 유지에만 매달렸다. 이런 상황에 대해 최영만 임견미 일파에게 불만을 가졌던 것은 아니다. 우왕도 이 상황에 분노했다. 더구나 이제 그는 어린아이가 아니었다.

최영은 권력 운영과 관련된 문제에서 우왕 대에 현명하게 행동하지 못한 때가 종종 있었다. 9년 전 우왕 유모 장씨를 죽음으로 내몬 당사자가 바로 최영이었다. 하지만 일생을 통해 '황금 보기를 돌같이 하라'는 아버지의 유명遺命만은 철저히 지켰다. 그는 청렴한 인물이었다. 그렇기 때문에 임견미 일파의 부패는 그들에게 받는 견제에 더하여서 최영의 불만을 증폭시켰다. 그러던 차에 우왕이 재위 13년인 1387년 12월에 도당都堂으로 하여금 국가와 왕실의 토지 및 그에 속한 노비뿐 아니라 일반 백성을 침탈한 자들을 조사하도록 명했다. 이는 명백히 임견미 일파의 권력 농단에 대한 불만에서 나온 것이었다. 바로 이때 '조반 사건'이 일어났다.

사회적 정치적 변화가 시간 흐름에 따라 고르게 일어나지는 않는다. 오랜 세월 겉으로는 거의 멈춰 선 듯 변화 없는 상태를 유지하다가 내부에 축적된 압력이 어느 순간 한꺼번에 터져 나오는 때가 있다. 1388년이 바로 그런 해였다. 이해는 '조반 사건'으로 시작해서 임견미·염흥방이 처형되고, 이인임이 유배되는 등 기존 권력이 붕괴했다. 뒤이어 최영과 이성계 중심의 새로운 집권 세력이 성립하였고, 명나라의 철령위 설치 통보, 그에 따른 우왕과 최영의 요동 정벌 시도, 위화도회군과 사전 개혁 착수, 그리고 이해 말에 최영의 죽음까지 이어진다. 고려왕조를 뒤흔든 거대한 사건들이 폭풍처럼 몰아친 한 해였다. '조반 사건'이 벌어진 1388년 1월, 이해에 벌어질 일들과 그로 인한 정치 지형 변화의 폭을 조금이라도 예측한 사람은 아무도 없었을 것이다.

'조반 사건'은 당시 흔하게 일어났던 토지 약탈 사건에서 시작되었다. 우왕 13년(1387) 12월, 임견미와 함께 권력을 장악한 염흥방의 가노家奴 이광李光이 주인의 권세를 믿고 조반趙胖(1341~1401)의 토지를 불법적으로 빼앗은 일이 벌어졌다. 그런데 염흥방은 도리어 조반이 반란을 꾀했다고 무고하여 이듬해인 1388년 정월에 조반을 순군옥巡軍獄에 가두고 국문하였다. 토지를 둘러싼 분쟁이 마침내 정치적 사건으로 비화했다. 이 일은 우연히 그렇게 되었다기보다는 어느 정도 예정된 일로 보는 편이 합리적이다. 이즈음 임견미, 이인임, 염흥방 등은 자신의 종들을 전국에 풀어서 다른 사람들의 땅을 무단히 빼앗았다. 이 때문에 당시 '수정목공문水精木公文'이라는 말이 유행할 정도였다. 우왕까지 이 말을 알고 있었다. 그들이 수정목水精木(물푸레나무)으로 만든 몽둥이를 휘두르고 다니는 모습을 관아의 공문에 빗대어 이르는 말이었다. 땅 주인들은 자신의 땅임을 증명하는 관청 문서가 있어도 그들의 횡포에 항변하거나 저항할 수 없었다.

조반은 녹록한 인물이 아니었다. 그는 우왕 8년(1382)에 정몽주와 함께 명나라에 사신으로 파견된 바 있고, 사건이 나기 2년 전인 1385년에도 사은사謝恩使로 명나라에 다녀왔다. 또한 재상급인 정3품 밀직부사密直副使를 지냈다. 그뿐 아니라 그는 최영과 친분이 있고 이성계도 간접적으로 알고

조반과 그의 부인 계림 이씨 초상 조반은 전횡을 일삼던 염흥방의 가노 이광에게 토지를 빼앗기자 이광을 죽여 투옥되었으나 최영과 협의한 우왕의 명으로 풀려나고, 염흥방·임견미 등은 처형되었다. 조선 개국 후 개국공신 2등에 책록되었다. 출처_국립중앙박물관

있었다. 정몽주와 친밀했던 이성계가 조반을 몰랐을 리 없다. 조반은 염흥방의 가노가 전횡을 일삼을 즈음에 먼저 최영에게 편지를 보냈다. 임견미와 염흥방의 무리를 제거해야 하고, 그 하수인인 이광을 없애서 단서를 마련하겠으니 주상에게 알려달라는 내용이었다. 이 편지는 최영과 우왕의 만남으로 이어졌다.

우왕 14년(1388) 1월 1일 조반은 순군옥에 수감되었는데, 5일에 우왕이 최영의 집에 몸소 가서 비밀리에 오랫동안 조반의 옥사 처리에 관한 문제를 의논했다. 이는 '조반 사건'을 계기로 우왕과 최영이 임견미 일당에 대한 제거 작업을 긴밀하게 논의했음을 뜻한다. 이때 두 사람 사이에 정치

쇄신을 위한 모종의 합의가 이루어졌을 것으로 보인다. 7일, 우왕은 조반 및 그 모친과 처를 석방하고 약과 옷을 내려주었다. 이어서 염흥방을 순군옥에 수감했다. 11일에 염흥방·임견미·도길부 등을 전격적으로 처형하고, 그들의 재산을 몰수했다. 곧이어 그들의 당여에 대한 대규모 숙청을 시작했다. 여기서 눈여겨볼 인물이 바로 이성계다. 당시 이성계는 강력한 군대를 가진 무장으로 이미 부상해 있었다. '조반 사건'이 발생한 지 8일째 되는 날 최영은 이성계와 힘을 합쳐 군사를 풀어서 왕명에 저항하려던 임견미와 도길부를 체포했다. 이후 그들을 국문하고 그 일당에 대한 제거 작업을 단행했다.

'조반 사건'의 결과는 엄청났다. 1월 18일에는 임견미와 관련된 50여 명이 처형되었다. 또 전국에 퍼져 있는 그들의 가신家臣과 악노惡奴 1,000여 명을 처형하고 재산을 몰수했다. 2월에는 그 아내들이 고문을 당해 옥사하거나 임진강에 수장되었다. 자손들은 갓난애까지 수장되었고, 살아남은 여자들은 관비官婢가 되었다. 이 사건으로 처형된 사람들의 수는 조선이 건국될 때 처형된 사람들의 규모를 뛰어넘는다.

'조반 사건'이 초래한 엄청난 결과는 근본적으로 임견미 세력의 부패가 원인이었다. 하지만 상당한 정도로 최영의 개인적 특성도 그러한 결과를 가져온 원인의 일부였음을 인정해야 한다. 이 잔혹하고 철저한 처벌을 주도한 사람이 최영이었다. 사건 처리와 관련하여 최영에 비하면 이성계의 태도는 훨씬 온건했다. 1388년(우왕 14) 1월 이후로 조정은 임견미·염흥방 일파 숙청의 주역인 최영과 이성계에 의하여 주도되었다. 이로써 우왕 즉위 이래 성립되었던 권문세족과 무장의 연립정권은 붕괴했다. 이후 최영은 전민변정도감을 설치하여 임견미 일파가 불법적으로 점유한 토지를 몰수함으로써 그들의 비행으로 크게 악화되었던 민심을 수습했다.

5. 이성계의 등장

1258년(고종 45) 고려 사람 조휘趙暉와 탁청卓靑이 원나라에 귀부했다. 강화도에 있는 고려 조정이 태자(원종)를 원나라에 보내 귀부하기 한 해 전 일이다. 원나라는 이를 계기로 화주和州(현 함경남도 금야군, 구 영흥)에 쌍성총관부를 설치했다. 철령 이북을 통치하기 위한 원나라의 기구였다. 쌍성총관부 총관직總管職은 조휘의 후손이 대대로 맡았고, 이성계의 선대 先代는 그 아래 천호千戶 직책을 맡았다.

1356년(공민왕 5) 5월 18일 공민왕은 전격적으로 쌍성총관부를 공격했다. 그 직전에 이성계의 아버지 이자춘은 공민왕에게 귀부하여 고려가 쌍성총관부를 되찾는 데 큰 공을 세웠다. 공민왕은 이자춘에게 공을 세운 대가로 동북면 병마사를 제수했다. 1361년(공민왕 10) 이자춘이 사망하자 이성계는 아버지 지위를 물려받아 통의대부通議大夫 금오위상장군金吾衛上將軍 동북면 만호東北面萬戶에 임명되었다. 27세의 이성계가 동북면의 지배권을 인정받은 것이다.

이후 이성계는 수하 친병親兵을 거느리고 수많은 전투에서 빛나는 전공을 세웠다. 1, 2차 홍건적 전투에 참여했고, 뒤이은 덕흥군 군대와의 전투에서도 선두에서 활약하며 결정적인 공을 세웠다. 공민왕은 1370년(공민왕 19)에 두 차례 군대를 보내어 요양遼陽(현 중국 랴오닝성 랴오양)에 있는 동녕부를 공격하게 했다. 이 전투에서 이성계는 뛰어난 성과를 올렸다. 1차 전투는 1월에 벌어졌는데, 이때 그는 울라산성兀羅山城(兀剌山城)을 함락했다. 이곳은 현재 중국 랴오닝성遼寧省 환런현桓仁縣의 오녀산성五女山城으로 비정되는데, 다름 아닌 고구려 초기 수도인 졸본성이다. 난공불락의 요새로 유명한 곳이다. 11월에는 다시 요동성을 공격하여 짧은 시간에 무너

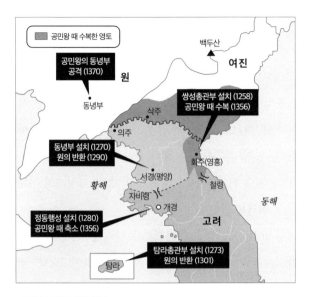

14세기 고려의 영역 회복

뜨리는 성과를 거두었다.

앞에서도 몇 차례 언급된 요양에 대해 간단히 짚고 넘어가자. 요양은 현 중국 랴오닝성의 성도省都인 선양沈阳(심양)에서 서남쪽으로 60km쯤 떨어 져 있고, 신의주와 160km 정도 떨어진 도시이다. 청나라 때부터는 심양이 이 지역의 중심이었지만 그 전까지는 요양이 중심이었다. 요양에 처음 요 동성을 쌓은 나라는 고구려. 이후 신라와의 전쟁에서 패한 당나라가 안 동도호부를 요양에 설치했었다. ☞ 147쪽, 148쪽 지도 참조 동녕부는 원간섭기 에 원나라가 자비령 이북부터 압록강 이남에 이르는 지역을 직접 통치하 기 위해 본래 평양에 세운 기관이었다. 고려는 끊임없는 반환 요청을 통 해 1290년(충렬왕 16) 원나라로부터 동녕부 지역을 돌려받았다. 이때 여기 에 살던 민호들이 모두 그대로 남아 생활을 이어가지는 않았다. 일부는 그대로 남아 다시 고려 백성이 되었지만, 나머지는 원나라로 투속했다. 이후 원나라는 평양에 있던 동녕부를 요동성으로 옮겼다.

1370년(공민왕 19)에 공민왕이 동녕부를 공격한 것은 그곳의 우두머리 기사인테무르奇賽因帖木兒와 직접적인 관련이 있다. 그는 다름 아닌 기황후의 오빠 기철의 아들이다. 그는 원나라 마지막 황제이자 기황후의 남편인 순제가 명나라에 의해 수도가 함락되기 직전에 북행北行하자 황제를 따르지 않고 요양으로 갔다. 그러고는 그때까지 형식적으로 존재하던 동녕부의 이름을 내걸고 요양 지역에 살던 고려인들을 모아서 세력을 구축한 뒤 고려에 적대적인 자세를 취했다. 불과 수년 전 덕흥군으로 인해 국왕 자리를 위협받았던 공민왕이다. 공민왕이 보기에 그는 제2의 덕흥군이 될 수 있는 인물이었다.

이성계가 단순히 뛰어난 무장 이상의 존재로 인식되는 계기는 왜구를 격퇴하면서 세운 혁혁한 공에서 비롯되었다. 1372년(공민왕 21) 화령 부윤和寧府尹(화령은 함경남도 영흥이고 이성계의 출생지)으로서 안변安邊 등에 쳐들어온 왜적을 막아낸 일을 비롯하여, 1377년(우왕 3)에 경상도와 해주에서 왜적을 격퇴했다. 다음 해에는 최영과 함께 승천부昇天府(개경 지역)에 들어온 왜구를 물리쳤다. 특히 1380년(우왕 6) 9월에는 운봉雲峰(전라북도 남원) 전투에서 기념비적인 승리를 거두었다. 이 전투가 유명한 황산대첩이다.

기록에 따르면 황산대첩에서 이성계는 10배나 많은 왜구를 자신의 친병만으로 싸워 승리를 거두었다. 이성계가 이 전투에서 이기고 개선하자 최영이 백관을 거느리고 개경의 동교東郊인 천수사天壽寺 문 앞까지 나아가 맞았다. 최영은 이성계의 손을 잡고 눈물을 흘리며 "삼한三韓(고려)의 중흥이 이 한 번의 싸움에 달려 있었습니다. 공이 아니라면 나라에서 장차 누

남원 황산대첩비지 이성계가 황산에서 왜군을 무찌른 사실을 기록한 승전비가 있던 자리다(위 사진). 황산대첩비는 1943년 11월 14일 총독부가 작성한 『고적 파괴 목록』에 포함되어, 1945년 1월 일제가 남원의 경찰과 소방대를 동원하여 비석을 깨뜨리고 비문의 글자를 쪼아서 내용을 알아볼 수 없게 만들었다(아래 왼쪽). 이때 비석뿐 아니라 비석을 세웠던 아랫부분인 귀부도 깨뜨렸다. 1957년에 귀부 부분을 다시 붙여 세우고, 비석을 본래 크기(4.25m)대로 세웠다(아래 오른쪽).

구를 믿겠소"라고 말하였다. 아마도 이때부터 두 사람이 돈독한 관계를 이어가게 되었을 것이다. 이색, 권근, 김구용 등도 시를 지어 이성계의 전공을 칭송했다. 이 승리로 이성계는 고려의 명실상부한 영웅이 되었다. 백성들도 황산대첩을 통해 이성계의 존재를 명확히 인식하게 되었다.

이성계가 연이어서 두드러진 전공을 세울 수 있었던 요인은 당시 고려에서 가장 강력한 군대를 거느렸기 때문이다. 선대부터 거느려온 이성계의 친병은 동북면 인민과 여진인들로 구성되었다. 사료에 따라 다르게 나타나지만 대략 1,000~2,000명 정도로 구성된 정예 병력이었다. 고려는 동북면의 지역민을 회유하기 위한 방법으로 그들에게 역역力役(국가에 의한 노동력 동원)을 부과하지 않았다. 따라서 그들은 평소에도 군사훈련에 전념할 수 있었다. 그들은 농민군이 대부분인 고려의 번상시위군番上侍衛軍과 크게 달랐다. 번상시위군이란 평상시에는 농사를 짓다가 자기 차례가 되면 상경上京하여 군사 업무에 종사하는 군인을 말한다. 그에 비하면 이성계 군대는 그야말로 정예한 전투 조직이었다. 애초에 번상시위군과는 전투력 수준이 크게 달랐다. 그런 군대가 오직 이성계 개인에게 충성했다.

이성계가 여진족 추장까지 포함하는 휘하 부대의 충성을 끌어낼 수 있었던 것을 선대의 유산 덕분만으로 볼 수는 없다. 오히려 그 자신의 용맹함과 능수능란한 용병술, 적조차 자기 사람으로 만드는 능력이 더 큰 요인이었다. 그는 무공이 뛰어날 뿐만 아니라 전투에서 늘 용맹스럽게 싸웠다. 더구나 그는 적이라도 우수한 무공을 가지고 있으면 살려서 자신의 수하로 삼곤 했다. 그의 부하 장수들 중 여진족 추장 출신이 여러 명 있었던 것이 이 때문이다. 이들 장수 중 처명處明과 이원경李原景은 이성계가 1370년(공민왕 19) 요양의 동녕부를 공략할 때 얻은 적장이었다. 특히 처명은 뛰어난 장수였다. 처명은 1380년(우왕 6) 황산대첩 때 적과 뒤엉킨 혼란스런 전투의 현장에서 이성계의 목숨을 구하며 큰 공을 세웠다.

그런데 이성계의 전공이 곧바로 그의 정치적 영향력으로 연결되지 않았다는 점을 주의 깊게 살펴야 한다. 이성계가 수많은 전공을 세우며 이룩한 명성에 비하면 우왕 9년(1383)까지 개경의 조정에서 그의 정치적 존재감은 분명하지 않았다. 여러 무장들이 그를 꺼렸다. 어느 시대 어느 사회나 정치적 주류 집단은 배타성을 갖고 있기 마련이다. 이성계는 거기에 걸릴 만한 여러 조건들을 가지고 있었다. 그의 선대가 원나라에 귀부한 이래 100년에 이르는 원간섭기 내내 그러한 집안 내력이 이어져왔다. 또 수도 개경에서 먼 변방 지역에 여진족이 포함된 강력한 군대를 거느리고 있었다. 그의 부하 장수들 중에는 여진족 추장 출신도 있었다. 이런 조건들은 이성계 군대가 강한 전투력을 유지하는 데는 유리했지만, 그것을 정치적인 힘으로 바꾸는 데는 유리하지 않았다. 조정에서 그의 영향력을 대변할 만한 정치적 세력 기반도 전혀 없었다. 그러다가 우왕 9년에 함주에서 이성계와 정몽주, 정도전이 만남을 가진 일을 계기로 이런 상황이 조금씩 달라지기 시작했다. 우왕 14년(1388) '조반 사건' 때 최영이 이성계에게 협조를 구하자, 그가 적극 협조함으로써 비로소 중앙 정치에 관여할 수 있는 든든한 계기가 마련되었다.

물론 이성계의 군공과 명성이 높아지면서 우왕 9년 이전에도 그가 중앙 정치와 계속해서 무관한 상태를 유지할 수는 없었다. 강한 군대를 가졌으면서도 중앙의 정치화된 무장들과 거리가 있는 이성계에게 관심을 보이기 시작한 사람들은 신흥유신이었다. 이성계가 황산대첩을 거두고 개선하자, 이색·권근·김구용 등이 헌시를 지은 일도 그에 대한 관심의 표현으로 볼 수 있다. 사실 그들도 공민왕 대는 물론이고 우왕 대 내내 중앙 권력에서 소외되어 있었다. 우왕 원년(1375)에는 북원과의 외교 문제 때문에 20명

넘는 신흥유신이 죽거나 유배되었다. 이성계와 신흥유신이 서로 가까워질 수 있는 잠재적 요인들을 가지고 있었던 셈이다. 각자에게 필요한 것을 상대방으로부터 얻을 수 있겠다고 생각했기 때문인 듯하다. 결국 이성계와 신흥유신은 서로 연결되었는데, 그 단초를 제공한 사람이 정몽주이다. 신흥유신과 이성계의 결합이 만들어낸 조선 건국을 최후에 막아섰던 인물이 정몽주였음을 생각하면 역설적이다.

정몽주는 이성계와 일찍부터 교유했다. 그는 자신이 과거시험을 보았을 때의 시험관, 즉 좌주인 한방신韓邦信의 종사관으로 공민왕 12년(1363) 8월 여진 정벌에 참전했다. 이듬해(1364) 2월에 이성계가 지원부대를 이끌고 왔는데, 이때 두 사람이 처음 만났다. 이성계가 30세, 정몽주가 28세 때였다. 이후 정몽주는 두 번 더 이성계 부대에서 종군했다. 이성계가 요청하고 정몽주가 응했을 것이다. 전쟁은 전투로만 이루어지지 않는다. 특히 야전에서 처리하는 효율적 행정은 전투를 가능하게 하는 핵심 요소이다. 이를 위해서는 행정 능력을 갖춘 유능하고 담력 있는 문관이 필요하다. 정몽주는 우왕 6년(1380) 가을에 전라도 운봉(남원)을 침입한 왜구를 토벌하기 위해 출전한 이성계를 따라 종군했고, 우왕 9년(1383) 8월에도 동북면 조전원수助戰元帥에 임명되어 이성계와 함주에서 약 1년간 주둔했다. 함주는 함흥에서 동남쪽으로 10km쯤 떨어진 곳이다. 전장에서 생사고락을 함께했던 점을 고려하면 두 사람 사이가 매우 친밀했으리라 생각된다.

한편 정도전은 우왕 9년 가을에 함경도 지역을 여행하다가 오랜 친구 정몽주를 만나기 위해 함주를 찾았다. 이때 정몽주는 오랜 벗 정도전을 또 다른 친구인 이성계에게 소개했을 것이다. 정도전은 이때 처음으로 1380년 황산대첩 이후 전국적인 인물로 널리 알려진 이성계를 만났다. 이때의

이성계 조선을 건국한 태조 이성계의 어진이다. 조선 초에 그려진 그림을 1872년(고종 9)에 그대로 옮겨 그린 것이다. 국보 제317호, 가로 150㎝, 세로 218㎝. 출처_문화재청

이성계는 1380년(우왕 6) 황산대첩으로 전국적 유명세를 얻고, 정몽주·정도전 등 신흥유신과 가까워졌다.

모임은 그들 세 사람이 이인임 등 권문세족의 전횡으로 문란해진 고려의 정치와 사회를 개혁하는 데 뜻을 모으는 계기가 되었을 것이다. 아직 구체적인 정치적 의지가 개입된 만남은 아니지만, 이성계와 신흥유신이 결합하는 작은 계기가 이때 마련되었다고 볼 수 있다.

6. 철령위 문제와 위화도회군

최영 스스로 말했듯이, 그는 자기 힘만으로는 임견미 일파에 맞설 수 없었다. 우왕과 협력하여 임견미 세력을 몰아내는 데 성공했지만, 그것은 어디까지나 이성계가 협조했기에 가능했다. 그런데 임견미 일파를 척결하는 과정이나 뒤따라 발생한 철령위 문제를 처리하는 과정에서 최영은 정치적으로 서툴렀다. 최영의 생애를 전체적으로 조감하면 그러한 일 처리는 실수라기보다는 정치적 능력 부족으로 보는 것이 더 적절하다. 이성계의 의견을 묻지도 않고 독단적인 결정을 했으며, 자기 측근 중심으로 정국을 주도하려 했던 것이다. 아마도 두 사람의 나이 차이나 조정과 군軍에서 갖는 지위에서 큰 차이가 있었기 때문일 것이다. 임견미 세력을 제거한 1388년(우왕 14)에 최영은 73세, 이성계는 54세였다. 또, 이성계는 전군을 통솔하는 최영 아래에 있던 지휘관 중 하나였다. 하지만 상황은 이미 그런 나이 차이나 군대 내 지위로 규정되고 있지 않았다. 최영의 정국 운영 방식 안에서 두 사람이 길게 공존하기는 어려웠다. 이미 이성계도 개인이 아닌 조정 내 주요한 세력의 리더였다.

최영은 임견미 일파를 처벌할 때 필요 이상으로 가혹했다. 우왕 14년(1388) 1월 임견미·염흥방 세력을 대거 숙청한 후 그들이 등용했던 사대부들까지 모두 관직에서 쫓아내려 했다. 이렇게 되자 많은 관료와 무장들이 불만과 불안을 동시에 갖게 되었다.

다음 달인 우왕 14년 2월에 명나라에 사신으로 갔던 설장수偰長壽가 명나라 황제의 편지를 가지고 돌아왔다. 거기에는 명나라가 철령위鐵嶺衛를 설치하겠다는 내용이 들어 있었다. 철령은 지금의 안변安邊인데 원산 아래 있다. 철령 이북 땅이 본래 원나라에 속했던 지역이니 이제 명나라가 회수하겠다는 내용이었다. 요컨대 철령위 설치란 철령 이북 땅을 명나라 직할지로 만들겠다는 뜻이다. 이 지역은 1258년(고종 45)에 원나라에 귀속되었다가 거의 100년 만인 1356년(공민왕 5)에 공민왕이 되찾은 땅이다. 황해도 일부까지 포함하는, 한반도의 동·서·북 지역이 여기에 포함되었다. 철령위를 설치하겠다는 명나라의 통보는 단순히 영토에 국한된 문제가 아니었다. 명나라 주장대로라면 거기 살고 있는 고려 사람들도 모두 명나라 사람이 된다. 당연히 고려가 이를 받아들일 수는 없었다.

명나라의 편지를 받은 후, 최영은 명나라에 대해 계속 화친을 청할 것인지 전쟁을 할 것인지를 놓고 여러 재상들과 의논했다. 일단 군사적 대응을 자제하고 마지막으로 한 번 더 외교적 교섭을 해보는 쪽으로 의견이 모였다. 그리하여 우왕 14년(1388) 2월 밀직제학 박의중을 명나라에 보내 철령 이북 지역이 본래 고려 땅이었음을 설명하고 철령위 설치 철회를 간곡히 요청하기로 했다. 그런데 결론부터 말하면, 우왕과 최영은 박의중의 교섭 결과를 기다리지 않고 요동 정벌을 시작했다. 박의중은 이 위태로운 시기에 맡은 임무로 짐작할 수 있듯이 조정에서 비중 있는 인물이었다. 이숭인, 정도전 등이 합격했던 공민왕 11년(1362) 과거시험에서 장원을 차지했고, 공민왕 16년에 재건된 성균관에서 교관으로도 뛰어난 활약을 했다. 조선 건국 이후에는 벼슬에서 물러났다.

결과론이지만, 우왕과 최영은 박의중을 기다렸어야 했다. 6월에 그가 명나라에서 돌아왔는데, 매우 희망적인 답변을 가지고 왔다. 고려의 주장을 일방적으로 물리치지 않고 그 내용을 재검토하겠다는 답변이었다. 이로써, 임박했던 전쟁 위험이 사라졌다. 박의중은 최영이 귀양을 떠나고 우왕이 강화도로 쫓겨난 직후에 개경에 도착했다. 여기서 한 가지 짚고 넘어갈 사항은, 어쩌면 당시 명나라가 고려의 주장을 받아들였던 데는 공민왕의 공이 있었기 때문이라는 점이다. 즉, 원나라가 패망하기(1368) 전인 공민왕 5년(1356)에 고려가 쌍성총관부를 되찾았다는 사실이 고려의 주장에 설득력을 갖게 했을 것이다.

교섭을 위해 출발한 박의중이 아직 명나라에 도착하지 않았을 때인 우왕 14년(1388) 3월에 명나라가 요동 백호百戶 왕득명王得明을 고려에 보내 철령위 설치를 정식으로 통고했다. 또 명나라 병사들을 고려의 양계兩界에 보내서 철령위 설치를 알리는 방문榜文을 여러 곳에 붙였다. 그러자 우왕은 왕득명의 면접을 거부했고, 최영은 방문을 가지고 양계에 왔던 요동 군사 21명을 살해했다. 그리고 8도의 군사를 징발하여 요동 정벌을 결행하기 위한 준비 작업을 시작했다. 우왕과 최영은 4월 1일 이성계를 불러들여 요동 정벌에 전력을 다할 것을 명했다. 우왕이 아무런 사전 설명도 없이 이때가 되어서야 이성계에게 이런 명령을 내린 것은, 아무리 좋게 보려 해도 정치적 무능이라고밖에 표현할 수 없다. 동시에 그런 갑작스러운 명령은 이성계가 최영과 더불어 조정 상황을 반전시키는 데 결정적인 공을 세우고도 그동안 정치적으로 배제되었던 상황을 알려준다.

박의중이 돌아오기도 전에 우왕과 최영이 요동 정벌을 시작한 이유는 무엇일까? 연구자들은 대체로 두 가지 정도의 이유를 짐작한다. 하나는, 이전부터 계속된 명나라의 공격적이고 무례한 요구에 대한 최영의 무장

武將으로서의 감각이다. 최영은 명나라의 무례함에 대해서 정벌을 감행할 의지를 오래전부터 가졌던 것으로 보인다. 다른 하나는, 요동 정벌을 통해 이성계 부대를 제거할 기회를 만들려 했던 것이 아닐까 추정한다. 당시 이성계의 친병 부대는 압도적 전투력을 자랑했고, 그런 군사적 힘은 그의 정치적 영향력을 점증시키는 기반이었다. 이성계는 '4불가론'을 내세워 요동 정벌의 부당성을 반복해 역설했다. 하지만 그의 주장은 최영과 우왕에게 전혀 받아들여지지 않았다. 그런데, 이성계 부대를 약화하려는 것이 요동 정벌의 숨은 목적이라 하더라도 그 생각이 최영에게서 나왔는지, 아니면 우왕에게서 나왔는지 확인할 수는 없다. 두 사람에게 각각 그런 목적을 가졌다고 짐작할 만한 간접적인 증거는 있지만 직접적인 증거는 확인되지 않는다.

한편, 여기서 환기할 필요가 있는 점은 당시 요동이 고려인에게 순전히 '외국'으로만 인식되지는 않았다는 점이다. 고려와 원나라가 전쟁 중이던 1230년대부터 고려인들은 이미 대거 요동으로 이주해 살았다. 후에 충렬왕은 장인이 된 원 세조 쿠빌라이에게 요동으로 이주해 살고 있는 고려인에 대한 통제권을 자신에게 달라고 하여 허락을 받았다. 요동의 고려인에 대한 고려 국왕의 직할 권한은 14세기에도 계속 유지되었다. 공민왕 19년 (1370) 동녕부를 공격할 때 고려군은 이 지역 사람들에게 "요심遼瀋(요동과 심양)은 우리나라 영역이고 그 백성은 우리의 백성이므로, 이제 의병을 일으켜 안무하고자 한다"라고 선전했다. 1370년 동녕부 정벌은 1388년의 요동 정벌에 앞선 1차 요동 정벌의 성격을 띠고 있었다. 그때 정벌을 주도한 사람들 중 하나가 바로 이성계였다. 요컨대 1388년의 요동 정벌 추진은 순수하게 외국에 대한 침공이라 보기도 어렵고, 이성계로서는 처음 하는 일도 아니었다.

어쨌든 4월 12일에는 요동정벌군 군제를 편성했다. 최영이 팔도도통사, 조민수曹敏修(?~1390)가 좌군도통사, 이성계가 우군도통사로 정해졌다. 이성계는 평안·강원·함경도 지역 군사들을, 조민수는 충청·경상·전라도와 경기도 군사를 각기 거느렸다. 여기서 군사 편제에 주목할 필요가 있다. 당시 요동정벌군은 중앙군으로 일원화되어 있지 않고 사적 지휘 체계를 기반으로 편성되었다. 실상 이 같은 편제가 위화도회군을 가능케 한 배경이기도 했다. 이성계가 회군을 결정하자 그의 부대는 그 결정을 따랐다. 이성계 부대가 충성하는 대상은 늘 그랬듯 고려가 아닌 이성계였기 때문이다.

4월 18일 정벌군 5만 병력이 평양을 출발했다. 연구에 따르면 본래 최영은 중군을 직접 맡아 3군 전체를 이끌며 지휘하기로 되어 있었다. 이성계의 거듭된 정벌불가론으로 인해 정벌군이 제대로 작전을 수행할 수 있을지에 의구심을 품고 자신이 몸소 나서야 한다고 생각했기 때문이다. 이와 관련하여 『고려사』에는 "처음에 최영이 모든 출정 장군들의 처자를 가두려고 하였으나 일이 급박하여 끝내 실행하지 못했다"라는 기사가 있다. 최영이 요동정벌군 장수들의 가족을 인질로 잡으려 했었다는 뜻이다. 하지만 그는 결국 평양에 남아야 했다. 신변에 위험을 느낀 우왕의 만류 때문이었다. 최영이 우왕에게 개경에 돌아가 있으라고 말하자 우왕은 "선왕(공민왕)이 피해를 당한 것은 그대가 남방(탐라)으로 토벌하러 가고 없었기 때문이니, 내 어찌 하루라도 그대와 떨어져 있을 수 있겠는가"라고 말하며 최영 곁을 떠나려 하지 않았다. 결국 최영의 중군은 조민수의 좌군과 이성계의 우군에 나뉘어 편제되었다. 이성계에게 회군을 단행할 수 있는 기회를 제공한 셈이었다. 만약 최영이 중군을 이끌고 3군 체제로 출정했다면 이성계의 회군은 불가능했을지도 모른다.

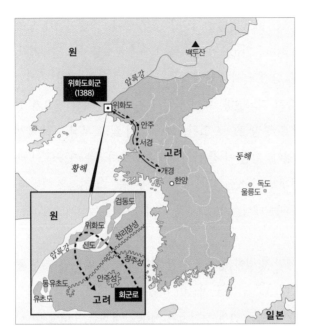

위화도회군

　5월 7일 요동정벌군은 압록강 하류의 위화도에 도착했다. 그런데 이때 도망하는 병사들이 속출했다. 이 공격이 무모하며 자신들은 결국 무의미하게 희생되고 말 것이라는 생각이 퍼진 결과였다. 아마도 내부 결속이 강한 이성계의 우군보다 조민수의 좌군에서 이탈하는 병사가 더 많았을 것이다. 더욱이 장맛비로 물이 불어서 압록강을 건너기가 쉽지 않은 상황이었다. 이성계는 13일과 22일 두 차례에 걸쳐 우왕과 최영에게 이러한 실정을 설명하면서 회군을 허락해달라고 거듭 요청했다. 하지만 우왕과 최영은 이성계의 말에 조금도 개의치 않았다. 그러자 군중에서 이성계가 휘하의 친병 부대를 거느리고 자기 본거지인 동북면으로 돌아가려 한다는 말이 퍼졌다.

동북면은 굳건하고 안전한 이성계의 성채였다. 이성계가 동북면에 자리 잡고 있는 한 고려는 그를 처벌하기 어려웠다. 당황한 조민수가 이성계의 진의를 파악하기 위해 황급히 단기單騎로 말을 달려 그를 찾아갔다. 이 만남에서 회군에 대한 최종 논의가 정해진 듯하다. 아마도 이성계가 조민수에게 회군 의사를 타진하고 조민수가 그에 동조함으로써 회군이 결정되었을 것이다. 『고려사절요』에는 조민수가 "태조(이성계)에게 나아가서 눈물을 흘리며 말하기를 '공이 가면 우리는 어디로 갑니까?'라고 했다"고 나오는데, 실제로 그랬는지는 알 수 없다. 하지만 분명한 것은 이때 조민수에게는 선택권이 없었다는 점이다. 이성계가 회군하겠다면 조민수 혼자서는 남은 병력으로 전쟁을 계속할 수 없고 따라서 회군할 수밖에 없었는데, 그것은 곧 왕명을 어기는 일이었다. 우왕과 최영의 완강한 의지가 결과적으로는 이성계의 회군을 쿠데타로 만들어버렸다.

5월 24일 회군 소식을 접한 우왕과 최영은 급히 개경으로 돌아왔다. 마침내 최영은 6월 1일 개경 근교에 집결한 원정군과 대치했다. 이성계 부대는 거의 20일 걸려 갔던 길을 불과 6일 만에 돌아왔다. 이성계는 우왕에게 최영을 제거할 것을 요구했지만, 우왕은 도리어 최영을 문하좌시중에 임명하여 적극 항전 태세를 갖추었다. 최영 측은 개경에서 수천 병사를 모으는 등 짧은 시간에 그 나름의 대응을 했지만, 이 대치의 결과는 이미 결정된 것이나 마찬가지였다. 최영으로서는 휘하 군사력 일부까지 요동정벌군에 편재하여 출전시켰기 때문에 급히 조직한 방어군만으로는 제대로 저항할 수 없었다. 6월 3일 최영을 고봉현高峯縣(현 경기도 고양시)으로 유배 보내면서 최영 세력과 이성계 세력의 대치는 일단락되었다. 최영은 그해 12월 개경으로 압송되어 처형되었다.

이성계가 개경을 장악한 뒤 최영을 귀양 보냈지만, 그것으로 사태가 마무리되지는 않았다. 우왕은 아직 폐위되지 않은 채 왕위에 있었다. 우왕의 폐위는 그 스스로가 일으킨 또 하나의 사건이 직접적 원인이 되었다. 6월 6일 밤에 우왕은 환관 80여 명과 함께 갑옷을 갖춰 입고 이성계·조민수·변안열의 목숨을 노려 그들의 집을 급습했다. 하지만 그 기습은 실패했다. 그들이 집에 없었기 때문이다. 다음 날 회군파 장수들이 궁에 들어가 무기와 말을 몰수했다. 8일에 우왕은 왕비와 같이 강화도로 추방되었다가 나중에 피살되었다.

이성계의 위화도회군을 비판하는 견해는 조선시대 이래 지금까지 존재한다. 물론 조선시대에는 드러내놓고 비판할 수 없었지만, 그런 시각이 있었음을 기록을 통해 확인할 수 있다. 오늘날 회군을 비판하는 측은, 당시 원나라는 물러나고 명나라는 아직 만주 지역을 확보하지 못한 상황이었으므로 고려의 요동 정벌에 승산이 있었다고 주장한다. 이 견해는 최영의 주장이기도 했다. 이에 대해 이성계는 회군의 첫 번째 명분으로 "작은 나라가 큰 나라를 섬기는 것은 나라를 보전하는 도리"라며 사대事大를 내세웠다. 두 주장 중에서 과연 무엇이 고려에게 최선이었는지 말하기는 어렵다. 하지만 이성계가 요동 공략을 계속했다면, 실패했을 경우는 물론이고 성공했더라도 고려 국내의 개혁을 시작할 수 없게 되었을 것이라는 점만은 분명하다.

요동 공략은 고려가 명나라를 상대로 전면전에 들어가는 상황을 뜻한다. 그렇다면 당연히 고려가 모든 국력을 기울여 대응해야 할 사항이다. 그것은 6세기 중반 고구려의 결정이 아닌 100년 뒤 642년 김춘추의 구원병 요청에 대한 연개소문의 결정과 동일한 맥락에 있게 되는 것을 뜻한다.☞ 133쪽 참조 또 그것은 공민왕이 재위 5년(1356) 반원 개혁 이후 실시해야 했던 국내 개혁이 곧이어 계속된 왜구와 홍건적의 침입으로 실종되어

버린 상황과 같은 결과를 초래했을 것이다. 위화도회군은 국가의 자원과 역량이 투여되어야 할 한쪽을 '손절'함으로써 내부 개혁에 집중할 수 있는 기반을 마련했다. 그리고 자연스럽게 이성계 세력이 중앙 정계에 든든한 토대를 구축하는 결정적인 단서를 제공했다.

7. 왕조의 황혼

우왕은 1374년 열 살 나이로 즉위하여 24세인 1388년까지 14년간 재위했다. 위화도회군 1년 뒤에 아들 창왕은 유배지 강화도에서, 우왕도 역시 유배지인 강릉에서 피살되었다. 이들의 무덤은 만들어지지 않았다. 왕건이 견훤에 대해서 그랬듯 저항 세력의 결집을 자극할지 모른다는 우려 때문이었을 것이다. 우왕과 창왕이 피살된 후 3년이 채 못 되어 고려의 마지막 왕 공양왕이 폐위되고 조선이 건국되었다. 이렇게 보면 우왕 재위 기간은 공민왕 사후 고려 정치의 마지막 모습이 유지되었던 시기이다. 우왕을 잇는 두 왕의 재위 시기는 실질적으로 고려에서 조선으로 넘어가는 과정이었다.

우리는 우왕 대를 어떤 관점에서 보아야 할까? 공민왕은 사실상 자신의 마지막 개혁, 곧 신돈을 내세운 개혁에 실패했다. 신돈의 개혁이 실패한 이후 이어진 시간 동안 어떤 개혁적인 움직임도 없었다. 우왕의 재위 기간에도 별로 달라지지 않았다. 그럼에도 우왕은 10년 넘는 재위를 지속하였다. 마치 역사의 변화가 멈춰선 듯한 느낌까지 준다.

우왕 대 정치권력 내부의 갈등 양상은 고려 조정의 권력 구조를 그대로 반영했다. 우왕 측근 세력, 권문세족, 무장 세력, 신흥유신들은 고려의 정치권력 구조를 구성하는 범주이다. 이들 중 어느 집단도 지배적인 지위를 차지하여 국내외 산적한 문제를 해결하는 모습을 조금도 보여주지 못했다. 권력은 표류했고 권력투쟁만 치열했다. 공민왕 사후에 바로 회복된 권력은 권문세족과 무장 세력의 결합이었지만, 그들은 문제 해결 능력을 전혀 갖고 있지 못했다.

이인임 정권은 상황 변화에 대처하는 순발력을 보여주었다. 그것은 어느 정도 이인임 개인이 가진 특성에서 비롯된 듯하다. 그는 말을 잘하고 사람들을 설득하는 능력이 뛰어났다. 하지만 이인임 정권은 어떤 방향성을 설정하여 국정의 난제들을 해결해가는 능력은 없었다. 더구나 이 무렵 고려의 제반 상황은 임기응변으로 대응할 수 있는 단계를 이미 넘어선 지 오래였다. 해결해야 할 수많은 문제를 앞에 두고도 고려의 개혁은 실종되었다. 결국 강력한 군대를 가진 이성계가 오랫동안 조정에서 소외되었던 신흥유신과 결합했다. 그리고 위화도회군을 기점으로 그들은 정치 세력화되었다.

23

사전 개혁과 조선의 건국

1. 조선 건국의 특이성

공양왕 4년(1392) 7월 12일에 고려 왕실 최고 어른인 공민왕 제4비 왕대비 안씨(?~1428)가 교지로 공양왕을 폐위했다. 이로써 고려왕조는 공식적으로 막을 내렸다. 닷새 뒤 7월 17일에 이성계가 여러 신료들의 '간곡한' 권유를 받아들여 개경 수창궁壽昌宮에서 백관의 조하朝賀를 받았다.☞ 수창궁 위치는 439쪽 〈광여도〉 참조 이로써 조선왕조가 정식으로 시작된다.

조선왕조 개창 직후에 이성계는 "국호는 그대로 고려라 하고 의장儀章(국가의 상징이나 표식)과 법제法制는 모두 전조前朝의 고사故事에 따른다"는 교지를 내렸다. 성씨가 달라진 새 왕이 고려의 기존 국가 체제를 그대로 계승하는 모습을 띠었다. 가능하면 별로 달라지지 않은 것처럼 보이려 했던 까닭이다. 하지만 5개월 뒤 국호를 조선으로 바꾸고, 2년 남짓 뒤에는 개경에서 한양으로 수도를 옮겼다.

조선 건국이 제도적인 차원에서 실질적으로 마무리되는 것은 태종(재위

1400~1418) 때이다. 건국 이후 또 한 세대가 필요했다. 알려진 대로, 태조 7년(1398)에 1차 '왕자의 난', 다시 정종 2년(1400)에 2차 '왕자의 난'이 일어났다. 두 차례에 걸쳐 일어난 이 사건은 권력 승계 원칙이 자리를 잡지 못한 결과였다. 최후의 승자 이방원李芳遠이 즉위하면서 국왕 권력은 일단 안정되었다. 오랫동안 풀리지 않던 숙제인 명나라와의 관계도 태종 초반에 해결되었다. 또, 고려 말에 일어났던 불교배척운동도 이 시기에 사찰의 철폐와 정비를 통해 마무리되었다. 태종 대를 거치면서 국가 체제의 새 틀이 잡혔고, 고려 말 이래의 오랜 사회 현안들도 해결의 단초를 마련했다. 마침내 왕조 교체가 마무리된 것이다. 이러한 양상은 후삼국시대의 혼란과 불균형이 왕건의 후삼국 통일을 통해 일차로 수습되고 광종 대를 거치면서 균형점에 도달했던 모습과도 유사하다.

고려에서 조선으로 왕조가 교체되는 양상은 이전의 왕조 교체 과정에서 볼 수 있는 모습과는 많이 다르다. 신라에서 고려로 전환될 때는 정치 중심지인 수도와 핵심 인물들의 사회적 신분이 말 그대로 완전히 변화했다. 경주에서 개경으로 정치 무대가 바뀌었고 정치집단도 진골 귀족에서 평민인 호족으로 바뀌었다. 하지만 고려에서 조선으로의 교체는 정치 무대나 주인공들의 성격에 뚜렷한 단절이 보이지 않는다. 개경이라는 동일한 공간에서 고려의 쇠망과 조선의 건국 과정이 겹쳐서 진행되었다. 심지어 개국에 반대했던 인물들이 조선 건국 이후 새 나라 건설에 중요한 역할을 담당하기도 했다.

고려에서 조선으로의 전환은 중국 왕조들의 교체 양상과도 전혀 다르다. 중국에서는 몽골족의 원나라를 한족의 명나라가 대체하고, 명나라를 여진족인 청나라가 멸망시킨 데서 볼 수 있듯이, 새로운 지배자들이 이전 왕조의 수도를 공격하여 점령하는 방식으로 왕조를 교체했다. 심지어 왕조마다 황제들의 출신 민족도 달랐다. 그렇다고 고려에서 조선으로의 교체가 중국 고대의 전설 시대에서 그랬다는 선양禪讓, 즉 왕위의 자발적 양도와 계승 방식을 따랐던 것도 아니다. 고려에서 조선으로의 전환에는 상당한 기간에 걸쳐 정치적 물리적 갈등, 암투, 그리고 적다고 할 수 없는 인명의 살상이 있었다.

조선 건국의 독특함은 무엇보다 사회 개혁의 과정을 통해 이루어졌다는 데 있다. 고려왕조의 오래된 사회경제적 적폐를 해결하는 과정이 어느 순간 새로운 왕조 창업의 과정이 되었다. 그 핵심에 '사전私田 개혁'이 있다. 사전 개혁은 고려의 전민田民 문제에 대한 개혁인데, 단순히 토지문제나 경제문제에 국한되지 않았다. 사전 개혁은 창왕 즉위년(1388) 6월에 시작되어 공양왕 3년(1391) 5월 과전법科田法 공포로 마무리되었다. 과전법은 조선의 토지제도가 되었다. 이 개혁은 위화도회군이 성공하자마자 시작되었고, 완수된 다음 해에는 새 왕조 조선이 건국되었다. 말하자면 이성계 세력은 쿠데타인 위화도회군을 성공시킨 힘으로 사전 개혁을 시작할 수 있었고, 사전 개혁을 성공시킨 바로 그 힘으로 조선 건국에 성공했다. 흥미로운 사실은 보통의 경우에 새 왕조가 건국 이후에 개혁을 추진했다면 조선의 경우에는 그 순서가 바뀌었다는 점이다.

개혁과 건국의 순서뿐 아니라 고려 말 진행된 개혁의 양상도 독특하다. 사전 개혁은 위화도회군 직후에 시작되었다. 이는 개혁이 현실적으로는 이성계가 가진 무력에 의해 뒷받침되었음을 의미한다. 그러나 개혁 과정 내내 이성계의 무력이 직접적으로 동원되지는 않았다. 시종일관 개혁에 대한 입장을 달리하는 문신들이 서로 논쟁을 벌이며 갈등이 있었을 뿐이다. 이 과정에서 이성계 일파가 늘 우위를 점하지도 않았고 때로 위태로운 순간을 맞기도 했다. 그런데도 이성계의 군대가 이 개혁 과정에 직접 개입하지 않았다는 점이 고려 말 개혁의 또 다른 특징이다.

2. 이성계는 언제부터 건국을 생각했을까?

1388년(우왕 14) 5월에 단행된 위화도회군이 조선왕조 건국의 제1보였 다는 것에 대해서는 많은 연구자가 동의한다. 하지만 이런 인식은 이후에 일어났던 모든 일을 이미 알고 있어야만 얻을 수 있는 판단이다. 그렇다면 여기서 한 가지 의문이 떠오른다. 이성계는 새 왕조를 개창하기 위해 위화 도회군을 단행했을까? 이 의문을 가늠해볼 수 있는 사료가 있다.

> (남은南誾은) 우리 태조(이성계)를 따라 위화도에 이르러서 조인옥趙仁沃
> 등과 더불어 회군할 것을 논의하고 또 몰래 추대를 모의했다. (태조에게
> 말하자) 태조가 삼갈 것을 엄하게 명했으므로 감히 드러내지는 못하였
> 다. 돌아와서 태종(이방원)에게 몰래 고했더니 태종도 말하지 못하게 경
> 계하였다.
>
> ―『고려사』 권116, 「열전」 29, 남은.

조인옥은 조휘趙暉의 후손이다. 앞에서 언급했듯이 조휘는 1258년(고종 45) 원나라에 귀부했고, 이후 성립된 쌍성총관부의 총관직은 조휘의 후손 이 맡았다.☞ 535쪽 참조 조인옥의 형 조인벽趙仁璧의 처가 이성계 아버지 이 자춘의 비첩婢妾 소생이다. 조인벽은 이성계 휘하 맹장이었다. 조인옥에게 이성계는 형의 처남이니, 말하자면 이성계의 인척이다.

위 사료 내용을 어떻게 해석해야 할까. 당시 이성계 그룹 내부에서 자연

스럽게 왕조 개창에 대한 논의가 있기는 했지만 이성계 자신이 그것을 결단했다고 말하기는 어렵다 정도로 해석하는 것이 적절할 듯싶다.

위화도회군 때 이성계가 고려왕조를 무너뜨리고 새 왕조를 세우려 결심했다고 말할 수는 없다. 하지만 집권의 가능성을 열어두지 않았다면 위화도회군을 결단하지는 못했을 것이다. 집권이 곧 새 왕조의 건국을 뜻하지는 않는다. 100년간 지속되었던 무신정권이 그 예다. 이성계파 스스로는 어떻게 생각했는지 모르겠지만, 위화도회군 이후 반이성계파는 실제로 이 사건을 제2의 무신란武臣亂으로 이해했다.

이성계가 위화도에서 처했던 상황에서는 회군 자체가 쿠데타였다. 이성계가 이미 두 차례나 회군을 요청했지만 우왕은 허락하지 않았다. 국왕이 끝내 허락하지 않은 군대 이동이란 쿠데타 이외의 다른 것일 수 없다. 이성계가 무단으로 군대를 이동시킨 일이 고려왕조 자체를 부정하는 행위라고 말할 수는 없지만, 적어도 그가 회군한 이상 우왕과 최영의 조정에 있을 수는 없었다. 그 때문에 회군하는 과정에서 이성계와 조민수는 우왕을 종실의 다른 인물로 교체할 것에 합의했다. 어쨌든 회군이라는 결단의 바탕에는 이성계의 강력한 군사력과 동북면이라는 자신만의 영역이 있었다. 이성계는 최악의 경우에도 자신을 포함해 군대까지 지킬 수 있는 힘과 기반을 가지고 있었다.

회군 이후 이성계 세력은 우왕을 곧 강화로 유배 보냈다. 이후, 다음 왕이 누가 되어야 하는가를 놓고 조민수와 이성계의 의견이 갈렸다. 조민수는 우왕의 큰아들 창昌을 옹립하려 했고, 이성계는 종친 왕요王瑤(후일의 공양왕)를 내세웠다. 조민수는 이색에게 조언을 구했다. 이색은 창이 우왕의 큰아들이라는 명분을 내세워 조민수 의견을 지지했다. 이로써 9세의 창왕이 즉위했다.

3. 조준의 등장

위화도회군 직후 주목할 점은 이성계의 추천으로 조준趙浚(1346~1405)이 조정의 언론을 주도하는 사헌부 대사헌에 올랐다는 사실이다. 당시에는 조준의 등용을 주의 깊게 살피는 사람이 별로 없었는데, 중앙 정치 무대에 조준이 등장한 것은 의미심장한 일이었다. 조준은 공민왕이 피살된 해인 1374년(공민왕 23)에 과거에 급제했다. 공민왕이 피살되기 서너 달 전이다. 우왕 대 내내 그는 지방에서 근무했고, 그의 주 업무는 왜구를 진압하는 일이었다. 대사헌에 임명되기 직전 4년간은 벼슬이 없는 채로 집에 칩거하고 있었다. 사실상 현직에서 축출된 처지나 다름없는 상태였다. 그는 신흥유신의 핵심 세력인 이색 그룹과도 뚜렷한 관계를 갖고 있지 않은 인물이었다. 이런 경력의 조준이 위화도회군 직후 조정 언론을 주도하는 대사헌에 발탁되어 곧바로 사전 개혁을 추진했다. 이 사전 개혁은 조준을 통해 관철시킨 이성계의 강력한 의지가 작용했다고 보아야 한다.

이성계파의 사전 개혁 과정에서 가장 중심에는 사헌부와 조준이 있었다. 이미 이성계가 무력을 장악했기에 그들이 힘으로 개혁을 밀어붙였으리라 예상할 수도 있다. 하지만 실제로는 전혀 그렇지 않았다. 고려의 정치는 재상들의 합의 기구인 도당에서 이루어졌다. 도당의 구성원인 재상들은 제도적으로 이성계의 '독주'를 막을 수 있었다. 이성계 역시 도당 구성원이기 때문이다. 그러므로 이 시기 조정에서 개혁이 추진되기 위해서는 명분과 논리가 필요했다. 이는 예나 지금이나 제도 개혁이 추진되는 모든 상황에서 반복해 나타나는 일이다. 건국 직전인 1391년 후반에서 1392년 초 상황에서 볼 수 있듯이, 사헌부를 잃었을 때 이성계파 인물들은 귀양을 가거나 목숨을 위협받는 등 정치적 위기에 처하기도 했다.

사헌부에 등용된 조준은 곧바로 장문의 전제 개혁 상소를 올렸다. 이 상소는 무너진 토지제도를 바로잡기 위한 방법을 제시하라는 창왕의 하교에 응답한 것이다. 막 즉위한 아홉 살의 창왕이 자기 생각으로 이런 하교를 했을 리는 없다. 어쨌든 창왕의 교지에 따라 다음 달인 7월에 조준이 올린 상소는 그 분량이 많고 내용 또한 대단히 체계적이다. 정확하게 말하면 그의 상소 내용은 전제 개혁이 핵심이지만, 동시에 국가 전체를 아우르는 개혁안이었다. 이런 규모의 개혁안이 창왕의 교서가 내려진 다음에야 준비되었다고 보기는 어렵다. 이성계가 조준을 대사헌으로 추천하고, 조준이 전제 개혁을 시작하고, 이 전제 개혁을 중심으로 조정의 세력 구도가 나뉘면서 결국 그 일이 완료된 후 새로운 나라가 건국되었다.

　흥미롭게도 전제 개혁을 이끈 중심인물은 정도전이 아니라 조준이다. 앞에서도 서술했듯이 이성계와 가장 먼저 친분을 나눈 신흥유신 그룹의 인물은 정몽주이다.☞ 541쪽 참조 이후 정몽주의 소개로 정도전이 우왕 9년(1383) 함주의 막사에서 이성계를 처음 대면했다. 나중에 정도전은 이성계의 추천으로 성균관 대사성이 되기도 했다. 정몽주와 정도전이 조준보다 먼저 이성계와 친분을 나눈 사이였다. 하지만 위화도회군 직후 사전 개혁을 비롯한 제도 개혁을 주도한 인물은 조준이다. 어떻게 된 일일까?

　사실 이성계는 이전부터 문신들을 자신에게 끌어들이기 위해 노력했다. 물론 이성계가 개경에 처음 나올 때부터 그러지는 않았지만, 어느 순간부터인가 그는 전투에만 관심을 갖는 무장이 아니었다. 그런데 정몽주나 정도전의 경우는, 이성계가 이들을 찾은 것이 아니라 이들이 먼저 이성계를 찾았다. 즉, 이들은 당시의 집권 세력인 이인임, 최영, 임견미 등에 대항하기 위해서 이성계를 찾았던 것이다. 정몽주나 정도전은 이성계 밑에서 심복이 될 수 있는 사람이 아니다. 나이로 보아도 이성계가 1335년생이고

조정숙공 사당기비趙貞肅公祠堂記碑 　조준의 증조부 조인규의 일대기와 청계사를 짓게 된 경위를 기록한 비석이다. 정숙貞肅은 조인규의 시호이다. 비석의 글은 이곡이 지었다. 1341년(충혜왕 복위 2)에 설립되었고, 경기도 의왕시 청계사 경내에 있다. 청계사는 신라 때 창건되었지만 1284년(충렬왕 10)에 조인규가 자신의 원당願堂으로 크게 개축했다. 경내에 자신을 위한 건물을 만들어서 머물기도 했다. 왼쪽은 비석의 앞면, 오른쪽은 뒷면이다. 높이 177cm, 너비 84cm.

정몽주는 1337년생, 정도전은 1342년생이다. 특히 정몽주는 이성계와 동년배로, 이성계가 크게 존중하던 인물이다. 변방 출신의 장수 이성계와 과거시험에서 수석을 차지하고 관계에 진출하여 명성을 떨치던 엘리트 관료 정몽주 사이에 사회적으로 인식되는 심리적 위계도 없지 않았을 것이다.

　조준은 정몽주나 정도전 등과 달랐다. 그는 1374년(공민왕 23) 4월에 29세 나이로 과거에 급제했다. 그는 문신이지만 장재將材, 즉 무신의 성향과 능력도 있었다. 정몽주, 정도전, 김구용, 박의중, 박상충, 이숭인 등처럼 성균관 교관 출신도 아니다. 다시 말해 신흥유신 그룹의 일원이라 하기도 어렵고, 이색과 어떤 개인적 인연이 있었던 것 같지도 않다. 그는, 역관 출신으로 출세하여 충선왕의 장인이 된 뒤 큰 위세를 떨쳤던 조인규趙仁規의 증손이다. 고려 말 대표적인 '권문세족' 출신이라 할 수 있다. 그런데 그의 아버지 대에 이르러 가문의 위세가 어느 정도 위축되었던 듯하다. 고려가 원나라로부터 정치적으로 독립하자, 원나라와 밀접한 관련을 갖고 있던 조준 가문에 영향을 미쳤을 것이다. 그래도 그가 '권문세족' 출신이라는 사실은 변함없다. 조준 자신은 매우 개혁적인 인물이었다. 그는 자신의 삶을 가족 배경보다는 스스로의 '선택'으로 결정한 사람이었다.

1383년(우왕 9) 우왕이 양광도(현 충청도 지역)와 경상도 도체찰사에 조준을 임명하려 했다. 이때 조준이 왕에게 요청한 말은 그의 인간적 면모를 잘 보여준다. "전하가 만일 신으로 하여금 양도兩道를 전제專制(오로지 장악하여 처리함)하게 하시려면, 장수 가운데 싸움터에 나가기를 머뭇거리거나 적에게 패배한 자들을 신이 마음대로 다스릴 수 있게 해주십시오. 그러면 삼가 명을 받들겠습니다. 그렇지 못하면 원수元帥와 도순문사都巡問使 지위가 신보다 높으니 어찌 신을 두려워하여 죽을 자리에 나가겠습니까." 그는 한 해 전 경상도에 파견되었을 때도 싸움을 기피하는 죄를 물어서 병마사의 목을 베었다. 조준이 우왕에게 한 말은 빈말이 아니었다. 이 때문에 장수의 족당族黨이 조준을 꺼려 그의 임명을 저지했다. 이후 조준은 4년 동안 벼슬에서 물러나 두문불출하고 경사經史(유교 경전과 역사책)를 벗 삼아 독서하며 지냈다. 이 기간이 매우 중요하다. 아마도 이 기간에 조준은 고려의 현실을 개혁할 방안을 연구했을 것이다. 그의 전제 개혁 상소는 현실에 대한 오랜 고민과 연구를 통해서만 나올 수 있는 내용이기 때문이다.

임견미가 제거된 후 조준에게 관직을 먼저 제안한 사람은 최영이었다. 하지만 조준은 핑계를 대고 이에 응하지 않았다. 불과 몇 달 후 조준은 관직에 나갔고 위화도회군 직후에 대사헌이 되었다. 어쩌면 요동정벌군 출정 이전에 조준은 이미 이성계와 연결되었던 듯하다. 두 사람을 연결한 인물은 조인옥일 것이다. 조준과 조인옥은 친구였다. 이성계는 조준을 좋아했다. 『고려사』에 다음과 같이 나온다.

> 우리 태조(이성계)가 준의 기량이 비범함을 보고 같이 일을 의논했는데,
> 크게 기뻐하며 그를 대우하기를 옛 친구와 같이 하였다. 회군 후에는
> 지밀직사사 겸 대사헌으로 삼아 크고 작은 일들을 모두 다 자문하였다.
>
> —『고려사』 권118, 「열전」 31 조준.

이성계는 정도전이나 정몽주 같은 신흥유신 외에 별도로 자신의 문신 심복 집단을 두고 있었다. 조준이 그 핵심 인물이다. 위화도에서 남은과 조인옥이 이성계 추대를 논의하고 건의한 일이 우연히 그들 두 사람이 이야기를 나누다가 비롯되었다고는 할 수 없을 것이다. 그런 엄청난 일을 두 사람끼리 말한 끝에 불쑥 이성계에게 건의할 수는 없다. 9세의 창왕이 즉위한 그달로 전제 개혁의 준비 작업에 해당하는 교서를 발표한 것이나, 대사헌에 막 임명된 조준이 국정 여러 분야에 걸친 방대하고 체계적인 개혁안을 올린 것이 아무런 기획과 준비 없이 이루어진 일일까? 이런 일련의 일이 왕조 개창을 위한 작업이었다고 말한다면 지나칠 수 있지만, 이성계의 집권을 위한 작업이자 요동정벌군 출발 이전에 이미 계획되었던 일이라고 말한다면 충분히 설득력 있는 주장이다.

훗날 이방원은 즉위 후 다음과 같이 말했다. "이씨李氏가 개국한 공功은 오로지 조준과 남은에게 있다. 정도전은 언사言辭를 잘하여 공신의 열列에 있는데, 그가 공신에 오른 것은 또한 당연하나 공으로 논하면 마땅히

5, 6등 사이에 있을 것이다." 정도전과 이방원의 관계를 고려할 때 이방원의 이 말에 주관적 생각이 개입되었을 가능성을 배제할 수 없다고 하더라도, 조준의 공이 조선 건국에 결정적 역할을 했음은 분명해 보인다. 1392년 조선 건국 직전에 "정몽주, 이색, 우현보禹玄寶 등이 이르기를 '만약 조준과 남은을 탄핵하여 극형에 처하기만 한다면, 조박趙璞·윤소종尹紹宗·오사충吳思忠의 무리는 제재할 필요도 없습니다'라고 하였다"는 기록은 이를 다시 한번 입증한다. 『고려사』 열전의 제신諸臣 항목은 모두 29권으로 구성되고 수많은 인물이 나오는데, 조준과 정도전 두 사람만 한 권씩 차지하고(「열전」 31은 조준, 32는 정도전), 나머지는 한 권에 여러 명이 나온다. 서술 분량 면에서 보면 정도전보다 조준에 대한 서술이 더 많다. 조선 건국에 대한 조선왕조의 역사적 평가를 반영한 구성과 체제일 것이다.

조준은 태종 5년(1405) 6월에 사망한다. 사관은 긴 졸기를 남겼다.

나라의 정치제도와 기강을 바로잡고, 이利를 일으키고 해害를 없애어, 이 나라 백성으로 하여금 탕화湯火(끓는 물과 타는 불과 같은 상황) 가운데서 나와 즐겁게 사는 마음을 품게 한 것은 준浚의 힘이 퍽 많았다. … 사전私田을 폐지하여 민생을 넉넉하게 하기를 청하니, 세가世家(대를 이어 고위 관직을 지낸 집안)와 거실巨室(번창하는 집안)에서 원망과 비방이 매우 심하였다. 하지만 준이 고집하고 논쟁하기에 더욱 힘쓰니, 태상왕(이성계)이 준과 뜻이 맞아 마침내 여러 논의를 물리치고 시행하였다.

(조선 건국 후) 준이 수상이 되어 8년 동안 있었다. 초창기에 정사가 번거롭고 사무가 바쁜데, 우의정 김사형金士衡은 … 일을 모두 준에게 결단하게 했다. 준은 (성품이) 강명정대剛明正大하고 과감하여, 비록 대내大內(임금의 거처)에서 지휘를 내린 일이라도 (그 내용에) 옳지 못함이

있으면 문득 이를 가지고 있으면서 내려보내지 않았는데, 동렬同列들이 숙연하여 감히 한마디 말도 하지 못하였다. 이에 체통이 엄하고 기강이 떨쳤다. 하지만 임금의 사랑을 독점하고 권세를 오래 잡고 있었기 때문에 원망하는 사람들이 많았다. 그러자 준이 정승직을 그만두고 물러나서 문을 닫고 들어앉아 손님을 사절하며 시사時事를 말하지 않았다. … (관직이 높아져) 귀하게 되어서도 같은 나이의 친구를 만나면 문에서 영접하여 정답게 대하고 조용히 손을 잡으며 친절히 대하였으니, 포의布衣(벼슬하기 전) 때와 다름이 없었다. 사학史學에 능하고 시문詩文이 호탕하니 그 사람됨과 같았다.

—『태종실록』 권9, 태종 5년 6월 27일.

4. 조준의 전제 개혁 상소

사전의 의미

조준의 전제 개혁 상소 내용을 살피기 전에 먼저 이해해야 할 개념이 있다. '사전私田'이라는 개념이다. 조준이 주장한 전제 개혁의 핵심은 '사전 혁파'이다. 오늘날은 토지에 대해서 소유권 개념이 명확히 정립되어 있다. 하지만 세계사적으로 볼 때 배타적이고 특권적인 소유권 개념은 근대에야 성립되었다. 동서양을 막론하고 전통 사회 여러 곳에서는 그러한 개념이 없었다. 고려시대에 '공전公田'과 '사전私田'을 구분할 때, 세금 납부자가 땅에 대한 세금을 정부에 내면 '공전'이고 특정한 정부 관리 개인에게 내면 '사전'이었다. 공과 사 구분의 기준이 토지 소유가 아닌 그 토지에 대한 세금의 귀속처였다. 공전이든 사전이든 그 토지가 세금 납부자 소유의 민전民田, 즉 민유지라는 점은 다르지 않다.*

왜 세금을 중앙정부가 일괄적으로 거두어 관리들에게 지급하지 않고 관리로 하여금 농민들에게 직접 세금을 거두어 쓰게 했을까? 아마도 처음 세금 제도를 만들었던 고려 건국 초기의 조건, 즉 미약한 중앙정부와 막강한 호족이라는 사회적 상황이 중요한 이유가 되었을 것이다. 하지만 이런 역사적 상황에서 비롯된 이유 외에도 그 제도가 지속되었던 데는 곡물의 운반 비용이라는 문제도 있었을 것이다. 석탄·석유 같은 화석연료로 움직이는 기차나 자동차를 사용하기 이전의 전통 사회에서 무거운 물건의 이동은 해결하기 어려운 문제였다. 정부는 곡물의 운반 비용을 부담하지 않기 위해 관리들로 하여금 그들이 수조권收租權을 가진 땅에서 세금인 곡물을 직접 받아 쓰게 하는 방식을 취했다. 그런데 이런 방식이 숱한 사회경제적 부패의 원천이 되었다. 적어도 조준과 그에 동조하는 이성계 그룹에 속한 사람들은 그렇게 생각했다.

사전 개혁의 세 가지 내용

조준은 상소에서 몇 가지 개혁 사항을 주장했다. 이 내용은 3년 후 과전법科田法 성립으로 실현되었다. 그리고 이 과전법이 그대로 1년 뒤 새로 건국된 조선의 토지제도가 되었다. 조준이 제안한 개혁 내용을 살펴보면

---

* 공전과 사전이 세부적으로 어떤 내용으로 이루어졌는지에 대해서는 대단히 많은 연구가 진척되었다. 그럼에도 불구하고 빈약한 사료 때문에 아직도 그 실체가 명백하지는 않다. 다만 그 세부적 내용에 따른 구분을 명료하게 하는 것이 이 책의 목표는 아니므로 자세한 설명은 줄이기로 한다.

다음과 같다.

첫째, 공전과 사전의 구분 없이 모든 토지를 대상으로 한 통일적인 양전量田의 실시를 요구했다. 양전이란 세금을 거두기 위해 경작지의 규모와 모양 그리고 활용 상태를 파악하는 일이다. 활용 상태란 묵은땅인지 현재 농사짓고 있는 땅인지에 대한 구분이다. 조준이 이런 주장을 한 이유는 당시 공전과 사전을 각각 따로 양전했으며, 그 결과를 담은 토지대장인 양안量案도 별개로 존재했기 때문이다. 사전의 경우에는 양전 자체도 정부가 직접 하지 않고 그 결과만 통보받은 듯하다. 사전의 수조권을 가지고 있는 사람은 경제적으로 국가의 파악이나 통제 밖에 있었던 셈이다. 정부가 사전의 실태를 모르는 상황이야말로 사전 수조권자 입장에서는 정부로부터 자신의 이익을 지키는 가장 최선의 상황일 것이다. 1993년에 실시된 금융 실명제를 떠올리면 짐작할 수 있는 일이다. 가명이나 무기명 금융 거래는 지하경제와 조세 부과 불균등의 원천이었다. 고려시대 국가가 주도하는 양전에서 벗어나 있는 사전도 다르지 않았을 것이다. 따라서 사전 개혁이 사전을 '국유화'하지 않고 단지 공전과 함께 정부가 직접 파악하는 일만으로도 토지문제의 폐단을 해결하는 데 큰 효과를 낼 수 있다.

둘째, 양안에 사전을 기록할 때 개별 사전을 일정한 규모로 고르게 분할하고 분할된 땅 조각들에는 천자문 순서로 표시를 하자고 주장했다. 이전에는 양안에 사전마다 수조권자들의 이름을 써놓았다. 파악된 사전들의 규모도 들쑥날쑥했다. 제각각 크기의 사전에 수조권을 가진, 혹은 과거에 그것을 가졌던 사람의 이름이 적혀 있었다.

조준의 주장이 의미하는 바는 무엇인가? 조준이 상소에서 말했듯이 사전이란 원칙적으로 관리가 재직하는 동안에만 그에 대한 반대급부로 정부로부터 받는 토지이다. 이때 토지의 소유권을 받는 것이 아니라 토지 생산물에 대한 수조권을 받았다. 그 관리가 물러나 재직하지 않게 되면 당연히 토지는 정부에 반납해야 했다. 그러나 현실에서는 양안에 있는 사전에 특정한 관리의 이름이 적히는 순간, 그것은 마치 소유권과 같은 힘을 발휘했다. 그 관리가 더 이상 현직에 있지 않고 심지어 사망한 이후에도 관리의 가족들은 재직시 받은 사전을 조업전祖業田, 즉 조상의 땅이라 부르며 자신들의 사전으로 인식했다.*

사회제도나 장기간 지속되는 사회적 상황은 대개 사람들 마음 안에 상응하는 단서를 갖는 경우가 많다. 수십 년 동안 자기 땅 혹은 우리 집 땅이었는데, 어느 날 갑자기 더 이상 우리 것이 아니라고 마음으로 받아들이기는 쉽지 않다. 하지만 조준의 두 번째 주장은 땅에 대한 어떤 고정불변의 수조권도 인정하지 않았다. 가장 원칙적인 주장이지만 가장 혁명적인 주장이기도 하다. 사전에 이름이 적혀 있던 이전 수조권자의 권리는 이로써 영원히 소멸되었다.

셋째, 과전科田을 경기京畿에만 설치할 것을 주장했다. 사전 개혁의 결과로 과전법이 만들어졌다. 그런데 과전법에서도 이전처럼 관리들에게 직역과 품계에 따라 사전을 지급했다. 과전이 그것이다. 그러면 개혁 이전과 무엇이 달라졌는가? 분명히 달라진 점이 있다. 이전에는 사전이 전국에 흩어져 있었다. 반면에 조준의 개혁안에서는 관리들에게 사전을 경기 지역 땅으로만 지급한다. 이는 단순히 중앙정부가 사전에 대한 관리를 철저

---

* '조업전'에는 고려시대 토지제도의 전체 역사가 담겨 있다. 고려가 본래 정한 원칙에 따르면 '조업전' 자체가 불법은 아니다. 하지만 처음에 '조업전'이 정해졌을 때는 그에 상응하는 세금 수취 제도와 관료 지급 규정이 존재했다. 시간이 지나면서 그런 체제는 와해되었고, 더구나 자신의 땅이 '조업전'이 아님에도 문서위조를 통해 '조업전'이라고 주장하는 사례가 상당히 증가했다.

하게 하려는 이유만은 아니었다. 이제 새로이 사전을 받게 될 관리들은 이전에 보유했던 것과 완전히 다른 성격의 토지를 재직 대가로 받는다. 이런 지급 방식은 과거의 사전에서 사전주가 땅에 대해서뿐만 아니라 그 땅에서 농사짓는 경작자이자 땅의 원래 소유자에게 '관행적으로' 행사했던 모든 권리가 부정되는 것을 뜻했다.

고려시대에, 땅에 대해서는 세 권리 주체, 즉 '중앙정부', '수조권을 가진 사전주', 그 땅에서 '농사짓는 소유인 농민'이 있었다. 그런데 사전에는 사전주와 경작자 농민의 관계가 중심이고 중앙정부는 배제되어 있었다. 그 결과, 오랜 관행을 통해서 사전주는 땅의 수확물뿐 아니라 경작자까지도 지배했다. 하지만 과전법 시행에 따라 사전을 경기 지역 안에서만 지급함으로써 모든 땅에서 '중앙정부'와 '농사짓는 소유인 농민'의 관계가 기본이 되었고, 사전주는 단순히 땅의 수확물만을 받게 되었다. 사전주 입장에서 보면 이전과 달리 땅의 수확물 중 일부만 자기 몫이고 땅 자체나 그 땅의 경작자는 이제 자신의 통제 영역 밖에 놓이게 된 것이다. '사전 혁파'란 바로 이것을 의미했다. 사전을 부정한다는 말은 모든 땅을 국가 소유로 한다는 뜻이 아니다.

사전 개혁의 이상과 배경

얼핏 보면 조준의 전제 개혁은 새롭지 않다. 앞에서 살펴보았듯이 원간섭기에 거의 모든 왕마다 '전민변정'을 시도했다. 그럼에도 조준의 전제 개혁 내용은 이전의 모든 전제 개혁과 구분된다. 그 전까지는 사전에 대한 법 규정이 원칙대로 잘 운영되지 않아 문란하다고 생각하기는 했지만 사전 그 자체를 문제 삼지는 않았다. 반면에 조준은, 국가의 파악에서 벗

조준의 전제 개혁 상소 1388년 7월, 조준이 토지제도를 바로잡을 방책을 상소하는 내용이다. 밝게 강조한 부분이 아래 인용문의 원문이다. 출처_국사편찬위원회 한국사데이터베이스

어나 있고 경작자와 수조권자 사이에 국가가 빠져 있는 사전 제도 자체가 문제라고 생각했다. 조준은 이런 사전을 혁파하여 나라 안의 토지를 모두 '공전'으로 삼아야 한다고 주장했던 것이다. 다시 한번 말하지만 '공전'이 토지의 국유화를 말하는 것은 아니다.

　나아가 조준은 전제 개혁을 자신이 생각하는 국가 운영의 근본적인 목표와 연결 지었다. 그의 상소는 이렇게 시작한다.

> 무릇 어진 정치는 토지의 경계를 바르게 하는 일로부터 시작합니다(仁政必自經界始). 토지제도를 바로잡아 나라의 재정을 풍족하게 하고 민의 삶을 넉넉하게 하는 것이 지금 시급하게 해결해야 할 책무입니다. 나라

운명의 길고 짧음은 민생의 고락苦樂에서 나오고, 민생의 고락은 전제田制의 균부均否에 달려 있습니다.

—『고려사』 권78 「지志」 32 식화食貨 1, 전제 녹과전.

이 말은 조선시대에 국정을 논하는 모든 관리와 지식인이 끊임없이 반복해서 주장했던 내용이다. 상소는, 왜 토지제도를 개혁해야 하며 개혁의 목표가 무엇인가를 유학 전통의 맥락에서 체계적으로 제시했다. '어진 정치(仁政)'라는 유교적 이상을 현실에서 구현하기 위한 첫걸음이 바로 토지제도 개혁이며, 이를 빼고 정치를 논할 수 없음을 분명하게 밝혔다.

시대를 막론하고 모든 훌륭한 정치 이념에는 현실에서 그 이념을 완전하게 구현하는 것과는 무관하게 정치적 이상주의가 깃들어 있다. 그 이상주의는 대개 특정한 이념의 언어로 표현된다. '仁政必自經界始'(어진 정치는 토지의 경계를 바르게 하는 일로부터 시작한다)는 『맹자』에 나오는 말이다. 조준은 유학의 언어로 정치적 이상주의를 말했던 것이다. 이때 중요한 것은 표현 형식으로서의 이념이 아니라 표현하고자 하는 내용으로서의 이상주의이다. 조준의 상소문은 새로운 경제적 사회적 질서에 대한 선언이었다. 결코 당대의 고려적인 것들로는 담을 수 없는 내용이었다. 새 왕조의 창건을 예고하는 선언으로서 손색이 없다.

조준의 '인정仁政'과 '민생民生'에 대한 천명은 정치의 공공성 회복을 지향했다는 측면에서도 주목할 필요가 있다. 이 점은 공민왕이 신돈을 등용하면서 했던 발언과 비교해보면 분명해진다. 다시 인용하면 다음과 같다. "세신대족世臣大族은 가까운 무리끼리 뿌리 깊이 얽혀 있어 서로 허물을 가려준다. 초야草野의 신진新進은 교만하게 행실을 꾸며서 명예를 낚다가 귀현貴顯해지면 (자기) 집안이 한미寒微한 것을 부끄럽게 여기고 대족大

族과 혼인하여 그 처음의 뜻을 다 버린다. 유생儒生은 유약하여 강직함이 적고, 또 문생이다, 좌주다, 동년이다 칭하면서 서로 당을 이루고 (사私)정情에 따르니 이 셋은 모두 쓰지 못하겠다." 공민왕이 정치의 공공성을 회복하려는 목적을 담아 이 말을 했다고는 볼 수 없다. 다만 그의 말은 고려 조정의 주요 세력이 정치를 어떻게 사유화하고 있었는지를 잘 보여준다.

창왕 대의 개혁은 이전 국왕들의 개혁은 물론 공민왕 대 개혁과도 차이가 있다. 이전 국왕들도 비록 충분치는 않아도 여러 가지 중요한 개혁을 시도했고 몇 차례 부분적인 성공을 거두었다. 그러나 그런 개혁들은 파편적으로 진행되었을 뿐 그것들을 전체적으로 묶어주는 새로운 원리는 보이지 않는다. 반면에 조준의 사전 개혁은 개혁되어야 할 사항들이 공동의 원리와 가치 속에 통합되어 있었다. 사전 개혁과 더불어 관제 개편, 지방 제도 개편, 군사 제도 개편 등이 동시에 진행되었다. 이것이 가능했던 배경은 일차적으로 이성계가 개혁 추진 세력의 중심에 확고히 자리 잡고 있었기 때문이다. 하지만 그의 존재만큼이나 중요했던 요인은 개혁을 추진하는 신흥유신들이 서로 정치 이념과 목표를 공유하고 있었기 때문이다. 만약 그러지 못했다면 사회를 다양한 측면과 수준에서 반영하고 있는 여러 개혁 과제들과 마주칠 때마다 개혁 세력 내부에서 이견과 상충이 빚어졌을 것이다. 그런 의견 충돌은 개혁 과제를 연속적으로 해결함으로써 얻는 개혁의 시너지 효과를 불가능하게 했을 것이다.

이와 관련해 언급할 사항이 있다. 조준의 상서는 "大司憲趙浚等上書曰(대사헌 조준 등이 상서하여 말하기를)"로 시작한다. 상서의 주체가 조준 개인이 아니라 "조준 등"으로 기록되었다는 점이 주목된다. 이름이 감추어진 '등等'은 누구일까? 연구에 따르면 김지金祉라는 사람이 '등'의 핵심 인물일 가능성이 높다. 그렇게 추정하는 이유는 김지의 저술인 『주관육익周

官六翼』에서 말하는 내용이 사전 개혁을 비롯한 여러 개혁안의 주장과 흡사하기 때문이다. 이 책은 고려 말 조준 등과 문제의식을 공유하며 개혁에 필요한 자료가 정리 수록되어 있다. 위화도회군 이후 조준이 상서를 통해 제시한 개혁안은 그 뒤 진행된 개혁 과정에서 조준 개인에 의해 바로바로 만들어지고 실행되었다고 보기 어려울 정도로 체계적이고 종합적이다. 위화도회군 이전에 집단적 학습 과정을 통해서 준비되었다고 보아야 합리적이다.

조준과 김지는 이숭李崇의 사위로 동서지간이다. 공민왕 7년(1358) 수문하시중에 오르고 공민왕 8년(1359) 홍건적 1차 침입 때 서북면 도원수에 임명되었던 이암李嵒의 아들이 이숭이다. 조준은 우왕 10년(1384)부터 위화도회군이 일어난 우왕 14년(1388)까지 벼슬에도 나가지 않고 경사經史를 읽으며 보냈다. 이 기간에 조준은 김지 등과 수많은 경사 서적을 뒤져가며 체계적인 개혁안을 만들었을 것이다. 『주관육익』도 이 과정에서 만들어졌을 것이다. 이성계가 조준을 처음 만난 것도 이 시기였다. 『고려사』는 이성계가 조준의 기량이 비범함을 보고 일을 의논했다고 기록하고 있다.☞ 562쪽 참조 요즘 식으로 말하면 이성계를 만날 때 조준은 이미 김지 등과 세미나를 하면서 체계적인 개혁론을 갖춘 상태였을 것이다.

김지는 공민왕 11년(1362) 과거에서 우수한 성적으로 합격했다. 이숭인, 설장수, 정도전 등이 그와 함께 과거에 합격한 인물들이다. 그런데 어찌된 이유인지 그는 낮은 관직에 있다가 역사 기록에서 사라진다. 이색은 그가 출세하지 못하고 늙어버린 것을 슬퍼하면서도 많은 책을 수집 정리하여 『주관육익』을 펴낸 일을 다행으로 생각한다고 기록했다. 『주관육익』은 오늘날 전하지 않지만 조준이 편찬한 조선왕조 최초의 법전인 『경제육전』으로 계승되었다.

5. 사전 개혁 진행 과정과 이색의 반대

개혁 착수와 조민수의 실각

1388년 창왕이 즉위한 그달 6월에 내린 교서에 응하여 7월에 조준의 전제 개혁 상소문이 제출되었다. 조준 상소에 이어 간관諫官 이행李行, 판도판서(조선시대 호조판서) 황순상黃順常, 전법판서(조선시대 형조판서) 조인옥趙仁沃 등의 상소가 잇달았다. 이들은 모두 조준의 상소를 지지했다. 이들의 상소가 조준의 상소와 무관한 개별적인 행위였다고 보기는 어렵다.

조준의 상소 직후에 조민수가 탄핵을 당해 경상남도 창녕에 유배되었다. 사전 혁파에 반대하고 사사로이 민전을 약탈했다는 것이 탄핵 이유였다. 탄핵을 주도한 사람은 조준이었다. 탄핵의 표면적 이유와는 별개로 조민수 탄핵이 가능했던 데는 이성계라는 강력한 무력 배경이 있었기 때문이다. 비록 6월에 조민수가 이성계의 뜻에 반하여 창왕을 옹립하는 데 성공했지만 조정의 주도권을 장악하지는 못했던 것으로 보인다.

6월에 창왕이 즉위한 직후만 해도 조민수는 양광·전라·경상·서해·교주도 도통사都統使로 임명된 반면, 이성계는 동북면·삭방강릉도 도통사에 임명됨으로써 군권을 장악하지 못한 상태였다. 그러다가 조민수가 7월에 유배된 후 8월에 이성계가 병권을 장악했다. 이어서 조준의 건의에 따라 안렴사按廉使(조선시대 관찰사)를 도관찰출척사都觀察黜陟使로 승격시키고 이들을 모두 대간臺諫에서 천거하도록 했다. 그에 따라 뽑힌 성석린成石璘, 김사형金士衡 등 5인을 각 도에 보내서 양전을 시작했다. 사전 개혁을 하려면 양전부터 해야 했다. 1389년에 실시된 이 양전은 그해 간지를 따라 '기사양전己巳量田'이라 일컫는데, 다음 해 12월에 마무리되었다.

8월에 창왕이 다음과 같은 지시를 내렸다. "사전私田의 조租를 정부에서 모두 거두면 조정의 신하들이 반드시 먹고살기 어렵다고 걱정할 것이다. (그러니) 임시로 (조정은) 그 조의 반만 거두어 국용國用(국가 재정)에 충당하라." 창왕 자신의 생각에서 나왔을 리 없는 말이다. 이는 조준이 상소로 건의한 개혁안에서 후퇴한 명이었다. 정확히 말하면 조준의 개혁안을 좌초시키는 내용이었다. 큰 폭의 사회 개혁 과정에서 흔하게 제기되는 주장으로, 현실을 반영한 수정안을 가장하며 나온 개혁 반대론이다. 마치 그리스신화에서 9개 머리를 가진 히드라 목을 반만 베어내자는 것과 같은 주장이다. 머리가 잘린 곳에서는 곧 새 머리가 나오기 때문에 아무런 소용이 없게 된다. 9월에 우상시右常侍 허응許應 등이 상소하여, 사전의 조를 절반만 거두라는 창왕의 명령을 비판했다. 결국 창왕은 그 지시를 취소해야 했다. 이 조치는 이제 사전 수조권자들의 개별적인 수조권 행사가 영원히 중단되었음을 의미했다.

사전 개혁론자들이 유구하고 강력한 기득권 세력의 거센 반대를 뚫고 나갈 수 있었던 힘은 무엇보다 이들의 주장이 현실적으로 설득력이 높았기 때문이다. 이들은 토지 겸병이 만연하여 국가 재정이 고갈되었으며 군사들이 사라져서 남북으로 밀어닥친 외침外侵에 조정이 아무런 대책도 가질 수 없게 되었다고 주장했다. 본래 고려는 군사들에게 복무의 대가로 땅을 지급했다. 그러나 세력 있는 자들이 군사들에게 지급된 토지를 자신들의 것으로 만들고, 또 국가에 세금을 내게 되어 있는 땅도 자신들의 것으로 만들어버렸다. 이런 형태의 토지 소유가 겸병이다. 이렇게 되면 자연히 국가 재정도 부실해지고 군대도 유지할 수 없게 된다. 국가적 위기의 근본 원인이 바로 사전의 폐단인 겸병에 있음을 조준과 조인옥 등이 통렬히 지적했다. 누구라도 동의하지 않을 수 없는 주장이었다. 사전 개혁론자들,

즉 조선 건국 세력은 전제 개혁과 군사 제도 개혁을 동시에 추진했다. 이 같은 동시 추진은 단순히 전제 개혁을 군제 개혁으로 뒷받침하여 반대파를 억제하기 위한 목적만은 아니었다.

이색의 등장

창왕이 즉위한 지 두 달 만인 8월에 최고위직인 문하시중門下侍中에 이색이, 그 아랫자리인 수시중守侍中에 이성계가 임명되었다. 공민왕 말부터 시작하여 우왕 대 내내 관직에서 물러나 있던 61세의 이색이 이때 조정에 복귀했다. 이 인사 조치는 이성계 세력의 뜻이었을 것이다. 그들 입장에서 생각하면 문하시중 이색은 나쁘지 않은 선택이며 자연스러운 것이기도 했다. 이색은 조정에서 여전히 강력한 영향력을 가지고 있었다. 그는 충선왕 이래 형성된 개혁적 신흥유신 집단에서 이제현의 뒤를 잇는 인물이었다. 이색은 신흥유신들의 정신적 스승이자 지도자였다. 지공거를 네 번이나 지냈는데 당시 어떤 인물보다 많은 횟수였다. 더구나 이전에 지공거를 지냈던 사람들은 1388년 현재 대부분 사망했거나 정치적으로 제거된 상태였다. 그래서 그의 존재감은 더욱 두드러졌다. 조정에 있는 많은 사람이 그의 문생이었다. 정몽주와 정도전도 그의 제자였다. 위화도회군 후 최영을 체포한 후 이성계는 이색의 권고에 따라 도성 동문東門인 숭인문崇仁門 밖으로 자신의 군대를 물리기도 했다. 이색은 이성계와 관계도 원만했다. 당대 최고의 학자인 이색에게서 이성계는 아버지 이자춘의 신도비문도 받은 바 있다. 게다가 이색 역시 37년 전 공민왕 즉위 직후에 전제 개혁을 주장한 바 있다. 이색이 문하시중에 임명되었을 당시, 설마 그가 이성계 세력의 사전 개혁을 반대하리라 예상했던 사람은 없었을 것이다.

이색 이곡의 아들이며, 이제현의 문인이다. 원나라와 고려의 과거시험에서 모두 우수한 성적으로 합격했다. 공민왕 16년(1367) 성균관이 재건되었을 때 대사성에 임명되어 많은 신흥유신을 키워냈다. 위화도회군 후 조민수와 함께 창왕을 옹립하고, 명나라에 사신으로 가서 고려에 대한 감국을 요청하여 이성계 세력을 견제하고자 했다. 토지문제의 해결이 전민변정에 있다 생각하고, 조준의 사전 개혁에 반대했다. 출처_국립중앙박물관

이색은 1388년 10월 명나라에 사신으로 가기를 자청했다. 당시 명나라 수도는 아직 남경南京이었다. 이때 그는 자신이 돌아오기 전에 고려에서 변이 있을까 두려워하여 이성계의 아들 중 하나를 따라가게 해달라고 요청했다. 이성계는 다섯째 아들 이방원을 서장관으로 보냈다. 이색이 생각하는 '변'이란 창왕의 제거와 이성계의 즉위였을 것이다. 이미 조정에 이런 상상을 가능케 하는 분위기가 있었다는 뜻이다. 명나라에 간 이색은 감국監國, 즉 명나라가 관리를 파견하여 고려 조정을 감독해줄 것과 창왕의 입조入朝를 요청했다. 그는 창왕의 명나라 입조가 국왕의 정치적 힘을 강화하는 데 도움이 될 것이라고 판단했다. 이런 요청의 목적은 분명하다. 이성계 세력을 견제하기 위함이다. 당시 이성계를 견제할 만한 국내 세력이 존재하지 않았기 때문에 명나라에게 그 일을 요청한 것이다. 젊은 시절 원나라에서 유학하며 체류했던 경험이 이색으로 하여금 이런 생각을 갖게 했을 것이다. 그는 구시대 인물이었다.

명나라에서 돌아온 이색은 사전 개혁에 공공연히 반대 의사를 표명했다. 그는 "옛 법을 경솔히 고칠 수 없다"고 주장했다. 1389년 4월 도평의사사(도당)에서 전제田制를 논의했는데, 이색, 이림李琳, 우현보禹玄寶, 변안열邊安烈 등이 조준의 사전 개혁에 반대했다. 아마도 이색을 중심으로 의견의 결집이 강하게 이루어졌던 듯하다. 그러자 이해 8월에 대사헌 조준이 사전을 경기에만 지급하자는 내용의 상소를 다시 한번 올렸다. 뒤이어 간관 이준李埈 등이 사전의 복구를 반대하는 상소를 올렸다.

이색이 생각하는 사전 개혁의 내용

사전 개혁에 대해 이색은 어떤 생각을 갖고 있었을까? 이색과 같은 견해를 지닌 권근은 다음과 같이 말했다. "오직 나라의 전법田法에 의거하여 서울은 판도사版圖司(조선시대 호조)가, 지방은 안렴사가 분쟁을 결단하여 승자가 수조收租하고, 하나의 토지에 한 사람의 주인이 있게 하여 민을 소생시키자." '나라의 전법'이란 충숙왕 원년(1314)에 완성되었던 토지대장인 갑인주안甲寅柱案을 말한다. 갑인주안은 충선왕이 복위한 후 추진했던 개혁의 산물이다. 그때도 이미 백성들은 세가勢家, 즉 힘 있는 자들의 농장에 숨어들어 의탁하는 등, 세력가들의 전민탈점이 광범위하게 진행되고 있는 상황이었다. 이런 현상은 아직 유망하지 않고 그대로 남아 있는 백성들에게 세금 부담을 가중시켰다. 농장에 몸을 맡긴 사람들이 내야 할 세금까지 남은 이들이 내야 했기 때문이다. 이 문제를 해결하기 위한 노력에서 나온 것이 바로 갑인주안이다. 하지만 그때 마련된 갑인주안은 이후 과세의 기준으로 역할을 하지는 못했다. 그럼에도 이후 개혁 요구가 제기될 때마다 그 기준으로 갑인주안이 소환되곤 했다. 한편 판도사와 안렴사로 하여금 수조권 분쟁을 결단하게 하자는 말은, 곧 사전의 전국적 분포를 인정해야 한다는 뜻이다. 사전을 경기에만 설치하자는 조준의 주장과는 명확한 차이가 있다.

이색과 그에 동조한 사람들은 토지문제의 핵심이 하나의 토지에 여러 명의 수조권자가 있기 때문으로 이해했다. 이들이 보기에 고쳐야 할 문제는 단지 불법적 수조권이었다. 따라서 하나의 토지에 한 사람의 수조권자만 있도록 하는 것이 토지문제에 대한 궁극적 해결 방안이라고 생각했다. 이런 생각이 바로 전통적 개혁 방안인 전민변정田民辨整의 내용이다. '변정'이란 상세히 밝혀서 가지런하게 한다는 뜻이다. 변정할 내용은 땅의 진짜 수조권자 한 사람을 찾아내는 일이다. 조준이 '사전 자체'가 문제의 근원이라고 보았다면, 이색은 '불법적 사전'이 문제라고 보았다.

여기서 한번 생각해볼 문제가 있다. 전민변정은 현실적으로 과연 가능한 일일까? 오랜 세월을 거치는 동안 많은 수조권자들 사이에서 수조권 변동이 일어났는데, 이 와중에 수많은 위조문서를 가려내 진짜 수조권자를 찾아낼 수 있을까? 그 일의 어려움을 조준은 첫 번째 전제 개혁 상소에서 생생히 표현했다. 심지어 이색도 위조문서를 가려내는 일이 대단히 어려운 작업임을 말한 바 있다. 이색 측의 주장은 자신들이 천명한 목표에 도달하게끔 할 현실적인 수단을 갖고 있지 못했다. 흔히 그의 개혁론을 온건개혁론이라고 부른다. 여기서 강조점은 '온건'에 있지만, 실상 그가 제시한 개혁 내용은 현실에서 실제로는 목표에 도달할 수 없는 방법이었다.

어쨌든 이색의 관점에 서면, 사전은 관련 규정의 불법적 운영이 문제이지 그 자체에는 문제가 없는 제도였다. 나아가 이러한 맥락이라면, 오랫동안 그래왔듯이 공전과 사전을 나누어 양전을 하는 것에 대해서도 별다른 문제점을 발견할 수 없다. 이는 민전 소유 농민에 대해 수조권자의 전통적 지배력을 인정하는 것이고, 그렇게 되면 그 사이에 국가가 끼어들 여지는 없다. 어차피 양전이 공전과 사전에 대해 별도로 이루어진다면 국가는 사전에 개입할 여지가 거의 생기지 않는다. 이색의 전제개혁안과 조준의 전제개혁안은 비슷해 보여도 그 실제 내용은 전혀 달랐다. 이색의 전제개혁안에서 사전주의 수조권은 사실상 국가의 통제 영역 밖에 독립적으로 존재한다. 이색의 개혁안은 고려 말 여러 차례 시도되었던 전민 개혁의 내용이고, 또한 신돈의 전민추정도감이 실시했던 개혁 내용과 다르지 않다.

사전 개혁의 정치적 구도

창왕 즉위 직후 사전 개혁이 시작되자 우왕 대 내내 정치적으로 침묵하던 이색이 갑자기 목소리를 내기 시작했다. 조준이 이끌던 사전 개혁에 반대하는 내용이었다. 이 시기 이색의 발언을 조금 다른 각도에서 바라볼 필요가 있다. 객관적으로 보면, 조준의 개혁안이 그 무렵 고려가 선택할 수 있는 유일한 개혁안이라고 말할 수는 없었다. 그것보다 온건한, 오랫동안 토지문제의 해결 방안으로 여겨지던 이색이 주장한 것과 같은 개혁안이 선택될 수도 있었다. 물론 내용 면에서 이색의 개혁안이 조준의 개혁안만큼 전민 문제 폐단에 대한 충분한 해결책이 될 수는 없었다. 하지만 이색의 개혁안이 좀 더 일찍 좀 더 철저하게 실시되었다면 아마도 고려의 기득권층에게 또 다른 수십 년의 시간을 벌어줄 수 있었을지 모른다. 결국 당시 조준의 개혁안이 토지문제의 해결 방안으로 선택된 것은 이성계와 신흥유신의 결합이 고려 조정에서 가장 강력한 세력을 형성했기 때문이다. 그 결합에 비견될 만한 또 다른 이들의 결합은 무엇일까? 아마도 최영과 이색 및 그의 제자 그룹, 예를 들면 이숭인이나 권근 같은 사람들과의 결합이지 않을까. 만약 우왕 대에 최영과 이색 그룹이 결합하여 전민변정식 개혁을 추진하고 또한 어느 정도 성공을 거두었다면, 개혁의 정도는 훨씬 약했더라도 왕조가 교체되는 일은 없었을지 모른다. 하지만 최영이 살해됨으로써 이미 선택될 수 없는 결합이고 개혁이었다. 더욱이 우왕 대에 최영은 이색이 아닌 이인임과 결합했다.

이색은 더 일찍 발언하고 더 과감하게 움직였어야 했다. 그러나 그는 우왕 대 내내 잠잠하게 있었다. 특히 우왕 8년(1382) 이후 임견미가 이인임을 대신하여 국정을 이끌면서 이인임 이상으로 공권력을 사유화하는 동안에 이색은 깊이 침묵했다. 이런 그의 태도는 훗날 이성계 세력이 이색을 공격한 빌미가 되기도 했고, 우왕 대 후반에 신흥유신들이 뿔뿔이 흩어져 분열하게 되는 한 원인이기도 했다. 이색은 고려 말에 명유名儒, 대유大儒,

유종儒宗으로 불릴 정도로 높은 사회적 명망을 가지고 있었다. 그런데 그는 자신의 제자들이기도 한 정몽주, 정도전 등 20여 명이 고려와 북원北元의 외교적 관계를 반대했다는 이유로 귀양을 가거나 죽음을 맞을 때도 아무런 입장 표명을 하지 않았다. 우왕 대 내내 그는 자신이 나서서 말해야 할 때 계속 조용히 있었다. 그러다가 창왕 즉위 후 사전 개혁이 본격화되자 개혁에 반대하는 목소리를 냈다.

한 개인의 정치적 견해를 그의 사회적 위치나 경제적 조건에서 곧바로 추출하는 것은 분명 섣부른 일이다. 조준이 그 사례이다. 하지만 개인의 정치적 견해를 그의 사회적 위치나 경제적 조건과 무관하게 파악하는 것도 그에 못지않은 오류를 빚을 가능성이 있다. 이색의 경우가 여기에 해당한다. 이색의 집안은 대대로 지방 향리 출신이었으나 아버지 이곡 대부터 과거 급제를 통해 집안을 일으킨 전형적인 신흥 가문이다. 고려와 원나라 과거시험에 모두 합격한 아버지 이곡 대에 이미 세족勢族 가문과 혼인이 이루어졌다. 이색은 아들만 셋 두었는데 모두 세족 가문과 결혼했다. 이색 집안은 불과 2대 만에 사대부에서 출발하여 쟁쟁한 세족의 지위에 올랐다. 사전 개혁과 관련된 이색의 생각은 확실히 그의 사회적 존재 조건에 부합한다.

격렬하게 진행된 시대 변화 속에 나타난 이색의 면모는 흥미롭다. 이색의 저서 『목은시고牧隱詩薰』를 면밀히 분석한 이익주가 이색을 평가한 내용에 주목할 필요가 있다. 그에 따르면, 사전 개혁에 대한 이색의 반대는 분명히 세족의 입장을 반영한 것이었다. "옛 법을 가벼이 고칠 수 없다"는 그의 주장에는 급격한 사회 변화를 불안해하고 개혁에 저항하는 보수의 논리가 깔려 있다. 이색의 주장은, 그가 세족의 통혼권에 진입해 있었으며 주로 어울리는 인간관계도 세족에 편중됨으로써 자신이 세족의 일원이라고 의식했던 것과 무관하지 않다. 이색은 그 자신도 그렇지만 세 아들 모두 역사책에서 확인할 수 있는 고려 최고의 세족 가문 딸과 결혼했다. 하지만 그렇다고 해서, 이색이 세족으로서 직접적으로 자신의 토지를 지키기 위해 사전 개혁에 반대했다고 볼 수는 없다. 이색의 재산 가운데 전제 개혁에 의해 환수될 땅은 없었기 때문이다. 그의 반대가 오로지 개인적인 이해관계에서 비롯되었다고 보기 힘든 이유다.

이색은 개인적으로는 권력에 아부하지 않았고 스스로 권력자가 되려고도 하지 않았다. 마음만 먹었다면 그는 우왕 대에 이인임 등과 결합할 수도 있었고, 반대로 위화도회군 이후 이성계에게 협력할 수도 있었다. 그는 이성계와 돈독한 친분을 유지하고 있었다. 만약 이성계에게 협조했다면 그는 조선 건국 초기에 대단한 영광을 누렸을 것이다. 하지만 그는 그렇게 하지 않았다.

이색이 보여준 다소 모순적인 행적이 의미하는 바는 무엇인가? 생각해보면 이색의 행적을 '모순적'이라고 말하는 것이 적절하지 않을 수도 있겠다. 이색이 권문세족의 일원이 된 것은 당대 고려 사회의 문법에 따른 자연스러운 일이었다. 또 개인이 자신의 이념에 따라 그 사회적 지위를 자발적으로 사회 하층에 위치시키는 경우가 전혀 없지는 않지만 자연스럽게 나타나는 일이라고도 할 수 없다. 사회적으로 개혁적 지향을 갖고 있지 않더라도 개인적으로 얼마든지 품위 있는 인격을 가질 수 있다. 이런 맥락에서 생각해보면 이색은 개인의 신념에 충실한 인물이지만, 집단을 대표하는 성향은 다소 약했던 것 같다. 문제는, 불행히도 당시 그가 정치적으로 매우 민감하고 책임 있는 위치에 있었다는 점이다. 그는 현실을 무작정 거부하는 수구적 인물이 아니었다. 자신이 원나라 제과에 합격한 사실을 개인적으로 자랑스러워하면서도 공민왕의 반원 정책에 반대하지 않았다. 왕조 교체에 대해서도 명확히 반대하는 모습을 보인 적이 없다. 그는 어쨌든 현실을 인정하는 사람이었다. 그러나 현실을 수용할 때 그는 자신의 개인적 경험으로 대응했을 뿐이었다. 현실 변화의 전체적인 모습을 포착하고 집단을 대표하여 그 수준에서 대응하지는 않았다.

1389년(창왕 원년) 11월 김저金佇 사건이 일어났다. 이성계 일파에 의해 정치적 목적으로 조작된 혐의가 매우 짙은 사건이다. 이 사건으로 창왕은 폐위되어 아버지 우왕과 함께 12월에 피살되었고, 공양왕이 옹립되었다. 이때 우왕은 25세, 창왕은 겨우 10세였다. 얼마 뒤 이성계 일파는 이색을 김저 사건에 연루시켜 12월에 장단長湍*으로 유배 보냈다. 그와 더불어 사전 개혁에 반대했던 이림, 변안열, 우현보 등도 모두 유배되었다. 그리고 이때 대사헌 조준 등이 사전을 경기에만 지급하자는 상소를 다시 올렸다.

공양왕이 즉위하고 두 달 뒤인 1390년 정월에 급전도감給田都監은 관리들에게 각각의 직급에 따라 전적田籍, 즉 각자의 수조지를 나누어 주었다. 기존의 수조권이 모두 폐지되고 재분배된 것이다. 1388년(창왕 즉위년) 8월 도관찰출척사 5인을 지방에 보내 착수한 기사양전이 1389년(공양왕 원년) 12월에 마무리됨에 따라 이루어진 일이었다. 전국의 경작지를 양전하여 새 양안을 마련하는 데 1년 남짓 걸린 셈이다. 충숙왕 원년(1314)에 작성한 갑인주안 이후 70여 년 만에 새로 만들어진 양안이고, 아마도 사전에 대해서는 처음 만들어진 토지대장이나 다름없었을 것이다. 이때 파악된 전국의 토지 결수는 50만 결結이었다.

* 행정구역 개편으로 인해, 이때의 장단이 지금 어디인지는 불확실하다. 하지만 이색 영정에 '마전영당본麻田影堂本'이 있다. 경기도 연천군 왕징면 노동리에 소재한 목은영당牧隱影堂에 있던 영정이다. 아마도 이곳이 이색이 귀양을 갔던 장단이었을 것으로 짐작된다. 야은 길재가 조정에서 물러나 낙향하면서 장단에 있던 이색을 방문하였다.

급전도감이 수조지를 나눠준 날은 1390년 1월 18일이다. 그 전인 12일에 이성계는 8도의 병력을 지휘하여 군영軍營을 설치하고 번을 나누어 교대로 숙직하게 하는 조처를 취했다. 혹 있을지도 모르는 반발이나 무력 충돌에 대처하기 위한 방안이었을 것이다. 70여 년 혹은 그 이상의 세월 동안 자신들의 '조업전'으로 알고 있던 사전을 하루아침에 빼앗기게 된 사람들의 저항을 우려한 조치였다. 처음에 어떻게 얻었든, 오랜 세월 가지고 있으면 자기 소유로 생각하거나 우리 집 소유로 여기게 되는 마음이 인지상정이다.

1390년(공양왕 2) 9월에는 고려의 구舊토지대장인 공사전적公私田籍을 개경 시가市街에서 모두 불살랐다. 그 장면은 마치 고려왕조가 불타는 것을 상징하는 듯했다. 공양왕은 확실히 그렇게 느꼈던 모양이다. 『고려사절요』는 이렇게 기록했다. "공전公田과 사전私田의 장부를 저잣거리에서 불살랐는데 불길이 여러 날 지나도록 사그라지지 않았다. 왕이 탄식하고 눈물을 흘리며 말하기를 '조종祖宗 사전의 법이 내게 이르러 갑자기 혁파되니 애석하다'라고 하였다." 비단 공양왕만 그렇게 느끼지는 않았을 것이다.

과전법이 최종적으로 성립된 것은 이듬해인 1391년(공양왕 3) 5월이다. 그런데 전해 11월에 무장인 원수元帥들의 인장印章을 거둬들였다. 그들의 군령軍令 권한을 박탈했던 것이다. 이로써 그들은 더 이상 군대를 움직이거나 지휘할 수 없었다. 1391년 1월에는 5군軍을 줄여 3군으로 편성했는데, 이성계가 삼군도총제사三軍都摠制使, 배극렴裵克廉이 중군총제사中軍摠制使, 조준과 정도전이 각각 좌군총제사와 우군총제사로 임명되었다. 고려의 모든 군사 조직은 이렇게 편성된 3군에 귀속되었다. 건국 직후인 태조 1년(1392) 8월에 52명의 개국공신을 선정하고 그 차례를 정하였다. 1등공신은 배극렴이었다. 이성계의 휘하에서 위화도회군을 함께한 무장으로 이성계보다 열 살이 많았다. 그는 이해 11월에 68세로 사망한다. 배극렴 다음 차례를 차지한 인물이 조준이다.

6. 왕조 교체를 가져온 원인은 무엇이고, 건국의 주역은 누구인가

고려에서 조선으로 전환하는 과정에는 겉보기에 왕조 교체 때 흔히 나타나는 모습들이 눈에 띄지 않는다. 중국에서처럼 농민반란이나 이민족 침입이 일어나지도 않았다. 고려의 건국처럼 지배 집단 구성원들의 사회적 신분이 크게 달라진 것도 아니고, 정치체제가 크게 바뀌지도 않았으며, 심지어 수도를 개경에서 한양으로 옮겼다고는 하지만 먼 거리라 할 수 없으므로 정치적 공간조차 크게 이동했다고 볼 수 없다. 그러나 공동체가 당면한 문제들을 해결하는 능력과 정치 이념에서 확실한 차이를 보여주었다. 이 점을 가장 잘 보여준 예가 바로 사전 개혁이다. 그것은 지배 집단의 인물들이나 수도 위치만 바뀔 뿐인 단순한 왕조 교체와 비교할 수 없는 커다란 변화이다.

공민왕이 전민田民 개혁에 끝내 실패했지만 그를 이은 우왕도 13년이나 재위했다. 이 기간에 고려 조정은 오랜 국가적 현안들을 전혀 해결하지 못한 채 표류했다. 왜구의 침략, 명나라와의 갈등, 오래된 전민 문제 등 어느 것 하나도 해결하지 못하면서 내부적으로 권력투쟁이 이어졌다. 시대나 장소와 상관없이 국가권력은 어떤 최소한의 수준에서 백성의 일상을 지켜주어야 한다는 기본 전제 위에서 존립한다. 고려 조정은 오랫동안 그 임무를 거의 완전히 방기했다. 고려 조정에는 여러 범주의 정치집단이 존재했지만, 그들 중 누구도 지배적 지위를 차지하여 문제 해결에 성공한 이들은 없었다. 이런 와중에 이성계 세력과 신흥유신들 일부가 결합했다. 당시 상황에서 연결될 수 있는 가장 개혁적인 결합이었다. 그들은 사전 개혁을 시작했고 성공시켰다.

그렇다면 사전 개혁은 그 자체로 왕조 교체의 필요충분조건이었을까? 사전 개혁을 시작할 때 당시 사람들은 이 개혁의 끝에 왕조 교체가 있을 것이라 예상했을까? 그렇지는 않았을 것이다. 그럼에도 사전 개혁이 결과적으로 왕조 교체의 가장 큰 계기가 되었다는 사실은 분명하다. 사전 개혁이 진행되면서 그에 대한 고려왕조 기득권층의 저항이 결과적으로 왕조 교체로 이어졌다. 사전 개혁이라는 핵심적인 제도 개혁이 가장 큰 제도 개혁인 왕조 교체로 확대되었던 것이다. 사전 개혁을 끝까지 추진한 세력이 결국 왕조 교체의 중심 세력이 되었다.

우왕의 재위를 종식시킨 위화도회군 이전까지 이성계 세력과 신흥유신은 고려 조정에서 주류 세력이 아니었다. 이성계는 강력한 군대를 가지고 있으며 여러 차례 빛나는 군공으로 명망이 높았지만 조정에서 그에 상응하는 정치적 영향력을 갖지는 못했다. 신흥유신은 전반적으로는 개혁적이지만 개혁에 대해서 내부적으로 상충하는 이질적 생각을 가지고 있었다. 이 때문에 내부에서 개혁 추진의 운동성을 만들어내지는 못했다. 더구나 신흥유신은 우왕 대 내내 조정에서 집단적으로는 소외되어 있는 형편이었다. 이성계와 신흥유신 세력 각각이 조정에서 비주류였다는 점은 역설적으로 사전 개혁을 이뤄낼 수 있는 근본 이유 중 하나가 되었다. 고려의 주류 세력, 예를 들어 이색과 그의 생각에 동조한 집단은 일찍부터 전민 개혁의 필요성을 인식했지만 실제로 개혁을 이뤄내지는 못했다. 또 하나 중요한 점은 비주류인 두 세력이 결합함으로써 주류 세력이 될 수 있었다는 것이다.

신흥유신과 결합하지 않았다면 이성계는 어디까지 가능했을까? 무신정권이 100년이나 집권했음에도 불구하고 여러 무신 권력자들 중 누구도 왕이 되지 못한 것은 우연이라고만 볼 수 없다. 이성계는 제2의 무신정권을 만들 수 있었을까? 그가 가진 무력을 고려할 때 가능성이 아예 없다고 할 수 없지만, 그 역시 쉽지는 않았을 것이다. 변방 출신 장수가 조정에서 다른 사람들의 도움 없이 안정적인 집권 체제를 만들기란 매우 어렵기 때문이다. 더구나 새 왕조를 세우기 위해서는 새로운 정치적 비전과 가치가 필수이다. 위화도회군 이후 사전 개혁을 핵심으로 하는 제도 개혁 과정이 그것을 증명한다.

반대로, 이성계와 결합하지 않았을 때 신흥유신은 어디까지 가능했을까? 이에 대한 답은 신흥유신 없는 이성계를 상상하는 것보다 좀 더 쉽게 말할 수 있을 듯하다. 아마도 신흥유신은 자신들의 생각을 현실에서 구현해볼 기회를 전혀 갖지 못했을 것이다. 실제로 이들은 이성계와 결합하기 이전까지 조정에서 어떤 집단적 존재감도 갖지 못했다. 사전 개혁 과정에 이성계가 가진 무력이 동원되지는 않았지만, 그렇다고 그런 배경 없이도 신흥유신이 실제 보여주었던 활약의 수준으로 개혁을 진행할 수 있었으리라 생각하기는 어렵다. 새로운 생각과 비전이 늘 결실을 맺는 것은 아니다. 현실의 구체적인 힘의 뒷받침 위에서만 가능하다.

마치며

　오랫동안 한국사 연구의 중심에는 '역사가 발전한다'는 명제가 있었다. 역사는 어떤 바람직한 지점을 향해서 장기적으로는 비가역적으로 전진한다는 말이다. 이 명제는 그 자체로 또 다른 명제를 함축한다. 역사의 흐름에 어떤 비가역적 추세가 있다는 것, 역사의 진행은 모종의 바람직한 윤리적 목표를 향한다는 것 등이다.

　역사 흐름이 장기적으로는 비가역적인가? '근대'의 강물을 건넌 이후에는 다시 '전근대적 현상'으로 되돌아가지 않는가? 그렇게 보기는 어렵다. 7세기 고구려, 백제, 신라가 맞닥뜨렸던 상황은 19세기에 한국, 중국, 일본이 맞았던 상황과 근본적으로는 비슷하다. 동아시아 문명권의 변경에 있던 일본이 조선을 식민지화하고 중국을 반식민지화했던 상황은, 신라가 백제를 흡수하고 고구려 일부를 자기 영역의 일부로 만들었던 상황과 비슷하지 않은가? 이런 상황은 근본적으로는 그 시대에 가장 강력한 당나라나 유럽의 등장과 긴밀히 관련되어 발생했다. 오히려 역사는 한 번 일어났던 일이 조건만 맞으면 모습을 바꾸어 언제라도 다시 발생함을 끊임없이,

무수히 보여준다. 역사학자의 임무는 다른 외양 속에 감춰져 있는 반복되는 본질을 드러내는 일일지도 모르겠다.

역사에 어떤 보편적 추세나 윤리적 목표가 있는가? 이 문제는 역사 진행의 비가역성이라는 문제보다 훨씬 복잡하다. 오랫동안 한국사 연구자들은 조선 후기의 근대를 향한 도정이 서구의 그것과 유사했음을 증명하려 애썼다. 그 작업이 곧 우리 공동체와 우리 삶이 역사적으로 정상적임을 증명한다고 생각했다. 이제는 많은 연구자들이 그렇게 생각하지 않으며 필자 또한 그렇다. 흥미롭게도 성리학 이데올로기가 강력하게 작동하는 시대에 살았던 성호星湖 이익李瀷(1681~1763)이 이와 관련된 주장을 한 바 있다.

『성호사설』의 「역사책을 읽고 일의 성패를 헤아리다(讀史料成敗)」에서 그는 다음과 같이 썼다. "천하의 일이 대개 10분의 8~9는 우연히 그리된 것이다. … 사서史書라는 책은 모두 (일의) 성패가 이미 결정된 후에 지은 까닭에 그 성패에 따라 곱게 꾸미기도 하고 아주 더럽게도 만들어서 그 일이 당연히 그렇게 된 것처럼 여겼다. 또 (기술된 내용이) 선善에 대해서는 (그 속에 있는) 허물을 숨긴 것이 많고, 악惡에 대해서도 (그 속에 있는) 장점을 꼭 없애버리는 까닭에, 어리석고 슬기로움에 대한 구별과 선과 악에 대한 보복도 분명하지 않다. … 천하의 일은 세勢를 잘 만나는 것이 최상이고, 행·불행幸不幸이 다음이며, 시비是非는 최하이다." 마지막 문장의 세, 행·불행, 시비를 지금 개념으로 바꾸면 세란 구조나 추세를, 행·불행은 국면이나 상황을, 시비는 도덕적 올바름을 뜻한다. 어찌 보면 이 책은 성호의 말마따나 역사를 읽고 일의 성패를 생각해본 것이라고도 할 수 있을지 모르겠다.

한국사에서 시대마다 변화를 일으킨 요인들은 다양했다. 그럼에도 변화하는 시대는 사회적 힘의 불균형을 해소하고 균형으로 수렴되려는 공통된 경향을 띠었다. 예를 들어 고려 말 소농민들이 겪던 고통의 원인인 '전민田民'의 문제는 일종의 사회적 불균형 상태이다. 그것을 '변정辨整'하려는 노력은 사회적 균형으로 수렴하려는 힘이었다. 거기에는 일종의 사회정의 혹은 윤리적 가치라고 부르기에 합당한 내용이 들어 있다. 이런 맥락에서 공동체 성원이 합의하고 요구하는 윤리적 가치는 역사를 움직이는 힘이었다. 시비是非는 그 자체에 힘이 있다기보다는 사람들의 행동과 결합할 때 힘을 가졌다.

E. H. 카의 "역사란 과거와 현재의 대화"라는 말은 사실 대단히 차가운 학술적 명제일 수 있다. 오히려 납득할 수 없는 현실을 어떻게든 이해하려고 과거를 되돌아보며 질문을 던지는 것이 역사라고 해야 상온常溫 속에 있는 말이다. 현실을 납득하기 위해서 과거를 돌아볼 때 역사는 개인 기호품 이상의 가치를 지닌다. 현재의 한국 사회는 여러 맥락에서 큰 폭의 변화가 진행 중이다. 이제까지 우리가 살펴보았듯이, 이런 현실은 한국 사회가 매우 심한 불균형 상태에 놓여 있음을 뜻한다. 이런 불균형이 결국 어떤 궤적을 따라 균형으로 수렴될지 미리 알 수는 없다. 그럼에도 불구하고 이전과 대비되는 새로운 경향성이 강력히 작용하고 있음을 느낀다. 바로 공동체의 내적 역량이 강화되었다는 것! 이 말은 사회가 합의한 윤리적 가치의 힘이 갖는 사회적 에너지가 강화되었다는 뜻이기도 하다. 이러한 힘은 우리 사회의 엘리트라고 불리는 사람들이 만든 것이 아닌, 보통 사람들이 만든 것이다. 어쨌든 그 내적 역량이 균형점을 향해 나아가고 있다.

I. 7세기 당나라의 등장과 삼국의 생존 투쟁

01강. 신라·당 vs 고구려·백제 전쟁의 시작

김기흥, 「삼국시대의 왕」, 『역사비평』 54호, 2001.

김영하, 「7세기 동아시아의 정세와 전쟁」, 『新羅史學報』 38, 2016.

김현구, 「일본의 위기와 팽창의 구조」, 『文化史學』 25, 2006.

노태돈, 「淵蓋蘇文과 金春秋」, 『韓國史市民講座』 5, 1989.

노태돈, 「淵蓋蘇文」, 『韓國史市民講座』 31, 2002.

박찬홍, 「왜 김춘추와 당나라 태종은 비밀 협약을 맺었을까?」, 『내일을 여는 역사』 33, 2008.

장미애, 「의자왕대 정치 세력의 변화와 대외정책」, 『역사와 현실』 85, 2012.

황보경, 「7세기 초 삼국의 정세와 당항성 전투 의의」, 『군사』 96, 2015.

02강. 640년대 동아시아 각국의 상황

김기흥, 「화랑도 이야기와 7세기 신라사회」, 『역사비평』 22호, 1993

김영하, 「7세기 동아시아의 정세와 전쟁」, 『新羅史學報』 38, 2016.

박찬홍, 「왜 김춘추와 당나라 태종은 비밀 협약을 맺었을까?」, 『내일을 여는 역사』 33, 2008.

서영교, 「고구려의 대당전쟁(對唐戰爭)과 내륙아시아 제민족」, 『군사』 49, 2003.

서영교, 「연개소문의 對설연타 공작과 당 태종의 안시성 撤軍 ―『資治通鑑』 권198, 貞觀 19년 8·12월조 『考異』의 『實錄』 자료와 관련하여」, 『東北亞歷史論叢』 44, 2014.

이종욱, 「다시 쓰는 고대사 ②―김춘추의 두 모습: 당과 '麗·濟 분할 밀약'으로 신라 구했지만 중국화 길 터」, 『중앙일보』 2014. 01. 12. 인터넷판(https://news.joins.com/article/13616364)

주보돈, 「역사철학 : 7세기(世紀) 나당관계(羅唐關係)의 시말(始末)」, 『嶺南學』 20, 2011.

최호원, 「고구려 후기 국내정세와 신라관계」, 고려대학교 박사학위논문, 2020.

03강. 동·서, 남·북 연합 국제전의 전야

김병곤, 「신라 중대로의 전환기 알천의 역할과 위상」, 『新羅文化』 40, 2012.

김주성, 「의자왕과 부여융·부여효」, 『한국고대사탐구』 25, 2017.

남정호, 「의자왕(義慈王) 후기(後期) 지배층(支配層)의 분열과 백제(百濟)의 멸망」, 『백제학보』 4권, 2010.

정동준, 「백제시대 망국의 리더쉽」, 『내일을 여는 역사』 58, 2015.

04강. 백제의 패망

권덕영, 「신라의 대당(對唐) 항로와 항해상의 고난」, 『황해문화』 8, 1995년 가을.

권덕영, 「백제 멸망 최후의 광경」, 『역사와 경계』 93, 2014.

김주성, 「의자왕과 부여융·부여효」, 『한국고대사탐구』 25, 2017.

05강. 661년, 백제부흥운동

노태돈, 「淵蓋蘇文과 金春秋」, 『韓國史市民講座』 5, 1989.

양종국, 「7세기 중엽 의자왕의 정치와 동아시아 국제관계의 변화—의자왕에 대한 재평가
　　(1)」, 『백제문화』 31, 2002.

양종국, 「義慈王과 百濟 멸망의 역사적 의미—義慈王에 대한 재평가(2)」, 『역사와 담론』
　　36, 2003.

이상훈, 「662년 김유신의 군량 수송작전」, 『국방연구』 Vol. 55 No. 3, 2012.

이상훈, 「삼국통일기 고구려 마읍산의 위치와 군사적 위상」, 『군사』 104, 2017.

장미애, 「百濟 末 政治 勢力과 百濟의 滅亡」, 『百濟研究』 58, 2013.

주보돈, 「백제 성왕(聖王)의 죽음과 신라의 '국법(國法)'」, 『백제문화』 Vol. 1 No. 47, 2012.

06강. 고구려 패망과 신라의 대당 전쟁

김영하, 「고구려의 멸망 원인, 내분인가 외침인가」, 『내일을 여는 역사』 5, 2001.

김진한, 「고구려 멸망과 연개소문의 아들들」, 『한국고대사탐구』 22, 2016.

노태돈, 「연개소문과 김춘추」, 『한국사시민강좌』 5, 1989.

노태돈, 「연개소문」, 『한국사시민강좌』 31, 2002.

미야지마 히로시(宮嶋博史), 「일본사 인식의 패러다임 전환을 위하여」, 『창작과 비평』 148,
　　2010 여름.

양종국, 「義慈王과 百濟 멸망의 역사적 의미—義慈王에 대한 재평가(2)」, 『역사와 담론』
　　36, 2003.

이기동, 「신라의 대당(對唐) 군사동맹과 삼국통일」, 『한국사시민강좌』 36, 2005.

이상훈, 「나당전쟁기(羅唐戰爭期) 기벌포(伎伐浦) 전투(戰鬪)와 설인귀(薛仁貴)」, 『대구사
　　학』 90, 2008.

II. 통일 왕국의 파편화

07강. 신라 중대에서 하대로

이기동, 「신라 성덕대왕의 정치와 사회—군자국의 내부사정」, 『역사학보』 160, 1998.

이기동, 「新羅 '中代' 序說」, 『新羅文化』 25, 2005.

이기백, 「新羅 執事部의 成立」, 『진단학보』 25-27, 1964.

전덕재, 「신라 惠恭王의 弑害와 歷史的 評價에 대한 考察」, 『신라문화제학술발표논문집』 39, 2018.

정병삼, 『한국불교사』, 푸른역사, 2020.

황수영, 「신라범종과 만파식적 설화」, 『범종』 No 5. 1-6, 1982.

08강. 임계점을 향하여

이기동, 「신라 하대의 왕위계승과 정치과정」, 『역사학보』 85, 1980.

이기동, 「9세기 신라사 이해의 기본과제—왜 신라는 농민반란의 일격으로 쓰러졌는가?」, 『신라문화』 26, 2005.

이기동, 「신라의 쇠퇴에 대하여」, 『학술원논문집』 제50집 1호, 2011.

하일식, 「신라 왕경인의 지방 이주와 編籍地」, 『新羅文化』 38, 2011.

09강. 골품제, 진골과 6두품의 갈등

이기동, 「최치원」, 『한국사시민강좌』 35, 2004.

이기동, 『신라 골품제사회와 화랑도』, 한국연구원, 1980.

이기동, 「9세기 신라사 이해의 기본과제—왜 신라는 농민반란의 일격으로 쓰러졌는가?」, 『신라문화』 26, 2005.

이기백, 「新羅 六頭品 硏究」, 『성곡논총』 2, 1971.

이종욱, 「新羅 骨品制의 起源」, 『동방학지』 Vol. 30, 1982.

III. 호족의 시대

10강. 후삼국시대와 호족

신호철, 「豪族勢力의 成長과 後三國의 鼎立: 後三國建國勢力과 在地豪族勢力과의 관계를 중심으로」, 『韓國古代史硏究』 7, 1994.

신호철, 「後三國時代 豪族과 國王」, 『진단학보』 89, 2000.

이재범, 「후삼국시대사론」, 『新羅史學報』 37, 2016.

주보돈, 「신라 하대 김헌창의 난과 그 성격」, 『한국고대사연구』 51, 2008.

채웅석, 「통일신라에서 고려로의 왕조 교체를 어떻게 평가할 것인가」, 『한국사시민강좌』 40, 2007.

한준수, 「신라하대 軍鎭세력의 대두와 율령질서의 이완」, 『한국고대사탐구』 20, 2015.

11강. 견훤

강봉룡, 「왕건의 제해권 장악과 고려 건국 및 후삼국 통일」, 『역사학연구』 75, 2019.

김명진, 「太祖王建의 一利川戰鬪와 諸蕃勁騎」, 『한국중세사연구』 25, 2008.

김명진, 「고려 태조 왕건의 운주 전투와 긍준의 역할」, 『군사』 96, 2015.

김명진, 「고려 태조 왕건의 공산동수전투와 신숭겸의 역할」, 『한국중세사연구』 52, 2018 .

류영철, 「古昌戰鬪와 後三國의 정세변화」, 『한국중세사연구』 7, 1999.

신호철, 「후백제의 역사적 성격」, 『韓國古代史研究』 74, 2014.

신호철, 「견훤, 백제 부활을 꿈꾼 시대의 영웅」, 『내일을 여는 역사』 28, 2007.

G. Gamerson Hurst Ⅲ, "The Good, The Bad and The Ugly: personalities in the founding of the Koryo Dynasty", *Korean Studies Forum*, No. 7 Summer-fall, 1981.

12강. 궁예

박광연, 「신라하대 말법(末法) 인식의 형성과 확산」, 『韓國思想史學』 65, 2020.

이기동, 「신라의 쇠퇴에 대하여」, 『학술원논문집』 제50집 1호, 2011.

이재범, 「궁예—나쁜 왕에서 패한 왕으로」, 『내일을 여는 역사』 5, 2001.

정성권, 「弓裔와 梁吉의 전쟁, 비뇌성 전투에 관한 고찰」, 『군사』 83, 2012.

조인성, 「弓裔의 勢力形成과 建國」, 『진단학보』 75, 1993

허영숙, 「신라 말 고려 초 청주 세력에 대한 일고」, 이화여자대학교 석사학위논문, 1990.

13강. 왕건

강봉룡, 「왕건의 제해권 장악과 고려 건국 및 후삼국 통일」, 『역사학연구』 75, 2019.

박종기, 「고려왕조와 다원사회」, 『내일을 여는 역사』 71·72, 2018.

음선혁, 「高麗太祖王建研究」, 전남대학교 박사학위논문, 1995.

채수환, 「신라 말 고려 초 선종과 호족의 결합」, 『역사와 사회』 8, 1992.

홍승기, 「후삼국의 분열과 왕건에 의한 통일」, 『한국사시민강좌』 5, 1989.

홍승기, 「高麗 太祖 王建의 執權」, 『진단학보』 No. 71·72, 1991.

14강. 광종

김낙진, 「고려(高麗) 광종(光宗)의 시위군(侍衛軍) 증강과 군제개편(軍制改編)」, 『대구사학』 127, 2017.

김두진, 「高麗 光宗代의 專制王權과 豪族」, 『韓國學報』 Vol. 5 No. 2, 1979.

김용선, 「광종—개혁의 좌절과 계승」, 『한국사시민강좌』 13, 1993.

김창현, 「광종, 삼한 융화를 이루어낸 고려의 황제」, 『내일을 여는 역사』 9, 2002.

김철준, 「나말여초의 사회 전환과 중세 지성」, 『창작과 비평』 12, 1968 겨울.

신호철, 「高麗 太祖의 後百濟 遺民政策과 '訓要 제8조'」, 『梨花史學研究』 30, 2003.

윤성재, 「高麗 光宗代 改革政治와 政治勢力」, 숙명여자대학교 석사학위논문, 2000.

이기백, 「최승로의 유교적 이상국가」, 『한국사시민강좌』 10, 1992.

채희숙, 「高麗 光宗의 科擧制 실시와 崔承老」, 『역사학보』 164, 1999.

한정수, 「고려 초 왕규의 난에 대한 재검토」, 『歷史와 實學』 62, 2017.

Ⅳ. 원간섭기 고려 국왕들과 개혁

15강. 원종, 충렬왕, 쿠빌라이가 만든 세조구제

고명수, 「1278년 쿠빌라이-충렬왕 만남의 의미」, 『역사학보』 237, 2018.

윤은숙, 「쿠빌라이와 고려」, 『역사비평』 90, 2010.

이명미, 「高麗·元 王室通婚의 政治的 의미」, 『韓國史論』 49, 2003.

이익주, 「高麗 忠烈王代의 政治狀況과 政治勢力의 性格」, 『韓國史論』 18, 1988.

이익주, 「고려 원 관계의 구조에 대한 연구—소위 '세조구제'의 분석을 중심으로」, 『한국사론』 36, 1996.

이익주, 「14세기 유학자의 현실인식과 성리학 수용과정의 연구: 민지의 사례를 중심으로」, 『역사와 현실』 49, 2003.

16강. 혼혈 군주 충선왕

김창현, 「충선왕의 탄생과 결혼, 그리고 정치」, 『한국인물사연구』 14, 2010.

이강한, 「고려 충선왕의 정치개혁과 元의 영향」, 『한국문화』 43, 2008.

이기남, 「忠宣王의 改革과 詞林院의 設置」, 『역사학보』 52, 1971.

이익주, 「高麗 忠烈王代의 政治狀況과 政治勢力의 性格」, 『韓國史論』 18, 1988.

17강. 충숙왕, 그의 아버지 충선왕과 사촌 심왕 사이에서

강순길, 「충숙왕대(忠肅王代)의 찰리변위도감(察理辨違都監)에 대하여」, 『호남문화연구』 15, 1985.

권영국, 「14세기 전반 '개혁정치'의 내용과 그 성격: 사회경제면의 '개혁'을 중심으로」, 『역사와 현실』 7, 1992.

김광철, 「高麗 忠肅王 12年의 改革案과 그 性格」, 『考古歷史學志』 Vol. 5-6, 1990.

김형수, 「고려 충숙왕 12년(1325) 교서의 재검토」, 『복현사림』 Vol. 24 No. 1, 2001.

김형수, 『고려후기 정책과 정치』, 지성인, 2013.

이익주, 「14세기 전반 고려, 원 관계와 정치세력 동향—충숙왕대의 심왕옹립운동을 중심으로」, 『한국중세사연구』 9, 2000.

Oleg, Pirojenko, 「13세기 高麗 蒙古 交涉期 洪福源 一家의 政治的 動向」, 고려대학교 석
　　사학위논문, 2005.

18강. 개혁 세력의 등장과 정치도감

권혜림, 「고려 충목왕대 신흥유신의 동향에 대한 연구」, 서울시립대학교 석사학위논문,
　　2015.

민현구, 「정치도감의 설치경위」, 『국민대 논문집』 11, 1977.

민현구, 「정치도감의 성격」, 『동방학지』 23·24합집, 1980.

박성윤, 「高麗 忠穆王代의 改革政治에 관한 一考察」, 경희대학교 석사학위논문, 1990.

박종기, 「원간섭기 사회현실과 개혁론의 전개」, 『역사와 현실』 49, 2003.

변은숙, 「충목왕대 정치도감과 정치세력」, 『明知史論』 Vol. 14·15, 2004.

이익주, 「공민왕대 개혁의 추이와 신흥유신의 성장」, 『역사와 현실』 15, 1995.

이정신, 「고려 충혜왕의 행적과 정치적 입장」, 『한국인물사연구』 13, 2010.

19강. 공민왕의 등장과 개혁의 리허설

김영수, 『건국의 정치』, 이학사, 2006.

김태영, 「고려후기 士類層의 현실인식」, 『창작과 비평』 44, 1977 여름.

김형수, 「충혜왕의 폐위와 고려 유자(儒者)들의 공민왕 지원배경」, 『국학연구』 19, 2011.

민현구, 「정치가로서의 공민왕─재위 전반기의 행적에 보이는 개혁군주로서의 면모」, 『亞
　　細亞研究』 Vol. 41 No. 2, 1998.

박성윤, 「高麗 忠穆王代의 改革政治에 관한 一考察」, 경희대학교 석사학위논문, 1990.

채웅석, 「원간섭기 성리학자들의 화이관과 국가관」, 『역사와 현실』 49, 2003.

홍영의, 「개혁군주 공민왕: 공민왕의 즉위와 초기 국왕권 강화노력」, 『한국인물사연구』 18,
　　2012.

V. 개혁에서 건국으로

20강. 개혁의 현실, 공민왕 5년에서 13년까지의 개혁과 좌절

김영수, 『건국의 정치』, 이학사, 2006.

김종근, 「고려 공민왕대 홍왕사 난에 대하여」, 전남대학교 석사학위논문, 1998.

민현구, 「고려 공민왕대 중엽의 정치적 변동」, 『진단학보』 107, 2009.

민현구, 「공민왕─개혁정치의 꿈과 좌절」, 『한국사시민강좌』 31, 2002.

박성윤, 「高麗 忠穆王代의 改革政治에 관한 一考察」, 경희대학교 석사학위논문, 1990.

이영, 「가라쓰(唐津) 카가미 신사(鏡神社) 소재 고려 수월관음도의 유래」, 『한일관계사연구』 34, 2009.

이영, 「오호바루(大保原) 전투(1359년)와 왜구—공민왕 6~8년(1357~59)년의 왜구를 중심으로」, 『일본역사연구』 31, 2010.

이익주, 「14세기 후반 고려-원 관계의 연구」, 『東北亞歷史論叢』 No. 53, 2016.

정병삼, 『한국불교사』, 푸른역사, 2020.

홍영의, 「개혁군주 공민왕: 공민왕의 즉위와 초기 국왕권 강화노력」, 『한국인물사연구』 18, 2012.

21강. 신돈과 공민왕

김영수, 「고려 말 신돈(辛旽)의 개혁정치에 대한 연구(中)」, 『한국정치학회보』 Vol. 37 No. 2, 2003.

김종근, 「고려 공민왕대 흥왕사 난에 대하여」, 전남대학교 석사학위논문, 1998.

민현구, 「공민왕—개혁정치의 꿈과 좌절」, 『한국사시민강좌』 31, 2002.

신은제, 「신돈집권기의 정치와 그 의미」, 『한국중세사연구』 53, 2018.

이익주, 「공민왕대 개혁의 추이와 신흥유신의 성장」, 『역사와 현실』 15, 1995.

이형우, 「독단적 개혁가 공민왕과 예정된 실패, 그리고 외세」, 『내일을 여는 역사』 14, 2003.

최연주, 「공민왕 개혁과 임박(林樸)의 정치활동」, 『石堂論叢』 39, 2007

홍영의, 「개혁군주 공민왕: 공민왕의 즉위와 초기 국왕권 강화노력」, 『한국인물사연구』 No. 18, 2012.

22강. 우왕 대, 왕조의 마지막 모습들

강문식, 「圃隱 鄭夢周의 交遊 관계」, 『한국인물사연구』 11, 2009.

강지언, 『高麗 禑王代(1374年-88年) 政治勢力의 硏究』, 이화여자대학교 박사학위논문, 1995.

고혜령, 「高麗末 李仁任의 硏究」, 이화여자대학교 석사학위논문, 1980.

김당택, 「고려 말 대외관계의 격동과 무장 세력의 정치적 지향」, 『한국사시민강좌』 35, 2004.

김영수, 『건국의 정치』, 이학사, 2006.

서현숙, 「고려 말 우왕 대 이인임·최영의 권력관계에 대한 연구」, 성신여자대학교 석사학위논문, 1992.

오기승, 「공민왕대 동녕부 전역(戰役) 고찰」, 『군사연구』 134, 2012.

이형우, 「우왕의 정치에 대한 일고찰—출생 배경과 폐위, 죽음을 중심으로」, 『한국인물사
　　연구』 16, 2011.

이형우, 「망할 수밖에 없었을까, 멸망시킨 것일까」, 『내일을 여는 역사』 58, 2015.

이형우, 「고려 말의 새로운 정치세력, 신진사류에 대한 재평가」, 『내일을 여는 역사』 9,
　　2002.

정동훈, 「몽골 제국의 붕괴와 고려·명의 유산 상속분쟁」, 『역사비평』 121호, 2017 겨울.

Ts, 체렝도르지(Ts, Tserendorj), 「몽골 제국 시대 이후 몽골이 아시아의 역사에 끼친 영향
　　에 대하여」, 『아시아문화연구』 41, 2016.

23강. 사전 개혁과 조선의 건국

김당택, 「高麗末의 私田改革」, 『한국사연구』 104, 1999.

김당택, 「이성계(李成桂)의 위화도회군(威化島回軍)과 제도개혁」, 『역사학연구』(구 전남사
　　학) 24, 2005.

김인호, 「김지(金祉)의 『주관육익(周官六翼)』 편찬과 그 성격」, 『역사와 현실』 40, 2001.

민현구, 「고려에서 조선으로의 왕조 교체를 어떻게 평가할 것인가」, 『한국사시민강좌』 40,
　　2007.

박경안, 「고려후기의 田丁連立에 대하여—田丁制의 해체 과정과 그 대책을 중심으로」, 『국
　　사관논총』 59, 1994.

이민우, 「고려 말 私田 혁파와 과전법에 대한 재검토」, 『규장각』 47, 2015.

이민우, 「조준의 전제 개혁 상소」, 『내일을 여는 역사』 70, 2018.

이민우, 「고려 말 조선 초 토지제도 개혁과 사회 변화」, 『역사비평』 120, 2017.

이익주, 「고려말 신흥유신의 성장과 조선 건국」, 『역사와 현실』 29, 1998.

이익주, 「고려 우왕대 이색의 정치적 위상에 대한 연구」, 『역사와 현실』 68, 2008.

이익주, 『이색의 삶과 생각』, 일조각, 2013.

찾아보기